近現代史로 읽는
북한교회사

해방 이후 북한 지하교회의 역사를 쓰다

| 강석진 지음 |

| 들어가는 말 prologue |

어둠의 땅에 아침이 오다

"저녁이 되고 아침이 되니 이는 첫째 날이니라"(창 1:5).

성경에서 새날의 시작은 저녁부터인 것으로 되어 있다. 유대인들의 시간 개념도 창세기에 의거하여 어둠의 저녁 시간이 그날의 일몰과 같이 져 버리는 동시에 깊은 밤을 지나 새날로 진입하는 것으로 여기고 있다. 그래서 유대인들은 안식일이 금요일 저녁부터 시작되어 그 다음 날 저녁 때까지 이어지는 것으로 지키고 있다. 성경에서 저녁이라는 어둠의 시간은 새날을 잉태하는 의미를 갖고 있으며, 그 다음은 빛의 세계로 진행된다는 연속성을 갖고 있다.

보편적으로 인류의 역사에서 시련기를 밤이라고도 하지만, 그 밤은 새 시대를 준비하는 산고의 시간이기도 하다. 이사야서 21장 11절에는 "파수꾼이여, 밤이 어떻게 되었느냐? 파수꾼이여, 밤이 어떻게 되었느냐?"라고 묻는다. 지금까지 인류 역사의 진행과 새로운 변곡점은 역사의 암흑과 혼돈의 시대에서 태동했음을 보게 된다. 종교개혁도 그러한 중세 암흑기의 역사를 통해 이루어졌다.

한국의 민족사와 교회사도 결코 다르지 않다. 우리 역사에 기독교의 복음이 들어온 19세기 중후반의 시대적 배경 역시 엄혹한 암흑의 절정기였다. 당시는 쇄국정책하에 서양과의 충돌 사건들이 연이어 발생하였다.

대외적으로는 1866년 1월 흥선대원군에 의한 천주교 금압령과 그해 8월 평양 대동강에서의 미국 셔먼호 사건과 9월 프랑스 군함의 한강 양화진 진입 사건이 있었다. 그 후 1871년 셔먼호 사건을 빌미로 한 미국의 강화도 침입으로 야기된 신미양요가 있었고, 1875년 정한론을 시도하기 위해 일본이 벌인 강화도 운양호 사건이 있었다. 급기야 조선은 쇄국의 빗장을 열고 1882년 최초로 서양 문명권이며 기독교 문명국인 미국과 조·미수호통상조약을 수립하였다. 대내적으로는 1884년 12월 조정의 수구파와 개화파 간의 충돌인 갑신정변, 1894년 동학운동, 1895년 명성황후 시해 사건, 1896년 아관파천 등으로 조선왕조의 근간이 흔들리는 혼란과 위기가 고조되고 있었다.

그뿐만 아니라 국제적으로는 주변 강대국들이 조선반도 침탈을 위해 1894년 6월 청일전쟁, 1904년 러일전쟁을 일으킴으로 조선왕조의 국운은 풍전등화 상태였다. 결국 1910년에 조선이라는 왕조는 일본에 의해 늑탈되어 역사 속으로 사라졌다.

그러나 하나님께서는 조선을 '택하신 하나님의 백성'(Chosen People)으로 삼으셨기에 이러한 암흑기에 서구의 선교사들을 보내사 이 민족에 구원과 소망을 주시기 위한 하나님의 구원 역사를 진행하셨다. 그것이 바로 우리 민족을 향하신 "하나님의 큰 일"(행 2:11)이었다. 이는 하나님이 택하신 아브라함의 후손인 히브리 민족이 애굽의 종살이로 그 신음 소리가 하늘에 미칠 때에 하나님의 구원 시점이 다가와 이에 준비된 모세를 보내시어 출애굽의 역사가 시작된 것처럼, 우리 민족도 국내외적으로 칠흑 같은 암흑기를 지날 때에 하나님의 구원 역사가 시작되었다. 하나님의 우리 민족을 향한 구원 역사의 출발점이 바로 조선 말기의 암흑기였음을 우리 근현대사와 교회사가 증명하고 있다. 또한 지역적으로는 이남보다 이북 지역에서 발원, 발흥되었고 교회 사역도 이북 지역에서 상대적으로 더 활발히 이루어짐으로써 당시의 복음화와 근대 문명화에 큰 영향을 주었다.

근대에서 현대로 접어든 시기인 1945년 해방과 더불어 이북 지역에는 1948년 9월 9일 공산 정부가 수립되면서 기독교 신앙에 대한 박해가 시작되었다. 이에 이북 지역 교회는 공산 정권에 협조적인 교회와 저항하는 교회로 양분되었고, 이것은 최초로 지하교회가 형성되는 배경이 되었다. 다시 말해, 이북 지역 교회의 지하교회로의 변신은 공산화라는 역사적 배경하에 비제도권의 교회로 형성된 것으로써, 지금의 북한 지하교회는 사실상 이때로부터 성립되었다. 특히 정전 이후인 1957년부터 김일성 공산 정권 강화를 위해 기독교 발본색원 작업이 본격화됨으로 이북 지역 지하교회는 교회사적으로 암흑기에 치했다. 그러나 지하교회들은 박해와 맘살 정책에도 굴하지 않고 그 명맥을 이어오고 있기에, 이러한 지하교회의 역사를 오랜 수난을 겪은 사도행전의 초대교회 역사와 대비하여 북한 땅을 향하신 하나님의 주권적 섭리에 대해 성경적으로 해석하는 것은 의미 있는 일이라 하겠다.

사실상 지금의 북한 지하교회는 1945년 공산화 이후 70여 년 이상 그 통치 체제하에서 합법적 신앙 활동이 금지되고 외부와 단절되었지만, 그 땅에 엄연히 그루터기의 무형 교회들로 존재함이 근래 들어 밝혀졌기에, 이제는 그 땅의 지하 성도들을 인정하고 통일된 한국 교회사의 정립을 위해서 이에 대한 자료 발굴과 정리가 필요하다고 사료된다. 이에 필자는 지난 조선 말기의 격동기 속에 시작된 이북 지역의 교회 역사와 현재의 공산 독재 치하에서도 지속되고 있는 북한 지하 성도의 신앙 활동과 그 실체를 한국 교회사로 인정하며 미래에 회복될 통일교회 시대와 연관시킬 필요가 있음을 절감하였다.

필자가 북한 선교를 하게 된 시점은 1992년 10월 중국 압록강변의 단동시를 방문한 때였다. 결코 쉽지 않은 시도였지만 점차적으로 북한에 지하 성도들이 있다는 사실을 확인하게 되었고, 그들과 교류하면서 그들의 신앙과 지난날의 이북 지역 교회사를 이해하기 위하여 한국의 교회사와 보편적 근현대사의 다양한 자료들을 함께 탐독한 결과, 한국 교회사의 실제적인 기원이 1866년에 평양 대동강으로 진입한 미국의 제너럴셔먼호 사건에서 비롯되었음을 알게 되었다. 즉 한국 교회사의 태동이 한성(서울)이 아닌 평양에서 시작된 것이다. 물론 한국 교회의 정사에서는 1885년 4월 5일 언더우드와 아펜젤러 선교사가 제물포에 들어온 날이 교회사의 원년으로 기록되고 있다.

한국 교회사 150여 년을 상고해 보면 한국 기독교 역사의 시발과 발흥지는 실제적으로 이북 지역이었고, 특히 평양은 한국 교회의 모판이었으며 대외적으로 '동양의 예루살렘'이라고 불렸다. 그런 거룩했던 도성이 20세기 중반에 와서 지구상에서 가장 잔악하게 기독교를 박해하는 본거지가 되었고, 교회 십자가는 독재자의 거대한 동상과 혁명 사적관으로 대체되었다.

이러한 공산 치하의 암흑시대가 북한에서 70여 년을 경과하고 있지만, 그 역사 속에 그 땅을 향하신 하나님의 구속의 역사가 면면히 흐르고 있다. 때문에 그 의미를 재발견하기 위해서는 시대의 흐름을 구분짓는 시대별 정리가 필요하다.

필자는 남과 북의 교회사 중에 북한의 교회사를 4가지에 중점을 두어 서술 편집하였다. 첫 번째로, 한반도의 복음의 발원지이고 교회 부흥의 발흥지였던 이북 지역의 교회 역사를 한국 근현대사라는 통사의 배경을 통해 객관화하고, 그 교회사와 통사의 실체를 성경적 관점으로 해석하기 위하여 남과 북의 분단과 공산화를 이스라엘의 역사와 대비하여 서술하였다.

두 번째로, 공산 독재 치하에서도 70여 년 동안 그루터기 교회가 되어 핍박 속에서도 순교행전을 이어가는 북한 지하교회 역사를 로마 박해 시대에 신앙을 이어갔던 숭고한 초대교회와 대비하여 북한 지하교회 행전의 사례들을 소개하였다. 지금의 북한 지하교회는 1866년 토마스 선교사의 대동강 순교로 시작된 복음의 발아기로부터 그 맥을 이어오는 것이기에, 한국 교회사적인 측면에서 이를 고찰함으로 북한 지하교회사가 결코 단절되고 소멸된 것이 아니라, 이스라엘 민족이 바벨론 유수 70여 년 중에도 그들의 신앙을 유지하고 성전 재건을 꿈꾸었던 것처럼, 지금의 북한 교회 역사도 엄연히 교회의 생명력을 유지하고 있고 억압 중에도 공교회의 회복을 꿈꾸고 있음을 증거하고자 하였다. 이는 곧 한국 교회 역사의 재발견과 복원적 의미로 연결짓는 것이기도 하다.

세 번째로, 북한 지하교회의 활동과 신앙의 진면목이 지난 70여 년 동안 어둠에 묻혀서 지상으로 드러나지 않은 암흑적 역사로만 인식되고 있기에, 북한 지하교회 역사 또한 교회 중간사적 의미로 해석을 시도하였다. 신구약 중간기는 400여 년 동안 하나님의 계시가 없어 선지자들의 공적 활동이 전무하였기에 암흑기라고도 하지만 사실상 그 시기는 예수 그리스도의 오심을 위한 준비의 한 과정이었던 것처럼, 북한 지하교회 역사도 궁극적으로 통일의 날에는 과도기적 중간사라는 시기가 종료될 것이기에 잠정적 중간사로 전제한 것이다.

네 번째로, 현재 북한 지하교회 성도들의 신앙과 실체 및 그들의 사역 범위가 국지적이거나 일과성의 단편적 사건이 아니라, 북한 전역에 흩어져 있는 지하교회로서 북한 성도들의 신앙이 지금의 한국 교회사와 공존하고 있다는 사실과 그들의 신앙 활동이 장차 교회의 정사로서 평가되어야 한다는 점을 고려하여, 이를 동일 선상의 교회사적 관점으로 저술하였다.

북한 성도들의 처절한 신앙의 실상은, 통일되거나 그 땅에 신앙의 자유가 주어지는 날에 하나님께서 북한의 교회들을 친히 성령으로 주관하시고 운행하셨음이 확연히 드러나게 될 것이다. 그날이 요원하게 느껴질 수도 있지만, 불원간에 우리는 하나님의 구속사가 인간의 절망 가운데서도 마침내 성취됨을 북한 교회사를 통해 다시 확인하게 될 것이다.

이 책의 전체 목차는 다음과 같은 중요 사건들을 기준하여 북한 교회사를 암흑의 5기로 분류하여 편집하였다.

본문 제1장은 '암흑 1기'로서, 조선 말기인 19세기 초 조선은 사색 당파의 파쟁과 이북 지방에 대한 지역 차별과 암울한 사회적 혼돈이 심화되어 가고 있었다. 그 당시에 조선 조정에서 관서 지방(이북 지역)의 인재 등용에 차별을 하게 된 통사의 배경과 사회상을 소개하면서, 그것이 오히려 그 지역 주민들에게 새로운 기독교의 복음 전파가 더 활성화되는 사회적 요인이 되었음을 서술하였다. 그리고 역사의 순위와 영향력이 큰 사안을 기준하여 쇄국정책하에 평양에서 발생한 제너럴셔먼호 사건(1866)을 소개하였고, 그후 20여 년이 지나서 미국 선교사들이 이북 지역을 중심으로 교회 개척과 신학교 설립과 문명화 사역을 통해 이류 이북 지역의 교회 부흥과 함께 관제와 천주교로부터의 박해 사건도 서술하였다.

제2장 '암흑 2기'에서는 일제 강점기 중 교회가 부흥하던 시기에 1938년 9월 27일 평양 서문밖교회에서 개최된 제27차 조선예수교장로회 총회에서 신사참배를 통과시킨 배교 사건과 1945년 7월 조선총독부가 조선의 모든 교회를 일본 제국주의 교회에 종속시킨 일에 협조한 교회의 타락과 해방 직전까지 이북 교회의 일본에 대한 굴종적 배도의 교회사를 구분하여 서술하였다.

제3장은 '암흑 3기'로서, 1945년 해방 후 38선을 기점으로 남과 북이 분단되고 소련의 군정에 의해 이북 지역에 공산 정권이 수립되면서 이북 교회가 찬반으로 분열되고, 평양 교회들을 중심으로 한 대

다수의 그 지역 교회들이 김일성 공산 정권 수립에 동조한 제2의 배도 행위와 곧 이은 6·25전쟁 중에 북한 공산 정권의 남침에 대해 적극 지지한 이북 교회들의 반민족적이고 반기독교적인 변질 실태와 신앙의 자유를 찾아 이남으로 내려온 여러 이북 교회의 혼돈 시대를 다루었다.

제4장 '암흑 4기'에서는 1957년 이후 김일성 정권이 체제 강화를 위해 전 주민과 남은 기독교인들을 대상으로 벌인 엄혹한 숙청과 교회 훼멸에 대한 내용을 소개하였다. 이어서 1960년대와 1970년대에 걸친 영구 독재 체제 수립을 위해 주체사상으로 기독교를 대체하는 김일성 숭배 정책 과정과 나아가서 어용 기독교 대표 기관을 다시 등장시켜 대외적 선전 수단으로 활용한 그들의 전략과 활동을 서술하였다.

제5장 '암흑 5기'는 1994년 김일성 사망 이후 북한의 경제적·사회적 혼돈으로 발생한 기아 사태와 대량 탈북 사태로 복음이 북한 내지로 대량 유입되고 그로 인해 지하교회가 활성화된 내용을 다루었고, 그 후 김정일과 김정은 시대로 이어진 3대 세습의 정치적 변화와 대중화된 북한의 장마당 지하 경제 체제가 지하교회 활성화에 어떤 영향을 주었는지에 대해 서술하였다.

제6장에서는 핍박과 순교 중에도 이어진 지하교회 성도의 신앙 활동과 믿음의 실사례 12가지를 소개함으로 그들의 참된 신앙의 모습과 환난과 핍박 속에서도 신앙에 정진하는 신 순교자들의 모습을 소개하였다.

제7장에서는 이스라엘 왕국 분열의 종교적·사회적 원인과 배경을 한국의 남북 분단의 역사와 대비하여 서술함으로 분단 현실의 교회사적 원인과 국내외의 사회적 요인을 성경적으로 해석하였다.

제8장에서는 70여 년 공산 통치 압제 속에서도 신앙을 지키며 교회의 명맥을 유지하고 있는 북한 지하교회에 대한 성경적 해석과 그 의미를 교회사적으로 객관화하기 위해, 이스라엘 민족의 수난 역사를 지금의 북한 지하 성도의 고난과 대비하여 서술하였다. 아울러 교회사적으로는 북한 지하교회의 역사를 성경의 중간사 속에 담긴 구속사의 의미와 동일하게 해석하여, 북한의 교회 역사가 단절되고 멸절된 것이 아니라 그곳을 향하신 하나님의 구속사가 진행되고 있음을 서술하였다.

또한 세계 교회사 중에 북한 지하교회사와 적합하게 비교될 수 있는 종교개혁기에 프랑스 위그노 개신교도들의 고난의 역사를 소개함으로 북한의 교회사도 세계 교회사의 한 지류임을 증거하였다.

제9장에서는 우리 민족 공동체의 염원인 통일의 보편적 가치의 공유화가 남과 북 교회 통일에도 선제적 조건이 됨을 객관화하여 통일이 남과 북 모두의 역사적 사명임을 서술하였다. 그리고 궁극적으로 이스라엘 민족의 회복이 전적인 하나님의 주권적 섭리 속에 성취된 것으로 해석하여, 북한의 신앙의 자유와 민족의 화해도 하나님의 구속사를 통해 성취된다는 점을 강조하였다.

이를 위해 남과 북의 교회가 통일 전후에 민족의 화해와 일치를 위해 구약의 에스겔 선지자와 같이 선지자적 사명을 가져야 함을 말하였으며, 신약에서도 예수님께서 남과 북의 이스라엘 전 지역을 순회하면서 사역하신 사례가 교회를 통한 민족사의 화해에 좋은 본보기가 됨을 서술하였다.

부록 1의 기고문은 〈통일 이후 신학 연구〉에 실린, 독일에서 목회하고 있는 김재만 목사의 글이다. 한국 교회가 통일 모델로 참고할 수 있는 동독 교회가 분단과 공산 통치하에서도 독일 통일에 어떻게 기여했는지에 대한 내용을 요약 인용하여, 지금의 북한 지하교회가 장차 그 땅의 교회 회복과 통일한국 교회에 어떻게 기여할 것인가의 교훈을 독일 교회로부터 얻고자 게재하였다.

부록 2에서는 통일 후 남과 북의 교회가 함께 재건해야 할, 공산화 직전 이북 전역에 산재해 있었던 3천여 교회의 목록을 도별로 정리하여 교회명과 주소를 함께 수록하였다.

2020년 1월
강석진

| 북한 지하교회 관련 사진 Photo |

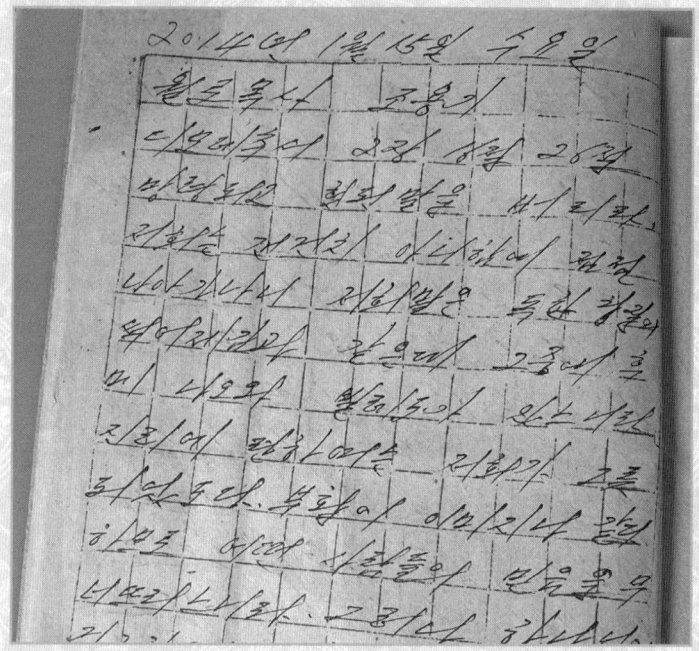

◀ 극동방송을 청취하며 기록한 경건일기

◀ 라디오를 통해 성경을 배우는 성도의 서신

◀ 기도하는 믿음의 소녀가장
　여중생

◀ 지하교회 지도자가 보내온
　편지봉투

◀ 3대를 이어가는 지하교회 지도자 서신

◀ 화진포의 김일성 별장
김정일, 김경희와 소련 평양 정치부 레베데프 소장 자녀와 기념사진(1946)

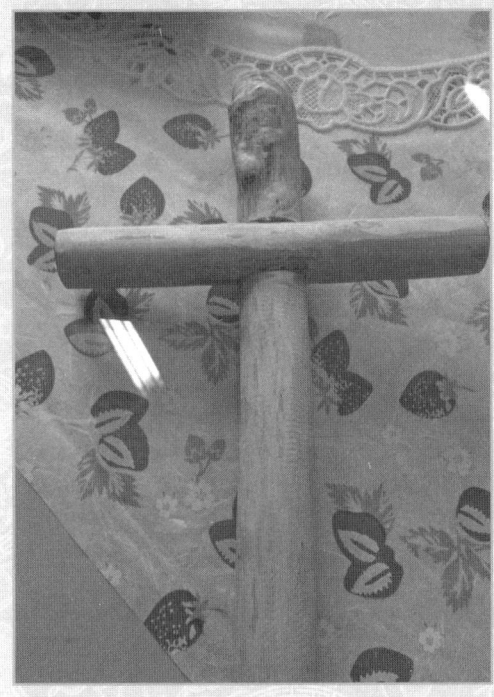

◀ 지하 성도가 제작한 나무 십자가

◀ 극동방송을 청취하는 성도

◀ 백두산 농장 지도자의 신앙 간증문

◀ 라디오를 선물받은 지하 성도

◀ 한경직 목사님과 필자 강석진 목사
  (1993년 남한산성의 한 목사님 사택)

◀ 두만강 처소교회에서 북한 주민을
  위한 양식 제공

◀ 지하 성도가 사용했던 찬송가

◀ 지하 가정교회 성도

◀ 강양욱 목사에게 세례를 받았던
  평양 성도의 회고문

◀ 전쟁 중 폭격맞은 신의주 제2교회 건물
  (한경직 목사 시무/ 1933~1945.10.)

▲ 의료품을 지원받은 병원장의 감사편지

▲ 차돌에 새긴 지하 성도의 성화

◀ 십자가를 만드는 지하 성도

◀ 1891년 개척된 압록강변 집안현 이양자교회 기념비

◀ 양식을 받고 돌아가는 지하 성도

> 존경하는 목사님 앞.
>
> 그간 안녕하셨습니까?
> 6월 말에 목사님께서 보내주신
> 찬양반주기 반갑게 잘 받았습니다.
> 선생님이 주신 이 찬양반주기로 우리 가정은
> 정말 하나님의 은혜로 많이 받고 있습니다
> 성경 말씀도, 읽을수 있어 정말 은혜 받고
> 있습니다. 목사님, 앞으로도, 우리와
> 같은 가정에 찬양 반 주기로 보내 주셔서
> 우리 이 땅에서도 하나님을 찬양하게 하시고
> 하나 같이 말씀 먹고, 숨아 갈수 있도록 도와
> 주시면 정말 감사 하겠습니다.
> 무산군. 읍, ▮▮▮ 드림

◀ 찬양반주기를 선물받은 성도의 감사편지

◀ 예배를 인도하는 지도자

◀ 지하 성도의 신앙생활을 소개한 편지

◀ 평양 모학교의 지원에 감사하는 편지

◀ 성경 학습을 받은 성도의 감사편지

◀ 평양주일학교를 함께 다녔던 성도가
　한국의 영락교회 권사 친구에게 보낸 편지

| 목차 Contents |

들어가는 말 ··· 002

북한 지하교회 관련 사진 ··· 012

일러두기 ··· 030

제1장 조선의 쇄국기와 여명의 시대: 암흑기

1. 새 시대를 갈망하는 어둠의 땅 ··· 032
2. 천주교의 도래와 셔먼호의 평양 출현 ··· 039
3. 조선의 격변기와 복음의 여명기 ··· 044
   1) 최초로 평양 대동강에 복음을 싣고 온 제너럴.셔먼호(1866) · 044
   2) 조선 반도를 둘러싼 열강의 각축과 미국과의 수교 · 047
   3) 최초의 조선어 성경 번역과 출간(1882) · 050
   4) 최초의 조선어 성경이 조선 땅에 전해지다(1883) · 054
   5) 최초로 세워진 황해도 소래교회(1884) · 057
   6) 최초의 평양신학교(1901) · 060
   7) 최초로 발흥한 평양 장대현교회(1907) · 062
4. 초기 개신교가 당한 수난들 ··· 073
   1) 관제에 의한 핍박 · 073
   2) 천주교와의 대립과 박해 · 077
5. 이북 지역의 교회가 부흥된 포괄적 요인 ··· 079
   1) 지역의 사회적 배경 · 079
   2) 이북 지역의 문명화(Civilization) 사역 · 082

6. 이북 지역의 복음화에 헌신한 내외국 사역자들 ··· 087
   1) 토마스 선교사 – 평양 최초의 복음 전파와 순교 · 088
   2) 사무엘 마펫 선교사 – 평양 교회 최초 개척과 평양신학교 설립 · 090
   3) 윌리엄 제임스 홀 가족 – 평양 최초의 의료와 교육의 개척자 · 096
   4) 베어드 선교사 – 민족 지도자의 산실 평양 숭실대학 설립 · 100
   5) 서상륜 권서 – 이북과 이남의 최초 교회 개척자 · 104
   6) 백홍준 – 한글 성경을 조선에 갖고 온 최초의 권서이자 장로이며 순교자 · 105
   7) 김청송 – 조선어 성경 식자공이자 만주 집안현(輯安縣) 전도자 · 109
   8) 길선주 – 평양 대부흥운동의 주역이자 최초의 목사와 부흥사 · 111

제2장 일제 강점기와 이북 교회의 배교: 암흑 2기

1. 이북 교회의 분쟁과 혼란의 시대 ··· 116
2. 민족 수난기의 교회 부흥과 배교의 양면 ··· 119
3. 일본 교회에 합병된 조선예수교장로교의 변절과 굴종 ··· 123
4. 해방 후 교회 재건과 갈등 ··· 129

제3장 해방과 이북 교회의 공산화: 암흑 3기

1. 해방 전 사회주의 침투와 교회의 혼란 ··· 134
2. 해방 후 소련의 군정과 교회의 저항 ··· 138
3. 김일성 공산 정권 수립에 공조한 이북 교회 ··· 150

4. 남북 국가 건국과 교회의 영향 ··· 158
   1) 대한민국 건국과 이승만 · 158
   2) 조선민주주의인민공화국 건국과 김일성 · 167

5. 징벌적 6·25 동족상잔과 혼돈에 빠진 북한 교회 ··· 172
   1) 전쟁 중의 북한 교회 · 172
   2) 월남한 피난민 교회의 고민 · 178
   3) 공산화로 인한 교회의 교훈 · 181
   4) 지하교회 지도자가 증언하는 해방 후 북한 교회사 · 183

제4장 정전 후(停戰) 지하교회 말살과 관제 기독단체의 재등장: 암흑 4기

1. 정전 후 독재 체제 강화와 지하교회 말살 정책 ··· 190
   1) 출신성분 구분 작업(1958) · 193
   2) 북한식 문화혁명(1967) · 194

2. 김일성의 유일 독재 체제 구축 ··· 194

3. 주체사상의 종교화 ··· 197
   1) 김일성 숭배를 위한 주체사상의 형성 · 197
   2) 우상화된 김일성의 기독교 가문 배경 · 203

4. 북한 조선기독교도연맹의 대내외 전략적 등장과 활동 ··· 207
   1) 정치적 목적을 위한 조선기독교도연맹의 재활성화(1980년대) · 211
   2) 대내외적 변화로 인한 관제 교회의 설립(1980년대 후반~1990년대) · 217

제5장　지하교회의 급성장 배경: 암흑 5기

1. 지하교회의 소생 ··· 229
2. 식량난으로 인한 대량 탈북 사태 ··· 232
3. 김일성 사후 지하교회의 급증과 탄압 ··· 235
4. 김정은 시대의 시장경제 확장과 지하 성도 ··· 246

제6장　지하교회의 실체와 사례

- 제1사례　지하 성도의 원단 금식기도 ··· 255
- 제2사례　우리 가문의 신앙생활과 지하교회 ··· 260
- 제3사례　눈이 멀면서도 그리스도를 고백한 성도 ··· 263
- 제4사례　신의주 제1교회 지하 성도의 꿈 ··· 264
- 제5사례　예배당에서 예배드림이 마지막 소원인 지하 성도 ··· 265
- 제6사례　극동방송 청취를 통해 자생적으로 결성된 지하교회 ··· 267
- 제7사례　자생적 지하 성도인 신의주 청년의 비전 ··· 272
- 제8사례　백두산에 지하교회 성경학교가 개설되다 ··· 275
- 제9사례　레위기의 제사법대로 소를 번제물로 드린
　　　　　북한 당 간부의 간증 ··· 278
- 제10사례　보위부 생활 총화에서 드러난 지하 성도의 활동 ··· 288
- 제11사례　미 백악관에서 증언한 지하 성도의 신앙 ··· 292
- 제12사례　백두산 골짜기에서 하나님을 체험한 협동농장원들 ··· 294

제7장 남북한 분단과 대립의 성경적 이해

1. 이스라엘 남북 분열의 원인 ··· 303
   1) 이스라엘 왕국 분열의 신앙적 원인 · 303
   2) 이스라엘 왕국 분열의 정치적 원인 · 305
   3) 외세를 끌어들인 동족 간의 전쟁 · 308
2. 남북한 분단의 징벌적 원인 ··· 310
   1) 일제 황국화 강요에 배교한 이북 교회 · 313
   2) 해방 후 이북의 공산화와 우상화의 배도 · 314
3. 남북한 체제의 경쟁과 교회의 흥망 대비 ··· 317

제8장 북한 지하교회의 성경적 이해와 적용

1. 이스라엘 민족사를 통한 지하교회의 성경적 이해 ··· 325
   1) 애굽 바로 압정하의 히브리 노예와 북한 지하 성도의 고난 · 325
   2) 다윗의 아둘람 굴 공동체와 북한 지하교회 공동체 · 329
   3) 바벨론 포로의 예루살렘 성전 재건과 동양의 예루살렘 재건 · 333
   4) 예루살렘의 남은 자들과 북녘의 그루터기 신앙인들 · 336
   5) 에스겔 골짜기의 마른 뼈들의 소생과 북한 지하 성도의 회복 · 344
2. 북한 지하교회의 중간사적 이해와 비교 ··· 347
   1) 신·구약 중간사의 역사 이해 · 350
   2) 프랑스 개신교 위그노파의 암흑기를 이겨낸 중간사 · 361

제9장 통일과 남북 교회의 비전

1. 통일의 보편적 가치 제고와 민족 염원의 성취 ··· 366
2. 성경적 통일 모델과 민족 화해 ··· 372
   1) 요셉의 형제애를 통한 혈육의 화합 · 372
   2) 분열된 왕국의 통합을 외친 에스겔 · 376
   3) 예수의 북 사마리아와 남 예루살렘의 지역적 화해 사역 · 379
   4) 남남북녀인 요셉과 마리아의 결합 · 384
   5) 종교개혁으로 분열왕국을 화합시킨 히스기야 왕 · 387

미주 ··· 393

부록 ··· 405
   1. 독일 통일에 기여한 동독 교회의 역할 _ 김재만 목사 · 406
   2. 해방 이전 북한 교회 명부(약 3천여 개 교회/ 도별 정리) · 437

나가는 말 ··· 484

색인 ··· 493

일러두기

1. 본문 중에 국명을 해방 후 1948년 8월 15일 새로이 건국이 된 때부터는 '한국'으로, 일본의 강점기는 '일제'로, 한일합방 이전은 '조선'으로 표기하였다.

2. '이북'이라는 지역 명칭은 분단되기 이전에 함해도와 평안도, 함경도로 대체로 38도선 북쪽 지역을 말하고 있다.

3. 남과 북을 지칭할 때 '북한' 명칭은 해방 후 공산 정권이 수립된 후로 구분하여 표기하였다.

4. 지금의 서울 명칭을 구한 말기에는 '한성'으로, 일제 강점기에는 '경성'으로, 해방 이후에는 '서울'로 구분하여 기술하였다.

5. 이 책에서 여러 기독교의 교파 가운데 장로교를 중심으로 한 기록들을 활용하였는데, 이는 당시 이북에서 장로교의 교세가 교회 수나 기독교인들의 비중으로 볼 때 압도적으로 높았기 때문이다.

제1장 조선의 쇄국기와 여명의 시대: 암흑 1기

구한말 평양의 대동강

제1장
조선의 쇄국기와 여명의 시대: 암흑 1기

1. 새 시대를 갈망하는 어둠의 땅

선교사들이 내한(來韓)한 시점인 19세기 후기 조선의 역사는 국제 정세나 문명사의 흐름으로 볼 때 전환기에 접어들어 있었다. 조선 400여 년의 봉건 사회를 정신적으로 지탱해 온 유교의 주자 성리학(朱子 性理學)의 가치관이 그 빛을 잃어가고 있었기에 새로운 사조와 가치관과 문명이 요청되는 시기였다. 이러한 시대의 변혁기에 이북의 관서 지역(서북)에서는 신시대에 대한 요청이 상대적으로 강하였다. 이 지역은 오랫동안 권력의 그늘에 처해 있어 상대적 소외감과 박탈감이 팽배해 있었으며, 이남 지역의 권력형 양반층보다는 상업적 중산층이 두텁게 형성되어 있었다.

지역적 배경을 볼 때, 평안도의 국경 지방은 압록강을 두고 중국 대륙과 접한 곳이기에 오래전부터 사신의 통로가 되었고 상업적 문물 교류가 활발하였기에, 당시 서북인들 가운데 권력 대신 상업 활동에 의한 자본 계층이 자연스럽게 형성되었다. 초기의 기독교 신자들이 대부분 서북인이었던 점도 깊은 관련성이 있다. 한국 교회사 초기에 가장 큰 영향력을 준 인물들이 평안도 의주의 서상륜, 서경조, 백홍준, 한석진 등이었는데 이들은 양반이었으나 벼슬을 갖지 못한 식자층이었다. 이들은 동시대에 이남 지역에서는 '사농공상'(士農工商) 중에 가장 천시하는 상업 행위를 하는 봇짐 상도들이었다.

서북 지역의 주민들이 타 지역에 비해 관직에 오르지 못하는 차별을 받게 된 역사에는 정치적 배경이 있어 왔다. 조선을 개국한 이성계는 자신이 함경도 출신이었지만, 무신이 많은 서북 지방(평안도)을 늘 경계하여 "서북 지방 사람을 높은 벼슬에 임용하지 말라"는 명을 내렸다. 그러나 건국한 지 50여 년이 되었을 때인 단종 1년(1453), 함길도 도절제사 이징옥은 자신에 대한 부당한 파직과 수양대군의 계유정란에 항거하여 스스로 황제를 칭하며 조직적인 반란을 일으켰다.

중종 38년(1543)에 편찬된 《대전후속록》 금조제에는 "평안도, 함경도, 황해도 사람은 여러 관원에 소속시키지 말라"고 기록되어 있다. 이것은 하급 관원이나 왕의 측근에 서북계가 진출하지 못하도록 못 박은 것이었다.

1559년부터 1562년에 걸쳐 발생한 임꺽정의 난은 지배층의 가혹한 수탈에 대한 민중, 곧 토지를 잃은 농민과 수공업자, 소상인, 백정들의 저항이었지만, 황해도를 중심 무내로 하여 황해도민의 절대적 지지를 받았다는 점에서 지역 차별에 대한 항거이기도 하였다. 심지어 임진왜란 때 서북에서는 의병이 일어나지 않았고, 오히려 회령에서는 역도가 된 국경인(鞠景仁) 같은 자가 "우리는 소성에서 버림받은 백성이나. 누구에게 충성하겠는가?"라고 외치며 피난해 온 왕자나 대신을 잡아 왜군에게 투항하기도 하였다.[1]

그 외에도 1811년 평안도에서 세도정치 밑에 고통받는 사람들이 힘을 모아 일으킨 사건이 '홍경래의 난'이었다.[2] 그 후에 왕실이 이북 지역 가운데서도 평안도 출신들을 더욱 경계하는 계기가 되기도 하였다.

여기에는 과거 조선 초기에 이북 지역 사람들을 고려 유민으로 여겨 원천적으로 차별하여 실력이 출중하더라도 주류 정치권에 등용하지 않았던 배경이 깔려 있었다. 그 이후에도 이북의 서북 지방 사람들은 천한 계층으로 여겨졌고, 사회적으로 차별을 받아왔다.

이북 관서 지역에서의 이런 역모의 배경에는 그 이전부터 쌓여 온 불만이 팽대해 있었다. 정조 시대의 대학자이자 조선 최초의 영세 천주교도인 이승훈의 외숙부이고 1801년의 신유박해 때 순교한 이가환(李家煥)은, 자신의 글 "금대시문초"(錦帶詩文抄)에서 평양을 비롯한 서북 사람들이 눈에 띄게 차별받고 있음을 이렇게 탄식했다.

> 한성(서울)이나 경기 지방에 사는 자들은 대부분 차례대로 관직에 임용되고, 벼슬이 현령(縣令)이나 목사(牧使)에까지 이르기도 한다. 그러므로 비싼 옷에 좋은 말을 타고 평생 영예와 부를 누린다. 반면 먼 지방에 사는 자들은 곧바로 서둘러서 행장을 꾸려 고향으로 돌아가게 된다. 성상(聖上)께서 즉위한 지 10년째 되던 해에 내가 평안도 성수에 목사(牧使)로 부임하였다. 고을에 진사시 합격자 명단이 있어서 살펴보았더니, 나라가 세워지고 지금까지(1786) 나온 합격자가 얼마 되지 않았고, 그중 관직에 제수된 사람도 극소수에 불과하였다.
>
> 아! 하늘이 그들의 벼슬살이에 제한을 두고자 한 것인가? 그렇다면 무엇하러 재능을 부여하여 이름을 얻게 했겠는가. 국가가 그들의 임용을 막고자 한 것인가? 그런데 법령을 살펴보아도 명시된 조항이 없다. 게다가 성상께서 인사가 있을 때마다 서북 지역 사람들을 거두어 쓰라고 거듭거듭 간곡하게 당부하였다.

이처럼 이북의 서북 지방 출신들은 요직에 임명되지 못했을 뿐만 아니라 승진도 쉽지 않았다. 조선 후기 당상관 후보자의 명부인 도당록(都堂錄)에 서북 지방 출신이 단 한 명도 없다는 사실에서 그 차별이 어떠했는지 알 수 있다. 무관의 경우도 차별이 뚜렷해 승급하지 못하고 하급 무관에 머무르는 것이 일반적 관례였다. '홍경래의 난'도 이러한 서북인에 대한 차별에서 비롯되었다. 선교 초기, 인구 10만 명으로 조선 제2의 도시이자 서북 지방 최대의 거점 도시였던 평양에서 선교사들이 유학자들을 별로 만나지 못했던 것도 입신양명(立身揚名)하려는 대부분의 유학자들이 차별을 피해 평양을 빠져나갔기 때문이었다.[3]

이 당시의 평안도를 중심으로 한 이북 지방의 식자층들은 출세를 위한 권력 지향 대신에 외국의 새로운 문물과 사상과 종교에 관심이 많았는데, 그러한 동기로 일찍이 들어 보거나 접해 보지 못한 서양의 종교와 문화에 적극적인 관심을 갖게 되었다. 이러한 이북 지방의 풍토가 오히려 복음이 토착화되는 데에 밑거름이 된 것이다. 서북 지방의 자립적 중산층과 식자층에서 초기 기독교인들이 대거 생겨났다. 그 당시 봉건사회에서 사회 정치적으로 300여 년 이상 차별받고 소외되었던 이들에게 "창조주 하나님 앞에 모든 사람은 죄인이며, 평등하나"는 기독교 교리는 지금까지 듣지 못했던 파격적인 복된 복음이 되었다.[4]

그들은 '새 하늘과 새 땅'을 바라본 것이다. 이러한 사회 정치적 배경과 요인이 생명의 위험에도 불구하고 복음을 적극적으로 수용하게 된 주요 원인으로 작용했다.

이러한 시대적 환경에 처해 있는 조선 말기에 선교사들이 내한하였다. 한국 선교 역사에 최초의 선교사로 공인된 언더우드와 아펜젤러 선교사가 1885년 4월 5일 부활주일에 입국하였다. 그 이후에 지속적으로 미주 지역의 선교사들이 입경하였지만, 그들의 선교 활동은 제한되어 있었기에 한성(서울)에 거주하면서 의료와 교육 사역에 치중하였다. 그러나 1894년 청일전쟁 직전부터 후발 선교사들은 자신들의 선교 거점을 서울에서 이북 지방과 그 외의 타 지방으로 옮기는 개척 사역에 착수하였다. 이는 물론 조선왕실에서 알렌, 아펜젤러, 언더우드 등 초기 선교사들을 신뢰했기에 가능했다. 그 이유는 선교사들이 조선의 의료, 교육, 복지 등에 공헌하였기 때문이었다.

사실상 1897년 대한제국 설립 이전에 조선 조정은 공식적으로 기독교 선교를 인정하지 않았지만 실제로는 미국 선교사들을 비호했다. 조선의 외무아문(외교부)은 그들에게 호조(여행 허가증)를 발급해 주었고, 지방 여행 시에는 숙소와 편의 제공과 신변의 보호도 지시했다. 때로는 조선의 군사들을 대동시키는 특혜도 주었다. 조선왕실도 선교사들이 왜 조선 내륙을 여행하려는지 잘 알고 있었지만 이를 묵인했다. 1887년부터 1893년까지 선교사들은 복음의 불모지였던 이북 지방을 50여 차례에 걸쳐 선교 탐색 여행을 했다. 스왈른(W.L. Swallen), 게일(J.S. Gale), 맥길(William McGill) 등은 원산, 철원 등 북동부 지역을 탐색했고, 미 북장로교의 사무엘 마펫과 감리교의 홀(William James Hall) 등은 관서 지역인 평양과 의주를 답사했다.[5]

당시에 이북 지방 중 특히 관서(평안도, 황해도) 지역은 사실상 선교지로서 무주공산 같은 지역이었기에 복음 사역에 무한한 가능성이 있는 미개척 지역이었다. 특히 평안도는 전통적으로 활발한 상업 활동을 바탕으로 빠른 경제 발전과 역동적인 사회상을 보이고 있었으나 정치 권력으로부터 소외되어 식자층들과 주민들의 불만이 더욱 커져 갔다. 이러한 시대에 한성(서울)에서 이미 사역을 시작한 언더우드와 아펜젤러와 스크랜턴 등은 굳이 이북 지역까지 진출할 필요가 없었다. 그러나 그 이후에 내한한 선교사들은 자연스럽게 다른 선교사들의 발걸음이 미치지 않은 미개척지를 선택해야 할 정황이 되었다.

마펫 선교사가 한국에 올 때에 처음부터 이북 지방을 염두에 두었던 것은 아니었다. 그는 1890년 한국에 와서 언더우드와 함께 사역하다가 그의 조언에 따라 3년 이후인 1893년에 평양으로 사역지를 옮겨 이북 지역의 사역을 개척하였다. 당시 선교사들 간에 이북 지역은 사실상 기피지나 다름없었다. 치안 문제를 비롯해 이남 지역과는 정서적 환경도 달랐고, 심지어 이북 사람들은 매우 거칠고 상대하기가 어려운 주민들이라는 인식이 있었다.

미 북장로교선교부 총무가 된 로버트 스피어는 "평양은 조선 내에서 가장 어려운 선교 지역 중 하나"라고 했고, 그래서 평양에 선교 거점을 마련하는 일에 소극적이었다. 언더우드는 전략적 차원에서 평양을 가장 중요한 선교 거점지(mission station)로 판단하여 이미 1887년 3월부터 평양에 선교부를 개설해야 한다고 해외 선교부를 설득하고 있었다. 언더우드는 서울을 중심으로 이북 지역의 사역을 계획하였었다. 물론 미국 선교본부에서 허락하지 않았기에 결국 최종적으로 마펫 선교사가 가게 된 것이다.[6]

기니다 도론도 출신의 감리교 의료 선교사 윌리엄 홀은 1893년 2월 마펫, 그레이엄 리 등과 함께 서북 지방으로 순회전도 여행을 하며, 왜 평양이 선교의 최적지인가에 대해 나누었던 말을 다음과 같이 전하고 있다.

> 첫째, 이 도시(평양)는 조선에서 가장 문란하고 더러운 도시라는 평을 받고 있으므로 선교의 도전 대상지가 되며.
> 둘째, 자기들의 기분에 맞지 않으면 일반인이건 관원들이건 막론하

고 돌로 때리는 폭력배들이 있는 곳으로 유명하며,

　　셋째, 인구가 10만 명이 넘으며 주민들은 적극적이고 상업적이라 비교적 번성할 여지가 있는 도시이며,

　　넷째, 한성과 베이징 간을 연결하는 도로 선상에 위치하므로 육로 사정도 괜찮고 대동강을 통한 해상 교통도 용이한 점으로 볼 때 평양은 정말로 찬란한 역사의 도시임이 틀림없다.[7]

　　그 당시 평양은 상업이 발달하고 교통의 요지로 세속적이고 기생들이 많은 문란한 도시였다. 그러나 이들 선교사들은 그러한 조건이 오히려 선교의 최적지일 수 있다고 역으로 판단했다. 역사는 선교사들의 판단이 옳았음을 증명해 주고 있다. 결과적으로 평양을 비롯한 서북 지역은 한성 지역에 비해 3배 이상의 선교 성과를 내었고, 선교의 최적지였음이 확인되었다.

　　평양을 비롯한 서북 지방은 한성이나 삼남 지방(충청, 전라, 경상도)과 여러 가지로 달랐다. 유학자들의 지식층 비율이 한성은 30%에 가까운 데 반해 평양은 0.4%에 불과했고, 유학(儒學)의 지식인들이 극소수였기 때문에 성리학(性理學)적[8] 질서가 훨씬 덜하였다.

　　또한 중소 자영농이 많았으므로 소작인이나 노비에 의해 운영되던 다른 지역에 비해 생산성이 높았다. 노비와 유학자층이 상대적으로 적어 계급적 갈등도 비교적 적었고, 상업에 열중하여 평양은 개성과 함께 조선에서 손꼽히는 상업도시가 되어 있었다. 자원도 풍부하여 수공업과 광업도 활성화되어 있었다. 평양은 중국과 중개무역을 하는 상업이 발달해 번성했고, 개인 보부상들에 의해 개인의 무역도 발달하였다. 이 무역상들에 의해 중국의 정치, 경제 상황이 빠르게 전달되는 지역이기도 했다.

　　이러한 서북의 지역적 성향은 복음주의의 특성과 서로 잘 맞았

다. 서북 지역 주민들은 외부의 문물과 정보에 대해 대체적으로 긍정적인 의식과 관심을 갖고 있었다. 평양을 비롯한 서북 지역의 이러한 배경은 기독교 복음이 정착되는 데에 매우 효율적으로 작용했다.

서북 지역 주민들은 비교적 유학 이데올로기의 방해를 받지 않았고, 상업의 발달로 글을 읽을 줄 아는 일반 주민들이 적지 않았다. 여기에 서북 지역 사람들 대부분이 2천 년 전 예수님의 공생애 당시 이스라엘의 북쪽인 갈릴리와 사마리아인들처럼 조선사회의 외곽에 속해 있다는 열등감과 소외감을 가지고 있어서, 복음의 기본 교리 곧 '하나님 앞에 누구나 평등하다'는 기독교 사상이 이들의 마음 깊숙이 스며들기 쉬웠다. 서북 지방, 특히 평양 주민들은 매우 호방적이었기에 기독교 교리를 수용할 수 있는 상당한 잠재력을 갖춘 최적지였다. 한국 교회와 이북 지역에 가장 많은 영향을 준 인물들이 평안도 출신이었고, 최초의 한인 목사 7인 중에는 길선주, 양전백 목사와 한석진, 이기풍, 서경조 등이 있었다.[9]

2. 천주교의 도래와 셔먼호의 평양 출현

18세기에 이르러 조선에는 자국인을 통해서 서양의 종교인 천주교가 중국으로부터 도래하였다. 그로 인해 조선의 왕실과 권력의 기득권층은 새로운 서양의 종교와 문물에 대해 호기심과 아울러 경계심을 갖게 되었다.

조선은 400년 이상 유교 사상에 바탕을 둔 성리학의 식자층과 기득권층들이 주류를 이루었기에 천주교의 조선 도래는 서양의 문명 충돌로 이어졌다. 정조 시대에는 이익(李瀷)이 마테오 리치의《천주실의》를 들여왔다. 그의 천주교 교리에 대해 우호적이었던 이가환, 정약용, 채제공 등의 학자들은 신서파(信西派)로 분류되기도 하였다. 이들을 통해 기존 성리학의 계급적 세계관을 극복해야 한다는 새로운 주장이 나왔으며, 천주교 교리와 신학은 전통적 유교 및 성리학과 달리 인간의 평등적인 개념과 수평적 세계관의 이론이었다.

그러나 보수적인 성리학자들은 수직적 질서 체계인 충(忠)과 효(孝)를 거스르는 천주교 교리에 반대하였다. 천주교인들 사이에 조선 임금의 권위는 추락했고, 조상 제사는 우상숭배로 전환되었으며, 임금 자리에는 교황으로 대체되었고, 조상을 섬기는 것보다는 창조주 하나님과 인간의 관계를 더 소중히 여기게 되었다. 여기에 가장 민감하게 긍정적으로 받아들이고 입교한 계층은 주로 중산층과 여성들이었고 정약용 같은 일부 진보적 학자들도 다수 있었다. 이들의 이러한 변화에 대한 갈망은 새로운 시대적 요청이기도 하였다.[10]

1799년 천주교인이며 신서파인 채제공이 죽고 정조 임금이 승하하자 1801년에 신유박해(辛酉迫害)로 중국에서 세례를 받고 선교 활동을 한 이승훈이 처형되고, 서학파인 정약용, 정약종, 정약전 등이 유배되었다. 조선 시대의 서양 종교 도래는 봉건 왕조와 전통문화에 대한 위중한 도전이었고, 조선의 왕실은 경계심을 갖게 되었다. 그 후 흥선대원군은 천주교와의 악연으로 8만 명 이상의 천주교 신도들을 희생시키면서 엄혹한 박해 시대를 열었다. 결국 왕권의 존엄성 유지와 전통문화를 서양의 새로운 종교의 영향으로부터 지켜내고자 하는 수세적인 쇄국정책을 실행할 수밖에 없는 배경이 된 것이다.

1801년 정월에 나이 어린 순조가 왕위에 오르자 섭정을 하게 된 정순대비는 천주교를 사교(邪敎)와 서교(西敎)로 폄하하면서 엄금과 근절의 금압령을 내렸다. 뒤이어 1839년 기해박해와 1846년 병오박해, 1866년 병인박해로 조선의 정세는 살벌하였으며, 이러한 시대 정황에 기독교 신앙인이 된다는 것은 곧 죽음을 각오해야 하는 것이었다.[11]

시대적으로 천주교가 개신교보다 100여 년(1785) 앞서 들어왔고 수많은 천주교도들의 순교 시대 이후에 개신교가 들어왔다는 것은 우리 민족사적으로 볼 때에 매우 시의적절한 것으로 볼 수 있다. 그 당시는 조선왕조 400여 년 역사에서 새로운 시대의 도래가 절실하였다. 당시 조선의 정세는 권력층들의 세도정치와 사색당파 싸움과 기득권층의 부패로 일반 백성들은 생활의 핍절과 미신 행위와 권력층의 수탈로 신음하고 있었고, 당시 조선은 전 인구의 약 30% 이상이 노비였다. 이북 지역에서는 홍경래의 난 등으로 나라가 소요하고 있었다.

이때의 조선왕조는 사실상 스스로 자립·자정의 능력을 상실해 가고 있었기에 여망이 없는 후패(朽敗)한 고목과도 같았다. 외적으로는 청나라의 지나친 내정 간섭이 두드러졌고, 명치유신(明治維新) 이후 일본은 서양문물을 받아들이며 외국과 활발한 통상을 하여 이미 근대화를 구축하면서 부국강병을 이루어 내부에서 정한론(征韓論)이 점차 구체화되었고, 북방의 러시아는 남하정책을 취하므로 조선의 미래는 풍전등화의 위기에 처해 있었다.

동아시아 특히 중국과 일본에는 이미 서구 근대 문명 시대가 도래해 있었다. 조선은 동북아시아 나라들 중 유일하게 쇄국정책을 견지하며 마지막 보루처럼 서구 문명의 유입과 외세의 힘을 막아내려고 버티는 상황이었다. 그러한 위기와 침울한 시대를 교회사적으로 볼 때에 기독교가 조선의 새로운 시대를 열어가야만 하는 역사적 소명이 있었다. 그 당시의 사회적·정신적 문제점에 대해 사학자 함석헌은 그의 저서에서 이같이 서술하였다.

기독교가 한국에 들어올 때 한국을 건지기 위하여 맡은 과제는 셋이었다. 첫째는 계급주의를 깨뜨리는 일이요, 둘째는 사대주의 사상을 쓸어 버리는 일이요, 셋째는 숙명론의 미신을 없애는 일이었다. 이것은 우리나라 예로부터 있는 종교와 불교가 민족을 이끌어 가는 참 정신적 등뼈나 심장이 되지 못하고, 한갓 잘못되는 역사의 소용돌이 밑에서 얽혀 돌아가는 동안에 생긴 썩어져 가라앉은 사상의 앙금이다. 지독한 변태 심리의 당파 싸움이란 결국 이것의 결과라 할 것이다.

그러므로 이 정신적 고질을 고침이 없이는 새 역사는 있을 수 없다. 이것을 고치기 위해서는 처음으로 섬길 이는 '영'(靈)이신 하나님 하나밖에 없다 하며, 모든 인류는 다 형제라 하며, 사랑을 강조하고 절대 순종의 믿음을 주장하는 엄격한 도덕적 종교인 기독교가 오게 된 것이다. 이때에 옛날부터 있는 종교는 아주 타락하고 생명력을 잃어 사람의 마음을 이끌어 갈 수가 없을 뿐만 아니라 모든 죄악의 근본이었다. 양반 계급들은 자기네의 지위를 유지하여 가기를 위하여 될수록 종교를 나쁘게 이용하였다. 기독교는 그 사명을 다하기 위하여 이 타락된 세계의 기성 종교와 싸우지 않으면 안 되었다.[12]

이와 같은 함석헌의 주장은 날로 후패해 가는 조선 말기의 봉건 시대에 새로운 시대적 변화가 불가피함을 피력한 것이라 볼 수 있다. 조선시대의 몰락의 끝자락에 기독교의 도래는 개방과 개화와 개혁의 문을 여는 새 시대의 출발이 되었다고 볼 수 있다. 이러한 변화가 있기 위해서는 봉건 왕조의 자발적인 자각과 혁신을 감행하는 결단과 시도가 필요하였지만 현실적으로는 불가능한 것이었다. 이는 세계사에서도 입증되고 있다. 18세기 프랑스 대혁명(1789)으로부터 20세기 러시아의 볼셰비키 혁명(1917)에 이르기까지 서양의 수많은 혁명과 중국의 아편전쟁(1840)에 이은 태평천국의 난(1850)이 도처에 일어났었다. 이러한 변화는 부패한 수구(守舊)세력에 대한 개혁을 추구하는 세력 간의 충돌이었다. 수구의 기득권층은 오랫동안 누려왔던 각종 유무형의 수혜를 고수하며 독점하려 했기에 변화가 가장 두려운 세력이었다. 결국 조선에서도 불가피하게 외부로부터의 충격에 의한 새로운 변곡점이 될 수 있는 무력 충돌이 발생하게 된다.

조선 혼돈과 암흑의 정점기인 1866년에는 외세에 의한 병인양요(丙寅洋擾)가 두 곳에서 발생한다. 한강 양화진에는 조선 왕실의 천주교 박해에 책임을 묻기 위해 1866년 10월에 프랑스 군함이 침입하였고, 평양 대동강에서는 그해 8월에 미 국적의 이양선(異樣船)인 제너럴셔먼호(General Sherman)[13]가 통상을 요구하며 대동강을 타고 들어와 무력시위를 벌였다. 그러나 그 배의 통역원으로 승선한 토마스 선교사는 조선에 기독교를 전파하기 위해 구원의 진리와 자유와 평등과 박애주의(博愛主義)가 담겨 있는 성경을 갖고 들어왔다.

이 당시 기괴한 모양으로 보인, 연기를 뿜어내는 증기기관을 갖춘 셔먼호의 평양 진입과 충돌 사건은 조선 왕실에도 크나큰 충격을 주었지만, 평양과 관서 지방(평안도, 황해도)의 주민들에게도 일찍이 겪어보지 못한 충격이었다. 이 사건을 지휘하여 이 배를 화공법으로 태워 침몰시켰던 평양 감찰사인 박규수는 후에 관직을 떠나 아이러니하게도 쇄국정책을 반대하는 개방과 개혁파가 되었고, 개혁파의 제자들인 김옥균과 박영효, 서광범, 서재필, 유길준 등의 젊은 관리들을 양성하여 조선의 개화에 선구자적인 역할을 하였다. 이들이 후에는 1884년 12월에 근대사의 중요한 계기가 되는 갑신정변(甲申政變)을 일으키게 된다.

3. 조선의 격변기와 복음의 여명기

1) 최초로 평양 대동강에 복음을 싣고 온 제너럴셔먼호(1866)

한반도 내지에 최초로 복음이 전파된 때는 시대적으로 암울한 구한말 쇄국정책을 고수하고 있던 1866년 9월 2일이었다. 영국의 토마스 선교사(Robert Jermain Thomas, 1839~1866)는 이북 지방의 중심인 평안도 평양 도성에 제너럴셔먼호를 타고 대동강을 거슬러 들어와 성경을 나누어 준 후 박춘권에게 잡혀 순교함으로 한국 교회 역사에 첫 복음 전파자가 되었다. 사실상 이때의 조선의 정치적 상황은 기독교를 받아들일 수 없는 엄중한 쇄국정책하에 있었다.

셔먼호의 평양 침입 사건은 한반도에 개신교 역사상 최초의 복음 전파와 순교의 역사로 기록되었다. 일반적으로 다른 나라의 선교 역사에서는 그 나라의 수도나 그렇지 않으면 외곽 국경 지역을 통해 복음이 진입되는 경우가 대부분이기에 이처럼 과감하게 외국 상선이 내지 중심으로 들어와 복음이 전파된 경우는 매우 특이한 사례이다. 이는 분명히 하나님께서 한국의 복음화에 친히 간섭하신 것이었다.

그 같은 쇄국정치 상황에 평양이 아닌 한성(서울)에 복음이 먼저 전파되었을지라도 평양처럼 복음이 활성화되지 못했을 것이다. 당시 한성은 행정, 군사, 교역 등 모든 분야의 중심이었고 조정의 통제하에 있었기에 외국의 종교 전파가 대중화될 경우에는 권력의 기득권 유지에 위협이 될 수 있기에 기존의 제도를 고수하기 위해 모든 통치 수단을 동원해 전파를 차단했을 것이기 때문이다. 이와 같은 사실을 잘 보여주는 사건이 황사영백서(黃嗣永帛書) 역모이다. 1801년 신유박해 이후에 황사영은 왕실이 천주교도들을 박해하여 많은 순교자를 발생시킨 것과 그 전개 과정에서 청나라 신부가 죽게 된 사건의 전모를 흰 비단에 1만 3천 자로 적어 중국 북경 주교에게 전달하려다가 발각되었다. 그 내용 중에는 프랑스의 군사력을 통해 조정을 압박해 달라는 요청도 있었다. 그 후유증으로 조선 왕조는 서양 종교에 대해 극도의 경계심을 품었고, 그것이 도화선이 되어 조선의 천주교 신도들 수만 명이 참수형에 처해졌다. 물론 그 당시에 한성이 아닌 평양을 비롯한 모든 지역에서도 서양 종교는 용인될 수 없었다.

 이와 같은 국내 정치적 정황 속에서도 이북 지방의 내지이며 중심지인 평양 주민들은 외국의 문물과 종교에 대한 관심이 높았으며, 상대적으로 덜 비판적이었고 관용적이었다. 그뿐만 아니라 상업성이 강하였고 비계급적 의식을 갖고 있었기에 기독교가 이남 지역보다 활성화될 수 있는 사회적 여건과 환경이 상대적으로 유리하게 조성되어 있었다. 이러한 시대적·사회적 환경으로 기독교 복음이 관서 지방인 이북 지역의 일반인들에게까지 영향을 줄 수 있는 지역 정서의 조건을 갖추고 있었다. 이는 결과적으로 하나님께서 이북 지방으로부터 조선 땅을 점진적으로 복음화하시려는 큰 그림이었다. 하나님께서는 이러한 시대적 환경에 복음이 자생하기에 상대적으로 가장 적합한 평양으로 토마스 선교사를 보내시어 복음의 홀씨로 떨어져 착착되도록 하신 것이다.

 토마스 선교사를 참수했던 박춘권은 그 공을 인정받아 평양 외곽의 안주를 관할하는 벼슬을 받아 노년을 보내었는데, 현역에서 은퇴한 후에는 토마스 선교사가 전해 주었던 그 성경을 탐독한 끝에 스스로 예수를 믿게 되었다. 60대에 들어선 그는 평양에 온 마펫 선교사를 찾아와서 33년 전 자신이 토마스 선교사를 참수한 죄인임을 회개하고 1899년에 마펫 선교사에게 세례를 받았다. 후일 그는 평양

'널다리골교회'의 영수(領袖)가 되어 그 교회를 이끌어 가는 책임자가 되었다.[14]

그는 후일 고백하기를, "내가 서양 사람을 죽인 중에 한 사람을 죽인 것은 내가 지금 생각할수록 이상한 감이 든다. 내가 그를 찌르려고 할 때에 그는 두 손을 마주 잡고 무슨 말을 한 후 붉은 베를 입힌 책을 가지고 웃으면서 나에게 받으라고 권하였다. 내가 죽이기는 하였으나 이 책을 받지 않을 수가 없어서 받아 왔노라"고 하였다.

일설에 의하면, 성경을 자기 집에 도배했던 박영식과 자기 여관을 예배실로 제공한 최치량도 예수를 믿고 후에 장대현교회의 장로가 되었다고 한다. 분명한 사실은 토마스 선교사가 전해 준 한문 성경을 통해 박춘권, 최치량, 박영식이 30여 년이 지난 후에는 기독교인이 되었기에 그들은 한국 초대교회의 역사와 평양과 이북 지역의 교회 부흥에 밀알이 된 인물들이었다는 것이다. 사실상 이들이 평양 최초의 잠복된 지하 성도의 원형이었다고 볼 수 있다. 왜냐하면 그들은 그 당시 평양 관찰사가 성경을 모두 관가에 반납하도록 엄명을 내렸기에 성경을 보관하며 탐독했다는 것은 성경의 가치를 확신했기에 생명의 위험을 감수한 신앙적 결단이 있어야만 했다.

그 외에도 1866년 도마스에게 성경을 받은 평양 외곽 장시포의 홍신걸은 후에 '서가교회'와 '석정호교회'를, 김영섭과 김종권은 '강서교회'의 개척자가 되었다. 이들이 최종적으로는 평양 최초의 교회 창립 성원들이 되었다.[15]

평양 외곽의 널다리골교회가 1903년에 이르러서 평양 중심인 장대제로 이전하여 이북 지역의 장자 교회로서 자리매김을 한 '장대현교회'로 새롭게 개명하였다. 우리는 이 같은 과정을 통해 장대현교회의 시발점이 토마스 선교사의 순교이며, 그가 결국 한 알의 밀알이 되었기에 80여 년 후에는 평양 도성에만 280여 개의 교회가 세워지는 데 결정적인 역할을 한 것을 볼 수 있다. 종국적으로는 장대현교회가 이북 지방에서 가장 중심이 되는 모교회와 못자리 교회의 역할을 하였으며, 한국 교회 부흥의 발원지요 발흥지가 된 것을 한국 교회 역사를 통해 알 수 있다.

이처럼 토마스 선교사가 성경을 싣고 온 서구의 이양선인 제너럴서면호는 사실상 평양을 향한 구원의 방주였다. 이는 영국의 세계적 역사학자인 아놀드 토인비(Arnold Joseph Toynbee, 1889~1975)가 "사도 바울이 타고 온 배에는 지금의 유럽 문명이 실려 있었다"라고 말한 것과 같은 맥락으로 이해할 수 있다.

참고로, 셔면호를 격침시킨 평양 관찰사 박규수는 이 공로로 한성으로 올라와 영전되는 영예를 누리게 되지만, 그는 청나라가 서양의 문물을 받아들여 '양무운동'(洋務運動)[16]을 추진하는 것을 보고 쇄국이 아닌 개국의 필요성을 흥선대원군에게 건의하나, 실현되지 않자 관직에서 물러나 개화파 제자들을 양성하였다. 그는 개화사상을 발전시켰고, 1875년 9월 일본 '운양호 사건'으로 일본이 수교를 강압적으로 요구해 오자 최익현 등 척화파 주장을 물리치고 '강화도조약'이 체결되도록 영향력을 발휘하기도 했다.[17]

2) 조선 반도를 둘러싼 열강의 각축과 미국과의 수교

19세기 중반에 들어서자 동북아시아는 서구 열강의 진출로 새로운 개적지요 점령지가 되기 시작하였다. 가장 대표적 사건이 1841년에 영국이 중국과 아편전쟁을 발발시켜 승리하여 중국 연안 지역을 조계지로 점령한 사건이다. 이어서 영국은 1854년 10월 14일에 일본과 '영·일 화친조약'을 맺었다. 미국이 태평양과 접하고 있는 일본을 함포 외교로 강압하여 1858년 7월 29일에 '미·일 수호통상조약'을 맺음으로 일본은 막부 시대를 종식하고 서구의 근대화 문명을 받아들이는 명치유신 시대로 진입하게 되었다. 미국은 이에 앞서서 청나라와 1844년 7월 3일에 왕샤조약(望廈條約)을 맺었다. 이로써 영국과 미국은 동북아시아에 경제 영토를 확장하게 되었다. 그러나 동북아시아 중에 오직 조선만이 세계 열강의 관심밖에 있었다. 이는 그만큼 열강들이 자국의 국익 차원에서 볼 때에 조선은 그다지 이익을 줄 것 같지 않았기 때문이었다.

그런 중에 영국의 메도우스(Meadows) 상사가 미국의 상선인 제너럴셔먼호를 용선해 조선과의 교역을 일방적으로 추진하기 위해 1866년 8월에 대동강을 타고 들어와 통상을 강요하였으나 이에 불응하자 무력 충돌로 이어졌고, 그 배는 화공에 의해 전소되어 모든 선원이 목숨을 잃게 되었다. 이 사건이 발발한 후 미국 정부는 이에 대한 조사와 조선 정부와의 수호통상 성사 그리고 셔먼호의 책임을 묻기 위해 1871년 6월에 군함 5척을 동원하여 강화도에 진입시켜 무력 행사를 함으로 양국 간에 전투가 벌어져 신미양요(辛未洋擾)가 발생되었다. 그러나 결과적으로는 이 사건이 계기가 되어 1882년 5월 22일에 '조·미 수호통상조약'을 맺게 되었다.

그러니 조선과 미국과의 외교 관계가 성사된 그 배경을 살펴보면 그 당시 조선 반도를 둘러싼 서부 열강들의 국제 전략 차원에서 진행된 것이었다. 이 당시 러시아 제국은 동북아의 출구가 될 수 있는 조선 반도로 진출하여 부동항을 확보하고 그 국력을 확장하려 하였다. 이때에 영국은 이미 러시아가 지중해와 인도양으로 진출하려는 것을 막아왔었고 아시아 진출도 봉쇄 견제하기 위해 미국이 조선과 외교 관계를 먼저 맺게 하는 외교 전략을 실행하였다. 그 후에 발생된 영국의 거문도 점령 사건도 이와 연관된 것이었다.

미국 정부는 슈펠트 제독을 청국의 리홍장에게 보내어 미국과 조선이 국교 관계를 맺도록 협조를 요청하였다. 이에 청의 리훙장도 일본의 조선 진출과 그 영향력을 견제하기 위해 미국의 요청을 받아들였고 조선에 이를 제기하자 조선도 역시 국익과 안보 차원에서 이를 받아들여 1882년 5월 22일에 '조·미 수호통상조약'이 제물포에서 맺어졌다. 이로써 조선은 최초로 서구의 해양국이며 기독교 국가인 미국과 수교를 맺게 되었다. 이로 인해 2년 후부터 미국과 서구의 선교사들이 조선에 들어올 수 있는 환경과 발판을 구축한 것이었으므로 이는 한국 교회사 차원에서도 매우 의미 있는 서양 국가와의 수교 조약이었다.

조선과 미국이 수교 관계를 맺게 되자 1개월 후에 영국과 독일이 조선과 같은 수호통상 조약을 맺었고, 1884년에 러시아와 이탈리아, 1866년에는 프랑스, 1892년에 오스트리아, 1901년에 벨기에, 1902년에 덴마크와 국교 관계를 맺음으로 조선은 이때로부터 사실상 은둔의 나라에서 세계 속의 독립된 자주 나라로 인정받게 되어 외교사적 측면에서는 큰 진보를 이루었다.

당시 조·미 통상조약문은 사실상 조선이 미국과 독대하여 자주적으로 작성된 것이 아니라 미국과 청에 의해 일방적으로 사전에 만들어진 것이었기에, 청은 그 조약문에 조선은 청의 속방임을 적시하도록 요청했고, 조선도 사실상 그 조약문에 조선을 청의 속방으로 적시해 줄 것을 요구하였다. 이는 청과 군신 관계를 유지함으로 조선 왕실의 보존을 담보하기 위한 것으로 볼 수 있다. 그러나 미국이 이를 거부함으로 사실상 조선은 자주국으로서 미국과 그 외의 서방 국가와도 같은 조약문으로 수교 조약을 맺게 되었다.

이 조약 문구에 조선 측에서 또 한 가지 문구를 추가할 것을 요구했었다. 조약문에 조선 땅에 교회를 세우지 말 것을 요구하는 불입교당(不立敎堂) 문구를 삽입해 줄 것을 리훙장에게 강력히 요구했으나, 그는 이를 묵살하였다. 이는 결국 조선에 교회를 세울 수 있다와 없다라는 해석을 할 수 있는 애매한 내용으로 된 것이었다.[18]

이 조약이 맺어진 지 2년 후인 1884년 9월에 호러스 알렌(Horace Newton Allen, 1858~1932) 의사 선교사가 한성 주재 미국 공사관에 공의로 입경함으로 조선 최초의 외국인 의사요 선교사로 왔지만, 공적으로는 선교사 신분이 아니었기에 한국 교회사에서는 그를 최초의 선교사로 인정하지 않고 있다. 그러나 이는 하나님의 주권적 섭리로서 공의 신분이 그 당시에는 적절한 것이었다. 만일 그가 미국 공사관의 공의 신분이 아니었다면 입국이 불가하였을 것이다. 그가 입경한 지 3개월 후인 12월 4일에 갑신정변이 발생하였다. 그 당시 개혁파인 김옥균이 우정국 개국 행사장에서 정변을 일으킴으로 조선 왕실의 수구파의 대표인 민영익이 자객에 의해 참변을 당하였으나, 알렌이 외과 수술로 그를 기적적으로 살려냄으로 알렌은 고종과 민비의 큰 신뢰를 받게 되었다. 알렌은 그 포상으로 광혜원이라는 서구식 병원을 세우게 되었고 이에 병원은 조선인 의료인 교육과 치료에 여러 직원이 필요하게 되었다. 이 때에 자원하여 입경한 선교사가 언더우드와 아펜젤러 선교사로서 이들에 의해 조선에서의 선교가 본격화되었다.

조선 왕실에서는 그들이 선교사임을 알고 있었으나 학교(배재학당, 이화여학당, 경신학당)와 병원(제중원)을 세워 조선인들에게 큰 유익을 주었기에 선교 활동을 묵인하게 되었다. 이러한 변화로 인해 조선 전국으로 사역이 확장되어 이북 지역으로도 복음이 확산되었다.

3) 최초의 조선어 성경 번역과 출간(1882)

하나님께서는 조선의 복음화를 위해 조·미 수호통상조약으로 선교사들이 입경하도록 문을 여시고 그들로 하여금 선교의 환경을 점진적으로 구축하게 하셨다. 동시에 조선 반도 밖의 만주 봉천(심양)에서 스코틀랜드의 존 로스 선교사를 통해 조선어 성경 번역을 준비케 하시고 조선 청년들을 제자화하는 작업을 병행하게 하셨다. 그 당시 조선 내에서 성경을 번역하여 출판한다는 것은 불가능하였다. 조정에서는 서양 종교인 기독교를 지난날 천주교처럼 매우 경계시 하였으며 엄벌에 처했음으로 제3국에서의 성경 번역과 출간이 불가피하였다.

선교사들이 합법적으로 국내에 들어오기 전에 토마스 선교사의 순교가 토마스 선교사의 순교가 이북 지역에 최초로 복음의 밀알이 됨으로 그 땅에 복음의 싹이 움트게 되기까지 약 8년이 경과되었다. 1866년 9월 2일에 평양 만경대 앞 대동강가에서 토마스 선교사가 참수형으로 순교한 지 8년이 지난 1874년, '스코틀랜드 연합장로교회 신학교' 출신인 존 로스(John Ross) 선교사가 중국 선교를 위해 산동성의 엔타이(연대)에 도착하여 스코틀랜드 성서공회의 선교사인 알렉산더 윌리엄슨(Alexander Williamson, 1829~1890)을 방문하게 된다. 그때 존 로스 선교사는 선배 선교사인 그로부터 토마스 선교사가 조선에 선교하러 들어갔다가 순교하였다는 소식을 듣게 되었다. 이에 큰 감동을 받은 존 로스 선교사는 앞서 간 토마스 선교사의 바통을 이어받아 조선에 복음을 전해야겠다는 뜻을 품게 된다.[19]

그는 만주 봉천(요령성 심양)에서 선교 사역을 하면서 조선 선교를 위한 뜻을 실현하기 위해 1874년 10월 9일에 청나라와 조선의 국경이자 양국 사이에 합법적인 교역이 이루어지고 있던 안동(현재 단동) 외곽에 있는 국경 관문인 '고려문(高麗門)'과 압록강과 애허강이 합류하는 곳까지 와서 강 건너의 조선 평안도 의주 땅을 바라보고 돌아갔다. 그곳은 당시에 중국으로 가는 사신들이나 보부상들이 의주에서 나룻배를 타고 강을 건너와 교류하는 중국 대륙의 관문이었다.

윌리엄슨 선교사는 조선 선교에 산파 역할을 한 인물이었다. 토마스 선교사도 과거에 그를 통해 백령도에서 온 조선 천주교인 김자평을 소개받아 조선의 종교 박해를 알게 되었고, 존 로스 선교사 역시 그를 통해 동일하게 조선 선교의 뜻을 품게 되었던 것이다. 이는 분명 조선인들에게 구원의 빛을 비추시기 위한 하나님의 계획이었다.

심양으로 돌아온 그는 다시 1, 2차에 걸쳐서 심양에서 약 300여 km 떨어진 단동 근방 고려문을 찾았다. 그가 어느 주막집에 머물고 있던 어느 날, 장사를 하러 온 웬 조선인 노인이 찾아와 대화를 나누게 된다. 존 로스는 그 노인에게 복음을 전하고 중국어 성경을 주었다. 그는 한국 교회 역사에서 최초의 세례교인이자 최초의 조선인 순교자요, 조선 땅에 조선어 성경을 최초로 전달한 백홍준의 아버지였다. 훗날 백홍준의 아버지는 아들을 중국 만주로 보내어 그의 제자가 되게 하였다.[20]

존 로스 선교사는 1876년 3월 일본이 조선과 강화도에서 통상조약을 맺음으로 조선의 문호가 열린다는 소식을 듣고, 4월 말에 다시 단동 고려문에 들어와 중국어 성경을 조선어로 번역하기 위해 조선어를 가르칠 수 있는 조선인 선생을 백방으로 구하였다. 마침내 한 조선 청년을 만나게 되었는데, 그가 평안도 의주 출신 이응찬이었다. 1877년에는 이응찬의 도움으로 성경 번역을 위한 한국어 교재를 만들었고, 이어서 서상륜, 백홍준, 이성하, 김진기 등이 조선어 성경 번역 작업에 참여하여 우리나라 최초의 성경인 《예수성교 누가복음전서》를 출판하였다. 후에 한글 성경이 번역되는 데에 가장 많이 참고가 된 성경이 바로 한문(중국어) 성경이었기에 반드시 한문에 능통한 조선인이 필요했다. 존 로스 선교사는 헬라어와 모국어인 영어를 사용하였기에 조선어 성경을 번역하는 데에는 가장 적합한 조합이 되었다.

　사실상 조선어 성경을 번역하는 데 가장 큰 기여를 한 사람은 서상륜으로, 그는 한문에 박식한 지식인이었고 몰락한 양반 가문 출신이었기에 품격 있는 조선어 번역이 될 수 있었다. 그 후 한글 성경이 전서로 번역되는 데에 있어서 바로 이들이 앞서 만든 성경이 큰 토대가 되었다. 평안도 의주 출신의 조선인들이 조선어 사전과 성경을 만드는 데 기여했고, 옛 고구려의 수도였던 '집안현' 출신의 김청송이라는 청년은 조선어 성경을 출판하는 인쇄 식자공이 되어 최초의 한글 성경 '쪽복음'이 출간되는 데 공헌하였다. 그로 인하여 그의 고향인 집안현 산골 이양자 마을에 교회가 세워지게 되었다.[21]

　조선어 성경 번역에 참여한 이들은 거의 의주 출신으로 의주와 중국 만주를 다니면서 조선의 홍삼과 한지 등 토산품 등을 거래하는 변방 보부상들이었는데, 예수를 믿은 후에는 복음의 보부상들이 되어 만주 지역과 조선의 남과 북을 가리지 않고 복음을 전하는 복음의 사도들이 되었다. 이들이 존 로스 선교사와 함께 모국어 성경을 번역했다는 것은 선교적인 관점에서 매우 의미 있는 일이었다. 일반적으로 성경 번역은 외국인 선교사들의 주도하에 이루어지는 경우가 대부분이었고 조선처럼 자국인에 의해 번역된 경우는 흔치 않다.

　하나님께서는 예수님의 복음 전파 사역에 북쪽 지방인 갈릴리의 어부, 세리, 목수 등의 천한 직업을 가진 사람들을 택하여 제자를 삼으신 깃같이 국경 시내의 상마당(계절시장)과 만주를 넘나들면서 장사를 하는 봇짐 장사꾼들을 택하시어 조선의 복음화를 위해 예수의 제자로 부르셨다. 조선시대에는 상업을 하는 사람들을 천시하는 유교의 전통이 있었으나 이들은 봇짐장사의 경험을 바탕으로 오히려 복음을 전파하는 성경 매서인(賣書人)[22]이 되어 하나님의 말씀을 전하는 조선의 속사도들이 된 것이다.

당시 조선 내지에서는 복음 전파가 불가능하였고 성경이 금서였으므로 조선의 복음화를 위해서는 타지에서 준비되어야 했는데, 그 장소가 바로 존 로스 선교사의 사역지인 만주 봉천(심양)에 소재한 동관문교회(東關門敎會)의 '문광서원'(文光書院)이었으며, 이곳에서 조선어 성경이 번역 출판되었다. 마침내 1884년에는 조선어 신약전서가 출판되었다. 당시에는 한 권으로 묶인 것이 아니라 각 권별로 되어 일명 '쪽복음'이라 하였다. 이 번역 작업을 하면서 가장 어려웠던 점은 적합한 조선어 어휘 선택이었다. 특히 하나님, 성령, 천사 등이었다. 현재 한글 성경의 어휘 중 대부분이 이때 번역된 것으로서, 오늘날 한국어 성경의 원본(original text)이 되었다.

총신대 박용규 교수는 "'예수성교전서'를 보면 첫 장부터 끝장까지 조선 글로 기록됐다. 이처럼 조선글로 된 성경이라는 부분은 세 가지 중요한 의미를 가진다. 첫째, 존 로스와 이응찬, 서상륜 등의 참여로 만든 최초의 성경이라는 것과 둘째, 성경 번역에 참여한 사람들이 그 성경으로 복음을 전했다는 것과 셋째, 해외 선교사들이 조선에 입국하기 전 이미 성경 번역이 진행됨으로 그들이 수월하게 복음을 전할 수 있었다는 점이 큰 의미가 있다"라고 평가했다.[23]

4) 최초의 조선어 성경이 조선 땅에 전해지다 (1883)

1882년 존 로스 선교사는 최초의 제자인 이응찬에게 자국어로 번역 인쇄된 '쪽복음서'를 조선인들에게 전하라는 임무를 주어 파송하였다. 이응찬은 봇짐장수로 위장하고 압록강에 이르러 도강하기 위한 사전 답사를 하였다. 그 당시도 성경은 금서였고 소지한 것이 발각되면 극형에 처해졌으므로 성경을 조선 땅에 밀반입한다는 것은 죽음을 각오한 행위나 다름없었다. 사선을 넘는 용기와 지혜가 필요하였다. 이 당시에 압록강 건너의 의주 관가에서는 중국으로부터 들어오는 물품에 대한 검색이 매우 엄중하였다.

> 옷을 풀어 헤치기도 하고, 바짓가랑이를 훑어 내려 보기도 하며, 이불 봇짐과 옷꾸러미가 강 언덕에 너울거리고 가죽 상자와 종이곽이 풀밭에 어지럽다. 삼 단계로 수색이 진행되는데 일 단계에서 색출되면 곤장을 치고, 이 단계에서 색출되면 귀양을 보내며, 삼 단계에서 색출되면 목을 베어서 장대에 내걸음으로 많은 사람으로 하여금 보게 했다.[24]

이응찬은 이러한 현실을 알고 있기에 은밀하게 성경을 도하시켜야 했다. 강변 주막집에 성경 봇짐을 내려놓고 밖에 나가서 정탐을 하고 돌아온 이응찬은 방에 두었던 봇짐이 없어진 것을 발견하고 주막 주인에게 이에 대해 묻자, 그 주인은 그 짐이 금서인 성경인 줄 알고 겁이 나서 일부는 불에 태우고 나머지는 강물에 던져 버렸다고 고백하였다. 망연자실한 이응찬이 다시 봉천으로 돌아가 스승인 존 로스 목사에게 자초지종을 보고하자, 그는 다음과 같이 예언하였다.

> 성경이 던져진 압록강 물은 조선인들에게 생명수가 될 것이요, 성경이 타다 남은 재는 조선 교회가 성장하는 데 밑거름이 될 것이다.[25]

존 로스 목사는 두 번째로 1883년에 백홍쥰에게 동일한 임무를 주었다. 그는 성경 봇짐을 지고 압록강가에 와서 지혜로운 방법으로 무사히 도강하여 자기 고향인 의주의 친척과 지인들에게 배포하였다. 그뿐만 아니라 기독교에 관심이 있는 사람들을 모아 함께 예배를 드리기도 하였다. 후일에 한성에서 사역하고 있던 언더우드 선교사는 이 소문을 듣고 의주로 신혼여행을 간다는 이유로 이곳을 방문하여 자생적 기독교인들을 만나게 되었고, 이들이 세례 줄 것을 강청하자 1889년 4월 27일 최초의 한글 성경이 건네진 압록강에서 33명의 조선 기독교인들에게 집단 세례를 베풀었다. 이 사건이 한국 교회사에 "한국의 요단강 세례"로 기록되었다. 이때의 33명의 세례교인들은 토마스 선교사에게 성경을 받은 6명에 이어서 두번째로 복음을 받아들이고 예수를 믿는 무리가 되었다. 1894년 평양 널다리골 교회의 29명 기독교인들은 세 번째 지하 성도라고 할 수 있다. 왜냐하면 당시 선교사들의 활동이나 일반 주민들의 신앙 활동의 자유가 완전히 허용된 것이 아니었기 때문이다.

백홍준은 그 당시 신변의 위험을 감수하며 산간 오지를 비롯한 전국을 다니며 전도하고 교회를 세우면서 만주 일대와 압록강 국경지대에도 복음을 전하였다. 그러한 전도 사역은 불법이었기에 그는 평양의 관가에 구금되었고, 모진 고문 끝에 옥사함으로 한국 교회사에 조선인으로서 최초로 순교의 제물이 되었다. 한국 교회사에서는 그를 "한국의 사도 바울"이라고 기록하고 있다.

그와 동향인이고 존 로스(John Ross) 선교사의 제자인 서상륜 등도 백홍순과 같은 시기에 고향인 의주로 돌아와 복음을 전하였다. 그들은 동일하게 옥고를 치르기도 하였다. 이러한 사례는 세계 선교 역사에서도 유례가 없는 것으로서, 자국인들 스스로가 외국의 선교사로부터 제3국에서 전도와 양육을 받고 모국어 성경 번역을 하고, 그 성경을 갖고 자국에 들어와 자국인들 스스로가 교회를 세우고 성장시켜 나갔다는 사실은 매우 고무적인 것이다. 이들의 이러한 헌신적인 복음 사역에 대해 백낙준 박사는 "이들은 조선의 모라비안 교도들이었다"[26)]라고 평하였다.

"그런즉 그들이 믿지 아니하는 이를 어찌 부르리요 듣지도 못한 이를 어찌 믿으리요 전파하는 자가 없이 어찌 들으리요 보내심을 받지 아니하였으면 어찌 전파하리요 기록된 바 아름답도다 좋은 소식을 전하는 자들의 발이여 함과 같으니라"(롬 10:14-15).

5) 최초로 세워진 황해도 소래교회(1884)

1884년 봄 한국 교회사에 최초로 개척 및 건립된 교회가 바로 황해도 장연군 송천(松川) 마을에 세워진 '소래교회'이다. 이 교회는 만주 봉천(심양)에서 최초의 한글 성경 번역과 출판에 기여한 서상륜과 그의 동생 서경조에 의해 세워진 교회이다. 평안도 의주 출신인 서상륜은 존 로스 선교사와 같이 조선어 쪽복음을 출간한 주역이었는데 그런 그가 다시 한국 교회사에 큰 기여를 하게 된 것이다. 그는 1883년에 조선의 자국인들에게 성경을 전하기 위해 파송을 받고 조선에 당도하자마자 성경을 소지한 죄로 체포되지만 지인의 도움으로 탈옥하여, 자신의 외가인 황해도 장연군 송천군 소래마을로 동생 서경조를 데리고 도피하여 그 마을에 1883년 5월 16일에 교회를 개척하고 그들에게 성경을 배포하고 복음을 전하여 55호의 작은 마을에 50호의 가정을 복음화시켰다.[27]

그뿐만 아니라 이 두 형제는 한학에도 능통하여 마을 사람들에게 한글과 한학을 가르쳐 그들이 성경을 읽게 함으로 '문맹(文盲) 마을'을 '문명(文明) 마을'로 개화시키는 데 크게 기여하기도 하였다. 원래 서상륜은 만주에서 봇짐장사를 하며 다녔기에 중국 청나라에 대한 많은 정보와 체험이 있었다. 그는 초기에 그 벽촌 마을 사람들에게 청나라 이야기를 들려주면서 그들의 관심을 끌었고, 마을 사람들은 외부 세계의 이야기를 듣기 위해 모여들기 시작했다고 한다.

서상륜은 그들에게 성경의 창세기 이야기며 예수에 대해 전해 주었고, 찬송가도 가르쳐 그 마을을 복음화시켰다.

서상륜은 많은 성경이 절실하게 필요해지자, 만주의 존 로스 목사에게 성경을 조선으로 보내 달라고 하여 6천 권의 성경이 제물포로 보내졌다. 하지만 당시 성경 금서였기에 통관될 수 없었고 수취인이 불명이었다. 이 성경은 한국 세관 역사에서 최초의 밀수품으로 기록되었다. 이 성경을 통과시키기 위해 존 로스 목사는 한국 최초의 세관장인 묄렌도르프의 아내(기독교인)에게 서신을 보내어 통관시켜 줄 것을 간곡히 부탁하여, 마침내 비공식으로 반출시킴으로 전국에 6천여 권의 성경을 배포하게 되었다.

황해도 지역과 수도 한성을 다니며 한성에 거주하고 있던 언더우드 선교사는 자신들이 오기 전부터 성경이 배포되었고 교회가 이미 조선 땅에 세워진 것을 알고, "나는 복음의 씨를 뿌리러 온 것이 아니라 이미 뿌려진 씨의 열매를 거두러 왔다"라고 고백할 정도였다. 이는 한국 교회사에 최초의 선교사 입국일로 기록되어 있는 1885년 4월 5일보다 1년이나 앞서서 항헤도 소래마을에 교회가 조선인들에 의해서 세워진 것이었다. 이는 세계 선교 역사에서도 그 유례를 찾아볼 수 없는 사례이기도 하다.

소래교회는 그 지역의 교회로서만이 아니라, 1887년 9월 27일 그 교회 성도 14명이 세례를 받기 위해 한양 정동에 거주하고 있는 언더우드를 찾아와서 세례를 요청하여 그의 집에서 세례식을 거행하고 예배를 드림으로 그해가 '새문안교회'의 창립 원년이 되었다. 서상륜과 서경조는 한성과 전국 오지인 함경도의 강계, 함흥 등지에서 선교사들을 위해 남과 북 전 지역의 안내자가 되었으며, 백령도 섬에 이르기까지 종횡무진하며 성경을 배포하고 전도하는 사역에 헌신하였다. 소래교회는 처음에 5명이 개척예배를 드린 작은 교회였지만 전국에 수다한 교회를 세우는 지대한 공헌을 한 교회가 된 것이다.

소래교회는 세워진 지 12년 후인 1896년에 교회가 크게 부흥되어 새 예배당을 건축하게 된다. 이 소식을 들은 언더우드 선교사는 교회 건축에 재정적으로 후원하겠다고 제의했으나, 이들은 "우리 조선 교회는 우리 조선인의 손으로 건축하겠다"며 그 제의를 거절하였다고 한다. 당시 어느 성도는 자기의 기와집 기와를 뜯어서 교회에 바쳤다. 교회는 성도들의 헌신으로 예배당을 짓고도 헌금이 남게 되자 그 돈으로 초등학교를 건립하여 교육에 힘씀으로 외진 마을의 근대식 교육에 앞장섰다.

1898년 10월 9일에는 백령도에서 한학 서당을 운영하며 관직에 있었던 '허득'(許得)이 소래교회를 지도하고 있는 서경조를 직접 찾아가서 백령도에 교회를 세우는 데에 지도자를 보내 줄 것과 창립예배를 인도해 줄 것을 요청하여 지금의 백령도 '중화동교회'가 세워지게 되었다. 이는 토마스 선교사가 이 섬을 방문한 지 32년 만에 성취된 것이었다. 이 교회가 건축될 때에도 소래교회의 건축에 남은 자재들을 배에 실어 백령도에 보냄으로 모교회의 역할을 돈독히 감당하였다.[28]

이처럼 소래교회는 한국 교회사 초기에 전국에 복음을 전하고 교회를 개척하는 데에 선구자적 역할을 하였다. 서경조는 바울이 멜리데(몰타) 섬에 복음을 전했던 것같이 낙도 사역에 공헌하기도 하였다. 1900년 11월에는 한성(서울)의 새문안교회를 담임하고 있던 언더우드 선교사가 백령도에 교회가 세워졌다는 소식을 듣고 이 교회를 찾아와 허득을 비롯한 7명에게 세례를 줌으로 이 교회의 담임 목사로 기록되었다.[29]

서경조는 1901년에 평양신학교에 입학하여 1907년에 한국 교회 최초의 7인 목사가 되었다. 그는 후에 새문안교회의 협동목사로 사역하기도 하였다. 훗날 백낙준 박사는 이 소래교회를 "한국 프로테스탄트 교회의 잊을 수 없는 요람지"라고 그의 저서에 기록하였다. 그만큼 소래교회는 한국 개신교 역사의 발상지요, 세계 교회사에서도 주목을 끈 교회였다. 이 교회는 당시 한국에 입국한 선교사들에게는 필수 방문지인 성지화된 교회가 되기도 하였다.[30]

6) 최초의 평양신학교(1901)

1892년 2월 미 북장로교 선교부는 독자적인 신학 교육 방향과 원칙을 정하여 신학교가 공식적으로 설립되기 전까지 잠정적으로 신학반을 운영하기로 했으나, 이미 언더우드는 1890년 가을 자기 집 사랑방에서 성경 공부반을 개설하여 1891년에는 새문안교회에 1개월 단기 과정의 신학반을 운영했다. 여기에 평안도 의주에서 온 김관근과 백홍준, 황해도 소래의 서경조와 최명오, 서상륜, 정공빈과 서울의 홍정후 등이 수강생이었다.

당시에는 아직 기독교가 조선왕실로부터 공인되지 않은 상황이었기 때문에 한성의 신학반은 정식으로 신학교로 발전되기 어려웠다. 또한 한성 신학반으로 찾아온 사람들도 대부분 서구 사상을 알고 싶어 했던 개화 지식인들로서, 목회자가 되는 것을 기대하지는 않았다. 반면 마펫 선교사(한국명 마삼열)의 평양 사랑방에서 실시되었던 성경 공부는 매우 빠르게 성경학습반으로 발전했고, 그가 이끄는 평양 선교부의 역점은 선교 정책이 되었다. 이북 서북부의 각 지방의 교회 영수를 비롯한 평신도 지도자들은 성경학습반을 통해 신앙과 교회의 조직을 배웠고, 자기 교회로 돌아가 신앙 공동체를 이끌 정도로 그 신앙과 지식의 수준도 높았다.

1900년 마펫 선교사는 한성에서 실시해 오던 신학반을 흡수하여 평양에 정규적인 신학교로 승격시키겠다는 구상을 내놓았다. 마펫의 성과에 고무되어 있던 해외선교 본부도 그 요청을 허락했고, 신학교 설립 자금도 보내 주겠다고 약속했다. '재한장로교공의회'도 마펫의 공식 제안을 받아들여 조선의 평신도 지도자들을 추천하기로 약속했다. 이에 마펫은 1901년 1월에 장대현교회 장로인 김종섭과 방기창 두 사람을 목사 후보생으로 선발하고 자신의 집 사랑방에서 신학 교육을 시작했다.

1901년 9월에 미국 남북장로교회, 캐나다 장로교회, 호주 장로교회로 이루어진 '대한예수교장로회 연합공의회'는 신학교 설립안을 공식적으로 의결했다. 이때 신학교 장소를 평양으로 하고, 이름을 가칭 '대한야소교 장로회신학교'로 정했다.

1904년 마펫은 2년 임기로 신학교 초대 교장으로 추천되었다. 1907년 6월 20일 평양 장대현교회에서 제1회 졸업식이 거행되었다. 졸업자는 7명으로 길선주, 방기창, 이기풍, 송인서, 한석진, 서경조, 양전백이었다. 평양장로교신학교는 등록 학생이 1906년에 50명, 1915년에는 250명을 넘었다. 이같이 많은 학생들을 가르치고 수용할 수 있었던 것은 1908년에 미국 시카고 맥코믹(McComick) 여사의 기부금 1민 4천 원으로 반양옥의 기와 2층 80칸을 지어 교사를 마련했고, 다시 1922년에 7만 5천 원의 기부금으로 양옥 3층 274칸을 건축하여 근대식 신학교로서의 면모를 갖춤으로 가능하였다.

마펫이 설징한 펑양신학교의 선봉은 한국 장로교 교회의 원형으로 자리잡았다. 그러나 평양신학교는 한성선교부의 전통이나 선교 방식을 외면했고 갈등을 선도했다. 마펫 선교사는 장로교의 결실을 앞세워 자신의 신학과 선교 방식만 고집했고, 그 우위를 주장함으로 언더우드의 선교 방식을 일방적으로 비판하기도 했다. 이후 평양신학교의 선교사들은 한성의 장로교 선교사들과 치열하게 갈등을 빚기도 했다. 그럼에도 불구하고 그는 한국뿐만 아니라 세계 선교 역사에서도 그 이름이 독보적일 만큼 위대한 공헌을 했다. 마펫 선교사의 평양신학교 설립은 이북의 서북 지방에 1,000여 교회가 개척되는 데 크나큰 공헌을 하였으며, 선교 초기에는 단 한 명의 신자도 없었던 평양을 '한국의 예루살렘' 또는 '동양의 예루살렘'으로 만들었다.[31]

7) 최초로 발흥한 평양 장대현교회(1907)

이북 지방에 실질적 모교회가 되었던 장대현(將臺峴)교회의 전신은 '널다리골교회'이다. 토마스 선교사를 참수했던 박춘권이 회심한 후에는 마펫 선교사에게 세례를 받았고 그 후 그 교회의 영수가 되어 교회를 이끌어 갔다. 이 교회가 점차 부흥되어 평양 중심인 장대재라는 지명을 가진 곳으로 이전하여 1903년에 73칸짜리 조선 고유의 건축 양식으로 봉헌하고 교회 이름도 '장대현교회'로 개명하였다.

이 교회가 지속적으로 부흥되자 평양 제2교회라 할 수 있는 '남문밖교회'를 분립시켰고, 1905년에는 '창동교회'를, 1907년에는 '늦라교회'를 개척했고, 1911년에는 '연화동교회'를 분립시켰다. 그로 인해 장대현교회는 이북 교회의 장자 교회가 되었다. 장대현교회는 단지 평양 지역의 여러 교회를 분립시킨 못자리 같은 역할만 한 것이 아니라, 영적인 부흥의 발흥지가 되어 한국 교회 전체에 영적 대각성과 부흥의 발원지가 되었다. 이러한 성령의 운동이 일어난 것은 바로 지난날 40여 년 전에 토마스 선교사의 피 뿌림이 있었던 도성이었기 때문이다.

1907년 1월 2일부터 15일까지 장대현교회에서 평남도 사경회가 개회되었다. 원근 각처에서 은혜를 받기 위해 약 1,500여 명의 성도들이 참여했다. 그 집회가 종료되기 하루 전 14일에 길선주 장로가 본인 스스로 통성으로 자신의 죄를 고백하는 회개의 기도가 터지자, 갑작스럽게 온 회중이 가슴을 치며 회개기도를 하기 시작하였다. 집단적인 성령의 세례를 받은 것으로서, 마치 '마가 다락방'의 성령의 역사가 평양에서 재점화되어 화산 폭발하듯 하였다. 이런 성령의 놀라운 역사에 대해 그 집회에 참여했던 미국 북장로교회 선교부 총무인 브라운 목사는 이같이 보고하였다.

> 우리는 매우 놀라운 은혜를 경험하고 있다. 성령께서 권능 가운데 임하셨다. 장대현교회에서 모인 지난 밤 집회는 최초의 실제적인 성령의 권능과 임재의 현시였다. 우리 중 아무도 지금까지 이전에 그 같은 것을 경험하지 못했으며, 우리가 웨일스, 인도에서 일어난 부흥운동에 대해서 읽었지만 이번 장대현교회의 성령의 역사는 우리가 지금까지 보았던 그 어떤 것도 능가할 것이다.

장대현교회의 대각성운동과 부흥에 크게 기여한 요인 중 하나가 바로 길선주 목사에 의해 시작된 새벽기도였다. 이에 대해 스왈른 선교사는 다음과 같이 증언하였다.

> 평양에 위치한 큰 교회인 중앙교회(장대현교회)의 최초의 한국인 목사 7인 중 하나인 길선주 목사는 평양의 신도들에게 치기운 냉기기 감도는 것을 느끼고 자기 교회의 상보 한 사람과 매일 새벽에 기도하러 예배당에 가기로 결심하였다. 이 두 사람은 겸손하게 신뢰하는 믿음으로 그 사실을 아무에게도 알리지 않고 매일 새벽 4시면 기도하였다. 그 사실은 점차 여러 사람들에게 알려져서 기도회에 참여하는 사람들이

불어났다. 길 목사는 많은 사람들이 자기들과 함께 기도하고 싶어 하는 것을 보고 누구든지 원하는 이는 자기들과 함께 기도할 수 있다고 말하고 4시 반이면 종을 치도록 하겠노라고 주일 예배 시에 교회에 광고하였다.

  그 이튿날 아침에 사람들이 예배당으로 오기 시작했다. 벌써 새벽에 수백 명이 모였다. 첫날 종이 울렸을 때에 4~5백 명이, 며칠 후에는 6~7백 명의 교인이 모였다. 나흘째 되던 날 기도 중에 갑자기 온 회중이 자신들이 무관심하고 냉랭하며 봉사할 마음이 적고 열심이 부족한 것을 깨닫고 통회하기 시작했다. 그들은 죄를 사함 받는 기쁨을 맛보고 하나님께 봉사하고자 하는 강한 욕망을 갖게 되었다.[32]

 한국 교회의 새벽기도회는 이처럼 평양 장대현교회가 최초로 실시한 사경회 중 1월 6일부터 시작된 것이 기원이 되어 오늘날까지 한국 교회의 전통이 되었다. 새벽기도회는 이때부터 모든 교회들이 교파를 불문하고 수용함으로 한국 교회의 성장에 원동력이 되었고, 세계 교회사에서 유일한 교회 예배의 문화로 인정받고 있다. 뿐만 아니라 이런 교회의 전통을 이어서 지금도 북한의 지하교회 성도들은 새벽제단을 쌓아 가고 있다. 특히 이들은 극동방송을 통해 새벽마다 전해오는 말씀과 찬양에 귀를 귀울이며 은혜를 받는 가운데 억압과 통제 속에서도 저들의 신앙을 유지하며 무형 교회들을 지켜 나가고 있다.

 평양의 장대현교회는 이같이 한국 교회 부흥에 결정적인 견인차 역할을 했을 뿐만 아니라 우리 민족사에 선구자적 역할을 하기도 하였다. 1919년 3월 1일, 그 교회 마당에서는 독립선언문이 낭독되었다. 이날 같은 시각에 서울의 파고다공원에서도 독립선언문이 동시에 선포됨으로, 이북 지역에서는 독립만세운동의 발원지가 되었다.

그러나 지금은 그곳이 만수대로 개명되어 만수대 의사당이 세워졌다. 1972년에 김일성의 60회 생일을 기념하여 그곳에 거대한 황금빛 동상과 혁명 사적관이 세워짐으로 기독신앙의 성지였던 곳이 공산혁명의 발상지로 날조된 사적지가 되었다.

(1) 성시화된 평양 도성

장대현교회의 회개 역사는 성령의 강한 임재하심으로 인하여 남녀노소와 직분을 불문하고 영적 대각성의 발화점이 되어 온 성도들이 나날이 성령 체험의 역사가 점증되었다. 이로 인하여 평양의 장로교회뿐만 아니라 이러한 부흥의 역사에 대해 비판적이었던 평양의 타 교파의 교회에도 그 불길이 번져 나갔다. 대표적인 교회가 평양의 '남산감리교회'이며, 평양의 온 교회들이 동일한 부흥의 불길에 휩싸이게 되었다. 놀라운 현상은 교회뿐만 아니라 미션스쿨에도 강한 영향력을 주어 채플 시간에 학생들의 회개운동이 활화산처럼 폭발되었다. 평양의 감리교 선교사인 노블(W.A. Noble)도 이러한 놀라운 영적 각성 운동을 보고 다음과 같은 보고서를 본부에 보냈다.

> 조선 교회에 나 자신이 지금까시 목격하지 못했고, 듣지도 못했던 가장 놀라운 성령의 부어 주심의 현시가 있었는데, 아마도 사도 시대 이후 이보다 더 놀라운 하나님의 권능의 현시는 없었을 것입니다. 매 집회에 주님의 긴능이 교회 진제와 때로는 밖에노 임했습니다. 남녀가 회개의 역사로 고꾸라지고 의식을 잃기도 했습니다. 온 도시가 마치 사람들이 죽은 자를 위해 통곡하고 있는 듯했습니다. 많은 사람들이 자신들의 죄 사함이나 아직 회심 받지 못한 다른 사람들을 위해 기도하는 가운데 탄식하며 자신들의 집에서도 온밤을 지새웠습니다…사람들은 자

발적으로 기도합니다. 교회는 참으로 많은 악기에서 나는 화음보다 더 조화를 이루는 수백 명의 기도 소리의 중얼거림으로 가득 찼습니다.

이 같은 성령의 역사하심이 평양 도성을 거듭나게 하였다. 과거 평양은 기생이 가장 많은 음란한 곳이었고 폭력배들이 들끓는 타락한 도성이었으나 장대현교회의 사경회를 통한 '대각성운동'이 평양을 도덕적으로, 영적으로 변화시키는 촉매 역할을 하였다. 이를 통해 평양은 교회 성장의 원동력이 되어 평양 곳곳에 교회들이 세워지며 부흥되는 역사로 이어졌다. 이러한 변모를 바라보며 선교사들은 평양을 '동양의 예루살렘'이라고 일컬었으며, 성시화를 이룬 첫 사례가 되었다.

평양 대부흥운동은 한국 교회의 위상을 한껏 높여 놓았으며, 이런 변화와 부흥에 대해 외국의 신문들도 관심을 갖고 보도하였다. 〈뉴욕타임스〉는 "지금 세계에 두 강대국이 등장하고 있다. 하나는 군사대국 일본, 하나는 기독교대국 조선이다"라고 소개했고, 〈뉴욕트리뷴〉지는 "지금 기독교가 조선의 품격을 바꿔 가고 있다"라고 소개하였다. 그뿐만 아니라 세계 교회들은 한국인이 기독교에 대한 천재성이 있다고 격찬한 바 있다.[33]

(2) 평양 대부흥운동의 결실

평양 대부흥운동은 1세기가 지난 지금의 한국 교회 신앙의 정체성을 확립하게 하고 그 근간을 유지케 하는 계기가 되고 있다. 이러한 대부흥운동의 결실을 크게 4가지로 요약해 본다.

첫째, 기독교 윤리의 형성과 정립으로써, 대부흥운동의 핵심은 성경에 입각한 죄의식의 각성과 기독교 윤리의식의 제시에 있다. 그러한 영적 각성 운동은 각 교회에서 나타난 성도들의 죄의 자복과 회개로 그들은 지난날과 다른 삶을 살기 시작했다. 깊이 있는 죄의식은 변화된 행동으로 입증되었다. 뮤어 선교사는 대부흥운동의 중요한 열매의 하나로 새로운 윤리의식의 형성을 꼽았다.

복음이 들어와 교회가 세워지고 신앙인들이 모이게 되었지만, 그들의 신앙과 기독교적 윤리의식의 수준은 초보적 단계였다. 초급 수준인 그들에게 성경을 가르치고, 무엇보다도 세상을 향한 교회의 성장을 위해 전도에 힘썼다. 그때의 교회 행사 중 사경회는 매우 중요했고, 이것이 개인의 신앙 성장과 교회의 성장에 견인차 역할을 했다. 그 당시 사경회는 오전에는 한 시간 기도회를 하고, 두 시간 이상 성경을 공부한 후, 다시 한 시간 동안 거리로 나가 축호 전도를 하였다. 오후에는 생활상에 필요한 주제를 정하여 공개 토론회를 열어 생활에 대한 도덕적 입장을 정립하도록 하였다. 이로 인하여 개인의 기독교적 윤리의식을 갖게 되었다.

구한말 대부분의 조선 평민들은 지배층에 의해 철저히 수탈당하고 인권의 개념은 아예 전무하다시피 했으며, 탐관오리들의 횡포와 관리층의 매관매직 행위, 관리들의 전횡적인 가렴주구(苛斂誅求)와 무능으로 인해 일반 백성들은 가난을 벗어날 수 없었고 거짓과 술수로 처세해야 했다. 또 기능권층에 대한 증오와 원망 등으로 자신들의 삶에 대한 애착과 의욕이 약했고, 사회적 가치관과 규범과 질서의식이 미약할 수밖에 없었다. 그로 인해 근면과 정직과 성실성을 거부하는 사조적인 삶에서 벗어나지 못하여 술과 폭력과 축첩과 음란한 삶이 보편화되다시피 하였다.

이런 조선인들에게 선교사들은 복음을 전하고 기독교의 가치관을 갖고 성실하고 정직하게 살도록 십계명을 중시하는 규범을 제시하며 거듭난 삶을 강조했지만 오랫동안 습관화·의식화된 삶의 양태는 결코 단시일에 극복되는 문제가 아니었다. 그 점에 대해 선교사들은 고민했고 좌절감을 맛보아야 했다. 교회를 다니고 직분이 있어도 일반인과 다를 바 없는 삶을 살았기 때문에 이러한 삶의 모습을 보고 아펜젤러 선교사는 그 당시 조선인들에 대해 이같이 폄하하기도 하였다.

> 개처럼 게을러빠지고, 돼지처럼 더러우며, 늑대처럼 앙숙을 품고, 위선자처럼 교만하다.[34]

선교사들이 볼 때에는 주로 유교나 불교, 토속적 신앙에 근거를 두고 이어져 내려온 생활 습관들이 이제는 기독교 신앙 원리와 기준에 비춰 볼 때 죄악이었고 비도덕적인 것으로 규정되기 시작하여 죄의식을 자각하는 데 중점을 두었다. 이러한 행위들이 죄목으로 나열됐다는 것은, 지금까지 조선사회를 지배해 온 유교 및 전통 무속종교의 윤리 의식을 대체할 새로운 윤리가 형성되고 그로 인하여 기독교가 그 시대에 영향력을 행사하게 된 단계로 보았던 것이다. 이 같은 초기 부흥운동은 한시적 회개운동으로 그치지 않고 한국의 근대사회 윤리 형성에도 중요한 역할을 하였다.

둘째, 평양 대부흥운동의 교회사적 결실로는 한국 교회의 자립을 구축하는 동기가 되었다는 점이다. 1907년 평양 대부흥운동을 본격적인 대각성운동의 시작으로 보는 이유는, 이전의 부흥운동이 선교사들에 의해 주도된 내세 중심적인 신앙운동이었다면 그 운동의 중심에는 '조선 기독교의 아버지'라는 평가를 받고 있는 길선주 목사가 있었기 때문이다.

1907년은 여러모로 볼 때 한국 교회의 원년이 되는 역사가 많다. 그중 하나는 1907년 9월 17일 '평양신학교'를 졸업한 최초의 목사

7명이 안수받음으로써 외국 선교사들에 의해 주도되던 조선 교회가 본토 조선인 목사에 의해 운영되고 치리된 것이다. 장대현교회의 초대 목사는 사무엘 마펫이었고, 2대 목사가 그레이엄 리, 3대 목사가 바로 그 교회 장로 출신인 길선주 목사였다.

1907년 9월 17일은 가히 조선 교회가 자주적으로 탄생된 기념비적인 날이라 할 수 있다. 왜냐하면 창립 노회가 결성되었기 때문이다. 일명 '조선예수교장로교 독노회'였다. 당시 교세가 노회 수준이었기 때문에 독립된 노회라는 의미에서 독노회라 불리게 된 것이다. 조선인 장로 36명, 선교사 33명, 찬성 회원 9명이 장대현교회에서 모여 이러한 성회를 행했다. 아울러 '조선장로회신조'를 택함으로 교회의 독립성과 그 정체성을 선포했다. 그래서 조선 교회는 이날부터 피선교지가 아닌 자국인화된 교회라는 것을 선포한 의미가 주어졌다.

셋째, 평양 대부흥운동은 조선 교회를 선교하는 교회로 거듭나게 했다. 1907년 독노회 목사로 안수 받은 7인의 목사 가운데 한 명인 이기풍 목사를 제1호 해외 선교사로 제주도에 파송하였고, 1908년에는 일본 도쿄에 한석진 목사를, 1909년에는 최관흘 목사를 블라디보스토크에 러시아 선교사로, 1910년에는 만주 북간도에 김영재 목사를, 1912년에는 조선예수교장로회 총회가 결성되어 유교의 본산지인 중국 공자의 고향인 산동성 곡부에 김영훈 등 3명의 선교사를 파송함으로 조선 교회는 명실공히 세계를 향해 선교하는 교회로 거듭났다. 이는 사도행진에서 소아시아의 안디옥 교회가 사도 바울과 바나바를 세워 해외 선교사로 파송한 성경적 전통을 이어 나간 것이었다.

제1장 조선의 쇄국기와 여명의 시대: 암흑 1기

"안디옥 교회에 선지자들과 교사들이 있으니 곧 바나바와 니게르라 하는 시므온과 구레네 사람 루기오와 분봉왕 헤롯의 젖동생 마나엔과 및 사울이라 주를 섬겨 금식할 때에 성령이 이르시되 내가 불러 시키는 일을 위하여 바나바와 사울을 따로 세우라 하시니 이에 금식하며 기도하고 두 사람에게 안수하여 보내니라"(행 13:1~3).

넷째, 평양 대부흥운동은 결과적으로는 사회적·민족적 각성을 불러일으키는 범사회적 운동으로 파급되었다. 이에 대해 현요한 신학교수는 다음과 같이 그의 저서에서 주장하고 있다.

> 결과적으로 기독교 신앙은 절망에 빠진 한국 민족에게 희망을 주었으며, 사회적으로 깨어 일어나게 하였고, 결국은 일제에 저항하는 정신을 북돋게 하기도 하였다. 1907년에 민중의 저항을 만류하였던 길선주도 1919년 3·1 만세운동 당시에는 민족대표 33인 중에 가담하였다. 또한 1907년 숭실중학교 학생으로 부흥운동을 체험한 손정도는 후일에 민족주의적 부흥운동가가 되었다. 그는 한국의 국권 회복은 한국인 전도자들이 오순절 성령 감화를 받고 세상에 나아가 복음을 전할 때 이루어질 것으로 보았다. 그에게는 민족의 독립과 부흥 전도 사업이 별개의 것이 아니었다. 부흥운동가가 흔히 현실 참여에 소극적이거나 부정적이기 쉬웠던 상황에서 그는 민족운동에 철저하게 투신하였다.
>
> 실제로 부흥운동은 한국인들에게 교육의 필요성을 크게 일깨워 주었고, 교육에 대한 흥미를 갖게 해주었다. 기존 미션스쿨에는 학생들이 급증하였고, 수많은 학교들이 부흥운동 이후 새롭게 설립되었다. 을사조약 이후 일본의 침탈 속에서 조선인들의 학구열이 급격하게 줄었으나, 대부흥운동이 일어나면서 이러한 분위기는 완전히 바뀌었다. 부

흥운동은 진리에 대해 사모하는 마음을 일으켰으며, 한글을 배워서 성경을 읽으려는 사람들이 무수히 많아졌다. 이는 민족의 언어인 한글을 배워야 한다는 생각을 북돋워 주었으며, 결국 자주독립을 향한 의식을 고취시켜 주었다. 이 운동이 교회 안에만 머물지 않고, 당시의 일반 사회에도 건설적인 영향을 끼친 것이 사실이다.[35]

이런 대부흥운동 또는 대각성운동은 한국 기독교 역사를 이해함에 있어서 빼놓을 수 없는 중요한 획기적인 전환점이었다. 이것은 한국 교회가 한국 땅에 뿌리박고 강력하게 성장할 수 있게 한 원동력이었으며, 어두움과 절망 속을 걸어가던 한국 교회와 사회에 끼친 영향이 결코 가볍게 평가할 수 없는 것임은 분명하다. 이같이 한국 교회의 부흥이 한반도의 중심이고 수도인 한성(서울)에서 시작되지 아니하고 이북 지방의 중심인 평양에서 발흥되었다는 점은 예수님의 사역 전략과도 일치한다. 예수님 공생애는 이스라엘 땅 북쪽인 갈릴리에서 본격화되었음을 복음서에서 확인할 수 있다.

예수님은 공생애의 복음 전파 사역을 갈릴리 지역 호숫가의 가버나움 어촌에서 시작하셨다. 이처럼 예수님의 지역적 선교 전략은 이스라엘의 중심인 남쪽 유대의 수도 예루살렘이 아닌 북쪽 지방 갈릴리에서 시작된 것을 알 수 있다. 또한 예수님은 대부분 갈릴리 출신 사람들을 제자로 삼으셨다. 자연스럽게 예수님의 전도 사역도 북쪽의 갈릴리로부터 시작되어 점차 사마리아와 유대와 예루살렘으로 신출하였음을 복음서를 통해 확인할 수 있다. 만일 예수님의 복음 전파가 예루살렘으로부터 시작되었으면 초기부터 유대교의 지도자들로부터 상당한 저항을 받았을 것이다.

조선 교회 또한 구한말 시기에 한성의 어느 교회에서 동일한 교회의 부흥 역사가 일어나기 시작했다면 조선왕실로부터 상당한 경계와 제재를 받았을 것이다. 그 당시 조정에서는 선교사들의 활동을 면밀히 감시하고 있었다.

이처럼 조선 교회 부흥의 큰 흐름도 이북 평양으로부터 발흥되어 점차 평안도와 황해도와 이남 지역으로 남진되었음을 한국 교회사를 통해 알 수 있다. 평양에서 발흥된 부흥이 이북 곳곳의 성시화에 큰 영향을 주었다. 1920년대에 와서 당시 인구 비율로 볼 때 기독교가 가장 왕성한 도시는 선천, 재령, 평양, 경성(서울) 순이었다. 1925년 평안북도 선천은 인구 1만 명 중 절반이 기독교인으로서 '기독교 왕국'으로, 황해도 재령은 '기독교 천하'로, 평안남도 평양은 '조선의 예루살렘'으로 불렸다. 이 당시 서북 지방은 기독교 시대였다. 선교를 시작한 한 세대(30년) 만에 기생의 도시, 조선의 소돔을 거룩한 기독교 도성인 예루살렘으로 만든 것은 기독교 영향이었다.[36]

1907년의 평양 대부흥운동은 그 당시 남북의 모든 교회 부흥의 모멘텀이 되었다. 이는 선교사들에 의한 지속적 부흥이 아니라 장로교의 평양신학교과 감리교의 협성신학교 졸업생들이 목사가 되면서 이들 중 영성이 출중한 조선인 사역자들에 의한 부흥이 해방되기까지 지속된 것이었다. 이러한 부흥운동사에 대해 김진환(《한국교외부흥운동사》, 서울시작, 1993.)은 10년 단위로 나누어 정리하였다. "부흥의 여명기(1900~1910)로 길선주 목사, 한석진 목사에 의해 주도되었고, 발아기(1910~1920)로는 김익두 목사, 시련기(1920~1930)로 이용도 목사, 쇠퇴기(1930~1940)로 임종순 목사, 주기철 목사 등이 그 시대의 교회 부흥에 기여하였다.[37]

4. 초기 개신교가 당한 수난들

1) 관제에 의한 핍박

세계 교회사의 공통점은, 최초의 선교지에 복음이 전파될 때에는 현지의 기존 종교와 정치, 사회적, 문화적 저항을 받으면서 점진적으로 복음이 뿌리내리고 그 후 활성화로 이어졌다. 사도행전의 바울의 3차 전도여행 사역에서도 동일하게 현지인들과 종교 기득권층으로부터 상당한 저항과 핍박을 당하면서 그 땅에 교회가 서서히 정착되어 나가는 과정을 보게 된다.

특히 근대화 시기의 전환점에 처한 조선 봉건 왕조 시기에는 더욱 드센 반발과 핍박이 따를 수밖에 없었다. 조선 말기에 최초의 복음이 들어오고 서서히 정착 단계에 접어들면서 관제에 의한 핍박과 더불어 개신교보다 일찍 조선 땅에 교회 세력을 확보한 천주교와의 불가피한 충돌로 이어지기도 하였다.

1866년 8월 평양에 이양선인 제너럴셔먼호의 출현과 토마스 선교사의 순교 사건으로 한국 교회사가 기원했지만, 그 후 교회가 정착되어 가는 단계에서 조선의 조정과 관가로부터 예기치 못한 저항과 핍박이 뒤따랐다.

그 당시 천주교의 은밀한 잠입과 활동은 조선인들과 조정에 서양 제국주의에 대한 경계심을 불러일으켰고, 봉건 문화와 기존 종교를 지키고자 하는 수세적인 모습이 구체화되기까지 하였다. 그러던 중에 조선반도를 둘러싼 국제정세의 급변으로 결국 청나라의 압력에 못 이겨 1882년 5월 미국과의 수호통상조약으로 문호를 개방하였고, 그 후 영국, 프랑스, 독일, 이탈리아, 러시아와 국교를 맺음으로 더 이상 동방의 은둔의 나라가 아닌 세계 속의 조선으로 등장하였다. 하지만 그에 대한 후유증과 부작용이 여러 분야에 드러나게 되었다. 그중 대표적 사건이 1884년 12월 개혁파인 김옥균, 서광범, 박영효, 서재필 일파가 일으킨 갑신정변으로, 명성황후와 고종의 오른팔이었던 민영익이 자객들에게 습격을 당하여 사망 지경에 이르렀다가 미국 공사관의 의사로 와 있던 알렌 선교사의 수술로 목숨을 건졌다.

이 일로 조선 최초의 근대식 서양 병원인 '광혜원'(廣惠院)이 1885년에 세워지게 되었다. 그로 인해 서서히 선교의 발판이 구축되었고 알렌은 조정의 어의(御醫)가 되어 선교사들에 대한 경계심을 허물기 시작했다. 민영익의 극적인 회복으로 선교사들은 서서히 왕실의 총애를 받기 시작했다.

그러나 1887년 한성 한복판 언덕에 천주교 성당(명동성당)이 건축되면서 개신교에 대해서도 동일하게 극도의 경계심이 거세져 한성뿐 아니라 평양과 황해도 등지에서도 크나큰 저항과 박해가 시작되었다. 이에 대해 민경배 교수는 다음과 같이 서술하고 있다.

> 왕실의 총애에서 출발한 프로테스탄트의 선교였지만, 척사위정의 거센 상소가 계속되면서, 조선 초대교회는 험난한 수난의 길을 걷지 않을 수 없었다. 신교로서 처음 당한 수난은 1888년 4월의 전도 금지령 발표 때의 일이다. 그 원인은 서양 종교 기피의 전통적 척사 감정에서 나왔으나, 직접적 원인에 대해서는 명백한 단언을 내릴 수 없다. 다만 짐작할 수 있는 것은, 1887년에 가톨릭 교회에서 서울 시내의 고지에 대지를 비밀리에 큼직하게 매입해서 왕궁을 내려다볼 수 있는 웅장한 대성당을 건축하는 데서 발단되었다고 할 수 있겠다. 고종이 그 성당 위치가 궁전보다 높기 때문에 왕실 존엄이 훼손된다 해서 그 건축의 중단을 요구했음에도 불구하고 여기에 불응한 천주교회의 불손이 그 직접적인 동기였다.

이 일로 선교 금지령 발표에 접한 미국 공사는 지방 벽지를 여행하면서 선교 활동하던 언더우드를 급히 상경시켜 전도 활동을 중단하도록 명했다. 이때 선교사들은 선교사업이 끝장에 이른 줄 알고 있을 정도로 사태는 심각했다. 더욱이 1888년 여름에는 이른바 '어린이 소동'이란 것이 터져, 외국인들이 어린이들을 잡아다가 눈알을 빼어 이를 약에다 쓰기도 하며 육식도 한다는 음흉한 유언비어가 퍼져 선교에 큰 위협을 준 때도 있었다. 이 때문에 선교사와 상종하던 관원까지 9명이나 처형받은 일이 있었다. 이런 험악한 분위기 속에서 처참한 교회 박해가 평양에서 터졌다. 평양은 일찍이 그 부요함과 부도덕한 것으로 악명이 높았던 도시요, 한때 이곳에서 선교하던 감리교 선교사들이 보따리를 챙기지 않을 수 없었던 고약한 고장이었다.

이 불행한 사건은 1894년 청일전쟁 직전에 터졌다. 평양의 부호 자제들이 다수 기독교에 입교하자, 한번 거사를 해서 이득을 보려고 유교 존숭과 외인 협잡의 방지라는 명분을 내세운 평안도 덕천의 관리였던 신덕균이 선교사들을 제거하려는 음모를 꾸민 것이 그 도화선이 되었다. 이에 평안도 관찰사 민병석이 엄령을 내려 그해 4월 6일, 마펫 선교사의 조수였고 '널다리골교회' 성도들인 한석진, 송인서, 최치량과 감리교의 제임스 홀 선교사의 조수였던 김창식이 평양 관가에 잡혀가 반주검이 될 정도로 고문과 폭행을 당하였고 처형될 위기에 처해졌다.

이에 감리교 선교사 홀과 장로교 선교사 마펫이 한성에 있는 영국 공사와 미국 공사에게 급히 알리어 왕실에 교섭하도록 전력을 하였다. 그 일의 경과가 늦어지자, 이에 당황한 영·미 양국 공사는 한성 주재 청국 공사 위안스카이(원세개)에게 통고하여 "영·미 양국은 부득이 군함을 평양에 파견하여 자국인과 그 동업인 조선 사람들의 생명을 구명할 수밖에 없다"고 강경하게 항의함으로써 그가 국왕에게 힘을 써서 어명으로 평양 교인들을 석방하도록 했다.

이러한 교회의 위기가 평양뿐만 아니라 황해도에서도 있었다. 1899년 1월 중순경, 황해도 황주에서는 리 선교사의 순회전도를 계기로 무서운 환난이 일어나, 관가에서 나온 관리가 교회 박멸을 구실로 교회를 때려 부수고, 교인들을 무수히 폭행하며, 성경을 비롯한 전도지를 태우고 선교사의 돈을 강탈하는 사태가 발생했다. 알렌은 항의 각서 속에서 이 변란이 서울에서 발생했던 만민공동회와 황국협회 사이의 충돌 사건 때문에 생긴 감정의 연장으로 보고, 이 관리의 범법을 처단해 줄 것을 요청하였다.

실상, 1898년 11월 6일에는 보부상의 두목 길영수가 한성에서 독립협회를 위협하는 과정에서 그 주도 인물인 윤치호, 남궁억 등 기독교인들을 학살하려는 난동을 부렸고, 심지어 정동 예배당까지 훼파하려는 패악스런 거사에 나서고 있었다. 그런데 1900년 가을에는 뜻밖의 불상사가 발생했다. 거슬러서 그 전해 5월에 서울에서 전차 부설이 한창일 때에 경무사 김영준과 내장원경 이용익이 전차를 부설하면 조정의 재원이 반드시 고갈될 것이라고 건의도 하고, 또 부설 완료 후에도 시민을 충동하여 금차하도록 하여 전차 이용을 금지하게 하는 일이 있었다. 이 때문에 미국인이 고종에게 통고하여 이 전차를 이용하도록 하였다. 이에 원한을 품고, 이 두 사람이 합의하여 기독교 제거를 계획하고 고종에게 기독교를 음해하는 소장을 상소하여 국내에 있는 선교사와 교인들을 한꺼번에 살육할 밀령을 12월 1일을 기해 전국 각도에 밀송할 예정이었다.

이 절박한 소식을 처음 안 것은 잠시 황해도 해주에 머물고 있던 언더우드 선교사였다. 그는 일각을 지체하지 않고 라틴말로 한성 제중원 원장인 애비슨 선교사에게 전보로 통보하였고, 알렌 선교사는 이를 고종에게 알렸다. 아울러 외교 통로를 통해 선교사와 기독교인들의 보호를 요청하였다. 이에 국왕은 준엄한 칙전을 각도에 알렸다. 그로 인하여

풍전등화와 같았던 위기에서 겨우 벗어날 수 있었다.[38]

이런 박해의 사건은 기독교에 대한 배척과 증오심을 갖고 있던 일부 지방의 관료들과 무지몽매한 일부 폭력집단이 획책하여 실행되었다. 이러한 개신교에 대한 핍박과 멸절하려는 의도와 광기는 구약 에스더에 기록된 유사한 사건을 연상케 한다. 그 당시 바사(페르시아)에 바벨론 포로로 끌려온 유대 후손들이 그 나라 곳곳에 거주하고 있었다. 그 나라의 왕실에 유대인을 미워하는 하만이라는 장군이 이들을 제거하기 위해 음모를 꾸며 유대인들을 모두 도륙하려 했으나 유대인 황후인 에스더의 기지로 민족 참상을 면하였다.

> "첫째 달 십삼 일에 왕의 서기관이 소집되어 하만의 명령을 따라 왕의 대신과 각 지방의 관리와 각 민족의 관원에게 아하수에로 왕의 이름으로 조서를 쓰되 곧 각 지방의 문자와 각 민족의 언어로 쓰고 왕의 반지로 인 치니라 이에 그 조서를 역졸에게 맡겨 왕의 각 지방에 보내니 열두째 달 곧 아달 월 십삼 일 하루 동안에 모든 유다인을 젊은이 늙은이 어린이 여인들을 막론하고 죽이고 도륙하고 진멸하고 또 그 재산을 탈취하라 하였고 이 명령을 각 지방에 전하기 위하여 조서의 초본을 모든 민족에게 선포하여 그날을 위하여 준비하게 하라 하였더라"(에 3:12~14).

2) 천주교와의 내립과 박해

개신교의 초기 사역에서 조정 및 관료들이나 일반 백성들의 배척과 경계로 인한 사건들은 사실상 선교 초기에 기독교가 그 땅에 정착되기까지는 공통적으로 어느 나라에나 있었던 현상들이었다. 그러나 조선에서 개신교가 복음을 전하고 교회를 세워 나가는 과정에서 겪게 된 천주교와의 험악한 대립과 박해 사건은 매우 이례적인 것들이었다.

천주교는 조선에 100년 앞서 들어왔고, 조선 말기에 특히 흥선대원군이 다스리던 시기에는 참혹한 순교의 역사를 지나오기도 하였다. 이 당시에는 천주교와 개신교를 서양 기독교의 동일한 종교로 이해하고 있었다. 1866년 토마스 선교사가 평양 대동강에 들어갔을 때에도 그곳의 현지인들은 천주교의 신부인 줄 알고 있었고, 프랑스의 군함이 병인양요 때 당한 피해를 보복하러 온 줄 알고 있었다.

존 로스 선교사는 조선 정부의 반기독교적인 태도의 근원이 조선에서의 가톨릭 신도들의 행실에 있다고 밝히고 있다. "우리 개신교는 평화를 사랑하고 로마 가톨릭과는 이런 점에서 완전히 다르다"라고 진술한 바가 있었다. 1892년 캐나다의 토론토에서 개최한 세계장로교연맹 회의에서 "로마 가톨릭과 그들의 해외 선교"라는 강연을 통해서 "이들은 한국에서 그리스도를 전하지 않고 로마를 전하고 있다"라고 비판하였다. 이러한 것들은 조선에서 개신교가 처음부터 의식적으로 반가톨릭적인 입장을 천명함으로써 그와의 역사적인 접속을 부인하려는 데서 일어났던 것이라 볼 수 있겠다

가톨릭 교회가 개신교의 복음 사역에 적의를 품고 개신교 교회를 박해한 최초의 사건은 1898년 황해도의 재령 원내동 교인들이 개신교 예배당을 건축할 때의 일로, 100여 명의 천주교인이 집단 폭행을 가하면서 그 예배당을 공동 사용할 것을 고집하였다. 결국 이 사건은 재판으로 무난히 해결되었다. 그러나 그 후에도 천주교와 개신교의 갈등은 이어졌다.

1903년에 황해도 신천, 재령, 안악, 황주, 장연 등지에서 자행된 천주교도의 예수교인 박해는 매우 심각하였다. 그들의 만행으로 인해

서 정부가 해주에 재판소를 설치하여 사태를 판정하려 하였더니 천주교 신부들과 교인들이 오히려 관리들을 구타하고 감금하는 사태로 악화되었다. 그때 황해도 관찰사 이용직이 빌헬름 신부를 사사로이 만나서 그 사건을 처리하려 하였으나 여의치 않았다. 이 험악한 사태를 용기와 지혜로 처리한 인물이 왕실 법부의 이응익이었다.

그는 1902년 2월부터 황해도에 가서 개신교 예수교인의 피해를 기민함과 끈기로 조사하고 천주교인들의 악한 비행과 만행을 수집해서 이를 보고서로 작성하여 1903년 9월 1일 고종에게 제출하였다. 고종은 이런 불법에 가담한 사람들을 검속해서 한성에서 재판하라고 명령하였고, 15명의 중범자들이 10월에 재판을 받아 실형이 선고되었다.[39]

5. 이북 지역의 교회가 부흥된 포괄적 요인

1) 지역의 사회적 배경

이북 지역의 교회들은 타 지역보다 압도적으로 부흥·성장하였다. 1898년 당시 조선 장로교 전체 교인 수가 7,500명이었는데, 평안도와 황해도에 해당하는 서북 지역(평안도, 황해도)의 교인 수가 5,950명으로 전체 교인의 79%를 차지하였다. 이와 같은 서북 주도의 교회 성상에는 몇 가지 지역적·사회적 요인이 있었다.

첫째, 청일전쟁(1894~1895) 중에 전쟁의 격전지가 서북 지역(평양)에 있었다. 전쟁 중 생명과 재산을 보호하려는 일반 계층이 피난처로, 대거 교회로 몰려왔다. 또한 이들 피난 교인들에 의한 신앙이 지방으로 확산되며 지방 교회 설립이 본격화되었다. 특히 평양 출신 교인들이 청일전쟁 중에 황해도와 평안도 각 지역으로 피난하면서 광범위한 그 지역에 교회가 설립되었다. 일제 강점기 시대에 최대의 교인 수를 자랑하던 황해도 재령읍교회도 피난 갔던 평양교회 성도인 한치순과 이영언의 전도로 설립된 교회였다. 평양 교인들의 지방 분산으로 인한 지방 교회 설립은 중대한 의미를 지닌다. 당시 선교부의 전도사업은 대체로 주요 도시를 거점으로 진행되었는데, 이들 평양의 성도들에 의해서 교회 개척이 지방으로 확산된 것이었다.

둘째, 서북 지역에는 양반 계층의 영향력이 상대적으로 미약하였다는 점이다. 이 점은 조선사회 전반에 걸쳐 강력한 영향력을 행사하였던 유교의 힘이 서북 지역에서는 그다지 크지 못하였음을 시사해 준다. 조정에서는 서북 지역을 정책적으로 배제해 왔다. 서북 지방은 홍경래 거사 이후 왕실의 견제 대상이 되어 왔다. 따라서 서북인들은 과거에 급제하여도 실제 벼슬에 오르는 기회가 적었다. 이러한 사실로 인해 서북 지방의 지식인층은 사상적으로 진취적인 성향을 갖게 되었다.

숭실학당의 설립자인 베어드(William M. Baird) 선교사는 "남과 북의 조선"이라는 기고에서 서북 사람들의 특성을 '독립적이고 굳센 기개'로 묘사하고 있다. 한편 서북 지방 사람들이 진취적일 수 있었던 것은, 벼슬길에 오를 기회를 갖지 못한 이들이 일종의 지식 계층을 형성하여 새로운 문화나 문물을 받아들이는 데 개방적인 태도를 취할 수 있었기 때문이다. 이에 대한 통로가 바로 기독교였다.

셋째, 서북 지역에는 일찍부터 '자립적 중산층'이 형성되어 있었다. 이광린 교수는 초기에 개신교를 받아들인 사회계층이 이들 '자립적 중산층'이었다고 보면서, 이러한 사실이 이 지방에서 일어난 단시일 내의 개신교 발전을 설명해 주는 것이라고 주장한다. 서북 지역은 평야보다 산지가 더 많았기 때문에 다른 지방에 비해 농업보다는 상업에 종사하는 사람들의 수가 더 많았다. 또 중국과 지리적으로 접해 있었기 때문에 일찍부터 상업이 발전하였다.

넷째, 중국과 접해 있음으로 인해 상도들과 사신들을 통해 문물 교류 행로가 되었는데, 이런 지리적인 조건이 개신교의 수용과 성장에 상당한 영향을 미쳤다. 만주 지역을 통해 복음이 전래되면서 서북 지역 사람들은 일찍부터 개신교 수용에 적극적인 태도를 가지게 되었다. 그 실례로써 1883년 최초의 한글 성경이 평안도 의주의 봇짐장사꾼들이었던 백홍준, 서상륜 등에 의해 서북 지방에 전래된 것을 들 수 있다.

다섯째, 선교사들의 사역 중심축이 초기에는 한성(서울)과 경기 지역과 호남 지역이었으나 점차 평양을 중심으로 한 서북 지역으로 옮겨졌다. 1910년에는 결정적인 차이가 나타났다. 장로교의 경우 이북 서북 지방의 신도 수가 23,483명인 데 반하여 경기·호남 지방의 신도 수는 2,975명으로 약 8:1의 비율을 보였다. 뿐만 아니라 이북 지역과 이남 지역에 종사하는 선교사 수에서도 1887년에서 1910년까지를 기준으로 하여 45:25명으로 앞섰다. 특히 마펫 선교사의 1901년 평양신학교 설립과 운영으로 그곳은 목회자의 산실이 되었고, 당시 조선 교회의 중심이 되었다.

여섯째, 기독교를 수용하는 주체 측면에서 볼 때 이남 지역은 유교 전통사회를 지탱하는 양반사회의 중심지를 이루어 왔다. 초기 단계에서 지식층은 '개화 지향적 동기'가 강하였던 반면, 이와는 상대적으로 이북 지역(서북)의 신앙인들은 '신앙적 동기'가 강하였다고 볼 수 있다. 이는 신교사들의 선교 시향 측면에서도 차이가 드러난다. 이남 지역에서는 사역의 방향이 주로 교육, 의료, 사회사업 등 문화 사역으로 나타났고, 이북 지역에서는 전도사역과 교회 설립에 비중을 두었다. 이북 지역 주민들은 개방성과 개척 성향이 강하여 그 지

역의 복음 확산에 크게 기여하였다.[40]

2) 이북 지역의 문명화(Civilization) 사역

서구의 선교사들은 비근대화된 아시아권에 서구 문명을 전파하면서 기독교화를 위한 교회 개척과 함께 다양한 문명화 사역도 전개하였다. 특히 이들은 서구의 발달된 문명화 사역을 위해 교육 사역으로 문맹을 퇴치하고 서구의 근대 문명을 습득하게 하였으며, 효율적인 복음화를 위해 현지 언어로 된 성경을 번역하고 원주민들이 자국어 성경을 읽게 하였다. 이러한 교육 사역과 더불어 현지인들의 전염병 퇴치와 질병 치료를 위한 근대식 의료기관을 설립하여 영혼구령 사역과 보건위생 환경의 향상뿐만 아니라 근대 농업의 기술 보급 등을 위한 전반적인 문명화 사역을 함께 실시하였다.

이러한 문명화 사역은 복음화 사역의 필수 요건이었다. 그 당시 서구의 선교사들은 이러한 선교 전략을 통해 그 나라와 민족의 기독교화를 위해 헌신적인 사역을 하였다. 조선 말기에 입국한 선교사들도 동일하게 복음화 사역과 함께 문명화 사역을 동시에 실행하였다. 이런 서구 문명화 사역은 그 지역의 복음화에 지대한 상승적인 영향을 주었고, 봉건적 교육방식이 아닌 근대적 학문을 교육하기 위한 교육제도 개선에 힘썼다. 이는 조선의 근대 문명화를 위한 것으로 대중적인 개화를 이끌고 인재들을 양성하였다. 선교사들은 그러한 사역을 위해 이북 지역을 비롯한 전역에 학교와 의료기관 및 복지시설 설립을 확장시켜 나갔다.

(1) 교육 사역을 통한 문맹 퇴치

조선 말기 일반 백성들의 문명 수준은 극히 미약하였다. 양반 계층을 위해 서당에서 한학을 위주로 한 '사서오경' 교육이 거의 전부였고, 국가기관의 학교 교육은 전무하였다. 그로 인해 일반 백성들은 대부분 자국 문자인 한글조차 읽고 쓸 줄을 몰랐다. 그런 열악한 교육 환경에서 선교사들이 조선 백성에게 한문 성경, 한글 성경을 제공하여도 깨닫지 못하였으므로 무엇보다 한글 교육이 시급했다. 자국어 성경을 읽게 하고서야 성경 교육이 가능했던 것이다. 뿐만 아니라 근대화된 문명 세계를 접해 보지 못했기에 가장 기초적인 수학, 물리, 화학, 영어 등의 교육을 실시하기 위한 교육 기관을 세워야 했다.

동시에 양반과 식자층만 알 수 있는 한문 성경을 한글 성경으로 번역하는 작업도 시급하여 언더우드 선교사를 비롯한 여러 선교사들이 '성경번역자회'를 조직하여 한글 성경을 번역하였다. 그 외에 의료 선교사인 애비슨은 광혜원의 의학 교재를 한글로 번역, 제작하여 점차 각 분야에 조선인들 교육에 필요한 한글 의학 교재를 만들었고, 동시에 학교 교육 기관들을 전국 곳곳에 세웠다. 이런 문명화 사역은 조선의 근대화에 밑거름이 되었고, 근대화의 주역으로 양성하는 데 크게 기여하였다.

이러한 활동은 1885년 선교사들이 입국한 이후부터 1909년까지 이북 지역에 설립된 교육기관이 이북 지역의 문명화와 복음화를 이루는 산실이었음을 말해 주고 있다. 아래 자료는 선교사들이 세운 전국 40개의 학교 중에 21개의 학교가 이북 지역에 세워졌음을 보여 준다. 이 학교 중에 절반이 평양에 설립되었다는 점은, 그만큼 평양이 이북 지역의 중심축이었으며, 학교가 독립된 기관이 아니라 교회와 연관되어 있는 미션스쿨로서 일반 교육과 예배 활동이 동시에 실시됨으로 교육을 통한 복음화가 주된 목적이었음을 말해 주고 있다. 이처럼 교회와 학교가 상호 관계를 이루면서 복음화에 동반 작용을 하였던 것이다.

〈초기 이북 지역의 미션스쿨 개교〉[41]

(1894~1909)

학교명	설립연도	지역	교파	학교명	설립연도	지역	교파
덕명학교	1904	원산	미 남감리회	진성여고	1904	원산	캐나다장로회
호수돈여고	1904	개성	미 남감리회	광성학교	1894	평양	미 북감리회
숭덕학교	1894	평양	미 북감리회	정의여학교	1894	평양	미 북감리회
정진학교	1896	평양	미 북감리회	숭실학교	1897	평양	미 북장로교
숭실학교	1897	평양	미 북장로교	맹아학교	1898	평양	미 북감리교
명신학교	1898	재령	미 북장로교	평양신학교	1900	평양	미 장로교
숭의여학교	1903	평양	미 북장로교	루씨여학교	1903	원산	미 북장로교
의창학교	1904	해주	미 북감리회	신성학교	1906	선천	미 북장로교
보성여학교	1906	선천	미 북장로교	의명학교	1906	순안	미 안식교
한영서원	1906	개성	미 남감리회	미리흠학교	1906	개성	미 남감리회
영실	1908	강계	미 북장로교	의정학교	1909	해주	미 북감리회

이 당시에 선교사들에 의한 교육은 신분과 관계없이 대중화로 이어져, 여성을 비롯한 모든 사람들에게 평등한 교육의 기회를 제공함으로 인권의 평등화와 여권 향상뿐만 아니라 신분 차등의 기존 문화를 개선하는 데 지대한 영향을 끼쳤다. 대한제국이 건립된 1897년 이후에는 조선에 선교 활동이 자유화되면서 교회 설립과 더불어 학교를 통한 교육의 열풍이 불어 평민과 천민에 이르기까지 제도권 교육이 크게 확대되었다. 그로 인해 선교사들에 의한 교회 부설 학교뿐만 아니라 자국 기독교인들에 의한 자립적인 학당과 학교 설립이 크게 확장되었다.

1909년까지 장로교회 자체에 의해 운영되는 학교를 포함해서 전국에 796개교가 설립되었는데, 정부에 의해 설립된 학교는 60여 개에 불과하였다. 그러나 1910년 이후에 전국에 인가된 학교의 수는 2,250개에 달했고 그중에 823개의 학교가 기독교 계통에서 선교를 목적으로 설립된 것이었다. 1910년 이후에 갑자기 학교가 많이 설립된 것은 일제 강점기에 조선총독부에 의해 전국적으로 세워졌기 때문이다. 이러한 학교와 병원 설립에는 교회가 주축이 되었으며, 그로 인한 문명화 사역은 다시 교회 부흥으로 이어지는 선순환적 영향력으로 나타나 이북 지역의 복음화에 크나큰 영향을 주었다.[42]

　구한말 시기에 개혁 인사 가운데 조선의 개혁에 앞장섰던 박영효는 1885년 조선으로 들어오기 위해 일본에서 준비하는 스크랜턴 선교사 등과 만나서 자신이 생각하는 기독교의 중요성을 이같이 피력하였다.

> 우리 백성이 지금 필요로 하는 것은 교육과 기독교화입니다. 선교사들과 그들이 세운 학교를 통하여 우리 백성을 교육하고 향상시켜 주어야 합니다…우리의 재래 종교는 지금 기운을 다했습니다. 기독교로 개종할 수 있는 길은 환히 열려 있습니다. 기독교 교사와 사업가의 일단은 우리나라 어느 구석에나 필요합니다. 우리가 합법적인 개종에 앞서 우리 백성은 먼저 교육을 받아야 하며 기독교화해야 합니다.[43]

　이북 지방의 기독교 교세가 이남 지역보다 크게 확장되고 부흥되었던 가장 중요한 이유는 이 같은 문명화 사역 때문이었고, 그로 인해 교회의 부흥으로 이어졌으며, 사회적으로는 그곳 주민들의 교육 수준 향상과 의식의 계몽과 개화에 크게 기여하였다.

(2) 의료사역을 통한 질병 퇴치

조선 말기 최초로 의료선교를 실행한 선교사는 알렌 선교사로서, 1885년에 최초의 근대식 병원인 '광혜원'이 설립되었다. 그 후 1910년까지 이북 지역에 설립된 의료기관 자료를 보면 다음과 같다. 이 자료는 남과 북 지역 중에 이북 지역에 설립된 12개의 의료기관만 적시한 것이며, 이남 지역은 서울의 대표적인 병원이며 최초로 세워진 근대 병원인 광혜원 이외에 11개의 병원이 각 도에 설립되었다. 비록 남과 북 지역의 의료기관 수는 동일하였지만 남과 북의 인구 비율 면에서 보면 이북 지역에 더 많이 세워졌음을 알게 된다.

〈이북 지역에 설립된 의료기관〉[44]

(1893~1910)

병원명	설립자	설립연도	지역	교파
원산구세병원	W.B. McGill	1893	원산	미 북감리회
광혜여원	R.S. Hall	1894	평양	미 북감리회
캐롤라인 에니래드닝원	Caroline A. Ladd	1895	평양	미 북장로교
평양제중병원	J.H. Wells	1896	평양	미 북장로교
홀기념병원	북감리회	1897	평양	미 북감리회
함흥제혜병원	K. McMillan	1898	함흥	캐나다 장로교
미동병원	A.M. Sharrocks	1901	선천	미 북장로교
재령병원	H.C. Whiting	1906	재령	미 북장로교
순안병원	Riley Russel	1908	순안	미 안식교
계례지병원	R.G. Mills	1909	강계	미 북장로교
해주구세병원	Edwin W. Kent	1909	해주	미 북감리회
개성남성병원	Wightman T. Reid	1910	개성	미 남감리회

구한말에 설립되기 시작한 서양식 의료기관들은 당시 고질적인 결핵과 수인성 전염병과 불결한 위생 환경과 영양실조 등으로 고통받는 조선인들의 생명을 살리는 선한 사역을 하였다. 이때 선교사들은 전국 곳곳에 병원과 결핵 요양소를 세우고 조선 의료인들을 양성하는 교육에도 힘썼다. 이는 의료 혜택을 받지 못하던 조선인들에게 많은 생명을 구하며 희망을 주는 선한 사역이 되었고, 그로 인해 기독교를 받아들이는 백성이 많았다. 이는 곧 질병으로부터의 해방을 의미했고, 영혼의 구원뿐만 아니라 삶의 질을 개선하는 현실적인 종교임을 인식시켜 개화기 중 복음화에 결정적인 영향을 주었다.

6. 이북 지역의 복음화에 헌신한 내외국 사역자들

상기 내용에서는 이북 지역 기독교화의 결정적인 요인이 첫째는 지역적·사회적 배경이고, 둘째는 선교사들에 의한 교육과 의료 사역에 의한 것임을 당시의 교육기관과 의료기관 설립 통계를 통해 입증되었다. 그리고 본문에서는 이북 지역에서 이루어진 여러 선교사들의 다양한 개별화(individualization)된 사역이 전체적으로 기독교화(christianization)의 균형 있고 화합된(harmonization) 결과를 통해 그곳 교회의 토착화와 부흥에 기여했음을 서술하였다.

여기에 이북 지역 복음화의 밑알이 된 최초의 평양 대동강에서익 순교자 토마스 선교사, 이북 지역에 최초로 평양에 신학교를 세우고 교회를 최초로 개척하여 이북과 이남 지역의 교회의 모판을 만든 사무엘 마펫 선교사, 평양에서 최초의 의료선교와 교육 사역을 한 윌리엄 제임스 홀 선교사 가족, 평양에 최초의 전문 교육기관인 숭실대학을 세워 다양한 분야에 민족 지도자를 배출시킨 베어드 선교사, 외국인 선교사 못지않게 한국 교회 전체 복음화에 헌신하면서 선교사들의 길잡이와 조선어 성경 번역에 큰 기여를 한 서상륜 전도사에 대해 소상히 알아본다.

1) 토마스 선교사 – 평양 최초의 복음 전파와 순교

천주교에 대한 박해가 극심할 때인 1866년 9월 2일, 평양 대동강변에서 27세의 토마스 선교사는 분노에 찬 조선군에 의해 죽임을 당했다. 기록에는 그의 두 손에 성경책이 들려 있었고 그의 입술에는 '야소(耶蘇)'라는 외침이 있었다고 쓰여 있다. 이같이 순교 당한 젊은이는 영국 웨일스 출신이었다. 제너럴셔먼호에 탔던 24명 중에는 5명의 백인과 19명의 아시아인이 미지의 나라에 왔다가 희생되었다.

그는 1866년 7월 셔먼호의 통역 겸 안내자로 동승해 약 일주일 후, 대동강 입구 용강군에 도착해 계속 강 상류로 거슬러 평양으로 항진하였다. 배가 머무르는 곳에 평양의 문정관이 와서 조선은 외국과의 무역은 국법으로 금지돼 있으니 물러가라고 요구했다. 그러나 셔먼호는 이를 무시하고 상류 평양을 향해 항진하였다. 평양의 감사 박규수는 물러갈 것을 요구했으나 무력으로 맞서자 그는 상류에서 작은 배를 여러 척 연결하고 그 위에 나무를 쌓고 불을 붙인 배를 아래로 떠내려 보냈다. 불타는 작은 배가 셔먼호에 닿자 배가 화염에 휩싸였다.[45]

더 이상 배에 머물 수 없었던 선원들은 강으로 뛰어내려 헤엄쳐 강변으로 다가갔지만, 대기하고 있던 병졸들은 뭍에 오르는 선원들을 닥치는 대로 칼로 쳐 죽였다. 토마스 선교사도 갖고 있던 한문 성경 몇 권을 가슴에 품고 강으로 뛰어내려 헤엄쳐 나왔다. 이때 박춘권이라는 상급 병사에게 발견되어 잡히게 되자 그에게 예수를 믿으라며 성경을 건네주었으나 그 즉시 참수형에 처해졌다.

　토마스 선교사가 죽기 전에 배에서 강변에 나와 있던 군중에게 성경을 던져 주었는데, 그들 중에 최치량이라는 소년이 몇 권을 받았으며 후에 평양의 영문주사 관리 박영식에게 성경 한 권을 주었다. 그는 그것을 자기 집 벽에 벽지로 발랐다.[46] 토마스 선교사를 참수한 박춘권의 조카 이영태는 박영식의 집에 들렀다가 벽에 바른 성경을 자세히 읽고 크게 감동을 받았다. 그는 후일에 사무엘 마펫 선교사를 만난 후 예수를 영접하고 그리스도인이 되었고, 후에 평양 숭실전문학교를 졸업한 한 후 미국 선교사 레이놀즈의 조사가 되었다. 그는 성서번역위원인 레이놀즈를 따라 한국인 성서번역위원의 일원으로서 성서 번역에 크게 이바지하였다.

　토마스 선교사는 한국 개신교회의 초석이 되었다. 그의 순교의 피가 뿌려진 대동강 물은 그 물을 마신 많은 평양 주민에게 영생수가 되었고, 평양은 한국 교회의 중심이 되었을 뿐만 아니라 '동양의 예루살렘'이라는 별명을 얻었다. 그의 순교 60주년이 되는 1926년에는 마펫 선교사를 중심으로 기념예배를 드렸다. 그다음 해 1927년 9월에는 조선예수교장로교 총회에서 그를 '조선 개신교 최초의 순교자'로 공식 천명했다. 그가 순교한 지 70년이 되는 1932년 9월 14일에 그가 묻힌 곳인 평양시 낙랑지구 승리동에서 장대현교회 성도들이 T자 형상의 '토마스 선교사 순교 기념교회'를 헌당하였다.[47]

　그 후 일제 강점기 어느 해 그 교회가 철거되었다. 그러나 놀랍게도 그 교회가 설립된 지 70년 후인 2002년 6월에 여벅대학의 설립자인 김진경 목사에 의해 세워진 '평양과학기술대'를 건축하기 위해 부지 공사를 하던 중에 그 교회의 종탑과 모퉁잇돌이 발굴되면서 확실한 증거가 드러나게 되었다. 그는 분명 그 땅에 한 알의 밀알이 된 것이다.

2) 사무엘 마펫 선교사 – 평양 교회 최초 개척과 평양신학교 설립

(1) 선교 거점지 평양 구축과 교회 개척

사무엘 마펫 선교사는 1888년 맥코믹 신학대학을 졸업한 후 인디애나 주 매디슨 장로교회에서 목사 안수를 받고, 1889년 3월 26일 가족들의 만류와 반대에도 불구하고 미국 북장로교 해외 선교부에 지원서를 제출하고 조선 선교사로 임명받았다. 하지만 조선에 대해 아는 것이 전혀 없고 백과사전을 통해서만 부분적인 사실을 알 수 있었다.

> 조선은 중국에 소속된 하나의 작은 왕국이며, 깊은 산 숲에는 곰과 호랑이 등이 득실대고, 사람들은 미개한 야만인들이며 도적질을 하고 해적과 같고, 일부다처주의가 일반화되어 있고, 부패한 불교가 왕성한 종교적 나라이다. 또한 외국인의 입국을 허용하지 않는데 그 이유는 알려져 있지 않다.[48]

조선에서 활동하고 있던 몇몇 선교사들은 조선을 희망찬 나라로 바라봤지만, 외교관이나 조선을 경험했던 사람들은 거의 예외 없이 부정적이고 냉소적으로 조선을 소개했다. 당시 미국사회는 로웰(Percival Lowell)의 저서 《조용한 아침의 나라》에서 조선에 대해 "한성은 더러운 오물로 뒤덮여 있어 악취가 진동하는 도시로 묘사되었고, 대로변에는 사형수들의 머리가 수십 개씩 달려 있는 그야말로 무지막지한 원시의 나라이다"라고 소개한 대로 인식하고 있었다.

1889년 9월 4일, 미국 북장로교 해외 선교부 총무 엘린우드는 마펫을 언더우드 선교사의 형인 존 언더우드(John T. Underwood)에게 소개하고 후원을 부탁했다. 존 언더우드는 그 당시 언더우드 타자기 회사의 사장으로 부자였고, 동생 언더우드 선교사에게 재정적으로 많은 지원을 했다. 그는 그해 12월 미국 샌프란시스코를 떠나 태평양을 횡단하는 40여 일의 항해 끝에 일본 요코하마에 당도하였고, 그곳에서 몇 달을 체류한 후 1890년 1월 25일 인천 제물포에 도착했다.

한성에 있는 미국 선교사회에서 초기 6개월 동안은 선교 활동을 금지하였기에 그는 이 기간 동안 언어 익히기에 전념하였다. 한성에서 먼저 사역을 시작한 언더우드는 마펫 선교사가 서상륜에게 조선어를 배우도록 하였다. 서상륜은 이미 10여 년 전에 존 로스 선교사로부터 양육을 받고 조선어 성경을 번역한 언어와 한학에 매우 능통한 자로, 여러 선교사들에게 조선어를 가르치는 어학선생이었다.

1890년 8월 마펫은 감리교의 아펜젤러와 헐버트가 주도한 북쪽 지방 여행에 동참했다. 그때 의주에서 존 로스 선교사의 제자이자 조선어 성경을 조선으로 갖고 온 백홍준의 친구인 한석진을 만나서 세례를 주고 그를 제자로 삼았다. 그는 함경도 강계와 함흥과 원산을 지나 철원을 거쳐서 한성으로 돌아왔다. 마펫은 이북 지방을 두루 정탐한 결과 조선의 평안도 지역인 서북 지역이 선교하기에 가장 적합한 지역임을 확신했다. 그는 평양을 이북 지방의 선교 거점으로 결정하고 선교 거점지를 준비하였다.

1893년 10월에 평양에서 선교를 시작한 마펫이 우선 부딪친 문제는 평양 사람들의 배타적 태도였다. 일부 사람들은 자신에게 욕을 하였고, 후일 목사가 되어 제주도 선교의 선구자 역할을 한 이기풍은 청년 시절에 장터에서 설교하는 마펫에게 돌을 던져서 피를 흘리게 한 바 있었다. 그 당시에 마펫 선교사를 위시한 여러 선교사들이 이북 지역의 '장터 전도'를 잘 활용하였다.

> 장날에 황해도 안악에 도착했습니다. 이곳 장터는 인근 고장에서 온 수천 명의 사람들로 무척 붐볐습니다. 닷새마다 이런 장터가 서며, 이렇게 장이 서면 거리에서 전도할 수 있는 아주 좋은 기회가 될 겁니다.[49]

이 내용은 사무엘 마펫 선교사가 미국 북장로교 선교본부의 엘린우드 박사에게 보낸 1890년 10월 20일자 선교편지 중 일부이다.

당시 순회전도를 다니던 마펫 선교사는 황해도 안악의 5일장을 방문한 경험을 전하면서 장터 전도의 가능성을 높게 평가했다. 1808년 왕명에 의해 편찬된 《만기요람》 등에 따르면, 19세기 전국의 장시(場市) 수는 대략 1,000~1,200여 곳으로 장시로 이루어지는 보부상길, 이른바 시장 루트는 초창기 선교사들이 지방 순회전도 여행을 다니던 중요한 복음 루트였다.

장터에서의 전도방법은 그리 어렵지 않았다. 일단 파란 눈의 이방인이 등장하는 것만으로도 시선을 끌기에 충분했다. 선교사들은 조선인들이 노래에 관심이 많다는 걸 십분 활용했다. 이를테면 4~5명의 선교사들이 장터 한쪽 모퉁이에서 상자를 놓고 올라서서 노래를 부르기 시작했고 여기저기서 사람들이 몰려들면 복음에 대해 소개하였다. 이어 준비한 성경 구절을 읽은 뒤 전도지를 나눠 주거나 '쪽복음'을 판매했다. 장터에서 만난 사람들 중에는 주일에 교회로 찾아오는 이들도 있었다.

블레어 선교사도 자신의 책에서 "장터는 사람들을 만나기 좋은 장소이며 복음을 전하기 안성맞춤인 곳"이라고 평가했다. 평양은 선교사들이 이남 지역과 달리 마음껏 선교 활동을 할 수 있는 곳이었다. 의료나 교육을 우선해야 했던 한성과 달리 곧바로 교회를 설립할 수 있었다. 교회를 근대 문명의 통로가 아닌, 신앙 중심의 터로 각인시킬 수 있었다. 물론 접근 방식은 한성과 달라야 했다. 한성이 top-down 방식, 곧 왕실이나 고위 관료층들의 신뢰를 우선에 두고 접근해야 했다면, 평양은 처음부터 대중들을 대상으로 해야 하는 bottom-up 방식이어야 했다.[50]

마펫은 제2차 전도여행 당시 자신이 세례를 준 한석진 조사와 같이 선교 활동을 시작했다. 처음에 평양에 도착하여 최치량이 경영하는 여관에 숙소를 정하여 계속 머무르며, 낮에는 노방전도를 다녔고 저녁에는 거리에서 만난 사람들이 사랑방으로 찾아왔다. 숙소에서 드리는 주일 예배에도 참석하는 사람들이 생겼다. 술꾼이요 도박과 음란을 즐겼던 최치량도 열심히 성경 공부에 동참한 후에 회심하여 마펫의 첫 결신자가 되었다. 최치량은 30여 년 전에 토마스 선교사가 대동강에서 한문 성경을 배포해 줄 때 그 성경을 받은 적이 있었고, 그가 여관집으로 구입한 그 집은 먼저 주인인 박영식이라는 관리가 그 성경을 뜯어서 자기 집에 벽지로 발라 놓았던 집이다.

마펫은 평양에 오면 그 여관에 숙박하면서 전도하고 예배를 드렸다. 그곳은 사실상 평양 최초의 예배를 드린 곳이었다. 이러한 최치량의 여관에서의 사랑방 전도와 예배는 곧 한계를 드러냈기에 마펫은 그 여관 주위의 기와집 한 채를 사들여서 성식 예배를 드리는 교회로 삼았다. 그곳이 곧 '장대현교회' 전신인 '널다리골예배당'이다. 그때가 1894년 1월 8일로, 22명의 학습교인과 7명의 세례교인을 가진 교회가 되었다. 이로 인하여 평양의 노방전노와 사랑방 전도가 시작되어 싱공적으로 선교 거점을 확보하게 되었다. 마펫은 평양을 중심으로 하여 서북 지역에서 집중적으로 전도 활동을 하고 교회를 세워 갔다.[51]

그가 은퇴할 때까지 직·간접적으로 세워진 교회가 1천여 교회가 된다고 한다. 어느 지역에 한 교회가 개척되면 그 교회가 다시 분립되어 마치 세포분열 되듯 그렇게 교회가 기하급수적으로 성장하고 부흥한 것이었다. 이러한 결과에 대해 마펫은 조사 한석진의 공헌과 헌신을 이렇게 피력하고 있다.

"사실 선교사들은 항상 수적인 한계와 언어의 장벽을 가지고 있다. 그럼에도 그렇게 짧은 시간에 수많은 교회를 설립할 수 있었던 것은 평신도 지도자, 곧 조사와 영수를 그 교회에 세워서 잘 활용했기 때문이다. 평북 지역에는 김관근, 평남 지역은 한석진에게 일정한 권한과 책임을 주어 적극적으로 활동을 할 수 있게 하였고, 길선주는 장대현교회의 영수이자 황해도 지방 조사로 임명하여 진력을 다하게 했다."

이 당시 전문적 신학 교육을 받은 선교사나 전도자가 부족했기에 그것은 매우 효과적인 방식이었다. 당시에 평양 선교지부의 출석 교인 수는 5,900여 명이었고 언더우드의 한성 지부는 2,800여 명이었다. 그 격차는 해를 거듭하면서 더욱 벌어졌다. 이로 인해 미국 선교부의 관심과 지원도 자연스럽게 서울에서 평양으로 옮겨졌다. 이후 한국 장로교회는 언더우드의 전통이 아닌 마펫의 전통, 곧 평양을 비롯한 서북 지역의 선교 방식을 전통화시켰다.[52]

(2) 마펫 선교사의 평양 교회 개척 역사(1890~1894)

1890. 8. 29. 제1차 전도여행 출발. 아펜젤러와 헐버트 동행. 평양 2주 체류.

1891. 2. 25. 제2차 전도여행. 게일과 서상륜 동행. 3개월간 평양, 의주, 만주의 선양, 통화, 함흥, 원산 방문. 의주에서 백홍준 동행. 중국 봉천에서 로스 목사로부터 선교

			방법 배움.
1891.	5.	18.	3개월간 도보 전도여행 마치고 귀경.
1891.	9.		제3차 전도여행. 평양 방문, 의주에서 집 구입. 의주에서 3명의 남자와 2명의 여자에게 세례 줌.
1892.	5.	6.	제4차 전도여행 출발. 휴 브라운 의사 동행. 평양 거쳐 의주에서 4개월간 지내면서 12명 신자로 여름 사경회 15일 운영. 백홍준 조사 협조. 마지막 2주 빈턴 의사 도움 줌.
1892.	8.	9.	2주 동안 중국 뉴창, 지푸 등 여러 지방을 방문하고 귀경.
1892.	12.	27.	제5차 전도여행. 레이놀즈와 함께 공주 방문.
1893.	3.	6.	제6차 전도여행. 스왈른, 리, 서상륜, 한석진과 함께 평양 방문. 3주 만에 귀경.
1893.	5.	15.	제7차 전도여행. 평양에서 주일 예배 인도. 한석진이 집 매입.
1893.	7.		제8차 전도여행. 부산 베어드 집에서 여름 보내며 소책자 준비.
1893.	9.		제9차 전도여행. 평양 학습반 조직. 주일 예배 증가.
1893.	11.	11.	제10차 전도여행. 평양에서 홀(Hall) 의사 만남. 한석진과 평양에서 성탄절 지냄.
1894.	1.	7.	평양 최초의 세례식(8명)과 성찬식. 2명은 학습교인. 대동문 널다리골교회 설립(1907년까지 담임).
1894.	2.	24.	의주에서 세례 신청자 지도. 기독교식 결혼식(김관근과 백홍준 딸).
1894.	5.		평양 기독교인 박해 사건.
1894.	7~8.		제11차 전도여행(9차 평양 방문). 평양 선교지부 개설.

마펫 선교사는 5년간 16만Km 이상의 대장정의 선교여행으로 평양 선교의 문을 열었다. 이 거리는 바울의 수십 년의 3차에 걸친 전도여행보다 더 많은 선교여행을 행한 것으로, 평양과 이북 지역의 선교의 기초를 놓았다.[53]

3) 윌리엄 제임스 홀(William James Hall) 가족 – 평양 최초의 의료와 교육의 개척자

서울 마포 한강이 내려다보이는 양화진에는 우리가 잘 알지 못하는 약 450여 명의 외국인 선교사들의 묘지가 있다. 그중에 3대에 걸쳐 여섯 명이 묻혀 있는 가족이 있다. 미 감리교회에서 파송된 의사이자 목사인 제임스 홀 선교사이다.

그는 1860년 캐나다 몬트리올에서 태어났다. 어린 시절 무디의 설교에 감명을 받아 가난하고 불행한 아시아인들을 위해 일하려는 소명을 갖고 뉴욕 퀸즈 의과대학에 진학하였다. 비슷한 시기에 빈민들을 위한 의료선교의 꿈을 가지고 펜실베이니아 의과대학을 졸업한 로제타 셔우드(Rosetta Sherwood)라는 믿음의 여인이 있었다. 이 둘은 뉴욕의 한 병원에서 만나 사랑에 빠져 조선을 선교지로 정하고 약혼을 하였다.

그들이 미 감리교 선교부에서 훈련을 받고 조선에 온 것이 1891년이었고, 제임스 홀이 평양 선교를 시작한 것이 1892년이었다. 홀 선교사는 그해 3월부터 북부 지방을 돌며 성경을 팔면서 병든 자를 치료했다. 9월에 평양에 도착하여 여관에 머물면서 환자들을 치료함으로써 기독교에 대한 좋은 인상을 심어 주었다. 1893년 평양 서문동에 대지와 가옥을 구입하고 진료소를 설치했는데 그 과정이 순탄치 않았다. 그 당시 기독교에 대한 강한 적대감을 가진 평양 감사

민병석은 선교사 퇴거 명령을 내리거나 환자들을 위협하는 방식으로 수시로 훼방을 놓았으며, 일부 평양 주민들의 반발도 심했다. 그러나 홀은 죽으면 죽으리라는 순교의 신앙으로 진료소 설립을 강행했고, 탄압에도 불구하고 오직 사랑으로 대하는 그의 모습에 주민들의 마음의 문도 점차 열리게 되었다.

1892년 6월에 한국에서 로제타와 결혼한 홀 선교사는 1894년 한 살 된 딸과 함께 평양으로 이주했다. 그는 의료선교와 교육선교를 겸하였다. 1894년에는 기숙사 학교를 설립하여 평양 소년 13명을 모집하여 한글, 한문, 성경 등의 과목을 가르쳤다. 그 학교 이름이 '격물학당'(格物學堂)이었다. 1918년에는 '광성학교'로 개명하였다. 그러나 해방 후 공산화가 되자, 공산 정권은 기독교의 흔적을 제거하기 위해 '평양제일중학교'로 개명한 역사를 갖고 있다.

그처럼 평양에 최초로 학교가 세워진 지 얼마 되지 않아 청일전쟁이 발발하여 홀 선교사는 부인과 딸을 데리고 서울로 피신했다가, 전쟁이 끝나자 부인을 남겨 두고 다른 선교사들과 함께 평양에 올라가 전투 중에 부상한 군인들과 평양 주민들을 치료했다. 자신의 몸을 돌보지 않고 일하던 홀은 과로로 심신이 약해져서 말라리아에 감염되었고, 한성으로 돌아오는 중에 발진티푸스까지 발병한 탓에 결국 1894년 11월 24일 조선에 온 지 3년 만에 순직하였다. 이때 로제타는 두 번째 아이를 임신하고 있었다. 낯선 구경거리에 불과했던 외국인 선교사가 조선인들을 위해서 목숨까지 바치는 것을 보면서 조선인들은 크게 감동을 받았다.

남편의 갑작스런 별세로 28세에 혼자된 로제타 홀은 1년 된 아들과 복중의 자녀를 잉태한 채 미국으로 돌아갔다. 그러나 남편의 숭고한 죽음을 헛되지 않게 하기 위해 평양에 근대식 병원을 세우기 위한 모금 활동을 하였다. 그뿐만 아니라 미국에서 점자교육을 받은 뒤 1897년 다시 조선으로 돌아와 모금했던 돈으로 병원을 설립하였다. 마침내 그해 평양에 최초의 근대식 병원으로 제임스 홀을 기념하는 '기홀병원'이 설립된 것이다. 이때 로제타는 아버지도 없이 자라난 딸 에디스를 또 이질로 잃는 등의 고통을 겪었다. 그럼에도 불구하고 그녀는 병원 일에 헌신을 계속했다.

로제타는 한국 최초의 맹인·농아 학교 설립, 점자 도입과 한글 점자 개발, 어린이 병동 설립, 경성여자의학전문대학(현 고려대 의과대학), 동대문병원(현 이화여대 부속병원), 인천 기독병원, 인천 간호보건대학 등을 설립하였다. 그리고 거리에 버려졌던 소녀 김점동(박에스더)이라는 여자아이를 미국으로 데리고 가서 의학 교육을 시켰다. 그녀는 한국 최초의 여자 의사가 되었다.

이렇게 43년이나 지속된 그녀의 헌신으로 남편의 순직을 기념하는 '기홀병원'은 수많은 한국인의 영육을 구원하는 이북 지역의 의료선교의 중심지가 되었다. 한국의 슈바이처라는 장기려 박사도 이 병원에서 1947년에 봉직했다.

한편 아버지의 얼굴을 기억하지 못한 채 어머니의 사랑만 받고 성장한 아들 셔우드 홀(Sherwood Hall) 역시 아버지가 교수로서 재직했던 토론토 의과대학을 졸업하고 다시 조선에 돌아와 16년간 의료선교를 이어갔다. 그는 미국에서 돌아올 때 혼자 온 것이 아니라 그곳에서 결혼하여 같은 의사인 '메리안 홀'을 대동하고 왔다. 즉 그 가문은 4명의 의사 가족으로 조선의 의료선교를 위해 헌신한 의료 선교사들이었다. 셔우드 홀은 조선의 결핵 환자들이 많음에 대해 결핵 치료와 퇴치를 위해 해주에 결핵 전문 병원인 '구세요양원'을 세우고, 1932년 한국 최초의 크리스마스 실(Seal)을 발행하여 결핵 환자들을 치료하는 등 다양한 의료사역을 하였다.

그는 1940년 크리스마스 실로 독립운동자금을 모금했다는 등의 이유로 일제가 덮어씌운 간첩 혐의로 강제 추방되자 그 후로 인도에서 의료봉사를 펼쳤다. 이처럼 평양의 개척 선교사 윌리엄 제임스 홀 선교사는 불과 2년 11개월의 선교활동을 하고 35세에 하나님의 부르심을 받았지만, 그의 못다 한 의료선교 사역은 아내 로제타 홀과 아들 셔우드 홀을 통해 이어졌다.

헌신과 희생으로 헤아릴 수 없는 큰 열매를 맺게 함으로 제임스 홀을 비롯한 부인 로제타 홀, 아들 셔우드 홀, 그의 부인 메리안 홀, 셔우드 홀의 아들 프랭크 홀 등 홀 가족은 3대에 걸쳐서 6명이나 양화진에 안장되어 있다. 미국 감리교의 '조일현회'의 감독이었던 헐버트 웰치는 1983년 셔워드 홀이 저술한 《조선회상》이라는 책의 서문에 "여기 한 권의 책이 있다. 그리고 여기 한 인간이 있다. 그 책보다 더 위대한"이라고 기록했다. 지금도 양화진 언덕에 고이 잠드신 홀 가문의 묘소를 참배할 때, 그분들의 한국을 향한 사랑과 희생, 헌신의 삶은 우리에게 숭고함이 무엇인지 일깨워 주며 절로 고개를 숙이게 한다.[54] 셔우드 홀의 가족은 일제 헌병대로부터 추방 명령을 받고 1940년 11월이 조선을 떠난다. 그는 자신의 회고록 《닥터 홀의 조선 회상》에서 이같이 소회하였다.

> "고요한 아침의 땅에 내 인생을 수놓은 지 22년. 그동안은 문자 그대로 기대와 흥분의 연속이었다. 그렇게 조선을 떠나기는 참으로 가슴 아픈 일이다. 우리 인생과 깊은 인연을 맺었던 모든 것들을 저버리고 떠나기란 참으로 힘든 일이다. 그러나 우리가 머문다면 우리는 물론 우리가 사랑하는 조선 친구들에게 더 큰 시련이 닥칠 것임은 너무나 자명한 일이다.
>
> 출발 시간이 가까워졌다. 나는 상념에서 깨어나 아이들을 불렀다. 그리고는 주머니에서 아름답게 수놓은 조선 국기를 꺼냈다. 해주에서의

환송연 때 조선 친구들이 기념품으로 우리에게 준 것이다. 나는 태극기를 펼친 다음 나뭇가지에 걸었다. 우리 가족은 태극기 주위에 모여 섰다. 조선 사람들은 전통적으로 축복을 기원할 때 "만세!"를 부른다. 이 말은 "1만 년을 사십시오!"라는 뜻이다.

우리 가족 다섯 중 네 명은 모두 조선에서 태어났다. 메리안도 생애의 전성기를 조선에 바쳤다. 나는 가족에게 조선의 국기인 태극기를 향해 마지막 인사를 하자고 했다. 우리는 국기에 "만세!"를 외쳤다. 조선의 진정한 국기 "만세!" 나는 주머니에서 종이 한 장을 꺼냈다. 그 종이에는 미니 루이스 해스킨즈(Minnie L. Haskins)의 아름다운 시 '연의 문'〈Gate of the Year〉이 적혀 있었다. 우리는 서로 손을 잡고, 내가 낭송하면 모두 따라 외우라고 했다.

나는 연의 문 앞에 서 있는 사람에게 말했네.
빛을 주시오.
그래야 내가 미지의 세계로 안전히 걸어 들어갈 수 있소.
그는 대답했네.
어둠에 들어가시오. 그리고 하나님의 손을 잡으시오.
그러는 것이 빛보다 나으며 안전할 것이오.

이렇게 작별의 "만세!"를 외치며 우리 가족은 잊을 수 없는 조선을 떠났다."[55]

4) 베어드 선교사 - 민족 지도자의 산실 평양 숭실대학 설립

베어드(W.M. Baird) 선교사는 한국명이 '배위량'으로 미국 인디애나주에서 출생했다. 1885년 하노바 대학, 1888년에 맥코믹 신학교를 졸업하고 목사 안수를 받았다. 원래 중국 선교사로 갈 예정이었으나 북장로교 선교부의 요청에 따라 베어드는 아내와 함께 1891년 1월 29일 부산에 도착했다. 그리고 이틀 후 인천항으로 들어와 다음 날인 2월 3일 한성에서 개최된 북장로교 선교사 연례회의에서 부산지부 선교사로 공식 임명되었다. 북장로교는 부산항에서 그리 멀지 않은 일본인 거주지 밖에 있는 영선현의 땅을 매입하였다.

베어드는 1891년 9월 부산에서 선교를 시작했다. 베어드의 사랑방을 중심으로 이루어진 신앙 공동체는 초량교회(구. 영선현교회)의 모태가 되었다. 또한 한국 최초 신자였던 서상륜과 그의 동생 서경조, 황해도 장연 출신 고학윤 등 초기 전도자들의 도움을 받아 경상도 지방과 전주, 목포 등 전라도 지방을 순회하며 전도하였다.

베어드는 1895년까지 4년간 부산에서 일하다가 대구로 옮겨 제일교회와 계성학당(계명대)을 설립하고, 1896년 한성 지역 교육 담당 목사로 발령을 받았다. 얼마 후 다시 평양으로 옮겨 사재를 들여 1897년 10월 10일 자택 사랑방에서 13명을 데리고 '숭실학당'(현 숭실대학)을 설립하고 교장에 취임했다. 숭실학당은 1900년에 중등교육 기관으로 발전하였으며, 1905년에는 대학부 설치를 대한제국 정부로부터 인가받아 미국 장로교 선교부와 감리교 선교부가 합동으로 학교 운영을 하기로 결의하여 삼리교와는 1914년까지, 나머지 선교부들과는 숭실학당이 1938년 신사참배 거부로 폐교될 때까지 계속되었다.

평양 숭실대학은 일제 강점기 을사보호조약 반대운동, 3·1만세운동, 105인 사건, 광주학생운동, 신사참배 거부 등 당시 민족운동의 중심지였다. 또한 한반도에 교회를 만드는 전도대를 조직하여 활동하였으며, 1910년에는 학생들이 학비를 아껴 손정도를 중국 선교사로 파송하는 등 수많은 독립운동의 주역들을 배출하였다. 해방 후에도 한경직, 박형룡, 강신명, 조만식 등 한국 교회와 근현대사에 기여한 기둥과 같은 민족 지도자들을 배출하였다.

그 당시에 평양 숭실대학은 평양신학을 마친 학생들이 정식 대학 과정을 공부하므로 신학과 인문학을 겸비할 수 있도록 제도화된 균형 있는 교육 환경을 갖추게 하였고, 학문의 상호 보완적 협력 관계를 형성케 하였다. 숭실대학을 먼저 마친 후 신학을 공부한 학생도 있었다.

이 두 학교에서 학업이 우수한 학생들은 미국과 캐나다로 유학을 할 수 있도록 미 선교사들이 유명 대학에 추천 및 안내를 해줌으로써 수준이 높은 선진 학문을 배울 수 있게 되었고, 그들이 다시 한국으로 돌아와 대학교수가 된 경우도 많았다. 예를 들어, 박형룡 박사, 박윤선 박사, 김재준 박사 등 한국 신학에 크게 공헌한 인재들이다. 이북 지방에는 최초의 근대식 대학으로 숭실대학이 있었고 이남에는 연희전문대학이 있었다.

한편 숭실학당 당시에는 베어드 교장의 엄격한 학칙 준수와 철저한 기독교 교육으로 정평이 났다. 성경 공부와 주일 예배는 엄격한 규율 아래 철저히 지켰는데, 출석부에 도장을 찍어 예배 참석자를 확인하였다. 그리고 자치, 자력, 자전의 이른바 '네비우스 선교 정책'을 한국 실정에 맞게 교육에 적용시켰다. 육체 노동을 천시하고 앉아서 글만 읽는 것을 자랑으로 생각하던 뿌리 깊은 의식을 개혁하기 위해 학생들의 학자금 자급 제도와 자립정신을 제1의 교육 목적으로 삼았다.

베어드 선교사는 1916년 숭실대 학장을 사임한 후, 성경 번역 및 기독교 문서 출판을 통한 문서선교 사역에 전력하며 근대 출판 문화의 기틀을 마련했다. 하나님을 경외하며 조선의 청년들에게 꿈을 심어 준 베어드는 선교사로, 한학자로, 교육자로 헌신하다가 1931년 11월 29일 장티푸스로 평양에서 소천하여, 유해는 평양 숭실학교 교내에 안장되었다. 후에는 서울 양화진에 베어드 가족의 기념비가 세워졌고, 비문에는 "부산과 대구를 개척한 선교사, 우리를 사랑하시는 이로 말미암아 넉넉히 이긴 자"라고 기록되어 있다.

베어드 선교사 부부는 조선 개화기에 두 자녀를 풍토병으로 잃었다. 부인 안애리(Annie L.A. Baird, 1864~1916) 선교사는 미국에서 암 치료를 받다가 남편의 사역에 지장을 주지 않기 위해 다시 우리나라에 돌아온 뒤 숨을 거뒀다. 그녀는 우리가 지금도 즐겨 부르는 찬송가 중 "나는 갈 길 모르니"(375장) 찬송을 작사했다. 이처럼 베어드 선교사 부부는 복음의 불모지였던 조선에 와서 열악한 환경과 싸우고 자신들을 희생하며 이 땅에 복음의 씨앗을 뿌렸다. 특별히 우리가 일제 강점기로 미래가 안 보일 때 교육을 통해 우수한 인재들을 길러 내어, 독립운동을 비롯하여 근대국가의 기본 틀을 다질 수 있게 도왔다. 이 땅에 와서 젊음과 생명을 다 바치고 자녀들의 목숨을 거룩한 제물로 바치기까지 희생한 그들은 죽어서도 이 땅에 묻혀 묘비로 남아 있다. 이들의 삶은, 하나님이 택하시고 부르신 곳에서 예배하는 삶이 가장 영광스러운 삶임을 우리에게 일깨워 준다.[56]

이와 같이 구한말 선교사들에 의해 전국에 걸쳐 실시된 초기 학당의 근대식 교육 선교는, 조선의 특정층만의 독점적 교육에서 벗어나 일반 평민 및 천민에 이르기까지 공교육을 받을 수 있는 제도권적 교육을 대중적으로 실행함으로 개인들의 신분 상승의 기회를 갖게 했고, 인격과 삶의 질적 향상은 물론이고 문화의 삶을 누리게 하였다. 민속적으로는 한국의 근대화에 크나큰 영향을 끼쳤다. 이 점에 대해 백낙준(白樂濬) 박사는 이같이 말하고 있다.

> 여러 개신교 선교회의 활동은 이 나라 새 환경의 여러 면에 영향을 끼쳤다. 선교사업은 우월한 과학 지식을 전해 줌으로써 서양에 대한 인

식을 새롭게 하였으며, 서양인들의 믿음직하고 정직한 인격을 알게 하여 주었다. 또한 서양 교육방법의 소개는 매우 유익하였다. 종래 한국의 교육제도는 관사양성(官使養成)을 위하여 뽑힌 소수의 사람들을 훈련시키는 것이었다. 공립학교 교육의 개념과 근대 교육 교과과정의 소개는 선교사들과의 접촉에서 얻어진 것이다. 또 부녀자 교육을 위한 학교 설립도 선교사업의 뚜렷한 공헌이었다…그 외의 큰 공헌은 바로 한글 교육을 시킴으로 한국문화 발전에 크게 기여했다는 점이다. 기존의 학자들은 자국 문자인 한글을 업신여기고 그 대신 한자를 써 왔다. 그러나 선교사들은 특히 성경과 기독교 문헌을 한글로 번역하여 한국 고유 문자가 부흥할 수 있게 하였다.[57]

5) 서상륜 권서(勸書) – 이북과 이남의 최초 교회 개척자

서상륜(徐相崙)은 외국인 선교사가 아닌 국내 내국인 선교사로서 한국 교회와 특히 이북 지역의 교회 성장에 큰 영향을 주었다. 그는 원래 양반 명문가 출생이나 13세에 부모를 잃고 만주 땅을 넘나들며 홍삼 행상을 하고 다녔는데, 31세에 장질부사에 걸려 죽게 되었다가 매킨타이어 선교사의 간호를 받고 다시 살아나 복음을 접하게 되었다. 서상륜은 매킨타이어와 존 로스 선교사와 함께 조선말 성경을 번역하였고, 존 로스 선교사에게 세례를 받았다. 또 그의 어학선생이 되었다. 서상륜은 생명의 은인인 이들 선교사들을 도와 열심히 성경 번역을 도왔을 뿐만 아니라 목활자를 각인하고 식자하고 인쇄하는 일까지 모두 담당하여 1882년 한글 누가복음과 요한복음을 출판하였다. 이 성경을 흔히 '존 로스 성경'이라고 하지만 사실은 서상륜이 한문 성경을 우리말로 번역한 것이었기에, 후일 한글성서공회 책임자였던 와그너 목사는 이 성경이 사실상 '서상륜 번역 성서'

였다고 증언한 바 있다.

　서상륜은 학문이 높고 지혜로운 청년이었다. 그는 존 로스 목사에게 조선의 말과 글을 가르치면서 세종대왕의 훈민정음 창제 이념과 우리 말의 미묘한 아름다움을 잘 가르쳤기 때문에 존 로스 선교사가 "한글의 글자는 현존하는 세계의 모든 문자 가운데 가장 완전한 문자"라고 경탄해 마지않았다.[58]

　서상륜은 조선 땅에 최초로 교회를 세운 공로자이기도 했다. 동생 서경조와 함께 '소래교회'를 설립한 것은 1883년 5월 16일로서, 최초의 의료선교사 알렌이 입국하기 5개월 전이요, 최초의 선교사 언더우드와 아펜젤러가 입국하기 2년 전이었다.

　그 후에도 서상륜은 1891년 게일(J.S. Gale) 선교사와 마펫 선교사 등 선교사들이 한성을 떠나 의주, 강계, 함흥 등 오지로 선교여행을 갈 때 길 안내자로 동행하였으며, 홀로 선교여행을 떠날 때에는 봇짐에 '쪽복음'과 '금계랍' 약, 그리고 감자 씨를 가지고 다니며 전도하였다. 말년에는 동생과 함께 설립한 소래교회로 내려가 교회를 섬기던 중 1926년 1월에 소천하였다.

　1936년 장로교 총회는 서상륜 기념비 건립을 결정하였고, 1938년 8월 24일 그의 묘지에 화강암 기념비가 세워졌다. 백낙준 박사가 이 소래교회를 가리켜 "한국 프로테스탄트 교회의 잊을 수 없는 요람지"라고 부를 만큼 이 교회는 개신교 역사의 발상지요 세계적으로도 주목을 끌었던 교회이다.[59]

6) 백홍준 – 한글 성경을 조선에 갖고 온 최초의 권서이자 장로이며 순교자

　백홍준(白鴻俊, 1848~1894)은 한국 교회사에서 최초의 기독교인이며 최초의 수세자, 최초의 성경 번역자, 최초의 권서, 최초의 장로, 최초의 순교자이다. 그는 한국교회의 기초를 놓은 개척자이기도 하며 여러 선교사들의 길잡이가 되어 조선 반도와 만주 지역에 이르기까지 그의 발길은 곳곳에 미치었다. 평북 의주에서 태어났으며 호는 북산(北山)이었고 직업은 상인 봇짐 장사꾼으로서 아버지의 대를 이어 그도 만주를 다니며 장사를 하였다.

백홍준이 선교사를 만나게 된 계기는 이렇다. 그의 아버지가 1874년 10월에 만주의 고려문(현재 요령성 단동)을 방문하였다가 스코틀랜드 장로교회 선교사인 존 로스 선교사를 만나 조선의 정세에 대해 알려주었으며 존 로스로부터 한문으로 된 신약성경과 훈아진언(訓兒眞言)이라는 전도 책자를 받아온 일이 있었다.

백홍준은 아버지가 가져온 책자를 몇몇 친구들과 함께 2~3년간 공부한 다음, 1879년 기독교 교리를 배울 목적으로 로스 선교사를 찾아 만주 우장(牛莊)으로 갔는데, 그때는 로스 목사가 안식년 휴가를 맞아 스코틀랜드로 귀국하고 없었다. 대신 같은 선교회 소속인 매킨타이어 목사를 만나 그곳에서 성경을 배우며 3~4개월을 보냈다. 그곳에서 그는 의주 친구인 이응찬(李應贊), 이성하(李成夏), 김진기(金鎭基) 등과 함께 세례를 받고 최초로 기독교 장로교회의 신자가 되었다. 이 네 사람은 같은 날에 세례를 받은 것이 아니었고 두 번째로 세례를 받았다.

그 후 그는 세례를 받은 친구들과 함께 다시 만주 봉천(심양)으로 돌아와서 존 로스 선교사가 주도하는 한문 성경을 조선어로 번역하는 작업에 서상륜과 합세하여 착수하였다. 이러한 조선어 성경 번역은 아직 조선 본토에 선교사들이 들어오지 않았고 교회가 세워지지 않은 상태에서 제3국에서 조선 본토인과 선교사와 함께 성경이 번역된 것으로서 한국 교회사에 초석을 놓는 큰 역사였다. 심양 동관문교회의 문광서원에서는 존 로스 선교사와 백홍준, 사상륜 등이 함께 번역 인쇄하여 1882년에 최초의 조선어 쪽복음 성경인 《예수성교 누가복음젼서》와 《예수성교 요한복음젼서》가 출간되었다.

이때에 백홍준은 이 성경을 짊어지고 만주 서간도의 조선인 촌에 전도하여 75명의 신자를 만들기도 했다. 백홍준처럼 자발적으로 성경을 짊어지고 다니며 전도하고 성경을 파는 사람을 권서인(勸書人) 또는 매서인(賣書人)이라 불렀는데, 이들의 성경 판매와 전도를 통해 후에 여러 마을마다 교회가 세워지는 데에 결정적인 역할을 하였다. 당시 조선에서는 성경이 금서였기에 이들은 조선보다는 만주 지역의 압록강과 두만강 건너편의 조선인 촌을 찾아다니며 복음을 전하며 교회를 세우는 데에 힘을 썼다.

1883년에 백홍준은 존 로스 선교사에게 전도인으로 인정받아 국내 전도를 위해 조선어 성경을 은밀히 갖고 무사히 건너가 의주와 삭주와 강계와 구성 등지에 전도한 끝에 10여 명의 기독교인을 얻었다. 그는 주일마다 의주 자기 집에서 이들과 함께 모여 은밀히 예배를 드렸다. 사실상 이들의 예배처가 한국 교회사에서 최초의 신앙 공동체였다. 그는 자기 고향에서 기독교 요리문답반을 운영하였으며 적어도 1885년에는 18명의 신자가 모인 예배 처소가 마련될 정도였다.

그가 전도에 힘쓸 무렵 심양 문광서원에서는 1883년으로부터 1884년, 1885년에 걸쳐서 사도행전, 로마서, 고린도전후서, 갈라디아서, 에베소가 간행되었다. 이어 1887년에는 '예수성교전서'라는 이름으로 신약전서 전체가 조선어로 5천 권이 번역 출간되었다. 이 성경은 흔히 《로스 번역본》(Ross Version)이라 불린다. 백홍준은 성경 번역 작업에 크게 기여하지는 못했다. 그가 번역 작업에 참여한 기간은 1년 정도였고 주로 서상륜이 결정적인 역할을 하였다. 백홍준은 성경 번역보다는 성경을 짊어지고 다니며 전하는 일에 큰 역할을 하였다. 이어서 백홍준은 한성에 언더우드 선교사가 입경하였다는 소식을 듣고 그를 찾아가서 언더우드가 운영하는 신학반에서 공부하였다.

백홍준은 서상륜(徐相崙), 최명오(崔明悟)와 함께 스코틀랜드 연합장로교회의 월급을 받는 한국교회 최초의 유급 교역자로서 조사(助師)에 정식 임명되어 평북 일대의 교회를 개척하는 중임을 맡았다. 훗날 1891년부터는 미국 북장로회 선교부에서 매년 봉급을 받았으며 죽을 때까지 왕성하게 기독교 교리를 전파하는 일에 앞장섰다.

그는 1887년 9월 27일 한성 정동에 거주하고 있던 언더우드 목사가 자기 집 사랑방에 황해도 장연군 소래교회에서 온 14명의 기독교인들을 모아 놓고 세례식을 베풀고 예배를 드릴 때에 그 자리에 참여하였으며 최초 장로로 장립되었다. 이날의 예배를 통해 이남 지역에 최초의 교회가 세워지게 되었는데 그 교회가 바로 "새문안교회"이다.

백홍준은 언더우드에게 의주에 기독교 신자들이 있으니 이곳에 와서 세례를 베풀어 달라는 요청을 하였다. 이에 1889년 4월 27일에 언더우드는 신혼여행을 이곳으로 왔으며 압록강 건너편에서 33명의 세례식을 실행하였다. 그 이유는 그 당시 조선인들에게 선교사가 복음을 전하거나 세례를 주지 못하도록 하였기에 중국 측 강변으로 가서 이를 행한 것이었다. 이 때에 세례 받은 사람들 가운데에 그의 딸과 사위 김관근과 그의 부친 김이련 등이 포함되었다. 이날의 압록강 세례식을 일명 '한국의 요단강 세례'라고 한국 교회사에 기록되었다.

그러나 얼마 지나지 않아 이 일이 평양 관가와 조정에도 알려져 선교사들의 여행 금지령이 내려지고 정동의 예배도 일시 폐쇄되었다. 결국 평양의 감사인 민병석의 지시로 의주에서 기독교인 수색 작업이 진행되었고 백홍준은 서양인과 내통한 혐의로 옥에 갇히었다. 얼마 후 석방되자, 그는 다시 심양까지 왕래하면서 로스 선교사에게 성경과 전도지를 지원받았다.

1890년에 사무엘 마펫 선교사와 게일 선교사가 전국 순회전도 여행을 하면서 의주에 들렀을 때에 백홍준은 몸소 이들의 길잡이가 되었고 다니는 곳곳마다 전도에 힘썼다. 1892년 평양의 민병석 관찰사(감사)의 지시로 다시 의주에서 체포되어 감옥에 갇혔고 갖은 고문을 당하고 2년간 옥에서 목에 칼을 쓰고 고통을 받다 몸이 쇠약해져 하나님의 부르심을 받았다.[60]

7) 김청송 - 조선어 성경 식자공이자 만주 집안현(輯安縣) 전도자

김청송은 옛 고구려의 수도 국내성이었던 집안현 출신으로 약초장사로 만주에 다니며 상업 활동을 하였었다. 그러던 그가 존 로스 선교사를 만나게 되어 그의 제자가 되어 신앙인이 되었다. 그는 최초의 조선어 성경을 만주 봉천(심양)에서 번역 인쇄할 때에 식자공(植字工)으로 헌신하였다. 그는 단순 기술직공이 아니라 조선인들에게 조선어 성경을 제작한다는 데에 큰 자부심을 가졌으며 마침내 조선어 성경이 만들어지자 식자공에서 성경을 파는 매서인이 되어 1883년에 그의 고향으로 가서 복음을 전하였다. 그곳은 일찍이 고려 시대 말에 유민들이 몰려와서 압록강을 건너와 심산 유곡에 터를 잡고 농사를 짓고 사는 조선인 촌이었다.

김청송이 고향에 돌아와 전도하며 성경을 보급하자 마을에 신자들이 자진하여 형성되었다. 그는 봉천에 있는 존 로스 선교사에게 이 소식을 알리어 이들에게 세례 줄 것을 요청하였다. 그러나 당시 존 로스 선교사는 성서 번역과 출간에 전념하는 관계로 그의 부탁을 들어줄 수 없었다. 집안현과 봉천 간에는 험산 준령의 산세로 수백 킬로미터를 걸어가야 했다. 다시 6개월이 경과되자 마을에는 예수를 믿는 신앙인들이 더 많이 증가되었다. 1884년 10월에는 그 마을의 신자들이 늦은 가을에 로스 선교사를 찾아오는 일이 발생하였다.

더 이상 방문을 연기할 수 없다고 판단한 존 로스 선교사는 1884년 11월에 제임스 웹스터(James Webster)와 함께 만주와 조선 반도 국경 지대의 산골 마을인 집안현을 찾아갔다. 만주 사람들과 다른 풍습과 의복과 언어를 갖고 살아가고 있는 조선인 12명의 결신자들이 그 두 선교사를 맞이하였다. 그들은 모두 농부들이었다. 산골짜기에 갇혀서 살던 조선 유민들이었고 대대로 외부와는 고립된 그런 삶을 오랫동안 살아왔기에 기독교의 교리는 저들에게 진리이자 소망이자 기쁨이고 복음이었다. 그 지역에는 모두 4개의 촌락이 있었는데 이들 중에 85명이 세례를 받고 교회에 입교하였다. 그들의 나이는 16세부터 72세였다.

로스 일행은 수시로 무서운 눈보라가 몰아치는 눈 쌓인 길을 걸어서 와야 했다. 그들은 안내인을 따라 그 외의 조선인 촌을 방문하면서 동일한 사역을 하였다. 이렇게 해서 집안현에 약 100여 명이 모인 신앙공동체가 형성되었고 마침내 한국 최초의 개신교회가 세워지게 되었다. 이는 언더우드 선교사가 한국에 들어오기 1년 전이었다.

존 로스 선교사가 1885년 여름에 다시 그곳을 방문하였을 때에는 이전과 같이 환대를 받지 못하였다. 1885년 한 보고서에 의하면 산간지에 조선인들이 서양 선교사들을 접촉하며 신앙 공동체를 이루자 그곳에 거주하는 중국인들이 조선 신자들과 외국인이 공모하여 중국인들을 해치지 않을까 하여 그곳 조선인들은 박해한 것이었다. 그러나 선교사들은 자신들이 소속된 영국 스코틀랜드 성서공회가 권서인 한 명을 그곳에 잔류시키도록 하여 전도를 계속하고 이미 세례를 받은 이들을 돌보도록 하여 그 마을에 지속적으로 복음이 전해지게 되었다.

1884년 11월 중순에 로스 선교사의 방문과 세례로 태동된 교회는 '이양자교회'가 되었다. 그 후 14년 후인 1898년에 이성삼, 임득현을 집사로 임직했고 그 주변에 여러 교회들이 설립되었다. 이 교회는 만주 지역의 모교회가 되었으며 그 후 지속적으로 확산되면서 남북만주 일대에 천여 개의 조선인 교회가 설립되었으며 십여 개의 노회와 총회가 조직되었고 4-5개의 중학교와 신학교가 설립되었다.[61]

8) 길선주 : 평양 대부흥운동의 주역이자 최초의 목사와 부흥사

길선주(吉善宙)는 1868년 3월 15일 평안남도 안주군에서 출생하였으며 어린 시절부터 한학에 능통하였다. 그는 결혼 후 방탕한 생활을 하던 중 도교에 심취하여 금식기도와 철야기도, 새벽기도 등 수련생활을 통해 8년간 도인 같은 삶에 정진하기도 하였다. 그러나 도교로는 도탄에 빠진 민중들을 구제할 수 없음을 알고 깊은 회의에 빠졌다.

1896년 봄에 평양으로 돌아온 그는 친구 김종섭이 예수를 믿는 기독교인이 된 것을 보고 실망하였지만, 친구가 전해준 전도 책자와 전로역정을 읽고 기독교에 심취하기 시작하였다. 그러나 잠시 기독교와 도교를 놓고 깊은 갈등을 겪기도 하였다. 친구가 예수교의 천부인 하나님께 기도하기를 권하자 그는 이렇게 말했다.

"지손막대하신 상제님을 어떻게 아버지라 부를 수 있는가?"

그러자 친구는 "그러면 상제님이라고 부르고 상제께 기도해 보라"고 말했다고 한다.

훗날 길선주는 이렇게 회고했다. "나는 친구의 모든 행동과 그가 앉고 일어서는 것과 모든 것을 주시했다. 여러 날이 지나면서 공포

제1장 조선의 쇄국기와 여명의 시대: 암흑 1기

가 엄습했는데, 그가 나를 이긴 것을 보았기 때문이다. 내가 할 수 있는 것은 옛 방법인 기도뿐이었다. 그러나 이번에는 예수의 이름으로 기도했다."

길선주는 1896년부터 새벽마다 겸손히 상제께 기도했다. 그는 예수교가 진리인지, 예수가 인류의 구세주인지 상제께 묻는 순수한 진리 탐구로서의 기도를 예수의 이름으로 드렸다. 훗날 그는 게일 선교사에게 다음과 같이 고백했다.

"점차 나는 그렇게 완강히 붙잡고 있던 밧줄을 놓기 시작했다. 일곱째 되던 날에 어둠 속에 갑자기 '길선주야!'라고 크게 내 이름을 부르는 소리에 깨어났다. 그 소리는 반복되었다. 방 전체가 영광스런 빛으로 가득했다. 그러자 내 영혼에 안식과 용서와 사랑이 자리 잡았다. 나의 모든 기도가 응답되었고 내가 수년간 고뇌하며 찾았던 하나님을 드디어 발견하였고, 나는 아버지의 집에서 죄 사함을 받고 마음이 편해졌다."

길선주는 1897년 8월 15일 28명의 교인들과 함께 장대현교회에서 그레엄 리 목사에게 세례를 받고 기독교 신자가 되었다. 그는 성경 통독에 매진하였고 금식과 철야기도에 정진하였다. 그리고 1898년에 교회 영수로 임명받았으며, 1902년에는 장대현 교회의 조사가 되었고, 1903년에는 사무엘 마펫 선교사가 세운 평양 신학교에 입학하였으며, 1907년에 졸업하고 그해 9월에 동료 7명과 같이 목사 안수를 받았다. 그는 한국교회사에서 조사와 영수와 장로와 목사를 다 경험한 유일한 목사가 되었다.

그는 지난날 도교에 익숙했던 습관을 그대로 기독교 신앙생활에도 적용하여 새벽, 정오, 밤 기도에 힘썼다. 휘트모어와 그레엄 리 선교사는 길선주의 신앙적 열정에 경탄하였다.

"이 사람의 열심은 놀랍다. 이 사경회에서 새벽기도회가 시작되었다. 해가 뜨기 전에 그가 찬송하고 기도하며 성경을 공부하는 소리가 옆방에서 들렸다. 같은 찬송들을 하루 종일 밤늦게까지 들을 수 있다."

길선주가 한 일은 새벽기도를 교회의 정식 기도회로 도입하고 교회의 모든 신도들에게 새벽기도에 참여할 것을 권장한 것이었다. 그는 1904년부터 1906년까지 감리교 선교사들이 주도한 부흥운동이 개성과 원산과 경성에서 성공한 것을 보고 평양에서도 대부흥운동을 전개하기로 결심했다. 1907년 1월 14일부터 시작된 부흥 사경회 때에 강단에서 외치는 길선주의 모습에 대해 정닉노 장로는 이같이 회고하였다.

"길선주 목사의 얼굴은 위엄과 능력이 가득 찬 얼굴이었고 순결과 성결로 불붙은 얼굴이었다. 그는 길선주가 아니었고 바로 예수님이었다. 나는 그 앞에서 도피할 수 없었다. 하나님이 나를 불러 놓은 것으로만 생각되었다. 전에 경험하지 못한 죄에 대한 굉장한 두려움이 엄습했다. 어떤 사람은 마음이 너무 괴로워 예배당 밖으로 뛰어 나갔다. 그러나 전보다 더 극심한 근심에 싸인 얼굴과 죽음에 떠는 영을 가지고 예배당 안으로 돌아와서 '오! 하나님 나는 어떻게 했으면 좋겠습니까?'라고 울부짖었다."

길신주는 평양 내부흥회 후 2월 17일부터 3월 초까지 3주일간 3개의 장로교 연합 사경회에서 설교하며 많은 회중들에게 큰 감동과 은혜와 회심의 역사를 일으켰다. 그는 한국교회가 낳은 최초의 부흥사였고 당시 그가 전국 교회에 미친 영향은 지대하였다.

한 선교사의 보고에 의하면 "양반과 상놈은 설교가 시작되기 전에는 각기 떨어져 앉았지만, 그의 설교가 끝나기 전엔 함께 앉아 서로 부여잡고 눈물을 흘리며 자신들의 죄를 고백하였다. 여인들도 남자들과 함께 죄를 빌었다. 심지어 교회 지도자들도 자신들의 엄청난

제1장 조선의 쇄국기와 여명의 시대: 암흑 1기

죄를 고백하였다."

그는 전국의 대부흥운동을 이끌었으며 백만인 구령운동에 앞장섰다. 그를 통해 여러 부흥사들이 일어났으며, 황해도의 김익두 목사와 의주의 이기선 목사와 함께 3대 권능 목사로 불리었다. 길선주 목사는 5년의 신학 과정을 마치고 졸업하기 직전에 이미 조선인들의 영혼과 심금을 울리는 능력의 부흥사로 급부상하여 한국교회 부흥의 무한한 가능성을 보여준 말씀의 선지자였다.

길선주 목사는 부흥사뿐만 아니라 한국교회를 개혁하는 데에도 힘을 기울였다. 우선 교회 안에서의 남녀 구별을 없애기 위해 교회당 안에 설치된 남녀 좌석 사이의 장막을 철거하였다. 또 한국의 전통 음악인 아악(雅樂)을 교회 음악으로 도입하여 행사 때에 연주하게 하였다. 아울러 국내 최초로 성가대와 교회 음악단을 조직하여 선교 활성화에도 앞장섰다. 그는 한국 교회를 각성시키며 부흥케 하였으며 교회 제도 개선에도 많은 영향을 미치었다. 나아가서 그는 장대현교회의 담임 목사직에 있으면서 민족문화 운동을 강조했고 문명 퇴치를 위해 한글 교육에도 전력을 다하였다. 또 청년 교육에도 힘을 써서 청년 회관을 조선식 건물로 세우고 내일의 일꾼을 키워 나갔다.

그는 노년에도 전국과 만주 지역에 나아가서 부흥 사경회를 열고 종횡무진 활동하다가 1935년 11월 26일 부흥 집회를 마치고 뇌일혈로 쓰러져 향년 67세로 별세하였다.[62]

제2장 일제 강점기와 이북 교회의 배교: 암흑 2기

북한 수해지역을 지원한 양식

제2장
일제 강점기와 이북 교회의 배교: 암흑 2기

1. 이북 교회의 분쟁과 혼란의 시대

　1907년 평양 대부흥운동의 영향으로 '1백만 구령운동'이 전국적으로 전개되었고, 평양을 위시한 전국의 교회들이 부흥 시대를 맞이하여 곳곳에 교회가 개척되며 기독교인들의 수도 급증하였다. 그러나 곧이어 1910년 8월에 한일합방으로 나라를 빼앗긴 고통을 겪어야 했으며, 1920년대를 맞이하면서 1927년 미국의 경제 대공황으로 비롯된 세계 경제의 침체와 서구의 새로운 사회주의·공산주의[1] 사조 추세와 각 교회마다 세대 교체와 교회 지도자들의 세속화와 담임 목회자들의 노령화 등 복합적인 교회 내의 문제들이 표면화되면서 많은 교회들이 분쟁에 휘말리게 되었고, 그로 인해 교회가 분열되는 불행한 양상이 드러나 교회의 권위가 크게 실추되기 시작하였다.

　교회의 분교와 노회 치리에 대한 대표적인 항의 사건이 1923년 '평양서문밖교회'에서 시작되었다. 새 예배당 건축 과정에서 목회자가 건축헌금을 횡령했다는 소문이 일어났다. 1926년에는 평양의 장자 교회인 장대현교회에서 사회주의의 영향을 받은 청년들이 변인서 목사를 중심으로 길선주 목사와 장로들에게 지도력 부족을 이유로 들어 사직을 요구하면서 분쟁이 지속되었다. 이에 청년들이 반기를 들었고 심지어는 강단까지 점거되는 파행이 지속되었다. 결국 변 목사를 시골 교회로 보내고, 길선주 목사는 성역 기념식 후 신도 500여 명과 함께 '이향리교회'로 분립되고 반대 청년들은 교회를 떠남으로 분쟁은 일단락되었다. 이 시대에 부흥일로에 있던 전국의 교회들이 여러 내외적 사유로 인해 분규와 분립으로 크나큰 시련기를 맞았다.

당시 교회 장로들의 연령대가 30~40대가 주류였다. 하지만 20대 청년들과 장년층들의 세대차로 인한 분규가 많아지면서 이들의 요구가 반영되지 않을 경우 스스로 교회를 떠나기도 하고, 교회의 노령화와 교회의 권위주의에 대한 불만으로 교인들이 감소하기도 하였다. 이 당시 한 해에 5,500여 명의 세례와 입교가 있었으나 교회를 떠난 사람들은 7,400여 명이나 되었다.[2]

이러한 교회의 부끄러운 자화상은 복합적인 교회의 미성숙한 목회와 영성의 부족한 면도 있었다. 그 당시 전국적인 교회의 나이는 30여 년 남짓한 초대교회의 유아적 초기로 보아야 할 것이다. 외형적으로 모이기와 기도에 힘썼으며 사경회 등으로 활성화되기는 하였지만 각 개인의 무속적 의식과 전통의 지배와 유교적 봉건주의 사상과 문화로부터 자유롭지 못하였다. 일부 목회자와 기독교인들의 교육 수준 또한 높지를 못하였다. 그러나 30년대 이후를 거치면서 이북 지역의 전반적인 교회의 수 증가와 교인들의 증가 추세는 상승세를 지속하였다. 1926년 이북의 교회당 수가 1,214개소였고 교인 수는 101,219명이었으나, 1940년에는 교회당 수가 2,125개소였고 교인 수는 265,285명이었으므로, 교회 내의 많은 문제가 상존했지만 14년 동안 외형적으로는 거의 두 배의 성장을 지속한 것이다.

당시 교회에 나타난 문제의 대내적인 이유는 다양한 것이었다. 내적으로는 성숙한 성화의 단계에 접어들지 못한 조선 기독교인들의 모습으로서, 이는 사도행전 시기의 교회 내외적 문제에서도 찾아볼 수 있다. 사도들과 평신도 간의 역할 분담이 확실치 않아 혼란을 초래했으며, 사도들 또한 조직적 목회의 경험도 없었고 신학적으로도 율법과 복음 사이에서 많은 갈등과 모순이 드러났으며, 교인들 간의 구제 문제와 헌금으로 인한 오해와 갈등도 있었다.

한국 교회의 성장 과정에서도 일종의 성장통과도 같은 교회 내의 문제들이 발생하였다. 그 당시에 전국적으로 교회들은 영적인 문제에서 교회 지도자나 평신도들 스스로가 영성의 성숙을 채워 나가야 하는 과도기적 과정을 겪어야만 했고, 이를 극복해 나가야 했다.

이러한 교회의 대내외적 문제는 세계 교회사에서 공통적인 문제이기도 하였다. 1920년대 들어서면서 조선의 교회들은 새로운 사조(思潮)인 공산주의와 맞서야 했다. 시대를 불문하고 각 시대마다 교회들은 다양한 문제에 직면하면서 갈등과 대립과 모순을 헤쳐 나갔던 것같이 이북 교회들도 성장 과정에서 표출되는 시행착오들을 경험하면서 신학적으로 교회 정립을 위한 질서를 점차 구축하였다.

사도행전 시대에도 이런 교회의 문제에 대해 사도 바울은 서신서를 통해 그 해결책을 제시해 주었다. 사도 요한은 요한계시록을 통해 당시 소아시아의 교회 문제에 대해 일곱 교회에 대한 책망과 칭찬을 주기도 하였다. 그 이후에도 교회 내의 율법주의와 외적으로는 그리스 스토아 철학과 복음의 관계에서 영지주의로부터 많은 도전을 받았다. 그 당시 교회는 온전한 신학을 정립하는 과정에서 '니케아공회'(A.D. 325)[3] 등을 거치며 300여 년의 시간을 필요로 했다.

2. 민족 수난기의 교회 부흥과 배교의 양면

　길선주 목사와 그 대를 이은 김익두 목사는 1919년 전국적인 3·1 독립만세운동 실패 이후 낙심 가운데 있는 기독교인들에게 평양을 중심으로 한 부흥운동에 불을 붙이기 시작하였고, 1920년대의 교회들은 내외적으로 성장통을 겪으면서도 부흥되어 갔다. 여기에 교회 부흥의 견인차 역할을 한 몇 명의 목회자들이 전국 교회에 생기를 불어넣어 주었다. 이들은 전국 교회를 순회하며 수많은 조선인들을 거듭나게 하였고, 그로 인해 전국 교회의 부흥을 견인하였다.

　그 당시 기독교인들은 이념적 혼란과 고난 속에서 교회를 통해 내세의 소망을 갖게 되었고, 민족의식을 더욱 각성하게 되었으며, 교회는 정신적으로 피난처와도 같았다. 자연스럽게 교회는 백만인구령운동으로 점화되어 가면서 부흥은 지속되었다. 역설적으로 일본 강점기하에서도 선교사들의 선교 활동과 평양신학교를 통해 배출된 많은 조선인 사역자들에 의한 부흥운동으로 이북과 이남 지역의 교회는 성장을 거듭하였다.

　그러한 부흥의 시기에 교회를 향한 먹구름이 몰려오기 시작하였다. 1935년 3월에 평남지사로 부임한 야스다게는 11월 4일 평남도 공·사립 중등학교 교장회의를 소집하고 개회 벽두에 평양 신사에 참배하라고 명령했다. 이때 평양의 숭실학교 교장 윤산온 선교사와 숭의여자중학교와 의명중학교 교장은 신앙 양심상 문제로 참석할 수 없다고 끝까지 거절하다가 교장 직을 파면당하였다.

　이를 계기로 기독교 학교는 학교를 폐쇄하더라도 신사참배에 불응한다는 마펫 선교사 계열과 학교를 살리기 위해서 신사참배에 동조해야 한다는 2세 언더우드(Horace Horton Underwood) 선교사 계열로 분열되기도 하였다. 당시 장로교계 학교는 전문학교가 3개교, 중등학교가

12개교, 초등학교가 60개교로 수용 학생은 약 10만 명에 이르렀다. 만일 문제 해결이 곤란하게 될 경우 최후에는 평양 및 전국에 퍼져 있는 모든 기독교계 학교가 폐쇄될 수도 있는 매우 심각한 상황이었다.[4]

1937년부터 일본의 조선총독부는 군국주의를 강화하기 위해 내선일체(內鮮一體)라는 명목으로 조선인들에게도 신사참배를 강요하였다. 이 문제로 인해 조선 교회 측에서도 의견이 양분되었다. 먼저 선교사들 간에도 의견이 찬반으로 갈리었다. 일제는 전국 교회를 상대할 경우 강한 반대운동이 일어날 것이 두려워 먼저 기독교 관련 학교에 손을 뻗치기 시작했다. 이어서 일본 총독부는 교회에도 다음과 같이 구체적인 내용을 집요하게 강요하였다. 그것은 '교회당에 일장기를 달 것, 국기에 대한 경례, 국가 봉창, 동방요배, 황국신민의 선서 제창, 서력 연호 사용 폐지, 신사참배'였다.

일제는 자신들의 정책에 가장 큰 걸림돌이었던 교회 지도자들을 노골적으로 박해하였다. 각 교회당 안에 '가미다나'라는 작은 우상 신단을 만들어 두고 예배드리기 전에 먼저 그곳에 절을 하게 하는 '동방요배'를 강요하였다. 이에 반대하면 가차없이 끌어다가 갖은 고문을 하고 옥에 가두는 박해를 가하였다. 이러한 반기독교적 강요에 주기철 목사는 "신사참배는 10계명에 위배되는 죄요, 사신 우상에게 절하는 죄입니다"라고 하여 반대하였다.

1938년 9월 9일 '평양서문밖교회'에서 제27차 조선예수교장로회 총회가 열렸다. 총회장 홍택기 목사를 필두로 총회 산하의 평양노회, 평서, 안주, 만주 등 총대 88명과 장로 88명, 선교사 30명 등 총 206명이 참여하였고, 평양경찰서 순사들이 예배당을 삼엄하게 에워싸고 일체의 방청객들을 막았다. 예배당 안 강대상 전면에는 평안남도 경찰부장 등 간부들이 긴 칼을 차고 자리를 잡았다. 또 사복 차림의 경찰들이 총대 사이사이에 끼어 앉았고 주위에는 무장 경찰들

이 둘러섰다.[5]

이 총회를 대표해서 평양노회장 박응률 목사가 "신사참배는 국민의 당연한 의무다"라고 하면서 신사참배 결의안을 제의하자, 평서노회장 박임현 목사의 동의와 평안도 안주노회장 길인섭 목사의 제청으로 사회자 홍택기 총회장이 "신사참배는 기독교 신앙에 배치되지 않는다"라고 설명하였고 이에 목사 회원들은 "예" 하고 신사참배 결의안을 통과시켰다. 이때 총회장은 부를 묻지도 않고 "만장일치로 가결되었다"고 선포하였다.[6]

이날 총회를 마치고 신사참배를 즉시 실행할 것을 특청하여 전국 노회장 23명이 총회를 대표해서 평양의 '서기산 신사'에 도착하여 참배하였다. 여기에 평안도 지역의 교회들이 앞장섰음을 확인할 수 있다. 당시 이북 교회에는 장로교파가 거의 70% 정도로 개신교를 점하였다. 평양의 장로교 목사들이 주류를 이루어 이북 지역의 교회들을 이끌어 갔기에 평양서문밖교회에서의 신사참배 결의 또한 평양 지역의 힘 있는 교회들의 주도하에 이루어졌다. 일제의 신사참배 강요에 주기철, 박봉진, 허성도 목사 등은 신사참배를 반대하다가 옥사하였고, 투옥된 성도들은 약 2,000여 명이었고, 폐쇄된 교회가 200여 개였다. 그 당시 교회는 굴욕적인 신사참배 강요에 찬반으로 갈리어 교회 자체가 양분되었고, 무엇보다도 하나님 앞에 신앙의 정절을 저버린 배교의 죄를 남겼다.

"그가 또 내게 이르시되 인자야 네가 그것을 보았느냐 너는 또 이보다 더 큰 가증한 일을 보리라 하시더라 그가 또 나를 데리고 여호와의 성전 안뜰에 들어가시니라 보라 여호와의 성전 문 곧 현관과 제단 사이에서 약 스물다섯 명이 여호와의 성전을 등지고 낯을 동쪽으로 향하여 동쪽 태양에게 예배하더라"(겔 8:15~16).

이러한 신사참배에 대해 평양장로회신학교 학생들과 교수들은 이를 성토하였으며 신사불참배 운동을 전개할 계획을 세웠으나 평양경찰서는 이런 기미를 눈치채고 학생 다수를 체포하고 교수 박형룡과 김인준을 불구속 입건했다.[7] 당시 신사참배에 굴복하지 않은 목회자와 기독교인들 중에는 신앙의 자유를 찾아 중국 만주로 집단적으로 이주하여 그곳에서 새로운 삶과 신앙생활을 한 경우도 있으며, 평양신학교를 자진 폐쇄하자 그 학교의 교장과 교수로 재직하였던 박형룡 박사와 박윤선 박사도 만주 심양(봉천)에 소재한 '만주봉천신학교'(현 동북신학교)로 옮겨 그곳에서 신학도를 양성하였다. 이들 모두가 남은 자로서 신앙의 정절을 지킨 조선의 청교도이기도 하였다.

1938년 신사참배라는 배교 이후 많은 교회들이 자진하여 폐교하였고, 목회자들의 사역에 많은 제한을 받으면서 교세가 쇠퇴기로 접어들었다. 당시 이북 지역의 교세 현황을 보면 다음과 같다.

〈1940년 이북 지역의 도별 개신교 교파와 교세 분포〉[8]

(신자 수/교단 수/교직자 수)

	평안남도	평안북도	황해도	함경남도	함경북도	계
조선예수교 장로회	49,584 (402/373)	81,975 (481/747)	40,894 (352/251)	9,365 (180/153)	9,436 (92/97)	191,254 (1,507/1,621)
기독교조선 감리회	13,471 (105/81)	3,203 (36/8)	5,543 (130/42)	1,014 (12/10)	124 (1/)	23,265 (284/141)
동양선교회/ 성결교	474 (6/13)	2,029 (10/11)	229 (10/7)	1,565 (20/22)	1,155 (12/15)	5,542 (58/68)
안식교회	1,639 (41/12)	(4/1)	289 (12/7)	661 (14/3)	71 (7/4)	2,665 (78/68)
성공회	1,386 (30/13)		424 (14/3)			1,810 (44/32)
구세군	100 (3/3)	(1/1)	247 (14/13)	291 (6/7)	75 (3/1)	713 (27/25)
조선 회중교회	430 (2/2)	(6/5)	(1/1)			430 (9/8)

	평안남도	평안북도	황해도	함경남도	함경북도	계
조선 기독교회		(1/1)	413 (21/2)			413 (22/3)
하나님의 교회	386 (1/1)	(1/1)	(1/2)			386 (5/4)
동아기독교/ 침례교		(1/1)		34 (2/3)	125 (2/1)	159 (5/4)
예수교회	(2/3)		(3/)	137 (2/1)		137 (7/4)
나사렛교회	92 (1/2)					92 (1/2)
기독조선/ 복음교회			(1/)		87 (6/1)	87 (7/1)
그리스도의 교회				50 (7/)		50 (7/)
기타/일본계 포함	608 (13/18)	200 (8/6)	129 (3/2)	258 (5/6)	231 (7/10)	1,426 (36/42)
계	68,170 (608/521)	87,407 (549/782)	48,078 (561/346)	13,375 (249/205)	11,309 (130/129)	228,339 (2,097/1,983)

3. 일본 교회에 합병된 조선예수교장로교의 변절과 굴종

1938년 신사참배로 배도한 조선예수교장로교는 이어서 일본의 '대동아전쟁'[9]에 헌물과 교회의 성물을 바치는 굴종적인 행위를 함으로 신앙의 정절을 저버린 배도의 행위를 지속하였다. 일본이 미국과 전쟁을 하면서 1941년 8월에 전시 체제로 돌입하자 장로교에서는 이른바 애국기(전투기) 헌납을 결의하고 '애국헌납기성회'를 조성했다. 더욱이 1942년 '조선예수교장로교'에서 '일본기독교 조선장로교단'으로 명칭을 개명한 총회는 선생의 목석을 완수하기 위해 철저하게 협력해야 한다고 주장했으며, 징병 의무와 정신을 드높이는 일에 앞장섰다. 이 일의 일환으로 상치위원회에서는 애국기 헌납 사업을 집행하기 위해 정인과 목사를 기성회 발전위원장으로 선임했다. 발전위원장직을 맡은 정 목사는 전국 교회로 하여금 태평양전쟁에 적극 협력하도록 했다. 이 사업의 성과는 다음과 같다.

- 1942년 2월 10일: 일본 해군기 1대와 기관총 7대 구입 비용
    (150,317원)
- 1942년 6월 19일: 조선군 사령부에 육군 환자용 자동차 3대
    구입 기금 마련
- 1942년 9월 20일: 해군에 헌납한 함상 전투기('조선장로호'로 명함)

이외에도 교회 성도들의 각 가정에서 사용하는 밥그릇, 숟가락, 놋그릇, 요강 등의 일상용품 2,000여 점 이상을 헌납했고, 1942년 10월 '평양서문밖교회'에서 모인 조선예수교장로회 31회 총회에서 세상을 향하여 복음을 알리는 교회 종 1,540개와 다른 교단 것까지 포함하여 모두 2,500여 개의 종을 헌납했다. 이렇게 해서 모은 애국기 헌납 사업 총액은 119,832원이나 되었다.[10] 또한 천황군을 지원하기 위해 천황군에게 편지와 위문품 보내기 운동을 전개했고, 천황군에 조선 청년도 지원할 수 있도록 허락해 준 일에 감사한다며 경성(서울) '승동교회'에 모여 감사예배를 드리기도 했다. 당시 배도를 하도록 굴종시킨 일본 총독부에 교회의 성물까지 헌납한 사례는 성경에서도 찾아볼 수 있다.

히스기야 왕 때에 앗수르의 산헤립이 침공해 오자 유다 왕국의 히스기야 왕은 많은 금은보화를 줄 터이니 회군해 줄 것을 요구했다. 이에 산헤립은 막중한 금과 은을 요구했다. 그러자 왕은 그 모든 조건을 들어주기 위해 솔로몬 성전과 왕궁의 각종 금은 성구와 왕궁의 보화들을 내어주었다.

"유다의 왕 히스기야가 라기스로 사람을 보내어 앗수르 왕에게

이르되 내가 범죄하였나이다 나를 떠나 돌아가소서 왕이 내게 지우시는 것을 내가 당하리이다 하였더니 앗수르 왕이 곧 은 삼백 달란트와 금 삼십 달란트를 정하여 유다 왕 히스기야에게 내게 한지라 히스기야가 이에 여호와의 성전과 왕궁 곳간에 있는 은을 다 주었고 또 그때에 유다 왕 히스기야가 여호와의 성전 문의 금과 자기가 모든 기둥에 입힌 금을 벗겨 모두 앗수르 왕에게 주었더라"(왕하 18:14~16).

일제 강점기 중에 이런 요구에 굴종하여 적극 협조하던 목회자들은 솔선수범하여 전시 근로 봉사대를 조직하여 전쟁에 협력했으며, 전쟁 후원금을 바쳤고, 승리 기원 기도회를 열기도 하였다. 막바지에는 조선 청년들도 천황군에 지원해야 한다며 강연했고, 1940년에는 자진해서 창씨개명을 하며 전 교인에게 창씨개명을 요구했다.

1943년 4월에는 '조선기독교혁신교단'이 출범했다. 구약성경을 폐기하려는 감리교 측이 장로교회의 경기노회 부위원장 전필순 목사와 손을 잡고 함께 새로운 교단을 조직한 것이다. 이 조직에 앞장선 전필순 목사는 조선기독교혁신교단의 통리로 추대되었다. 이 교단에서는 유대주의와 관련된 부분, 특히 출애굽기와 다니엘서, 요한계시록을 삭제하도록 했으며, 시간이 지나면서 신약의 복음서만 남겨 두고 모두 삭제하기로 했다. 이 일로 전필순 목사가 소속된 장로교회 경기노회에서 크게 반발이 일었다. 그는 결국 마지막에는 탄핵을 당했고, 경기노회는 다시 총회로 복귀했다. 감리교단 내에서도 반기가 일자, 감리교단 역시 혁신교단에서 탈퇴했다. 이로써 혁신교단은 자연스럽게 해체되었다.

이 일로 인하여 1943년 5월에는 조선장로교회가 '일본기독교 조선장로교단'으로, 8월에는 조선감리교회가 '일본기독교 조선메도디스트단'으로 명칭을 변경했다. 이 두 교단은 친일 성향이 강한 채필근 목사를 일본기독교 조선장로교단 통리로 선임했다. 비단 장로교만 일본식 기독교로 전환한 것은 아니었다. 재림사상이 강한 성결교단은 아예 해체되었다. 결국 남은 교단은 감리교단과 구세군 교단이었다. 이 교단들은 일본의 정책에 순응하여 1945년 7월 19일, 조선총독부 학무국 국장의 지시로 각 교단 대표 59명이 모였다.

이 모임이 있기 전에 일본 오사카 한인교회에서 목회한 전인선 목사가 조선총독부 정무총감 엔도의 지시로 3개월 전에 초청을 받아 일시 귀국했었다. 전인선 목사는 여론을 조사하고 조선 교회의 대표자들과 만나 의견을 조율한 뒤 일본으로 건너갔다. 모든 작업이 끝나자 1945년 6월 25일 정무총감 엔도의 초청으로 장로교회, 감리교회, 구세군, 성공회, 재한일본기독교회, 여기에 가톨릭 대표 등 55명이 경성(서울)의 조선총독부 회의실에 모였다. 이들은 엔도 정무총감의 연설을 들은 뒤 1945년 7월 19일에서 20일까지 정동감리교회에서 모이기로 했다.

드디어 조선 교회가 말살되는 날이 가까워졌다. 각 교단 대의원 59명과 조선총독부 학무국의 감시 아래 임원이 선출되었다. 창립총회 의장에는 김리교 대의원 김신영 목사, 부회장에는 장로교 대의원 조승제 목사, 서기에는 장로교 대의원 김종대 목사가 선출되었다. 이 모임에는 조선총독부 정무총감을 비롯해서 조선 주둔군 사령관도 참석하여 연설했다. 연설이 끝나자 각 교단 대표들은 자신들이 속해 있는 교단을 해체하고 자신들이 맡고 있는 임원직까지 모두 사임했다. 그리고 새로 책정된 교단 규칙을 만들고 통과시킨 후 '일본기독교 조선교단'을 출범시켰다.

이처럼 일제의 강요로 '일본기독교 조선교단'으로 명칭을 바꾸면서 일제에 적극 협력했다. 이로 인해 조선 기독교의 교권과 교명은 늑탈당하였고, 그들의 강압에 의해 성경의 복음서를 제외한 다른 성경은 말살되므로 이는 곧 성경의 변질과 왜곡이었으며, 교회의 자주권을 박탈당한 것이었다. 이런 수치스런 교회 합병에 교회 지도자들은 자의 반 타의 반으로 응하였다.

'일본기독교 조선교단'은 본부 사무실을 서대문 신문로에 있는 '피어슨 기념성경학원'에 두었다. 1945년 8월 1일 집행위원들이 모여 매일같이 결의된 사항을 준비하고 집행하는 데 힘을 쏟았다. 이같이 조선총독부의 강압적인 조치는 조선의 각 교회들을 일본기독교 산하에 통합 흡수함으로써 교회의 재산권을 강탈하여 교회의 식민지화가 확정되었다. 이 일로 사실상 교권의 주도권이 평양에서 경성(서울)으로 넘어오게 되었다.[11]

조선총독부는 조선 교회를 전국적으로 통합 관리하기 위해 신사참배에 이어서 개신교 교파와 교단의 일본 종속화에 거의 물리적 수단과 강압으로 압살한 것으로서, 이에 조선 교회는 1938년 신사참배의 배도에 이어 다시 두 번째로 일본의 군국주의에 무릎을 꿇었다. 당시에 많은 교회 지도자들이 앞장섰음을 한국 교회사가 증명하고 있다. 이는 영적인 바벨론화였고 조선 교회 교역자들은 여기에 가룟 유다처럼 배신의 입을 맞춘 것이다. 당시 교회 지도자들은 신앙의 징질을 지키기 위한 적극적인 저항과 고민 없이 시류에 편승하며 세속적인 교회의 기득권을 유지하기 위해 교회 전체를 암흑의 세상으로 인도한 타락한 거짓 선지자들이었다. 이들은 교권을 세속적 권력의 한 도구로 생각하고 일본의 부일배(附日輩)가 되어 교회와 민족을 배신했다.

이러한 경우는 독일 교회에서도 있었다. 히틀러가 유럽제국을 세우기 위해 전쟁을 도모하는 광분의 시대에 독일 교회 성직자들이 독재 정권과 유대인 학살과 주변국의 무력 침략에 침묵하거나 동조,

찬양하였다. 이로 인해 독일 교회는 잔인한 통치자에게 부역을 자초하였다. 이들은 히틀러의 나치 정권에 협조하면 국내외 사역이 원만하고 정부로부터 도움을 받아 교회가 부흥할 것이라는 정치적 전략에 철저히 이용당한 것이었다. 이는 교회가 하나님의 공의를 행하지 않고 세상과 야합할 경우 하나님의 준엄한 심판을 받게 된다는 것을 무시하며 경시한 것이었다.

일제 압제하에서 교권의 기득권을 갖고 있던 조선 교회 지도자들은 영구토록 그 권력을 보장받을 것이라는 환상에 사로잡혔다. 조선 교회들은 일본 총독부에 굴복하였으나 그들의 교권 탐욕과 영화는 결코 오래가지 못하였다. 심지어 그들은 성직자의 옷이 아니라 군복과 군모자를 쓴 일본군의 복장을 하고 다녔다.

각 시대의 민족마다 교회가 세상 권력의 하수인이 되어 그 종 노릇을 한 사례는 구약의 이스라엘 역사에서도 얼마든지 찾아볼 수 있다. 하나님께서는 그 시대에 백성들과 심지어 선지자들까지도 하나님 앞에 공의를 거스르며 세상과 짝할 경우에 반드시 징치하실 것을 그 선지자들을 통해 경고하셨다.

> "여호와께서 말씀하시기를 보라 내가 너희 앞에 생명의 길과 사망의 길을 두었노라 너는 이 백성에게 전하라 하셨느니라 이 성읍에 사는 자는 칼과 기근과 전염병에 죽으려니와 너희를 에워싼 갈대아인에게 나가서 항복하는 자는 살 것이나 그의 목숨은 전리품같이 되리라 여호와의 말씀이니라 내가 나의 얼굴을 이 성읍으로 향함은 복을 내리기 위함이 아니요 화를 내리기 위함이라 이 성읍이 바벨론 왕의 손에 넘김이 될 것이요 그는 그것을 불사르리라"(렘 21:8~10).

식민지하의 조선 교회의 교권은 일제의 군국주의와 야합하여 일제 총독의 수중에 있었다. 교회의 교권을 일본에 헌납한 후 불과 한 달도 못 되어 일본은 미국과의 태평양전쟁에서 패전국이 되어 히로히토 황제가 미국에 항복을 선언함으로 조선 교회는 마침내 속박과 탄압의 굴레에서 벗어나게 되었다. 해방이 되자 일제의 굴종에 앞장섰던 김관식 목사를 비롯한 교회 지도자들은 그 교권을 그대로 유지하기 위해 그해 10월 18일에 전대의원회의를 서울 정동감리교회에 소집하여 '일본기독교 조선교단' 명칭을 다시 '조선기독교회'로 환원하였다. 이로써 조선 교회는 다시 교회의 자주권을 되찾았으나 교회의 수치와 죄를 회개하지 않고 그냥 묻어 버렸다.

그러나 일본의 패망 후에 남북의 교회와 민족은 곧이어서 일제의 강점기에 당한 고통보다 더 무서운 징벌을 받게 된다. 불의를 행한 교회에 대한 하나님의 분노의 심판이 국토와 민족의 분단과 이북의 공산화와 참혹한 동족상잔의 전쟁으로 이어지면서 온 교회와 온 민족이 크나큰 재앙을 겪게 되었다.

4. 해방 후 교회 재건과 갈등

일본의 패망은 조선의 해방으로 이어졌지만 곧이어 정치적으로, 사회적으로, 교회적으로 엄청난 변화와 혼란과 대립을 겪게 되었다. 해방을 맞은 당시 조선 교회는 영원한 하나님의 축복이 도래했다고 생각했다. 마치 출애굽하여 자유를 찾고 나라를 되찾은 것처럼 그 기쁨은 최고조에 달했다. 그러나 그 감격은 잠시였다.

일제의 압제에도 신사참배에 굴종하지 않고 신앙의 정절을 지켰던 채정민, 이기선, 한상동 목사, 김인희, 최덕지 전도사, 오윤선 장로, 안이숙 교사 등 20여 명은 해방과 함께 평양형무소에서 출옥했다.

1945년 9월 4일 신사참배를 반대하다 평양형무소에서 옥사한 주기철 목사가 시무한 평양 '산정현교회'에서는 평양 교인들이 모여 사흘간 금식하며 부흥사경회를 가졌다. 이들은 일제의 강압에 못 이겨 신사참배, 동방요배, 황국신민선서 제창 등에 참여한 것을 눈물로 통회 자복했다. 또한 출옥한 성도들은 평양 산정현교회에 모여 한국 교회의 재건에 대한 기본 원칙을 발표했다.

> 첫째, 교회의 지도자들은 모두 신사에 참배했으니 권징의 길을 취하여 통회, 정화한 후 교회에 나갈 것.
> 둘째, 권징은 자책 혹은 자수의 방법으로 하되 목사는 최소한 2개월간 휴직하고 통회, 자복할 것.
> 셋째, 목사와 장로의 휴직 중에는 집사나 평신도가 예배를 인도할 것.
> 넷째, 교회 재건의 기본 원칙을 전국 각 노회 또는 지교회에 전달하여 일제히 이것을 실행케 할 것.
> 다섯째, 교역자 양성을 위한 신학교를 복구, 재건할 것.[12]

1938년 평북노회는 신사참배 결의 시에 가장 빠른 움직임을 보였으나 조선총독부가 강제적으로 일본 교단에 통합하는 데에는 끝까지 거부하였다. 해방된 그해 11월 14일 평북노회가 주체가 되어 평북 선천 월곡교회(홍택기 목사)에서 교역자 퇴수회를 가졌다. 이 모임에는 평북노회를 비롯해서 평동노회, 용천노회, 의산노회, 산서노회, 심산노회 등 6개 노회원 200여 명의 교역자가 모였다. 이때 출옥한 이기선 목사가 자신이 경험한 신사참배 반대 입장을 간증했는데, 그곳에 모인 많은 교역자들이 은혜를 받았다. 만주에서 돌아온 박형룡 박사가 교회 재건 원칙을 발표할 무렵, 친일파로서 신사참배를 결의했던 증경총회장 홍택기 목사가 재건 원칙을 반대하고 나섰다.

"옥중에서 고생한 사람이나 교회를 지키기 위하여 고생한 사람이나 그 고생은 마찬가지였고, 교회를 버리고 해외로 도피 생활을 했거나, 혹은 은퇴 생활을 한 사람 수보다 교회를 등에 지고 일제의 강제에 할 수 없이 굴한 사람의 수가 더 높이 평가되어야 한다"고 주장했다. 홍택기 목사는 "신사참배에 대한 죄의 벌칙은 하나님이 하실 일이지, 사람이 할 수 있는 일은 아니다"라고 반발했다.[13]

이렇게 해서 퇴수회는 결론을 내리지 못한 채 해산되었다. 한편 그해 12월 초 북한의 5도 16개 노회가 연합하여 이북5도연합회를 소집했다. 광복과 함께 북한에 진주했던 소련군의 점령으로 38선이라는 분단선이 형성되어 남북의 왕래가 금지되고 교회에는 점차 핍박이 가중되었다. 소련군이 점령한 공산 국가에서는 점차적으로 기독교를 용납하지 않았다. 이러한 환경에 놓여 있던 이북5도연합회는 총회를 대행할 수 있도록 임원을 선출했다. 회장에 김진수 목사를 선출하고 그로 하여금 이북5도연합회를 이끌어 가도록 했다. 이때 결의한 몇 가지 내용을 살펴보면 다음과 같다.

첫째, '이북5도연합회'는 남북이 통일될 때까지 총회를 대행할 수 있는 잠정적 협의기관으로 한다.
둘째, 총회헌법은 개정 이전의 헌법을 사용하되 남북통일 총회가 열릴 때까지 그대로 둔다.
셋째, 전 교회는 신사참배의 죄과를 통회하고 교역자는 2개월 간 근신한다.

넷째, 신학교는 연합노회 직영으로 한다.

다섯째, 조국의 기독문화를 목표로 독립 기념 전도회를 조직하여 전도와 교화 운동을 대대적으로 전개한다.

여섯째, 이북 교회를 대표하는 사절단을 파송하여 연합국 사령관에게 감사의 뜻을 표하기로 한다.

이상과 같이 이북5도연합회는 신사참배했던 교역자들에게는 2개월간 근신토록 결의한 후 남한 교회와의 연락을 위해 대표단을 파송하기로 했다. 대표단으로는 증경총회장 이인식 목사와 평동노회장 김양선 목사가 선출되었다. 대표단은 소련 군정과의 마찰을 피하고자 파견 목적을 연합군 사령관에게 감사의 뜻을 표하기 위해서라고 밝혔다. 사실 대표단은 남한 교회 지도자들을 만나 교회의 앞날을 의논하고, 미국에서 귀국한 이승만 박사와 중국 상해에서 귀국한 임시정부의 김구 주석을 만나 그들의 노고를 치하하려 했다. 그러나 대표단이 남하한 후 38선이 가로막혀 그들은 북한으로 돌아가지 못하고 남한에 남게 되었다. 이 시점에 북한 공산당의 실력자 김일성은 소련군의 힘을 얻어 기독교를 탄압하면서 자신의 권력 기반을 만들어 가고 있었다.[11]

제3장 해방과 이북 교회의 공산화: 암흑 3기

세례받는 평양 성도

제3장
해방과 이북 교회의 공산화: 암흑 3기

1. 해방 전 사회주의 침투와 교회의 혼란

　일제 강점기인 1920년대에 들어서면서 중국, 일본에 이어 한국에도 공산주의 사상에 젖은 지식인들이 출현하기 시작했다. 그 당시 시대적 배경을 보면, 1918년 4월에 이동휘는 김립과 함께 한국인으로서 처음으로 사회당을 조직하였고 임시정부 각료가 되었으며, 상해파 '고려공산당'을 조직하였다. 1920년 박헌영은 고려공산당에 입당하여 공산주의 학습을 받았다. 그해 '조선노동공제회'와 사회단체를 조직하여 전국에 3,000여 개가 조직되었다.
　1920년대 중반 이후는 기독교 진영 내에서도 민족주의와 사회주의 세력이 나뉘어 갈등이 첨예화되던 시기였다. 해외에서 독립운동하는 인사들 가운데서도 이념과 방법론의 차이로 갈등과 분쟁을 겪었다. 특히 중국과 만주 지역에서 사회주의 세력은 점차 그 영향력을 확산시켰고, 민족 운동가 중에도 사회주의로 전향하거나 사회주의 세력과 연대해 투쟁하는 경우가 늘었다. 어느 인사들은 기독교 민족주의 입장을 취하면서도 사회주의에 대해 열린 자세로 대화와

협력을 추구하기도 하였다.[1]

이때의 공산주의자(사회주의자)들은 3·1만세운동이 실패하여 국민들이 낙심하고 있을 때, 이 틈을 파고들어 국민들에게 소련이 조선의 독립을 도울 것이고 공산주의는 만민을 평등케 한다며 일반인들을 선동하였다. 일반 국민들이 이에 독립의 희망을 품고 많이 고무되었다. 특히 조선 시대부터 천민으로 천대받았던 농민, 평민, 노비들이 여기에 적극 호응하였으며, 공산주의자들은 조선의 공산화가 실현되면 착취하는 자본가들과 지주들의 재산을 몰수하여 천민들에게 무상 분배를 하여 준다며 거짓 선동하여 왔다.

조선 500여 년 동안 양반들에게 멸시받아 온 다수의 백성들은 공산주의에 환상을 품었다. 공산주의자들은 일제 강점기 중에도 1927년에 350개의 노동자 조직과 166개의 농민 조직을 구성하여 그 세를 더욱 확산시켰고, 1933년까지 독립운동가 중에서도 사회주의자가 1,723명, 민족주의자가 461명으로 사회주의자들이 압도적으로 남과 북의 사회를 장악하였다.[2]

이같이 일제 강점기에 나라를 잃어버린 시대적 배경 속에 전국적으로 공산주의와 그 단체들이 창궐하다시피 한 영향이 교회에도 심각하게 침투되어 교회와 대립 관계로 접어들었다. 그뿐만 아니라 학계와 군 조직과 언론계를 비롯한 사회 지식층에도 공산주의 사상이 만연해 갔으며, 특히 지역적으로 이북 지역이 그 정도가 더하였다.

그 당시 신문 매체는 기독교를 비사회주의적이고 신비주의자들이며 반민족주의라고 비판하며 척결 대상으로 보기 시작하였다. 1922년 1월 7일자 〈동아일보〉 사설에서는 "교회가 예배와 교회 예식에만 몰두하며 소외된 계층을 외면하고 있다. 교회는 억압받는 민중을 위해 거리로 나서라" 하며 그 시대에 세간에서 화제의 인물이었던 김익두 목사를 사기꾼이고 신비주의자라고 비판하였다. 당시에는 사

제3장 해방과 이북 교회의 공산화: 암흑 3기

회주의 언론인들이 상당수 포진되어 있었다. 일제 식민지하에서도 기독교 인사들 중에 공산주의에 대한 사상과 체제에 대한 그릇된 환상을 갖는 경향이 심화되고 있었다. 이들 중에는 독립운동 투사들도 상당수 있었다. 사실상 이 당시만 하여도 공산주의와 사회주의에 대한 정확한 이해가 없었고 분별력도 없었다. 일제 강점기에 독립을 갈망하는 인사들 중에는 민족주의가 주류였으나 새로운 사조인 공산주의에 대해 심취하면서 서로 간에 이념적 갈등과 대립으로 치닫게 되었다.

1925년을 기점으로 반기독교 운동이 남과 북 가릴 것 없이 교회에도 독버섯처럼 번져 나갔다. 함경북도의 공산 사회주의자들은 성진에서 열리게 될 '북선(北鮮)주일학교' 강습회의 시작을 계기로 반기독교 운동과 강연회를 계획했다. 원산 청년동맹에서는 원산에서 개회 중인 사경부흥회를 기화로 반기독교 운동을 전개해 나가기로 결의했다. 황해도 해주에서는 사경회 기간 동안 반기독교 격문이 살포되었고, 평남 대동에서는 부흥회 도중 충돌이 일어났다. 함경도 성진에서는 반기독교 운동 강연회에 항의하던 기독교인들과 공산주의 청년들이 충돌했고, 함남 단천과 홍원에서도 충돌이 일어났다. 이런 과정에서 사회주의 청년들이 치안, 소란죄로 일경에 체포되었고, 일련의 결과를 빙자하여 공산 사회주의자들은 기독교와 일본이 한 편이라고 홍보했다. 이러한 반기독교 운동은 젊은층에도 확산되기 시작하였으며, 이들 가운데에는 기독교인들도 적지 않았다.

이러한 변화는 사실상 교회의 위기를 몰고 왔다. 이북 지역에서 선교하던 미 북장로교 선교사 베어드(Willam M. Baird)는 "젊은이들 중에 붉은 사상에 다소라도 물들지 아니한 자가 없다"며 교회 청년들이 공산주의에 빠져 들어가는 것을 매우 우려했다.[3]

이같이 1920년대에 들어서면서 이북 지역의 교회 안팎으로 공산주의가 침투되고 있었으며, 반기독교의 움직임이 일기 시작하였다. 이러한 격변은 장차 해방 이후의 교회가 크게 진통을 겪는 전조가 되었다. 당시에는 이미 교회 내에도 사회주의 계열 인사들과 민족주의 계열이 양분되어 가고 있었으나, 일시적으로 양 진영이 하나로 통합되기도 하였다. 1927년 2월 사회주의 운동 세력과 민족주의 운동 세력이 합작 조직체를 구성한 것이 '신간회'이다. 신간회는 이상재, 신석우, 안재홍, 홍명희 등 28명이 발기인이 되어 이상재를 회장으로 150개 군의 지회를 결성하였고 4만여 명이 참여했다. 이들 양 진영에는 적지 않은 인사가 사회주의 사상을 지니었기에 해방 후에도 국가적으로나 교회적으로 크나큰 혼란과 희생을 치르게 되었다.

　당시 일본 총독부에 의해 1929년 12월 공산주의자인 허헌, 홍명희 등 간부 44명이 구속되었고, 그 후에도 공산주의자들의 세력이 커지고 주도권을 장악하려 하며 이 단체를 전국에 공산주의 세 확장에 이용하려 하자 우파에서 이를 반대하여 결국 1931년 5월 해체되었다.[4] 그러나 해방 후 특히 이북 지역에서는 이때 조성된 이들 양 진영 간의 대립 구도가 교회에도 상당한 영향을 주어 정치 사회적으로 혼돈의 상태가 본격화되었다. 후에 소련에 의한 공산주의 정권 탄생에 이들이 전면에 나서게 되었고, 이 조직은 민족 진영과 대립하게 되는 공산 정권의 모태가 되었다.

　이러한 사회주의, 공산주의라는 새로운 사조는 일반인들뿐만 아니라 기독교인들에게도 상당한 영향을 주어, 유신론인 기독교의 신앙과 부신론인 공산주의를 동시에 수용하는 모순적인 현상들이 기독교의 목사나 평신도들에게도 만연해 갔다. 즉 신앙은 기독교지만 이념은 공산주의였던 것이다. 이러한 사회 이념의 급변의 모습은 공산주의자들의 확산과 아울러 1907년 평양 대부흥운동으로 비롯된 교회의 부흥과 맞물려서 양극화가 더욱 심화되었다. 교회의 부흥이라는 큰 흐름과 공산주의 사상의 급류가 동시에 조선 사회에 흐르고 있었으며, 사실상 이북 지역은 이러한 조짐으로 공산화를 잉태해 가고 있었다.

드디어 1945년 8월 15일 조선은 일제 치하에서 해방되었지만 이미 한반도의 38도선[5]을 분계로 이북은 소련이, 이남은 미국이 통치하기로 미국과 소련 군정하에 합의가 되어 있었기에 절반의 해방에 불과하였고, 일제 강점기에 이미 남·북에는 공산주의 사상과 조직이 존재해 있어 좌익계인 박헌영 등은 해방 전부터 좌익 기독교 인사들과 함께 사회주의 활동을 한 바 있었다. 해방이 되자 이들은 친소련 측에 가담하면서 남과 북의 건국 활동에도 반목하게 되었다.

2. 해방 후 소련의 군정과 교회의 저항

1945년 2월 얄타에서 열린 미·영·소 3개국 수뇌회담에서 대일전 참전을 약속한 스탈린은 동년 8월 8일 일본에 선전포고를 하였다. 그러나 이틀 전 8월 6일 미국이 제2 원자폭탄을 나가사키에 투하하여 일본 측은 사실상 전의를 완전히 상실한 상태였다. 소련군은 9일 새벽에는 일본 관동군 지대의 만주를 점령하였고, 참전 4일째인 12일에는 한반도의 함경북도 나진과 웅기를 점령했다. 이 같은 소련의 신속한 남진에 초조해진 미 국무성과 국방성의 조사위원회는 8월 11일 38선을 경계로 북쪽은 소련군이, 남쪽은 미군이 일본군의 항복을 받게 하는 초안을 만들었고, 8월 15일 맥아더 사령관에게 시달하였으며, 동시에 소련과 영국 정부에도 이 같은 사실을 통보하였다. 소련은 그다음 날인 8월 16일에 청진을, 22일에 원산을 점령했고, 24일에는 평양 지역에 공병대를 투하하였다. 그리고 26일에는 치스코프 대장이 군 참모부 설치와 3만 명에 달하는 일본군 수비대의 무장 해제를 목적으로 평양에 도착하였다. 그 후 소련군은 8월 말까지 북한 전역에 대한 점령을 완료하였다.[6]

한반도의 허리를 지나는 38선의 분단이 더욱 구체화되면서 그해 8월 말부터 9월 초순 사이에 소련군은 남한과 연결되는 철도, 전신, 전화, 그리고 우편을 단절시키기도 했다. 남한과 북한의 교류를 위하여 미군 사령부와 소련군 사령부의 회담 시도가 여러 번 있었으나 번번이 성사되지 못했다. 이북 지역에서는 소련군 병사들이 도처에서 민간인에게 강탈과 폭력을 일삼으며 민심이 날로 흉흉해졌다. 이런 상황에서 평양창동교회의 황은균 목사는 소련군을 몰아내고 미군이 올 것을 굳게 믿으며 낙망 중에도 희망을 갖고 신앙의 자유를 위해 꿋꿋이 싸울 태세를 갖추었다. 이때 '이북5도연합노회' 회원 다수는 친미주의 성향을 갖고 있었다. 김철훈 목사는 조만식 장로가 이끄는 건국준비위원회 소속이었는데, 그가 월남하여 이승만과 연락을 취하고 북한으로 돌아오기도 했다.[7]

소련은 군정을 실시하기 위해 8월 26일에 정치사령부 로마넨코 소장(Andrei Alekseevich Romanenko, 1906~1979)의 지시에 따라 민족주의자이며 기독교 측 우익 세력 지도자인 조만식 장로를 내세워 민족 진영과 공산 진영이 같은 비율로 참가하는 '평남인민위원회'를 조직하였다. 이어 이북 '5도인민정치위원회'를 조직해 군정을 실시하다가 얼마 가지 않아 조만식 장로를 배제시키고 젊은 소련군 소속 장교인 김일성을 앞세워 '북조선임시인민위원회'를 결성하고 공산주의 체세로 정비해 나갔다.

당시 소련의 이북 점령 지역의 군정 통치 체계를 보면 다음과 같다. 스탈린을 수반으로 한 소련 최고사령부 → 연해주 군관구 사령부 스티코프 → 평양 주둔 소련 정치사령관 레베데프 → 소련 민정

관리부 로마넨코 소장 → 김일성을 수반으로 한 북조선임시인민위원회로 상부 하달 명령 계통으로 진행되었다. 소련 군정은 공포정치를 하기 위해 평양에만 17개의 비밀 처형장을 설치하였다. 김일성은 소련 군정 실시 6개월 이후인 1946년 2월 8일 임시인민위원장이 되었다. 그동안 소련 민정관리부가 이북 주민들에게 공약하고 선전해 온 토지개혁이 1946년 3월 5일에 실행되었다. 이런 중대사를 실행한 로마넨코 장군은 1947년 북한을 떠났다.[8]

그 후 이북의 소련 군정(1945. 8. 9~1948. 12. 26)은 본래의 목적인 조선반도 적화를 위해 남과 북에 공산당 2개의 분국(남·북)을 결성하여 장차 김일성이 남한의 공산 조직인 '남로당'까지 흡수하여 소비에트화하려 했으며, 해방 다음 해에는 적화통일을 위해 대남 공작원들을 파견하였는데 그 가운데에는 중국 팔로군 출신도 있었다. 이들은 남한 내에 이미 존재했던 공산주의자들과 연계하여 남한 주민들을 포섭하며 그 세력을 넓혀 갔다. 그 시대에는 이미 스페인 내전(1936), 그리스 내전(1946~1949), 중국 내전(1927~1949)에서 기존의 체제 전복을 위한 공산주의자들에 의한 내전과 쿠데타가 발생하였다.

1946년 11월 23일 신민당(백남운), 인민당(여운형), 조선공산당(박헌영) 3당이 합당하여, 박헌영을 중심으로 한 남조선노동당(약칭 남로당)이 출범하였다. 북측에는 '북로당'이, 남측에는 '남로당'이 세워졌다. 북조선 분국이 창건된 초기에 소련 군정과 김일성 계열은 서울 남로당이 조선공산당 중앙위원회의 전통을 계승하고 있다고 생각했다. 그러나 소련 군정이 김일성을 북로당 책임 비서로 세움으로써 공산당 권력의 주도권은 서울 박헌영에서 평양 김일성으로 이동하였다. 이로 인해 박헌영은 권력 싸움에서 밀려났고, 결국에는 6·25전쟁(한국전쟁) 후 김일성이 그를 미 제국주의자의 간첩이라는 누명을 씌워 숙청, 제거하였다.

이북 공산 정권과 남로당 가운데에는 기독교 인사들도 다수 있었다. 당시에는 지식층들과 기독교인들 중에도 공산주의 이념에 사로잡힌 인사들이 많았고, 독립운동에 참여했던 애국자들 가운데에도 상당수 있었다. 미국의 예일 대학과 콜롬비아 대학에서 신학을 연구한 이대위 목사와 숭실전문학교와 미국 노스웨스턴 대학에서 신학을 공부한 김창준 목사와 평양 숭실전문학교를 졸업하고 1939년에 평양신학교를 졸업한 최문식 목사, 이재복 목사, 배민수 목사, 이만규 목사, 유재기, 김진헌, 윤치호, 홍병선 등이 기독교 사회주의자들이었다. 이들도 노선이 달라서 러시아식 급진주의적 혁명 노선을 지지하는 최문식, 이재복 목사와 같은 과격한 인사와 온건적인 영국식 사회주의를 주장하는 이대위 목사가 있었다.

이북에는 평양신학교와 일본 중앙대학 출신인 강양욱 목사가 있었고, 남에는 평양신학교와 일본 교토 신학대학을 졸업한 이재복 목사가 남로당 군사부 총책으로서 일본이 패망하자 교권을 유지하려 했고, 1948년 10월 9일의 여수 14연대 반란과 대구 6연대 반란도 주동하였다. 이러한 혼돈과 분단 상황은 정치 이념적으로도 38선으로 갈라졌고, 교회 내부에도 공산주의자들이 상당수 혼재, 양분되고 대립되어 있었음이 그 시대 남북한 교회의 실상이었다.[9]

일제의 강점에서 벗어난 이북 교회는 뒤이은 소련군의 점령과 주둔이 38선 이북 지역에 실시되면서 공산화가 본격화되자 이에 맞서는 저항과 대책을 강구하였고, 한국의 간디로 불리는 조만식 장로의 지도 아래 '평안남도 건국준비위원회'가 조직되었다. 그로부터 일주일이 지난 8월 24일 소련군 제25군사령관 치스차코프(Ivan M. Chistiakov)가 평양에 입성하였다. 그 후 김일성은 33세 나이로 그다음 달 1945년 9월 18일에 소련 군복을 입고 김책과 함께 소련군 88특별여단 소속의 조선인 60명으로 구성된 정치, 행정 요원들과 같이 원산항으로 입항했다. 평양으로 입성한 김일성은 10월 14일에 평양 시민들에게 자신이 항일운동을 하였다는 경력을 내세워야 했기에 군사위원인 레베데프 소장(1901~1992)에게 자기도 소련 25군과 함께 일본군과 싸운 독립투사로 소개해 줄 것을 요청했다. 그러나 그 요구는 한마디로 거절당했다.[10]

소련군 사령부는 자국에 우호적인 정권을 북한에 수립한다는 원칙을 갖고 있었으나, 이를 실행할 뚜렷한 정치 일정은 마련되지 않았다. 국내에 지지 기반이 없던 김일성과 그의 세력은 소련 군대의 힘만으로는 집권할 수 없다고 판단하고는 민족주의 세력과 연합하여 연립 세력을 구축하고자 했다. 민족주의의 색채를 띤 기독교 정치 세력과 소련 군정 및 공산주의자들은 비교적 우호적인 관계를 맺으며 향후 국정을 논의했다. 9월 하순에는 김현석 장로 집에서 평양 시내 교계 인사들과 김일성, 최용건, 그리고 소련군 경비사령관 등이 합석하여 '김일성 환국 환영예배'를 드렸다.[11]

한편 1945년 9월 신의주 제1교회 윤하영 목사와 신의주 제2교회 한경직 목사가 평안북도 기독교 지도자들과 함께 결성한 '기독교사회민주당'은 분명히 기독교인들의 정치적인 관심을 반영하는 것이었다. 이것은 남북한을 통하여 가장 먼저 조직된 정당으로, 기독교 정신에 기초한 민주주의 정부를 세우고 사회를 개혁하자는 데 그 목적이 있었다. 기독교인들만이 아니라 더 많은 사람들이 참여할 수 있도록 명칭을 '사회민주당'으로 개칭했다.

이 정당이 조직된 후 각 지방에 기독교인들이 중심이 되어 지부가 결성되어 사회민주당의 세력이 커지자, 소련 군정은 함경도로부터 공산당원들을 데리고 와서 지방의 불량배들을 매수하고 노동자들과 농민들을 선동하여 '사회민주당'을 탄압하기 시작했다. 따라서 교회 지도자들과 북한 공산 세력 간의 충돌은 피할 수 없게 되었다.

최초의 충돌은 1945년 11월 16일 용암포에서 열린 '사회민주당 지부' 조직 대회에서였다. 공산당은 공장 노동자들을 충동해 대회장을 습격하고 사회민주당 간부들을 폭행하고 살생과 파괴 행동을 했다. 이러한 공산당의 폭거에 격분한 이 지역 중·고등학교 학생 5,000여 명이 가두시위를 벌였고, 11월 23일에는 공산당 본부와 인민위원회를 습격했다. 공산당 당원들은 이들을 향해 기관총을 발사해 수십 명의 학생들이 목숨을 잃었다. 이때부터 교회에 대한 탄압과 감시가 강화되었다.

   1946년 11월 평양에서 감리교의 신석구, 송정근, 배덕영, 장로교의 김화식, 김관주 목사가 중심이 되어 고한규 장로를 당수로 한 '기독교자유당' 결성 준비가 진행되고 있었다. 기독교자유당은 1947년 5월의 미소공동위원회에 각 정당 사회단체의 대표로 참석하려는 일차적인 목적이 있었다. 그러나 11월 19일 결당식 바로 전날 내무서에서 이를 파악하고 김화식 목사와 여기에 관계했던 송정근, 윤창덕 외 40여 명을 구속하였고, 이들 대부분이 옥사하거나 행방불명되었다. 이로 인해 감리교의 '서부연회' 조직은 존폐 위기에 처하게 되었다. 다행히 1947년 10월에 신석구, 현병찬 목사의 적극적인 노력으로 일부 목사들이 석방되어 평양에서 서부연회를 개최할 수 있었다. 여기서 북한 감리교의 재건을 위해 '성화신학교'를 서부연회 직영 학교로 인준했다. 이 신학교는 1950년 공산 정권에 의해 폐교되었다.

   반공을 신학적 이데올로기로 삼았던 북한의 교회와 공산주의를 표방하는 김일성 세력 간의 이데올로기의 갈등은 자연스럽게 표출될 수밖에 없었다. 기독교 지도자들에게 공산주의는 붉은 용이었고, 공산주의자들에게 기독교는 적어도 잠재적인 반혁명 세력으로 비쳐질 수밖에 없었다. 1945년 12월 이북5도연합회가 "이북 교회를 대표한 사절단을 파견하여 연합국 사령관에게 감사의 뜻을 전하기로 한다"고 결정하자, 김일성 세력은 이에 반발하여 이것을 사회주의 혁명에 대한 기독교 세력의 노골적인 반대 움직임으로 간주했다.

소련군이 점령군으로 들어오고 군정을 실시하면서 공산주의를 표방했을 때 이북의 기독교인들은 당황하지 않을 수 없었다. 조만식 장로를 중심으로 한 '건국준비위원회' 위원들도 기독교 사회주의나 민족사회주의에 대해서는 어느 정도 포용적인 입장을 가지고 있었지만, 일제 강점기부터 조선총독부와 교회는 공산주의에 대해 곱지 않은 시선을 가지고 있었다. 이와 같은 교회와 기독교 지도자들의 반공산주의 정서를 잘 알고 있던 김일성은 반제국주의, 반봉건·부르주아 민주주의 혁명을 내세워 기독교 지도자들을 포섭하려 했다. 스탈린이 1945년 9월 20일 이북을 점령한 소련군에 전달한 지령에는 "종교 의식과 예배를 방해하지 말고 종교시설에 손을 대지 말 것"이 포함되어 있었다.

하지만 10월부터 분위기가 달라지기 시작했다. 소련군 사령부는 항일 민주 정당의 등록을 지지하며 반공 친미를 표방하는 단체나 개인을 제거하도록 명령했다. 친일 세력을 철저히 배제하고 '민족통일전선'을 결성하여 프롤레타리아 혁명의 기초를 놓는 작업이 소련군 사령부가 당장 수행해야 할 목표였다. 소련군 사령부는 조만식의 '건국준비위원회'를 해체시키고 공산주의자와 비공산주의자가 각각 절반씩 참여하는 '인민정치위원회'를 구성했다. 이에 따라 북한 '5도임시인민위원회'가 결성되었고, 10월 28일 '5도행정국'으로 개편되었다.

해방 이후 6·25전쟁 이전까지 공산주의자들이 북한에 공산 체제를 구축하는 동안은 종교와 종교인들에 대해 한편으로는 이들을 이용하기 위한 회유 공작을 벌이고, 또 다른 한편으로는 종교의 사회적 영향력을 점차 소멸시킴과 아울러 종교 행사와 종교 의식까지 가

급적 철저히 봉쇄하여 근절시켜 나가려는 이중적 태도를 드러낸 시기였다. 따라서 이 시기의 종교 정책은 3가지 특징을 가지고 전개되었다.

첫째, 당시 북한 사회에서 가장 강력한 민족주의 세력으로 드러났던 종교인들을 포섭하여 통일전선을 구축함으로써 가능한 선까지 이들을 이용하고자 한 것이다.

둘째, 계급정책을 실시한다는 명목하에 민주 개혁을 강행함으로써 종교의 사회적 기반을 박탈하고자 한 것이다.

셋째, 유물론적 세계관에 입각한 계급의식을 주입하기 위하여 반종교 투쟁을 전개하여 점차 종교활동 그 자체를 매몰시키려고 꾀하였다.

공산 정권은 한편으로 이 기간 동안 민족주의 세력으로서 종교인을 포섭하여 통일 전선을 구축하였고, 다른 한편으로는 공산 정권 수립에 지장을 초래하는 일이 없도록 감시를 게을리하지 않았다. 이 당시 이북 내에서도 가장 심각하게 양 진영 간에 갈등과 대립된 문제가 바로 신탁통치 사안이었다. 이를 둘러싼 반탁의 입장을 천명하는 조만식 장로를 제거하고 김일성이 전면에 나서 정권을 장악하기 시작한 1946년 초부터는 북한 정권이 북한의 각 종교, 사회단체 대표를 초빙하여 자신들의 정치 노선에 지지, 협력할 것을 요구하는 모임을 가지며 종교계를 끌어들이려고 노력했다.

실제로 1946년 2월에 조직된 '북조선임시인민위원회'에는 강양욱, 홍기황, 홍기주 등 기독교계의 대표들이 포함되었고, 1946년 11월 3일에 개최된 도, 시, 군 인민위원 선거에는 당선자 3,459명 가운데 2.7%에 해당하는 94명이 종교인이었다. 비록 공산주의자들은 교회가 저항 세력이라는 사실을 알고 있었지만, 이들을 노골적으로 탄압하지 않았기 때문에 1947년까지는 교회가 합법적으로 지상에서 존

속할 수 있었다. 그 실례로, 1947년 4월 평양을 방문했던 블레어(W.N. Blair)는 신사참배 문제로 폐교되었던 평양신학교가 다시 문을 열고 164명의 학생이 재학하고 있는 것을 목격한 바 있다.[12]

그러나 시간이 지나면서 이북의 교회는 공산주의와 공존한다는 것이 어렵다는 사실을 알게 되었고, 소련 군정과 김일성도 마찬가지였으며, 기독교를 제거하지 않으면 이북의 공산화는 불가능하다는 사실을 알고 교회 탄압·말살 정책을 추진하기 시작했다. 이 일은 세 단계로 용의주도하게 진행되었다.

첫 단계는 기독교인들이 정치적인 기구를 조직하는 것을 막는 것이었는데, 이를 위해 공산당은 1946년 신의주의 한경직 목사를 중심으로 한 '사회민주당'과 김화식을 중심으로 한 평양의 '기독교자유당'을 잔인하게 박해했다. 김화식 목사와 그의 동료들은 옥사하거나 사라졌다. 이때 생명의 위협을 느낀 인사들 중 한경직 목사를 비롯한 일부 목회자와 기독 인사들은 월남하였다.

둘째 단계는 '조선기독교도연맹'을 통해 이북 교회들을 예속화하는 것이었고, 마지막 단계는 기독교 전체를 완전히 말살시키는 것이었다. 먼저 종교 단체가 가지고 있는 토지와 건물을 몰수하여 경제적 기반을 붕괴시키고, 조선기독교도연맹을 통해 교회 조직을 분열시키거나 종교 활동을 조정하고 의도적으로 종교 활동을 방해하고 성직자 및 지도자들을 납치하거나 학살하였다. 교회와 북한의 공산주의 세력 간의 대립은 피할 수 없는 결과였다. 김일성은 지식인, 종교인, 자본가와 통일전선을 구축하고 노동당, 청우당, 조선민주당 등을 유인하려 했지만 자신의 야심에 찬 토지 분배와 기독교연맹 조직 등에 교계가 조직적으로 불복하자 기성 교회에 대한 탄압의 수위를 높여갔다.

1947년 '북조선인민위원회' 설치 이후 한층 강도 높게 기독교를 비판하기 시작했다. 유물사관에 입각한 정치 노선에 상반된 유신론 배제에 급급하여 종교를 아편이라 불렀고, 마르크스-레닌주의에 근거한 학교 교육 실시로 우리 민족의 고유한 전통 문화와 역사를 마구 흔들어 놓았으며, 철저한 진화론 교육을 통해 유물사관을 이식하는 데 혈안이 되었다. 주일에는 영화 감상회, 야영대회, 운동회 등을 구실로 주일 예배 참석을 방해하며 기독교인들의 신앙을 흔들어 놓았다. 뿐만 아니라 그와 같은 종교 활동을 감시·방해하는 것만으로는 시원치 않아 종국에 가서는 교회와 기독교계의 학교도 폐쇄시켰다. 그로 인해 공산화 작업은 교회 세력과 전면적 충돌이 불가피하게 되었다.

이북 지역의 공산화에 기독교 세력이 더욱 저항하므로 소련의 군정은 점차 기독교와는 대립의 관계로 이어졌다. 소련의 공산주의는 무신론이요 유물사관이었고, 무력을 통한 혁명으로 기독교의 말살과 자유민주주의를 타파하는 것이 그들의 목적이었다. 소련 점령군은 이북 지역에 기독교 세력을 척결하고 칼 마르크스-레닌 사상의 공산 체제로 교체하는 것이 저들의 임무이기도 하였다. 그 당시 평양을 비롯한 이북 지역의 관공서와 학교 등에는 김일성 사진과 스탈린, 레닌 사진들이 전시되었고 이는 국가 행사에도 어김없이 출현하였다. 이러한 변모는 결국 이북의 공산화 작업의 일환이었다.

애초에 소련 군정은 "북조선에 소비에트 체제를 이식할 생각이 아니고 조선을 일본의 지배로부터 완전히 해방하는 것과 민족자결주의 통일 국가를 수립하는 것에 최종 목적이 있다"고 수차례 강조하며 불안해하는 주민들을 안도케 하였다. 그러나 현실은 그것과는 전혀 달리 이북 지역을 그들의 본 계획대로 점진적으로 소련의 공산 국가 체제로 전환해 갔다. 소련군은 이미 일본군의 항복을 받고 무장 해제를 실시하는 한편 38도선 요소요소에 군사 진지를 구축하고 기관총을 설치한 후 남북으로 오가는 통행인에 대한 검문과 검색을 강화하였으며, 남북을 잇는 경의선, 경원선 등 주요 철도와 도로를 끊는 등 교통과 통신을 차단하였다. 이렇게 장벽을 친 소련군은 군정을 효과적으로 실시하기 위해 '인민위원회'를 조직하기 시작했다. 인민위원회는 일본으로부터 모든 국가기관을 접수하여 행정권을 인수하였다.

이 같은 소련군의 지지를 얻은 김일성은 소련 군정의 공산화 각본에 따라 지주들의 토지를 무상 몰수하고 이를 농민들에게 분배해 주면서 공산화에 대한 동경과 환심을 일반 대중에게 심어 주었다. 이는 이북 지역의 공산화를 위한 핵심적 사업이었다. 1947년 3월부터 토지개혁을 강행 실시하였다. 그 결과에 대해 북한 정부는 이같이 밝혔다.

> 북조선의 45만 가구가 토지를 분배받음으로 72%가 소작인에서 지주가 되었다. 이 당시에 이북의 새로운 공산 정부에서 빈농 소작인들에게 농지를 준다는 소식에 이남의 많은 노동자와 농민들 약 50만 명이 이북 지방으로 이주하였다.[13]

그러니 김일성은 6·25전쟁이 끝난 후 1954년부터 다시 '사회주의화'한다는 명분을 내세워 농민들의 개개인의 토지를 무상 강제 몰수하고 소규모의 상공업을 국유화하기 위한 '농업협동화'와 '협동사업화'를 신속히 강행하여 1958년 완성하였다. 그는 1958년 9월에 '전국생산혁신자대회'에서 행한 연설을 통해 "생산 관계의 사회주의적 개조가 완성"되었다고 선언했다.[14] 결국 이러한 과정은 이북의 빈농 소작인들과 노동자들을 이용하여 자신의 공산 정권 수립을 위한 유인책이었음을 스스로 드러낸 것이었다.

토지 무상 분배와 병행해서 소련군은 북한의 공산 세력과 민족주의 세력을 포섭하는 노력을 기울여 소련군에 협조하는 동조 세력을 끌어들이고, 비협조자들은 남한 탈출을 방조하거나 구금하는 방법으로 선별하는 작업을 추진하였다. 평양의 소련 군정은 서울의 미군정과는 달리 엄격한 보안 속에서 신중하게 움직였다. 소련군이 조선인 행정부서의 고문관으로 기용되었고, 소련계 2세들이 모든 부서의 부책임자로 임명되었지만 이들은 전면에 나타나지 않고 조선인 요원들이 이들을 찾아갔다. 이는 겉으로는 조선인에게 모든 것을 맡겼다는 인상을 주기 위한 것으로, 조선인들에게 세밀한 지령을 내린 것이다. 이런 통치 방법은 볼세비키 소련 당원증을 가진 소련파와 갑산파와 소련 2세들을 고문관 격인 참모진으로 등용하여 인민위원회를 배후에서 조종하였음을 말해 주는데, 실제적으로는 소련 군정 당국이 이북 지역을 지배한 것이었다. 결국 시간이 경과함에 따라 인민위원회 조직은 기독교계의 민족 진영 세력이 점차 배제되고 주로 소련계 공산주의자들이 장악해 갔다.[15]

이러한 소련의 치밀한 이북 공산화 궤계에 이용당하였던 이북의 교회 지도자들과 일반 주민들은 적지 않게 이러한 음모에 참여하고 기여했을 뿐만 아니라, 적극적인 친공산주의적인 목회자들과 사회주의적 이념을 가진 기독교인들의 이러한 참여는 1938년 일제의 신사참배에 협조한 배교에 이은 배도로서, 한국 교회 역사에 지울 수 없는 부끄러운 기록을 남겼다.

당시의 이북 교회들은 존립하기 위해 공산 정권의 정치적 요구에 부응하며 협조하거나 아니면 교회를 폐쇄하고 각자 도생하는 흩어진 교회로 존재하면서 소수의 신앙 공동체를 유지해야 했다. 그렇지 않으면 목숨을 걸고 38선을 넘어 신앙의 자유를 찾아 남하해야 했다. 그 땅에 남아 신앙의 정절을 지킨 무리들은 사실상 지하교회화한 것이다.

3. 김일성 공산 정권 수립에 공조한 이북 교회

　김일성의 외가 쪽 친척인 강양욱 목사는 일찍이 공산주의 사상을 지닌 목사였다. 김일성은 이북 지역에 지지 기반과 인맥이 없었기에 자신의 정치적 기반을 수축하고 견고히 하기 위해 이북 지역의 교회 조직을 이용하려고 강 목사를 권력의 전면에 내세웠다. 강 목사는 이북 지역의 교회와 목회자들을 자신의 편으로 결집시켰고, 이런 목적을 위해서 그 지역의 영향력 있는 목사들을 회유하고 때로는 협박하면서 공산 정권의 수립과 공산화 작업에 끌여들었다. 그는 1946년에서 1947년까지 온갖 수단과 방법을 동원하여 곽희정, 이웅, 신영철, 김익두, 박상순, 김응순 등을 '조선기독교도연맹'에 가입시키고 박상순 목사를 연맹의 위원장으로 세웠다. 1947년 여름까지 북한 개신교도의 3분의 1이 연맹에 가입했고, 1948년 9월 1일까지 8만 5천 명이 가입했다.

　1949년 봄 강양욱 목사는 김익두 목사와 김응순 목사를 연맹 확장에 십분 이용하였다. 그 당시 일제 말기 교단의 조선예수교장로회의 총회장이었던 김응순 목사는 교회를 살리는 길은 조선기독교도연맹에 가입하는 길밖에 없다고 하면서 신근한 목사들을 찾아다니며 유인했고 협박까지 해가면서 이를 실행하였다. 실제로 가입하지 않는 이유택 목사, 문경균 목사, 평북 정주의 최택규 목사, 선천의 여러 목사들을 투옥시켰다. 평양신학교 교장인 김인준 목사는 정치보위부에 연행되어 고문을 받다가 세상을 떠났다.

　10년 전인 1938년 일제의 신사참배 강요로 인해 이에 참여한 교회와 거부한 교회로 갈라진 것처럼 동일한 위협과 갈등과 파벌이 발생하여 이북 지역의 교회는 해방 후 다시 암흑기로 접어들었다. 급기야 1949년 4월경에는 평양이나 주요 도시의 지명도 있는 목사들은 대부분 기독교도연맹에 가입했다. 당시 지역적으로 그 연맹에 가입하거나 불응한 교회들을 볼 것 같으면, 진보적 입장을 취하였던 캐나다 선교구인 함경도 지역의 교회들은 별 갈등 없이 협조하고 가입하였으나, 신학적으로 보수 성향의 장로교 측인 평안도와 황해도의 목회자들은 조선기독교도연맹에 적극적으로 거부와 저항을 보였다. 이들 중에 공산 정권화에 가장 적극적으로 반발하고 저항한 목회자들은 신사참배로 인한 재건파 목사들이며 그들은 그 연맹을 거부하였다. 이러한 양상은 결국 거부파, 어용파, 현실적 불가파로 갈라져 갈등이 심화되었다.

신학교 역시 예외가 아니었다. 평양에 복구되었던 장로교의 '평양신학교'와 감리교의 '성화신학교' 역시 공산 정권의 강요에 의해 1950년 3월 하나의 신학교로 통합되었다. 특별히 5도연합회가 직영하는 평양신학교는 보수성이 강해 일차적인 표적이었다. 김인준 교장이 순교한 후 이성휘 목사가 교장에 올랐으나, 학교가 통합된 후 그 역시 정치보위부에 끌려가 온갖 고문을 당했고, 6·25전쟁이 발발한 후 평양이 유엔군에 의해 탈환될 때에 저들은 후퇴하면서 교회 지도자들과 함께 많은 기독교 인사들을 총살하였다.

통합된 신학교 학생들은 더 이상 유일신 신앙을 생명으로 하는 전통적인 신앙을 가진 신학생이 아니었다. 강양욱의 심복 조택수 목사는 평양신학교 현관에 스탈린과 김일성 사진을 걸어 놓고 신학생 하나하나를 불러 사상 검증을 한 후, 두 신학교에서 갸가 60여 명만을 선택하여 120명 정도의 학생만을 공부하게 하고 나머지는 학교에서 축출했다. 공산주의 열성분자만 공부할 수 있도록 허락한 것이다. 이 학생들은 목회자의 자격이 없는 공산주의 유물론자들이 되었다.

결국 공산 치하의 이북 지역 교회들은 시간이 갈수록 교회가 공산 정권과 공존할 수 없다는 것을 알게 되었고, 소련 군정과 김일성도 기독교를 말살하지 않으면 북한의 공산화는 불가능하다는 사실을 알고 교회 말살과 탄압 정책을 실시하였다. 그 수단으로 공산 정권의 하부 기관에 불구한 기독교도연맹을 통해 일차로 교회들을 공산 정권에 예속시키는 것에 이어 그다음 수순은 아예 교회를 말살하는 것이었다.

그들은 교회 토지와 건물을 몰수하고 조직을 분열시키고 종교활동을 방해하였으며, 비협조적인 목사와 지도자는 납치하고 살해하였다. 심지어는 교회의 주일 예배를 방해하기 위해 각종 행사를 강행하였고, 교회 학교들도 몰수하였다. 이때 기독교인들 상당수가 반혁명 계급으로 취급 받아 수많은 성도들이 희생당하였다. 심지어는 교회 헌금도 착취 대상으로 삼으면서 헌금을 금지시켜 교회 재정을 말려 버려 교회의 역할과 기능을 무력화시켰다.

김일성은 1948년 9월 8일 북조선 헌법 제14조에 "공민은 신앙 및 종교 의식 거행과 자유를 갖는다"라고 명기했으나, 그것은 어디까지나 북한 주민들을 회유하려는 수단에 불과했다. 이로 인하여 결국 이북의 많은 기독교인들이 신앙의 자유를 찾아 남쪽으로 38선을 넘어 내려왔다. 해방 후 이북 교회들이 김일성의 공산 정권에 굴욕적으로 동조한 사례를 간략히 정리하면 다음과 같다.

- 1946. 2.   북조선임시인민위원회 개최에 강양욱 목사에 의한 김일성 지지 운동과 이북 교회의 지지파와 반대파의 대립.
- 1946. 11. 28.   '북조선기독교도연맹' 창단. 개신교 20만 명 중 8만 5천 명이 조선기독교도연맹 지지 및 가입으로 사회주의 노선 지지(1999년에는 '조선그리스도교련맹'

으로 재개칭).
- 1948. 9. 9. 김일성 공산 정권 수립에 일부 교회 지지.
- 1950. 3. 평양서문밖교회에서 열린 제33차 '조선예수교장로회 총회'에서 김일성 공산 정권 협력 결의.
- 1950. 8. 13. 평양 신양리교회에서 남침 전쟁 승리 기원 기도회 개최.
  "하나님이 허락한 성전"이라고 주장/ 전쟁 물자 구입 헌금 운동.
  '전승 새벽기도회' 운동을 전국적으로 전개.
- 1958. 9. 9. 북한 내 모든 교회 공식 폐쇄(지하교회 시대 돌입)

참고로 1950년 북한에서 발간한 《조선중앙연감》에 의하면, 이북 지역의 기독교 예배당 수는 약 2,000여 개, 신도 수는 약 20만 명, 장로 수는 2,142, 목사는 410명, 전도사 498명으로 집계되어 있다.

이북 지역의 교회를 훼파하는 데 가장 앞장선 강양욱 목사는 이북에서 가장 큰 조직력을 지닌 교회 세력과 지도자들을 포섭하거나 강압적인 수단으로 굴복하게 하였다. 그는 그 지역의 교회 공산화에 누구보다도 앞장선 배도자였다. 당시 그와 북조선의 공산 정권 수립에 대해 북한 교회 학자인 김흥수 교수는 자신의 저서 《해방 후 북한 교회사》에서 다음과 같이 서술하였다.

> 1945년 8월 15일 일본의 한국 지배가 끝나가면서 북한 사회의 정치적 기류는 사회주의적 색채가 농후해 갔다. 해방 후 1년 이내에 지주제도가 사라지고 토지는 재분배되었으며 중요 산업들이 국유화되었다. 1946년 2월에는 소련의 후원하에 이 같은 사회 개혁을 주도해 나갈 '북조선임시인민위원회'가 구성되었다. 1946년 3월, 노동자 계급의 지

원 아래 머슴, 빈농에 의거하여 중농과 동맹하며 부농을 고립화하고 지주의 반항을 분쇄한다는 방침에 기초하여 불과 20일 만에 수행되었다. 같은 해 8월에는 일본인 및 친일파 소유 자산에 대한 국유화 법령이 발표되고, 이에 따라 1946년 말 현재 공업 생산에서 사회주의 경제 형태가 차지하는 비율은 72%로 높아졌다. 이외에도 노동법령(6. 24), 남녀평등권에 관한 법령(7. 30), 개인 소유권 보호와 산업 및 상업 활동 장려를 위한 결정(10. 4) 등이 발표되고 시행되었다. 이 같은 민주 개혁의 결과 소상품 경제 형태와 자본주의적 경제 형태에 더하여 사회주의적 경제 형태가 강력하게 부상하였고, 계급 면에서는 지주 및 친일파, 민족 반역자가 완전히 청산되고 부농은 매우 약화되었으며, 머슴, 빈농이 자작농으로 성장하고, 노동 계급 동맹이 한층 강화되었다. 그로 인해 통일전선은 최대로 확대되었을 뿐만 아니라 노동 동맹의 강화와 함께 심화되었으며 통일전선 내에서 좌파의 지도력이 확고해졌다.[16]

이처럼 북한 사회에서 급속히 사회주의 체제가 형성되어 가자 교회는 당혹감을 감추지 못했다. 기독교인들에게는 1920년대 사회주의자들이 기독교에 대하여 적대적 행동을 취했던 것이 불쾌한 인상으로 남아 있었다. 경제적으로는 서북 지역(평안도, 황해도) 개신교 신자들이 상인층과 자본가층, 중농 이상의 농민층에 속해 있어서 대부분의 교인들은 장차 전개될 사회주의 사회에 대해 불안감을 감추지 못하였다. 정치적으로는 소련의 지원을 받는 김일성보다는 미국의 지원을 받는 이승만이나 김구가 장차 통일된 조국의 최고 지도자가 되기를 바라고 있었다.

1946년에 들어서서 이북 교회와 공산 정권 간의 직접적이고도 규모가 큰 충돌은 3월 1일에 3·1운동 기념예배에서 발생했지만, 더 큰 충돌은 11월 3일 북조선인민위원 선거 문제로 일어났다. 1946년 2월

8일 북한에서는 '북조선임시인민위원회'가 구성되어 김일성이 위원장을, 강양욱 목사가 서기장을 맡았다. 북한 최초의 중앙 권력기관인 '북조선임시인민위원회'는 그해 9월 5일 도·시·군 인민위원회 선거에 대한 법령을 공포하고 두 달 뒤인 11월 3일을 인민위원 선거일로 결정하였다. 교회와의 충돌은 선거일이 주일이라는 데서부터 시작되었다.

선거를 위한 준비 작업이 시작되자 이북 사회 한쪽에서는 선거 실시는 시기상조이며, 자유 경쟁이라야 정말 민주주의 선거이고, 승려와 목사들이 선거에 참여하는 것은 종교에 반대된다는 등과 같은 말들이 유포되어 갔다. 그것은 사실이었다. 이북의 기독교인 대다수가 그렇게 인식하고 있었다. 그리고 이미 공산 체제의 구축에 반발하고 있던 장로교의 '5도연합노회'는 10월 20일 회합을 갖고 선거 반대 분위기에 편승하여 공산 당국에 5개항의 결의문을 전달했다.

이북5도연합노회의 결의에 크게 당황한 것은 북조선임시인민위원회 서기장 강양욱 목사였다. 결의문 발표를 주도한 사람들을 만나 설득하려 했지만 설득은 용이하지 않았다. 강양욱은 이 사실을 북조선임시인민위원회 위원장 김일성에게 보고했다. 김일성은 장로교와 감리교의 유력한 목사 10여 명을 북조선임시인민위원회 청사에 불러 "민주 선거가 좋은 일이라는 것을 인정한다면 인민의 대표를 선출하는 선거에 교인들을 참가하지 못하게 할 근거가 없지 않은가. 교회에서도 안식일에 장로나 집사를 선거하는 일이 있지 않은가?"라고 물었다.

북한의 한 문서는 이 만남으로 말미암아 5개조라는 것은 휴지조각이 되어 버리고 첫 민주 선거는 모든 교인들도 열성적으로 참가했다고 기술하고 있지만, 김일성이 선거일 이틀 전인 11월 1일 평양시 민주 선거 경축대회에서 선거에 부정적인 일부 목사들과 장로들을

"교인들의 적이며 전체 조선 인민의 적"이라고 비난한 것을 보면 김일성의 설득도 별 효과가 없었던 것이다. 김일성이 11월 1일 연설에서 선거에 반대하는 이들을 '간첩', '적의 앞잡이', '전체 조선 인민의 적' 등으로까지 표현하고 특히 일부 개신교 목사들을 그런 부류에 포함시킨 것을 보면, 선거 반대 움직임은 어느 집단보다도 교회 쪽에서 더 강렬했던 것이다.

이 사건은 북한 당국으로 하여금 친정부적인 교회 조직의 필요성을 절감하게 했고, 그것은 선거 직후 '북조선기독교도연맹'의 결성으로 나타났다. 오늘날의 '조선그리스도교연맹'의 전신인 '북조선기독교도연맹'이 조직된 것은 1946년 11월 28일이었다. 이 조직은 1945년 12월 26일 결성된 '북조선불교총연맹', 1946년 2월 1일 설립된 '천도교북조선종무원'에 이어 북한 사회에서 세 번째 결성된 종교 단체로 강양욱 목사가 위원장을 맡았다.

오늘날 북한 개신교를 대변하는 '조선그리스도교연맹'의 결성과 활동은 강양욱 목사에 의해서 주도되었지만, 이러한 기독교도연맹의 결성에는 당시 북조선임시인민위원회 위원장이던 김일성이 개입했다.

> 어느 날 위대한 수령님께서는 선생(강양욱)을 부르시어 "조만식이가 사람들을 반동의 길로 이끌어 가려고 책동하는 데 매우 엄중한 행위"라고 하시었다. 그러시고는 "일제 식민 통치에서 갓 해방된 우리들에게 있어서 지금 무엇보다도 중요한 것은 전체 인민을 하나로 묶어 세워 우리나라를 하루빨리 자주 독립 국가로 건설하는 것인데, 적지 않은 종교인들이 조만식을 비롯한 악질 상층 종교인들의 꾐에 넘어가 반동의 길로 나아가고 있다"고 하시면서 "이 문제를 바로잡을 사람은 선생님밖에 없습니다"라고 믿음을 표시해 주시었다…선거가 끝난 다음 며칠 후 김

일성은 강양욱에게 "기독교인들 속에서 애국주의 교양을 잘하여 그들이 미국에 대한 환상에서 깨어나 건국 사업에 적극 참가할 수 있게 하는 것이 중요하다"면서 "무슨 교양 단체를 하나 내오는 것이 좋겠다"는 의사를 표시하였다.

이렇게 해서 종교보다 정치가 우위를 점하는 '북조선기독교도연맹'이 조직되었고, 강양욱이 전개한 적극적인 사업은 그 연맹의 강령 첫 번째에 나타났다.

"기독교의 박애적 원칙에 기하여 인민의 애국열을 환기하며 조선의 완전 독립을 위하여 건국 사업에 일치 협력할 것."

그 후에 건국 사업은 '북조선기독교도연맹'의 첫 번째 목표가 되었으며 그 강령의 신학적 기반은, 1947년 여름 강양욱이 북한 전역을 돌면서 취재 활동을 벌이고 있던 한 외국 기자에게 종교와 정치 관계에 대한 자신의 입장을 피력한 데서 어렴풋이 드러난다. "일제 치하에서 종교와 정치는 전혀 별개이어야 했습니다. 어떤 이들은 아직도 그러해야 한다고 하지요. 그러나 나는 민주국가의 모든 시민과 조직은 좋은 법안의 통과를 추진하는 일에 참여해야 한다고 생각합니다"라고 하였다.[17]

북한의 개신교 지도자들 다수가 해방 직후부터 북한의 공산 정치 권력과 대항적인 자세를 취하고 있을 때, 가톨릭 교회 지도자들은 1946년 초반까지는 사회주의 체제를 구축하고 있던 정치 권력에 대해 긍정도 부정도 하지 않으면서 정세의 흐름을 관망하고 있었다. 그러나 1946년 중반 이후로는 이 같은 태도에서 벗어나 반공 반혁명적인 태도를 분명히 하기 시작했다. 이 무렵 북조선기독교도연맹 위원장 강양욱은 평양 교구장 홍용호 주교를 찾아가 가톨릭 교회가 연맹에 가입할 것을 권유했으나, 교회 지도자들은 '북조선기독교도연맹'에 가입하지 않았을 뿐만 아니라, "무신론자에게 일시적 또는 외면적으로라도 협력하는 것은 가톨릭 교리에 어긋나는 것이요 신앙을 배반하는 것"이라면서 신자들에게도 가입을 금지시켰다. 가톨릭 교회를 가입시키는 데 성공하지 못한 상태에서 기독교도연맹은 1948년부터는 신도들에게도 가입을 허용하여 면·군·도의 연맹을 결성한 후 1949년에는 연맹 총회를 개최하였다.

남과 북의 교회는 사실상 38선이 형성된 후 실제적으로 1947년부터 6·25전쟁 직전인 1949년 말에는 교회적으로도 분단되었다. 실제적으로 남과 북에는 각각에 장로교 총회가 조직되었고, 북한의 기독교는 사회주의적 발전을 지지하는 세력에 의해 확고하게 장악되었다. 그러한 상황에서 공산 체제에 반대하는 많은 기독교인들이 남한으로 내려왔고, 공산 체제에 동조하는 남쪽 소수의 기독교인들은 1948년 초에 월북의 길을 택하기도 하였다. 이와 함께 선교사들과의 관계도 완전히 단절되었다. 해방되면서 일부 선교사들은 재입국하여 이북 지역을 방문하기도 하였다. 1947년 4월에 개인 자격으로 블레어 선교사가 5일간 북한을 방문하여 평양의 9개 교회를 순회하기도 하였지만 같은 해 7월 미국 북장로교 대표단이 북한 방문을 신청하였을 때 소련 군정 당국은 이를 거부하였다. 이후로 한국선생 때까지 북한 지역의 기독교인들을 접촉할 수 없게 되었다.[18]

4. 남북 국가 건국과 교회의 영향

1) 대한민국 건국과 이승만

남한의 자유민주주의 정권이 성립된 과정과 북한에 공산 정권의 수립된 과정을 보면 그 결과에서 극명한 차이를 보게 된다. 1948년

5월 10일 유엔 총회의 결의에 따라 남한에서 총선거가 실시되었다. 선거 제도는 북한의 소련식 흑백 선거와는 다른 보통, 평등, 비밀, 직접의 4대 원칙에 입각한 민주주의 제도였다. 국민들은 사상 처음으로 국민의 손으로 직접 나라의 대표를 뽑는 주권을 행사하였다.

국민의 손에 의해 선출된 제헌국회는 헌법을 제정하고 이승만을 대통령으로 선출하였으며, 1948년 8월 15일 드디어 대한민국 건국을 선포하였다. 이로써 광복 후 3년 간의 군정 기간을 거친 후, 비록 남과 북이 통일된 독립 국가를 수립하지는 못하였으나 국민 투표에 의한 민의에 따라 자유민주주의 국가가 남쪽에 세워지고, 대외적으로는 유엔에서 한반도의 유일한 합법 민주 정부로 승인되었다. 보편적 종교의 자유, 출판과 언론의 자유, 거주의 자유 등이 보장됨으로 자유민주주의 토대 위에 국가가 세워진 것이다. 이로써 신앙의 자유를 보장받은 이남 지역에서는 교회들이 백화제방의 시대를 맞이하면서 수많은 교회들이 개척되며 교회 부흥의 역사를 이어가게 되었다.

(1) 기도로 시작한 대한민국의 제헌국회

1948년 5월 31일 제헌국회 개원식장(옛 중앙청 회의실)에서 5·10총선거에서 선출된 국회의원 198명은 귀를 의심했다. 임시 의장에 선출되어 단상에 오른 이승만 의장이 특유의 이북 억양이 섞인 카랑카랑한 목소리로 이윤영 의원에게 기도를 요청한 것이다. 순서에도 없는 즉흥적인 제안이었다. 요즘 같으면 상상도 할 수 없는 깃을 김리교 목사 출신 이 의원에게 무탁한 것이다. 이 의원은 북한에서 목회를 하다 공산당을 피해 남한으로 내려와서 서울 남산감리교회를 세운 목사이다. 그는 서울 종로에 출마해 제헌의원이 되었다. 기도 요청에 누구보다 놀란 것은 이 의원이었다. 하지만 그는 기도 부탁을 거절하지 않았다. 오히려 가슴

속에 담고 있는 나라와 민족을 사랑하는 마음을 차분하게 기도하였다.

"이 우주와 만물을 창조하시고 인간의 역사를 섭리하시는 하나님이시여. 이 민족을 돌아보시고 이 땅에 축복하셔서 감사에 넘치는 오늘이 있게 하심을 주님께 저희들은 성심으로 감사하나이다. 오랜 시일 동안 이 민족의 고통과 호소를 들으시사 정의의 칼을 빼서 일제의 폭력을 굽히시어 하나님은 이제 세계 만방의 양심을 움직이시고 또한 우리 민족의 염원을 들으심으로 이 기쁜 역사적 환희의 날을 이 시간에 우리에게 오게 하심은, 하나님의 섭리가 세계 만방에 정시하신 것으로 저희들은 믿나이다. 하나님이시여! 원치 아니한 민생의 도탄은 길면 길수록 이 땅에 악마의 권세가 확대되나, 하나님의 거룩하신 영광은 이 땅에 오지 않을 수밖에 없을 줄 저희들은 생각하나이다. 원컨대 우리 조선 독립과 함께 남북 통일을 주시옵고 또한 우리 민생의 복락과 아울러 세계 평화를 허락하여 주시옵소서. 하나님, 아직까지 남북이 둘로 갈린 이 민족의 고통과 수치를 씻어 주시고 우리 민족, 우리 동포가 손을 같이 잡고 웃으며 노래 부르는 날이 우리 앞에 속히 오게 해주시길 기도합니다…."

10분 이상 진행됐지만 아무도 눈을 뜨지 않았다. 거룩한 기도가 끝나자 믿지 않는 의원들까지 일제히 기립해 "아멘"으로 화답했다. 당시 기독교인은 전체 인구의 1% 안팎에 불과했지만 건국의 주역 대부분이 기독교인이었기에 가능한 일이었다. 이 의원은 하나님께 영광을 돌리고 이 땅의 은혜와 축복을 간구했다. 이 나라의 발전과 남북 통일, 세계 평화를 기원하는 이 의원의 뜻과 생각이 들어 있었다. 이러한 개헌 기도는 기독교 국가들인 미국, 영국 등 여러 나라에서도 그 유례가 없는 것이다. 그해 7월 4일 건국 대통령 이승만은 헌법 위에 책을 한 권 얹어 놓았다. 낡고 오래된 그의 성경책이었다. 그는 성경 위에 손을 얹고 이렇게 맹세하였다.

"나 이승만은 헌법을 수호하고 대통령의 직무에 충실할 것을 우리 민족을 사랑하사 오늘 대한민국을 탄생케 하신 살아 계신 하나님과 3천만 동포 앞에서 맹세합니다."

대한민국은 이렇게 새로운 민주 국가로 개국되었다.[19]

참고로 이승만은 건국 대통령으로서 그의 생애는 한국의 근현대사와 함께한 정치인이었고 신앙인이었다. 그의 삶의 과정을 살펴보면, 1894년에 아펜젤러 선교사가 세운 배재학당에 입학하였고 그곳에서 그는 민주주의 이념에 눈을 뜨기 시작했다. 졸업하자 최정식과 함께 우리나라 최초의 신문인 〈협성회보〉 창간을 주도하였고, 민주주의 이념을 설명하고 고무하는 글을 쓰기 시작했다. 뿐만 아니라 고종 황제의 군왕 정치를 거부하는 강연을 시작했다.

1898년 그가 23세 때 우리나라 태극기를 만든 박영효 선생을 대통령으로 추대하려는 운동을 추진하다가 역적 모의로 체포되어 사형 언도를 받고 한성감옥에 투옥되었다. 그때 그는 감옥에서 성경을 읽었다. 이승만과 이상재 등이 수감 중에 있을 때에 언더우드와 게일 선교사와 벙커 선교사가 이들을 면회하면서 신앙을 심어 주었다. 게일(James S. Gale)은 자신의 저서에서 이같이 증언하고 있다.

> 벙커 목사 부부가 정기적으로 면회했던 이승만, 유성준, 김린, 이상재, 김정식 등이 수감되었던 감옥은 처음에는 진리 탐구의 방으로 시작하여 다음에는 기도의 집이 되고 그다음에는 예배낭으로 바뀌었다가 급기야 신힉딩이 되였나. 이 과정을 끝내자 하나님께서는 이들 모두 감옥에서 내보내어 사역하도록 하셨다. 그들은 높은 사회적 지위와 정치적 영향력 및 우수한 학문 실력 때문에 이 나라 수도의 기독교계에서 최초의 지도자들이 되었다.[20]

이승만은 1899년 1월 30일에 기독교 신자로서 최초로 기도할 때 이렇게 기도하였다.
　"주여, 이 땅 조선에 100만 명의 기독교인을 허락하여 주옵소서."
　그 당시 조선에 기독교 신자는 도합 40여 명 정도였다. 그는 옥중에서도 전도를 하였다. 옥중에서 300여 편의 논문을 쓰고 그중 일부가 신문으로 보도되었다. 그 글을 읽은 민영환, 총리대신 한규설이 이승만 구명 운동을 시작했다. 그 결과 사형에서 사면 받아 5년 7개월 만에 석방되었다. 그가 1903년에 발표한 글에는 그 당시 세계에서 제일 잘사는 나라가 영국이었는데, 이승만은 예언하기를 "우리나라가 예수를 믿는 나라가 되면 영국보다 더 잘사는 나라가 될 수 있다"라고 하였다. 그때 영국의 경제 규모는 조선의 334배였다. 제2차 세계대전 이후 대한민국은 지구상에서 최고의 기독교 부흥 국가가 되었고, 108년 후인 2011년에 대한민국의 경제 규모가 영국을 추월하였다. 대한민국의 현대사는 기독교 복음으로 견인된 역사이다. 1948년 건국 당시 한국의 경제 규모는 신생국 아프리카 수준이었으나 지금은 아프리카 54개국 경제를 다 합쳐도 우리나라의 경제 규모가 더 클 정도로 경제 강국이 되었다.
　1904년 러일전쟁이 발발하였다. 그때 고종 황제는 승전국이 쉽게 조선을 찬탈할 수 있는 역사의 흐름을 감지하고 강대국에 접근하여 도움을 요청할 것을 구상하며 국내에서 영어를 제일 잘하는 인재를 찾다가 한성감옥에 수감되어 있는 이승만을 발탁하고, 그를 석방하여 미국에 파송하였다. 그는 별 성과가 없자 미국에서 학업의 길을 택하였다. 그는 명문 대학 조지워싱턴 대학에서 학사를 마치고 바로 하버드 대학에서 석사를 마치고, 프린스턴 대학에서 국제정치에 관한 논문으로 박사학위를 취득했다. 미국의 수재들도 9년에서 12년 걸리는 과정을 5년 만에 이수한 것이었다. 그는 미국에서 동양인으로서 최초로 정치학 박사가 되었다. 이 세 대학에서는 본교가 배출한 최고의 천재라고 기록하고 있다. 그의 박사학위 논문은 대통령 우드로 윌슨이 국회 연설 때에 인용할 정도로 미국 사회에서 주목을 끌었다.

그는 귀국 후 이상재 선생을 만나 YMCA 활동에 협력하고 100만 명 기독교 신도 운동을 전개하였다. 1910년 한일합방이 되자 국내 유력 인사들과 중국으로 망명하여 1919년 4월 11일에 상해 임시정부를 수립하였다. 그때 이승만은 초대 국무총리와 그 후 초대 대통령을 역임하였다. 1939년 12월에 워싱턴으로 이주하고 저술한 책 《Japan Inside Out》이 1941년 6월 뉴욕에서 출판되었다. 그는 이 책에서 일본의 본질과 정체를 폭로하면서 불원간 일본이 미국을 공격한다는 확신을 언급했는데, 정확하게 6개월 후인 그해 12월에 진주만 공격이 개시되었다. 또 그 책 내용 중 "미국이 승전국이 되고 대한민국의 독립이 성사되며 그 후 세계 열강과 어깨를 겨누는 강국으로 성장할 것"이라고 예언하였다. 그제야 미국에서는 이승만에 대해 재인식하게 되었고, 그 책은 영국과 프랑스에서도 베스트셀러가 되었다.

그 책이 출간된 후에 이승만은 미국의 유력 인사들과 학자들과 인맥을 구축하였다. 그 사람들 중 하나가 그 당시 육군 소령 맥아더였다. 1948년 8월 15일에 대한민국 건국 기념식장에 이승만 대통령은 극동사령관이 된 오랜 친구 맥아더를 초청하였고, 그는 80개국의 기자단을 이끌고 옴으로 대한민국의 탄생을 알리는 소식을 전 세계에 선포하였다. 건국 2년 후인 1950년 6·25전쟁이 발발했을 때, 트루먼 대통령과 아이젠하워 대통령에게 미국이 한국을 지원해야 할 것을 강력히 요구하고 설득한 두 사람이 있었다. 이승만과 미국에서 절친한 사이였던 맥아더 원수와 아이젠하워 대통령 때에 국무장관이었던 존 포스터 델러스였다. 그는 "미국이 어떠한 희생을 치르더라도 대한민국을 공산주의 침략에서 구출해야 한다"고 역설했다. 그는 이승만이 미국에서 유학할 당시 기숙사 동료였다.

이승만은 한국 기독교의 부흥에 크나큰 기여를 하였다. 성탄절을 아시아에서 유일하게 국경일로 제정했고, 1950년 9월 12일에는 미군의 군목 제도를 받아들여 수많은 장병들이 기독교인이 되게 하였고, 그로 인하여 한국 교회의 부흥에 혁혁하게 기여했다. 뿐만 아니라 대한민국 건국 시에 국민의 80%가 문맹인이었는데, 그의 통치 기간 중에 적극적인 교육정책을 통해 10%로 줄임으로 국가 산업에 크게 공헌하였다. 또 토지개혁을 과감하게 실시하여 당시 국민 70%가 소작농이었으나 토지를 유상 상환 조건으로 농지를 분배하고 소유권을 보장하여 부의 분배에 크게 기여했다.

1948년 7월 17일에 제정된 헌법 86조는 "농지는 농민에게 분배하며 그 분배의 방법, 소유의 한도, 소유권의 내용과 한계는 법률로써 정한다"라고 명시했다. 이를 시행하기 위해 1949년 6월 21일에 '농지개혁 법안'이 선포되었는데, 법안의 핵심은 농지 소유의 상한을 3헥타르로 정하고, 그 이상의 모든 농지를 지주로부터 유상으로 수용하여 소작농에게 유상으로 분배한 것이었다. 이는 곧 공산화를 방지하는 데에 큰 밑바탕이 되기도 하였다. 이에 반해 북한의 김일성은 지주들의 토지와 재산을 무상 강제로 몰수하였고 농민에게 토지를 분배해 주었다가 다시 '국영 집단농장제'를 실시하여 환수하므로, 결과적으로 많은 농민과 노동자들의 일시적 환심과 지지를 얻기 위한 수단으로 삼았다.

이승만 대통령은 이 땅에 자유민주주의 국가를 세우기 위해 초기 내각에 독립운동가들이며 기독교 신앙인들을 대거 입각시켜 이 땅에 하나님의 공의를 실현하려 했다. 초기 내각의 명단을 보면 이를 확인할 수 있다.

- 대통령: 이승만(임시정부 초대 대통령) - 부통령: 이시영(임시정부 재무총장)
- 국무총리: 이범석(광복군 참모장)   - 내무부장관: 윤치영
- 외무부장관: 장택상   - 국방부장관: 신성모(독립운동가)
- 재무부장관: 김도연(독립운동가)   - 상공부장관: 임영신(권사, 독립운동가)
- 문교부장관: 안호상(독립운동가)   - 법무부장관: 이인(독립운동가)
- 사회부장관: 전진한(독립운동가)   - 농림부장관: 조봉암(독립운동가)
- 교통부장관: 민희식   - 체신부장관: 윤석구(장로)
- 무임소장관: 지청천(광복군 사령관) - 초대 헌병사령관: 장흥

이승만은 외교력에도 탁월한 능력을 발휘하여 북한과 달리 대한민국 정부 수립의 국제적 승인을 받았다. 하나님께서는 1949년 유엔 총회가 거부권을 가진 5대 상임이사국 중국, 소련을 비롯한 공산주의 국가들의 방해에도 불구하고 48대 6이란 압도적 다수로 '한국 정부가 한반도에서의 유일한 합법 정부'라는 내용의 결의안을 채택하게 하시어 한국 정부의 적통성을 확인해 주는 데에 역사하셨다.

한편 북한의 김일성은 남한의 정부 수립을 위한 정치 일정이 진행되자, 이를 방해하기 위해 남한 내 남로당 공산 세력에게 무력 투쟁을 사주하는 한편 38도선에 의도적으로 무력 충돌을 일으키고 게릴라를 침투시키는 등 남한의 사회 불안을 조성하였다. 남한에서 남로당을 이끌던 박헌영은 월북하여 지속적으로 남한 정부의 수립과 선거에 방해 공작을 일으키기 위해 남한의 남로당 공산주의자들을 선동하였다.

1947년 2월에 남한에서 유엔 감시하에 총선 실시가 가시화되자 박헌영은 평양의 라디오 방송을 통해 남로당 조직원들에게 "남한의

선거를 폭력 수단을 동원하여 저지하라"는 지령을 내렸다. 지령을 접수한 남로당은 2월 7일부터 2주 동안 전국에서 '유엔위원단 반대', '남조선 단독 정부 반대', '미·소 양군 동시 철군', '이승만, 김성수 등 친일 반동분자 타도', '정권을 인민위원회에 넘겨라' 등의 구호를 외치며 극렬 폭력 시위를 벌였다.[21]

그로 인한 대표적 반란 사건이 남로당에 의해 1948년과 1949년에 여수, 순천, 제주에서 발생하여 참혹한 동족상잔을 예고하였다. 이때 수많은 기독교인들과 군·경 가족들과 지주들과 기독교인들이 학살과 희생을 당하였다. 대표적 순교 사건이 바로 여수의 손양원 목사 가족이었다. 1948년 10월 27일 그의 두 아들이 빨치산 당원들에게 죽임을 당하여 장례를 치르면서, 손양원 목사는 다음과 같이 하나님 앞에 9가지 감사의 기도를 드렸다.

첫째, 나 같은 죄인의 혈통에서 순교의 자식이 나게 하셨으니 하나님께 감사합니다.

둘째, 허다한 많은 성도 중에서 어찌 이런 보배를 주께서 하필 내게 맡겨 주셨는지 주께 감사합니다.

셋째, 3남 3녀 중에서도 가장 아름다운 두 아들 장자와 차자를 바치게 된 나의 축복을 감사합니다.

넷째, 한 아들의 순교도 귀하다 하거든 하물며 두 아들의 순교라니요. 감사합니다.

다섯째, 예수 믿다가 제 명에 죽은 것도 큰 복이라 하거든 하물며 전도하다가 총살 순교 당함이라니요. 감사합니다.

여섯째, 미국 가려고 준비하던 내 아들. 미국보다 더 좋은 천국 갔으니 내 마음 안심되어 감사합니다.

일곱째, 나의 두 아들을 총살한 원수를 회개시켜 내 아들 삼고자 하는 사랑하는 마음을 주신 하나님께 감사드립니다.

여덟째, 내 두 아들의 순교의 열매로 말미암아 무수한 천국의 아들들이 생길 것이 믿어지니 우리 아버지 하나님께 감사드립니다.

아홉째, 이 같은 역경 속에서 이상 여덟 가지 진리와 하나님의 사랑을 찾는 기쁜 마음, 여유 있는 믿음을 주신 우리 주 예수 그리스도께 감사 감사합니다.

그의 생애를 다룬 책《사랑의 원자탄》은 온 국민과 공산당원들에게도 크나큰 감화를 주었고, 지금도 북한 지하교회 성도들이 애독하는 책이다. 그는 예수 그리스도의 십자가의 사랑을 몸소 보인 위대한 믿음의 성자였다. 한국 교회는 해방과 분단의 시대적 상황 중에 남과 북 좌우의 이념적 투쟁으로 동족상잔의 시대에 그 참상을 함께하면서 암울한 격동의 파고에 휩쓸리며 극한의 고난 시대를 겪었다.

2) 조선민주주의인민공화국 건국과 김일성

(1) 관제 '조선기독교도연맹'을 통한 공산 정권 수립

1946년 1월 20일에 이북의 기독교 전국 단체인 '오도연합노회'(五道聯合老會)는 김일성의 공산 정부 수립이 점차 구체화되자 이에 대항하기 위해 다음과 같은 5개 조항의 교회 행정 원칙과 신앙생활의 규범을 정하는 결의문을 택하고 이를 공산 정권에 통고하였다.

— 성수 주일을 생명으로 하는 교회는 주일에는 예배 이외의 여하한 행사에도 참가하지 않는다.

- 정치와 종교는 이를 엄격히 구분한다.
- 교회당의 신성을 확보하는 것은 당연한 의무요, 권리이다. 예배당은 예배 이외에는 여하한 경우에도 사용을 금지한다.
- 현직 교역자로서 정치계에 종사할 경우에는 교직을 사면해야 한다.
- 교회는 신앙과 집회의 자유를 확보한다.

공산 정권은 자신의 정치 일정에 참여하지 않는 이러한 교회를 상대로 가장 효과적이면서 일반적으로 잘 알려진 방법으로 교회를 탄압하였다. 즉, 공산 정권은 1946년 '조선기독교도연맹'을 조직하여 '오도연합노회'에 대항케 하고, 아울러 기독교의 내분을 꾀하여 정치적인 괴뢰 기관으로 삼았다. 김일성의 비서요 인민위원회의 중요 간부로 있던 강양욱 목사는 이 연맹의 산파 역할을 하였다. 그는 중국 산동성 선교사로 있던 박상순 목사를 회유하여 위원장으로 삼았으며, 총선거를 앞두고 '오도연합노회'의 결정을 번복하는 결의문을 발표케 하였다. 교회는 김일성 정부를 지지하고 남한 정권을 인정하지 않으며 민중의 지도자로서 선거에도 솔선수범하여 참가한다는 내용이었다.[22]

이북의 교회 오도연합노회가 김일성 공산 정권에 대한 저항을 구체화하자 본격적인 종교활동의 핍박과 방해 공작이 노골화되었다. 김일성의 하수인 역할을 한 강양욱 목사는 '조선기독교도연맹'을 통해 다음과 같은 지지 성명을 발표했다.

1. 우리들은 김일성 정권을 절대 지지한다.
2. 우리들은 이남 정권을 인정하지 않는다.
3. 교회는 민중의 지도자가 되는 것을 공약한다.
4. 그러므로 교회는 선거에 솔선 참여한다.

조선기독교도연맹이 공산당의 지지를 얻으면서 활기를 띠게 되었다. 그러자 자신들의 힘을 더욱 과시하기 위해 4개의 강령을 발표하였다.

> 첫째, 기독교의 박애적 원칙에 기초하여 인민의 애국열을 환기하며 조선의 완전 독립을 위하여 건국 사업에 일치 협력할 것.
> 둘째, 민주 조선 건국에 해독인 죄악과 항쟁하고 도의(道義) 건설을 위하여 분투할 것.
> 셋째, 언론, 출판, 집회, 결사와 선교의 자유를 보장하기 위하여 전력할 것.
> 넷째, 기독교의 발전을 위하여 매진할 것.

1946년 2월 8일에는 김일성을 위원장으로 하는 북조선임시인민위원회가 구성되어 사실상 정부의 구실을 하였다. 그 후 무상 분배 토지개혁 단행과 국유화 등의 개혁을 하고, 공산주의 지배체제를 확고히 한 뒤에는, 수상을 김일성으로 하고 부수상을 박헌영으로 하는 조선민주주의인민공화국이 1948년 9월 9일에 건국되었다.

이 같은 공산 정권의 수립된 후 교회를 친공산 정권의 어용 종교단체로 만들기 위해 폭력적인 방법으로 그 지역의 교회들을 장악해 갔다. 1949년에는 한국 교회의 부흥에 크게 기여한 김익두 목사가 자신도 모르게 이 조선기독교도연맹의 위원장이 되어 있었다. 또한 '오도연합노회'의 많은 지도자들은 검거, 투옥되는 등의 핍박을 당하였다. 이처럼 김일성의 공산 정권 창립에 협력하고 동조하는 기독교 지도자들에게는 교역자로서 활동과 교회 조직의 권한을 부여하였지만 반대하는 목사들은 투옥과 고문과 처형으로 제거하였다. 이러한 강령에 대항하고 신앙의 자유를 부르짖은 '오도연합노회'는 탄압과 숙청을 당하기 시작했다. '조선기독교도연맹'에 가입하지 않은 목회자는 추방되거나 인민재판을 받아야 했다. 인민재판은 공개 여론 재판이기에 목회자와 평신도들은 살아남지 못했다. 당시 북한 교회를 실질적으로 이끌고 왔던 김화식 목사를 비롯하여 김인준, 이정심, 김철훈, 이유택 등 많은 목사들이 순교했다.[23]

이로 인해 이북 교회들은 찬반으로 갈라져 심각한 분열을 하게 되었고, 정치적·신앙적·사회적 불이익을 당하면서 그 땅에 남은 자들은 더욱 핍박을 받게 되었으며, 이를 피해 남으로 월남한 신앙인들이 발생하였다. 그러나 대부분의 이북 교회들은 김일성 정권의 권력기관인 '조선기독교도연맹'에 가입하였다. 초기에는 교역자들 가입을 목표로 하였던 것을 1949년에는 일반 신도까지 강제로 각지의 면·군·도에 연맹을 조직하였고 '기독교도연맹 총회'를 열기도 하였다. 결국 이 연맹에 가입하지 않은 교역자들은 노회원 자격을 박탈하고 교회 활동을 할 수 없게 만들었다.

이뿐 아니라 평양신학교(장로교)와 성화신학교(감리교)를 통합하여 '그리스도신학교'로 재편성하였다. 이로써 사실상 공산화 정권은 교회와 전국 노회 조직과 신학교까지 다 장악하여 공산 정권에 협조하지 않는 교역자들은 공적으로 교회 활동을 할 수 없게 되었고, 이에 저항한 교역자들과 신도들은 신앙의 자유를 찾아서 남으로 내려올 수밖에 없었다. 그러나 양들을 버리고 남으로 내려갈 수 없다며 남하를 거부한 사례도 많은 것으로 알려져 있다.

교회에 대한 이러한 폭압의 사례가 독일 교회에서도 있었다. 독일의 히틀러가 독재 정권을 유지하고 강화하기 위해 '독일기독교연맹'을 내세워 교회를 정치적으로 이용하려 하였다. 이에 협조한 목사들은 기성 교회의 권한을 부여하였지만 히틀러와 맞서는 의로운 신학자들과 목회자들은 가차 없이 처형 및 회유하기도 하였는데, 이러한 독재 정권의 불의에 저항한 가장 대표적인 인물이 마르틴 니뮐러 목사(Martin Niem Ller, 1892~1984)와 본회퍼 목사(Dietrich Bonhoeffer)였다.

1933년 본회퍼는 라디오 설교에서 히틀러를 비판했고 설교 도중에 전파 차단으로 중단되었다. 그 후 그는 독일을 떠나 런던으로 가서 독일 피난민들로 구성된 두 교회에서 목회 활동을 했다. 1930년대 후반 친나치 성향의 목사들은 공식 독일 교회의 주교 자리를 모두 차지했고, 독일 교회는 '제국교회'로 알려지게 되었다. 독일 내부에선 공식 교회로 인정하는 제국교회와 이에 반대하는 '고백교회'로 양립되었다. 히틀러와 그의 추종 세력은 이들을 박해하기 시작했다. 본회퍼는 고백교회를 위한 새로운 신학교를 이끌어 달라는 요청을 받자, 즉시 독일로 돌아왔다. 그 뒤로도 그에게는 안전하게 독일을 떠날 수 있는 기회가 수도 없이 있었다.

하지만 본회퍼는 기독교 신앙은 방에 조용히 머물러 충실히 믿음을 보이는 것만이 전부가 아니라고 생각했다. 그는 그리스도의 실질적인 조직의 일부로서 세상 속에서 드러나게 그리스도를 섬겨야 진정한 기독교 신앙인이라고 여겼다. 본회퍼는 기독교 신앙이란 순교와 죽음에 준비된 모습을 보이는 것이라고 생각했다. 그가 신학교를 맡은 지 2년쯤 되었을 때, 나치는 탄압의 일환으로 신학교를 폐쇄했다. 결국 그는 1945년 4월에 를로센뷔르크의 강제수용소에서 처형되었다. 그는 처형에 앞서 이런 말을 남겼다.

"제게 이것은 끝이자 새로운 삶의 시작입니다."[24]

본회퍼는 북한 공산군에 처형된 조만식 장로와 일사각오로 일제의 신사참배 강요에 저항한 주기철 목사와도 같은 인물이었다. 그는 순교로 지하교회 같은 독일의 '고백교회'를 상징하는 신앙의 정절을 끝까지 지킨 의로운 독일의 사도 바울이었다.

5. 징벌적 6·25 동족상잔과 혼돈에 빠진 북한 교회

1) 전쟁 중의 북한 교회

남과 북으로 분단된 가운데 북한 정권의 공산화 진행은 더욱 구체화되고 제도화되어 갔다. 한반도는 그것으로 분단의 비극이 종결된 것이 아니라 더 큰 민족의 불행이 잉태되고 점화되고 있었다. 그러한 첫 정치적·사회적 사건이 동족상잔의 전조로 드러나기 시작하였다. 1946년 10월 대구폭동 사건과 1948년 제주도 대폭동과 같은 해에 여수·순천 반란 사건을 비롯한 남한의 공산주의 세력 등장과 그 영향력의 확대가 김일성의 적화통일 야심을 더욱 부채질하였다. 게다가 1948년 소련군이 철수하면서 남한에서의 미군 철수도 요구함에 따라 그해 12월 미군 철수가 시작되어 이듬해 6월 29일까지 철수가 완료되었다. 이로 인해 남한은 군사력의 공백기를 맞게 되었고, 용의주도하게 남침을 준비하던 북한군은 1950년 6월 25일 새벽 4시, 주일에 드디어 남침을 감행했다.

김일성은 1950년 6월 24일 남침 직전에 전쟁 수행에 지장을 줄 목사 100여 명을 검거 구속하였다. 이들은 1946년 3월 토지의 무상 몰수와 분배 개혁에 교회 부동산을 몰수하려는 것을 반대하며 협조하지 않은 목사들이었다.

1950년 6월 27일에 서울을 점령하고, 7월 20일에는 대전을 함락시키고 얼마 후 낙동강까지 진격했다. 그러나 6월 27일, 소련 유엔 대표가 불참한 가운데 유엔안전보장이사회가 열려 한국 파병을 결정하였고, 6월 30일 트루먼 대통령은 미군의 한국 파병을 명령했다. 이례적으로 세계교회협의회(WCC)도 중앙위원회 발표를 통해 유엔의 한국 지원을 찬성했다. 9월 15일 맥아더 장군의 지휘 아래 인천상륙작전이 성공했다. 곧이어 9월 28일 서울을 탈환하고 10월에 38선을 넘어 북진하였다. 이 전쟁 당시 평양의 교회가 어떠한 상황에 처했는지에 대해 그 당시 평양에 거주하였던 목회자는 이같이 증언하였다.

전쟁이 발발한 6월 25일은 주일이었는데, 이른 아침부터 남조선이 38선을 넘어 전쟁이 발발하였다며 시시각각 전투 상황을 평양 라디오 방송을 통해 보도하였다. 이날 낮 예배에 모인 평양 '용화동교회'에서는 전쟁에 대한 불안감보다는 그동안 겪은 고통에 대한 각오가 비쳤고 또 찾아올 자유에 대한 기대감도 보였다. 그 어느 누구도 입을 떼는 사람이 없었지만, 이심전심으로 전쟁은 반드시 미군이 지원하는 남한의 승리를 기원했다. 그리고 공산당이 조만간에 패망하고 북한에 완전한 자유가 오는 제2의 해방이 올 것이라는 기대를 품었다. 그러나 그 기대는 곧 실망으로 바뀌었다. 인민군이 서울을 함락했다는 소식 때문이었다. 국군이 전면 퇴각하고 있다는 전황이 시시각각 들려왔다.

6월 29일 낮에 처음으로 미 공군 B29 폭격기 편대가 평양성 상공으로 날아와서 동평양 비행장에 폭탄을 쏟아부었다. 그 후로는 거의 날마다 미 공군 폭격기가 날아왔다. 평양시는 그야말로 불바다가 되어 많은 교회들도 파괴되고 불에 타 버렸다. 미군의 폭격을 피하려는 교인들이 도시를 빠져나가 남아 있는 사람들의 수가 아주 적었다. 7월 9일 주일 새벽에 김세진 목사는 예배를 드린 후에 긴급 당회를 열어 전쟁이 끝날 때까지 교회를 임시 폐쇄하기로 하고 산속으로 몸을 피했다. 그런 생활이 여러 달 지속되었다.

10월 19일이었다. 평양에 유엔군이 입성했다는 소문이 파다하게 돌았다. 그러자 김세진 목사와 교인들은 평양 시내로 돌아와 폭격으로 파괴된 교회당을 청소하고 피난에서 돌아온 성도들과 함께 10월 22일에 가족과 20여 명의 성도들과 함께 감격스런 주일 예배를 드렸다. 마치 출애굽에 성공한 이스라엘 민족이 홍해를 건너와서 첫 제사를 드리던 때와 흡사한 감격이었다. 무너진 예배당에서 예배를 드리는 교인들은 그동안 공산당 치하에서는 도무지 불가능했던 교회 중건을 서원했다. 그들은 마음껏 전도하고 자유롭게 봉사할 기회가 주어지지 않았던 공산 치하 5년을 뒤돌아보면서 새로운 헌신을 다짐하는 기도를 드렸다.[25]

평양이 수복되자 가장 먼저 도착한 선교사 가운데에는 지난날 평양의 첫 선교사 마포삼열(사무엘 마펫)의 아들 하워드 마펫이 있었다. 그다음 날에는 여러 선교사들(Edward Adams, Hary Hill, Arch Campell, Kinlser 등)과 한국인 목사로는 이민식, 김양선, 유호준 등이 도착하였다. 며칠 후에는 장로교회 교단 총회 임원과 이북 신도 대표회 임원들이 철도를 따라 황해도 각 교회를 시찰하며 평양에 도착했다. 이 가운데서 군복을 입고 평양에 도착한 황은균 목사가 가장 돋보였다. 그는 평양시청 광장에서 이승만 대통령 환영 시민대회를 열어 그 단상에서 공산주의 비판에 기염을 토했는데, 그의 탁월한 웅변에 군중들은 매료되었다. 그는 계속해서 모란봉 극장에서 공산주의 비판 이론가로 명성을 떨쳤다.

평양 시내 모든 교회가 다시 문을 열었다. 전쟁통에 많은 교역자가 희생되었기에 교회를 맡을 목회자가 턱없이 부족했다. 여러 교회들이 연합하여 청소년면려회를 조직했고, YMCA 재건, 평양연합찬양대 조직, 신학교 개교, 영어 성경 강습소 개강 등 기독교 기관들을 재건했다. 그동안 억눌렸던 교회 활동이 한꺼번에 분출되었다. 평양은 빠른 속도로 옛날의 활기를 되찾아 갔다. 감리교회 목사 박대선, 김용옥, 한승호는 그동안 굳게 닫혀 있던 학교의 문을 다시 열었다. 남산현에 있는 감리교 소속 광성고등학교, 성화신학교, 요한학교 등을 합쳐서 대학교로 개교하고자 했다. 순식간에 젊은이 500여 명이 영어를 배우겠다고 몰려들었다. 성화신학교 선생들은 열정과 정성으로 그들을 가르치고 지도했다.

한편 평양의 장로교회는 10월 29일(주일) 오후 2시 서문밖교회에서 대중 집회를 열었다. 일찍부터 너무 많은 교인들이 모여들어 예배당 안에는 발 디딜 틈이 없었다. 많은 교인들은 창문을 통해 강단에서 말씀 선포하는 것을 들었다. 김영준 목사가 예배를 인도했고, 한경직 목사가 구약 이사야서 60장 1절로 설교했다. 이어서 온 회중이 다 함께 "내 주는 강한 성이요"를 찬송했다. 광고 시간에 군목 보켈(Voelkel) 목사가 지프 차에 성경을 한 가득 싣고 왔으니 필요한 사람들은 구입하도록 알렸는데, 회중들이 열광적으로 환호하며 박수를 쳤다. 그럴 만한 이유가 있었는데 1945년 8·15 해방 이후 지금까지 성경을 구입할 기회가 없었던 것이다.

평양을 탈환하고 나서, 평양의 교회는 참 자유가 왔다는 기쁨 속에서 지냈다. 이들은 교회 재건과 부흥 운동을 추진했다. 이들은 국군과 유엔군이 조만간에 북한 전역을 공산당 세력으로부터 해방시킬 것을 확신했다. 11월 초순에 서울 종로 양재순 장로 집에서 교회 지도자 약 60여 명이 모여 북한 교회의 재건 방안을 논의하였다. 지금부터 당장 재건 부흥 운동에 필요한 자금을 모금하기로 하고, 그 자리에서 참석자들이 헌금을 작정했다. 또한 11월 24일에 모인 경기노회에도 이북 신도 대표회가 모금을 청원했고, 노회가 이 청원을 받아들였다.

그런데 중공군이 6·25전쟁에 갑자기 개입함에 따라 11월 26일 남쪽으로 후퇴하기 시작했다. 이에 교회 재건 계획은 모두 중단되고 말았다. 이때 평양에서는 서문밖교회에서 새로 조직된 평안도 노회가 주관하여 연합 부흥회를 개최했는데, 부흥강사가 아무런 예고도 없이 도망치듯 평양을 떠나 버렸다. 교인들은 크게 낙담하였다. 그날의 집회는 통성기도로만 진행되었다. 통성기도가 점차 통곡의 기도로 변하다가 울음바다로 바뀌었다. 실지 회복의 감격이 채 가시기도 전에 중공군이 전쟁에 개입했다는 소식에 평양 주민들은 큰 충격과 혼란에 빠지게 되었다. 전세 판단에 민감한 일부 교역자들이 발빠르게 평양을 떠났다.

그러나 대다수 교역자들은 전세에 관해 낙관적인 판단을 하였다. "설마 유엔군이 평양을 버리랴?" 하는 막연한 기대를 했다. 이는 중공군의 공세가 얼마나 큰 규모였는지를 몰랐기 때문이었다. 이때 피난길에 오르지 않은 주민들과 교인들은 다시금 크나큰 전쟁의 불길 속에 갇히게 되었다. 유엔군은 다시 평양 시가지를 폭격하므로 교회와 학교들도 폭격을 맞아 파괴되었다. 그로 인해 많은 이북 주민들과 평양 시민들이 피난길에 올랐다.[26]

유엔군과 국군이 10월에 북진하여 평양을 수복하기 전에 패전에 몰린 김일성과 인민 군대들은 순순히 되갈린 것이 아니라 수많은 지도자급의 목회자들과 성도들을 집단 학살한 후 평양을 떠났다. 기독교신학교(평양신학교) 이성휘 목사, 평양남문교회 이학봉 목사 등과 조만식 장로와 지난날 기독교도연맹에 가입하여 김일성 정권에 힘을 보태 주었던 목회자들까지도 모두 처형하였다. 이들에 대한 이용 가치가 없어지자 목사들을 창고에 넣고 불을 질러 끔찍한 살육을 자행했다.[27]

강원도 원산에서는 1950년 10월 10일에 기독교인 500여 명을 한곳에 모아 놓고 산 채로 생매장하였다. 이처럼 북한 공산 정권이 그들의 정권 수립에 협조하지 않은 목회자들과 순결한 성도들을 잔혹하게 처형함으로 그들은 거룩한 순교자의 반열에 서게 되었다. 이는 6·25전쟁 중에 교회사적으로 볼 때 가장 큰 규모의 불행한 참사였고 희생이었다.

이처럼 공산주의자들은 자신들에게 방해가 되는 인사에 대해서는 가차없이 잔혹하게 처형하였다. 그런 위기 상황에 김익두 목사를 비롯해 북한에 남아 있던 교회 지도자들이 대거 순교하였고, 거의 모든 교회들이 폐쇄되었다. 수많은 교계 지도자들이 공산 치하에서 또는 퇴진 시에 납치와 처형으로 희생을 당하였다. 목회하던 교회를 버리고 피난을 떠나는 것이 양심에 걸려 끝까지 교회를 지키려다 공산군에 희생된 이들이 많았다.

11월 25일에 유엔군과 국군은 압록강과 함흥 북단까지 진격했다. 함흥에 유엔군이 진군하자 그곳의 그리스도인들은 미군 군목으로 한국에 참가한 해롤드 보켈(Harold Voelkel) 선교사에게 "우리의 생명과 우리 자녀들의 생명이 당신의 수중에 있습니다. 우리들을 당신과 함께 데려가 주십시오"라고 애걸하였다. 함흥의 어느 작은 교회에서는 교인들이 함께 모여 공산군들이 퇴각하기를 기다리면서 교회에서 무릎을 꿇고 기도하고 있었다. 교인들이 눈물을 흘리는 동안 교회 지도자는 "주여! 우리를 압박에서 구해 줄 모세를 보내 주십시오"라고 간절히 기도하고 있었다. 해롤드 보켈 목사가 그 교회 문을 열고 들어섰을 때에 교인들은 그를 보자 "모세가 왔다!"라고 소리쳤다. 얼마 후 그들은 유엔군의 도움으로 함경남도 흥남포에서 철수할 때에 함께 배를 타고 남쪽으로 내려올 수 있었다고 한다.

이북의 450만의 피난민들이 이 수개월 동안 남쪽으로 자유를 찾아서 출애굽하듯 월남하였다. 그들 가운데에는 적지 않은 기독교인들이 있었다. 그들은 신앙의 자유를 찾아 남한으로 온 것이었다.

제3장 해방과 이북 교회의 공산화: 암흑 3기

6·25전쟁으로 300여 만 명이 희생되고 전 국토가 폐허로 변하였으며, 북한 공산군 점령하에 있을 때에 남한의 교회도 많은 희생과 핍박과 상잔이 있었다. 북한 인민군이 서울을 점령할 당시 인민군에 편승한 교회 내의 공산주의자들이 신실한 기독교인들을 핍박하며 순교의 대열에 서게 하였다.

이 당시 북한 교육성 대표자라는 이만규는 서울중앙감리교회에 강제로 교인들을 집합시키고 공산당을 찬양하고 선전하였다. 각 교회마다 '민주동맹'을 결성하고 청장년들을 의용군으로 징집하였으며, 부녀자들까지 무기 운반에 강제로 동원하였다. 김욱과 감리교 김창준 목사처럼 종로 YMCA에 기독교민주동맹이란 간판을 내걸고 각 교파별로 '기독교민주동맹'을 결성하여 김일성 환영식을 준비하는 자들도 있었고, 장로교 최문식 목사처럼 북한을 지지하는 '기독교 궐기대회'를 개최하는 자들도 있었다. 심지어 숨어 있는 목사들을 색출해 북한 인민군에 넘기는 자들도 있었고, 남한 내에 침투해 있던 남로당 공산주의자들에 의해 학살된 종교인들과 국군과 공무원 가족 등 민간인도 상당수 있었다.

그 후 다시 전세가 역전되면서 유엔군의 서울 탈환이 임박해지면서 상당수의 남한 교계 지도자들이 북한군에 의해 체포되었고, 그들 대다수가 납북되었다. 인민군이 북으로 철수할 때에 미처 합류하지 못한 남로당원들 일부가 이남의 주민들로부터 보복을 당하는 상잔의 비극이 되풀이되기도 하였다.

2) 월남한 피난민 교회의 고민

6·25전쟁 기간에 월남한 피난민 교회에서는 극적인 일이 종종 일어났다. 예컨대, 전쟁 중에 피난길에서 뿔뿔이 헤어진 가족들이 서

로 생사를 알지 못한 채 그리워하다가 기적적으로 만나게 되어 하나님께 감사드렸고, 또 전쟁 중에 사망했을 것으로 짐작하던 사람들이 마치 꿈을 꾸는 듯 재회했다. 이러한 분위기의 피난민 교회에서는 사선을 넘어 이남으로 온 교인들이 형제자매처럼 동고동락했다. 집을 개방하고 먹을 것과 입을 것을 함께 나누는 따뜻한 교회를 이루었다. 따뜻한 사랑으로 차고 넘치는 교회에서 드리는 예배는 주일 낮 예배로부터 매일의 새벽기도회까지 언제나 부흥집회를 개최하는 분위기였다. 새신자가 늘어나면서 교회가 나날이 초대 예루살렘 교회처럼 부흥했다.

피난민 교회에는 양면의 감정이 공존하고 있었다. 한편은 피난살이 현장에서 설립한 교회가 나날이 부흥하고 있기에 그럭저럭 현실에 안주할 수 있었고, 그럼에도 또 다른 한편은 조만간 북한으로 귀향할 것이라는 기대감이 있었다. 피난민 모두가 일치된 마음으로 간절한 소망을 안고 있었는데, 그것은 고향으로 돌아갈 날을 손꼽아 기다리는 것이었다. 새해 새봄에는 올해 가을이 되면 고향으로 돌아갈 수 있을까 기대했고, 또 막상 가을이 오면 내년 봄에는 고향 땅을 밟을 수 있을까 기대했다. 그러나 전쟁이 끝나야 귀향이 가능한데, 그 당시(1952) 최전선에서는 치열한 공방전이 지속되고 있었다. 이 답답한 상황에서 언제나 귀향하겠는지 전혀 예측할 수가 없었다. 피난민들은 전쟁이 끝나기를 날마다 간절히 기도드리며 장막 같은 교회를 중심으로 하루하루 살았다.

피난민 교회는 크게 보아 두 종류였다. 첫째, 전쟁으로 말미암아 서울에서 지방으로 내려온 교인들이 설립한 교회였다. 예컨대, 대구의 영락교회, 부산의 창신교회 등이었다. 둘째로는 1·4후퇴 때 평양을 비롯하여 북한 전역에서 남한으로 내려온 월남 피난민 교인들이 설립한 교회였다. 대표적으로는 부산의 영주교회와 군산의 군산교회 등이었다. 전자의 교회는 전쟁이 끝나면 본래의 자리(서울)로 되돌아가게 되어 있었다. 그러나 후자의 교회는 전쟁이 남한의 승리로 끝날 경우에만 다시 고향(북한)으로 돌아갈 수 있을 것이므로, 이 교회의 교인들은 전쟁이 남한의 승리로 종식되기를 간절히 고대했다. 당시 전쟁 상황은 한반도 중부 지역에서 양쪽 군대가 서로 밀고 밀리는 형세였다.

이렇게 월남 피난민의 염원인 이북 귀향이 자꾸 지연되자, 월남한 피난민 교회들 사이에서 이곳 남한에서 북한의 노회를 복구하자는 움직임이 일어났다. 노회를 복구하려는 또 다른 이유가 있었는데, 그것은 피난민 교회의 교역자(전도사)를 목사로 안수해야 할 노회가 있어야 하기 때문이었다. 이에 하나씩 둘씩 북한의 노회를 피난지에서 회복하는 복구 노회를 개회했다. 다만 정식으로 구성된 노회 조직이 아니었고, 이 전쟁이 끝나면 다시 본래의 자리(북한)로 돌아간다는 소망 속에서 한시적으로 조직된 노회였다. 그러나 평양노회와 황해노회 등은 그러한 시도를 하지 않았다.

그런데 전국 교계의 여론은 피난민 교회들의 노회 조직에 대해 매우 부정적이었다. 장로교회 노회는 본래 지역의 교회들로 조직되어야 하는데, 만일 피난민 교회들이 피난지에서 고향 노회(이북노회)를 회복하면 해당 지역의 노회와 불편한 관계를 만들기 마련이라는 이유에서였다. 더욱이 장로교는 한국전쟁 기간에(1951) 교단이 분열되어 고신교단이 생성된 상황이므로, 교계의 여론은 이북 노회의 조직 가능성에 대해 아주 민감하게 반응했다. 그래서 교계의 지배적 여론은 피난민 교회로 하여금 "지역의 노회에 가입하라"는 것이었다.

그런데 정작 월남 피난민 교회들은 그러한 여론에 별반 영향을 받지 않았고, 오직 북한 교회의 재건 운동에 큰 관심을 기울였다. 이들에겐 북한 고향으로 돌아가서 교회를 재건하는 일이 최우선이고,

이것이 여의치 못할 경우엔 차선으로 남한에서 북한 교회를 설립한다는 입장이었다. 참고로 이북의 장로교 노회는 12개로 평북, 산서, 의산, 삼산, 용천, 평동, 평양, 평서, 안주, 함남, 함북, 황해 노회였다. 이 가운데에 7개 노회가 조직되었는데 평북, 용천, 평동, 평양, 안주, 함남, 황해 노회였다.[28]

이처럼 피난지에 집결한 서울 및 이남 지역으로부터 내려온 피난민 교회와 1·4후퇴 시에 북에서 자유를 찾아 월남해 온 피난민 교회들은 피난지에 임시로 세운 군용 천막과 허름한 가건물 등에서 불철주야로 하나님께 눈물로 간구하였다. 이들은 다시 북진하여 이북의 고향 땅 교회로 돌아가 전쟁으로 파괴된 교회를 속히 복구하는 그날을 손꼽아 기다리며 피난의 천막살이를 하였다. 이들의 삶과 천막 교회는 마치 이스라엘 민족이 광야 생활 중에 장막에 거하면서 광야 성막을 통해 하나님과 교통하며 가나안 땅을 사모하는 그런 모습과도 같았다.

> "구름이 성막 위에서 떠오를 때에는 이스라엘 자손이 그 모든 행진하는 길에 앞으로 나아갔고 구름이 떠오르지 않을 때에는 떠오르는 날까지 나아가지 아니하였으며 낮에는 여호와의 구름이 성막 위에 있고 밤에는 불이 그 구름 가운데에 있음을 이스라엘의 온 족속이 그 모든 행진하는 길에서 그들의 눈으로 보았더라"
> (출 40:36~38).

3) 공산화로 인한 교회의 교훈

분단과 전쟁으로 교회를 잃어버린 이북의 피난민들은 지난날 자신들이 섬겼던 교회와 고향을 그리며 막연히 기대하거나 또는 좌절하는 가운데 신앙의 자유와 교회의 중요함을 몸으로 체득하였다. 마치 유대 백성들 같았다. 이스라엘 민족은 바벨론 유수와 예루살렘 성전 파괴와 신앙의 자유를 침탈당한 후 나라와 민족의 소중함을 깨닫고 신앙의 자유가 얼마나 고귀한 것인지를 몸소 겪은 후에야 역사의 교훈을 배우게 되었다. 이들은 나라를 잃고 타국에 포로로 끌려가서 현지 주민들로부터 조롱과 수치를 당하자 조국을 그리워하며 절규하면서 하나님 앞에 이같이 토설하였다.

> "우리가 바벨론의 여러 강변 거기에 앉아서 시온을 기억하며 울었도다 그중의 버드나무에 우리가 우리의 수금을 걸었나니 이는 우리를 사로잡은 자가 거기서 우리에게 노래를 청하며 우리를 황폐하게 한 자가 기쁨을 청하고 자기들을 위하여 시온의 노래 중 하나를 노래하라 함이로다 우리가 이방 땅에서 어찌 여호와의 노래를 부를까 예루살렘아 내가 너를 잊을진대 내 오른손이 그의 재주를 잊을지로다"(시 137:1~5).

해방 전에 자유롭게 신앙생활 하였던 제1세대로서 북한에 남은 한 지하신앙인이 보내온 편지에 보면, "내 생애에 딘 힌 빈민이리도 예배당에 들어가 예배를 드리는 것이 나의 마지막 꿈입니다"라고 호소하고 있다. 북한에 온전하게 남은 예배당은 탁아소나 관공소나 다른 용도로 변형되어 지난날 교회당의 모습이 사라졌고, 대부분은 전쟁 중에 폭격을 받아 없어졌다. 전쟁 후에 남은 예배당의 십자가탑은 제거되었고, 예배당의 창틀 모양도 모두 정사각형으로 변형해 버림으로 지난날 교회당의 흔적을 지워 버렸다. 새로운 세대들은 그 건물이 지난날 예배당이라는 것조차 모르게 되었지만 일부 연로한 성도들은 전쟁 중에 폭격을 받아 무너지고 철거된 지난날 예배당 터전을 돌면서 침묵으로 예배를 드리기도 하였다.

　김일성의 남침으로 이북과 이남 지역의 주민들은 신앙을 불문하고 공산주의에 대한 바른 이해와 분별력을 갖게 되었다. 그 이전에는 공산주의에 대한 이해 부족과 시대적 사조의 이념 환경으로 기독교인들 중에도 좌익 공산주의 사상과 공산 국가에 대한 환상을 갖고 있는 자들이 있었다. 특히 공산주의 편에 섰던 기독교인들은 이북에서의 약 5년여 기간 동안 공산 통치하에서 그 사상과 압제를 직접 체험함으로 자유민주주의와 공산주의의 극명한 비교 판단과 비판의식을 갖게 되어 이념적 논쟁을 새로이 정립할 수 있었다.

　6·25전쟁은 동족상잔의 참혹한 비극이었지만 정전 이후에 기독교는 가일층 반공사상과 자유의 가치를 확고히 하는 계기가 되었고, 이념적 갈등과 혼란에 대해 교회가 선도 역할을 해야 하는 시대적 배경을 갖게 되었다. 안타깝게도 해방을 전후하여 그 당시 독립운동가 출신과 정치 지도자들 가운데에는 이남 지역에서 기독교인으로 정치 활동을 하면서도 공산주의 사상을 갖고 기독교의 정체성을 정립하지 못한 인사들도 상당수 있었다. 그 당시의 정치와 이념의 혼돈과 암울했던 현실을 한국 현대사가 입증하고 있다.

4) 지하교회 지도자가 증언하는 해방 후 북한 교회사

　현재 북한의 지하교회 지도자이며 대학교수 출신인 진명철(가명)은 북한 교회사에 대해, 해방 후에 공산화되는 과정과 김정일 통치 시기까지를 다음과 같이 약술하였다. 이 내용은 지하교회 동역자였던 김길남이 탈북하여 그에게 전해 받은 북한 지하교회에 대한 자료를 두란노서원을 통해 저술한 신앙 간증문에서 밝힌 것으로써, 한국에서 기존에 알고 있는 자료와는 약간의 상이점이 있음을 전제한다.

1945년 8월 15일 일제의 패망과 함께 유엔 평화 유지군으로 조선 땅에 발을 들여놓은 소련군과 김일성의 '공화국 임시위원회보안대'는 북한의 교회들을 무차별 박해했다. 그런 탓에 1946년 말에는 과반수의 목회자들이 순교하거나 남한으로 이주하게 되었다. 1946년 3월 1일 북한의 목회자들이 독립 선언을 했는데, 이를 계기로 1차 기독교 박해 사건이 일어났다. 그 대상은 주로 목회자들이었고, 박해의 주역은 소련군이었다. 1948년에 일어난 2차 박해 사건은 일반 성도들을 핍박했고, 그 주역은 소련군이 아닌 김일성 정권이었다. 김일성은 왜 성도들을 박해했을까? 당시 김일성에게는 두 가지 풀어야 할 숙제가 있었다고 한다.

첫째, 김일성은 최용건과 같은 백전 노장들을 물리치고 어린 나이에 권좌에 앉았는데, 당시 북한에서 가장 조직적인 집단인 교회가 백전 노장들을 지지하는 경우, 어렵게 일군 자신의 정권이 그대로 무너질 수 있다는 위기감을 느꼈다. 실제로 김일성이 주도한 항일운동의 중추적인 역할을 한 사람들 중 임춘추 같은 기독교인들이 많아서 김일성은 그들이 자신의 권좌를 흔들 만한 힘을 가지고 있다고 판단한 것이다.

둘째, 1948년은 북조선 임시정부가 실시한 토지 개혁과 3대7 정책이 성공해서 경제적으로 가장 호황기를 누리던 때였다. '3대7 정책'이란, 농민들이 농작한 수확물의 30%는 국가에 바치고 70%는 농민들이 가지는 것으로, 당시 농민들은 이 정책으로 비교할 수 없는 부를 축적할 수 있었다. 그리고 대부분의 농민들이 기독교인으로 조국의 해방과 더불어 물질의 복까지 허락하신 하나님께 더욱 찬양하며 예배를 드렸다.

당시 김일성은 공산화 정책과 함께 김일성 우상화도 동시에 추진했는데, 모든 부와 행복이 하나님께로부터 온다고 믿는 기독교인들은 그의 우상화 정책에 커다란 걸림돌이었고, 이에 따라 2차 박해가 일어난 것이다. 더구나 당시 기독교 단체들은 김일성 정권을 위협하는 세력들을 지지하고 있었다. 특히 함남도와 평안도, 황해도 지역은 이 지역 교회들의 교인 중 90% 이상이 농민이어서 당시 2차 박해의 가장 큰 피해를 입었다.

해방된 조국에서 기쁨을 만끽하던 기독교인들은 자기 손으로 세운 정권이 그들을 향해 비수를 꽂으리라고는 조금도 생각하지 못했다. 당시 김일성을 우상화하는 데 가장 앞장서서 공로를 세운, 김일성의 외삼촌이며 목사인 강양욱은 이런 말을 남겼다고 한다.

"조선의 기독교인들은 조선기독교 총회가 일제의 강요로 신사참배를 결의한 바로 1938년 9월 9일을 기억한다면, 1948년 9월 9일 이날을 '조선민주주의인민공화국' 창건을 위해 결코 김일성을 국가 주석으로 추대하지 않았을 것이다."

이처럼 북한 땅에 공화국이 건설된 데는 기독교 단체의 지지와 도움이 컸다. 따라서 김일성은 기독교 단체의 막강한 힘을 두려워했고, 자신의 권좌를 지키려면 그들을 제거할 필요가 있다고 판단했다. 당시 김일성은 함경남도, 평안도, 황해도 지역에서 색출한 기독교인들을 북조선의 자강도 대흥단군으로 강제 이주시켜 이들을 집단적으로 감시하는 동시에 예배하는 자는 즉시 처형했다고 한다. 이후 북한에서 교회는 자취를 감추었고, 1953년 종전 이후에는 믿음의 후예들도 감히 자신의 정체성을 드러내지 못한 채 살아야 했다.

1950년 6월 25일 주일에 일어난 조선전쟁은 북한 땅에서 씨앗조차 말라 버린 복음의 현실을 불쌍히 여긴 하나님께서 전쟁을 통해 북한의 기독교인들을 남한으로 옮기셨다. 또 그 반대로 조선전쟁 당시 북한 군인들이 포로로 잡혀 3년여 동안 거제 포로수용소에 갇히게 되었는데, 이때 남한의 기독교인 군인과 간호사들이 북한의 군인들을 상대로 복음을 전했고, 예수를 영접한 사람들이 성경을 공부한 뒤 전도사가 된 경우도 생겼다. 이들 중 기독교인이 된 일부 사람들이 3년 뒤 포로에서 풀려나 다시 북한으로 돌아왔고, 폐허가 된 북한 땅에서 교회를 재건하기 위해 목숨을 걸고 헌신했다.

당시 포로 귀환 후 북조선 지하교회를 재건하는 지도자들 중에는 양강도 임업총국의 김영석, 황해 제철소의 양재철, 대안 전기공장 서만철, 아오지탄광 김국호, 김책 제철소 조만길, 성진 제강소 장인수, 흥남 비료공장 박흥길, 양강도 연암 임산사업소 장용삼, 양강도 유평 임산사업소 임영수, 혜산 제재공장 강수여, 전략 공업부 차평유 등이 있다.

그런데 이들은 매해 12월 31일이면 북한 내 공장과 기업들에 방화를 했다고 한다. 방화를 신호로 북한 내 모든 교회가 일시에 금식기도에 들어가기 위함이었다. 그러나 이것은 교회가 절대로 해서는 안 되는 일이어서 치명적인 실수로 기록되고 있다.

1976년 김정일이 북한의 정치 지도자로 등장하면서 이런 방화 사건을 근절하기 위해 이들을 색출하고 처형하라는 명령을 내려 많은 기독교인들이 처형되었다. 그 후에도 1987년 3월에 양강도 백암군 상하수도 관리소의 임영도, 1987년 7월 사리원시의 양길섭, 1988년 3월 황해 임산사업소의 남지선이 체포되어 공개 처형되었고, 1988년 7월 양강도 백암군 산업관리소 소장은 부위부가 4층 건물에서 떨어뜨려 살해했으며, 1990년 5월 혜산 방직공장의 부지배인은 체포된 뒤 행방불명되었고, 1990년 1월 조선중앙방송위원회 위원장이 체포되어 정치범 수용소에 끌려갔으며, 1990년 8월 남포 유리공장 자재과장은 비공개 처형되었다.

이제 북한에는 영혼 구원을 위해 혼신을 다하는 사도 바울과 같은 전도자가 필요했다. 1994년 7월 8일 김일성이 죽고 나서 북한 땅은 기근으로 몸살을 앓기 시작했다. 하나님보다 더 큰 인물로 섬기던 우상이 죽고 땅에는 기근이 들자, 수많은 사람들이 국경을 넘는 위험을 감수하기 시작했다. 그리고 중국을 통해 복음을 전해 받은 이들을 통해 북한 땅에 다시 복음이 전파되기 시작했고, 1997년에 이르러 북한의 지하교회는 일대 부흥기를 맞이했다.

　이것은 바로 하나님의 섭리라고 본다. 하나님은 지하에 숨은 하나님의 자녀들을 억지로 끌어내어 일하시는 분이 아니다. 하나님은 때가 이르기를 기다리시는 인내의 하나님이며, 지혜와 명철이 뛰어난 하나님이시다. 1994년 7월 8일 김일성이 죽지 않았다면, 또 북한 땅에 기근이 들지 않았다면, 북한 교회가 지금과 같이 신세대 성도들을 낳을 수 있었을까? 외교가인 김일성이 살아 있었다면 기근이 들었을 때 외국의 원조를 받아서라도 북한 주민들을 굶겨 죽이지는 않았을 것이다. 그랬다면 북한 교회에 변화의 바람도 지금보다 더 늦어졌을 것이다. 그러므로 북한의 대기근은 불신 세력들에게는 저주와 재앙이지만, 기독교인들에게는 하나님의 은혜이며 축복인 것이다.[29]

제4장 정전(停戰) 후 지하교회 말살과 관제 기독단체의 재등장: 암흑 4기

산속에서 예배드린 지하 성도

제4장
정전(停戰) 후 지하교회 말살과 관제 기독단체의 재등장: 암흑 4기

1. 정전 후 독재 체제 강화와 지하교회 말살 정책

6·25전쟁이 발발한 후 약 2년 이상 정전 협정이 진행되었다. 1953년 3월 5일에 스탈린이 갑자기 사망하게 되자, 소련의 새로운 지도자 흐루쇼프는 전쟁의 큰 부담을 정리하고 한반도에서 전쟁을 종결시키려 했다. 1953년 7월 27일 마침내 정전 협정이 체결되었다. 북한의 김일성은 정전 후 제2의 건국을 하듯 통치권의 강화와 체제 안정을 위해 더 삼압적인 통치 기빈을 조성해 나가면서, 전쟁 패배에 대한 자신의 책임을 외부 세력으로 돌리며 박헌영 같은 경쟁적 정치인들을 제거하였다. 전쟁 중에 국군이 북진하여 잠시 점령했던 기간 동안 이북의 극단적인 일부 기독교인들이 곳곳에 잔류하였던 공산 세력들을 처벌한 사실과 특히 평양 수복 중에 국군과 유엔군에 협조했던 주민과 일부 기독교인들에게 앙심을 품고, 정치적 안정을 도모하기 위해 그 땅에 반정부 세력과 기독교인들을 완전히 발본색원하여 말살하는 숙청을 진행하였다.

이를 적극 시행하기 위해 전국적인 숙청과 사상 검열 등을 실시하여 정치범 수용소와 산간 및 탄광 지대로의 추방과 제거 작업을 실시하였다. 대부분의 기독교인들이 자신의 주거지로부터 산간 외지로 강제 이주를 당하였고, 화를 면한 일부 기독교인들만이 평양을 비롯한 각 거주지에 남아 있게 되었다. 이들은 신앙생활을 공개적으로 할 수 없었고, 자신들이 기독교인임을 자녀들에게조차 드러내지 않았으며, 가정에 보관하였던 성경과 기독교 관련 소품들을 모두 제거하여 자신들의 생명과 신변 유지에 힘을 기울였다.

김일성 정권은 그들이 추구하던 공산국가 체제를 더욱 견고히 해 나갔다. 1950년대 후반에 모든 사상은 사회주의화되었다. 북한 정권은 모든 인민들에게 사회주의를 가르쳤으며, 모든 주민들을 그들이 구상한 새로운 사회주의를 구축하는 데 참여시켰다. 당시 북한 당국이 어떻게 종교인들을 감시하고 박해하였는지가 한국으로 넘어온 귀순자에 의해 밝혀졌다.

> 첫째, 종교인과 비종교인의 차별 정책이었다. 모든 인민은 신분증명서에 종교를 명기했고, 종교인은 공직자에서 추방되거나 차별을 받아야 했다.
> 둘째, 소위 사상 교양 사업의 하나로 어디에서나 반종교 선전을 전개히는 힌편, 일요일 종교의식 시간을 내신하여 회의나 강습회를 열었다.
> 셋째, 종교인들을 색출하기 위해 어린이를 중심으로 신고 체제를 만들어 성직자들을 감시하며 활동을 제한하였다.
> 넷째, 일요일에 직업 기준량을 정해 주어 노농을 강요하는 방법으로 송교의식을 거행하지 못하도록 만들었다.[1]

북한 교회 역사상 한국전쟁 이후부터 1972년까지가 기독교인들에게 핍박이 가장 심한 시기였다. 이 시기의 교회 핍박 사례는 대부분

귀순자들에 의해 증언되어 공개된 것이다. 그 가운데에 가장 대표적 지하교회의 사례가 1969년 공개된 이만화 목사 사건이었다.

이만화 목사는 평안북도 용천군 양시의 농장에서 일하고 있었다. 그는 자신의 신분을 감추고 당과 농장 기업소에 충실하게 일하였다. 그러나 실제 그는 10개의 협동농장에서 500개 이상의 모임을 형성했고, 그 모임의 전체 성도 수는 약 2,000여 명 이상이었다. 그룹당 5명을 초과하지 않았다. 산이나 동굴 혹은 쉽게 눈에 띄지 않는 곳에서 비밀리에 만나 모임을 가졌다.

1957년 8월 27일 최고인민회의 제2기 대의원 선거가 있었다. 이만화 목사는 그의 성도들에게 투표에 참가하지 말라고 하였다. 그들은 투표용지를 흰색 혹은 검은색 투표 상자에 넣지 않고 상자 밖으로 떨어뜨렸다. 그것은 침묵의 항의였다. 2,000여 명의 투표가 기권 처리된 것을 발견한 보안사무국은 조사에 착수했다. 조사를 진행하는 가운데 그들은 이만화 목사와 다른 두 명의 성도들이 함께 기도하고 있던 한 성도의 집을 급습했다. 그 성도는 잡혀가 고문을 받았다. 이때 이만화 목사는 그 성도를 구하기 위해 그의 행동에 대한 모든 책임을 지겠다고 했지만, 1958년 그는 36명의 다른 기독교 지도자들과 함께 공개 처형되고 말았다. 거의 2,000여 명이 남겨진 그리스도인들이 다른 곳으로 유배되었고, 대부분의 사람들은 최북단의 산간벽지 강제 노동 수용소로 추방되었다.

1975년에 공개 처형된 어느 목사는 평양 주변에서 은신하며 지하교회 성도들을 목회하다가 발각되었다. 공산당원들은 그를 사람들 앞으로 끌고 나와 장작더미 위에 올려놓고 발밑에 불을 지폈다. 그들은 불로부터 보호해 줄 수 없는 하나님을 믿을 정도로 그가 어리석고 비과학적이라고 조롱하면서 그의 고통을 연장시킴으로써 무슨 일이 일어날지 볼 수 있게 했다.[2]

1) 출신성분 구분 작업(1958)

1958년 5월 노동당은 어떤 형태의 반혁명주의자들과도 대항하여 싸울 것이라고 선언했고, 1958년 8월에는 지식인 제거라고 하는 '인텔리 개조운동'을 시작했다. 북한 공산 정권은 그들이 말하는 소위 '공산주의 낙원'을 거부하거나 이에 동조하지 않는 지식인들을 제거했으며, 그들이 달갑지 않게 생각하는 사람들은 누구나 인텔리라는 죄명으로 제거하였다. 또한 1958년 11월 노동당은 그리스도인들을 표적으로 삼기로 결정하고 그들을 색출, 억압하기 시작했다. 핍박이 점점 거세지면서 그리스도인들은 체포와 동시에 약식 인민재판만 받고 대부분 공개 처형되었다. 한 가지 예로, 1960년 8월 17일 8명의 기독교인이 해주에서 재판 없이 공개 처형되었다.

공산 정권은 1958년 12월부터 1960년 12월까지 전체 인구를 혁명층, 중간층, 반혁명 분자의 3개 성분으로 구분하였다. 조선시대에 백성을 양반, 평민, 천민으로 구별한 것과 동일한 것이었다.

1966년 4월부터 1967년 3월까지, 정부는 모든 주민들의 거주지 등록을 완료하고, 모든 사람을 51개로 다시 세분하였다. 미신을 믿는 사람들을 29번으로, 그리스도인들을 37번으로, 불교인들은 38번으로 분류하여 특별 감시 대상으로 지정하였다. 개인의 분류 번호는 당사자에게 노출하지 않았고, 가족별로 기록이 영구적으로 보존되었다. 북한은 전 주민을 분류하면서 모든 사람들은 평등하다는 공산주의 사상과 대조되는, 인도의 카스트 제도와 유사한 체계를 세웠다. 이에 따라 모든 주민은 사회 계층화되었고, 이 성분 계층은 대물림되었다. 이 시기에 조선기독교도연맹 위원장이었던 강양욱 목사도 정치인으로 변신하여 그의 목사 직함과 그 조직도 사회안전부와 사회주의 정부 체제가 군림하는 시대로 흡수되었다. 이러한 변화는 정치적 상황에 따른 전략적 변신에 불과한 것이었다.

2) 북한식 문화혁명(1967)

1967년 5월 25일 김일성은 국내에 있는 반사회주의적·자본주의적인 책과 기독교적인 모든 책들을 불태워 버리든지 북한 도서관에 기부하라고 명령했다. 김일성은 그의 공산주의 혁명에 반박하거나 그의 정권의 향방을 놓고 싸울 가능성이 있는 지식인들의 형성을 반대했다. 이러한 조치는 1966년 중국에서 일어났던 '문화대혁명'을 북한식으로 반영한 것이었다.

이 기간 동안 셰익스피어와 톨스토이, 도스토예프스키의 작품, 그리스 신화와 고전 철학 책 등이 불태워졌다. 이 시기에 칼 마르크스의 저서도 참고서적으로 분류되어 도서관으로 옮겨졌다. 김일성 정권은 마르크스의 변증법적 유물론을 도서관 안에 숨기고, 김일성의 사상을 쓴 것만 공공연히 남겨 두었다. 이 시기에 성경을 비밀리에 소유하고 있던 성도들은 성경책을 자진하여 불태워 버리거나 은밀한 곳에 숨겼다. 그 당시에는 성경책을 소유하고 있다는 것만으로도 체포되고 처형되었다.

2. 김일성의 유일 독재 체제 구축

6·25전쟁 이후 전후 경제를 건설하기 위한 방안으로 군중 동원의 정치 노선을 활성화하였다. 인민 대중이 사회주의의 주인이라는 논리로 군중의 자발적 참여를 독려하는 군중 동원 노선을 강조한 것은 경제적 현실을 반영한 것이다. 군중 동원 노선의 대표적 사례

로는 1956년에 시작한 '천리마운동'[3]과 1960년에 제기된 '청산리정신' 등이 있다. 이어서 1960년대에 김일성은 1967년 5월 노동당 중앙위원회 제4기 제15차 전원회의를 계기로 수령 중심의 독재 체제를 구축하였고, 같은 해 12월 16일 김일성은 최고인민회의로부터 '위대한 수령 김일성 동지'로 추대되었다.

이후 북한은 절대자로서의 '수령'을 정점으로 하여 당과 인민 대중이 일심 단결된 형태로 수령의 유일적 영도 아래 통치되는 전체주의적 독재 체제를 구축했다. 이로써 북한 김일성의 우상화는 본격화되기 시작했다. 오늘날 북한의 세습 정권과 수령 중심의 1인 독재 체제 형성의 이정표 역할을 한 것은 김일성 유일체제를 공식화한 1972년 '사회주의 헌법'이었다.

사회주의 헌법은 김일성의 권력에 도전하는 정치적 반대 세력에 대한 숙청을 통해 김일성 유일체제로 변화되는 과정을 반영한 것이었다. 또한 사회주의 헌법은 당의 지도 이념으로 마르크스-레닌주의와 병렬하여 주체사상을 명시하였으며, 1948년 헌법에서 채택한 내각제를 폐지하고 '국가주석제'를 신설함으로써 정치 권력의 집중과 강화에 역점을 두었다. 이로써 국가주석은 '중앙인민위원회'를 직접 지도하고 군의 최고사령관 및 국방위원회 위원장을 겸직함으로써 실질적 권력을 장악하게 되었다. 국가 주석은 국가 주권을 대표하는 수반으로 최고인민회의에서 선출되지만 소환되지 않는 절대 권력자로 규정된 것이었다.[4]

참고로 북한의 초대 내각 명단과 종전 후 김일성 정권의 숙청사 자료를 보면, 피의 잔혹사였다는 점과 소련의 스탈린 통치 스타일을 답습한 폭정이었음을 확인할 수 있다.

〈조선민주주의인민공화국 초대 내각 명부〉[5]

직 위	성명 / 종전 후 사망 이유
수 상	김일성
제1부수상	박헌영(남한) / 사형(간첩죄)
제2부수상	홍명희(남한)
제3부수상	김 책 / 암살
국가계획위원장	정준택
민족보위상	최용건
국가검열위원장	김원봉(남한) / 학살
외무상(겸임)	박헌영(남한) / 사형
내무상	박일우 / 학살
산업상(겸임)	김 책 / 암살
농림상	박문규(남한) / 학살
상업상	장시우 / 학살
교통상	주영하 / 학살
재정상	최창익 / 학살
교육상	백남운(남한) / 학살
체신상	김정주 / 학살
사법상	이승엽(남한) / 사형
노동상	허성태(남한) / 학살
보건상	이병남(남한) / 학살
문화선전상	허정숙 / 강등
도시건설상	이 용(남한) / 학살
무임소상	이극로(남한)/ 학살
최고재판소장	김익선
최고검사총장	장해우

〈김일성의 숙청사〉[6]

단 계	내 용	시 기
1단계	남로당파 숙청	1953
2단계	소련파 숙청	1953~1956
3단계	연안파 숙청	1956~1958
4단계	국내파 숙청	1953~1970
5단계	빨치산파 숙청	1969

3. 주체사상의 종교화

1) 김일성 숭배를 위한 주체사상의 형성

북한 공산 정권은 사회주의 원칙을 이용하여 국가 건설의 목표를 달성한 뒤, 북한 주민들이 사회주의를 더욱 잘 이해할 수 있는 그들만의 방식으로 변형시켰다. 이를 성취하기 위해 1972년에 새로운 헌법을 제정했다. 이 헌법은 전통적인 칼 마르크스 사회주의를 반영하지 않은 대신 '수령'이라는 새로운 개념과 '주체사상'을 반영했다. 이러한 새로운 기준이 설립되면서 수령을 그들의 정치적 교주로 세운 후 기존의 기독교를 더욱 박해하게 되었다.

이 주체사상은 칼 마르크스-레닌주의를 북한 봉건주의적 방식으로 적용하기 위한 시도에서 비롯되었다. 소련에서 스탈린 격하 운동이 벌어지고 소련과 중국의 관계가 점점 소원해지는 가운데, 북한은 소련과 중국에 대한 의존에서 탈피하기로 결정하면서 주체사상을 차츰 발전시켰다. 칼 마르크스-레닌주의의 억제와 균형이 그의 민족주의적 목표를 이룰 만큼 충분한 권력을 주지 않는다는 사실을 발견한 김일성은 통치의 기반을 다지기 위한 주체사상을 계속 발전시켰다.

주체사상을 간략히 요약한다면, 유교의 종적 관계인 군신(君臣) 및 가부장적인 봉건적 권위 의식론과 마르크스-레닌주의에 기초한 공산주의 사상을 통합한 김일성 민족주의 위에 정립된 사상이다. 유교 사상의 세 가지 주요 구성 요소는 인본주의에 대한 인식, 새로운 것을 시행하기에 앞서 과거를 돌아보는 것과 조상 숭배 사상이다. 조상을 섬기는 전통적인 유교 사상 때문에 김일성이 죽은 후에도 북한 사람들의 마음속에는 여전히 김일성이 살아 있다. 또한 새로운 것을 시행하기 전에 과거를 먼저 돌아봐야 한다는 유교 사상 때문에 북한 사회는 아직도 과거 김일성의 가르침을 계속하고 있다. 일반 대중은 변화에 대해 안정성을 추구하고, 지도자들이 말한 것을 맹목적으로 믿는 경향이 있다. 그들만의 통치 철학은 오랜 역사의 엄격한 유교 사상과 결합한 공산주의 사상으로써, 북한 주민들을 통제하는 데 탁월한 도구로 증명되었다.

이러한 사상적 혁명이 계속되는 가운데 김일성의 후임 자리를 놓고 격렬한 경쟁이 이어졌다. 김일성의 아들 김정일과 동생 김영주, 이 두 사람은 최고지도자의 자리를 얻기 위해 경쟁했다. 김일성이 60번째 생일이었던 1972년, 김정일은 김일성을 사상과 혁명의 원작자이며 현존하는 사람 중 가장 위대한 정신을 가진 가장 강력한 사람이라고 선언했다. 김정일은 김일성을 살아 있는 신으로 만들기 위해 주체사상을 수정했다.[7)]

아울러서 "주체사상은 인간이 모든 것의 주인이며 모든 것을 결정한다는 철학적인 원리에 기반을 두고 있다. 주체사상은 인간을 핵심 요소로 간주하고 철학의 근본적인 문제를 제기하며 세상과 그의 운명의 주인이라는 의미이다. 또한 인간이 모든 것을 결정한다는 것은 인간이 세상을 바꾸고 그의 운명을 결정하는 데 결정적인 역할을 한다는 것을 의미한다"라고 주장했다.[8]

이러한 주체사상은 후일에 김일성의 안정적인 통치 기반을 구축하기 위한 변종적 사상이자 순수한 공산주의 사상과도 상치되는 것으로써, 어느 공산국가에서도 시도하지 않은 매우 특이한 사상 체계이며 통치 시스템으로 변모하게 된다. 이로 인해 김일성은 북한에서 유일무이한 신적 존재로 부상했고 장기 독재 체제를 구축했을 뿐만 아니라, 그의 사후에도 김정일이 대를 이은 봉건적 왕조 세습을 계승할 수 있는 명분과 토대를 마련하였다. 궁극적으로는 김일성의 정치 이념화의 확립으로 본인과 그의 대를 잇는 김정일과 3대 세습 통치를 정당화하고 내부적 정치 환경의 결속을 위한 통치 기반의 명분화를 위해서 북한의 독특한 왕조 체제와 이념화를 구축한 것이다.

북한의 체제에 대해 오랫동안 연구해 온 찰스 암스트롱은 자신의 저서 《북조선 탄생》(The North Korean Revolution, 1945~1950)에서 북한의 사회주의 추구 과정에서 그동안 북한의 소비에트화에 매몰되어 온 전통주의적 접근에 관하여 북한 사회주의 체제의 토착성과 내인성을 강조하였고, 그 총체적 결실로서의 체제 내구성을 드러내는 함의에 대한 관점을 서술하였다. 그 내용을 요약하면 다음과 같다.

- 조선민주주의인민공화국의 형성은 북한의 소비에트화가 아니라, 소비에트 공산주의의 조선화이다.
- 북한 공산주의는 소비에트 모델에 비해 매우 독특할 뿐만 아니라, 어떤 측면에서 마르크스·레닌주의를 거꾸로 뒤집은 것이다.
- 전형적으로 북한이 물질적 상황보다 이념을 더욱 강조했다는 점은 정통 마르크스주의와 정반대이다.
- 북한판 공산주의의 중심에는 민족주의와 대중주의가 강력하게

자리 잡고 있다.
- 북한의 문화 형성은 사회주의이지만 내용은 민족주의였다.[9]

　북한의 주체사상은 공산주의 사상과 체제에 반하는 특이한 통치 체제하에서 잉태된 것으로써 그것을 통치 이념화·기반화한 것임이 확실하며, 김정일은 이런 주체사상을 의식화 및 정착시키기 위해 주민들에게 세뇌시켰다. 또한 합법화하기 위해 노동당 강령에 주체사상의 이념을 교묘히 끼워 넣었다. 헌법 64~79조에 인민들은 특정한 정치적·경제적·사회적 권리를 가지고 있다고 규정하고 있지만, 11조에 근거해 "조선민주주의인민공화국은 북한 노동당의 권력 아래 모든 활동들을 이행해야 한다"는 법 규정으로 인민들의 모든 활동을 제한시켰다. 덧붙여서 개인은 혁명 집단의 한 부분으로서의 가치에 지나지 않기 때문에 북한에는 사실상 개인주의가 존재하지 않는다. 이 집단주의는 헌법 제82조에 서술되어 있다.

　　집단주의는 사회주의 사회 생활의 기초이다…수령과 당과 인민 대중은 사회, 정치적 생명체로서 영생한다. 사회, 정치적 생명체의 중심에는 수령이 있으며 인민 대중은 수령의 뜻에 무조건 복종해야 한다.

　1974년 김정일은 김일성으로부터 권력을 넘겨받으면서 당의 유일 사상 체계 확립의 10대 원칙 65개항을 발표하였다. 이것이 북한의 실제 법이며, 북한의 헌법은 대외 선전의 이중 구조로 되어 있어 10대 원칙의 하위 개념이 되는 모순된 관계를 갖고 있다. 이는 영구한 독재 권력을 세습화하며 고수하려는 의도하에 제정된 것으로서, 북한의 헌법을 논하는 것은 의미가 없다. 김정일이 정해 놓은 10대 원칙은 다음과 같다.

1. 위대한 수령 김일성 동지의 혁명 사상으로 사회를 일색화하기 위하여 몸바쳐 투쟁한다.
2. 위대한 수령 김일성 동지를 충성으로 높이 우러러 모셔야 한다.
3. 위대한 수령 김일성 동지의 권위를 절대화하여야 한다.
4. 위대한 수령님의 교시를 신조화해야 한다.
5. 위대한 수령님의 교시는 무조건성의 원칙을 철저히 지켜야 한다.
6. 위대한 수령님의 사상에 전당은 지적 통일과 혁명적 단결을 강화해야 한다.
7. 위대한 수령 김일성 동지를 따라 배워 공산주의 풍모와 혁명적 사업 방법을 소유하여야 한다.
8. 위대한 수령님의 크나큰 정치적 신임과 배려에 높은 정치적 자각과 기술로써 충성으로 보답하여야 한다.
9. 위대한 수령님의 전당, 전민, 전군이 한결같이 움직이는 강한 조국 규율을 세워야 한다.
10. 혁명 위업을 대를 이어 끝까지 계승하여 완성하여 나가야 한다 (참고: 혁명 위업이란 남한을 완전히 적화통일 한다는 뜻임).

김정일은 김일성과 김정일 자신을 신격화해서 이상과 같이 북한판 십계명을 발표하였다. "수령은 오직 자기 직계에서만 계승되니 어느 누구도 될 수 없다" 하고 김일성, 김정일, 김정은의 김씨 왕조 독재 정부를 세습으로 견지해 왔다. 북한의 전 주민은 이 십계명을 생활신조로 삼기 때문에 암송해야 한다. 북한 주민들은 김정일이 만드는 10대 원칙을 기본으로 해서 무엇을 잘못했는지, 앞으로 어떻게 할 것인지 자기 비판을 하고 또 남을 비판해야 한다. 이로써 북한은 전대미문의 전체주의적인 독재 봉건국가를 만들어 놓은 것이다. 특히 10조항의 내용은 김정일 자신이 김일성의 대를 잇는 것을 명문화

함으로 자신의 후계가 적법한 것임을 못 박아 놓은 것이고, 북한의 후계자는 그들의 혈통만이 계승하며 세습화해야 함을 적시한 것이다. 또한 이 같은 사상과 체제 유지를 위해서는 대외적으로 스스로 개혁과 개방을 거부해야만 하고, 정상적인 민족 화해와 남북 교류와 민족 공조론도 불가능하도록 통치 체제를 철옹성같이 구축해 놓은 것이다.[10]

이러한 정치적 논리와 체제는 사교(邪敎)의 패역한 교리에 불과한 것으로, 공산화되기 전 북한의 기독교 교리와 교회 조직이 지배하였던 문화와 전통을 주체사상과 독재 체제로 대체한 것이다. 이로써 김일성이 최고 초법적 지도자가 되면서부터 그는 다른 이름으로 불렸다. 그를 '위대한 수령님', '어버이 수령'이라고 부르게 했다. 결과적으로 김일성은 북한의 살아 있는 신이 된 것이고, 영원한 가부장이 된 것으로서 김일성 외에는 다른 종교가 있을 수 없다는 맹신적이고도 기괴한 새로운 사교 공화국을 구축한 것이다.

북한 공산 정권의 권력 체제를 영구 세습 독재 체제로 구축하기 위한 과정과 그 배경을 보면 다음 도표와 같다.[11]

내 용	제기 시기	배 경
사상에서의 주체	당 선전선동대회 /1955. 12. 28.	-스탈린 사망(1953) -당 내 남로당파 숙청
경제에서의 자립	당중앙위원회 전원회의 /1956. 12. 11.	-대외원조 감소 (5개년 경제 계획 수립 차질) -당 내 반 김일성 움직임 고조
정치에서의 자주	당중앙위원회 확대 전원회의 /1957. 12. 5.	-공산권 내 개인 숭배 반대 운동 -당 내 연안파·소련파 숙청
국방의 자위	당중앙위원회 제4기 제5차 전원회의 /1962. 12. 10.	-중·소 분쟁 심화 -미·소 공존 모색 -한국의 5·16군사혁명
정치·외교의 자주	제2차 당대표자회 /1966. 10. 5.	-중·소 분쟁 확대 -비동맹 운동의 발전

내 용	제기 시기	배 경
유일사상 체계 확립	당중앙위원회 제4기 제15차 전원회의 /1967. 5. 28. 당중앙위원회 제5기 제8차 전원회의 /1974. 2. 12.	-김일성 1인 지배 체제 확립 -김일성 개인 숭배 운동 전개 -김일성, 김정일 세습 체제 출범
온 사회의 주체사상화	제6차 당대회 /1980. 10. 10.	-김일성, 김정일 세습체제 공고화
주체사상, 선군사상의 유일 지배 이념화	제3차 당대회 /2010. 9. 28.	-김일성, 김정일, 김정은 세습체제 공식화
김일성·김정일주의의 유일 지배 이념화	제4차 당대표자회 /2012. 4. 11.	-김정은 체제 출범

2) 우상화된 김일성의 기독교 가문 배경

북한 전체를 김일성의 신정 국가로 만든 그의 성장 과정에서 신앙적인 면을 보면 매우 모순적인 배경을 갖고 있다. 이북의 공산화에 소련의 대리인으로 세움을 받은 김일성의 가문은 모두 독실한 기독교 신앙인들이었다. 김일성은 학생 시절부터 항일운동에 투신하였고, 후에 소련 극동군의 장교가 되면서 공산주의자로 변신한 것으로 보인다. 그는 해방 후 소련 군정 시기에 이북의 통치자로 세워지고, 그 후 자신의 정권을 수립하기 위해 교회를 이용한 후에는 교회를 철저히게 핍박한 직그리스노석인 쏙군이 되었다. 김일성은 한국 교회사에 배교자 중의 괴수이다.

이러한 가문의 신앙 배경에 대해 평양에서 기자 생활을 하였던 주성하 탈북 기자는 〈동아일보〉를 통해 이같이 김일성의 성장 과정과 가문의 신앙 내력에 대해 소상히 밝혔다.

> 그 가문은 배신의 가룟 유다와 같다. 그의 출생의 비밀을 살펴보면, 김일성은 1912년 4월 15일 20세의 강반석과 18세의 김형직의 맏아들로

태어났다. 놀랍게도 김형직과 강반석의 중매자는 미국 선교사 넬슨 벨(L. Nelson Bell)이었다. 김형직은 어려서부터 미국 선교사들이 설립한 '평양순화학교'를 다니며 목사의 꿈을 키웠다. 그는 붓글씨로 한글 성경을 필사하기도 하였다. 당시 미국 선교사들은 교회에 잘 나오는 학생에게 돈 1전씩 주었는데, 김형직은 그 돈을 고스란히 교회 연보함에 헌금하였고 신실한 신앙심을 보여 선교사들의 사랑을 받았다.

그는 미국 선교사의 추천으로 숭실학교에도 입학했다. 이 숭실학교는 1897년 미국 북장로교회 베어드 선교사에 의해 당시 평양 신양리 26번지에 세워졌다. 이러한 사실은 북한에서 절대 배워 주지 않는 진실이다.

김일성의 외가인 강반석은 독실한 기독교 장로 강돈욱의 둘째 딸로 태어났고, 본명은 강신희였는데 세례를 받고 난 후 넬슨 선교사가 강반석으로 개명해 주었다. 놀랍게도 강반석의 이름을 바꿔 준 선교사 넬슨 벨은 세계적인 목사인 빌리 그레이엄 목사의 장인이었다. 평양에는 선교사 자녀들을 위한 외국인 학교가 있었는데, 넬슨 벨 선교사의 딸이 평양에서 태어났고 그 학교를 다녔다고 한다. 성년이 된 후 미국에서 그 딸과 결혼한 빌리 그레이엄 목사는 1992년과 1994년에 평양을 방문해 김일성을 만났고, 김일성대학에서 설교도 하였고, 김일성에게 성경을 선물하였다. 그때 나는 '왜 미국 기독교 목사를 초청해 부르지?'라는 의문을 가진 바가 있다.

그런데 알고 보면 바로 김일성에게, 빌리 그레이엄 목사의 장인은 자기 부모를 세례했고, 이름까지 고쳐 주었던 그런 은인이라는 인연이 있었던 것이다. 그러니 반갑지 않을 수 있겠는가. 이렇게 미국 선교사들의 도움으로 개명하고 하나님을 열심히 믿었던 집안에서 지금은 하나님이라는 말만 나와도 처형시키는 악독한 김씨 독재 일가가 탄생했다는 것은 정말 너무도 어처구니없는 일이다.

한국의 초기 독립사를 거슬러 올라가보면 이승만과 박용만이라는 두 명의 유명한 지도자가 있었다. 두 사람은 하와이에서 함께 지내며 한때 의형제까지 맺을 정도로 친했지만 나중에 독립운동 방법에 대한 노선을 달리하면서 결별하게 되었다. 이승만은 기독교인으로서 직접 총을 들고 싸우는 방식에 거부감을 표시한 반면 박용만은 직접 무장을 하고 일제에게 투쟁해야 한다는 무장투쟁의 신봉자였다.

그런데 1914년 숭실학교 졸업생 중 한 명인 장일환이란 사람이 미국 하와이에 건너가 박용만을 만나고 돌아와 그의 사상에 심취되었다. 그리고 귀국하여 숭실학교 친한 후배들을 끌어들여 '평양조선국민회'를 만들었다. 이때쯤에 박용만은 하와이 교민들의 적극적인 지지를 받아 '대조선국민군단'을 만들었고 산하에 사관학교까지 둘 정도로 영향력을 넓혔고 평양의 조선국민회는 이 대조선국민군단의 국내 지부였다. 조선국민회는 장일환이 대장이고, 김형직과 김형직의 1년 후배인 배민수란 사람 3명이 주도했다.

배민수는 충북 청주에서 활동하다가 체포돼 총살된 의병대장 배창근의 외아들로 반일 사상이 강했고, 일제에 체포돼 여러 번 감옥 생활을 하다가 나중에 미국에 건너가 목사가 된 뒤 해방 후 미국 통역관이 돼 돌아왔다. 한국 정부에서 아버지 배창근과 함께 나중에 건국훈장 애국장을 수여받은 독립투사이기도 하다. 장일환과 배창근, 김형직 세 사람은 평양에 있는 기자묘에 올라가 함께 눈물로 기도하면서 독립을 위해 싸우자고 결의를 하였다.

그 후 1918년 2월 18일 '조선국민회'가 발각되어 모두 감옥에 갔다. 당시 일제의 감옥은 북한의 보위부 감옥처럼 악독했던 곳이라. 고문 받던 중 지도자인 장일환은 체포 두 달 만에 옥사했고, 10개월 옥고를 치른 김형직은 반죽음이 돼 겨우 살아 나왔다. 집에서 몸조리를 하던 김형직은 일제 순사들의 감시를 피해 압록강 쪽으로 혼자 조용히 도망쳤다. 그리고 이곳에서 친구인 오동진의 집에서 숨어 살면서 《의종금감》, 《본초강목》이란 고전 의학서를 읽고 나중에 한의사로 행세하면서 활동을 하였다. 그런 김형직은 기독교인으로서 공산주의자들을 너무 싫어해서 치료까지 거부했고, 나중에 공산주의자들에게 매를 맞은 적도 있었다. 그런 김형직의 아들이 공산주의자를 핑계로 나중에 민족주의자들을 다 죽인 것도 참 기가 막힌 일이다.

　기독교에서 최고의 배신자를 '유다 같은 자'라고 했는데, 김일성이야말로 아버지 김형직과 강반석에겐 유다 같은 자식인 것이다. 아무튼 김형직은 민족주의 계열에서 항일 투쟁을 계속하다가 고문으로 얻은 후유증으로 1926년 사망한다.

　김형직의 동생이자 김일성의 삼촌인 김형권도 1930년 8월 14일 조선국민회의 군자금 공작차 풍산에 왔다가 일제 순사를 사살하고 체포되었다고 배웠다. 하지만 김형권은 최효일이란 사람의 부하로 박사석과 함께 국내에 왔고 일본 순사를 쏴 죽인 사람은 김형권이 아니라 최효일이다. 나중에 최효일은 체포돼 사형당했는데, 북한 영화 "누리에 붙는 불"에서는 김형권을 대장으로 만들어 놓았다. 김형권은 당시 도망치다가 군자금으로 19원을 빼앗은 강도죄로 징역 15년형에 처해졌다가 1936년에 마포형무소에서 옥사했다.

　김일성의 아버지와 삼촌은 지도자가 아닌 누구의 부하로 활동했던 사람들이다. 그럼에도 항일 활동을 했던 것은 맞으나, 이런 역사를 솔직하게 배워 줘도 되는데 북한은 왜 역사 조작을 그렇게 해대는지 모르겠다.[12]

　이 같은 신앙 배경 속에, 남과 북의 많은 정치 지도자들이 기독교인이었고 항일·독립운동을 하였지만 그중에 북한의 지도자가 된 김일성은 기독교를 파멸시키고 그 땅에 자신의 왕국을 세우고 자신을 신적인 존재로 우상화하였다. 그에 반해 같은 기독교인이고 독립운동을 한 황해도 평산 출신의 이승만은 38선 남쪽에 자유민주주의 국가를 세우고 기독교 세력을 확장시키며 경제 부흥의 초석을 놓은 지도자가 되었다. 지금의 남과 북의 현격한 실상이 이들의 공과를 여실히 입증해 주고 있다.

4. 북한 조선기독교도연맹의 대내외 전략적 등장과 활동

북한 정권은 1957년부터 북한 전역에 기독교를 말살하기 위해 기독교인들을 발본색원하여 격리와 추방과 처형을 한 후 1946년에 만들었던 '조선기독교도연맹'이라는 관제 기독교 단체를 갑자기 회생시켜서 1960년대부터 대내외적으로 활동해 나가기 시작하였다.

강양욱 목사가 1963년 10월에 '조선기독교도연맹'의 대표로서 공산권 폴란드 바르샤바에서 열린 '세계평화이사회'와 같은 해 11월에 열린 '평화옹호민족위원회'에 참여해 사회주의권 종교인들의 평화운동과 연대했다는 기록이 남아 있다. 그런데 이 시기에는 북한 정치 속에서의 기독교도연맹의 위치가 설정된다. 1961년 5월에 김일성의 발기로 북한의 정당 사회단체 및 각계 인사들이 대거 참여하여 '조국평화통일위원회'를 구성하는데, 종교인들의 정당 사회단체들도 여기에 참여했다.

기독교도연맹이 이 위원회에 참여했을 가능성이 높은데, 전쟁 후 처음으로 이때부터 기독교도연맹은 다시 북한 사회에서 공적인 단체로서 지위를 획득했다고 볼 수 있을 것이다. 이러한 사실은 북한 정권은 기독교 단체를 관변 조직화하여 자신들의 체제 유지와 대외적 선전 도구로 상황에 따라 전략적으로 이용하였음을 보게 된다.

그 증거로서, 1972년 남북 간에 '7·4공동성명'이 발표된 후 북한 사회에서는 반종교 선전이 상대적으로 약화되고 민족 통일을 위한 통일전선이 강조되었다. 이러한 기류 변화에 발맞추어 1970년대 이후 기독교도연맹은 한편으로는 정치적 관심을 남한 사회와 교회에까지 전략적으로 확장하며, 다른 한편으로는 6·25전쟁의 발발과 함께 문을 닫은 기독교 신학교를 계승하는 3년제 '평양신학교'를 20여 년 만인 1972년 다시 개설함으로써 대내외적으로 교회 조직의 구축과 유지를 위한 점진적 활동을 구체화하기 시작하였다. 교회 성립의 기반은 목회자를 양성하는 신학교에 있으므로 신학교가 없는 교회는 존재할 수 없기 때문이다. 북한은 평양신학교를 세운 후 1988년에야 만경대 근처 봉수 지역에 봉수교회를 건축하여 그 땅에도 교회가 있음을 대외적으로 보여주었다.

  1972년 9월 강양욱 목사는 대남 공세를 취하기 위해 최초로 남북한 기독교인들이 접촉할 것을 제의했는데, 그는 그해 12월에 사회주의 헌법 공포와 함께 신설된 주석 제도에 따라 부주석에 선출되었고, 강양욱 목사의 부주석 지위 획득은 1970년대 초반부터 기독교도연맹이 북한 정권으로부터 공신력을 얻으면서 급속하게 발전하는 데 하나의 디딤돌로 작용했다.

  1974년 8월에는 '조선기독교도연맹 중앙위원회'가 남한의 민청학련 사건에 대한 남한 정부의 조치를 비난하는 성명을 냄으로써 북조선기독교도연맹은 '조선기독교도연맹'이란 이름으로 개명하여 활동을 재개해 나갔다. 이 시기에 불교, 천도교 등의 종교 단체들도 활동을 재개했다. 이 연맹의 통일 문제에 대한 관심 표명과 남한 사회의 인권 문제에 대한 이 같은 성명은 1980년대를 거쳐 최근까지도 계속되고 있다. 이 시기 기독교도연맹의 활동과 관련하여 또 하나 주목할 것은 국제적 연대 활동이 강화되고 있었다는 점이다. 김성율 등 기독교도연맹 대표들은 1975년 1월 인도 고타얌에서 열린 '아시아 기독교평화회의'(ACPC)와 1976년 11월 체코의 부르노에서 열린 '세계기독교평화회의'(WCPC)에 참석하여 이 회의들이 한반도 문제에 대한 결의문을 채택하도록 했다. 1974년 8월에는 '세계교회협의회'(WCC)[13]에 가입 신청서를 낸 바 있다.

이러한 정치·외교적 동선은 분명 북한 정권의 통일전선 구축 사업의 일환으로써 종교기관을 통한 대남 사업을 전면에 포진시켜 대남 선전 기관으로 활용하기 시작했던 것이고, 이를 통해 대외적으로 공산권 국가들과 제3세계 국가들과 연대하여 국제무대에서 자국의 위상을 확립하고 나아가서 대남 사업의 창구를 활용하여 통일전선의 전략적 차원에서 국제무대에 기독교 어용 기관을 등장시킨 것이다. 또한 남한 정부에 대해서는 대남 사업을 본격화한 것이다. 즉 북한 공산 정권은 기독교를 그들의 정권 유지와 대내외적 정당성 확보와 남한 정부와 교회의 침투와 혼란을 위한 전략적 카드로 활용한 것이었다.

북한 정권의 국가적 기독교의 활동 중에 북한의 지하교회는 6·25 전쟁 정전인 1953년 이후부터 1970년대 초반까지는 침묵의 역사에 가깝다고 볼 수 있다. 이 시기는 남아 있는 북한의 일명 '지하 기독교인들'에게는 가장 고통스러운 시기였을 것이나, 그런 과정에 두 가지 형태로 나타났다. 한 유형의 교회는 비정치적 신앙생활 방식으로 소수의 사람들이 참여하는 비공개적인 비밀스런 가정교회(지하교회) 형태이고, 또 다른 유형은 사회주의적 관제 교회 유형으로 '기독교도연맹'이라는 공적인 제도하에서 소수의 정치적 교회 지도자들에 의해 유형화되고 지상화된 교회의 모습으로 가시화되었다.[14]

김일성은 이처럼 1960년대 후에 기독교 기관을 새롭게 재등장시켜서 대외적으로 활용하려는 전략적 정책을 들고 나왔고, 국내적으로는 지하 기독교의 종교활동을 철저히 감시하며 통제하는 이중적인 모습을 보였다. 이러한 시도는 자신의 독재 정권을 대외적으로 정당화시키며 선전 수단화 하려 한 것으로, 그가 1945년에 자신의 정권 수립 시에 '북조선기독교도연맹'을 만들어 활용한 후에 이용가치가 없어지자 그 땅의 모든 교회와 그 조직들을 다 훼멸하여 20여 년을 압제하여 왔던 것에서 알 수 있다.

그러나 1970년대 초에 들어서면서 자신의 국내적 정치 기반의 안정과 경제 조건도 남한을 앞서게 되자, 다시 관제 기독교 기관을 통해 대외적 활동을 활성화하며 남한에 대해서는 정치적 공세를 취할 수 있는 종교 단체를 양성화하여 신학교 설립과 조선기독교도연맹을 재등장시킨 것이다. 북한 공산 정권의 조선기독교도연맹을 내세운 대외적 활동은 전적으로 정치·외교 활동을 하기 위한 통일전선의 일환이었다. 모든 나라의 기독교 기관은 반드시 교회가 먼저 존재하는 조건하에서 존립과 대내외적으로 활동을 하는 것인데, 북한의 경우는 1960~70년대만 하더라도 그 땅에는 공식적 교회라는 조직이 전무하였을 뿐만 아니라 성경 발간조차 없었다. 이러한 형태는 교회 없이 조선기독교도연맹과 평양 신학부만이 성지석 복석으로 세워졌던 것이기에 매우 모순적이며 기형적인 관변 조직에 불과하였다.

1972년에 남북한 회담을 시도하기까지 북한에 공개적인 종교활동은 전혀 없었다. 김일성은 종교를 남북한 회담에서 협상을 위한 도구로서 사용하기 위해 '조선기독교도연맹'을 다시 활성화시켰고, 공식적인 기독교 활동을 허용했다. 1975년까지 남북 간에 대화가 계속되었다. 이러한 과정에서 1972년 남북 간에 '7·4공동성명'이 발표되면서 그해에 22년간 폐쇄하였던 조선기독교도연맹의 '평양신학원'을 평양신학교로 재개하여 10명의 학생들이 3년 과정으로 신학을 공부하게 하였다. 이 신학교는 강양욱 목사 주도하에 이루어진 것으로 사료되며, 외국 교회와의 교류와 후에는 외국의 원조를 받기 위한 창구로 이용되었다.

1) 정치적 목적을 위한 조선기독교도연맹의 재활성화(1980년대)

1980년대 들어서면서 기독교도연맹의 활동은 더욱 활발해진다. 1980년대에 접어들면서 기독교도연맹은 해외 한인 교포 종교인들을 북한에 직접 초청하거나 제3국에서 개최되는 남북 종교인을 포함한 국제적인 종교 행사에 대표단을 파견했다. 예컨대, 1981년부터 오스트리아 빈에서 시작된 '조국통일을 위한 북과 해외 동포 기독자와의 대화'에는 고기준 기독교도연맹 서기장과 함께 연맹 소속 목사들과 전금철, 조평통 부위원장이 참석하여 주로 북한의 '고려연방제' 통일방안에 관한 논의가 있었다. 이러한 활동으로 기독교도연맹은 북한에서 확고한 위치를 확보해 나갔으며, 이를 토대로 각종 국제 종교단체들과도 접촉해 나갔다. 이들의 대외적 활동의 범위와 성격을 볼 때에 순수한 종교활동이 아닌 정치적 목적을 갖고 자신들이 주장하는 통일전선의 전략적 활동이었음을 드러내었다.

1981년에는 기독교도연맹의 WCC 재가입 신청이 기각되었으나, 1984년 WCC 국제문제위원회는 일본 '도잔소'에서 열린 '동북아시아에서의 정의와 평화협의회'에 조선기독교도연맹과 조평통을 초청하였디. 기독교도연맹과 WCC의 활발한 접촉은 마침내 1986년 WCC의 주선으로 6·25전쟁 후 처음으로 조선기독교도연맹과 남한 개신교 대표들의 스위스에서의 만남으로 이어졌다.

국제적 연대 활동의 강화와 함께 이 무렵 조선기독교도연맹은 성경과 찬송가를 발간하고(1983) 교회 건물을 건립함으로써(1988), 대외적으로도 북한에 교회와 기관과 신학교가 있음을 입증하기 위해 북한 기독교의 내실을 구축해 나갔다. 이런 종교 시설에서 주일 예배 및 부활절, 성탄절 예배가 집전되었다. 이 같은 성경 간행과 종교 건물 건축은 1980년대에 북한에서 일기 시작한 종교에 대한 관용 조짐과 종교의 기능에 대한 새로운 인식의 결과들이었다. 북한의 주체사상 전문가인 박승덕이나 황장엽은 1980년대 중반부터 종교 인식을 새롭게 하면서 과거의 종교 정책에 대해 간접적인 형태로나마 비판하기 시작하였다.

예컨대, 이미 1955년 "하나님이 사람을 만들었다는 헛소리로 인민들을 믿게 하려는 술책"으로 기독교를 이해했던 황장엽은 1989년에는 "북한은 주체사상에 기초하여 종교에 대해서도 종래의 칼 마르크스주의와는 다른 견해를 갖고 있다"면서, 종교와 주체사상은 모두 사랑이나 믿음을 중시하고 있으나 양자가 다른 것은 그 실현의 방법이라는 견해를 밝혔다.

1980년대 초반부터는 기독교도연맹의 기본 조직 단위로서 '가정교회'가 다른 나라의 방문객에게 공개되기 시작하면서 가정교회의 구성과 예배 형태가 드러났다. 가정교회는 10여 명으로 구성되어 있으며, 예배에서는 1930년대 중반 이후 한국장로교회가 사용한 〈신편찬송가〉가 사용되고 있다는 사실들이 드러났다. 또한 조선기독교도연맹의 조직도 외부 세계에 알려졌다. 1985년 중국 교회를 방문한 고기준 목사가 밝힌 바에 의하면, 이 연맹은 중앙위원회 밑에 조직, 선전, 해외관계, 총무의 네 개 부서를 두었으며 50개 도시에 지역위원회를 설치하고 있었다. 지역위원회가 설치됨에 따라 각 지역의 가정교회들은 이 위원회를 통하여 기독교도연맹의 지도를 받게 되었으며, 기독교도연맹은 매월 가정교회에서 행해질 설교 방향을 제시하고 지역위원회 사무실에서 가정교회 신도들이 참석한 가운데 성례전을 거행하고 있다고 하였다.

기독교도연맹의 조직과는 달리 신학적 입장은 알려진 것이 별로 없다. 1988년 북한을 방문한 '캐나다교회협의회' 대표들이 기독교도연맹의 신학적 입장을 묻자, 고기준 목사는 "물론 우리 그리스도인들은 전능하신 창조주 하나님을 믿습니다…그러나 우리는 모든 것을 하나님께 맡기지는 않습니다. 우리 인간은 하나님으로부터 받은 은사와 지혜와 능력을 총동원하여 우리가 해야 하는 일들을 완수하도록 노력해야 합니다"라고 답변한 바 있다. 하나님의 구원의 역사에서 인간의 책임을 강조하는 기독교도연맹의 이 같은 입장을 고수하고 있다.

1981년 비엔나회의에서 북한 교회사와 관련된 몇 가지 사실들을 전해 주었는데, "전쟁 전에는 평양에 40여 개의 규모 있는 교회가 있었는데 전쟁 중 다 파괴되었다. 1981년 당시 이북에는 약 5,000여 명의 교인들이 있고 전국적으로 500여 개의 예배 처소가 있다"고 밝혔다.

1987년 김일성은 결국 주체사상 아래서 신학부를 김일성대학에 편입시켰다. 이는 북한 정권이 왜 신학교를 개설했으며 어떻게 정치적으로 활용할지에 대한 의도가 분명히 있음을 보게 된다. 1989년에는 김일성종합대학에 종교학과가 신설되고 기독교학과 강의를 시작했다. 신학 교수는 해방 전 조선기독교도연맹의 회원이었던 목사들이었다. 북한이 김일성대학 내에 신학부를 신설한 목적은 대외적으로 북한에도 종교의 자유가 있다는 것을 선전하기 위한 것으로써, 이는 핵심 당 간부를 양성하는 '정치대학부'에 불과한 것이다. 해방 후 김일성 정권은 초기에는 정권 수립과 강화를 위해 1차적으로는 '북조선 기독교도연맹'을 만들었고, 종전 후에는 2차적으로 다목적 용으로 어용 기독교 단체를 설립하여 대외적 정치·외교 교섭 창구로 활용하기 위해 교회를 지속적으로 변모시켜 왔다.

1980년대 이후 남북 종교인들의 교류는 한편으로 북한이 정권 차원에서 종교인들을 통일전선 구축에 적극 활용하고자 하는 의도하에 그들의 활동을 지원하였기 때문에 가능했다. 그러나 다른 한편으로는 남한의 종교인들도 남북통일에 대한 종교인들의 역할을 논의하며 북한 종교인들과의 접촉에 관심을 갖게 됨으로써 가능했다고 본다. 해외 동포들을 대상으로 한 북한 기독교 기관의 활동은 순수한 교회 교류가 아닌 통일전선의 일환으로써, 정치 체제 선전과 그들의 통일 전략으로 해외 한인교회 관계자들을 포섭하기 위한 전략에 불과하였다.

〈기독교도연맹의 해외 동포를 향한 대외 활동〉[15]

일정 및 장소	주요 참석자	논의 내용 및 성과
1981. 11. 3~5. (1차, 빈)	북한 측 5명: 염극렬, 김득렬(기독교도연맹 부위원장)/고기준(기독교도연맹 서기장)/전금철, 허영숙(조평통 부위원장) 해외 동포 측 13명: 이영빈, 선우학원, 이희년, 강기프, 인민시, 강원진 등	고려연방제 통일 방안 논의/통일을 위한 기독교인의 자세 논의/통일과 외세 문제 논의
1982. 12. 3~6. (2차, 헬싱키)	북한 측 약 15명: 전금철, 양형섭(조선사회과학원장), 고기준 등 5인의 목사, 해외 동포 측 50여 명(쇠기완, 옹동근, 김성락, 강위조, 이영빈 등)	북한의 통일 방안 논의/민족 화해와 통일을 위한 기독교인의 책임과 사명 논의/한국 사회의 민주화와 김대중 석방 요구/주체사상과 통일 문제 논의
1984. 12. 15~17. (제3차, 빈)	1, 2차 참여자들	공동성명 채택 반전, 반핵, 평화 운동 전개 결의 한반도의 핵무기 철거 요구

세계교회협의회를 통한 남북한 기독교인의 교류가 1986년 '제1차 글리온회의'를 시작으로 1995년 '제4차 간사히대회'에까지 참여하여 활동을 하였으나, 그들의 주장은 남북의 정치, 군사, 통일 문제에 제한하므로 순수한 기독교의 교회 교류와는 무관한 주제를 이슈화하는 데에 역량을 쏟으므로 저들의 접근과 활동의 의도와 전략이 무

엇인지 드러났던 것이다.16)

1946년부터 1983년까지는 강양욱 목사가 제1대 '조선기독교도연맹'의 초대 위원장이었고, 제2대는 김성률 목사가 1986년부터 1989년까지, 제3대는 강양욱의 아들 강영섭 목사가 1989년부터 2012년까지, 강영섭 목사의 아들 강명철 목사가 후에 제4대 위원장이 되었다.

세계교회협의회(WCC) 가입과 제14차 '평양세계청년축전' 행사를 위한 조건을 갖추기 위해 2대 위원장인 김성률 목사가 교회를 설립할 필요성을 제기하여 북한 정권은 1988년 11월 6일에 '평양 봉수교회'를 세웠다. 또 그해 10월 2일에는 '장충성당'을 설립하였다. 1992년에는 김일성이 강반석 어머니와 함께 다녔던 '칠골교회' 자리를 찾아내어 건축하게 함으로 1948년에 북한 정권이 건국된 지 40여 년 만에 공식적인 관제 교회가 평양에 세워졌다. 그로 인하여 북한은 세계교회협의회에 가입하게 되었다. 여기에 담임목사로 강영섭 목사가 초대 목사로 취임한 바 있었고, 북한 교회는 세계 교회의 제도권에 진입하여 해외 교회들과 한국 교회와도 상호 교류하면서 정치적 구호와 성명서 발표를 하기도 하면서 대외적 선전 기관의 역할을 충실히 하였다.

특히 북한이 김일성 사후 식량난에 접하면서 대외적으로 교회가 식량을 비롯한 물자 지원을 받는 창구 역할과 대외적 홍보 활동을 활발히 한 바 있어, 소위 '고난의 행군' 시기에 외국의 종교와 인권 단체로부터 상당한 구호품과 현금을 지원받았다. 1988년부터 2002년까지 조선기독교도연맹은 남한 교회로부터 미화 200만 달러가 넘는 원조를 얻어내기도 하였다. 이로 인하여 실제적인 남과 북의 교회 간 교류가 시작되었고, 그 기관의 실체에 접근이 이루어짐으로 그 실상을 확인할 수 있는 계기가 되기도 하였다.

북한 관제 교회의 최근 자료에 의하면, 기독교도연맹 소속 목사는 약 30여 명이며, 북한 기독교인 약 1만 명 중 약 6,000여 명이 이 연맹에 가입되어 있는 것으로 알려지고 있다. 조선기독교도연맹의 조직은 총회, 중앙위원회, 지방위원회, 각반으로 구성되어 있으며 중앙위원회에는 25명의 위원과 9명의 상임위원이 있다고 한다. 기독교도연맹의 실질적인 사무는 선전부, 국제부, 조직부, 경리부 등 4개의 부서로 이루어진 사무국이 담당하고 서기장이 사무를 총괄한다.

현재 신학부 학생 15명 정도가 수업 중에 있는 것으로 알려지고 있다. 조선기독교도연맹에서는 전국에 가정교회가 약 500여 개소가 있다고 주장하나, 현실적으로는 신뢰할 수 없다. 그것이 사실이라면 북한에서 종교의 자유가 일반화되었다고 봐야 하는데, 실상은 북한 주민이 기독교인이 되면 곧 정치적 범죄로 처벌 받기 때문에 현실적으로 불가한 것이다.

1973년 8월에는 조선기독교도연맹이 재등장했고, 1978년에 '평양 세계탁구대회'에 재미 교포들이 참석하자, 조선기독교도연맹은 그들에게 종교의 자유가 있음을 보여주기 위해 가정교회를 조직하여 공개했다. 그러나 그 가정교회의 범위는 그들이 정해 놓은 평양의 특정 가정교회이지 평양 이외의 다른 지방에도 가정교회가 있었는지 확인된 적이 없다. 북한 성권은 내외적으로는 북한에 종교의 활동이 보장된 것처럼 위장해 보여주었지만, 기독교에 대한 박해는 계속 이어졌다. 이에 대한 증언으로 탈북자 출신인 〈조선일보〉 기자 강철환은 자신이 1980년대에 함경남도 요덕의 정치범 수용소 수감 중에 다수의 그리스도인들을 보았다고 증언하였다.

> "내가 있던 함경남도 '요덕 정치범 수용소'에도 몇 명의 기독교인이 있었다. 그들은 미친 사람으로 불리는 모욕과 다른 정치범들보다 더 혹독한 강제 노동을 받아야 했다. 기독교인으로 낙인찍혀서 수용소에 끌

려오면 다시 살아 나갈 수 없는데도 그들은 신앙을 버리지 않는다. 보이지 않는 하나님을 단 한 번만 부인해도 집으로 돌아갈 수 있음에도 불구하고 왜 그들이 끔찍한 수용소 생활을 감수하는지 이해할 수 없었다. 하지만 남한에 와서 기독교인이 된 후로 그들을 완전히 이해할 수 있었다."

2) 대내외적 변화로 인한 관제 교회의 설립
(1980년대 후반~1990년대)

1988년 제24회 서울올림픽은 동서 '냉전 시대'에서 '화해 시대'로의 서막이 이루어지는 징조들을 대내외적으로 알리게 되었다. 특히 냉전 시대의 상징물이었던 분단된 한반도에서 공산 진영 국가들과 자유 진영의 160개국이 화합의 마당을 이루었다는 점은 선교적 관점에서도 매우 의미 있는, 온 세계를 향한 선교의 축제 무대이기도 했다. 한국인들은 세계로 나아갈 수 있는 세계 속의 한국인이 되었고, 한국 교회는 이로 인하여 공산권과 회교권을 비롯한 세계 각국으로 선교의 시대를 열게 되었다.

북한은 한국에서 열리는 세계인의 올림픽 축제에 맞서기 위해 1989년에 제13차 '평양세계청년학생축전'[17]을 개최하여 177개국의 청년들이 평양에 모여 세계평화축전을 거행하였다. 이로 인하여 북한도 건국 이래 가장 큰 국제 행사를 치렀다. 결과적으로 북한도 세계 속의 나라인 것을 드러내었고, 북한 정권은 북한에도 종교의 자유가 있음을 과시하기 위해 1988년에 평양 봉수교회 건축과 평양 장충성당을 건립하기에 이르게 되었다.

1989년에는 칠골교회를 건축하기 위해 해외에서 1만 달러의 헌금을 모아서 1992년에 헌당하였다. 1994년에는 빌리 그레이엄 목사가 평양을 방문하여 칠골교회에서 설교를 하였다. 북한 정권은 기독교를 대외적 창구로 적극 활용하였고, 이러한 종교 정책의 변화는 북한 지하 성도들에게도 새로운 의욕과 자극을 주었다. 북한 정부는 북한에도 종교의 자유가 있다는 것을 보여주기 위해 제한을 완화시켰다. 이 자유의 틈을 이용해 지하교회 성도들이 꿈틀거리기 시작했고, 지하교회에 활력을 불어넣게 되었다.

분명한 사실은, 1988년 서울올림픽 개최는 북한 정권의 폐쇄적 대외 종교 정책 외에도 다방면으로 변화와 자극을 주었으며 북한 일반 주민들에게도 2개의 세계적 큰 행사로 새로운 각성을 갖는 계기가 되었다는 점이다. 김일성은 1989년 '평양세계청년학생축전' 이후 더욱 적극적인 대외 정책의 일환으로 해외 한인 목사들과 세계 기독교 단체들을 초청하기도 하였다. 그러나 이는 북한의 전반적인 종교의 자유를 합법적으로 허용한 것이 아니라 대외적으로 전략적 변화를 추구한 것에 불과하며, 북한의 일반 주민들이나 지하교회 성도들의 신앙의 자유를 허락한 것은 아니었다. 그에 대한 실례로서, 노동당에서 지정한 교인들만 평양의 봉수교회나 칠골교회 교인이 될 수 있을 뿐, 그외 일반 주민들은 접근조차 허용되지 않았다. 그 교회의 찬양대도 정부로부터 선발된 평양 음대 성악부 출신들이었다.

북한의 종교에 대한 대외적 변화는 지속되었다. 1990년 4월, 조선기독교도연맹은 세계성서공회연합회의 협력으로 1만 권의 성경책과 찬송가를 홍콩에서 인쇄, 발행하였다. 이는 일반 개인의 사용 목적이 아니라 제한된 공적 집회를 위한 것이었다. 성경과 찬송은 정규 예배 참석자들과 훈련받은 북한 사람들이 외부인들에게 북한에 종교가 존재한다는 사실을 보여주기 위한 전시용으로 사용되어 교회 밖으로는 가지고 나갈 수가 없었으며, 개인적 소유도 불허되었다.

1992년 4월에는 종교활동에 관한 헌법이 개정되었다. 개정 내용에는 종교 선전을 불법화했던 조항을 삭제하고 '종교 선전의 자유'를 허용할 것과 '종교적 목적을 위한 건축'을 허락하며 '종교활동을 허용할 것'을 추가했다. 이 헌법 개정은 김일성에 의해 이루어진 종교 정책의 변화를 정당화시키기 위해 필요한 조치였다. 또 다른 목적은 북한에 종교의 자유를 합법화하는 조항이 있음을 보여줌으로써 북한 인권과 관련된 국제적 비판을 모면키 위한 것이었다. 이러한 변모는 독재 공산 정권에 대내외적으로 종교의 자유가 있음을 선전하고 이를 전략적으로 극대화하기 위한 목적으로 법조항을 정비하고 교회 기관을 전면에 배치한 것에 불과했다. 그러나 북한 지하교회 성도들에게는 이러한 변화가 매우 희망을 주는 징조로 받아들여졌고, 언젠가는 북한에도 종교의 자유가 중국처럼 개방 정책으로 이어져 신앙의 자유가 합법적으로 보장될 것이라는 막연한 희망을 갖게 하기도 하였다.

북한의 지상 교회 건립의 목적에 대해 김일성이 어떤 의도와 목적으로 시도했는지와 그에 대한 예상치 못한 결과에 대해, 2016년에 한국으로 망명해 온 주영 공사였던 태영호는 그 실상을 그의 저서 《태영호 증언 3층 서기실의 암호》에서 이같이 증거하고 있다.

> 북한 체제와 김정은을 위협하는 위험한 존재는 종교다. 김정은이 아무리 신적인 존재가 된다 한들 진짜 신을 믿는 독실한 신자 앞에서는 한갓 나약한 사람일 뿐이다. 물론 현재 북한 주민의 신앙과 종교활동은 대단히 미약하다. 그러나 북한에도 신앙인과 종교활동이 있다는 것만큼은 잊지 말아야 한다. 이것은 종교의 자유가 있다는 것과는 다른 의미이다. 한국에 온 후 나는 북한을 방문했던 종교계 인사들을 꽤 만났다. 북한에 여러 번 다녀온 분들이지만 내게 제일 많이 하는 질문은 이런 것이었다.

"북한에 정말 신앙의 자유가 있는가?"

"봉수교회, 장충성당에 가 봤는데 그곳에 있는 사람들은 진짜 신자들인가?"

"북한에 가정예배처가 수백 개 있다고 하는데 사실인가?"

한국의 종교인이 북한을 방문하면 당연히 북한의 종교계 인사가 종교 시설을 안내하며 신앙의 자유가 있는 것처럼 선전한다. 종교 시설에 가서 종교의식을 참관하고 나면 북한에도 종교의 자유가 있다고 착각할 수 있다. 하지만 그야말로 착각이다. 북한의 사회주의 헌법에도 종교의 자유가 명시돼 있지만 북한에는 헌법보다 높은 법이 있다. 김씨 3대의 '말씀'과 '당의 유일적 영도 체계 확립의 10대 원칙', '조선노동당규약'과 같은 수령과 당의 정책 등이 그것이다. 당의 정책은 주체사상 또는 김일성·김정일주의만을 믿어야 한다고 규정돼 있으므로 북한에서 종교를 가진다는 것은 당의 정책에 반대하는 행위이다.

북한은 6·25전쟁 이후 미국에 대한 북한 주민의 적개심을 종교에 돌리며 철저히 종교를 탄압했다. 교인들은 적대 계층으로 분류되며 감시 통제를 당했다. 북한은 종교를 "인민들을 억압하고 착취하는 도구", "제국주의의 사상과 문화적 침투의 도구 내지 앞잡이"라고 공격했고, 교회를 "반동 농치 계급이 인민의 계급의식을 마비시키는 사상을 선전하여 퍼뜨리는 거점"이라고 규정했다. "종교는 아편"이라고 한 공산주의의 일반적인 종교보다 더 나간 것이다.

1970년대 김일성은 북한 주민들이 노동당만 믿고 살고 있으므로 종교 문제는 해결되었다고 선언한다. 그러면서도 유명무실했던 종교단체의 활동을 재개시켰다. 적화통일 전략의 통일전선을 구축하려는 목적이었다. 이때가 남북 대화가 시작된 시점이라는 점을 유의해야 한다.

1980년대 한국 종교단체들이 이전보다 적극적으로 민주화 투쟁에 나서면서 북한은 한 발 더 나아갔다. 북한에도 기독교가 존재하고 있음을 내세우려고 한 것이다. 이 무렵부터 북한은 "기독교는 제국주의 사상 문화 전파의 앞잡이"라는 문구를 출판물에서 삭제하고, 교회에 대해서도 "여러 가지 종교의식을 하는 장소"라고 객관적으로 표현하기 시작했다.

1988년을 고비로 평양에는 봉수교회와 장충성당이 건설되었다. 좋게 말하면 한국의 반정부 종교 단체들과의 교류를 확대하려는 의도였다. 나쁘게는 이들을 포섭하려는 속셈이었다. 그런데 교회나 성당을 평양에만 세우고 지방에는 짓지 않는 이유가 있다. 원래는 원산이나 강계 등 지방 주요 도시에 종교 시설을 건설하려던 계획이 있었지만 결국은 취소할 수밖에 없었다. 관리가 안 되고 감당도 안 되기 때문이다. 북한에서 교회를 운영하려면 최소한 조건이 있다. 목회자와 가짜 교인이 있어야 한다. 목회자는 당이 적당히 내려보낼 수도 있었다. 하지만 가짜 교인은 교회나 성당 주변의 주민 가운데 선발해야 했다.

그래서 봉수교회나 장충성당 근처에 거주하는 간부 부인들 중 '빨갱이 여성들' 200명을 뽑았다. 진짜 교인이 생길 위험 요소를 미리 제거했다. 처음에는 이들을 교회나 성당에 나오게 하는 것이 정말 어려웠다. 오죽했으면 출석부까지 만들었다. 출석이 저조한 사람은 생활 총화에서 자기 비판을 해야 했고 호상 비판을 받아야 했다. 이들에게 이렇게 특별 강습도 했다. "교회나 성당에 나와 찬송가를 부르고 종교의식에 참가하는 것은 단순한 활동이 아니다. 사회주의 제도 우월성을 보여주는 투쟁 활동이다. 미제와의 반미 성전에 떨쳐나선 남조선 종교계 인사들을 쟁취하기 위한, 그리고 조국의 통일을 위한 숭고한 투쟁이다."

이렇게 교육을 시켜도 출석률은 나아지지 않았다. 많은 여성들이 아프다, 집에 갑자기 일이 생겼다고 하면서 빠지기 일쑤였다. 그런데 약 2년 후부터 변화가 감지되었다. 출석에 대한 통제가 완화되었음에도 교회나 성당에 나오는 여성 수는 오히려 늘었다. 나쁜 점도 있었겠지만 종교활동의 좋은 점을 여성들이 느꼈던 듯했다. 목회자의 설교를 듣고 노래도 부르니 마음이 편안해지고 사교도 저절로 된다. 예배와 찬양을 하는 시늉만 하던 이들이 믿음이 생기자 모든 것이 달라졌다. 예배 시간 두 시간 전부터 교회에 나와 찬송을 부르고 성경을 보기 시작했다. 나오는 사람들이 많아졌다. 이들은 조금만 아파도 안 나오던 이들이었다. 이들의 자발적인 모습에서 진짜 신앙이 생겼음을 당은 간파했다. 위험 요소가 돌출되자 당은 봉수교회 주변 아파트에 망원경을 설치했다. 교회 주변에 접근하는 사람들을 감시하기 위해서였다. 다시 말해 숨어 있는 신도를 색출하려는 시도였다고 할 수 있다.

놀라운 일이 목격되었다. 교회에서 찬송가 소리가 들려오면 청년 몇 명이 나타나 교회 담장에 기대어 무언가를 열심히 적는 것이었다. 보위부가 그들을 체포했다. 음악대학 작곡반 학생들이었다. 어느 날 찬송가 선율을 들은 한 음악대학 학생이 그 사실을 급우들에게 알렸다. 급우들은 찬송가를 채보하고 싶었지만 교회에 들어갈 수 없었다. 담장 밖에서 몰래 채보를 하다가 보위부에 붙잡힌 것이다. 학생들은 보위부의 경고만 받고 풀려났다.

그다음 목격된 사례도 당으로서는 충격적인 것이었다. 교회에서 종교의식을 하는 시간이면 어김없이 나타나 그 옆길을 서성이는 사람들이 있었다. 예배 시간 11시가 되면 교회 근처에 수백 명이, 나중에는 500여 명이 교회를 향해 바라보거나 눈을 감고 있었다. 12시가 되면 한 사람도 없이 사라졌다. 이들을 체포해 조사해 보니 이전 신자였다. 김일성은 북한에 더는 신자가 없고 종교 문제는 해결되었다고 선언했지만 교인들의 신앙은 변하지 않았다는 증거였다. 당국의 탄압이 두려워 신앙을 버렸다고 했을 뿐이었다. 당은 결국 더 이상 교회나 성당을 세우지 않기로 결정했다. 외부에 보여주기 위해 지방에 교회나 성당을 지었다가 체제를 위협하는 요소로 작용할 것이 분명했다.[18]

그의 최근 교회 간증에서 더욱 충격적인 일화가 소개되었다. 보위부에서 봉수교회 출석 성도 한 사람을 붙잡아서 조사를 했다.

"당신은 예수를 믿는가?"

"나는 예수를 믿습니다. 나는 이제 죽어도 여한이 없습니다. 비록 내가 교회 들어가서 예배를 보지 못하더라도, 찬송은 못 부르더라도, 설교를 듣지 못하더라도 내가 교회를 바라보는 것만으로도 너무나 행복합니다. 저를 죽여 주십시오. 저는 이제 여한이 없습니다. 저는 평양에 교회가 세워지기를 40년 이상 기도했습니다. 하나님이 저의 기도를 들어주셨습니다."

이렇게 울면서 말한 여인은 성분 좋은 간부의 부인이었다고 한다.

이처럼 하나님께서는 북한의 체제를 대외적으로 선전하기 위해 세운 관제 교회에도 회심의 역사를 나타내시며, 이 교회의 설립이 지하 성도들에게는 크나큰 위로와 소망이 되었음을 확인할 수 있다. 무엇보다도 북한의 최상층의 대상들일지라도 하나님께서는 그들의 사상과 강요된 주체사상을 뛰어넘어 역사하심이 최근 북한 고위층 탈북 인사를 통해 확인되었다는 것은 매우 고무적이다.

제5장 지하교회의 급성장 배경: 암흑 5기

평양미림육아원의 학생과 교실(학습교재 시원)

제5장
지하교회의 급성장 배경: 암흑 5기

　1953년부터 1980년대까지 그리스도인들의 공개적인 신앙활동은 거의 불가능하였다. 전쟁이 끝난 후 1955년 4월부터는 정부의 통제 하에 남아 있던 많은 기독교인들을 포함한 종교인들은 사회의 생산적인 구성원이 되기 위해 재교육을 받고 재배치되었다. 그런 상황에 공식적인 교회는 사라지고 소수의 진실된 기독교인들은 본격적인 지하교회를 구축할 수밖에 없었다. 기독교 역사학자 이만열은 핍박이 극심할 때에 북한 그리스도인이 선택할 수 있었던 3가지 선택을 다음과 같이 열거하고 있다.

　　첫째, 이 시기에 조성된 적대적인 사회 분위기로 인해 많은 기독교인들은 신자라는 사실을 감추고 개인 수준에서 내면적으로만 신앙을 유지하였다. 많은 이들이 교리서나 성경, 찬송가집 등을 은밀한 곳에 숨겨야 했다. 또한 반종교 선전이 상급학교 진학이나 취직, 군 입대 등에서 차별을 강요하는 다양한 행정적인 압력을 동반할 가능성이 높았던 상황에서 기존의 기독교인들이 자신의 신앙을 자녀들에게 전하지 않을 가능성이 높다고 본다.

둘째, 일부 담대한 기독교인들은 자신의 직장이나 거주지에서 좀 더 적극적인 신앙생활을 하거나 전도를 시도하기도 하였다. 그 실례가 '박천 찬송가 사건'에 잘 나타난다. 이는 평북 박천군의 한 인민학교 여교사가 학생들에게 찬송가를 가르치다 1959년 봄에 중앙당 집중 지도사업 지도원들에게 발각되어 희생되었다. 이를 계기로 박천군 내의 몇몇 비밀 지하교회 조직이 발각되었던 점을 보아 핍박 중에도 기독교를 적극적으로 전파하려는 활동이 있음을 입증한 사건이었다.

셋째, 상당수의 기독교인들은 사회주의 건설 과정에 적극적으로 참여하는 길을 택했다. 1968년 사회주의 건설에 기여한 공로로 공화국 창건 20주년 훈장 등을 받은 한동규 목사, 이태영 목사, 이순남 전도사 등이 공산 정권 안정화에 기여한 실례가 된다. 강양욱 목사는 1959년부터 1972년에 국가 부주석으로 선출되기도 하였다. 그 외 다수의 성직자가 김일성 공산 정권에 협조하고 공로를 인정받은 경우도 적지 않았다.[1]

북한 공산 정권하에서의 이런 사례를 보면, 교회 지도자나 평신도들 가운데 자신들의 입신양명을 위해 신앙의 정절을 저버리고 불의의 권력에 무릎을 꿇은 인사들이 있는가 하면, 신앙을 끝까지 지키고 있는 기독교인들은 불의와 짝하지 않음으로 철저히 핍박의 대상이 되어 정치범 수용소나 탄광촌, 산간벽지로 추방되어 고통의 대물림을 감내해야만 했음을 알 수 있다.

대한변호사협회의 〈2006년 인권 보고서〉 자료는 6·25전쟁 후 20년 동안 가장 심각했던 핍박 기간에 최소 10,897명의 그리스도인들이 북한 정부에 의해 체포되어 핍박받았음을 보여준다. 그 자료에 의하면 그들이 체포된 이유는 다양하다. 공개적 신앙고백이 5,505명, 비밀리의 신앙생활이 102명, 은신 중 발각이 3,655명, 민족주의적 이유가 31명, 기타 사유 등이다. 이 가운데 은신 중에 발각된 기독교인이

3,600여 명이었다는 것은 공산 정권이 얼마나 철저하게 조사와 추적과 핍박을 지속했는지를 보여준다.

전쟁으로 북한 전역이 대부분 파괴된 후 전후 복구 사업이 진행되는 가운데, 북한 정권은 처형을 줄이고 정치범 수용소 등에 수감하여 부족한 노동력을 채우려고 강제 노동을 통한 국가 생산력 증대를 도모하기로 했던 것이다. 〈탈북난민〉 2002년 여름호에서 강제 노동 교화소에 추방되어 있던 임영선 기독교인은 1958년부터 1970년대 초까지 지하 군사기지의 한 건물에서 5,000명 이상의 그리스도인들이 강제 노동을 하고 있었음을 밝히고 있다. 이 기간 동안 하나님을 부인하지 않았던 그리스도인들은 가혹한 강제 노동 교화소에서 핍박을 받았던 것이다. 이 시기에 투옥되거나 처형된 그리스도인의 정확한 숫자는 알려지지 않고 있다.

그러나 이 이야기들과 다른 자료들을 통해 기독교인들은 새로운 형태의 모임을 형성하였고, 이 시기에 북한에 '지하교회'가 본격화된 것으로 볼 수 있다. 당연히 이 교회에서는 정식 예배, 교회 건물, 혹은 공식적으로 임명 받은 목사가 존재하지 않았다. 목사의 부재로 인해 성직자와 평신도의 구분이 없어졌다. 집, 동굴, 산속 등의 은밀한 곳은 그리스도인들의 예배 장소가 되었고, 예배는 종종 아주 친밀한 친척들과 지인들로 이루어진 가족 모임으로 위장되어 진행되었다. 때로는 비정기적인 모임이 있었지만, 노출될 가능성을 방지하기 위해 공개적으로 전도하지 않았다. 지하 성도들은 북한 사회에서 그들의 공민권을 유지하면서 하나님을 믿는 신앙을 비밀리에 지켜 나가는 방법을 수많은 고통을 통해 터득한 것이었다.

1. 지하교회의 소생

중국의 개혁, 개방이 진행되고 있던 시기와 1988년 서울 올림픽과 1989년 평양 세계 청년 축전이라는 국제적 행사가 북한의 지하교회에 직간접적인 영향을 주었다. 그 당시는 중국이 미국, 일본, 서유럽과도 국교 관계 수립과 교류를 활발히 하면서 중국 선교와 더불어서 북한 선교의 문도 열리게 되었다. 이에 따라 북한 선교를 목적으로 중국에 진출한 선교사들에 의해 북한에 은밀한 성경 반입과 남한으로부터의 기독교 방송 청취 및 해외 교포들과의 접촉 등이 점증되기 시작하였다. 그로 인해 북한의 지하교회에도 직·간접적인 영향을 주었다.

북한은 중국의 개혁·개방에 오히려 체제와 사상의 강화를 위해 중국의 개혁·개방의 영향이 북한에는 못 미치도록 다양한 방어 정책을 펴면서 새로운 사상과 종교와 문물의 도입을 차단하려 하였다. 이때 북한의 지하교회는 많은 희생을 치렀다. 북한 선교 전문 단체인 모퉁이돌선교회에서 수집한 자료에 의하면 1980년대 이후 북한 전역에서 741명의 지하 성도들이 체포되었는데, 이는 그 이전 시기보다 크게 증가된 것이었다. 그 당시 평안북도 소재의 '개천교화소'에 있었던 탈북인 이순옥은 당시 체포되어 수용소에서 강제 노동에 시달린 지하 성도의 모습을 증언한 바 있다.

> 그중에도 그들은 은밀하게 신앙생활을 하였는데, 그 사실이 발각되이 간수가 그들에게 믿음을 부인하라고 요구했다. 그러나 누구도 하나님을 배신하지 않았고 입을 닫았다. 간수는 1,200도의 쇳물을 그들의 몸에 부으라고 명령했다. 그들은 몸이 녹아내리는 고통 속에서도 "주여!"라고 외칠 뿐이었고 믿음을 부인하지 않았다.

그 외에도 같은 시기에 황해도 은율과 운산의 170여 명의 지하 성도가 발각되어 체포되고 수용소로 추방되기도 하였다. 그뿐 아니라 북한 전역에서 지하 성도들이 신앙생활 중에 집단적으로 발견된 사례들이 많다. 1990년 초 86명의 지하 성도가 황해남도 안악군에서 발각되었는데, 이 모임을 인도한 지도자는 80대의 할머니였다고 한다. 함경북도 회령에서도 80대 노인이 지하교회를 인도하였다는 보고가 있다. 이처럼 북한 전역에 해방 전 교회를 섬겼던 주역들이 40여 년 이상을 북한의 지하교회를 이끌어 가고 있었다. 북한의 지하교회 지도자들은 현실적으로 고령일 수밖에 없음에도 불구하고 신앙의 공동체를 이끌었던 것이다.[2]

그들은 공산화되기 전에 대부분 30~40대로서 교회에서 집사와 장로, 권사 직이나 교회 성경학교 교사의 경험이 있었던 나이에 해당되는 것이다. 이들이 북한의 지하교회를 이끌어 가는 주역이었고, 북한에 남아 있는 제1세대 지하 성도들이다. 이들을 북한에 '남은 자들'로 볼 수 있다. 이들이 고령화되자, 어느 가족의 경우에는 그다음 세대들이 신앙의 바통을 이어받았다. 이 같은 지하교회의 1세대 사역자들이 북한 전역에 얼마나 있는지 알 수 없으나, 분명한 점은 이들이 북한 지하교회의 불씨로 남아 그 생명력을 이어갔다는 것이다.

1988년 서울올림픽이 끝난 뒤인 1989년부터 한국 정부가 실시한 국민 해외여행 자유화 조치 후, 한국인들이 중국의 조선 동포들을 방문하는 경우가 많아졌다. 특히 1992년 8월 24일 한·중 수교 후에는 한인 선교사들의 중국 방문이 급격히 많아지면서 조선족 동포들에게 복음을 전하고 가정 처소교회를 세웠다. 이를 통해 조선족 기독교인들이 북한 선교 및 친지 방문 목적으로 북한을 출입하였고 그들의 북한 친지들도 중국을 상호 방문하는 사례가 많아지면서 자연스럽게 북한 동포들을 대상으로 한 전도가 활성화되었다. 그로 인해 북한을 방문한 조선족 기독교인이나 중국을 방문한 북한 지하 성도를 통해 그들의 신앙과 지하교회의 실체가 밝혀졌다.

특히 압록강과 두만강 국경 지대에 있는 조선족 처소교회들이 북한에 성경과 라디오를 반입시키는 일에 크게 기여하였고, 배후에서 한국과 미주 지역 선교사들이 이들의 사역을 적극 지원하였다. 그러던 중 지하 성도의 실체가 밝혀진 사례가 있었다. 1997년에 어느 지하 성도가 수십 년 동안 항아리 속에 찬송가를 넣어 두고 사용하다가 더 이상 사용할 수 없게 된 것을 중국 친지를 방문할 때에 은밀하게 갖고 온 것이다. 그 찬송가는 1935년도에 발간된 것으로서 지금의 한글 맞춤법과는 상당히 달랐고, 닳아빠진 면에는 다른 종이를 덧대어 없어진 가사를 볼펜으로 써놓기도 하였다. 그 찬송가는 북한 지하 성도들의 고난을 상징하는 것이었다.

중국의 개방 정책과 한국과의 수교는 북한 선교의 새로운 활로를 열어 지하 성도들에게 은밀한 방법으로 성경과 기독교 관련 서적과 라디오 등을 많이 유입시킴으로 저들의 신앙에 큰 유익을 주었다. 그로 인해 자연스럽게 조선족 처소교회들과 한국 선교사들과 협력 관계가 형성되면서 북한의 지하교회와도 상관관계가 구축되었다.

북한의 정치·사회적으로나 종교적으로 큰 변화를 준 변곡기는 분명히 1988년 서울올림픽 개최, 그리고 이와 체제 경쟁에서 맞서기 위해 1989년 평양세계청년학생축전을 개최한 것이었다. 그로 인해 북한도 세계의 흐름에 유입하는 계기가 되어 종교법이 개정되었고, 이런 제도적 변화로 봉수교회와 칠곡교회와 장충성당이 건립됨으로 북한 지하교회 성도들에게도 신앙적으로 고무적인 자극이 되어 북한 전역의 지하교회에 활력을 불어넣는 계기가 되었으며, 북한 지하교회의 실체가 조금씩 노출되기 시작하였다.

2. 식량난으로 인한 대량 탈북 사태

21세기에 들어서도 지구상에서 가장 폐쇄적인 철의 장막으로 통제되고 유지되고 있는 나라가 바로 북한이다. 그와는 다르게 공산주의 종주국인 소련이 볼셰비키혁명(1917) 이후 74년 만인 1991년에 붕괴되었고, 1989년 동유럽의 사회주의 국가들의 연속적인 붕괴와 그해 가을 동·서독의 베를린 장벽 붕괴에 이어 1991년 동서독의 완전한 통일은 북한에도 상당한 충격과 불안을 주었다.

이에 북한 정권은 체제의 붕괴를 막기 위해 더욱 폐쇄화하였고, 도미노 게임처럼 붕괴된 동구권 나라들과 소련의 공산 체제 해체는 그동안 이들 나라들로부터의 경제적 원조에 많이 의존했던 북한 정권으로서는 심각한 경제난을 맞이했으며, 더불어 연이은 기상 재해로 식량의 위기가 발생하여 북한 주민의 대량 탈북 난민 사태로 이어졌다.

북한의 경제 위기는 사실상 1989년에 '평양세계청년학생축전'을 개최하기 위해 90억 달러를 낭비한 데서 비롯되었다. 이것이 북한 경제에 크나큰 치명타가 되었고, 북한의 경제, 산업이 내리막길을 걷게 되는 단초가 되었다. 이러한 절박한 상황에 대해 김일성은 후계자 김정일로부터 늘 허위 보고를 받아 북한의 실상을 파악하지 못하고 있었던 것으로 알려지고 있다. 이는 김정일이 김일성에게 정확한 국정 보고를 못하도록 막았기 때문이며, 그것은 자신의 실정을 방어하기 위한 조치였다. 후에 김일성이 이 사실을 알게 되었을 때는 이미 아무것도 할 수 없는 최악의 경제난과 식량난에 처한 이후였다. 이에 대한 정황을 국제 개발을 위한 미국 기관의 관료 앤드류 나초스(Andrew Natsios)는 자신의 연구 자료에서 이같이 밝혔다.

1930년대 김일성의 만주 항일 유격대의 동료 아들이자 정무원 총리를 지낸 강성산은 1992년 초 당 책임비서 재직 중, 함경북도 주민들의 고통과 그들이 겪는 빈곤에 대해 김일성에게 보고하였다. 강성산 보고는 김일성의 아들 김정일에게 그동안 받아 오던 〈빛나는 경제 보고서〉와는 아주 다른 내용이었다. 김일성은 경제 분야의 심각한 침체를 인식 후 국정을 다시 스스로 챙기기로 결심했다. 강 총리의 보고가 경제 악화에 관한 마지막 보고가 아니었으며, 그 이후 2년 동안 김일성은 계속적으로 경제 보고서를 따로 받게 된다. 북한이 공식적으로 인정하지 않고 실재하지 않는다고 했던 식량 위기는 1991년부터 1994년 사이에 더욱 심각해졌다…1995년에 이미 특권층을 제외한 모든 북한 주민의 식량 배급 체계는 완전히 붕괴되어 가고 있었다.

1993년 김일성은 함경북도 지역의 기아로 인한 주민들의 사망 보고를 받고 큰 충격을 받았다고 한다. 이러한 참상을 직접 눈으로 확인하기 위해 김일성은 함경북도를 방문하였다. 김일성은 주민들이 들판에서 식량을 찾아 헤매는 것을 목격하고, 그들에게 무엇을 하고 있는지 물었다. 그들은 "지금 우리는 먹을 것이 없어 굶주리고 있기 때문에 식량을 찾아 들판을 헤매고 있다"고 대답했다. 평양으로 돌아온 김일성은 지도부를 불러 주민들이 굶고 있는 사실에 대해 얼마나 알고 있는지를 물어 보았다. 그 당시 서울에서 회자되었던 정보에 의하면 아버지와 아들 사이에 격한 논쟁이 야기되었는데, 김일성은 김정일에게 경제 분야의 관리 부족과 즉각적이고 정확한 정보를 자신에게 전달하지 않은 과실을 엄중 문책했다고 한다.[3]

김일성은 1994년 8월에 남북평화회담을 앞두고 갑작스럽게 사망하였다. 1995년에는 대홍수로 전 국가의 벼 수확량의 4분의 1이 손실되었다. 결국 김정일은 그해에 해외 식량 지원을 허용했다. 먼저 세계식량기구, 국제연합아동기금, 월드비전, Mercy Corp., 세계교회협의회(WCC), 국경없는의사회(MSF), 굿네이버스 등에서 식량과 의료 등 구급품들을 지원하였다. 뿐만 아니라 새로운 영농 기술과 마비된 도로와 교량 등을 정비해 주었다. 주로 미국을 위시한 비영리 단체와 선교 기관 대부분이 미국과 유럽의 기관들이었고, 이들은 직접 북한 주민을 접촉하고 지원과 치료를 도왔다. 이러한 새로운 대외적 접촉의 환경으로 북한 주민들은 그들이 어렸을 때부터 배웠던 반미 선전이 허구였음을 부분적으로 알게 되었다. 또한 북한 주민들은 인도주의적인 구호단체가 일부는 기독교 단체이며 기독교인들과의 접촉으로 알게 되었다.[4]

1991년부터 2004년까지 남한 정부는 남한 단체와 북한 정부 간에 추진되었던 65건 이상의 식량과 의료품 등의 지원 사업을 승인했다. 2004년까지 23개의 남한의 비정부 기구들이 북한에 총 98억 원을 지원했다. 그 가운데 상당수의 한국 선교 단체들과 교회 기관들이 북한 동포들을 위해 그리스도의 사랑과 민족애를 보이기 위해 지원했다.

연 도	1999년	2000년	2001년	2002년	2003년	2004년	총 계
방북 인원	49	144	384	1,715	1,320	476	2,926
지원 건수	15	39	76	119	111	81	297

(통일연구원 연구총서, 2004)

국내외의 많은 크고 작은 자선 및 비정부 단체와 교회에서 적지 않은 양식과 의료품들을 지원했으나, 워낙 심각한 식량난은 굶주린 북한 주민들의 탈북을 근본적으로 막지 못했다. 특히 공업 지대가 많은 함경북도, 동해안 지역의 주민들과 압록강과 두만강 일대의 주민들이 국경을 넘어 양식을 얻기 위한 행렬이 이어졌다. 1995년부터 이어진 탈북인들의 행렬이 1997년부터 급증하여 전년도보다 10배 가까이 증가했다. 2002년에는 약 10만 명의 탈북자가 발생한 것으로 추정하였으며, 2005년에는 20~30만 명의 탈북자들이 발생한 것으로 보고 있다. 그러나 이들 가운데 대부분이 단기간 중국에 체류하면서 돈을 벌거나 양식을 지원받아 다시 북한으로 돌아간 것으로 파악하였다.

중국에 불법 체류하는 탈북인들은 초기에는 적었으나 해를 거듭할수록 많아졌다. 이는 그만큼 북한 내 주민들의 굶주림이 심각했음을 말해 주며, 중국 정부는 자국 내에 탈북자들이 급증하여 북한과의 외교적 문제와 국내 치안에 적지 않은 문제들이 발생하자 중국 내 체류 탈북자들을 체포하여 대대적으로 강제 송환하였다.

3. 김일성 사후 지하교회의 급증과 탄압

1994년 김일성이 사망하고 2~3년 이후부터 북한 전역에 대기아 사태가 본격화되면서 중국으로의 불법 도강이 대규모로 발생하였다. 그로 인해 2000년 초부터 무수한 도강인들이 중국에 넘어왔다가 다시 돌아갔으며, 그들 중에 신앙인이 된 자들이 복음을 북한 전역으로 광범위하게 전파하여 지하교회가 광범위하게 형성되었다. 여기에는 두 가지 사회적 원인이 있다.

첫 번째 지하교회 급증은 북한 주민의 대량 탈북 사태로 이어지면서 북한 내의 복음 유입이 그와 비례하였다. 최초로 중국으로 도강해 온 탈북인들이 김일성 사후부터 약 10여 년 이상 수십만 명이 조선족 교회와 한인 선교사들로부터 양식과 다양한 생활품들을 지원받았다. 그런 과정에서 이들로부터 전도와 성경 학습을 받고 다시 그들의 고향으로 돌아갔다. 그들 중에는 자신들의 거주지에서 복음을 전하고 지하교회를 구축하기도 하였다. 그 수가 얼마나 되는지 가늠은 할 수 없지만, 그들 중에는 죽음을 각오한 사역자로 거듭나서 성경과 전도지와 신학에 관련된 책자와 라디오와 설교 테이프를 갖고 전국 곳곳에 복음을 전하는 자들도 있었다. 이로 인해 해를 거듭할수록 북한 전 지역에 복음이 크게 확산되는 새로운 국면을 맞이하였다. 결과적으로는 이들이 북한 복음 전파의 새로운 주역이 된 것이다.

이를 뒷받침하는 자료가 고난의 시기가 지속되는 2000년 후에도 약 1,000여 명의 그리스도인들이 순교하였다고 밝히고 있다("북한의 기독교 탄압 실태", 2001년 보고, 〈조선일보〉). 이는 그만큼 북한 내에 상당수의 기독교인들이 활동했다는 증거이기도 하다. 그뿐만 아니라 이들은 전후에 태어난 새로운 젊은 세대로서 북한 내에 해방 전에 남아 있던 지하교회 1세대를 이어가는 새로운 신앙 세대로 자연스럽게 형성되어 북한 내에 신앙 세대가 교체되었음을 말해 준다.

한국선교연구협회의 자료에 의하면, 1995년부터 1998년까지 중국에서 사역한 총 413명 이상의 남한 선교사들 중 대부분이 북한 섭경에서 사역을 했으며, 북한 사람들을 복음 전도의 대상으로 삼았다고 밝히고 있다. 이들 선교사들에게 양육받은 탈북인들이 고향으로 돌아가 가족, 친척과 이웃들에게 복음을 전하므로 그 파급 효과는 상당했다. 실제로 탈북인들이 북한 내에 지하교회를 구축한 경우가 대부분이었다. 이를 뒷받침하는 자료가 탈북인 교육기관인 '하나원'에 의해 밝혀졌는데, 이 자료는 2004년 8월 31일까지 남한에 입국한 5,809명 중에 61.9%가 중국에서 그리스도를 영접했다고 기록하고 있다. 그렇다면 중국 내 탈북인들 가운데 일부만이 새로운 피난처인 한국으로 온 것이었고 상대적으로 중국에 남거나 자·타율적

으로 다시 북한으로 돌아간 기독교인의 수도 상당수였음을 쉽게 예측할 수 있다.[5]

중국 정부에서는 대량 탈북인들이 발생하자 1998년 이후 국경 지대에 큰 수용소를 만들어 놓고 중국 각지에서 잡아들인 탈북인들을 조사한 다음 북한으로 강제로 송환하였다. 그 수가 연 4~5,000명이었다고 한다. 이 숫자는 한국으로 온 탈북인 숫자보다 훨씬 많은 것으로서 누적된 강제 송환자 수는 지금까지 40~50만 명을 상회할 것이다. 그렇다면 그중에 기독교를 접한 숫자도 한국에 온 탈북인들과 같은 60% 이상일 것으로, 적어도 20만 명 이상이 기독교인이 된 상태에서 북한으로 송환된 것으로 볼 수 있다

육신의 양식을 얻기 위해 북한 전역의 굶주린 주민들, 특히 젊은 층들이 중국으로 도강하여 북한에서는 경험해 볼 수 없는 복음과 교회를 접하게 되었다. 이들은 북한에서 교회와 예수라는 이름조차 알지 못하였으나, 중국의 처소교회를 '하나님의 집'이라고 부르기도 하였다. 물심양면으로 도움을 주는 중국의 조선족 기독교인들과 한국의 선교사들을 만남으로 그들은 신앙과 동포애를 경험하게 되었다. 많은 탈북인들이 예수를 영접하고 세례를 받고 성경을 배낭에 소지하고 다시 고향으로 귀향하여 지하교회를 구축했다는 것은, 하나님께서 1945년 8월 15일 해방과 공산화가 동시에 이루어진 지 50년이 되는 해인 1995년에 이르러서 본격적으로 탈북자, 도강자들을 통해 성경이 다시 북한 땅 철의 장막으로 들어감에 따라 구원사적인 희년이 북한에 성취된 것이라고 상징적 의미로 해석할 수 있다.

이는 그 땅에 복음을 들고 들어간 탈북인들로 인해 북한이 공산화된 지 50여 년 만에 복음화가 실현된 것으로써, 그 주역이 북한의 새로운 세대들이 되었다는 점에 의미가 있다.

이들은 새로운 세대로서 북한의 복음화와 지하교회의 주축이 되

었다. 그들 대부분이 6·25전쟁 이후에 태어난 청장년층으로 새로운 2세대들이었고, 이들의 주거지는 대부분 중국과 접경지였기에 이들을 통해 복음은 다시 북한 내 다른 지역으로 확산되어 갔다. 당시 내륙의 주민들은 중국 국경 지역으로 양식과 생활 물자를 구하러 왔기에 물자 교류와 더불어 자연스런 복음의 유통이 촉진된 것이다.

두 번째 원인은 북한의 식량난 중에 북한 당국이 중국의 친척들로부터 양식 지원을 받도록 북한 주민들의 친인척 방문을 많이 허가해 주므로 1년에도 수만 명의 북한 주민들이 중국 친지 방문을 하게 되었다는 점이다. 그중에 중국의 조선족 기독교인들로부터 전도를 받고 기독교인이 된 사례도 상당수 있었다. 방문자들 가운데에는 해방 전에 신앙생활을 하였던 60대 후반의 주민들이 있었으며 50대 이하의 장년층 중에는 자신의 부모나 조부모들로부터 공산화 이전의 교회와 성경에 대한 이야기를 전해 듣거나 신앙을 전수받은 이들도 있었다.

이들은 중국에 친지 방문을 하여 신앙생활하는 친척들의 교회를 자연스럽게 접하게 되고 그 영향을 받기도 하였다. 이러한 경우는 신앙의 세대를 자연스럽게 이어가는 믿음의 상속자가 된 것이다. 북한은 중국 방문 규정으로 40대 이하나 70대 이상은 출국을 금지시켰다. 이들은 연령층으로 볼 때 거의 중·노년 계층들이었다. 그들이 중국의 조선족 친지들로부터 전도를 받을 수 있었던 배경에는 중국이 공산화되기 전(1949)에 조선인들이 사는 마을마다 거의 교회가 있었다는 것이 전제되어 있다. 그래서 중국이 1978년 이후 개혁·개방이 되면서 이들의 신앙이 다시 회복되어서 그들의 마을마다 '가정처소교회'들이 곳곳에 설립되어 북한 친척들이 자연스럽게 전도될 수 있었다.

북한 내 주민들 가운데에는 해방되면서 중국에서 이북으로 귀국한 동포들도 많았으며, 북한이 전쟁이 끝난 이후에는 국가 재건 사업을 위해 많은 노동력이 필요해지자 중국 내의 조선 동포의 재입국 유인 정책을 펼치면서 약 20여만 명이 북한으로 대량 이주하였다. 그로 인해 중국의 조선 동포들과 북한으로 이주한 자들 간에는 친인척 관계가 형성되어 이들이 중국과 북한으로 상호 방문이 가능하게 되었다. 북한 주민들의 중국 방문 조건은 친척이 있는 경우에만 한하였다.

이들의 중국 방문의 첫 번째 목적은 양식 및 생활 지원을 받기 위한 것이었기에 북한 내의 중국 친척 연고권자들은 대부분 이런 이유로 중국을 방문했다. 자연스럽게 이들이 복음을 전할 수 있는 새로운 대상이 되었고, 이들이 북한 내에 새로운 복음의 세대를 구성하였다. 중국과 북한 간 상호 친인척 방문이 북한의 복음화에도 크게 기여한 것으로 볼 수 있다.

그 외에도 중국에 달러 벌이 및 공무차 온 북한의 관리들 가운데에는 장기 체류나 가족 동반 간부급들도 상당수 있었으며, 이들과 접촉이 있는 조선족 기독교인이나 한국인 선교사와의 사적인 관계를 통해 복음을 접한 경우도 적지 않았다. 그들 가운데에는 자신들의 부모가 해방 전에 기독교인이었던 경우도 상당수 있었으며, 그들은 부모의 신앙을 이어받는 기회가 되기도 하였다. 이처럼 북한 일반 주민들과 관리들이 대기근과 경제난을 해결하기 위해 중국을 방문함으로 결과적으로 북한에 복음이 유입되고, 때로는 지하교회까지도 구축하게 되었다.

한 사례로서, 중국 변방 어느 도시에 북한 무역회사의 직원이 출장차 왔을 때 그와 무역 일로 관계가 있는 조선족 무역회사 직원이 그에게 전도를 하였다. 당시에는 북한에 각 기관마다 무역회사를 설립해서 각자 도생하여 양식 공급 문제를 스스로 해결하도록 새로운 정책을 실시하여 중국 국경 지역에 많은 북한 무역 일꾼(외화벌이)들이 출입하였다. 어느 사역자가 외화벌이 일꾼에게 전도를 하려 하자 그 사람이 이렇게 말하였다.

"선생님께서 무슨 말씀을 하려는지 잘 알겠습니다. 저도 해방 전 어린 시절에 고향에서 예배당에 다녔습니다. 성탄절이면 예배당에서 불렀던 찬송가를 지금도 기억하고 있습네다. '고요한 밤'과 '우리 구주 나신 날' 그 찬송을 불렀었습니다. 그 소년 시절에 주일학교 선생님에게 창세기를 배운 기억도 생생합네다. 그 내용을 과학적으로 해명하기 어렵지만, 지금도 그 말씀이 진리의 말씀으로 믿고 있습네다. 앞으로 통일이 되면 내래 하나님을 잘 믿어 볼 것입니다. 선생님께서 앞으로 많은 방조해 주시기 바랍네다."

만일 1990년대 후반부터 현재까지 북한에 이러한 크나큰 기근이라는 참사가 없었다면, 이런 대규모의 복음이 굶주린 북한 동포들에게 들어갈 수 없었을 것이다. 육신의 양식에 굶주렸던 북한의 무수한 도강자들이 육의 양식을 얻으러 왔지만 저들 가운데 일부는 돌아갈 때 생명의 양식도 함께 지니고 각자의 고향으로 돌아감으로 복음의 전령자들이 되었다. 이들은 북한 전역에 복음의 풍매화가 되어 복음이 북한 전역에 퍼지게 되었다. 다양한 복음의 전령들이 이 기아의 시기에 형성되었다. 어느 지하 성도는 복음을 전하기 위해 수십, 수백km의 험산준령을 넘어 곳곳을 다녔고, 어떤 지하 성도는 재양육이나 성경과 교재를 얻기 위해 다시 목숨을 걸고 강을 건너와 중국에서 양육을 받고 돌아가 그들의 교회를 견고케 하기도 하였다.

이같이 1990년 중·후반부터의 고난의 행군 시기에 북한 내에 광범위하게 복음이 확산되고 이로 말미암아 지하교회가 자연스럽게 구축되었다. 이에 대해 외신들도 이를 기사화하였다. 미국의 유력한 일간지인 〈워싱턴 포스트〉지는 2001년 4월 10일자에 한국 교회가 북한 선교 활동을 강화하면서 북한 내 지하 조직과 성도들의 수가 늘어나는 기회를 맞고 있다고 보도했으며, 한국의 KBS 라디오가 이를 인용 보도하였다. 이에 대해 북한은 민감한 반응을 보였다. 그러자 조선기독교도연맹 오경우 서기장은 이런 보도에 대해 4월 12일 한국기독교교회협의회 김동완 총무 앞으로 보낸 서한에서 "지난 11일 귀측 라디오 보도에 따르면 남한의 기독교 단체들이 북의 지하 종교 조직에 대해 선교 활동을 강화하고 있으며 성경책 밀반입, 탈북 주민의 북한 귀환을 지원하고 있다고 한다"면서 이것이 사실이라면 "우리 련맹과 남녘의 그리스도교 단체들 간의 관계에 찬물을 끼얹고 련맹의 위상을 훼손시키는 비열한 처사라고 인정하지 않을 수 없다"고 비난하였다.[6]

이러한 북측의 신경질적인 민감한 반응은, 사실상 북한 내 지하교회 성도들이 급격히 증가하고 있으며 이런 변화가 북한 정권에게는 정치적으로 위협적인 세력으로 인식되고 있다는 간접적인 증거이기도 하다. 사실상 지하교회 조직이 외부와 차단된 가운데서도 자생적으로 그 세력이 점차 확산되고 있었기에 체제 유지 차원에서 이들이 발견되면 모두 정치범으로 취급하여 처형하거나 수용소로 추방하여 지하교회의 확산을 저지하려는 강력한 응징을 취하였다.

고난의 행군 시에 굶주린 수많은 탈북인들이 중국의 국경 지대에서 농속인 조선족들과 한국 국적의 선교사들이나 미주 지역의 한인 선교사들을 만난 것은 반세기 만으로, 동족 간의 극적인 상봉의 역사였다. 이런 반세기 만의 만남은 요셉과 그 형제들의 만남 같은 의미 있는 희년의 기쁨이었다. 실제로 상당수의 한국 이산가족들은 정부 차원에서 진행하는 남북 이산가족 상봉 행사에 참여하지 못하자, 차선의 방법으로 이같이 중국에 와서 압록강, 두만강 근역에서 50여 년 만에 북한에 두고 온 가족들과 혈연들을 은밀하게 상봉하는 사례들이 많았다. 그로 인해 저들은 야곱의 일가처럼 생사를 확인했고, 그들에게 복음을 전하는 사례도 있었다. 이러한 다양한 경우들이 분단 50여 년 만에 중국을 통해 북한 내에 지하교회의 재건과 활성화에 크게 기여한 것으로 볼 수 있다.

북한 공산 독재 체제하의 기독교 탄압과 핍박의 역사는 1945년 해방과 더불어 이북 지역의 공산 정권 수립 과정부터 시작되어 세습 체제 70여 년에 걸쳐서 지속되고 있다. 특히 김정은 독재 체제는 과거 김일성과 김정일 때보다 더 집요하고 악하게 북한 내의 지하 기독교인들과 그 조직을 발본하여 제거하려는 정책을 더욱 강화하고 있음이 최근 들어 밝혀지고 있다. 북한 소식 전문 인터넷 매체인 'Dailynk.com'에서 이에 대한 구체적인 소식을 전하고 있다.

미국 정부가 7월 21일 북한을 18년 연속으로 '종교 자유 특별 우려국'으로 지정한 가운데, 최근 북한에서 종교 행위에 대한 단속과 적발이 강화됐다는 증언이 나왔다. 북·중 국경 지역 주민들에게 대한 도강 및 외부와의 통화 단속을 강화하면서 은밀하게 종교활동을 하는 사람들까지 단속 대상이 되고 있는 것으로 보인다. 탈북민 출신으로 북한 선교 활동을 하고 있는 이 모 선교사는 15일 데일리NK와의 통화에서 "지난 5월 (양강도) 혜산에서 기독교 복음을 받아들이고 북한에 들어간 주민과 그 일가족 전원이 체포되는 사건이 있었다"며 "현재 아들과 딸, 손녀는 5천 달러를 벌금으로 내고 석방되었는데 엄마는 생사 확인조차 되지 않고 있다"고 전했다.

특히 그는 "올해 들어 북한에서 기독교인 체포와 구금이 많아졌다는 이야기가 심심찮게 들리며, 기독교인들에 대한 대대적인 색출 작업을 하고 있는 것으로 보인다"[7]고 덧붙였다. 그러면서 "북한 당국에서 종교적 활동에 대한 구체적인 정보를 가지고 불시에 들이닥치는 게 최근 체포 건들의 특징"이라고 설명했다.

북한 인권 개선 운동을 하고 있는 정베드로 북한정의연대(JFNK) 대표도 "최근 북·중 접경 지역에서 중국 공안과 북한 보안원들의 체포 감시가 강화되면서 종교활동에 참여한 사람들을 북송시키고 강제 수용소에 구금시키는 일이 급증했다"고 말했다. 정 대표는 "3개월 전에도 중국 지린성에서 중국 공안이 예배처소를 급습해 북한 주민 7명이 강제 북송됐다"며 "함께 있던 한국인 선교사는 강제 추방됐고, 북한 주민들 중 일부는 북한 공민증을 가지고 적법한 절차에 의해 중국에 체류하고 있는 사람들이었지만 종교활동을 했다는 이유로 북한에 넘겨진 것"이라고 전했다.

북한에서는 종교 행위 자체를 국가를 전복시키는 정치적 음모 행위로 간주한다. 때문에 종교 행위에 깊이 가담하다 발각되면 중범죄로 판단해 정치범 수용소에 보내지는 경우가 많다. 이 선교사는 "북한에서는 성경을 소지하고 있는 것 자체도 정치범으로 분류한다"면서 "종교와 관련된 행위를 했다는 이유로 정치범 수용소로 끌려가 생사를 알 수 없는 사람들이 셀 수 없이 많다"고 말했다.

실제로 북한에서 기독교인으로 강제 수용소에 구금된 사람들의 대다수는 성경책을 소지하고 있다가 보위부에 단속된 것으로 확인된다. 이에 대해 이 선교사는 "믿음을 가지고 있거나 비밀스럽게 선도를 하는 것 자체로는 종교활동을 했다는 증거를 잡아내기 힘들었지만 성경책 소지는 신앙 활동에 참여했다는 명백한 증거가 된다"고 말했다. 그 사례로서 북한을 관광차 방문했던 외국인들 중 일부는 성경책을 소지하고 있다는 이유로 북한에 억류되기도 했다. 지난 2014년 호주 선교사

존 쇼트는 기독교 인쇄물을 소지하고 있다가 반정부 범죄 혐의로 체포된 바 있으며, 북중 접경 지역에서 활동하던 한국인 선교사 김정욱, 김국기, 최춘길 등도 북한 정권 전복 혐의로 당국에 의해 체포돼 북한에 억류된 상태다.

미 국무부가 지난달 21일 발표한 국제종교자유위원회 조사 결과에 따르면, 북한 당국은 기독교 교리를 믿는다는 이유만으로 5~7만 명의 기독교인들을 강제 수용소에 구금하고 있다. 이 선교사는 "최근 기독교인들을 체포, 감금하는 빈도가 급증한 점에 미뤄 볼 때 종교 탄압은 김정은 시대 들어 강력해졌다고 할 수 있을 것"이라고 분석했다.

강제 북송 경험이 있는 한 탈북민은 "중국 쪽에서 성경책 7권을 넘겨받고 북한에 들여가다가 두만강을 건너자마자 바로 보위부에 체포돼 정치범 수용소에 간 사람도 있었다. 보위부가 성경책 밀반입 사실을 알고 현장에서 체포할 만큼 포교 활동이나 종교 생활을 철저하게 감시하고 있다"고 밝혔다. 다만 기독교인들에 대한 수용소 구금이 늘면서 수용소 안에서도 은밀하게 예배를 하고 포교 활동을 하는 사례가 많아진 것으로 전해진다. 이 탈북민은 "강제 북송되어 교화소에 있을 때 예수님을 마음에 영접한 사람들이 많다는 사실에 놀랐다"며 교화소에서 신앙이 있는 사람들끼리 침묵의 예배를 드릴 때 눈물로 기도하며 큰 은혜를 받았다"고 말했다. 그는 이어 "교화소에서 새벽 5시가 되면 서로 화장실에 들어가려는 사람들이 줄을 섰다"며 "화장실에 들어가서 작은 소리로 나름의 새벽기도를 했다"고 했다. 밤 12시, 새벽 5시가 기독교인 수감자들의 기도 시간이었다는 얘기다. 이 탈북자는 "북한 당국의 종교 탄압이 심해질수록 비밀스럽게 신앙을 이어가는 사람들은 더 많아지고 있다"며 지옥 같은 교화소에서도 복음을 나누고 전하는 기적은 지금도 일어나고 있다"고 말했다.[8]

서울대 통일평화연구원 김병로 교수는 그의 저서에서 기아로 인한 북한 지하교회의 부흥 모멘텀(momentum)을 상세히 서술하고 있다.

"식량난과 고난의 행군이 야기한 또 하나의 변화는 바로 북한 안에 종교활동의 공간을 형성했다는 점이다. 극심한 식량난을 피해 중국으로 건너온 탈북자들을 경제적으로 지원하며 보살펴 주던 곳은 다름 아닌 종교기관과 단체였다. 탈북자들은 이곳을 통해 경제 지원을 받으면서 자연스럽게 신앙을 접하게 되고, 이들은 북한으로 돌아가 이른바 '지하교회' 활동을 시작했다. 고난의 행군 기간 동안 약 30여만 명의 탈북자가 발생했을 것으로 추산되고 있으니, 이들을 통해 북한으로 새롭게 흘러 들어간 종교 소식과 활동은 북한에 상당한 문화적 충격을 주었던 것으로 보인다. 북한의 정보기관들이 중국에서 탈북자들의 교회나 선교사들의 접촉을 심각한 정치적 문제로 보고 집중 조사하는 이유도 종교활동이 북한에 주는 충격이 그만큼 크기 때문일 것이다.

북한에서는 주체사상이 유일한 사상이고 종교가 되어 있으므로 다른 보편적 종교는 완전히 사라졌다 해도 과언이 아니다. 일반 주민들의 종교에 대한 인식은 매우 부정적이다. 종교를 미신, 비과학적 세계관, 인민의 아편, 또는 제국주의 앞잡이 등으로 규정하여 종교에 대한 부정적 의식이 확산되어 있다. 종교는 정신 나가고 얼빠진 사람이나 믿는 것이라고 생각한다. 이 때문에 반종교 의식이 매우 강하다. 북한은 1999년 종교 단체의 명칭을 외래적 색채가 강한 외국어명을 그대로 사용하는 방식으로 수정했다. 즉 '조선기독교도연맹'은 '조선그리스도교련맹'으로 개명했고, '조선천주교협회'는 '조선캐톨릭협회'로 바꾼 것이다.

1992년 개정 헌법에서는 이전의 "반종교 선전의 자유"란 문구를 빼고 그 대신 "종교 건물을 짓거나 종교의식 같은 것을 허용한다"는 내용을 삽입함으로써 1972년 헌법 개정으로 금지했던 종교활동의 자유를 형식적이나마 인정하는 조치를 취했다. 북한은 이를 통해 종교를 박해하고 있다는 국제적 비난을 피하고자 했다. 그러나 "누구든지 외세를 끌어들이거나 국가 사회 질서를 해치는 데 종교를 이용할 수 없다"는 단서 조항은 1998년 9월 헌법 개정 시 앞부분의 "누구든지"라는 말을 삭제함으로써 법률상 종교 자유에 대한 억압적 표현을 완화하였다.[9]

북한에 대기근 사건의 시기를 1996년으로부터 2000년대 초까지 약 10여 년을 기준으로 하여 집산한다면 북한으로의 대량의 복음 유입은 크게 두 부류로 정리할 수 있다. 가장 큰 규모의 사람들은 불법 도강자들로 그 수가 수십만 명 이상으로 추정되며, 그들의 연령대는 거의 10대로부터 청장년층이었다. 두 번째 부류는 수만 명의 합법적 친인척 방문자들로서 대부분 장·노년 층이었다. 그로 인해 북한에는 10대 이상부터 장·노년층까지 균등하게 복음을 접한 층이 존재하게 된 것이고, 지하교회에도 성도의 연령층들이 거의 모든 세대에 걸쳐서 형성된 것으로 볼 수 있다.

4. 김정은 시대의 시장경제 확장과 지하 성도

김정일 사망(2011) 이후 김정은의 세습 체제가 안착된 후 북한의 새로운 자본층들이 현재 북한의 생활 경제와 경공업과 교통망에 절대적 영향과 주도권을 행사하고 있다. 이들의 주류는 화교, 재일동포, 간부층의 대리인과 자수성가한 개인과 중국에서 시장경제를 체험한 탈북 출신들 등 다양하다. 북한의 장마당도 중국과 접경하고 있는 신의주, 무산, 혜산, 남양, 청진, 나진 등 여러 지역에서 중국과 정식 또는 밀무역을 통해 북한 지하경제의 공급 기능을 하고 있다.

현재 장마당에 종사하는 적지 않은 지하 성도들은 중국의 친인척 배경을 갖고 있기도 하다. 사실상 이들이 한류 대중문화와 기독교의 복음 전파에도 적지 않은 역할을 하기도 하여, 지하경제의 활성화는 물론 복음 전파의 못자리 역할을 하고 있다.

이런 유사한 사례로 한국 교회사에서 조선 쇄국 시기에 중국을 드나들면서 봇짐장사를 하는 상인들 중에 복음의 상도(商徒)가 되어 조선 전역에 복음을 전하는 매서인들이 있었다. 가장 대표적 인물로 서상륜, 백홍준, 서경조, 김응기 등이 압록강을 넘나들면서 봇짐장사를 하는 종사자들이었다. 이들은 만주의 봉천(심양)에 선교 근거지를 둔 스코틀랜드의 존 로스 선교사에 의해 전도되고 그와 함께 조선어 쪽복음을 번역한 후 복음의 봇짐장사를 하면서 조선의 내지와 국경을 넘어 만주의 북간도와 서간도 등의 지역과 전국을 다니며 성경책과 기독 서적을 파는 권서(勸書)의 역할을 하였다. 그들이 다닌 곳마다 교회가 세워지기도 하였다. 그 후 일제 강점기 중에도 이북의 교회 부흥기에 평안도 신의주, 의주, 선천, 정주, 평양, 재령, 개성 등지의 상권에 기독교 상인들이 큰 영향력을 행사하기도 하여 주일이면 평양과 선천 같은 경우는 장사 거래를 하지 않을 정도였다.

현재 북한의 장마당이 북한 정부의 허용과 양성화로 인해 날로 그 영향력이 배가되고 있으며, 이러한 추세가 북한 주민들에게 자본주의적 시장경제에 익숙해져 대중화됨으로 이제는 돌이킬 수 없는 큰 규모로 성장하고 있다. 이러한 상업 활동의 변화는 자본주의 형성과 그 나라의 산업과 경제에 긍정적 영향을 주며, 개인의 능력을 향상시켜 시장경제 형성과 민주 사상에도 기여하게 될 것이다. 최근 미국의 전략국제연구소(CSIS)가 연구 결과를 공개한 자료를 〈월스트리트저널〉에서 "북한에시의 시장경제와 자본주의"라는 제목으로 보도했다.

전략국제연구소는 한국에 정착한 탈북자들이 만든 북한 경제 연구 기관인 '북한개발연구소'와 함께 지난해와 올해 조사 연구를 진행했다. 보고서는 전략국제연구소의 빅터 차(Victor Cha) 교수와 리사 콜린스 연구원이 작성했다. 보고서에 따르면, 북한에는 1990년대 대규모 기아 사태를 겪었던 '고난의 행군' 당시 시장이 하나도 없었지만 이후 조금씩 생겨나기 시작했고, 10년 전과 비교해 2배로 늘어났다고 한다.

보고서는 북한 전역에서 상품과 음식, 의약품을 판매하는 공식 시장과 비공식 시장(장마당)의 숫자가 증가하고 있다고 전했다. 북한 전문 매체들은 현재의 장마당 경제가 북한 경제를 지탱해 주고 있으며, 북한 주민의 약 70%가 장마당을 통해 생활용품들을 조달하고 있어서 이제 국가보다 암시장에 해당하는 장마당 시장에 의존하고 있다고 지적했다. 그뿐만 아니라 그들 스스로가 북한에는 2개의 정당이 존재하는데 여당이 '조선로동당'이고 야당이 바로 '장마당'이며 이들 당원이 전 주민의 약 70%라는 것이다.

이는 곧 북한 주민들이 시장경제 체제에 익숙해져 가고 있으며 금융 체제인 국가 은행은 사실상 무용지물이 되어 주민들이 외면하여 본래의 은행 기능을 못하게 되자, 주민들은 전국의 약 600만 개의 휴대폰을 통해 전국적으로 네트워크를 이루어 '돈주'들은 이를 통해 송금과 환전과 대출하고 있다는 것이다. 심지어는 최근 들어 세계가 핵문제로 북한에 대한 무역 제재를 하자, 중국과 러시아와의 밀무역에도 이러한 현상이 나타남으로 국가 경제가 민간의 암시장 체제로 대체되고 있다. 이는 곧 "악화가 양화를 구축한다"는 현상이 북한에 더욱 심화되어 가고 있는 것이다.

이제 도시와 농촌과 산간 지역에도 시장이 형성되면서 북한 당국은 일종의 관리비 명목으로 시장 거래에 세금을 부과하여 정부에서는 그 자금이 당을 움직이는 재원이 되고 있는 현실이다. 그 규모는 연간 약

5,680만 달러에 이르는 것으로 추산됐다. 시장 규모는 지역별로 다양한 것으로 나타났다. 가장 작은 것은 260평방미터이고, 청진시에 있는 가장 큰 시장은 23,225평방미터에 이른다.

신흥 자본층인 이들이 북한에서 시장을 주 무대로 활동하면서 돈을 융통하는 자본가인 '돈주'들은 경제의 영역을 건축 부문에도 확장하여, 대단위 아파트 건축에도 이들이 건축 자금을 대고 정부는 노동과 땅을 제공하여 서로의 역할 분담 시스템으로 나가고 있으며, 의복과 신발 등의 생활용품 공장에 원자재 구매에 투자하여 생산 기업소와 이익을 분배한다는 것이다. 이는 곧 북한 국가 경제를 민간 경제가 움직이는 비중이 날로 증대되고 있음을 말해 주고 있는 것이다. 이들 돈주들은 무역과 생산, 금융 등을 통해 부를 축적한 북한 내의 신흥 자본가들이다. 북한에서 사기업은 불법이지만 국영기업과 연관된 사업은 허용된다. 돈주는 이러한 과정에 개입하여 부를 더욱 축적하면서 북한 경제의 전반에 걸쳐 그 역할이 더 증대되고 있다. 즉 사경제가 국가의 계획 경제를 무력화하는 현상이 더욱 광범위하게 영향력을 행사하고 있는 것이다.

본 연구소는 이처럼 북한에서 확산하는 시장 네크워크가 경제를 되살리라는 김정은의 특명을 수행하는 데 있어서 중요한 요소로 떠오르고 있으며, 이 과정에서 생겨난 돈을 가진 엘리트 계층은 정권도 간과할 수 없는 긴밀한 관계가 됐다고 전했다. 또 국제사회의 제재로 압박받는 북한 당국에는 상대적으로 안정된 수입원 역할을 한다고 설명했다. 미국과의 적절한 핵 협상으로 경제 제재를 완화하는 것은 김 위원장의 경제 건설 사명을 달성하기 위한 또 하나의 열쇠가 될 것이라고 부연했다.

김정은 위원장은 올해 초 신년사에서 '핵무력 완성'을 선언하고 이제부터 경제 발전에 힘을 쏟아야 한다면서 '사회수의 경제 건설 총력 노선'을 추구하겠다고 밝힌 바 있다. 한편 앞서 미국 존스홉킨스

대 국제관계대학원 산하 한미연구소와 한국에 있는 북한 전문 매체 'Dailynk'는 북한에서 공식 인가를 받은 시장을 각각 480개로 추정한다고 전했다. 이러한 시장에는 최소 60만 명이 종사하는 것으로 추산됐다. 다만 김 위원장에게 있어서 위험 요인은 '돈주'(자본가)의 영향을 받는 북한 주민의 이익이 결국 김정은 체제와 충돌한다는 것이라고 지적했다. 이런 점은 자유주의 시장경제로의 개혁함에 있어 잠재적인 위험요인이 된다는 것이다.

콜린스 연구원은 "김 위원장은 돈주에게 돈을 벌 수 있는 제한된 자유를 주는 것과 시장 활동 및 개발 계획에 자금을 공급하도록 하는 것 사이에서 줄타기를 해야 할 것"이라며 "돈주들을 통제하면서도 경제 개발 사안에 끌어들여야 할 것"이라고 말했다.[10]

상기의 보고서는 장마당 경제가 북한의 시장경제 활성화와 자본층을 크게 확산시키고 있음을 입증하고 있는 것으로서, 존 칼빈의 《기독교강요》에서 주장하는 '일반은총' 교리 중에 "근면으로 번 돈은 하나님의 축복이며 사회에 기여해야 한다"라는 논리가 그들에게 크게 확산된다면, 장마당 시장경제 활동이 사회 개혁과 사경제에도 활력을 불어넣어 삶의 질 향상과 개인 능력 중시에도 큰 상승 효과를 주어 국가 경제에도 도움을 줄 것이다.

140여 년 전에 기독교 복음이 조선에 들어오기 전까지만 하여도 유교 문화에 젖은 봉건주의는 사농공상(士農工商)과 함께 노비들로 구성된 사회에서 제조업 분야와 상업에 종사하는 계층들을 멸시천대했다. 그런 계급화된 오랜 전통에 익숙해졌던 조선인들 가운데 공·상에 종사한 사람들에게는 서구에서 들어온 선교사들에 의한 새로운 기독교의 가르침이 큰 힘이 되었고, 신분의 열등의식을 벗어나 당당한 사회의 한 구성원으로 살아갈 수 있는 긍지를 심어 주었다. 이러한 새로운 사회 질서가 공·상인들에게는 사회적 복음이 되었다. 특히 이북의 국경 지대인 평안도 주민들에게는 큰 자극이 되었고, 그들이 사회에 그 이상의 공헌을 함으로써 상공이 활성화되었다.

1945년 북한 지역이 공산화되어 개인적인 상공 행위는 거의 소멸되었지만, 김일성 사후 산업과 경제가 거의 붕괴된 이후에는 북한 주민들의 자구책인 상업 행위와 가내공업 수준의 생활용품 생산이 활성화되고, 농촌에서는 협동농장보다는 각 농민들이 개인 텃밭이라는 개인 소작을 통해 생산품을 시장에 유통시킴으로 다시 100여 년 전으로 회귀된 사회가 되었기에, 오히려 장마당에 종사하는 인구의 증가와 가내 공업이 보편화되어 북한의 새로운 시장경제를 창출하며 주도해 나가고 있다.

현재 이러한 장마당 경제에 적지 않게 참여하고 있는 지하 성도들과 과거 중국으로 탈북하여 중국의 시장경제를 체험했던 이들도 이러한 장마당의 시장에서 상당수가 경제 활동에 종사하고 있는 것으로 알려져 있다. 장차 북한의 경제 활동이 더욱 활성화되고 자유화된다면 경제 발전과 함께 지하교회 활동에도 긍정적으로 작용하여, 전국의 복음 전파와 지하교회 부흥에도 큰 기여를 할 것이다. 그 실례로는 정전 후 남한의 경제 부흥이 교회의 부흥에 영향을 주었던 것을 들 수 있다. 최근의 북한 장마당 경제의 활성화가 물자 유통에 영향을 주어 이에 힘입어 다양한 정보의 유통도 급증하고 있기에, 복음 전파도 그에 힘입어 지하교회의 성장에도 적지 않은 영향을 줄 것으로 본다.

"그는 양털과 삼을 구하여 부지런히 손으로 일하며 상인의 배와 같아서 먼 데서 양식을 가져오며 밤이 새기 전에 일어나서 자기 집안 사람들에게 음식을 나누어 주며 여종들에게 일을 정하여 맡기며 밭을 살펴보고 사며 자기의 손으로 번 것을 가지고 포도원을 일구며 힘 있게 허리를 묶으며 자기의 팔을 강하게 하며 자기의 장사가 잘되는 줄을 깨닫고 밤에 등불을 끄지 아니하며"(잠 31:13~18).

제6장 지하교회의 실체와 사례

용천 폭발 피해 지역 물자 지원에 대한 감사장

제6장
지하교회의 실체와 사례

1945년 8월 이북을 점령한 소련은 군정을 실시하면서 궁극적으로는 북한 내에 기독교 세력을 척결하기 위한 수순을 진행하였으며, 김일성을 점차 전면에 내세웠다. 그는 자신의 공산 정권을 수립하기 위한 수단으로 북조선기독교도연맹을 창설하고, 친공산 정권 성향의 교회를 배경으로 공산 정권을 확립한 후에는 교회 재산 압수 및 주일 성수 방해와 교회 재정 고갈을 통해 그 땅에서 교회를 훼멸하기 위해 온갖 수단을 동원하였다. 1950년 6·25전쟁 숭에는 남조신 해방이라는 미멍히에 교회 세려을 이용하여 그 전쟁의 정당성을 주장하기도 하였다.

그러나 전쟁이 끝난 후 1958년부터는 북한 내의 모든 교회들과 개개인의 신앙 활동을 금지하고 교회를 모두 폐쇄하였다. 그로 인하여 북한에는 공식적인 교회가 사라지고 대신 일부 신앙인들이 비밀결사대 조직처럼 지하화하거나 개개인의 은밀한 신앙생활로 전환되었다. 이로 인해 사실상 북한 내의 기독교는 엄혹한 암흑기를 맞게 되었다. 북한의 진실한 기독교인들은 1950년 후반부터 철저히 지하화된 상태에서 에스더의 신앙처럼 "죽으면 죽으리라"는 일사각오로 그 땅에 신앙의 명맥을 그루터기 신앙으로 이어갔다.

전쟁이 끝난 후부터 지금까지 그러한 과정에서 수많은 신실한 기독교인들이 처형되어 순교의 피를 흘렸고, 수십만 명의 기독교인들이 정치범 수용소와 오지의 강제 노동 교화소로 추방되었다. 하지만 그들의 신앙은 '남은 자'로서, 하나님의 특별하신 역사하심 가운데 그 땅에 산 순교자들이 새로운 세대에게 그 신앙의 바통을 이어 주었다.

그러던 중 갑작스런 김일성의 사망과 1990년대 후반 고난의 행군 때에 중국에 출입했던 탈북자들을 통해 복음이 대량 유입되었다. 당시 한인 선교사들과 국경 지대의 조선족 교회들을 통해 상당수의 성경, 전도지와 라디오와 성경이 담긴 카세트 테이프와 MP3, USB 등과 같은 정보 기기들이 북한으로 대량 유입되었다. 현재도 한국과 제3국의 방송 매체들을 통해 기독교 복음이 전해지고 있으며, 북한 내의 기독교인들이 이를 애청하고 있음이 확인되고 있다.

중국, 북한 접경 지대는 복음 유입을 위해 지금도 소리 없는 전쟁을 치르고 있다. 분명하게 그곳 흑암의 땅에도 하나님께서 남겨 놓으신 제1, 2세대 그루터기 신앙인들과 고난의 행군 시에 형성된 제3세대에 해당하는 새로운 복음의 세대들이 북한 내에서 지하교회를 구축하며 지켜 나가고 있기에, 그 성도들의 신앙의 실제를 소개하여 그곳의 무형 교회들이 공산화되기 전의 교회의 맥을 이어가고 있음과 하나님의 그 땅을 향하신 구원의 역사가 어떻게 진행되고 있는지를 다양한 사례를 통해 소개하고자 한다.

제1사례 지하 성도의 원단 금식기도

이 글은 북한의 성도가 자신과 지하 성도의 신앙과 삶을 일기 형식으로 진솔하게 쓴 3개월분의 육필 수기 중 2008년 12월 31일 송구영신의 시간에 극동방송을 청취하면서 그해에 순교한 성도들을 회상하며 새해의 각오와 '원단 금식기도'를 선포한다는 결의에 찬 신앙고백이다. 그들의 신변을 보호하기 위해 인명과 지명 등을 가명으로 표기하였다.

2008년 12월 31일 수요일

이제 몇 시간만 지나면 2009년의 첫 해가 밝아온다. 예수님을 그리스도로 믿는 우리에게 지나간 2008년이 안겨 준 것이 무엇이던가? 복음 전파의 길에서 동지들이 흘린 순교의 피로 우리의 가슴을 적시며 주 예수님이 이 땅에 오시기를 애타게 부르짖고 또 부르짖은 한 해, 눈물의 파도, 피의 파도를 헤치며 순교자의 길을 걸어온 한 해 2008년, 고통과 고난의 연속으로 우리의 영혼과 육신을 갈기갈기 찢으려 했던 2008년의 이 한 해, 그러나 예수님의 피와 살을 마시고 먹으며, 십자가를 지시고 예수님이 오르셨던 골고다의 언덕을 오르는 우리의 발걸음을 2008년은 멈추게 할 수는 없었으니, 2008년은 우리로 하여금 피로써 이 땅에 예수 그리스도의 이름을 역력히 새기게 한 한 해로서 선노자의 삶을 눈부시게 장식한, 잊을 수 없고 너무도 뜻 깊은 한 해였다.

그러나 그리스도이신 예수님을 모르고 의도적으로 배신해 온 독재자 김정일과 그 추종자 무리들에게 2008년은 암흑과 고통으로 가득 채워진 한 해로서 죽음과 맞서며 허둥지둥 버둥질하며 몸부림친 불행의 한 해였다. 독재자 김정일 자체에게도 지옥의 문턱 가까이 이르게 한 2008년, 이 나라 백성의 수많은 육신을 주검으로 생산하여 지옥으로 걸어 간 사탄 무리들의 주검 생산력을 고도의 만 가동 만 부화를 걸었던 2008년이었다.

천국의 혼인 잔치에 참가하여야 할 이 나라의 영혼들이 저들에게

넋을 빼앗겨 이 나라 백성과 사탄 사이의 중매꾼 독재자 김정일의 중매로 인하여 얼마나 많은 백성들이 지옥으로 시집을 갔던가? 지옥에 간 백성들을 생각하면 마음이 찢어진다.

"주여, 저들에게 주의 복음을 전하지 못하여 천국에 가야 할 영혼들이 지옥에 가게 한 나의 이 죄를 용서하시고, 이들 영혼을 구원 못 한 책임을 천추의 한으로 품고 2009년은 죽음을 불사하며 전도할 수 있도록 그리스도이신 주 예수님 성령으로 역사하여 주옵소서. 아멘."

이제 몇 분 후면 맞게 될 2009년에 하나님 아버지께서 조선 땅에 어떠한 역사를 아로새기시려는지 너무도 기대되고 가슴이 떨려난다. 곧 지나갈 이 한 해, 죽도록 전도 못한 죄도 있지만 전도의 길에서 겪은 모든 사실을 되새겨 볼 때 너무도 하나님 아버지 은혜가 마음을 울린다.

하나님 아버지의 역사하심이 없었다면 어떻게 사납기가 이리 떼를 능가하며 승냥이는 내 증손이라 부르짖는 이 나라의 악인들과 맞서서 예수님은 그리스도시며 살아 계신 하나님의 아들이심을 담대히 전파할 수 있었으랴? 전도의 길에서 이 한 해 순교의 길을 걸은 김철진 동지(2008년 ○월 ○일 ○○보위부 감옥에서 옥사), 최수석 동지(2008년 ○월 ○○일 ○○도 보안국 강제 노동 단련대에서 옥사), 박철 동지(2008년 ○○월 ○일 ○○남도 ○○군 보안서 감옥에서 고문 중 옥사), 김승억 동지(2008년 ○월 ○○북도 ○○시에서 공개 처형), 이초석 동지(평안북도 ○○군 보안서에 체포되어 2008년 ○월 ○○일 ○○읍에서 공개 처형), 동신욱 동지, 장승진 동지(2008년 ○월 ○일 ○○시에서 공개 처형)의 공개 처형 능 강제 노동 수용소에서 순교한 동지들의 그 수를 세자면 끝이 있으랴?

다가올 2009년 순교한 동지들의 피의 값을 치르기 위하여서라도 죽음을 박차고 일어나리라! 일어나 이 나라에 하나님의 나라가 임하기까지 목숨을 걸고 예수님은 그리스도로 우리의 구원자라는 사실을 온 땅에 전파하리라. 이 길에서 죽으면 어떠하랴! 살아도 죽어도 우리는 하나님 아버지의 것이다.

2009년 1월 1일 정각 0시, 대기를 가르는 전파를 타고 남조선에서 새해를 알리는 장중한 애국가가 날아온다.

동해물과 백두산이 마르고 닳도록
하나님이 보호하사 우리나라 만세
무궁화 삼천리 화려강산
대한민국 대한으로 길이 보전하세

아! 이 가슴을 자랑찬 주님의 자녀들의 집단을 알리는 애국가, 이 애국가를 통해서도 하나님 아버지가 보호하시는 남조선을 무너뜨릴 나라와 인민이 세상에 없다는 확고한 의지를 가지게 하는 대한민국의 애국가이다.

이 시각부터 우리는 이 땅에 하나님의 나라가 임하시기를 간절히 바라는 마음으로 금식기도(원단 금식기도)에 들어간다. 전국 각지 조선기도회 조직의 모든 동지들은 물론이고 해외에서 활동하고 있는 우리 기도회 조직의 모든 동지들도 마음을 함께하여 금식기도 하기로 기도회 지도부가 결정을 했다고 한다.

이전에는 특수한 위치에 있는 동지들만 금식하며 기도했지만, 이 해는 기도회의 모든 동지들이 직위 여하를 불문하고 금식을 하기로 결정하여 기쁨 마음으로 금식하며 기도하기로 했다.

우리가 금식하며 기도할 내용은 다음과 같다.

1. 조선 땅에 하나님 나라가 임하시기를 위하여.
2. 조선 각 도시에 이미 존재하는 지하교회가 하나님 아버지의 말씀

위에 더욱 굳세게 서며 각도 200여 개 시군에 지하교회를 30개 이상씩 설립할 데 대하여.
3. 군대 안에 군인들을 전도하는 데 총력을 집중하여 170여 만의 군인들을 모두 전도하며, 미래의 전도자들을 키우기 위하여 300여 만의 청소년들에 대한 전도를 활발히 진행할 수 있도록 담대함을 주시고 전도할 수 있는 길을 열어 주시기를 위하여.
4. 전도회의 모든 동지들의 안전을 확보하기 위하여 방패로 나설 보위부, 보안부 안에 기도회 조직망을 대량적으로 확대할 수 있도록 지혜를 주시기를 위하여.
5. 중앙과 도급 시·군급의 간부들을 적극적으로 기도회 조직에 망라시킬 수 있도록 간부들의 마음을 하나님 아버지께로 돌려 세워 주시기를 위하여.
6. 기도회를 굳건히 세울 수 있도록 필요한 신앙 자료와 기도회 운영이 잘 진행될 수 있는 활동 자금과 필요한 식량을 주시기를 위하여.
7. 북조선 지하교회의 성도들을 위하여 기도로 물질로 도움을 아끼지 않는 남조선과 미국 교회의 성도들에게 주님의 축복이 내려주시기와 장로님이시며 남조선 대통령이신 이명박 대통령님에게 오력의 강건함을 주시어 남조선 경제를 세계적인 수준에로 끌어올릴 수 있도록.
8. 김정일이 주님 앞에 자기 죄를 회개하고 주님 앞에 돌아올 수 있도록.

이상의 기도 내용을 중심으로 우리는 각 전도 조직 분조로 모여서 기도하기로 결정했는데, 우리 분조는 내가 책임지고 금숙이, 복순이, 춘복, 향정이, 옥순이 엄마, 철진 엄마인 일곱 명이 국숫집을 하고 있는 춘실이네 식당 집에 모여서 삼 일 동안 기도하기로 결정하고 내년 1월 1일 8시에 다 모이기로 했다.

어제 아침 중국에서 기도회 조직을 지도하고 있는 우리 조직의 총책임자 김베드로 동지와 전화 연계를 하였는데, 현재 미국과 남조선 경제 사정이 너무도 어려워 우리를 물심양면으로 도와주던 교회들도 경제적인 어려움을 겪어 우리를 적극적으로 도움을 줄 형편이 되지 못하니 어떻게 해서든지 자체로 경제적인 문제를 해결할 방안을 생각하며 기도에 힘쓰라고 하는데 너무도 안타까운 일이다.

우리는 그럭저럭 먹고 살 수 있으나 제일 문제로 되는 것은 춘실이가 키우고 있는 10명의 고아들인데 외부적인 지원이 없다면 아이들을 키우기가 거의 불가능한 일이다. 두세 명도 아니고 10여 명 아이들이 먹는 양이 이만저만이 아닌데 그녀의 힘으로 이들의 먹을 문제를 어떻게 해결하며 입을 문제는 또 어떻게 해결하는가? 지금까지는 남조선과 미국에 있는 조선족 교회들이 식량을 해결할 돈을 매달 보내 주어 아이들의 먹는 문제에는 걱정이 없었는데 참으로 안타깝다.

하나님 아버지가 이 어려운 문제를 해결해 주신다는 믿음이 없어 내가 이런 근심을 하는 것은 아닌지, 하기야 하나님 아버지가 지금까지 아이늘은 물론 우리 모두를 시켜 수셨는데 문세 될 것이 없으리라 믿어야 한다.

2008년 주님을 그리스도로 믿지 않는 자들에게 엄혹했던 불행의 이 해는 흘러갔으니 새로운 2009년은 믿는 자들이 수가 날마다 더하여 불행의 해가 기쁨과 은혜의 한 해가 되기를 간절히 기도한다. 아멘[1)]

제2사례 우리 가문의 신앙생활과 지하교회

내가 태어나서 자란 평안북도 피현군은 선천, 평양, 의주와 더불어 해방 전까지 기독교인이 많기로 유명한 지역이었다. 거의 모든 군민이 기독교인이었다고 해도 과언이 아닐 정도였다. 아버지는 기독교 장로였고, 어머니는 1971년 돌아가시는 날까지 꿋꿋하게 신앙을 지켰다. 어머니는 새벽 1~2시면 어김없이 일어나 이불 속에서 기도하셨다. 해방 직후 남으로 내려간 아버지를 다시 만날 수 있는 길은 통일밖에 없다고 믿으셨기 때문에 평화통일을 향한 염원은 단 하루도 빠지지 않는 기도 제목이었다.

나는 넷째 딸이었지만 결혼 후에도 어머니를 모시고 함께 살았던 덕분에 신앙을 이어받을 수 있었다. 내가 북한에서 마지막으로 성경을 본 것은 1947년이었다. 당시 북한 당국은 기독교인 집안을 수색해 성경과 찬송가 등을 압수했다. 그 후로부터 어머니는 구전으로 찬송과 성경을 익혔다. 1996년 중국으로 와서 50여 년 만에 성경과 찬송을 다시 볼 수 있었다. 그러나 그 내용은 대부분 머릿속에 들어 있었다. 내가 모르는 찬송가는 거의 없을 정도였다. 내 아이들도 그렇게 신앙을 이어받았다. "달고 오묘한 그 말씀"으로 시작되는 찬송을 들려주면 아이들은 "사탕과자도 아닌데 어째서 말씀이 다냐?"고 묻기도 하면서 자연스럽게 배워 나갔다.

가끔 기독교인들이 어디 어디서 발각되어 처형되었다는 소문을 듣기도 했다. 두려움 속에서도 우리는 사람들이 없는 틈에 찬송가를 불렀다. 찬송가는 "산타루치아", "돌아오라 소렌토로" 등의 가곡과 함께 부르기도 했다. 학교에서는 배운 적이 없는 이런 노래들을 아이들도 좋아했나. 아련한 그리움을 일으키는 이런 금지곡을 우리는 '옛날 놀'이라고 불렀다. 아이들에게는 찬송가도 처음에는 '옛날 노래'라며 가르쳤다. 아이들은 그 노래들은 바깥에서 부르면 안 된다는 사실을 잘 알고 있었다.

나의 남편은 기독교 신자가 아니었지만 1978년경 믿음을 갖게 되었다. 그가 하루는 내게 기도하는 법을 가르쳐 달라는 것이었다. 친정어머니가 돌아가시면서 남편에게 "살다 보면 어려운 일이 있다. 그럴 때 하나님께 기도해라"고 했던 것이 생각났다고 했다. 나중에 그 영문을 알았다. 북한에서는 출근해서 제일 먼저 해야 하는 일이 김일성, 김정일의 초상화를 닦는 '정성 사업'이었다. 남편은 이 일을 하다가 그 초상화를 떨어뜨렸던 것이다. 북한에서는 이보다 더 무서운 죄는 없었다. 새파랗게 질린 남편은 비로소 하나님께 기도했다. 기적 같은 일이 일어나서 남편은 무사할 수 있었다. 그때 마침 남편이 근무하는 병원에 검열대가 갑자기 닥쳐 15일간 검열을 받느라 당비서가 남편의 조치를 잊고 넘어간 것이었다. 10대 원칙 위반의 경우 3일 안에 조치가 취해지지 않으면 당비서도 문책을 받게 되어 있어 아예 없었던 일로 하기로 자체 결정을 한 것이었다.

　　1990년대에 들어서 얼마간 숨통이 트였다. 김일성 주석이 갑자기 사망하고 고난의 행군으로 수많은 사람들이 굶어 죽고, 탈북 행렬이 이어지는 시기였다. 그로 인해 나라의 통제가 약해진 것이었다. 우리 가족은 이웃 중에 서로 믿을 수 있는 사람들과 함께 모여 예배를 드렸다. 성경이 없으니 십계명을 외워 설교를 대신했다. 몇 사람이 비밀리에 모여 앉아 소박한 예배를 드리는 이 모임이 바깥에서 말하는 북한이 지하교회인 셈이다.

　　가까운 사람들 중에는 남한의 극동방송을 몰래 듣는 이들이 생겨나기도 했다. 우리 집에는 단파 라디오가 없어 한 친구에게 성경 말씀을 좀 적어 달라고 부탁한 적도 있었다. 그러나 글로 적어 남기는 것은 너무도 위험한 일이었다. 친구는 성경 구절을 받아 적은 쪽지를 돌돌 말아 머리카락 속에 놓고 모자를 눌러쓰고 와서는 성경 구절을 읽어 보게 했다. 읽고 난 종이는 불에 태워 없앴다. 얼른 보고 태워 버린 그 깨알 같은 성경 구절들은 영원히 내 마음속에서 지워지지 않았다.

나는 1997년 남편과 함께 탈북하여 한국으로 왔다. 북한에서는 여전히 많은 기독교인들이 탄압받고 있다는 소식이 들린다. 어머니는 살아생전에 "김일성 집안도 독실하게 기독교를 믿는 집안이었는데 왜 저리 탄압하는지 모르겠다"고 한탄하시기도 하였다. 많은 사람들이 북한 땅에서 신앙의 자유를 갈망하고 있다. 그들에게 빛이 비쳐지기를 지금도 쉬지 않고 기도드린다.[2]

제3사례 눈이 멀면서도 그리스도를 고백한 성도

북한의 고난의 행군 시기에 전도를 받아 신앙인이 된 어느 여성도는 주변 사람들에게 전도를 하다 이웃의 밀고로 체포되어 잔인한 고문과 심문을 받았다. 그녀는 심문관에게 "나를 이같이 지속적으로 심문하여도 내가 할 말은 '오직 예수님은 그리스도로 이 나라 조선을 구원할 분이시다'라는 말밖에 없다. 너희들도 마음의 눈을 열어 예수님을 바라보라"고 당당히 말하자, 악에 받친 그 심문관이 "어디, 네년이 네가 좋아하는 예수를 얼마나 잘 바라보는지 보자"며 철필 끝으로 그의 두 눈을 찌르자 두 눈에서 피 먹물이 흘러 내렸다.

그녀는 눈을 들어 하늘을 우러러 보며 "하나님 아버지는 육신의 눈으로 바라보는 것이 아니라 믿음의 눈으로 바라보는 것이다"라고 외치며, "너희들이 나의 육신의 눈을 멀게 했으나, 하나님 아버지께서 나에게 너희들이 모르는 새로운 눈을 주셨다"라며 감사의 기도를 올린 후 그녀 역시 사도 바울처럼 거룩한 관제와 같이 순교의 피를 흘렸다.[3]

"사드락과 메삭과 아벳느고가 왕에게 대답하여 이르되 느부갓네살이여 우리가 이 일에 대하여 왕에게 대답할 필요가 없나이다 왕이여 우리가 섬기는 하나님이 계시다면 우리를 맹렬히 타는 풀무불 가운데에서 능히 건져내시겠고 왕의 손에서도 건져내시리이다 그렇게 하지 아니하실지라도 왕이여 우리가 왕의 신들을 섬기지도 아니하고 왕이 세우신 금 신상에게 절하지도 아니할 줄을 아옵소서"(단 3:16~18).

제4사례 신의주 제1교회 지하 성도의 꿈

1993년 봄에 필자는 중국 단동을 다녀온 후에 한경직 목사님을 찾아뵌 적이 있었다. 그때 한 목사님은 자신이 1945년 10월에 신의주에서 '신의주 제2교회'를 두고 남으로 내려올 당시 그 교회 주일학교 학생 김복순을 남겨 두고 월남하였는데, 지금은 60세가 넘었을 것이라면서 그녀가 살아 있는지 생사를 확인해 달라는 부탁을 하셨다.

필자는 이를 성사시키기 위해 신의주를 출입하면서 북한과 무역을 하는 조선족 박대용 사장을 어느 지인을 통해 소개를 받아 일을 추진하였다. 이를 확인하는 과정에서 신의주 제1교회 집사 출신인 80대의 노인을 은밀하게 접선하게 되었다. 놀랍게도 그 노인은 자신과 온 가족들과 주변의 그 당시 같은 교회를 섬겼던 믿음의 사람들이 자녀들과 함께 신앙생활을 하고 있다는 점과 일부 어느 노령의 성도는 주일이면 그들이 섬겼던 교회의 터전을 돌면서 침묵으로 주일 예배를 드리고 있다는 말을 전해 주었다.

그 노인은 농짝에서 보따리를 꺼내어 50여 년 전의 신의주 제1교회 사진과 주보 등 관련 자료들을 보여주면서 자신들은 장차 통일이 되면 교회를 다시 세울 것이라는 말을 하였다. 그는 이북이 공산화가 되면서 남으로 내려간 신의주 성도들이 통일이 되면 어떻게 교회를 다시 세울 것인지 그 계획을 알아봐 달라고 박 사장에게 부탁하였다. 뿐만 아니라 한경직 목사님이 아직 살아 계신지 그분의 사진을 보내 달라는 부탁까지 한 바가 있었다. 이들은 해방 전에 신앙생활을 하였던 제1세대 신앙인으로 그곳에서는 '원줄기 기독교인'이라고도 한다. 공산화되기 전에 신의주에는 모두 16개의 교회가 있었다. 그곳의 예배당들은 6·25전쟁 중에 거의 폭격을 맞아 파괴되었고, 전쟁이 끝난 후에는 철거되었으며 비교적 온전한 교회 건물들은 부분적으로 수리하여 다시 관공서 등으로 재사용되고 있다.

한경직 목사는 1992년 종교계의 노벨평화상이라는 '템플턴 상'을 수상하였고, 그 상금을 통일 시에 사용해 달라며 신의주 제2교회의 재건을 위해 쾌척하였다.

> "내가 이르되 주여 어느 때까지니이까 하였더니 주께서 대답하시되 성읍들은 황폐하여 주민이 없으며 가옥들에는 사람이 없고 이 토지는 황폐하게 되며 여호와께서 사람들을 멀리 옮기셔서 이 땅 가운데에 황폐한 곳이 많을 때까지니라 그중에 십분의 일이 아직 남아 있을지라도 이것도 황폐하게 될 것이나 밤나무와 상수리나무가 베임을 낭하여도 그 그루터기는 남아 있는 것같이 거룩한 씨가 이 땅의 그루터기니라 하시더라"(사 6:11~13).

제5사례 예배당에서 예배드림이 마지막 소원인 지하 성도

2003년 필자는 북한과 국경 무역을 하는 지인인 무역업자로부터 전화를 받았다. 그는 자신이 북한에 무역하는 일로 인해 우연히 알게 된, 하나님을 믿는 70대 노인과 친밀해졌다. 그는 그 노인에게 자기가 한국에서 온 목사를 안다고 하자, 그 노인은 믿을 수 없는 일이라며 사실이라면 그 목사의 여권을 복사하여 보내 주면 믿겠다고 해서, 그는 나에게 그렇게 해줄 수 있냐고 물어 왔다. 나로서는 내키지 않는 일이었지만 나의 여권을 복사하여 보내 주었다. 몇 개월 후에 그 북한 노인의 편지를 무역 일꾼을 통해 보내왔다. 그 편지에는 자신의 신앙 내력과 그곳 성도들의 이름과 나이와 직업이 적혀 있었고, 어떻게 예배를 드리는지 상세히 적혀 있었다.

그는 개성 출신으로 3대째 기독교인이며, 그의 할아버지가 그곳에서 목사였고 물려준 성경을 지금도 보관하고 있다는 이야기까지 적혀 있었다. 그 편지 봉투에는 '고려기독교 ○○교회'라고 적혀 있었다. 그들의 신앙의 모습은 너무도 감동적이었다. 그 성도의 편지 일부 내용이다.

> 주 안에 계시는 성도님께 드립니다.
> 만복의 근원이시며 태초에 천지를 창조하신 하나님께 감사드립니다. 보내어 주신 편지를 ○○○ 선생님을 통하여 받는 순간 지난 성도님을 만난 것과 같은 심정으로 눈물을 흘리면서 읽어 보았습니다.
> 하나님 아버지께서는 저희들을 만세 전부터 택하사 아버지의 백성으로 삼아 주시며 저희들에게 풍성한 은혜를 베풀어 주심으로써 아무런 환난과 질병 없이 영육간에 건강함을 주신 은혜에 감사하며 기도드리옵니다.
> 큰 재앙을 받고 있는 북조선 땅에서 믿음을 간직하게 하여 주시며 신앙생활을 할 수 있게 하여 주시는 은혜 더욱 감사합니다. 이 땅에서도 속히 복음이 전파되어야 잠자는 신도들이 깨어 일어나 찬미 소리가 꽃동산에 울려 퍼지며 사랑과 평화로운 사회로 신부 단장하는 시간이 이루어질 것입니다! 아멘!

> 저희들은 이날을 기다리며 열심히 기도하고 있습니다…내 남은 생애에 단 한 번이라도 예배당에 들어가 하나님 앞에 예배를 드리는 것이 저의 마지막 소원입니다.[4]

"찬양으로 화답하며 여호와께 감사하여 이르되 주는 지극히 선하시므로 그의 인자하심이 이스라엘에게 영원하시도다 하니 모든 백성이 여호와의 성전 기초가 놓임을 보고 여호와를 찬송하며 큰 소리로 즐거이 부르며 제사장들과 레위 사람들과 나이 많은 족장들은 첫 성전을 보았으므로 이제 이 성전의 기초가 놓임을 보고 대성통곡하였으나 여러 사람은 기쁨으로 크게 함성을 지르니 백성이 크게 외치는 소리가 멀리 들리므로 즐거이 부르는 소리와 통곡하는 소리를 백성들이 분간하지 못하였더라"(스 3:11~13).

제6사례 극동방송 청취를 통해 자생적으로 결성된 지하교회

이 내용은 〈월간조선〉 2008년 8월호에 실린, 한국으로 온 탈북자 인터뷰 기사를 발췌한 것이다.

> 한국에서 송출하는 기독교 라디오 방송인 세수 극동방송을 듣고 예수를 알고 믿게 된 평안남도 남포시 주민 102명이 2년여의 신앙생활 끝에 체포되어 한꺼번에 비밀리에 처형되거나 요덕 수용소에 강제 수용된 사건이 지난 2005년 4월에 일어난 것으로 밝혀졌다.
> 이 사건은 자생적으로 생겨난 이 지하교회에 출석한 한 대학생이 성경에 대해 친구와 말하는 것을 우연히 엿들은 남포시 보안서 소속의 한 안전소조원이 상부에 보고함으로 시작되었다. 이 사건의 중대함을 인지한 그 기관에서는 다시 김정일에게 보고하였으며, 중앙에서 정

치 책임자까지 파견하여 1년여에 걸친 수사 끝에 전모가 밝혀져 관련자 102명이 모두 체포된 북한 최대의 지하교회 사건이었다.

　이 기독교인들은 모두 남포 보안서 구류장에 구금되었는데 당시 이들의 두려움 없는 믿음은 보안서 사람들을 한동안 깜짝 놀라게 했다고 한다. 낮 12시가 되면 정오를 알리는 사이렌 소리가 시 전체에 울렸는데, 이때 감방에 있던 이들이 일제히 일어나 큰 소리로 주기도문을 암송했다고 한다. 처음에는 보안원들이 소총 개머리판으로 그들을 피투성이가 되도록 두들겨 팼지만 무엇으로도 이 기도를 막을 수 없었다고 했다.

　보안서에서는 이들 102명 가운데 40명은 예수를 믿는다는 실제적 사실을 일반 주민들에게는 숨기고 남한 녹화물을 불법으로 시청했다는 구실을 달아 비밀리에 총살형에 처했으며, 나머지 62명은 정치범 수용소인 요덕 15관리소로 보내져 현재 아무도 그 생사를 알 길이 없다.

　이러한 사실은 지난 10일 조선일보 기자를 만난 북한 안전부 출신인 탈북민(40)에 의해 처음 알려졌는데, 그는 기밀 문건으로 분류된 이 사건의 보고서를 직접 열람한 적이 있으며, 상부에 업무 보고차 출장 온 남포 출신의 한 보안요원으로부터 이 사실을 확인했나고 한다.

　그렇다면 이 사건은 북한에서 기독교 복음이 지도자가 없이도 순수한 방송 청취로만 전해질 수 있음을 보여주었을 뿐 아니라 외부와 단절된 북한 사람들에게는 성경 말씀이 마치 폭탄과 같은 위력을 지녔음을 보여준 실제적인 증거이기도 해서 더욱 주목된다.

　이 사건은 2003년 남포시 주민인 50대의 한 남자에 의해 시작되었다. 성씨가 김씨로만 알려진 이 남자는 우연한 기회에 극동방송의 설교를 접하게 되었는데 그 내용을 기록하여 나중에 무려 700페이지에 이르는 방대한 분량이 되었다고 한다. 또 그는 어디에선가 성경을 구해서 기록한 내용과 비교하며 5개월간 연구한 끝에 성경책의 거의 대부분을 이해할 수 있었고, 나아가서 깊은 영적 공감을 갖게 되면서 말할 수 없는 기쁨을 느꼈다고 한다. 다시 말해서 그는 성령의 감동으로 예수님의 은혜를 체험할 수 있었던 것이다.

마침내 그는 믿음의 확신을 가지고 자신의 아내와 20대의 두 아들에게도 그 내용을 전했다. 그리고 가까운 친척과 친구의 이웃들에게 그가 아는 성경 이야기를 전했다고 한다. 말하자면 그는 전도를 한 것이다. 그러나 결정적인 순간까지 그는 성경이라든지 예수 그리스도의 복음이라는 이야기는 전혀 하지 않았다고 한다. 그의 말을 들은 사람들이 "그런데 세상에 우리 앞길을 밝혀 주는 이와 같은 진리가 있느냐?"고 물으면서 모두가 "이런 진리는 처음이다"라고 하면서 놀라워했다고 한다. 그런 이야기를 들은 사람들은 그것이 기독교의 복음인 줄 모르고 깊이 공감했다. 기독교 복음을 철학의 일종으로 전했기 때문에 사람들은 부담없이 접했고 쉽게 받아들인 것이다. 복음에 공감하고 감동받은 사람들이 다시 복음을 전하면서 몇 달 사이에 기독교인들은 무려 50여 명을 넘었다.

그 무렵 그 남자는 자신이 말하는 내용이 바로 성경임을 고백했는데, 이미 깊이 하나님의 은혜에 젖은 그들은 공개 총살형까지 몰고 올 무서운 성경이라는 사실에도 그 신앙을 포기하지 않았다고 한다. 이미 그들은 사노행선에 나온 초대교회 성도들처럼 서로 돕고 의지하고 나누는 믿음의 공동체를 이루고 있었다고 한다. 그리고 그들은 방송 청취 시설을 대담하게 설치하고 극동방송을 함께 들었다고 한다.

이런 일이 엄청난 파문과 파급 효과를 가져왔고, 마침내 지하교인이 100명을 넘어서게 되었다. 전도자도, 목회자도 없었지만 믿음을 가진 한 남자에 의해 인도된 이 모임은 진정한 교회의 역할을 다했으며, 교회의 전통이 끊어진 오늘날에 북한 지하교회를 다시 회복시킨 놀라운 전형적인 모델이라 할 만하다.

총살형으로 처형됐거나 정치범 수용소로 추방된 102명의 기독교인들은 신앙의 자유를 탄압한 김정일 정권에 의해 희생된 남포 지역의 '북한 기독교 순교자'들로 한국 교회사에 기록되어야 하고, 뜻있는 한국 교회들이 나서서 그들의 불굴의 신앙과 순교를 기리는 별도의 추모 행사를 가져야 한다는 평가이다. 이 사건 이후 김정일 정권은 성경의 부패성과 반동성을 전하는 일에 열을 올렸으며 성경의 위험을 알리는 각종 강연 행사를 강화했다고 한다. 그들은 성경을 날조 가공하여 한 가족의 죽은 이야기를 피해 사례로 들었다. 그 내용은 다음과 같다.

"당신네 가족이 잘살기 위해 온 가족이 폭포에서 뛰어내려라. 그러면 하나님이 받아 주시기 때문에 죽지 않고 하나님을 만날 수 있다는 말에 여섯 식구가 뛰어내렸는데, 셋째 아들은 거부하여 살았다"며 성경을 퇴폐적인 책으로 일반 주민들에게 선전했다고 한다.

그러나 북한의 종교 탄압에도 불구하고 약 40여만 명의 기독교 신자들이 북한에 있는 것으로 국제 선교 단체인 '오픈도어 인터내셔널'이 최근 자유아시아 방송을 통해 밝혔다. 북한을 방문하고 돌아온 '오픈도어 선교회'의 아시아 책임자 첼링 씨는 "북한 기독교인 중 최소 5만 명에서 10여만 명의 기독교인들이 전역에 흩어진 강제 수용소에서 신음하고 있다"며 이들을 구하도록 북한 정부에 압력을 가해야 한다고 했다. 그는 덧붙여서 특히 중국과 북한의 국경 지역인 압록강과 두만강을 통해 많은 성경이 밀반입되고 있는데, 북한 주민들 사이에 "경제와 문화가 발전한 나라일수록 성경을 많이 읽는다"는 소문이 번지면서 성경과 기독교 신앙에 대한 관심이 더해지고 있다고 했다."

지금 이 순간도 압록강과 두만강 접경을 통해 많은 성경과 라디오 및 한국의 드라마와 영화, 노래 등이 암암리에 밀반입되고 있으며, 중국과 러시아 등에 입국했다가 그곳에서 위성 텔레비전과 인터넷을 통해 기독교를 접하고 회심하고 들어가는 북한인들도 상당수가 있다. 또 북한 내에 황해도와 서해와 동해의 연안 지역 주민들은 한국의 라디오와 텔레비전 방송을 상당수가 많이 접하고 있는 것으로 확인되었다.

이제는 북한의 간부급들과 일반 주민들이 이전보다 더 많이 영상 매체들을 접하고 라디오를 들음으로 저들에게 바람처럼 불어오는 종교, 문화 등의 정보에 의해 반세기 가까이 세뇌되었던 사상과 생각이 서서히 변하고 있는 것이 사실이다. 이는 최근에 한국에 들어온 약 3만 명 이상의 탈북민들을 통해 확인된 바가 있다. 북한이 공산화 후 기독교인들을 핍박하고 처형한 수많은 사례들은 결국 통일이 된 이후에나 명명백백하게 드러나게 될 것이다. 북한 정권이 가장 두려운 집단과 사상과 종교가 바로 기독교이기에 기독교 신앙인들이 발각되면 가차없이 정치범 수용소나 극단적인 처형을 하는 것 자체가 이를 증명하고 있으며, 공개 처형일 경우에는 기독교인들이라는 사실을 감추고 정치적인 사건으로 위장하여 간첩 혐의나 반국가, 반체제의 반동, 역도로 몰아 독재 체제를 유지해 나가고 있다.[5]

"오직 시온이 이르기를 여호와께서 나를 버리시며 주께서 나를 잊으셨다 하였거니와 여인이 어찌 그 젖 먹는 자식을 잊겠으며 자기 태에서 난 아들을 긍휼히 여기지 않겠느냐 그들은 혹시 잊을지라도 나는 너를 잊지 아니할 것이라 내가 너를 내 손바닥에 새겼고 너의 성벽이 항상 내 앞에 있나니 네 자녀들은 빨리 걸으며 너를 헐며 너를 황폐하게 하던 자들은 너를 떠나가리라"(사 49:14~17).

제7사례　자생적 지하 성도인 신의주 청년의 비전

이 이야기는 필자가 1997년 단동에서 압록강을 건너온 신의주 청년을 만나서 그로부터 들은 이야기이다. 그는 30대 초반의 청년으로 이미 기독 신앙인이었으며, 북한 선교를 위해 잘 준비된 일사각오의 복음의 전사였다. 그는 1960년대에 태어나 해방 전의 기독교인들과는 단절된 세대였고 어느 방편으로도 복음을 전해들을 수 없는 환경이었음에도 불구하고 신실한 신앙인이었고, 제1세대의 신앙을 이어서 제2세대 기독교인으로 신뢰를 받을 만한 기독교인이었다. 그는 북한의 복음화와 세계 선교에 대한 비전을 갖고 있음과 그의 고백을 통해 비록 북한의 지하신앙인들이 최악의 탄압과 박해 가운데 있지만, 그들은 북한의 무너진 교회의 회복과 부흥의 열정과 세계 선교의 비전을 갖고 있음을 확인할 수 있었다.

그는 얼마 동안 성경 학습을 받자, 다시 압록강을 건너 그동안 배운 것을 북한의 여러 친구들에게 전해야겠다면서 결연한 의지를 보였다. 필자가 그에게 떠나기 전에 마지막으로 한국 교회 성도들에게 전하고 싶은 말을 적어 달라고 부탁을 하자, 그 청년은 바로 자신의 생각을 노트에 적어 놓았다.

> 저는 신의주 청년입니다. 저는 견딜래야 견딜 수 없는 초고압적인 따쇼 통치와 공포의 흑암을 박차고 중국 땅에 와서 그렇게도 애타게 갈망하던 진리의 길, 영생의 길에 들어설 수 있는 행운을 지니게 되었습니다. 하나님의 말씀과 예수님의 십자가의 보혈로 구원을 받고 예수님의 한없는 사랑을 여러 형제님들을 통해 가슴 뜨겁게 느끼게 되었으며 새 생명으로 태어나게 되었습니다.
>
> 지금 평양은 사탄들의 활동 무대로 변하여 복음을 받을 자리를 잃

었으며, 그로 말미암아 전쟁보다 더 무서운 불행과 고통을 백성들에게 강요하고 있습니다. 그러나 하나님은 결코 평양을 버리지 않으실 것이며, 북녘 동포들은 반드시 하나님의 뜻을 따라 구원받게 될 것입니다. 어려운 환경과 조건에서도 더욱 더 복음을 갈망하던 우리들은 여러 경로를 통하여 복음의 불씨를 받아 안고 전하려 합니다.

평양은 세계 선교의 마지막 리정표가 될 것이며, 아울러 세계 선교의 중심적 역할을 감당 수행할 수 있는 커다란 잠재적 가능성을 지니고 있습니다. 나는 분명히 나의 꿈을 만드신 예수 그리스도께서 내가 성공할 수 있게 해주실 것과 하나님의 도움을 통해 반드시 불가능이 가능으로 변화된다는 것을 확신합니다. 평양에서 지은 노래를 불러 드리겠습니다.

사나이 이 세상에 한번 태어나
나 하나의 안락만 찾다가 말랴
그 누가 이 나라를 구원해 주랴
일어나자 대장부야 목숨을 걸고
감옥도 죽음도 두렵지 말자
예수와 더불어 영생하리라

우리는 이런 신념의 노래를 부르며 사선을 넘을 것입니다.
세계 진보적 인류의 마음을 담아 예수 그리스도께 영광과 찬송을 드립니다.
한국의 성도 여러분, 전 인류가 예수님을 믿도록 하기 위한 성스러운 길에서 서로 어깨 겯고 나갑시다.
북녘 동포들의 구원을 위해 합심 기도를 부탁드립니다.
우리 그리스도인들은 영생의 언덕에서 영원한 상봉을 이룰 것입니다.

이 청년은 다시 북한으로 돌아갈 때에 한국의 극동방송을 들을 수 있는 라디오와 성경과 신학에 관련된 여러 권의 책을 챙겨서 압록강을 무사히 도강하여 신의주로 돌아갔다. 그러나 얼마 후에 그와 그의 온 가족이 철산의 정치범 수용소로 끌려갔다는 너무도 가슴 아픈 소식을 듣게 되었다. 그 청년은 중국에서 안전하게 있을 수도 있었으나 자기 친구들에게 이 소중한 책들을 전해 주어야 한다며, 필자가 간곡히 만류했음에도 불구하고 북한으로 돌아갔다. 필자는 그 청년에게 만일에 강을 건너다가 북한 측 경비병에게 총에 맞아 죽을 수도 있는데 꼭 가야 하냐고 하자, 그 청년은 나에게 "목사님! 천군 천사가 저를 지켜 줄 수 있도록 저를 위해 기도해 주세요. 믿음에는 만일이라는 것이 있을 수 없습니다"라며 결연한 뜻을 굽히지 않고 북한으로 갔던 것이다.

지금으로부터 120여 년 전인 1883년에 의주의 백홍준 청년이 만주의 존 로스라는 영국의 선교사로부터 최초로 조선어로 번역된 성경책을 받아 그것을 등에 짊어지고 압록강을 건너 조선 동포들에게 복음을 전해 준 역사가 있었다. 그 당시 조선은 복음이 들어 올 수 없는 금단의 땅이었다. 조선 말 쇄국정책으로 기독교의 복음이 들어갈 수 없는 상황에도 죽음을 불사하고 조선어 성경을 등짝에 짊어지고 어둠의 땅에 복음을 전했던 것처럼 동일하게 이 시대에도 그 신의주 청년은 공산 체제의 철의 장막에 둘러져 있는 그 어둠의 땅에 복음을 들고 사선을 넘어 들어가 살아 돌아올 수 없는 그 땅에 복음의 홀씨, 복음의 반딧불이 되어 생명의 역사를 이어가고 있다. 그는 100여 년 전 의주 출신인 백홍준이 최초의 조선어 쪽복음을 고향에 갖고 들어온 것처럼 이 시대의 복음의 주자가 된 것이다.

이는 분명히 하나님께서 그곳 북한의 영혼들을 잊으신 것도 아니고 버리신 것도 아닌, 하나님의 손바닥에 새겨 놓으신 백성들임을 입증한 것이다. 분명한 것은 하나님께서 이름도 없이 빛도 없이 복음을 들고 강을 건너고 산을 넘는 발걸음들을 통해 지금도 어둠의 북한 땅에 복음 전파를 위해 역사하고 계신다.

> "그런즉 그들이 믿지 아니하는 이를 어찌 부르리요 듣지도 못한 이를 어찌 믿으리요 전파하는 자가 없이 어찌 들으리요 보내심을 받지 아니하였으면 어찌 전파하리요 기록된 바 아름답도다 좋은 소식을 전하는 자들의 발이여 함과 같으니라"(롬 10:14~15).

제8사례 백두산에 지하교회 성경학교가 개설되다

'황기철'이라는 이 청년은 평양의 특수부대 군 장교로 근무하던 중에 1997년 황장엽의 한국 망명 사건 때 황씨라는 성을 가졌다는 그 한 가지 이유로 노동 교화소로 추방되었다. 그곳에서 그는 처형될지도 모른다는 소문을 듣고 목숨을 걸고 탈북하여 백두산 중으로 도피하여 홀로 산중 초막집에 기거하고 있었다. 그때 산중에서 약초 채집하는 몇 명의 북한 사람들을 만나게 되었는데, 놀랍게도 그들은 모두 지하교회 성도였다. 이들은 정부로부터 채집 허가를 받아 외화벌이를 하는 일꾼들이었다.

예수를 전혀 몰랐던 황 형제는 이들을 만나 전도를 받고 기독교인이 되었다. 이들은 이미 북한에서 알고 지낸 김경철(중국 거주의 탈북 기독교인)을 소개해 주었다. 넉 개월 후에 김 형제는 황 형제를 산중으로 직접 찾아가서 자신의 신앙 간증과 성경책과 기독교 서적과 라디오를 건네주었다. 황 형제는 집중적으로 성경을 통독하고 라디오를 통해 한국의 극동방송을 날마다 청취하면서 성경에 심취되었다. 그는 성경 지식을 스스로 탐구하여 다른 사람들에게도 성경을 전하고 가르칠 수 있는 수준에 이르게 되었다.

다음 해 봄, 작년에 왔던 그들이 다시 황 형제에게 왔다. 그들 중에는 새롭게 전도된 기독교인이 있었다. 그 집단의 지도자는 그들에게 집중적으로 성경 학습을 시키도록 부탁하였다. 그는 1년여 만에 성경을 가르치며 매해 새롭게 데리고 오는 이들을 성경 학습과 제자 양육하는 지도자가 되었다.

그는 한국으로 올 수도 있었지만 이를 거부하고 백두산 중의 성경학교 지도자로서의 사명이 하나님께서 자신에게 주신 사명이라고 알고, 요한이 밧모 섬에서 홀로 지내며 하늘의 계시와 그 내용을 기록한 것처럼 그곳에서 북한의 교회 재건을 위한 사역에 헌신하였다. 필자는 그 내용을 김경철 형제로부터 보고받았고 그 황 형제의 사역을 집중적으로 지원하였다. 얼마 후 그는 김경철 형제를 통해 편지를 나에게 보내왔다. 그가 보내온 편지의 내용은 다음과 같다.

> 존경하는 강석진 선생님께 올립니다.
>
> 이 시간도 조선의 죽은 영혼들을 위하여 기도로, 생활 필수품으로 성심성의껏 도와주고 계시는 모든 분들께 북조선 교회 모든 성도들의 이름으로 뜨거운 인사를 감사히며 올립니다.
>
> 경철 형님의 말씀을 통하여 선생님들의 말씀을 전해 듣고 너무도 큰 힘을 얻고 하나님의 뜻을 이루기 위하여 힘쓰고 있습니다. 경철 형님의 말씀에, 선생님이 나의 생활상과 과거를 듣고 싶어 하신다기에 간단히 지난날을 말씀드리려 합니다.
>
> 저는 함경도 함흥시에서 태어나 인민학교와 중학교 과정을 마치고 18살 되는 해에 군대에 입대하여 4년 되는 해에 군관학교에 입학했고, 2년간의 군관학교 생활을 마치고 평양 수도방위사령부 경비대 중대장으로 군사 복무를 하던 중에 저와 7촌뻘 된다는 황장엽 비서의 월남 사건

으로 인하여 군 현직에서 강직되어 함경도 광산에 추방되었습니다.

2000년 봄에 황씨 가문에 대한 조선 보위부의 살육 계획이 있다는 소문을 듣고 저와 형님은 탈출하여 중국에 와서 새로운 삶을 살게 되었습니다. 백두산에서 피신 중에 형님은 토굴이 무너져 생명을 다했고, 저는 김경철 형님의 도움과 지도하에 믿음의 생활을 하고 김경철 형님과 함께 조선의 복음화를 위해 일하게 되었습니다. 김 형님께서 나의 과거를 소상히 간증으로 써 보라고 했으나, 미안하지만 저는 나의 가슴 아픈 과거를 따헤치고 싶지 않고 글을 쓰는 재주도 시원치 못합니다. 앞으로 기회가 되면 녹음을 하여 드리도록 하겠습니다.

강 선생님, 저의 마음속에는 오직 조선에서 공산 마귀의 그 아성이 무너지는 순간까지 목숨 바쳐 싸워야 한다는 생각밖에 없습니다. 내가 더 많은 하나님의 일꾼들을 공부시키는 것이 주 예수 그리스도의 나라를 북조선 땅에 만드는 것이라 믿기에 이 일을 위해 죽도록 충성할 뿐입니다. 조선 땅에서 겪는 우리 가정의 불행과 오늘도 겪고 있는 조선 인민의 저 불행을 가셔 줄 분은 오직 예수님밖에 없음을 절감했기에 그 이상의 것은 생각해 볼 이유가 없습니다. 살이 찢어지고 뼈가 부스러지는 한이 있어도 우리는 이 길로 갈 것이라 믿어 주십시오.

천만 마디의 말이 무슨 필요가 있겠습니까. 오직 행동만이 우리에게 필요하고, 우리는 반드시 하나님의 능하신 손 안에서 승리하여 공산 마귀의 아성을 무너뜨리고 하나님의 나라를 조선 땅에 세울 것입니다. 하나님이 함께하고 있습니다.

아멘! 고맙습니다.

강 선생님! 우리의 승리를 기원해 주시기를 바랍니다. 몸 건강하십시오.

2006년 12월 24일
백두산 골짜기에서 황○○ 올립니다.[6]

이들의 사역은 마치 구약의 엘리사 선지자가 열악한 환경 속에서도 다수의 선지생도들을 양육했던 사실을 떠올리게 한다.

> "선지자의 제자들이 엘리사에게 이르되 보소서 우리가 당신과 함께 거주하는 이곳이 우리에게는 좁으니 우리가 요단으로 가서 거기서 각각 한 재목을 가져다가 그곳에 우리가 거주할 처소를 세우사이다 하니 엘리사가 이르되 가라 하는지라 그 하나가 이르되 청하건대 당신도 종들과 함께하소서 하니 엘리사가 이르되 내가 가리라 하고 드디어 그들과 함께 가니라 무리가 요단에 이르러 나무를 베더니"(왕하 6:1~4).

제9사례 레위기의 제사법대로 소를 번제물로 드린 북한 당 간부의 간증

이 실화는 백두산 중의 황기철과 함께 북한 선교 사역을 한 김경철(김길남) 형제의 신앙 간증집(《굶주림보다 더 큰 목마름》, 두란노, 2012)에 실린 내용으로, 그가 탈북하기 전 농장의 간부 직에 있을 때 레위기의 제사법대로 번제를 드린 사건이다. 그는 북한에서 자신에게 배당된 구약의 레위기와 사무엘상만을 읽었기에 북조선에 내려진 기근 재앙과 아사자의 저주를 풀기 위해서는 하나님 앞에 국가 소유인 농장의 황소를 잡아서 번제를 드려야 한다는 판단을 하고 실제로 행하였다. 그 이야기를 발췌 요약하여 싣는다.

> 나는 내 손에 들어온 레위기와 사무엘상을 포전(농장 밭)에 나가서는 물론 밤에도 등잔불을 켜고 읽고 또 읽었다. 그런데 읽을수록 내 마음에는 하나님의 사랑이 아니라 하나님에 대한 불만이 차올랐다. 하나

님이 인정사정없는 독재자 김정일과 똑같은 분이라고 여겼기 때문이다. 그도 그럴 것이 끼니조차 없는 북한에서 그냥 소도 아니고 흠이 없는 소를 잡아 번제를 드리라는 레위기의 명령은 도무지 현실적으로 와 닿지 않는 말씀이었다. 더구나 왜 그렇게 하라, 하지 말라는 명령이 많은지, 북한 정부가 하는 짓과 다를 바가 없어 보였다.

하나님의 명령대로 소나 양을 잡아서 제사를 드리자니 현실적으로 불가능하였다. 당시 북한을 휩쓴 흉년으로 사람은 물론 짐승들도 먹지 못해 픽픽 쓰러지는 판국에 어디서 흠 없는 짐승을 구할 수 있단 말인가. 더구나 양은 북한 땅을 샅샅이 뒤져도 찾기 힘들었다. 당시 우리 농장 작업반에는 짐승이라야 통틀어 암소 한 마리와 황소 한 마리에 언제 죽을지 모르는 말라비틀어진 송아지 두 마리가 전부였다. 황소는 우리 작업반에서는 대들보 같은 존재였다.

사실 우리가 지은 농사는 군대가 군량미로 빼앗아 가서 정작 농장 식구들에게는 썩은 감자밖에 돌아갈 게 없었다. 더구나 당시 수많은 사람들이 폐병으로 홍역과 콜레라로 이생을 마감하고 있었다. 우리 작업반만 해도 1996년 5월부터 6월까지 한 달도 안 되는 기간 동안 살아남은 사람이 총 74명에서 32명밖에 되지 않았다. 절반이 넘는 42명이 병으로, 굶어서 죽은 것이다. 당시 북한의 상황은 내가 두려워 떨던 레위기 말씀처럼 이미 하나님이 재앙을 내린 상태였다.

이렇게 비참한 상황에서 소를 잡아 하나님께 번제로 드리는 일은 정말이지 내게는 심각한 문제가 아닐 수 없었다. 하나님의 명령을 따르자니 현실은 납답하고, 따르지 않자니 하나님이 당장이라도 후통치며 벌을 내리실 것 같아 두려웠다. 나는 매일 근심으로 마음이 바짝바짝 타들어가 졸아 붙는 것 같았다. 내 마음대로 해석한 성경은 당시 내게는 재앙이나 다름없었다. 당장 끼니도 해결하지 못하는 사람들더러 하나님은 탐욕스럽게 명령하고, 듣지 않으면 무자비하게 벌을 내리니, 내게 하나님은 그야말로 세상에서 가장 악독한 존재였다. 하루가 멀다 하고 굶어 죽는 아이들을 산에다 파묻고는 손가락에 피가 나도록 차디찬 땅을 긁으며 통곡하는 사람들이 하나님에게는 어찌 보이지 않는단 말인가.

"오호라 이 재앙이 내게 미침은 무슨 연고입니까? 나의 불순종에 하나님께서는 일곱 배의 재앙으로 대항하십니까? 하나님은 하늘에서 안타까운 내 마음을 굽어보시고 내가 하나님의 명령에 복종하도록 복을 내려 주십시오."

그렇게 하루하루 죽어가는 시체와 씨름하던 그해 6월. 그날도 우리 농장 밭에 김을 매러 갔다. 사실 모두 먹지 못해 기운이 없어서 밭에 뭉개고 앉아 있을 뿐이었다. 위에서는 죽든지 살든지 농사를 지어 바치라고 성화를 해대서 목숨이 남아 있는 한 농장에 나오긴 했지만, 호미를 쥘 힘도 남아 있지 않으니 무슨 농사가 되겠는가. 사람들은 수령님이 살아 있는 동안에는 적어도 굶어 죽는 사람은 없었다고 한탄했다.

그날 갑자기 한 농장원이 내게 헐떡거리며 달려왔다. 그는 내게 얼른 마을에 가보라고 재촉했다. 사연인즉 굶주림에 시달리던 난희 엄마가 두 살 된 딸을 토끼라고 잡아서 가마에 삶아 가지고는 소금과 바꾸겠다고 돌아다닌다는 것이었다. 급기야 도무지 믿을 수 없는 일이 벌어진 것이다. 성경에 기록된 참혹한 상황이 지금 이 땅에서 일어나고 있는 것이다. 당시 30세도 안 된 새색시 난희 엄마는 정신이 나가서 두 살 난 딸을 삶아서 그릇에 머리와 손바닥을 담아 가지고 히히거리며 돌아다니고 있었다. 그 모습을 본 나는 정신이 혼미해져 몸을 가누지 못하고 비칠댔다. 이때에 레위기 말씀이 생각났다.

"너희가 이같이 될지라도 내게 청종하지 아니하고 내게 대항할진대 내가 진노로 너희에게 대항하되 너희의 죄로 말미암아 칠 배나 더 징벌하리니 너희가 아들의 살을 먹을 것이요 딸의 살을 먹을 것이며"(레 26:27~29).

나는 이 말씀이, 내가 제사를 요구하시는 하나님의 말씀을 좇지 않아 도무지 상상조차 하기 어려운 재앙을 내리시는 것으로 들렸다. 다시 말해 하나님이 우리 마을에 이 같은 재앙을 내린 것은 흠 없는 소로 번제를 드리지 않았기 때문이라고 자책한 것이다. 그 순간 나는 제정신이 아니었다. 눈물이 앞을 가리며 넋이 반쯤 나가 하나님을 원망하기 시작했다.

"하나님! 하나님은 우리를 왜 창조하셨습니까? 이런 비참한 꼴을 당하게 하려고 우리를 창조하신 겁니까? 우리가 하나님의 명령에 순종하자고 단단히 결심해도 하나님께서 우리가 번제로 드릴 고기를 주셔야 번제를 드린 제물을 드리든 할 것이 아닙니까? 하나님 너무하십니다. 하나님은 제가 하나님의 명령에 순종할 수 있도록 번제를 드릴 소든 양이든 주시면 안 됩니까? 그러면 기꺼이 하나님의 명령에 순종하겠습니다."

그렇게 한참을 울부짖는데 하나님께서 이렇게 말씀하시는 듯했다.

"내게 번제로 드릴 소는 이미 네게 있느니라."

아니 이게 무슨 말인가? 당시 북한에는 석유가 없어서 농기계를 가동하지 못했다. 그런 탓에 소는 사람 100명보다 더 귀한 몸이었다. 만일 지위고하를 막론하고 소를 잡는 사람은 이유도 묻지 않고 사형이 집행되는 시절이었다. 그런데 하나님은 내게 농장 작업반에 한 마리밖에 없는 황소를 잡아서 바치라는 것이다. 그 말은 내 목숨을 바치라는 소리와 다를 바 없었다. 나는 어찌 화가 나던지 하나님께 이렇게 말해 버렸다.

"좋습니다. 하나님. 소가 아니라 내 목숨이라도 바치라면 제물로 바치겠으니 이제 더 이상 이 마을에 재앙을 내리지 마십시오. 오직 복만

주십시오."

그러고는 당장에 황소를 잡아 제사를 드릴 기세로 허둥거렸다. 하지만 그날 나는 황소를 잡지 못했다. 난희 엄마 이야기가 농장 당위원회를 거쳐 군과 도에까지 보고되어 그날 저녁 반장으로서 이런 사건이 일어나도록 아무런 대책도 취하지 않았다는 이유로 체포되었기 때문이다. 이 사건은 급히 군사위원회에 회보되었고, 세계 역사상 그 유례를 찾아볼 수 없는 비극을 초래한 죄를 내게 뒤집어 씌워 사형을 언도할 분위기로 흘러갔다. 그런데 곳곳에서 인육 사건이 발생하면서 내 문제에 관한 징계로부터 벗어나게 되었다.

아이를 잡아먹은 사건으로 도인민위원회 군사위원회에까지 끌려가 고초를 겪고 나서 나는 이것이 하나님의 시험이라는 생각에서 벗어날 수 없었다. 하나님이 이 무시무시한 죽음의 함정에서 나를 구하신 이유는 내게 한 번 더 기회를 주어 하나님의 명령에 순종하도록 하기 위함이라고 생각했다. 고민 끝에 어차피 죽을 목숨. 주저할 게 또 무어냐 싶은 심정으로 농장 반원들을 모아 나의 솔직한 심정을 털어놓았다. 그들은 나와 함께 성경을 쪼개어 같이 나누어 본 동지들이기도 했다.

그런데 반원들의 반응이 놀라웠다. 하나님 만세를 외치며 당장에 번제를 드리자는 것이었다. 당연히 결사반대를 외칠 것으로 생각했는데 전혀 예상치 못한 반응을 보였다. 이 일로 인해 내가 형장의 이슬로 사라질지도 모르는 것을 반원들이 모르지 않을 텐데, 그저 제사를 드리면 재앙이 멈춘다는 말에만 환호한다 싶어 한편으론 섭섭하기도 했다.

이제 황소를 제물로 바치자고 내 입으로 제안했으니 다시 물릴 수도 없는 노릇이었다. 제사를 드릴 제단을 쌓기 위해 돌을 나르라고 모든 작업반들에게 명령했다. 우리 마을은 백두산 화산재가 1미터 이상 쌓인 곳이라 마을에서는 돌을 찾아볼 수 없어서 돌을 나르려면 300미터가 넘는 산골짜기로 들어가 돌을 주워 와야 했다. 그런데 피죽도 못

먹어 금세 쓰러질 것 같던 반원들이 어디서 그런 힘이 생기는지 모두 열심을 냈다. 레위 자손에게 돌아가는 분깃을 설명을 들어 잘 아는 반원들은 소고기 한 점이라도 얻어먹게 생긴 기쁨에 들뜬 듯했다. 그렇게 일주일 동안 모은 돌로 제단을 쌓은 우리는 성경에서 명령한 대로 끌어온 황소의 머리에 손을 얹고 기도했다.

"우리 농장 작업반의 모든 죄악을 이 소에게 담당시키고 하나님께 향기로운 제물로 드리니 이 제물을 달게 받아 주시고 이후로는 모든 재앙을 멈추어 주십시오."

기도가 끝난 후 우리는 황소의 머리를 향해 힘껏 도끼질을 했다. 나는 도끼에 맞아 쓰러지는 황소를 바라보며 '아! 나는 이제 잠시 후면 장군님의 소를 함부로 도살했다는 죄패를 목에 걸고 형장의 이슬로 사라지겠구나' 싶어 그제서야 정신이 아득했다. 하나님의 명령대로 흠이 없는 소를 바치긴 했지만 그것은 곧 내 목숨과 바꾸는 일이었다. 그러니 이 일은 결코 간단치 않은 일이었다.

'날강도에 쫓겨 도망하면 살인자를 만난다더니, 김정일에 쫓겨서 농촌 구석에 쫓겨와 처박히니, 그보다 더 무서운 하나님을 만나 반혁명도당으로 한 줌의 재가 되는구나.'

그렇게 착잡한 마음으로 소를 잡아 각을 떠 제단 위에 올려놓고 불을 지피는데, 때마침 회의가 있다며 '농장관리위원회'에서 보낸 사람이 왔다. 하는 수 없이 제사를 마무리하지도 못한 채 끌려가서는 두 시간 남짓 진행된 회의에 참석하게 됐다. 그리고 회의장을 나오니 안전부 사람들이 문 앞에 지키고 섰다가 내 손목에 족쇄를 철컥 채우는 것이 아닌가. 그러면서 매우 준엄한 목소리로 외쳤다.

"군안전부는 네놈을 도군사위원회의 위임에 의하여 반당 반혁명 죄와 살인죄로 체포한다."

이런 중에도 나는 속으로 '간나 새끼들, 법도 제대로 배우지 못했나? 소를 잡은 것이 불법 도살이지 어떻게 살인죄냐'며 궁시렁거렸다. 하기는 북한은 장군님이 쥐를 보고 토끼라 우기면 졸병들도 토끼라 복창하는 사회니, 도살이면 어떻고 살인이라면 어떠랴. 나는 자포자기하는 심정으로 그들이 이끄는 대로 끌려갔다.

안전부 사람들은 장군님의 소를 잡아 제사를 드린 나를 감방에 끌고 와서는 완전히 정신병자 취급했다. 그들은 내게 온갖 비난과 조롱을 퍼부었다. 과거 군인들이 소를 잡아먹었다가 모조리 총살형 당한 것을 모르지 않을 텐데, 네가 미치지 않고서야 어떻게 소를 잡아먹을 수 있느냐는 것이었다. 그것도 단순히 먹기 위해서가 아니라 제사를 지내기 위해서 소를 잡았다니, 도무지 제정신을 가진 사람이 아니라는 것이었다. 그러면서 내가 사람을 잡아먹었으면 살길이 있을 터인데, 장군님의 소를 잡아먹어서 도무지 살길이 없을 거라고 했다. 그들의 얘기를 듣다 보니 은근히 부아가 치밀었다. 사람이 소보다 못한 존재란 말인가?

나는 꿀 먹은 벙어리처럼 그들의 조롱을 묵묵히 듣다가 "그래, 소라도 잡아먹고 살아야 고난의 행군을 할 것 아니야!"며 대들었다. 마음 같아서는 "맞다. 너희들 말대로 나는 먹기 위해서가 아니라 제사를 지내기 위해 소를 잡았다. 이 나라에 내려진 재앙을 막기 위해 하나님께 제사를 지낸 것이다"라고 말하고 싶었지만, 그랬다가는 농장의 작업반원 모두가 줄줄이 끌려와 나와 같은 신세가 될 게 뻔했다. 그들은 다시 나를 계속 조롱했다.

"사회주의 혁명도, 오늘날 고난의 행군도 소를 잡아먹은 너희들이 힘을 내어 다 완수하거라!"

취조반원들은 명백한 증거가 있는 이 사건을 더 이상 취조할 이유가 없었는지 심문을 하루 만에 종결했다. 나는 차라리 그들에게 조롱과 멸시를 받는 것보다 감방으로 들어가는 것이 더 좋았다. 그런데 감방에 돌아오니 같은 방을 쓰는 녀석이 또 나를 괴롭혔다. 그놈 역시 소를 잡아먹었다가 끌려 온 처지였다.

"아! 성님은 참으로 불쌍한 사람입네다. 어쩌면 황소를 잡아서 고기 한 점 먹어 보지도 못하고 형장의 이슬로 사라지게 생겼으니 참 불쌍한 인생이오. 아니다. 목숨을 담보로 황소를 잡아서 굶어 죽게 생긴 작업반원들을 살려냈으니, 애국자다. 야! 성님의 그 불타는 애국정신은 후세에 천년만년 길이길이 남아 전해질 겁네다. 참 사람이 살아도 성님처럼 후세에 길이 남을 애국정신을 발휘하고 꼴까닥 해야 하는데. 이놈은 혼자서 소 한 마리 다 처먹고 죽게 되었으니 영광스럽다 할까, 불명예스럽다 할까? 성님! 갈피를 잡지 못하겠쑤다."

안 그래도 취조반에게 시달리다 왔는데 또 조롱하는 소리를 들으니 참을 수가 없어서 그놈에게 주먹을 날렸다. 이 일로 그도 나도 철장에 매달려 계호원(간수)들에게 얼마나 매를 얻어맞았는지 모른다. 얼굴과 온몸에 핏자국이 얼룩얼룩 맺혔다. 그런 뒤에도 그놈은 멈추지 않고 나를 놀려 대었다. 다시 패주고 싶었지만 그러다가는 또 계호원들에게 매를 맞을 것이 뻔하여 그저 참아내야 했다. 그런데도 그놈은 나를 놀려대다가 걸려서 개 패듯 맞는데도 반복했다.

하루는 참다못해 "이 똥파리 종간나 새끼야! 정 그렇게 주절대고 싶으면 소를 잡아먹은 귀신을 내게서 몰아내고 나를 이 죽음의 함정에서 견뎌내 달라고 하나님께 빌어라!" 욕설을 퍼부으니 이 녀석의 반응이 의외였다.

"하나님께 빌면 정말 사형도 면할 수 있는 거요?"

아주 진지한 표정으로 이렇게 묻는 것이었다. 내 마음 같아선 '네 기도에 하나님이 응답하셔서 사형 언도가 취소되면 내 성을 바꾸겠다. 이 종간나 새끼야. 너 같은 놈은 사형이 아니라 화형을 당해도 시원치 않다'고 말하고 싶었지만 꾹 참고 이렇게 말했다.

"그래 전능하사 천지를 만드신 하나님께 빌어라. 부지런히 빌어라."

그러자 그 후 그 녀석은 놀랍게도 그렇게 쉴새없이 떠들던 입술을 멈추고 머리를 바닥에 처박고는 "전능하사 천지를 만드신 하나님. 나에게서 소를 잡아먹은 귀신을 몰아내 주시고 나를 죽음의 함정에서 건져내 주십시오"라고 간절하게 기도하는 것이다. 그처럼 간절히 기도하는 것을 보고 나는 한 가지 깨달음을 얻게 되었다.

'아하! 저놈이 계호원들에게 죽도록 얻어맞으면서도 그치지 않고 나를 괴롭힌 것은 다름 아니라 하나님이 저놈에게 하나님에 대하여 말하라고 하신 거였구나. 저놈이 하나님을 만나도록 하기 위해 나를 사용했구나. 그것도 모르고 몇 날을 괴로워하며 저놈을 저주했으니…'

그러다가 문득 '아 참. 나도 죽을 때는 죽더라도 농장 작업반원들과 친구들의 미래를 위해 기도해야겠구나' 싶어서 녀석과 함께 머리를 처박고 기도하기 시작했다. 그러나 기도는 제대로 되질 않았다. 오히려 불평불만만 터져 나왔다.

"전능하신 하나님 아버지, 솔직히 말씀드려서 난 하나님께서 명령하신 대로 소가 아니라 내 목숨을 제물로 드렸습니다. 이제 제가 죽게 되었으니 마음이 흡족하신지요? 제 목숨이 파리 새끼 하나보다 못한가요? 어차피 한 번은 반드시 죽어야 할 목숨이지만, 그래도 살아서 내 목숨 값은 하고 죽어야 할 것 아닙니까. 하나님 아버지 정말 너무하십니다."

이러한 기도는 사실 패악에 가까운 말을 쏟아놓은 것인데, 이상하게 마음이 편해지면서 가슴이 후련해졌다. 나중에야 안 사실이지만 하나님은 이렇게 기도를 솔직히 한 것을 들으시고 응답하신 것이었다.

그러던 어느 날 기도하는 가운데 하나님의 음성이 들렸다.

"아들아, 아들아, 보라. 내가 너를 위하여 세계 만방 중에 한 일을 행하리니 그것을 듣는 자마다 온몸이 저리고 두 귀가 울리리라."

그 차디찬 감방에서 하나님의 음성을 들었지만 그 당시에는 이 말씀이 무엇을 뜻하는 것인지 알지 못했다. 그러나 감방을 나와 농장 작업반으로 돌아와서야 하나님이 꾸미신 천지를 진동하는 역사가 무엇인지 알게 되었다.

어느 날 감옥의 계호원이 오더니 내게 말하였다.

"이 개새끼들이 멧돼지 같은 눈을 해가지고 히뜩거리며 목숨을 살려 달라고 애걸복걸하더니 목숨만은 건졌네."

그러면서 자기를 따라오라고 하더니, 감방에서 벌어진 사실을 밖에 나가서 발설했다가는 당장에 감방 콩알을 먹게 될 줄 알라며 공갈 협박했다. 그리고는 조서에 손도장을 찍으라더니, "너는 무죄 석방이다"라며 안전부에서 나가라고 했다.

그렇게 해서 나는 다시 목전까지 치고 올라오는 죽음을 뚫고 세상 밖으로 나왔다. 그때까지도 이게 무슨 영문인지 싶어 어리둥절했다. 농장 작업반에 돌아가서야 이 모든 일이 하나님께서 나를 죽음에서 건지시기 위해 천지를 진동시킨 일임을 알게 되었다. 차디찬 감방에서 통곡하며 살려 달라 소리쳤지만, 사실 내가 살아서 바깥 세상을 보게 되리라고는 믿지 않았다. 나는 그저 하나님께 억울하다고 호소와 불평불만을 한 것밖에 없었는데, 하나님은 그날 내게 응답하신 말씀 그대로 세계 열방이 듣고 온몸이 저릴 만한 일을 꾸미신 것이다.

당시 온 세상을 떠들썩하게 한 사건이 있었으니, 바로 세계적인 광우병 사태였다. 전 세계를 광우병 공포로 몰아넣었던 사건이 터지자, 우리 농장에서 수의사로 일하는 친구가 지혜를 얻어서, 내가 잡아 제시를 드린 소가 광우병에 걸린 소로서 반느시 불에 태워 없애지 않으면 안 되었다고 수의 진단서를 발급해서 도 군사위원회에 제출한 것이다. 거기에는 내가 때마침 소를 잡은 것은 북한 전 지역을 위해 매우 바람직한 행동이었다고 변호하는 내용도 담긴 것이었다. 이렇게 해서 나는 무죄 석방이 되어 바깥 세상에 다시 나온 것이다. 할렐루야![7]

제6장 지하교회의 실체와 사례

이 이야기의 전체적 발단은 북한의 한 농장에서 한 권의 성경을 여러 명이 쪼개서 읽게 되어 편파적인 성경 해석을 한 것이지만, 이를 실행함으로 생겨난 에피소드 같은 사건 속에서 하나님의 역사하심을 볼 수 있다. 이를 통해 저들이 살아 계신 하나님이심을 체험하며 그로 인해 그곳에 지하교회 조직이 형성된 실화임을 입증하고 있다. 이곳의 농장원들은 후에 '복음통일기도회'를 조직하였고, 후에 국경 지역의 중국 처소교회에서 필요한 성경을 입수하여 독학으로 신·구약 전체를 통독하면서 균형 있는 신앙을 갖게 되었다. 다른 농장으로 발령받은 일부 농장원들은 다시 새로운 농장에서 복음을 전하는 전령들이 되었다.

제10사례 보위부 생활 총화에서 드러난 지하 성도의 활동

이 자료는 2018년 8월 29일에 '자유아시아방송'에서 북한 선교를 담당해 온 임창호 목사와의 인터뷰 내용이다.

> 북한의 지하 성도 존재가 북한 보위부의 생활 총화 교육 현장에서 밝혀졌다고 전 북한기독교총연합회 초대 회장 인찬효 목사가 자유아시아방송과의 회견에서 밝혔습니다. 최근 한국에 도착한 한 탈북자가 북한에 있을 당시, 북한 보위부가 진행하는 생활 총화에 참가하여 "북한의 많은 지역에 기독교인들의 이름과 장로, 집사 직분까지 써가면서 설명해 줘 기독교인이 있다는 것을 알았다"며 "기독교를 믿는 것은 간첩죄에 해당하며 국가 반역죄에 속한다며 중국으로 월강했어도 절대로 선교사나 교회에 가서는 안 된다는 교육도 받았음"을 증언해 줬다고 임 목사는 전했습니다.

사회자: '목요대담' 오늘은 북한의 지하 성도들 존재가 북한 보위부의 생활 총화에서 밝혀졌다는 것에 대해 임창호 목사와 인터뷰를 통해 알아봅니다. 최근 한 탈북자를 만나 북한에 있을 때 생활 총화 교육 받았던 이야기를 들으셨다구요?

임 목사: 중국을 통해서 들어온 탈북자로부터 이런저런 얘기를 듣다가 북한 안의 지하 성도들 이야기, 다시 말해서 기독교를 믿다가 잡히든지, 아니면 북한 당국이 어떻게 기독교인들을 색출했는지에 대한 이야기를 들었습니다. 보위부원들이 정기적으로 교육을 한답니다. 매주 토요일이 되면 전국 김일성 동지 혁명 역사연구실(추정치로는 약 15만 개소)에서 전 인민을 대상으로 생활 총화를 해요. 생활 총화를 우리 식으로 말하면 일주일 동안 김일성의 말씀대로 얼만큼 잘 살았는지, 잘 못 살았는지 반성도 하고 자기비판도 하고요.

사회자: 생활 총화 교육에서 중국에 있는 한인교회에 가면 안 된다는 교육도 있었다면서요?

임 목사: 보위부 요원들이 교육을 하기도 하고요, 다양한 방법으로 교육하는 내용 가운데 북한에서 미신과 종교에 현혹되어 패가망신하는 경우가 많다, 패가망신한 경우 하나가, 기독교를 믿고 하나님이라고 하는 걸 믿는 이런 사람들이라고 하면서 이런 종교를 따라 하면 절대 안 되고, 너희가 중국에 빌경해서 먹을 것을 찾으러 간다든지, 친척을 만나러 간다든지 해도 교회는 절대로 가지 말라고 교육을 하는 거죠.

사회자: 중국에 있는 교회 이름 등도 이야기했나요?

임 목사: 어디 가면 무슨 교회가 있고, 용정에 무슨 교회가 있는데 거기에 가면 남조선의 간첩들이 숨어 있고, 선교사라는 이름으로 숨어 있어 여러 가지 정보도 캐내고 또 북한 안에서 간첩 활동을 하는 그런 교육을 시킨다. 그러기 때문에 그러한 선교사들을 만나든지 교회 간 것이 발각되면 북한에선 간첩죄에 해당한다고 합니다. 그러니까 반역죄에, 국가의 반역죄에 해당하니까 절대로 가지 말라는 것이죠.

사회자: 북한에 지하 성도가 살고 있다는 증언도 있었습니까?

임 목사: 예를 들어서 그런 걸 하다 걸린 사람들이 이러이러한 사람들이 있다 하면서 뭐 황해도 사리원 또는 해주에, 함경도에, 청진과 함흥에, 평안도에, 의주에 주민의 이름을 줄줄 대고 그 지역에 옛날부터 이런 간첩질하는 사람들이 있었다, 종교와 미신, 점쟁이에 현혹되어서 간첩 행위를 한 사람이 있었는데, 이제 잡아서 나중에 알고 보니까 어느 지역엔 해방 전부터 이런 짓을 한 아무개 장로의 손자, 아무개, 다음에 아무개 집사의 딸 등의 이름을 대면서 이야기를 했대요. 그러니까 집사, 장로 후손들을 점쟁이의 후손, 미신의 후손이라는 것이죠. 그런 것을 북한 정부가 잡아내 일망타진해 잡힌 적이 있다는 것이죠.

사회자: 북한 지하 성도들이 직접 신앙생활 하고 있는 것과 관련한 내용도 있나요?

임 목사: 그런 사람들이 최근에도 중국의 용정교회 또는 다른 교회에 가서 교육을 받고 간첩질을 해왔다는 것이죠. 우리 식으로 말하면 지하 성도들이 중국에 가서 신앙 교육을 받고 세례를 받고 거기서 다시 용기를 얻어 다시 북한으로 들어와서 열심히 지금까지 북한 안에서 신

앙생활을 해왔다는 거예요. 이런 이야기를 보위부 교육을 받으면서 들었다는 이야기이죠.

사회자: 만나신 탈북인이 한국에 온 지 얼마나 됐나요?

임 목사: 그분은 남한에 오신 지 얼마 안 되는 분이에요. 북한에 3, 4년 전에 있었던 사람이니까, 그때 당시 이분이 북한에서 들었던, 교육받았던 내용을 이야기하는 거예요. 그러니까 최소한 2012년부터 2014년 전후로 해서 북한에서는 지하 성도들이 색출 당하고 있었고 또 일망타진 됐다든지 또는 잡혀서 북한 정부로부터 이렇게 잡혀 온 사람들이 교육 자료의 대상자였다는 것이죠.

사회자: 보위부 요원들이 지하 성도들의 활동에 대해 말한 것도 있는지요?

임 목사: 적어도 한 7, 8년 전까지만 해도 아직 북한의 지하 성도들이 여기저기서 활동을 했었는데, 그분들이 이렇게 잡혔다는 것을 북한 보위부나 정부기관의 요원들이 교육을 하는 데 교육 재료로 썼다고 볼 수 있고, 이걸 다시 뒤집어서 말하면 북한 정부가 북한 안에 지하 성도들이나 기독교인들이 활동하고 있다는 것을 자기들 스스로 이야기를 하고 있다고 볼 수 있습니다.

사회자: 북한에는 지하 성도들이 얼마나 있는지요?

임 목사: 강제 수용소에, 기독교 종교와 관련해서 예수 믿기 때문에 수감된 자들이 약 4만 명 정도 된다는 이야기는 10여 년 전부터 이야

기가 있었습니다. 그래서 들키지 않고 잡히지 않은 사람들까지 포함하면 적어도 8만 명 이상 북한의 지하 성도들이 있지 않을까 봅니다.

사회자: '목요대담' 오늘은 북한의 지하 성도들 존재가 북한 보위부의 생활 총화에서 밝혀졌다는 것에 대해 임창호 목사와 인터뷰를 통해 알아보았습니다.[8]

제11사례 미 백악관에서 증언한 지하 성도의 신앙

지금의 북한 공산 독재 체제는 그 어느 나라보다 더 가혹하게 기독교인들을 정치범으로 몰아 공개 처형 하거나 거대한 정치범 수용소에서 잔혹한 고문과 강제 낙태와 성폭행과 노동을 강요하고, 제철소에서는 쇳물로 그들을 죽이거나 생체 실험 대상으로 삼거나, 핵실험 장소에서는 방사능에 노출시킨 가운데 강제 노역을 시키고 있다. 이러한 인권 침해와 종교 박해에 대해 최근 미 국무부에서 아래와 같은 자료를 공개했다.

2017년 미 국무부에서 발표한 자료에 의하면, 북한에서 종교활동을 벌인 이유로 119명이 처형됐고 770명이 수감됐다는 내용이 담긴 '2017 국제 종교 자유 보고서'를 5월 29일 발표했다. 그 보고서는 "북한 당국이 종교활동에 참여한 주민을 처형, 고문, 구타, 체포 등 가혹하게 다루고 있으며 정치범 수용소에 갇힌 8만~12만 명 중 상당수는 종교적 이유 때문에 수감돼 있다"고 밝혔다. 이어 북한에서 종교를 가진 주민은 한국전쟁 이전인 1950년엔 전체 인구의 24%에 달했지만 2002년 기준으로 0.016%로 감소했다고 덧붙였다. 미 국무부는 1998년 국제종교자유법에 따라 매년 200여 개국의 종교 자유 실태를 조사해 발표하고 있으며, 2001년부터 북한을 종교의 자유가 극심하게 침해 당하는 '특별 우려 대상국'으로 지정해 왔다.[9]

2019년에는 특이하게도 미국 백악관에서 세계의 인권 핍박과 종교 박해를 받는 여러 나라의 대표들이 미 대통령 트럼프와 대화를 나누었는데, 그중 북한 탈북자가 자신이 북한에서 지하기독교인이라는 이유로 박해받은 바를 호소한 적이 있었다. 그 내용이 금년 7월 29일 〈미주 중앙일보〉에 기사화되었다.

> 북한에서 복음을 나눴다는 이유로 일가족이 처형되기도 하지만 여전히 지하교회에서 서로의 눈을 통해 복음의 메시지를 주고받으며 침묵의 예배를 드리는 등 교회가 고난 가운데서 생명력 있게 전진하고 있다.
> 탈북자 주일영 씨는 지난 7월 24일 트럼프 대통령이 각국의 외교관, 종교계 및 시민 단체 지도자들을 초대한 자리에서 "복음을 함께 나눴다는 이유로 사촌 가족들이 모두 처형 당했다"면서 "북한에서 종교인으로 살아간다는 것은 생명을 내놓는 일과 같다"고 말했다.
> 그는 북한에는 김정은 이외의 다른 어떤 것도 신격화해서는 안 되며 어떤 종교활동도 금지돼 있다면서 이런 사실이 발각되면 곧바로 정치 수용소로 보내진다고 밝혔다. 그러나 지하교회에서는 여전히 기독교 복음이 전파되고 있으며, 정치 수용소에 수감된 이들은 찬양과 말씀을 공개적으로 나누지 못하지만 서로의 눈을 통해 묵시적으로 복음의 메시지를 주고받으며 침묵의 예배를 드리고 있다고 덧붙였다.
> 이와 관련 트럼프 대통령은 "한반도에서 모든 사람들이 마음껏 종교의 자유를 표현하고 살기를 희망한다며, 이를 위해서라도 북한의 비핵화는 반드시 이루어져야 한다"고 강조했다. 마이크 펜스 부통령도 "북한에서의 처형은 중국에서 자행되는 것보다 훨씬 더 심각하다"고 말했다.

한편 이날 백악관에는 세계 106개국에서 파견 나온 관리들과 30여 명의 외교관, 종교계 지도자 및 권익 옹호 그룹 등 1,000명이 참석했다. 탈북자 주씨는 1996년 북한에서 막내아들로 출생했다. 그의 가족들은 2000년 중반에 탈출을 시도하여 남한에 정착했다. 이후 남한에서 힘겨운 생활을 보냈으나 복음을 전하기 시작하면서 북한에서 종교생활 하는 이들이 핍박 받는 실태를 본격적으로 알렸다.

그는 "아무리 어둠이 강하고 북한이 철통 봉쇄하여 체제를 유지하고 교회를 박해한다 하여도, 그들의 생명은 죽여도 하나님을 향한 믿음은 죽일 수 없음을 선포하며 기도하며 핍박 속에 믿음을 지키는 성도들이 있음에 감사하며, 북한의 성도들이 어떠한 고난이 와도 능히 이길 수 있는 믿음과 힘을 주시도록 기도하자"고 외쳤다.[10]

"또 어떤 이들은 조롱과 채찍질뿐 아니라 결박과 옥에 갇히는 시련도 받았으며 돌로 치는 것과 톱으로 켜는 것과 시험과 칼로 죽임을 당하고 양과 염소의 가죽을 입고 유리하여 궁핍과 환난과 학대를 받았으니 (이런 사람은 세상이 감당하지 못하느니라) 그들이 광야와 산과 동굴과 토굴에 유리하였느니라"(히 11:36~38).

제12사례 백두산 골짜기에서 하나님을 체험한 협동농장원들

2006년 가을에 탈북자 출신 고 김경철(2012년 순교) 사역자로부터 양식 지원 요청을 받았다. 그는 평소에 자신과 밀접한 관계가 있는 지하 성도에 한해서만 종종 양식과 생활용품 등에 대해서 지원 요청을 하였었다. 그런데 이번은 자신도 모르는 대상으로서, 지인인 양강도의 한 지하 성도로부터 간접적으로 양식 지원 요청을 받아 나에게 그런 부탁을 한 것이다. 그가 부탁한 양식 지원 대상은 양강도의 백두산 산골짜기에 소재한 협동농장으로써 그곳의 농장 책임자와는 친구였으며, 우연한 만남과 대화 중에 그로부터 농장의 매우 딱한 식량 사정을 듣게 된 것이다.

그 산골 농장은 고난의 행군 시에 양식 부족으로 많은 사람들이 굶어 죽거나 중국으로 탈북하여 200여 명의 농장원과 식구들이 지금은 거의 절반으로 줄어들었고, 계속 이어지는 흉년에 당으로부터도 아무 지원을 받지 못하여 금년 겨울철과 춘궁기에 모두 굶어 죽게 되었다는 것이었다. 너무도 딱한 사정이었지만 나로서도 신중히 생각해 보아야 할 사안이고, 적지 않은 돈이 필요한 것이기에 후원단체와 상의를 하여야 했다. 이들을 돕는 일은 전해 들은 이야기로 결정될 수 없었기에, 그 농장의 책임자가 식량 지원 요청을 나에게 해야 가능하였다. 북한 선교를 하는 나로서는 저들이 이 기회에 예수를 믿기로 한다면 선교회에 지원을 요청할 명분이 되기에 최소한의 절차와 조건이 필요하였다.

나는 경철 형제에게 그 농장의 책임자와 간부급들이 하나님을 믿기로 한다면 양식 후원을 추진해 보겠다고 약속을 하였다. 그 후 경철 형제는 양강도의 지하교회 친구에게 그 이야기를 전했고, 그 조건을 협동농장 간부에게 전하였다. 저들이 기독교를 받아들인다는 것은 사실상 그들뿐만 아니라 농장원 전체의 생명과도 연관되는 일이기에 그 농장의 관리자들과 신중한 전체 토론을 통해 결정할 일이었다.

몇 주 후 그 농장의 책임자 4명이 지장을 찍은 신앙 결의서를 보내왔다. 그들이 회의한 결과 예수를 믿기로 결정을 한 것이었다. 외부로부터 양식 지원을 받지 못하면 앉아서 굶어 죽든지 아니면 압록강을 넘어 목숨을 걸고 탈북을 하든지 둘 중에 하나를 택해야 하는 절체절명의 위기에서 목숨을 건 선택을 한 것이었다. 감사하게도 지원 단체에서도 흔쾌히 지원 약속을 하여 일사천리로 후원을 위해 일을 진행하였다.

답지한 후원금액으로 약 2.5톤의 옥수수를 구입할 수 있었다. 대량의 옥수수를 구입하기 위해 경철 형제는 자신이 활동하였던 북한으로 들어가 장마당에서 그 양식을 구입하려 하였다. 그러나 장마당에서 구입할 수 있는 양식은 불과 수백 킬로그램에 불과하였고, 북한의 양식 사정상 수 톤의 양식을 갑자기 한 번에 구입하는 것은 불가능하였다. 경철 형제는 현지 지하교회 성도와 이 문제를 상의하였고 며칠 후 다량의 옥수수를 구입할 수 있는 곳을 알아내었다며 소식을 전해 주었다. 그런데 놀랍게도 다량의 양식을 파는 곳은 군부대의 양식을 담당하는 기관이었다. 그 당시 군에서는 군부대의 상관들이 양식을 장마당으로나 사사로이 빼돌리는 그런 상황이었다.

그 양식 값을 달러로 결제하였다. 그러나 그 많은 양식을 농장까지 운송하려면 트럭이 필요한데 이 또한 비용을 주고 군부대의 트럭을 빌려야 했다. 그러나 그것으로 운송의 조건이 다 된 것은 아니었다. 그 양식을 협동농장까지 안전하게 운송하려면 무장 군인 2명이 동승해야 한다는 것이었다. 왜냐하면 그 당시 노상강도들이 많아 강도, 살인 사건들이 빈번히 발생하였기에 불가피하게 안전요원으로 2명의 군인 대동 비용을 추가로 지불해야 했다.

경철 형제가 양식을 싣고 험한 산길을 달리던 중 갑자기 도로 앞에 장애물이 쳐져있는 것을 발견하고 이를 제거하려는 순간, 숲에 숨어 있던 3명의 사람들이 나타났다. 그들의 손에는 낫과 쇠사슬과 몽둥이가 들려 있었다. 그들은 산중에 숨어 있다가 마적단처럼 나타나 행인이나 차량을 막고 금품을 탈취하는 강도들이었다. 그들의 요구는 자신들에게 몇 푸대의 양식을 내려놓고 가라는 것이었다. 경철 형제가 그들에게 당신들의 정체가 무어냐고 묻자, 자신들도 조국과 인민을 위해 10여 년 이상 군인으로 복무하고 퇴역했으나 가족들을 먹여 살리기 위해 이런 강도짓을 한다며 겁박한 것이었다. 경철 형제가 그들의 요구를 들어줄 수 없었기에 거절하자 그들은 차에 올라와 강제로 빼앗으려 하였고, 군인 2명은 오히려 겁에 질려 있었고 총으로 위협을 하였지만 그 총에 탄알이 없다는 것을 안 그들은 막무가내였다.

결국 경철 형제는 그들과 타협을 보고 5개의 푸대를 내려놓고야 출발할 수 있었다. 그들과 몇 시간을 지체하면서 시간이 경과되어 저녁 어둑한 시간이 되어서야 그 농장에 도착하였다. 그 농장에 차 소리가 나자 그곳의 모든 사람들이 달려 나왔고, 양식을 실을 차를 보고는 모두 눈물을 흘리면서 만세를 불렀다. 저들은 이제 올 겨울과 춘궁기에 굶어 죽지 않고 살아남게 되었다는 안도감 때문에 감격한 것이었다.

그다음 해인 2007년 봄에 경철 형제가 다시 나에게 찾아왔다. 다름 아닌 지난번 그 농장 지원에 대해서 상의차 온 것이었다. 그의 제안은 새로웠다. 이대로 가면 금년에도 동절기에 다시 후원해야 하는데 그렇게 되면 많은 비용과 위험도 따르니, 이번엔 파종기인 봄에 옥수수 종자와 비료를 사서 보내면 비용이 훨씬 절약되니 그렇게 도와주자는 것이었다. 매우 합리적인 방안이기에 그렇게 지원하기로 하고 500달러를 지원하였다. 북한은 아직도 재래종 강냉이 종자를 심기 때문에 그 소출이 적지만 중국에서는 품종이 개량된 파종용 종자를 팔기 때문에 몇 배로 생산량을 높일 수 있다는 것이었다. 그에게 이번에는 농장원들이 파종할 때에 먼저 하나님께 기도를 하여 하나님께서 농작물에 축복해 주실 것을 구하라고 하였다.

그해 8월경에 경철 형제가 다시 찾아왔다. 이번에는 지원 요청을 하러 온 것이 아니라 봄에 지원해 준 파종의 결과와 그동안 생겼던 놀라운 일을 보고하기 위해 온 것이었다. 그 이야기는 한 편의 드라마 같았다.

저들은 중국에서 구입해 온 우량의 옥수수 종자를 심을 때에 나의 말대로 하나님 앞에 기도를 하고 심었고, 또 수시로 그 옥수수 밭에 가서 기도를 하였다는 것이다. 8월에 옥수수 열매가 열렸는데 이전에는 보지 못한 크나큰 크기인 데다 한 대에 달린 것도 재래종에 비해 많기에 금년에는 대풍년을 이루어 양식 문제는 다 해결된 것으로 알고 추수할 때만 기다렸다는 것이다. 그런데 그 달 어느 날 갑자기 폭우가 쏟아지면서 순식간에 상류에서 내려오는 급류가 흘러내려 그 추세로 가면 옥수수 밭이 다 쓸려나갈 것으로 판단되자 농장의 모든 사람들에게 이 사실을 알리고 모든 농장원들은 나와서 하나님께 비가 멈추게 해달라고 기도하기로 하였다. 모두가 비를 맞으면서 부르짖는 기도를 하였지만 비는 계속되었고, 급류에 뿌리째 뽑힌 나무들까지 떠내려 오는 것을 보고 저들은 더욱 하나님께 부르짖었다. 그런 기도 중에 갑자기 큰 나무들이 떠내려오면서 옥수수가 심어진 밭 쪽으로 쌓였고 그 영향으로 급류가 반대쪽으로 방향을 틀면서 옥수수 밭은 안전하게 된 것이었다. 저들은 이 갑작스런 모습에 감격하며 하나님 앞에 감사의 기도를 드렸다. 자신들을 버리지 않고 그 기도에 응답해 주신 살아 계신 하나님을 경험한 것이었다.

경철 형제는 그 이야기를 혜산의 친구로부터 듣고 나에게 크나큰 낭보처럼 들려준 것이었다. 그 이야기를 들은 나 자신도 몹시 감동이 되었고, 저들이 이제는 굳건한 믿음을 갖게 된 것이 너무도 감사하였다. 나는 이 극적인 이야기를 그 농장의 책임자로부터 직접 들을 수 없었기에 그에게 부탁을 하여 그 당시에 겪은 일을 간증문으로 써서 보내도록 부탁을 하였다. 두 달 후에 온 그 편지의 내용은 다음과 같다.

우리는 북조선의 량강도 ○○농장의 농장원들입니다. 하나님께서 우리 농장을 통해 이루신 위대한 능력에 대하여 이야기하지 않으면 견딜 수가 없어서 이렇게 펜을 들어 이야기합니다. 이 농장 관리위원회 모든 성원들은 올해 초에 하나님을 믿기로 결심하고 하나님께 다지는 선서를 했습니다.

선서 이후에 하나님은 참으로 놀라우신 능력으로 우리 모두를 지켜주시었고 우리가 하는 모든 일에 너무도 많은 복을 내려 주시었습니다. 올해 우리는 3정보의 강냉이 밭에 강석진이란 분이 보내 준 강냉이 씨앗을 심었습니다. 밭 갈기 직전에 우리는 하나님이 이 밭에 복을 주시어 한 알의 강냉이 씨앗이 백 알이 되게 해달라고 간절히 기도하고 밭갈이를 시작했고, 씨앗을 뿌릴 때도 간절히 기도하고 씨앗을 뿌렸습니다. 정말 간절히 기도했습니다. 왜냐하면 지난해 농사는 홍수로 인하여 폐농을 하여 농장원 모두가 굶어 죽게 된 형편에 처했는데 올해까지 폐농을 한다면 정말이지 농장원 중에 살아날 사람이 없게 되므로 간절히 올해 농사가 잘되게 해달라 기도를 했습니다.

그렇게 기도를 하고 또 강석진이란 분은 하나님의 사람이라 그분이 보내 준 강냉이 씨앗은 무럭무럭 자라서 말 그대로 조선에서 생산하여 공급한 강냉이 씨앗에 비해 두 배나 크고 그 대도 얼마나 실한지 강냉이가 보통 두세 개씩 달렸는데 수확 판정하며 보니까 한 알의 강냉이 씨앗이 삼백 개, 사백 개의 수확을 낸 겁니다. 한 알의 씨앗이 백 알의 열매만 맺게 해주셔도 감사하고 또 감사한데 삼백, 사백 알의 열매를 하나님이 맺게 해주셨으니 너무도 감사, 감격하여 관리위원회 모든 일꾼들이 고마움에 눈물을 흘렸습니다.

그런데 감사, 감격도 잠간이고 또다시 장마로 홍수가 졌는데 너무도 안타까워 농장원 모두가 하나님이 주신 씨앗을 심은 저 밭만은 큰물에 씻겨 내려가지 말게 해달라고 간절히 기도했습니다. 눈물로 기도를 온리는 우리의 안타까움을 깊이 헤아리신 하나님께서는 산악같이 밀려 내려오는 물줄기를 돌리어 물길이 다른 방향으로 가게 하시여 그 밭은 지켜 주신 것입니다.

큰물 피해를 입으면 응당 그 밭이 제일 먼저 피해를 입어야 하는데 하나님의 덕분에 그 밭은 보존되었고, 뿐만 아니라 하나님을 믿는 일꾼들의 소채전 밭도 하나님이 보존해 주시어 너무도 감사합니다. 산악같이 밀려 내려오는 물을 보며 하나님이 저 물을 막아 주지 않으면 하나님을 믿는 우리 모두가 굶어 죽는다고 기도하는 우리의 눈앞에서 급기야 물줄기가 그 밭을 피해 다른 방향으로 가는 것을 목격하면서 우리 모두는 하나님이 살아 계심을 똑똑히 보았습니다. 참으로 하나님의 능력은 놀라운 능력으로, 이 세상 그 누구도 감당을 못할 능력이였습니다.

올해 우리 농장은 80% 이상의 농경지가 큰물에 씻기어 농장 자체가 폐기되게 되였는데 그러므로 하여 국가 납부곡을 하지 않게 되어 하나님이 지켜 주신 밭에서 생산한 강냉이 40여 톤을 농장원 모두가 나누어 가져 래년에는 굶어 죽지는 않게 되였습니다. 참으로 강석진 분이 보내 주신 씨앗을 심은 밭이 많은 소출을 내게 해달라고 많은 분들이 기도를 해주셨다고 하는데 너무도 감사합니다. 감사의 인사를 어떻게 해야 할지 도무지 생각이 나지 않습니다. 너무도 감시히더른 밑밖에는 못하는 저희들을 리해하여 주시면은 너무도 감사하겠습니다. 앞으로 그 어데에 가든지 하나님을 충신히 믿고 하나님의 령도하시는 대로 살며 생활할 굳은 결심을 다짐합니다.

하나님의 능력 안에서 다시 만날 그날을 그리며 안녕히 계십시오.

2007년 11월 ○○농장 일꾼 일동 올립니다.

제7장 남북한 분단과 대립의 성경적 이해

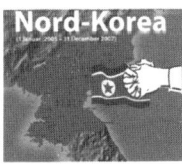

오픈도어(Open door) 선교단체의
북한을 위한 중보기도 포스터

제7장
남북한 분단과 대립의 성경적 이해

　지난 1945년 8월 15일 한반도가 일제 식민지하에서 해방되었으나 강대국들의 협약에 따라 타의에 의한 분단으로, 38선 남쪽은 1948년 8월 15일에 자유민주주의 국가를 건국하고 북쪽 북한은 그해 9월 9일에 공산주의 국가를 건국하였다. 김일성은 그 5년 뒤에 적화야욕을 품고 1950년 6월 25일 전쟁을 일으킴으로 처절한 골육상잔을 치르게 하였다. 남과 북은 정전 후에도 북한의 끊임없는 무력 도발과 이념적 갈등과 반목을 지속해 왔다.

　한국의 이러한 남과 북의 분단과 대립의 역사를 성경적으로 해석하기 위해서는 한국과 비슷한 역사적 배경을 갖고 있는 이스라엘 왕국의 남과 북의 분열 원인과 그 과정을 대비하여 고찰해 보는 것이 객관적 비교가 될 수 있다. 교회사적인 차원에서 본다면 한국을 향한 하나님의 구속의 경륜이라는 큰 그림 속에서 남과 북의 분단 원인과 과정, 결과에 대해 성경적인 해석을 할 수 있을 것이다.

1. 이스라엘 남북 분열의 원인

1) 이스라엘 왕국 분열의 신앙적 원인

초기 이스라엘 왕국의 전성기는 다윗 왕에 이은 솔로몬 시대로서, 솔로몬 왕이 주변 국가들과의 외교를 통한 나라의 안정을 기하기 위해 애굽과 수리아, 아람 등의 나라와 정략 혼인 관계를 맺었다. 그로 인해 결과적으로 이방의 신상과 우상들이 왕궁까지 들어와 우상화의 온상이 되었고, 심지어 솔로몬은 그들의 신당까지 지어 주었다. 솔로몬 말년에는 그 여인들의 영향하에서 함께 우상 종교에 깊이 빠짐으로 왕뿐만 아니라 일반 백성들도 우상을 섬기는 영적 간음죄로 타락이 보편화되었고 심화되었다.

> "솔로몬 왕이 바로의 딸 외에 이방의 많은 여인을 사랑하였으니 곧 모압과 암몬과 에돔과 시돈과 헷 여인이라 여호와께서 일찍이 이 여러 백성에 대하여 이스라엘 자손에게 말씀하시기를 너희는 그들과 서로 통혼하지 말며 그들도 너희와 서로 통혼하게 하지 말라 그들이 반드시 너희의 마음을 돌려 그들의 신들을 따르게 하리라 하셨으나 솔로몬이 그들을 사랑하였더라 왕은 후궁이 칠백 명이요 첩이 삼백 명이라 그의 여인들이 왕의 마음을 돌아서게 하였더라 솔로몬의 나이가 많을 때에 그의 여인들이 그의 마음을 돌려 다른 신들을 따르게 하였으므로 왕의 마음이 그의 아버지 다윗의 마음과 같지 아니하여 그의 하나님 여호와 앞에 온전하지 못하였으니…내가 반드시 이 나라를 네게서 빼앗아 네 신하에게 주리라…오직 내가 이 나라를 다 빼앗지 아니하고 내 종 다윗과 내가 택한 예루살렘을 위하여 한 지파를 네 아들에게 주리라 하셨더라"(왕상 11:1~13).

이 같은 솔로몬 왕의 신앙 타락이 하나님 앞에 큰 배도와 죄악이 되므로 그 징벌은 그다음 후대부터 받게 되어, 솔로몬 왕이 죽은 후에 그의 신하였던 여로보암과 솔로몬의 친아들인 르호보암이 대립하여 결국 이스라엘 나라는 남과 북으로 갈리어 분열된 나라가 되었다. 북쪽은 북이스라엘로 12지파 가운데 11지파가 따르고 유다 지파만 남쪽 왕국인 유다 왕국이 되었다.

이같이 이스라엘 단일 왕국이 2개의 왕국으로 나누어진 신앙적인 원인과 죄악상에 대해 에스겔서 23장에서 북이스라엘 왕국의 수도 사마리아를 비유로 '오홀라'라고 지칭하고, 남유다 왕국의 예루살렘을 '오홀리바'로 칭하였는데, 이는 북의 사마리아와 남의 예루살렘의 영적 간음을 말하고 있다. 그뿐만 아니라 정치 외교적으로는 하나님보다는 애굽과 앗수르와 같은 강대국을 의지하였지만 결국 북이스라엘 왕국은 앗수르 제국에, 남유다 왕국은 바벨론 강국의 침략을 받아 멸망의 심판을 받았다.

하나님께서는 이같이 앗수르와 영적 간음을 한 것에 대해 앗수르를 통해 징치하셨다고 이어서 말씀하고 있다.

> "그러므로 내가 그를 그의 정든 자 곧 그가 연애하는 앗수르 사람의 손에 넘겼더니 그들이 그의 하체를 드러내고 그의 자녀를 빼앗으며 칼로 그를 죽여 여인들에게 이야깃거리가 되게 하였나니 이는 그들이 그에게 심판을 행함이니라"(겔 23:9~10).

이 예언은 기원전 722년에 성취되어 앗수르 왕 살만에셀의 3차에 걸친 침공으로 북이스라엘은 멸망당하였고, 많은 북이스라엘인들이 포로로 앗수르에 끌려갔고, 그 땅에는 이민족들을 강제로 이주시켜 본토의 이스라엘 민족과 혼혈되도록 하였다.

남유다 왕국의 영적인 간음이 북이스라엘 왕국보다 더 심하였다.

> "…그의 형보다 더 부패하여졌느니라…바벨론 사람이 나아와 연애하는 침상에 올라 음행으로 그를 더럽히매 그가 더럽힘을 입은 후에 그들을 싫어하는 마음이 생겼느니라"(겔 23:11, 17).

하나님께서는 에스겔서를 통해 남유다 왕국과 북이스라엘의 배교 행위를 지적하신다. 즉 하나님의 백성으로서 계명 준수를 소홀히 하면서 이방의 풍습을 좇고 강대국에 의지하여 스스로의 안전을 꾀했던 사마리아와 예루살렘의 죄악이 두 음녀의 비유를 통하여 적나라하게 서술되고 있다.

2) 이스라엘 왕국 분열의 정치적 원인

이스라엘 왕 중에 가장 많은 영화를 누린 솔로몬 왕이 신앙적으로 타락하자 하나님께서는 그가 죽은 후에 2개의 왕국으로 나뉠 것을 예언하셨다. 솔로몬이 죽자 그의 아들 르호보암이 왕직을 이어받는다. 그러나 앞서 솔로몬 통치 때에 백성들은 국방과 건설 등에 필요한 재원을 마련하기 위해 과다한 징세와 강제 노동에 시달려 왔다. 이에 불만을 품은 일부 신하들이 항의하고 불평불만하며 문제점들을 제기하자, 왕은 그들을 정치적으로 더욱 박해하였다. 이에 애굽으로 도피한 대표적인 인물이 여로보암이었다. 그는 애굽에서 망명 중에 있다가 솔로본 왕이 죽자 이스라엘로 돌아와 백성들과 함께 새로운 왕인 르호보암에게 그동안의 백성들의 원성과 요망 사항을 제기하였다. 르호보암 왕은 그에 대한 답을 3일 후에 주겠다며 비협조적으로 반응하였다.

"느밧의 아들 여로보암이 전에 솔로몬 왕의 얼굴을 피하여 애굽으로 도망하여 있었더니 이제 그 소문을 듣고 여전히 애굽에 있는 중에 무리가 사람을 보내 그를 불렀더라 여로보암과 이스라엘의 온 회중이 와서 르호보암에게 말하여 이르되 왕의 아버지가 우리의 멍에를 무겁게 하였으나 왕은 이제 왕의 아버지가 우리에게 시킨 고역과 메운 무거운 멍에를 가볍게 하소서 그리하시면 우리가 왕을 섬기겠나이다 르호보암이 대답하되 갔다가 삼 일 후에 다시 내게로 오라 하매 백성이 가니라"(왕상 12:2~5).

새로운 르호보암 왕은 아버지 솔로몬 왕 때에 함께 국정에 참여한 군신들과 원로들로부터 여러 문제점들과 백성들의 원성이 무엇인지를 들었으나, 그는 그러한 문제점들을 진지하게 수용하지 않고, 자신의 동갑내기 젊은 신하들과 그 문제를 상의하였다. 그 측근들이 솔로몬 왕 때보다 더 강력한 통치를 해야 한다고 말하자, 르호보암은 그들의 의견을 받아들였다.

"함께 자라난 소년들이 왕께 아뢰어 이르되 이 백성들이 왕께 아뢰기를 왕의 부친이 우리의 멍에를 무겁게 하였으나 왕은 우리를 위하여 가볍게 하라 하였은즉 왕은 대답하기를 내 새끼손가락이 내 아버지의 허리보다 굵으니 내 아버지께서 너희에게 무거운 멍에를 메게 하였으나 이제 나는 너희의 멍에를 더욱 무겁게 할지라 내 아버지는 채찍으로 너희를 징계하였으나 나는 전갈 채찍으로 너희를 징계하리라 하소서"(왕상 12:10~11).

그로 인하여 불만을 품은 백성들과 원로들은 르호보암에게 반기를 들고 12지파 가운데 11지파가 애굽에서 돌아온 여로보암을 지지하여 그를 왕으로 세우므로, 이스라엘 나라는 두 왕이 세워지게 되어 결국 두 나라로 나뉘게 되었다(11지파 중 베냐민 지파가 후에 유다 지파에 속함).

"온 이스라엘이 자기들의 말을 왕이 듣지 아니함을 보고 왕에게 대답하여 이르되 우리가 다윗과 무슨 관계가 있느냐 이새의 아들에게서 받을 유산이 없도다 이스라엘아 너희의 장막으로 돌아가라 다윗이여 이제 너는 네 집이나 돌아보라 하고 이스라엘이 그 장막으로 돌아가니라 그러나 유다 성읍들에 사는 이스라엘 자손에게는 르호보암이 그들의 왕이 되었더라 르호보암 왕이 역군의 감독 아도람을 보냈더니 온 이스라엘이 그를 돌로 쳐죽인지라 르호보암 왕이 급히 수레에 올라 예루살렘으로 도망하였더라 이에 이스라엘이 다윗의 집을 배반하여 오늘까지 이르렀더라 온 이스라엘이 여로보암이 돌아왔다 함을 듣고 사람을 보내 그를 공회로 청하여 온 이스라엘의 왕으로 삼았으니 유다 지파 외에는 다윗의 집을 따르는 자가 없으니라"(왕상 12:16~20).

이처럼 르호보암이 민의에 반하는 폭정을 실시하므로 이스라엘은 여로보암이 다스리는 북이스라엘 왕국과 남유다 왕국으로 갈라졌다. 그는 왕위에 있는 동안 통일 왕국에 대한 집념을 포기하지 못하고 베냐민 지파를 끌어들여 북이스라엘과 끊임없는 전쟁을 벌였다. 이는 자신의 왕권의 정통성을 세우고자 하고 선대 왕처럼 통일 왕국을 회복하고자 하는 정치적 야심에서 기인한 것이었다.

이러한 동족 간의 전쟁이 그 분열을 더욱 고착시켰고, 그런 남북 왕조의 통일 야망은 그 당대뿐만 아니라 후대 왕들에게도 이어지면서 남북 왕조 간에 전쟁이 지속되었다. 이러한 분열과 대립의 배후

제7장 남북한 분단과 대립의 성경적 이해

를 살펴보면, 한 나라의 흥망을 주관하시는 하나님의 주권적 통치하에 이루어진 징벌이었다.

> "르호보암과 여로보암 사이에 사는 날 동안 전쟁이 있었더니 아비얌과 여로보암 사이에도 전쟁이 있으니라 아비얌의 남은 사적과 그 행한 모든 일은 유다 왕 역대지략에 기록되지 아니하였느냐"(왕상 15:6~7).

3) 외세를 끌어들인 동족 간의 전쟁

분열 왕국이 된 이후 남유다 왕은 아람의 벤하닷 왕에게 성전과 왕궁의 보물들을 조공으로 바쳐 동맹 관계를 맺고 북이스라엘과 전쟁을 벌이기도 하였다. 그에 대한 직접적 원인은 북이스라엘 왕 바아사가 먼저 남유다를 공격하여 남북 간의 동족들이 왕래를 못하게 하려는 의도를 갖고 전쟁을 벌인 것이었다. 이에 대해 위기를 느낀 유다 왕은 외세를 끌어들여 동족인 북이스라엘을 물리치기 위한 연합 전선을 펼쳤다.

> "아사와 이스라엘의 왕 바아사 사이에 일생 동안 전쟁이 있으니라 이스라엘의 왕 바아사가 유다를 치러 올라와서 라마를 건축하여 사람을 유다 왕 아사와 왕래하지 못하게 하려 한지라 아사가 여호와의 성전 곳간과 왕궁 곳간에 남은 은금을 모두 가져다가 그 신하의 손에 넘겨 다메섹에 거주하고 있는 아람의 왕 헤시온의 손자 다브림몬의 아들 벤하닷에게 보내며 이르되 나와 당신 사이에 약조가 있고 내 아버지와 당신의 아버지 사이에도 있었느니라 내가 당신에게 은금 예물을 보냈으니 와서 이스라엘의

왕 바아사와 세운 약조를 깨뜨려서 그가 나를 떠나게 하라 하매 벤하닷이 아사 왕의 말을 듣고 그의 군대 지휘관들을 보내 이스라엘 성읍들을 치되 이욘과 단과 아벨벧마아가와 긴네렛 온 땅과 납달리 온 땅을 쳤더니"(왕상 15:16~20).

이어서 북이스라엘도 아람국과 동맹 관계를 맺고 남유다 왕국을 침략한 사례가 유다의 후대 왕인 히스기야 때에 있었다.

"웃시야의 손자요 요담의 아들인 유다의 아하스 왕 때에 아람의 르신 왕과 르말리야의 아들 이스라엘의 베가 왕이 올라와서 예루살렘을 쳤으나 능히 이기지 못하니라 어떤 사람이 다윗의 집에 알려 이르되 아람이 에브라임과 동맹하였다 하였으므로 왕의 마음과 그의 백성의 마음이 숲이 바람에 흔들림같이 흔들렸더라" (사 7:1~2).

이 말씀 속에서 이스라엘이 남과 북으로 나뉘게 된 것은 전적으로 하나님께서 징벌적 차원에서 이루신 것이라는 점을 분명히 밝히고 있다. 그렇다면 한 나라의 흥망성쇠도 하나님의 주권적 통치하에 있음을 알 수 있다. 이러한 동속 간의 전쟁은 수백 년이 이어지면서 앗수르가 북이스라엘(B.C. 722)을, 바벨론은 남유다(B.C. 586)를 침략하여 멸망시킴으로 두 왕국은 역사에서 사라졌다.

이 같은 이스라엘의 남과 북의 분열 왕국과 동족 간의 대립과 전쟁의 양상은 한국 현대사에서도 유사하게 발생하여 남과 북으로의 분열과 분단과 대립의 역사가 나타나게 된다. 북이스라엘과 대비되는 북한의 김일성이 소련과 중국을 끌어들여 남한을 적화통일시키기 위해 동족상잔의 전쟁을 일으킨 것과 같은 성경의 사례이다.

2. 남북한 분단의 징벌적 원인

이스라엘의 남과 북으로의 분립과 대립의 원인을 살펴보면 근본적으로는 솔로몬 왕의 이방신 숭배로 인한 신앙적 타락이 12지파의 양분과 두 왕조로 나누어지는 단초가 되었고 두 나라는 갈라진 후에도 왕들과 백성은 산당에서 바알과 아세라 신상을 숭배하는 신앙의 간음을 지속하였다. 이에 대한 징벌로 하나님께서는 주변 강대국들을 출현시켜 이스라엘의 두 왕국을 심판하심으로 하나님이 택하신 나라와 백성도 결국은 그 타락에 대해서 징치하신다는 하나님의 공의로우신 속성을 보여주셨다.

그렇다면 1945년 한반도의 분단과 이념적 대립과 공산화도 하나님의 징벌적 심판의 결과인 것을 이스라엘의 역사를 통해 생각해 볼 수 있으며, 그에 대한 성경적 해석과 그 역사를 비교함으로 객관적인 통찰을 해볼 필요가 있다. 이러한 통찰이 객관화되려면 한국 민족도 이스라엘 민족처럼 하나님의 택함을 받았다는 선민적 해석과 의미 부여가 전제되어야 할 것이다.

사학자 함석헌(咸錫憲)은 해방과 더불어 한반도의 38선 분단과 5년 후에 더 큰 민족적 불행인 6·25전쟁에 대해 기독교적 사관(史觀)을 갖고 하나님의 섭리적 시각으로 "하나님의 시험 문제(試驗問題)"라 해석하였다.

> 38선은 민족의 가슴을 쪼갠 금이다. 씨알이 여물었으냐? 또 깍지만 이냐? 하나님은 떨리는 손으로 쪼갰다. 이북에 진주한 소련군, 이남에 들어온 미군, 그들 손에 든 총, 폭탄, 비행기가 그 무어냐? 하나님의 떨리는 손 아니냐? 속에 씨알이 여물었으면 하나다. 하나님을 기쁘시게 하는 '한'이다. 못 영글었으면 두 개의 죽은 깍지다. 38선은 어느 모로

보나 부조리나 이치에 어그러진, 있을 수 없는 일이다. 그 대신 반드시 없어야 하는 것이요, 하자고만 하면 아주 쉽게 될 것이다…아무리 힘이 있고 끈기가 있다 하여도 흐르는 물을 자를 수는 없다. 민족이 제 성격을 변함없는 물같이 가지고 있다면 어느 누가 자를 수 있을까?

38선은 칼로 해결할 선이 아니요, 이성으로, 도리로, 천리로, 본성으로 해결할 선이다. 살 생각만 있으면 삶이 무엇이며 어떻게 하면 사는가를 깨닫기만 하면, 이제 곧 없어지는 선이다. 백만 대군이 양쪽에 서 있더라도 서로 손을 잡고 '우리는 하나다' 하는 민족을 가를 수는 없다. 자를 수 없던 물이 얼면 잘라지듯이 우리도 우리 본성을 잊고 얼어 버리고, 생명이 아닌 사상이요, 주의요, 방침이요, 방법이요, 공산당이요, 미주파요 하는 잡생각이 들어왔기 때문에 분열이 생긴 것이다. 그 단순한 물 같고 불 같은 진리를 못 깨달았다면 또 물 속으로 들어가고, 불 속으로 들어가는 수밖에 없다. 참된 하나님에, 법칙 있는 역사에, 어쩔 수 없는 일이다. 도리를 무시하는 민족은 부조리의 심판을 받아야 한다. 그것이 6·25전쟁이다.

그러나 6·25전쟁의 뜻은 그것만이 아니다. 더 큰 깊은 것이 있다. 생명은 신비로운 것이요, 역사는 흥미 있는 것이다. 죽음은 삶의 시작이요, 실패는 새 세대의 약속이 된다. 씨가 떨어지는데 나무의 남음이 있고, 물이 스며들어서 샘이 솟아오른다. 자는 가운데 자람이 있고, 앓는 동안에 앎이 생긴다. 38선과 6·25전쟁도 실패요, 환난이지만 속에 새로 자라고 안 것이 있다.

5천 년 역사에 이런 환난은 없었다. 임진란, 병자호란을 끔찍하다 하지만 여기 비유할 유가 못 된다. 그렇지만 우리는 죽지 않았다. 나무가 상처를 입으면서 자라듯이 우리도 타격을 받고, 통일을 이루지 못하고 실패는 하면서도 새 시대의 국민으로 자랐다. 대구 반란 사건, 여수, 순천, 제주 사건 때만 하여도 국민의 생각이 흔들리고 더듬는 형편이었는데, 6·25 상잔을 지나고 나서는 대체로 통일의 틀이 잡기 시작했다…우리는 어떻게 해서든지 전쟁을 아니 하여야 하지만 설혹 이제, 6·25보다 더 참혹한 전쟁이 난다 하여도 '씨알'은 결코 밀지지 않을 것이다…이렇듯이 아기가 앓으면서도 자라고 있듯이 실패는 하면서도 새 시대를 향해 나가고 있다. 이 민족은 아직 더 고난을 당할지 모른다. 더 많이 당할 것이다. 그러나 결코 역사의 무대에서 쫓겨나지는 않을 것이다. 이제 우리에게 죽지 않을 자신만은 생겼다. 그것이 6·25전쟁이 끼치고 간 선물의 첫째다.[1]

이처럼 함석헌은 민족의 분단과 동족 간의 전쟁의 원인이 민족의 결연한 하나 된 자유민주주의에 대한 의지의 부족이었기에 분단으로 이어졌고, 이러한 비극적인 민족의 고통을 통해 자유와 평화의 소중함과 역사의 주권 의식을 더욱 높였으며, 하나님의 섭리 가운데 허락된 민족사라고 주장했다. 어찌 보면 근현대사의 민주 국가로서, 자주적인 국가로서 자라나는 성장통의 과정으로 보고 있다. 동족상잔의 비극 또한 민족의 정신적 자산이 되었으며 통일을 위해서 치러야 할 수업이라는 긍정적 해석을 하고 있다. 즉 6·25전쟁은 이념의 분별력을 키웠고, 통일의 필요성을 더욱 질김게 하는 역사의 교훈으로 결론짓고 있다.

성경에 나타난 하나님의 징벌을 교회사적 사관으로 볼 때에, 택함 받은 민족이 우상화에 빠져 윤리적 타락과 신앙의 세속화와 불의의 권세 앞에 굴종하며 신앙의 순결을 저버리면 그에 대한 응징이 반드시 수반되는 것을 보게 된다. 그러한 모습이 곧 이스라엘 민족의 악순환된 역사였다. 이같이 이스라엘 민족을 향한 하나님의 징벌의 교훈의 역사가 동일하게 이북 교회에도 반복되어, 신사참배로 세상 권력에 무릎을 꿇고 이어서 다시 공산화에 불의의 입맞춤을 하여 우상화 놀음에 합류한 배도의 악순환에 대하여 하나님이 징치하셨음을 보여주고 있다.

1) 일제 황국화 강요에 배교한 이북 교회

한반도 식민지화 이후 일본의 군국주의가 일본과 조선의 역사와 문화와 민족을 일체화하려는 내선일체(內鮮一體)와 황제를 신격화하기 위한 황국화(皇國化)를 내세우면서 종교화를 위해 취한 정책이 바로 신사참배였다. 일본은 천황을 숭배하는 종교인 천리교(天理敎)²를 부산에서부터 포교하여 그 당시 조선인들 8,000여 명이 신도가 되었고, 전국에 신사신궁 42개가 난립되어 이스라엘 땅에 바알과 아세라 신상들이 대중화된 것처럼 이 땅에도 우상화가 독버섯처럼 번져 나갔다.

일본 총독부는 이 종교를 통해 조선인들을 신도화하려 했다. 그 당시 선교사들에 의해 기독교가 크게 부흥하는 시기에 일본은 식민지화를 고착시키기 위한 수단으로 일본 토속종교를 국가 차원에서 추진하여 기독교를 비롯한 기존의 조선의 종교를 무력화시키고자 했다. 이때 조선 기독교는 이에 맞서서 영적으로 바알과 아세라 신상과 같은 천리교에 대해 적대적 관계를 형성해야만 했다. 일본은 첫 시도로 신사참배를 국민의례와 애국사상 차원에서 공립학교에 의무화시켰다. 이어서 점차 기독교 계통의 모든 학교에도 이를 강요하였다. 이러한 시도와 강요는 1913년부터 시작되었으나, 이에 대해 미국 선교사들이 강력하게 반대하자 잠시 후퇴하는 듯하더니 1930년부터 다시 강압적으로 노골화하였다.

1935년에는 미션스쿨에도 신사참배를 강제하였다. 이어서 교회들도 신사참배에 참여하도록 강요하였다. 여기에 끝까지 저항했던 조선예수교장로회 측도 1938년 9월 9일 제27차 총회가 평양 서문밖교회에서 개최될 때에 신사참배에 굴복함으로 영적으로 마지막 보루였던 한국 교회가 하나님께 배도한 날이 되었다.

2) 해방 후 이북의 공산화와 우상화의 배도

이북 교회는 1938년 신사참배에 이어 1945년 해방과 더불어 분단과 공산화가 이루어지는 과정에서도 역시 김일성 공산 정권과 불의의 타협과 굴종을 자초하여 제2의 배교를 행함으로 한국 교회사에 씻을 수 없는 수치와 죄를 스스로 각인하였다. 북한 공산 정권의 수립 과정과 그 후 독재 정권을 견고히 하기 위한 김일성의 우상화 정책은 2,800여 년 전의 북이스라엘 왕국의 여로보암 왕의 금송아지 우상 정치와도 비교 연상된다.

김일성은 자신과 선대가 모두가 기독교인이었음에도 불구하고 그 땅에 공산 독재 국가를 만들었고, 자신의 통치 기반을 강화하기 위해 기독교를 활용한 후에는 기독교를 비롯한 모든 종교를 제거하고 신앙인들을 박해하며 그 땅의 교회들을 다 훼파하고 하나님을 그 땅에서 더 이상 경배하지 못하도록 주도면밀하게 반기독교 정책을 강행하였다. 대신에 자신을 우상화하기 위해 스스로 그 땅의 2천만 명의 김일성 사교의 교주가 되어 종교화된 통치 시스템을 갖추기 위해 기독교 교리를 대신할 '주체사상'과 그 유일사상 체계 확립을 위한 '10대 원칙'을 만들어 교조주의적인 왕국과 우상화에 모든 북한 주민들을 굴종시켰다.

이 10대 원칙은 성경의 십계명과도 같은 것이다. 그 내용은 백성들이 통치자에 대한 절대 복종만을 강조하며 자신을 절대무오의 교주로 신성화하려는 교리문이자 절대적 율법으로, 칼 마르크스의 공산주의 국가가 아닌 교주에 의한 사교와 혼합된 체제를 이루었다.

이는 지난날의 공산 체제 이전의 기독교 교리를 모방한 것으로, 기존의 기독교의 영향을 제거하기 위해 기독교에 대한 종교적 해독성을 조작하여 주민들의 의식을 세뇌하는 계몽운동을 벌였다. 김정일은 이를 위해 대대적으로 기독교 사상을 무력화하기 위해 다음과 같은 논리를 제기하였다.

- 종교는 계급성을 마비시킨다.
  착취 계급과 무착취 계급 사이의 대립을 악화시킴으로 노동자와 농민들의 계급성을 마비시키며, 종교는 아편 같아서 사람들의 의식을 마비시킨다.
- 종교는 대오를 마비시킨다.
  수령과 인민, 당과 대중을 분리시킨다. 그러므로 전당, 전군, 전민이 종교와의 투쟁을 강화해야 한다.
- 종교는 근로 대중의 고혈을 짜내고 인민들의 대가를 수탈하며, 사랑을 강조하며 부모 자식과 부부간의 사이를 갈라놓고, 성적 문란을 조성시키고, 신도들의 주머니를 털어내어 종교 지도자들의 배를 불리운다.
- 종교는 혁명과 건설을 말아 먹는다.
  제국주의자들이 종교를 리용하여 광범위한 군중의 저항력을 마비시킨다.
- 종교는 제국주의 침략의 앞잡이다.
  세계 최초의 미국 침략선 제너럴셔먼호를 몰고 오는 데 길잡이를 기독교가 하였다.

이외에도 김일성을 절대화하기 위해 제작된 〈김일성어록〉은 곧 불변의 진리이고 법이고 원칙과 경전이 되어 버렸다. 이뿐만 아니라 전국에 3만 8천 개 이상의 그의 동상을 만들어 놓고 자신의 생일을 국경 탄생일(4월 15일)로 정하고 이를 '태양절'이라 공포하였다. 이는 기독교의 성탄절을 대신한 것으로, 김일성은 곧 북한 땅에 유일무이한 신이 되었다. 김일성은 평양 광장에 세계에서 가장 큰 황금빛 동상을 만들어 모든 사람들이 그 앞에 머리를 숙이게 하고 스스로 신이 되었다. 그 장소는 장대현교회가 있었던 '장대재'라는 지명이었으나 공산 정권의 혁명적 언어로 개명되어 '만수대'라고 불리게 되었다.

1972년 그의 60회 생일을 기념하여 그곳에 20미터 높이의 초대형 동상이 우상물로 세워졌다. 참배자들마다 그 동상에 꽃을 바치고 헌화한 다음 2~3미터 뒤로 물러서서 2~3초 동안 동상을 우러러 보아야 하는 행동 지침도 강요하고 있다. 평양에서는 결혼식을 마친 신랑 신부가 꽃바구니를 들고 제일 먼저 찾아가서 그 동상 앞에 절하는 것이 예식화되었다. 북한 당국에서는 김일성을 영생하는 어버이 수령으로 우상시하고, 살아 있는 신적인 존재로 추앙하고 있다. 이 동상은 바벨론의 느부갓네살 왕의 금 신상 같은 우상물이다.[3]

세계에서는 김일성 종교를 세계 5대 종교라고 평하기도 한다. 북한 정권은 김일성과 김정일의 사후에도 우상화를 강화하기 위해 그들의 시신을 안치하고 성역화하여 그곳을 2012년부터 '금수산 태양궁전'이라고 칭하고 그들의 시신을 살아 있는 미라처럼 제작하여 그 앞에 모든 사람들이 경배하도록 제도화하였다. 김일성은 죽은 후에도 그들의 구호가 '우리와 영생토록 함께하시는 수령님'이 되었고, 심지어는 국내외 기독교인들의 헌금으로 세워진 '평양과기대' 내에도 '영생탑'을 세웠다. 김일성 생일을 '태양절'(4월 15일)로 국경일로 정하여 이날은 김일성 동상에 헌화하고 절을 하고, 그의 동상이 있는 곳은 성역화되었다. 김일성의 우상화 작업에 소요된 예산은 약 8억 9천만 달러였다고 한다. 김일성의 아들 김정일은 자신의 생일(2월 16일)을 '광명성절'이라 하여 국경절로 하였고, 김일성의 아내 김정숙은

'혁명의 어머니'라며 그녀의 생일도 국경절(12월 24일)로 정했다. 이러한 우상 체제는 천주교의 성부, 성자, 성모 숭배와도 동일한 것이다.

이 같은 우상화는 일본 천황을 신격화한 것을 모방하여 '김씨 신정국' 시대를 이어가고 있다. 김정일은 1994년부터는 그 우상화 작업을 더 강화하기 위하여 북한 주민 전체를 '김일성 민족', '김일성 조선'이라고 칭하고 있다. 북한의 이러한 절대 우상화는 결국 하나님의 징벌과 심판을 자초할 것이다.

하나님께서는 살아 있는 신이라고 추앙받던 일본의 천황을 미·일 전쟁에서 패전국으로 만들어 그를 평범한 인간으로 끌어내리셨다. 소련에서 절대 우상화하였던 스탈린의 동상도 1991년 소련이 붕괴되면서 분노한 러시아인들에 의해 파괴되었다. 이같이 역대 우상시하였던 독재자들은 모두 준엄한 역사의 심판을 받았다.

3. 남북한 체제의 경쟁과 교회의 흥망 대비

동족상잔의 6·25전쟁 이후 남과 북은 동일하게 전 국토와 산업시설의 파괴와 황폐화로 굶주림과 피폐한 상황을 극복해야 했다. 뿐만 아니라 정치적으로도 남과 북은 사회적 혼란이 가중되었다. 김일성은 패전의 책임 전가 문제와 정권 유지를 위해, 그리고 처절한 권력 투쟁에서 살아남기 위해 정적들을 제거하는 피의 숙청을 감행했으며, 초토화된 북한 지역의 산업시설과 교통 통신의 복구와 경제 재건과 모든 분야의 정상화를 위해 사력을 다해야 했다.

남한 역시 거의 전 국토의 산업시설 파괴와 막대한 인명 손실과 요인들의 납북과 자진 월북으로 국가의 인재 공동화에 직면하게 되었다. 또한 용공 세력들의 척결도 간과할 수 없는 심각한 정치·이념적 문제로 부상하였다. 그뿐만 아니라 산업시설의 복구와 식량 증산을 위한 해결이 다급한 문제들이었다.

남과 북이 동일하게 처한 전반적 사회 문제에 대해 북한은 중국과 소련을 비롯한 동구권의 경제 원조와 자국 내의 재건 운동을 통해 극복해 나갔다. 물론 신앙의 자유는 공산화되는 과정에서 겪었던 것보다 더욱 옥죄어졌으며, 비공식적 예배나 신앙 유지도 더욱 어렵게 되었다.

거기에 반해 남한은 미국의 식량 원조와 경제 지원으로 전쟁의 잿더미에서 다시 일어날 수 있었다. 또 초대 대통령 이승만은 그리스도인이었고 헌법에 명시된 신앙의 자유를 보장함으로 이북에서 내려온 기독교인들도 교회 재건에 매진할 수 있어 남한의 교회는 크게 부흥할 수 있었다. 남으로 피난 온 실향의 이북 기독교인들은 천막 교회로 일어서기 시작하면서 전국에 우후죽순처럼 교회가 개척되었다. 이 당시 정권의 권력층들과 사회 지도층들이 대부분 이북 출신의 기독교인들이었던 점도 부흥의 요인이 되었다.

그러나 이승만 정권이 장기 집권을 이어가면서 정치적 부패와 혼란이 더욱 가중되었고, 특히 1960년 3월 15일에 실시된 정·부통령 선거에서 부정을 저지르며 재집권을 시도하자 이에 항의하는 대규모 시위가 벌어지면서 유혈 사태로 이어졌다. 이어서 4월 19일에 전국적으로 시위가 전개되어 그해 4월 26일 이승만 정권은 결국 무너지게 되었다.

초대 정부가 부정과 부패로 인하여 붕괴된 후 혼란한 정국 상황 중에 1961년 5월 16일 군부의 군사혁명이 발생하여 대한민국에는 군사 정권이 들어서게 되었다. 새로운 대통령 박정희가 체계적인 경제 개발과 부패 세력의 척결과 용공분자들의 제거를 대대적으로 진행함으로써 사회는 점차 안정되었다. 특히 1965년 일본과의 국교 정상화를 위한 대일 청구건 배상금 유무상의 8억 달러는 경제개발 자금에 유용하게 활용되었다. 그 당시 한국은 자본, 자원, 기술이 전무하다시피 하였다. 유일한 국가 자산으로는 숙련되지 않은 노동력과 피폐된 국토뿐이었다.

1960년대 후반에 돌입하면서 남과 북 사이에는 체제와 경제, 국방 분야에 있어서 경쟁과 대립적 구도가 형성되었다. 여기에 북한의 김일성은 그의 경쟁적 통치자로서 두 번째로 등장한 박정희 정권과 다시 대립적 관계에 직면하게 되었다. 그는 정치적으로 장기 집권 체제를 굳히면서 권력의 정점에서 북한을 이끌며 남한과의 경쟁에서 자신감을 갖고 남북 간의 대결 구도를 다시 구축하였다.

이 두 체제의 지도자들의 출현 배경을 보면 동시대의 인물들로서 김일성은 1912년생(평북 평양)이었고, 박정희는 1917년생(경북 구미)으로 이들은 거의 같은 시기에 탄생했고, 공교롭게도 청년기의 군 시절에는 만주에서 활동하였다.

이러한 한반도의 분립된 정치적 구도는 성경 속에 남북의 왕조로 갈라진 북이스라엘의 여로보암과 남유다의 르호보암의 경쟁 구도와 유사하다고 볼 수 있다. 북이스라엘은 에브라임 지파를 비롯한 10지파의 인구와 넓은 영토와 토산물이 남유다 왕국에 비해 풍부했다. 거기에 비해 남유다는 유다와 베냐민 2지파로서 척박한 땅과 작은 왕국의 형세로 경쟁과 대립을 이어가게 되었다. 남유다 왕인 르호보암은 자신의 왕국을 강화하고 북이스라엘을 점령하기 위해 주변 강대국을 끌어들이기도 하였기에 한국의 분난과 대립에도 비교되는 역사의 배경을 갖고 있다.

한국의 남과 북 2명의 지도자가 남북한 현대사의 전면에 나선 것이다. 이 두 지도자에 대해 역사학자 김용삼은 《김일성 신화의 진실》 저서에서 이같이 비교 평가하고 있다.

김일성은 1919년 평양에서 만주로 이주하였고 1923년 귀국, 다시 1925년 만주 길림으로 들어가 육문중학교 입학과 중국공산당 유격대에 참가, 1932년 4월부터 항일 빨치산 투쟁을 하는 중간급 군사 지도자로 활동하며 리더십을 형성했다. 그의 만주 체험은 약 20년이고, 가혹한 환경에서 투항하지 않고 살아남았다. 그와 같은 활동을 한 사람들이 김책, 최용건, 강건, 안길이었고 그들이 후에는 북한 정권 수립의 개국 공신이었으나 후에 권력 싸움에서 제거되었다.

이에 반해 박정희는 대구사범학교를 졸업하고 문경에서 3년간 초등학교 교사로 봉직하다가 1939년 9월에 만주로 갔다. 1940년 4월 만주 '신경육군군관학교'에 수석 입학, 1942년 3월 졸업과 동시에 일본 육사 편입, 1944년 일본 육사 3등으로 졸업 후, 만주 관동군 635부대에서 견습, 1944년 7월에 일본군 육군 소위로 임관하여 만주군 보병대에 배치되었다. 사학자 박경림은 이들 두 사람에 대해 "만주는 박정희와 김일성의 권력의 자양분이었고, 공통의 역사적 기원이었다. 이 점에서 만주는 두 사람, 그리고 한국적 두 근대화의 모태의 하나라고 부를 수 있다"라고 기록하였다.

비록 한 사람은 비정규군으로서 게릴라 활동에 종사했고, 한 사람은 정식 사관학교 교육을 받고 수재 장교로 임관한 차이는 있지만, 박정희와 김일성은 만주에서 군인의 길을 걸었다. 군인으로서의 경험은 두 사람이 집권 시기 동안 남과 북에서 전통적 한국 사회의 특성과는 크게 다른, 역사상 가장 강력하고 철저한 상무정신(尙武情神)에 투철한 사회와 국가를 만들도록 영향을 끼쳤다. 한국에서 거시적인 군사주의의 등장과 강화는 이들의 군인 경력과 깊은 관련이 있다.

박정희와 김일성으로 상징되는 두 세력은 비슷한 시기에, 같은 만주 공간에서 활동했음에도 불구하고 결정적인 체험의 차이가 존재한다. 그 결과 친일과 항일, 반공과 친공이라는 정반대 길을 걷게 된다. 뿐만 아니라 박정희는 체계적 정규 교육을 받은 학도의 경륜과 일본의 근대화 교육의 자양분을 받은 인물이었기에 일본이나 미국, 기타 외국 세력을 긍정적으로 보았다. 그는 일제의 한국 지배를 부정적 영향보다는 긍정적 기여하는 측면으로 바라보았다.

반면에 김일성은 일본의 식민통치기에 일본의 수탈과 야만성, 침략을 강조했고 그 결과 경제적 자립, 정치적 자주를 이루고자 노력했다. 이처럼 외세에 대한 극단적인 인식 차이는, 남한이 개방·통상 위주의 팽창적 대외 정책, 베트남 참전, 중동 진출로 이어져 국력 신장에 결정적 순기능을 한 반면, 북한은 폐쇄, 쇄국 위주의 자립 경제로 움츠러들면서 실패 국가의 완벽한 전형으로 자리 매김을 하게 했다. 무엇보다 눈여겨보아야 할 것은 박정희가 만주 군관학교 재학 중, 그리고 일본 육군사관학교 재학 시절, 그 후 만주국 초급 장교로 재직하면서 체험한 만주국에서 소련의 사회주의적 계획 경제를 모방한 통제 경제의 거대한 실험과 근대화를 위한 '만주 산업 개발 5개년 계획'이 한국의 개발 독재형에 결정적 영향을 미쳤다는 점이다. 박정희가 추진했던 병영 국가적인 국력 배양과 총력 안보라는 '한국적 민주주의'에는 만주국의 유산이 잠재된 것이었다.

만주 대륙이라는 동일 공간에서 청춘을 보낸 두 인물이 각각 귀국하여 남과 북의 지도자가 되었을 때, 두 인물의 리더십은 극명한 대비를 이룬다. 박정희는 이승만으로부터 물려받은 자본주의 시장경제의 틀을 권위주의 체제하에서 심화 확대시킨 반면, 김일성은 전체주의 시스템하에서 사회주의 통제 경제를 강화해 나갔다. 박정희가 개방과 통상의 국제주의로 달려 나갈 때 김일성은 자주와 주체, '우리 식대로'를 고수하며 폐쇄 고립의 길로 움츠러들었다. 그것은 해양 문명과의 교류(대한민국)와 대륙 문명으로의 집착(북한)이라는 결과를 야기했다.[4]

이처럼 남한의 고도 산업화는 교회의 성장으로 이어져, 한 국가의 공동체로서 불가분의 상관 관계 속에서 그 운명을 같이하며 그 나라의 영욕을 함께하였음을 보여주었다. 1960년대 중반부터 단계적 경제 개발 추진으로 국가의 산업화와 성장과 더불어 남한의 교회 부흥도 함께 동반 성장으로 이어졌다. 1970년대와 1980년대에는 국가와 함께 고도성장을 거듭하였다. 그 당시에는 "눈뜨고 나면 생기는 것이 예배당과 주유소다"라는 말이 회자될 정도였다. 국가의 산업화의 성공은 국민소득의 증대로 이어지면서 교회의 재정도 부요케 되어 국외로도 선교사들을 파송할 수 있는 교회 역량을 갖추게 되었다. 특히 1988년 서울올림픽은 한국 교회가 세계로 향하는 계기가 되어 해외 선교 시대로 접어들었다.

이러한 한국 교회의 해외 선교 전환 모드(mode)는 과거 서구에서 19세기와 20세기에 걸쳐 산업혁명으로 국력이 성장한 영국을 비롯한 유럽 교회들의 해외 선교 활동의 모델이라 할 수 있고, 미국이 1865년에 남북전쟁을 끝낸 후 경제 성장과 국력의 증강으로 인한 교회의 부흥이 해외 선교로 이어져 아시아와 태평양권의 섬 지역과 아프리카 대륙을 선교지로 정하여 진출한 것과도 동일한 변화와 성상의 모델이 있다. 이는 교회사적으로도 그 나라의 경제 발전과 국력 신장이 곧 교회 성장과 세계화로 이어진다는 사실을 증명한 동일한 사례가 되었다.

제8장 북한 지하교회의 성경적 이해와 적용

세례받는 지하 성도

제8장
북한 지하교회의 성경적 이해와 적용

21세기에 들어서도 지구상에서 기독교를 적대적으로 박해하며 가장 많은 순교자를 낳은 나라가 북한이다. 매년 유엔인권조사위원회에서 종교 박해 국가 1위로 발표되고 있다. 북한의 정치 체제상 통치자의 유일 지도만을 우선시하는 체제의 특수성으로 인해 기독교를 비롯한 모든 종교를 불허할 뿐만 아니라, 종교 행위는 곧 체제에 대한 도전으로써 이들을 정치범으로 처형하고 있는 사례들이 북한의 현실임을 보여주고 있다.

북한의 70여 년의 공산 통치는 북한 기독교 역사로 볼 때 연속적인 박해의 역사이다. 이러한 핍박의 역사는 과거 기독교 역사에서 가장 핍박이 극심했던 로마제국의 초대교회 못지않은 3대 독재 세습 체제하에서 많은 순교자를 낳았고, 지금도 지속되고 있다. 이러한 북한 지하교회의 핍박의 역사에 대해 성경적인 이해와 그 의미 부여가 필요하다. 교회의 외적인 부흥이 세속화된 모습이라면 성경적 의미가 없겠으나 북한의 지하교회는 순교를 각오한 정금 같은 신앙과 역동적인 교회 활동이 이어지고 있기에, 비록 정상적인 교회의 모습이 아닌 무형적 지하교회이지만 면면히 이어져 오고 있는 그 교회의 정체성을 유지하고 있으므로, 동시대에 북한의 지하교회 역사도 남한의 교회와 수평적 수준에서 이해하며 정립해야 할 것이다.

1. 이스라엘 민족사를 통한 지하교회의 성경적 이해

북한 지하 성도들의 70여 년의 핍박과 순교의 역사를 이 시대의 시점에서 성경적인 해석과 적용을 위해서 성경에 기록된 이스라엘의 역사적 사건과 대비하여 살펴본다면, 북한 교회의 고난 역사와 회복이 하나님의 주권적 섭리에 의해 동일하게 진행되고 있음을 확인할 수 있다.

1) 애굽 바로 압정하의 히브리 노예와 북한 지하 성도의 고난

"이제 가라 이스라엘 자손의 부르짖음이 내게 달하고 애굽 사람이 그들을 괴롭히는 학대도 내가 보았으니 이제 내가 너를 바로에게 보내어 너에게 내 백성 이스라엘 자손을 애굽에서 인도하여 내게 하리라"(출 3:9~10).

야곱의 온 가족 70명이 애굽에서 총리가 된 요셉으로 인해 애굽 고센 땅으로 이주하였다(B.C. 18세기). 430여 년이 경과하면서 그 후손이 민족을 이룰 만큼 인구가 급증하였다. 그 나라를 다스렸던 셈족 계열의 북방 민족인 힉소스 왕조[1]가 애굽 본토인들의 새로운 왕조에 의해 축출 당하였다(B.C. 16세기). 본토의 애굽 왕조는 외국에서 유입된 야곱의 후손들이 너무 많아진 것을 경계하면서 그들을 노예로 예속하였다. 이로 인해 야곱의 후손들은 고난을 받게 되었다.

"요셉을 알지 못하는 새 왕이 일어나 애굽을 다스리더니 그가 그 백성에게 이르되 이 백성 이스라엘 자손이 우리보다 많고 강하도 다 자, 우리가 그들에게 대하여 지혜롭게 하자 두렵건대 그들이 더 많게 되면 전쟁이 일어날 때에 우리 대적과 합하여 우리와 싸우고 이 땅에서 나갈까 하노라 하고 감독들을 그들 위에 세우고 그들에게 무거운 짐을 지워 괴롭게 하여 그들에게 바로를 위하여 국고성 비돔과 라암셋을 건축하게 하니라"(출 1:8~11).

이스라엘 민족의 긴 종살이가 계속되면서 그 고통이 절정에 달하게 되자 하나님께서는 이스라엘 민족을 향하신 구원의 역사를 시작하셨다.

"여러 해 후에 애굽 왕은 죽었고 이스라엘 자손은 고된 노동으로 말미암아 탄식하며 부르짖으니 그 고된 노동으로 말미암아 부르짖는 소리가 하나님께 상달된지라 하나님이 그들의 고통 소리를 들으시고 하나님이 아브라함과 이삭과 야곱에게 세운 그의 언약을 기억하사 하나님이 이스라엘 자손을 돌보셨고 하나님이 그들을 기억하셨더라"(출 2.23~25).

이 말씀 속에서 본 바 노예가 된 야곱의 자손들이 이제는 거대한 단일 민족과 신앙 공동체로 형성되자, 애굽 본토인 왕조는 급증한 외국인 히브리족의 문제를 정치적·사회적 문제로 받아들였고, 이들이 유사시에 외국 침략 세력과 합세할 경우를 두려워해 인구 증가세를 막기 위한 방법으로, 태어나는 남자 아이들은 모두 죽이게 하였다. 그것도 궁극적인 해결책이 되지 못하자 새로운 왕조로서도 고민거리가 되어, 강제 노동의 강도를 더욱 강하게 하여 히브리족의 고난이 극에 달하게 되었다. 하나님께서는 이러한 히브리 민족의 고난의 절정기에 모세를 등장시켜 그들의 민족 지도자로 세워 출애굽을 준비하셨다.

하나님께서는 모세를 통해 10가지 재앙을 애굽에 내려서 애굽 왕이 결국은 히브리 노예들을 본국에서 내보내도록 역사하셨다. 노예에서 해방된 이스라엘 민족은 40년의 광야 생활을 거친 후 아브라함 조상의 땅에 들어가게 되었다. 이는 분명 이들을 향하신 하나님의 인도하심이고 구원의 역사였다. 만일 이스라엘 민족이 최초의 애굽의 정착지인 비옥한 고센 땅에서 마음껏 자유를 누리며 아무 고통 없이 자자손손 풍요함을 누렸다면, 그들은 하나님께서 아브라함에게 주셨던 약속의 땅에 대한 회귀의 소망을 포기한 채 우상이 가득한 이방 애굽 문화에 흡수되어 민족의 정체성을 상실하고 여호와 하나님에 대한 신앙도 희미해져 애굽인으로 동화되었을 것이다.

하나님께서는 아브라함과 맺은 언약을 성취하시기 위해 소수의 부족 수준에 있었던 야곱의 70명의 식솔들을 가장 안전하고 풍요한 환경 속에서 400여 년의 세월을 통해 민족 공동체로 급성장시키셨다. 그러나 이들은 하나님의 택하신 성민이기에 애굽에 영구히 두시지 않고 수백 년의 고난의 과정을 겪게 하시고, 아브라함과 언약을 맺으신 가나안 땅으로 돌아가기를 스스로 갈망하게 하셨다. 그 후에야 그들을 가나안 땅으로 인도하셨다. 만일 애굽에서의 고달픈 종살이가 없었다면 이들은 모세가 나타나 가나안 땅으로 인도하려 했을지라도 아무도 주종하지 않았을 것이다.

지금의 북한 동포들은 70여 년 동안 3대에 걸친 독재 세습과 우상화 강요로 인해 세계의 다른 민족처럼 정치적·사회적·종교적 자유를 누리지 못하고 있으며, 절대 궁핍에 고난을 강요받고 있다. 이들의 삶은 애굽의 바로 아래서 노예 생활에 신음했던 이스라엘 백성들보다 더 참혹한 고통을 당하고 있다. 적어도 바로는 그들에게 먹을 것은 주었고, 신앙의 자유는 간섭하지 않았다. 애굽의 노예보다 못한 북한 동포들이 그러한 고난에 처해 있지 않다면 그 땅의 기독교인들과 일반 주민들은 통일의 필요성과 신앙의 자유와 인간의 기본권을 누리고자 하는 갈망과 독재 체제에 대한 저항의식과 비판의식을 갖지 않았을 것이며, 독재 체제하의 배급 수혜와 통치에 안주하여 억압의 사슬에서 벗어나고자 하는 열망을 갖지 않았을 것이다.

하나님께서는 각 민족을 향한 구원 계획을 갖고 계시며 그 나라의 교회사를 통해 하나님의 구속의 경륜이 진행되어 온 것을 세계 역사에서 읽을 수 있다.

1907년 공산 국가 수립이 러시아의 볼셰비키혁명으로부터 시발되어 전 세계에 공산주의가 급속하게 확장되었다. 그러나 20세기 말에 공산주의 종주국인 소련이 1991년 붕괴되면서 러시아인들은 70여 년 만에 공포의 정치에서 벗어나 신앙의 자유와 인간의 존엄성을 회복하게 되었고, 소련 통치하의 위성국인 동구권도 공산주의를 벗어버리고 신앙의 자유를 누리게 되었다. 그뿐만 아니라 중국과 동남아 공산권 국가들도 제한적이지만 자국인들이 신앙을 갖도록 합법적으로 보장해 주고 있다. 그 예를 든다면 베트남, 라오스, 캄보디아, 미얀마 등이다. 이제 지구상에서 유일하게 종교의 자유를 억압하며 핍박하고 있는 북한만이 남아 있다.

분명한 것은, 하나님께서 북한 동포들이 신앙의 자유를 누릴 때를 준비하고 계신다는 점이다. 이는 어둠이 깊으면 깊을수록 아침이 가까이 오는 이치와도 같다.

북한 동포들은 지구상에서 가장 핍박받고 인권의 사각지대에서 인간의 존엄성을 누리지 못하고 있기 때문에 누구보다도 자유와 평등과 인간의 기본권을 갈망하고 있다. 그들 중 소수의 의로운 기독교인들은 그 땅에 '남은 자'로서 신앙의 자유를 위해 산 순교자와 같이 신앙을 지키며, 장차 지하의 신앙생활이 아닌 지상에서의 합법적이고 자유로운 신앙과 하나님의 공의로운 통치를 간구하고 있다. 지금도 지하 성도들은 극심한 인권 침해와 종교 박해의 환경 속에서 신음하고 있지만, 그러한 중에도 저들은 출애굽의 날을 갈망하며 지난 100여 년 전의 동양의 예루살렘이라는 명성이 그 땅에 다시 회복되기를 간절히 소망하고 있다. 북한은 지구상에 유일하게 마지막으로 남아 있는 출애굽 대상이다.

"이제 애굽 사람이 종으로 삼은 이스라엘 자손의 신음 소리를 내가 듣고 나의 언약을 기억하노라 그러므로 이스라엘 자손에게 말하기를 나는 여호와라 내가 애굽 사람의 무거운 짐 밑에서 너희를 빼내며 그들의 노역에서 너희를 건지며 편 팔과 여러 큰 심판들로써 너희를 속량하여 너희를 내 백성으로 삼고 나는 너희의 하나님이 되리니 나는 애굽 사람의 무거운 짐 밑에서 너희를 빼낸 너희의 하나님 여호와인 줄 너희가 알지라"(출 6:5~7).

하나님께서는 불원간에 북한 동포들과 성도들을 독재의 압제에서 구해 내시어 그들을 거룩한 하나님의 백성으로 다시 회복시키실 것이다. 왜냐하면 그들은 택하신 선민이고 언약의 자손들이기 때문이다.

2) 다윗의 아둘람 굴 공동체와 북한 지하교회 공동체

"그러므로 다윗이 그곳을 떠나 아둘람 굴로 도망하매 그의 형제와 아버지의 온 집이 듣고 그리로 내려가서 그에게 이르렀고 환난 당한 모든 자와 빚진 모든 자와 마음이 원통한 자가 다 그에게로 모였고 그는 그들의 우두머리가 되었는데 그와 함께한 자가 사백 명가량이었더라"(삼상 22:1~2).

다윗은 이스라엘 나라와 민족을 위기 가운데서 지켜 낸 민족의 영웅이며 구원자였다. 그러한 구국 공로가 오히려 화가 되어 사울 왕에게 시기와 질투의 대상이 되었을 뿐만 아니라 사울 왕은 역모를 꾀할지도 모르는 가능성을 미리 차단하기 위해 집요하게 다윗을 제거하려 하였다. 그의 목숨이 경각에 이르게 되자, 그는 광야의 도피자가 되어 동굴과 들판에서 기거하며 도피의 삶을 살아야 했다. 사울은 도망친 그와 그의 추종자들을 추적하여 제거하려 했으나 오히려 다윗과 함께한 사람들이 늘어나면서 600명의 무리가 도피민이 되어 광야에서 집단생활을 할 수밖에 없었다. 사울에게 다윗은 자신의 왕권을 위협하는 눈엣가시 같은 존재였다.

자신의 왕권 유지에 정치적 위기의식을 느낀 사울은 그 권좌가 좌불안석이었다. 백성들은 실제적인 왕으로 사울보다는 다윗을 더 존경했고 의지했기에 다윗이 설난만 하면 언제든지 그의 왕권을 탈취하고 그 자리에 앉을 수 있었다.

시간이 지나면서 사울의 통치에 불만을 품거나 다윗을 지지하는 사람들과 사울의 통치하에 억울한 일을 당한 사람들과 그 사회에서 소외된 사람들이 더욱 많아지면서 그들이 다윗과 생사고락을 함께 하였다. 이처럼 핍박받는 다윗과 그 동류들은 오직 하나님만 의지할 수밖에 없었다. 다윗은 사울에게 쫓기면서 그 가운데 하나님의 구원하심에 대해 시편 18편 1~6절을 통해 이처럼 고백하고 있다.

"나의 힘이신 여호와여 내가 주를 사랑하나이다 여호와는 나의 반석이시요 나의 요새시요 나를 건지시는 이시요 나의 하나님이시요 내가 그 안에 피할 나의 바위시요 나의 방패시요 나의 구원의 뿔이시요 나의 산성이시로다 내가 찬송 받으실 여호와께 아뢰리니 내 원수들에게서 구원을 얻으리로다 사망의 줄이 나를 얽고 불의의 창수가 나를 두렵게 하였으며 스올의 줄이 나를 두르고 사망의 올무가 내게 이르렀도다 내가 환난 중에서 여호와께 아뢰며 나의 하나님께 부르짖었더니 그가 그의 성전에서 내 소리를 들으심이여 그의 앞에서 나의 부르짖음이 그의 귀에 들렸도다"(시 18:1~6).

다윗의 아둘람 동굴의 공동체는 곧 도피자들의 '광야 교회'였다. 다윗은 하나님을 향한 처절한 기도와 찬양으로 하나님의 인도하심에 의지하면서 그의 신앙이 고난을 통해 정금같이 되었다. 고난의 풀무불이 금과 은을 단련하듯이 그의 신앙도 극심한 고난과 핍박과 죽음을 넘나드는 위기 속에 연단되어 오히려 돋보였다. 이는 하나님께서 다윗의 신앙과 장차 왕이 될 지도력을 배양시키시기 위해 허락하신 광야 훈련이었다. 이들 600여 명의 공동체는 생사고락을 함께하면서 그 조직의 선교함이 있었기에 10여 년 가까운 고난의 과정을 극복할 수 있었다. 장차 이들 중에 지도자 지위에 해당하는 무리들이 유대 왕국의 개국 공신들이 되었다.

북한에서 기독교 신앙인들은 사실상 은밀한 정치적·사상적 도피자들이며, 북한 공산 체제에서는 반국가범들이고 반체제범들이다. 북한 공산 체제가 가장 적대시하는 세력들이 바로 예수를 믿는 의로운 믿음의 지하 성도들이다. 북한은 유일 공산 체제를 유지히기 위해 기독교인들을 인정하지 않을 뿐만 아니라, 그 사회에서 불순 세력들로서 지상에 드러나기만 하면 가장 가혹한 수단으로 처형하거나 정치범 수용소로 추방하여 일반 사회 속에서 결코 공생할 수 없도록 한다. 마치 전염병 환자를 격리하듯이 이들을 특수한 격리장소로 보내거나 간첩 활동을 한 정치범으로 분류하여 지금까지 그 땅에서 제거해 왔다.

그러나 그 땅에 기독교인들이 사라지거나 감소하는 것이 아니라, 오히려 고난의 핍박 속에서 더 많은 기독교인들이 소생되고 증가하여 북한 전역에 기독교인들이 엄한 통치하에서도 존립하며 자유의 날을 기다리고 있다. 정치범 수용소의 약 20%가 기독교인들이라고, 그곳에서 탈출한 탈북인이 증언한 바 있다. 북한의 지하 성도들은 도심지나 산골에서나 정치범 수용소에서나 자신들의 신앙을 지키며 비밀 결사조직처럼 결성되어 신앙생활을 하고 있으며, 기독교인의 정체가 드러나 정치범으로 처형되거나 수용소로 추방되어 온갖 핍박을 받으면서도 신앙을 이어가는 거룩한 무리들이다.

기원후 1세기에 로마의 기독교도들이 로마 황제의 핍박으로 십자가형에 처해질 위험에도 저들의 신앙을 지키기 위해 카타콤의 신앙으로 서로가 가슴에 물고기 표시를 하면서 소통하며 신앙을 지켜나 갔던 이러한 신앙 공동체가 세계 교회사에서 최초의 지하교회 원형이라고도 할 수 있다.

실제로 북한에서 1970년대 초에 휴전선 부근의 야산에 불도저가 길을 내다가 땅이 갑자기 꺼지는 사고가 발생하여 그 땅굴을 조사한 결과 그 굴은 그 지역 기독교인들의 예배처소였다. 그 일로 결국 그 지역의 지하교회 성도들이 체포되었고, 그들 모두가 신앙을 부인하지 않자 당국에서는 상부의 지시에 따라 처참하게 불도저로 깔아 죽이도록 하였다. 기록에 의하면 그들은 그 순간에 모두가 "내 구주 예수를 더욱 사랑"이라는 찬송을 부르면서 순교하였다고 한다. 북한에 현존하고 있는 지하 성도들은 이 시대에 북녘의 '아둘람 굴의 신앙 공동체'이다.

> "이스라엘의 구속자 이스라엘의 거룩한 이이신 여호와께서 사람에게 멸시를 당하는 자, 백성에게 미움을 받는 자, 관원들에게 종이 된 자에게 이같이 이르시되 왕들이 보고 일어서며 고관들이 경배하리니 이는 이스라엘의 거룩하신 이 신실하신 여호와 그가 너를 택하였음이니라 여호와께서 이같이 이르시되 은혜의 때에 내가 네게 응답하였고 구원의 날에 내가 너를 도왔도다 내가 장차 너를 보호하여 너를 백성의 언약으로 삼으며 나라를 일으켜 그들에게 그 황무하였던 땅을 기업으로 상속하게 하리라"(사 49:7~8).

3) 바벨론 포로의 예루살렘 성전 재건과 동양의 예루살렘 재건

> "여호와께서 시온의 포로를 돌려보내실 때에 우리는 꿈꾸는 것 같았도다 그때에 우리 입에는 웃음이 가득하고 우리 혀에는 찬양이 찼었도다 그때에 뭇 나라 가운데에서 말하기를 여호와께서 그들을 위하여 큰 일을 행하셨다 하였도다 여호와께서 우리를 위하여 큰 일을 행하셨으니 우리는 기쁘도다 여호와여 우리의 포로를 남방 시내들같이 돌려보내소서"(시 126:1~4).

이스라엘 민족이 하나님 앞에 우상을 섬기는 죄로 인하여 북이스라엘 왕조가 앗수르 제국에 의해 기원전 722년에 패망하였고, 이어서 남유다 왕국이 바벨론 제국 느부갓네살에 의해 기원전 586년에 완전히 패망하였다. 이때 여호와 하나님께서는 예레미야 선지자에게 바벨론 포로에서 유대인들이 70년(B.C. 458) 만에 고토를 회복할 것이라는 언약을 하셨다. 이 언약은 유다 왕 여호야김 넷째 해인 B.C. 605년 유다 왕국이 멸망하기 19년 전에 임하였다. 이에 대한 내용이 예레미야 25장 7~13절 말씀에 기록되어 있다.

"너희가 내 말을 순종하지 아니하고 너희 손으로 만든 것으로써 나의 노여움을 일으켜 스스로 해하였느니라 여호와의 말씀이니라 그러므로 만군의 여호와께서 이와 같이 말씀하시니라 너희가 내 말을 듣지 아니하였느니라 보라 내가 북쪽 모든 종족과 내 종 바벨론의 왕 느부갓네살을 불러다가 이 땅과 그 주민과 사방 모든 나라를 쳐서 진멸하여 그들을 놀램과 비웃음거리가 되게 하며 땅으로 영원한 폐허가 되게 할 것이라 여호와의 말씀이니라 내가 그들 중에서 기뻐하는 소리와 즐거워하는 소리와 신랑의 소리와 신부의 소리와 맷돌 소리와 등불 빛이 끊어지게 하리니 이 모든 땅이 폐허가 되어 놀랄 일이 될 것이며 이 민족들은 칠십 년 동안 바벨론의 왕을 섬기리라 여호와의 말씀이니라 칠십 년이 끝나면 내가 바벨론의 왕과 그의 나라와 갈대아인의 땅을 그 죄악으로 말미암아 벌하여 영원히 폐허가 되게 하되 내가 그 땅을 향하여 선언한 바 곧 예레미야가 모든 민족을 향하여 예언하고 이 책에 기록한 나의 모든 말을 그 땅에 임하게 하리라"(렘 25:7~13).

이스라엘 왕국이 남유다와 북이스라엘로 분열되고 주변 강대국들에 의해 나라가 늑탈되고 포로 생활을 하게 된 것이 그들의 죄악으로 인한 징벌적인 것이라고 성경은 서술하고 있다. 그와 같이 한국의 근현대사 속에 나타난 남과 북의 분단 70여 년의 시대적 산물도 성경적으로 해석한다면 하나님의 징벌인 것으로 볼 수 있다. 모든 역사에는 그 원인이 있는 것으로, 그에 대한 성경적 해석과 객관적인 평가를 할 때에 역사의 의미를 정확히 부여할 수 있다.

오늘날 북한의 공산 독재 체제는 사실상 거대한 포로수용소와도 같다. 마치 유대 민족의 바벨론 유수같이 북한 주민들 2,300만이 포로 되어 있으며, 그 가운데 소수의 기독교인들은 지난날 섬겼던 3,000여 개의 교회를 재건할 그날을 꿈꾸며 환난과 핍박 중에도 소망을 잃지 않고 있다. 하나님께서는 포로 되었던 이스라엘 백성들이 다시 고국으로 돌아가 무너진 성전을 재건하도록 허락하신 것처럼, 북한의 공포 통치를 제거하시고 북한의 기독교인들이 지난날의 교회를 재건하며 신앙을 회복할 수 있는 자유의 날을 불원간에 공포하실 것이다.

> "이스라엘의 하나님은 참 신이시라 너희 중에 그의 백성 된 자는 다 유다 예루살렘으로 올라가서 이스라엘의 하나님 여호와의 성전을 건축하라 그는 예루살렘에 계신 하나님이시라 그 남아 있는 백성이 어느 곳에 머물러 살든지 그곳 사람들이 마땅히 은과 금과 그 밖의 물건과 짐승으로 도와주고 그 외에도 예루살렘에 세울 하나님의 성전을 위하여 예물을 기쁘게 드릴지니라 하였더라" (스 1:3~4).

지금의 북한 지하 성도가 근래에 보내온 편지 중에도 그러한 간절한 교회 재건의 꿈이 담겨 있다.

> 큰 재앙을 받고 있는 북조선 땅에서 믿음을 간직하게 하여 주시며 신앙생활을 할 수 있게 하여 주시는 은혜 더욱 감사합니다. 이 땅에서

도 어서 속히 복음이 전파되어야 잠자는 신도들이 깨어 일어나 찬미 소리가 꽃 동산에 울려퍼지며 사랑과 평화로운 사회로 신부 단장하는 시간이 이루어질 것입니다. 저희들은 이날을 기다리며 열심히 기도하고 있습니다.

　　내 남은 생애에 단 한 번이라도 예배당에 들어가 하나님 앞에 예배드리는 것이 저의 마지막 소원입니다.

　현재 전 세계에 한국인 재외 동포가 700만여 명 이상이 흩어져 있다. 이들 가운데에는 고향을 북한에 두고 있는 후손들이 있다. 공산화되면서 신앙의 자유를 찾아서 남한과 세계로 흩어진 그리스도인들의 후손들이 북한 땅에 신앙의 자유가 선포되는 그날, 자신들의 선조들이 섬겼던 그곳에 돌아가서 지난날 예배당이 있었던 그곳에 다시 교회를 재건할 것을 꿈꾸며 준비하고 있다. 그뿐만 아니라 근래에 한국에 도피해 온 탈북인들이 3만여 명에 달하는데, 그들 중에도 통일의 날에는 자신들의 고향에 돌아가 예배당을 세우고 그곳에 하나님의 나라를 선포할 것을 꿈꾸는 이들이 많다. 스룹바벨과 느헤미야와 에스라 등이 자신들의 조상의 땅 고토로 돌아가서 예루살렘 성전과 성벽을 재건함과 같이 그리할 것이다.

4) 예루살렘의 남은 자들과 북녘의 그루터기 신앙인들

　하나님께서는 인간의 타락에도 선택된 소수를 남겨 두시고 하나님의 진노의 심판 중에서도 그들을 건져 주시고, 그 사람들을 통하여 새로운 구속 사역을 이루셨다. 이들은 구속사 전개에서 새로운 전환점이 되었다. 즉 남겨진 거룩한 씨앗인 것이다. 구약의 '남은 자'(remnants) 사상은 구속사적 의미를 포함한다. 첫 번째 남은 자의 사례가 노아의 가족으로서, 홍수 심판 때에 그 가족 8명이 인류의 보존된 자로 남겨졌다.

> "지면의 모든 생물을 쓸어 버리시니 곧 사람과 가축과 기는 것과 공중의 새까지라 이들은 땅에서 쓸어 버림을 당하였으되 오직 노아와 그와 함께 방주에 있던 자들만 남았더라"(창 7:23).

이사야서에는 '남은 자들'이 가장 구체적으로 서술되어 있다.

> "그날에 이스라엘의 남은 자와 야곱 족속의 피난한 자들이 다시는 자기를 친 자를 의지하지 아니하고 이스라엘의 거룩하신 이 여호와를 진실하게 의지하리니 남은 자 곧 야곱의 남은 자가 능하신 하나님께로 돌아올 것이라 이스라엘이여 네 백성이 바다의 모래 같을지라도 남은 자만 돌아오리니 넘치는 공의로 파멸이 작정되었음이라"(사 10:20~22).

신약에 와서 바울은 본 절을 인용하여, '남은 자'란 하나님의 은혜로 선택받은 자로서 하나님의 심판을 면할 영적 이스라엘 곧 그리스도를 믿고 순종하며 따르는 모든 성도를 가르키는 것으로 그 의미를 넓혔다.

> "또 이사야가 이스라엘에 관하여 외치되 이스라엘 자손들의 수가 비록 바다의 모래 같을지라도 남은 자만 구원을 받으리니 주께서 땅 위에서 그 말씀을 이루고 속히 시행하시리라 하셨느니라 또한 이사야가 미리 말한 바 만일 만군의 주께서 우리에게 씨를 남겨두지 아니하셨더라면 우리가 소돔과 같이 되고 고모라와 같았으

리로다 함과 같으니라"(롬 9:27~29).

이같이 '남은 자'라는 무리는 하나님의 구원의 새 역사를 위해 특별히 남겨 놓으신 거룩한 무리인데, 북한의 공산 치하에서 교회들이 모두 훼파되었으나 그 가운데 일부 거룩하고 정결한 소수의 공동체와 그들의 믿음은 살아 숨쉬고 있다. 바로 그 무리가 북한의 '남은 자'들이다. 이들은 하나님께서 그 땅을 회복시키실 때에 다시 지상으로 소생될 '거룩한 씨'이다. 북한에 '남은 자들'이라 지칭할 수 있는 지하 성도들에게 성경적 해석을 적용한다면 그에 대한 일치된 의미를 발견할 수 있다. 성경에서 '남은 자'에 대해 기술된 사례를 살펴보면 다음과 같다.

(1) 그 땅의 그루터기와 무너진 성전 재건

"여호와께서 사람들을 멀리 옮기셔서 이 땅 가운데에 황폐한 곳이 많을 때까지니라 그중에 십분의 일이 아직 남아 있을지라도 이것도 황폐하게 될 것이나 밤나무와 상수리나무가 베임을 당하여도 그 그루터기는 남아 있는 것같이 거룩한 씨가 이 땅의 그루터기니라 하시더라"(사 6:12~13).

유대 왕국이 웃시야 왕의 죽음을 기점으로 국력이 쇠퇴기에 들어섰으며 이때부터 종교, 사회적 부패가 극도로 만연하게 되었다. 설상가상으로 주변 강대국들의 급속한 부상은 이스라엘 민족에게 상당한 위협이 되었다. 앗수르 강국은 기원전 722년에 북이스라엘을 멸망시켰지만 그 후 612년에 새로운 강국인 바벨론의 느부갓네살 왕에 의해 멸망당하였다. 그런데도 남유다는 동족인 북이스라엘의 멸망을 보고도 회개하지 않고 우상 섬김과 부패를 거듭하자 적통성 있는 유다 왕국도 결코 하나님의 징벌을 벗어나지 못하였다. 하나님께서는 이사야 선지자를 세워서 유다 백성들과 종교 지도자들의 제사를 받지 않겠다고 말씀하셨다.

> "너희 소돔의 관원들아 여호와의 말씀을 들을지어다 너희 고모라의 백성아 우리 하나님의 법에 귀를 기울일지어다 여호와께서 말씀하시되 너희의 무수한 제물이 내게 무엇이 유익하뇨"(사 1:10~11).

이어서 하나님께서는 예루살렘의 타락과 지도자들에 대한 책망과 함께 심판과 정결 작업을 하시며 그 가운데 돌아오는 자들은 구원받을 것이라는 소망을 제시하신다.

> "내가 또 내 손을 네게 돌려 네 찌꺼기를 잿물로 씻듯이 녹여 청결하게 하며 네 혼잡물을 다 제하여 버리고 내가 네 재판관들을 처음과 같이, 네 모사들을 본래와 같이 회복할 것이라 그리한 후에야 네가 의의 성읍이라, 신실한 고을이라 불리리라 하셨나니 시온은 정의로 구속함을 받고 그 돌아온 자들은 공의로 구속함을 받으리라"(사 1:25~27).

하나님께서는 이 같은 준엄한 징벌을 실제적으로 행하시어 그 땅이 사람이 살지 못할 정도로 황폐케 되고 토지가 전폐해지고 많은 사람들이 포로로 잡혀갈지라도, 예루살렘과 유대에 남겨 놓으신 소수의 무리들이 그루터기로 남아 푸른 싹을 틔우게 하고 다시 회복하게 하겠다는 언약을 하셨다. 하나님께서는 죄에 대해서는 징벌하시지만 택하신 백성들이기에 소수의 사람들을 통해 다시 하나님의 역사를 회복하시겠다는 소망의 말씀을 하셨다.

하나님의 말씀대로 바벨론 유수(幽囚)에서 70년 만에 다시 돌아와 성전 재건과 성벽 재건에 가문별로 분담하여 참여하였고, 그 외에 그곳에 남아 있던 일부 현지인들과 합세하여 성벽 중건을 완수했음을 느헤미야서 3장을 통해 확인할 수 있다.

> "그때에 대제사장 엘리아십이 그의 형제 제사장들과 함께 일어나 양문을 건축하여 성별하고 문짝을 달고 또 성벽을 건축하여 함메아 망대에서부터 하나넬 망대까지 성별하였고…그다음은 예루살렘 지방의 절반을 다스리는 후르의 아들 르바야가 중수하였고" (느 3:1, 9).

에스라서에서는 성전 재건이 사마리아 총독의 방해로 15년간 중단되었을 때에 다시 학개와 스가랴 선지자가 등장하여 이 일을 계속할 수 있도록 독려하고, 페르시아의 다리오 왕의 윤허를 받아 방해자들을 제압하고 오히려 많은 국고의 지원을 받아서 성전 재건이 완공되도록 하였다. 다리오 왕의 조서로 성전의 재건과 봉헌이 이루어질 때에(B.C. 516) 포로 귀환자들과 포로 되지 않고 현지에 남아 있던 후손들도 함께 참여하였다. 이들은 이방 우상을 섬기며 더럽혀졌던 것을 모두 깨끗이 하고 하나님의 크신 구속의 역사에 동참하였음을 볼 수 있다.

> "다리오 왕 제육년 아달 월 삼 일에 성전 일을 끝내니라 이스라엘 자손과 제사장들과 레위 사람들과 기타 사로잡혔던 자의 자손이 즐거이 하나님의 성전 봉헌식을 행하니…사로잡혔다가 돌아온

이스라엘 자손과 자기 땅에 사는 이방 사람의 더러운 것으로부터 스스로를 구별한 모든 이스라엘 사람들에게 속하여 이스라엘의 하나님 여호와를 찾는 자들이 다 먹고"(스 6:15~16, 21).

이스라엘 땅에 남았던 현지인들은 70여 년 동안 이방인들과 혼혈되기도 하였지만, 그들 가운데에는 성전 재건에 참여하기도 하여 유월절도 함께 드리게 되었다. 이는 포로 된 자들도 이방 땅에서 극히 일부만 고토로 돌아와 성전과 성벽 재건 사역에 참여하였고, 포로되지 않고 현지에 남아 있던 그들도 하나님의 긍휼하심을 좇아 다시 하나 된 하나님의 성민으로 거듭남을 볼 수 있다. 이러한 크나큰 재건 역사에 현지의 총독이 통치국인 페르시아 왕 고레스와 다리오 왕의 조서대로 그 공사에 필요한 재물들을 드리도록 하여 결국 회복을 통한 부흥이 이루어졌음을 성경을 통해 알 수 있다.

하나님께서 남과 북으로 갈라졌던 북이스라엘 왕국과 남유다 왕국을 바벨론과 페르시아 제국을 통해 강권적으로 통일하게 하시고, 포로 된 자들이 이스라엘 본토로 돌아와 현지에 남아 있는 자들과 함께 무너진 성전과 성벽을 다시 수축하게 하시고 완공하게 하신 것 같이, 불원간에 남한과 북한이 하나 되게 하시어 북에서 남으로 왔던 그 후손들과 그곳에 남은 자들과 해외에 흩어진 해외 동포들 중에 믿음의 후손들이 고국으로 돌아와 훼파된 교회 재건의 역사를 이루게 하실 것이며, 지난날 동양의 예루살렘이라는 이름을 다시 회복시켜 주실 것이다.

그에 해당되는 북녘의 남은 자인 지하 성도의 실례로서, 1993년 신의주의 제1교회를 섬겼던 80을 바라보는 연로한 성도가 인편을 통해 해방 때에 남으로 내려간 성도들이 통일이 되면 그곳의 교회 재건을 위해 어떤 계획을 갖고 있는지를 알아봐 달라는 부탁을 한 바 있다. 그들은 지금도 주일이 되면 자신들이 섬겼던 교회당의 뜰을 밟으면서 침묵으로 예배를 드린다고 하였고, 그 당시의 교회 관련 사진과 자료들을 보관하고 있었다. 그곳 신의주에는 공산화되기 전에 16개의 교회가 있었다.

이처럼 북한에 남은 지하 성도들은 통일의 날에 자신들이 섬겼던 그 자리에 교회를 다시 재건할 꿈을 꾸며 기도하고 있다. 그들뿐만 아니라 이남으로 내려온 성도들도 동일한 소망을 품고 있다. 장차 북한의 공산 체제가 무너지고 새로운 시대가 도래한다면 한국의 교회와 해외 교민 교회들은 북한의 무너진 제단을 다시 중건하는 데 힘쓰게 될 것이다.

이스라엘 민족은 기원후 70년에 로마제국에 의해 예루살렘 성전이 완전히 훼파당하고 백성들은 포로로 끌려간 지 2천여 년 만인 1948년 5월에 이스라엘 땅에 다시 돌아와 이스라엘 공화국을 재건하였다. 이스라엘이 하나님의 택함 받은 민족이었기에 하나님의 섭리와 역사하심을 통해 성취됨이 가능했던 것이다. 그렇다면 북한의 무너진 제단의 재건도 반드시 그와 같이 될 것이라 확신한다.

(2) 북녘에 남겨진 7천의 의인들

북이스라엘 왕국의 아합 왕은 기원전 874년에 가나안 시돈의 제사장이자 왕인 엣바알의 딸 이세벨과 정략적으로 결혼을 하여 왕비로 삼았다. 그 영향으로 북이스라엘 왕국의 우상화가 왕으로부터 백성들에게 이르기까지 만연하게 되었다. 이같이 영적으로 가장 암울하고 위기에 처해 있을 때에 엘리야 선지자는 그들과 신앙적으로 맞서며 생명을 걸고 선지자로서의 사역을 한다. 이세벨이 그 땅에 바알과 아세라 제사장들을 우대하고 참된 하나님의 선지자들을 제거하기 시작하면서 수많은 선지자들이 순교했다.

이러한 때에 엘리야 선지자는 갈멜 산에 제단을 쌓고, 어느 신이 참 신인지를 대결하여 일방적인 승리로 우상 사제들 800여 명을 일시에 척결해 버렸다. 이에 악심을 품은 이세벨은 엘리야 선지자를 제거하기 위해 체포하려 했다. 갈멜 산에서 승리한 엘리야는 살아남기 위해 도망자가 되어 많은 시련과 위기를 겪게 되자 의욕을 상실하고 로뎀 나무 밑에서 오히려 죽기를 바란다. 그때 하나님께서 천사를 통해 그를 위로하시며 격려해 주셨다. 엘리야 선지자가 굴 속으로 피신하여 자신만이 살아남은 줄 알고 낙심하고 두려워할 때에 천사가 그에게 새로운 사역을 부여하고 이스라엘 땅에 남겨 둔 선지자가 7,000명이나 된다는 사실을 알려 주고 격려하였다.

> "하사엘의 칼을 피하는 자를 예후가 죽일 것이요 예후의 칼을 피하는 자를 엘리사가 죽이리라 그러나 내가 이스라엘 가운데에 칠천 명을 남기리니 다 바알에게 무릎을 꿇지 아니하고 다 바알에게 입맞추지 아니한 자니라"(왕상 19:17~18).

북녘의 70여 년의 잔혹한 공산 독재 치하에서 무수히 많은 의로운 믿음의 성도들과 교역자들이 순교했지만, 하나님께서는 공산 통치에 무릎을 꿇지 아니한 7천의 정결한 선지자 같은 수다한 의로운 신앙인들을 보전하고 계신다. 공의로우신 하나님께서 아합 왕과 이세벨의 잔악한 그 죄에 대해 징벌을 내리심같이 심판의 하나님께서 북녘의 어둠의 세력들을 징치하시고 그 땅에 숨겨 놓고 남겨 놓으신 신앙의 정결한 자들을 다시 불러내어 그 땅에 예수 그리스도의 생명의 계절이 오게 하실 것이다.

"내가 곤고하고 가난한 백성을 네 가운데에 남겨 두리니 그들이 여호와의 이름을 의탁하여 보호를 받을지라 이스라엘의 남은 자는 악을 행하지 아니하며 거짓을 말하지 아니하며 입에 거짓된 혀가 없으며 먹고 누울지라도 그들을 두렵게 할 자가 없으리라"(습 3:12~13).

5) 에스겔 골짜기의 마른 뼈들의 소생과 북한 지하 성도의 회복

"나를 그 뼈 사방으로 지나가게 하시기로 본즉 그 골짜기 지면에 뼈가 심히 많고 아주 말랐더라 그가 내게 이르시되 인자야 이 뼈들이 능히 살 수 있겠느냐 하시기로 내가 대답하되 주 여호와여 주께서 아시나이다 또 내게 이르시되 너는 이 모든 뼈에게 대언하여 이르기를 너희 마른 뼈들아 여호와의 말씀을 들을지어다" (겔 37:2~4).

이 말씀은 하나님께서 에스겔 선지자에게 유대 민족이 기원전 586년에 바벨론 제국에 의해 포로 되어 잡혀 가고 예루살렘 성전의 파괴와 약탈로 인해 저설하게 훼파되고 영적으로도 절망적인 상태에 이르게 된 것을 환상으로 보여주는 모습이다. 이 골짜기는 죽음의 골짜기로서 희망과 가능성이 전혀 없는 상태로서 그 뼈들이 '아주 말랐다'라는 말로 표현되고 있다. 즉 사람의 생각으로는 그 백성이 다시 회복된다는 것이 사실상 불가능한 상태로써 처절한 징벌로 인한 것임을 알게 된다. 그러나 하나님께서는 에스겔 선지자에게 이미 죽었고 백골 상태인 시체들이 과연 다시 살아날 수 있겠느냐고 반어법적으로 물으신다. 이런 물음은 하나님께서 새로운 부활의 역사를 시작하실 것을 암시하시는 것이다. 이에 대해 에스겔 선지자는 인간의 능력으로는 절대 불가능한 것이지만 하나님의 능력으로는 부활할 수 있음을 고백한다.

이 말씀 속에서 마른 뼈들은 포로가 된 이스라엘(유대인) 민족을 말한다. 북이스라엘 왕국과 남유다 왕국이 멸망당하고 포로로 끌려간 지 7년이 지난 기원전 593년에 처절하게 파괴되고 아무 희망이 보이지 않는 상황에 하나님의 계시가 임한 것이다.

북이스라엘이 앗수르에 의해 국가가 다 멸망당하고 강제 이주로 세계 여러 나라로 흩어진 후에, 남유다도 바벨론에 의해 멸망 당하고 포로로 끌려가고 제사장들도 함께 포로 되어 끌려감으로 이스라엘 민족과 나라는 지구상에서 사라진 것이나 다름없었다. 그런데 하나님께서는 이미 다 멸망당한 그 민족을 향하여 하나님의 생기를 불어넣어 살리시겠다는 것이다.

> "주 여호와께서 이 뼈들에게 이같이 말씀하시기를 내가 생기를 너희에게 들어가게 하리니 너희가 살아나리라"(겔 37:5).

북한의 공교회가 공산화로 인해 북녘 땅에서 사라진 지 70여 년이 지나고 있다. 그로 인해 사실상 외형적으로 북한의 지상에는 에스겔 골짜기의 마른 뼈들처럼 약 3,000여 교회들이 다 훼파당하고 신학교와 기독교 학교들과 병원과 복지시설들이 다 폐쇄되었다. 우리는 북한을 철의 장막, 동토의 나라, 흑암의 땅, 황무한 땅 등으로 표현한다. 그 나라의 통치자는 자신을 신격화하고 그 독재 체제를 유지하기 위해 70여 년 동안 신실한 기독교인들을 흔적도 없이 제거하기 위해 정치범 수용소와 강제 노동 교화소와 감옥으로 보냈다. 그리하여 수십만 명의 지하 성도들이 희생당하였고, 지금도 그들은 혹독한 통치하에 신음하고 있다. 그 모습이 곧 에스겔 골짜기의 마른 뼈들이다.

　대부분의 사람들이 신적인 존재인 김일성이 사망하면 그 독재 체제는 망하고 새로운 변화가 올 것이라고 예상했지만 김정일이 그 통치권을 이어받아 더 혹독한 독재 체제를 자행했고, 설상가상으로 경제난으로 인한 양식 공급의 붕괴로 김일성 사후 5, 6년 동안 전 인민의 약 10%가 굶주림으로 희생당하였다. 당시 양강도, 자강도, 함경남북도 지역의 수많은 주민들이 한 줌의 양식을 구하러 압록강과 두만강을 도강하여 중국 강변 지역으로 왔다. 이들 중 상당수가 중국 내 조선족 교회와 한국의 선교사로부터 전도를 받게 되었고, 성경 학습과 세례를 받고 북한으로 돌아감으로 북녘 땅 곳곳에 복음이 요원의 불길처럼 퍼져 나갔다.

　이 대기근 사건이 오히려 반전이 되어, 복음을 안고 다시 돌아온 탈북인들을 통하여 그야말로 북한 동포들에게는 생명을 살리는 여호와의 생기가 되어 구원의 역사가 북한 내지 평양과 황해도와 강원도에 이르기까지 전국적으로 확산되어 북한 땅에 복음 전파의 새로운 변화가 일어났다. 이러한 복음의 확산은 1907년 '평양 대부흥 운동' 이래 처음 있는 구원의 생기가 된 것이었다.

　북한의 대기근 사건은 북한의 교회사적으로는 다시 생기를 얻어 마른 뼈들이 되살아나는 반등과 회복의 역사로 나타났고, 이북 지역의 지하교회가 새롭게 구축되어 지난날 소멸되었던 성도의 무리가 새싹으로 소생되고 부흥되는 역사가 나타나게 되었다. 저들은 복음을 들고 고향으로 돌아가 지난날 공산화로 마른 뼈가 된 교회에 다시 생명을 점화시키는 사명을 순교를 무릅쓰고 행함으로 지하교회의 새로운 시대를 열어 갔다. 이처럼 하나님께서는 절체절명의 상황에서 마치 에스겔 골짜기의 마른 뼈들같이 북한에 새로운 생명의 역사, 구원의 역사를 진행하고 계신다.

"또 내게 이르시되 인자야 너는 생기를 향하여 대언하라 생기에게 대언하여 이르기를 주 여호와께서 이같이 말씀하시기를 생기야 사방에서부터 와서 이 죽음을 당한 자에게 불어서 살아나게 하라 하셨다 하라 이에 내가 그 명령대로 대언하였더니 생기가 그들에게 들어가매 그들이 곧 살아나서 일어나 서는데 극히 큰 군대더라"(겔 37:9~10).

이처럼 북한의 지하교회는 6·25전쟁 이후 돌아온 탈북 기독교인들이 북한의 신앙 세대들로 자연스럽게 세대 교체를 이루게 되었다. 마치 출애굽 시에 나왔던 세대들이 광야 40년의 시대를 거치면서 자연스럽게 세대 교체가 되어 새로운 광야 세대가 요단 강을 건너 약속의 가나안 땅에 들어감같이, 이들이 장차 이루어질 통일 시대의 이북 교회를 이끌어 갈 신세대가 될 것이다.

"내 종 모세가 죽었으니 이제 너는 이 모든 백성과 더불어 일어나 이 요단을 건너 내가 그들 곧 이스라엘 자손에게 주는 그 땅으로 가라"(수 1:2).

2. 북한 지하교회의 중간사적 이해와 비교

1945년 해방과 너불어 38도선 이북 지역이 공산화되면서 그 땅의 교회들에 대한 핍박이 점차적으로 더해 갔으며, 1953년 정전 이후로 그곳에 지상의 공교회는 모두 훼멸되었다. 그러나 신앙을 지키고자 하는 무리들은 죽음을 무릅쓰고 무수한 순교와 희생을 감내하며 성도의 신앙과 그 조직을 지금도 이어가고 있다.

이제 통일 시대를 준비하는 38도선 이남의 한국 교회는 북한 교회의 재건과 부흥이라는 교회사적 소명에 충실하기 위해서, 70여 년이 경과하고 있는 북한의 지하화된 무형 교회를 어떻게 교회사적 입장과 성경적 관점으로 해석하며 그 의미를 부여하느냐에 대한 관심과 연구가 필요하다.

지금의 북한 지하 성도들은 그 땅이 공산화된 후부터 지금까지 극심한 탄압과 핍박으로 70여 년 이상의 어둠 속에서도 신앙의 빛을 발하고 있다. 그들은 사자 굴에 던져졌던 다니엘처럼, 혹은 '죽으면 죽으리라'는 에스더처럼, 또는 밧모 섬의 요한처럼 신앙의 정절을 끝까지 지키는 어둠 속의 샛별들이다. 그들에게는 지상에 가시적인 예배당과 그전 같은 큰 무리와 조직은 없지만 소수의 믿음의 사람들이 지하에서 자신들의 신앙을 지키며 복음을 후대와 이웃들에게 전하고 있다. 그들의 신앙과 조직은 곧 하늘에 속해 있는 교회요, 총회이고, 믿음의 공동체이며 하늘의 시민권자들이다. 이들의 지하화된 어둠 속에 묻힌 신앙 공동체는 교회로서의 정체성과 원형을 엄연히 이어가고 있으며, '속 사도행전'의 바통을 이어받은 진행형의 교회이다. 그들은 예수 그리스도의 십자가의 고난의 흔적을 지닌 채 교회의 시대적 사명을 수행하고 있다.

한국 교회는 1953년 휴전 이후 40여 년 이상 북한의 지하화된 성도의 신앙과 그 실체를 공식적으로 확인할 수 없었기에 그동안 북한의 교회사는 존재하지 않는 것으로 치부하여 왔다. 그러나 1992년 한중 수교가 수립되면서 중국과 북한의 국경 지대를 통해 알지 못했던 북한의 지하교회와 그들의 신앙을 확인할 수 있게 되었고, 특히 탈북자들이 2000년대 초부터 대량으로 한국으로 입국하면서 북한 지하교회의 실체에 대한 증언과 중국 국경 지대에서 선교하는 선교사들의 사역을 통해 구체적인 증거들이 드러났으며, 심지어는 국경 지역에서 지하 성도와 면대하여 소상한 이야기를 듣기도 하여, 지하교회의 실체는 더 이상 의심할 수 없는 사실(fact)이 되었다.

지금까지는 북한의 지하교회라는 말 자체가 신뢰성 없는 비사(祕史)와도 같은 이야기로 이해되었지만 이제는 북한의 지하교회와 그들의 신앙의 실체가 입증되고 검증되었기에 교회의 공식적 정사(正史)로 재정립되어야 할 필요성이 대두된 것이다. 북한의 지하교회의 성도였던 당사자들이 탈북하여 한국과 중국에서 직·간접적인 증언을 할 뿐만 아니라 저들이 보내온 영상물과 서신과 경건의 일기 등 다양한 자료들로 입증되고 있다. 비록 제한적인 자료들이지만 그 중 거물과 탈북하여 한국과 제3국으로 간 소수의 지하 성도들의 간증은, 북한에도 적지 않게 지하 성도들과 신앙 공동체들이 암암리에 존재하며 신앙생활을 하고 있음을 증명하고 있다.

그렇다면 북한의 지하화된 기독교인들의 신앙과 그 조직의 실체에 대해 교회사적으로 공산 독재 치하의 북한 지하교회사를 성경의 구약과 신약의 엄혹한 중간기인 '암흑기의 중간사적 교회사'로 그 의미를 적용할 수 있을 것이다. 여기서 암흑기라는 교회사의 시발과 종료 시기는 북한이 1945년 공산화된 후부터 불원간에 이루어질 신앙의 자유가 회복되는 그날까지로 한정하여 정의하는 것이 합당할 것이다.

이에 대한 교회사적 당위성은, 과거 유럽의 종교개혁을 전후로 해서 해당 국가와 로마 가톨릭 교회로부터 공교회로 합법성을 인정받지 못했던 여러 나라의 개신교회와 그 공조직이 암흑기를 거쳐서 후대에 와서야 최종적으로 그 나라의 교회사와 세계 교회사에서 엄연히 공인되었던 유럽 개신교의 역사에서 찾아볼 수 있다.

그러한 대표적 개신교회들로 독일의 루터파 교회와 프랑스의 위그노파와 지금의 체코인 옛 보헤미안의 얀 후스파 교회를 들 수 있다.

이들 교회는 처절한 종교전쟁과 토굴 교회로의 오랜 도피와 핍박과 순교를 거쳐서 마침내 신앙의 자유와 공교회의 지위를 확보하였다.

이북의 교회들은 공산화되기 전만 하여도 이북 5도에 약 3,000여 교회들이 있었고, 평안도와 황해도 지역에는 교세가 수천 명이 넘는 교회들이 부지기수였다. 이는 그 당시에 이남 지역의 교세와 비교할 때 상당한 격차가 있었다. 이처럼 부흥되었던 이북 교회가 1945년 해방 후 바로 공산화가 진행되면서 핍박이 이어졌고, 특히 6·25전쟁 정전 이후에는 북한의 공산 체제하에서 교회의 십자가를 더 이상 볼 수 없게 되었다. 나아가서 미션스쿨과 그 외의 기독교 이름으로 운영되는 병원 및 복지기관들도 모두 폐쇄되었다. 북한 전역에서는 더 이상 개인들도 기독교 서적을 소지하거나 교회음악도 들을 수 없게 되었고, 공공기관의 자료실과 개인이 성경을 보관하는 것 자체가 불법화되는 북한판 분서갱유(焚書坑儒)화가 되었다. 그로 인해 그들의 신앙도 깊은 암흑기로 들어갔다.

북한 지역의 교회는 공산 통치하에서 지금까지 70여 년 이상 핍박의 역사를 겪고 있기에 교회사적으로는 신·구약의 중간사적 암흑기라는 의미를 적용 해석할 수 있다고 사료된다. 이에 대한 교회사적 이해를 먼저 요해하기 위해, 기원전의 '신·구약 중간사'에 대한 시대적 역사 이해와 신약 시대 중에도 중세 유럽의 종교개혁 교회 역사에서 가장 혹독한 종교 핍박과 저항의 교회사를 겪은 프랑스의 개신교 교회사를 지금의 북한 교회사와 대비함으로써 이에 대한 중간사적 교회사의 이해로 접근해 본다.

1) 신·구약 중간사의 역사 이해

북한 지하교회에 교회사적인 암흑기의 중간사 의미를 적용하기 위해서는 성경의 중간사 배경을 먼저 요해하는 수순이 필요하다.

구약의 말라기(Malachi) 선지자 이후(B.C. 430)로부터 예수 그리스도가 오시기까지 400여 년 동안 이스라엘 백성을 향한 하나님의 계시가 단절된 그 시대를 신·구약 중간사라고 정의하고 있고, 하나님의 침묵의 시간이었기에 교회사적으로는 암흑기라고도 한다.

그 첫째 이유로는 그 시대에 하나님의 말씀을 대언하는 선지자들이 말라기 선지자 이후로 세워지지 않았기에 말씀이 더 이상 이스라엘 백성들에게 선포되지 않아 영적으로 암흑기가 되었다. 둘째로 문명사적으로는 약 400여 년(B.C. 331~63) 여러 제국의 지배를 받으면서 유대교는 헬라 문명화 되어 갔다.

그러나 셋째로 가장 심각한 시련과 고통은 여호와 하나님의 유일신 신앙을 버리고 그리스의 제우스 신을 비롯한 잡신 숭배와 로마 황제를 신성화하여 섬기도록 강요된 종교적 박해에 있었다.

헬라제국은 알렉산더 대왕의 사망 후(B.C. 323) 4개의 나라로 갈라져, 그중에 이집트를 본거지로 한 남쪽의 프톨레미 왕조와 북쪽의 시리아 지역과 이스라엘을 통치한 셀류쿠스 왕조가 세워졌다. 이스라엘은 북쪽 셀류쿠스 왕조에 속하였으나 양국의 통치 틈바구니에서 수백 년 동안 모진 수난을 겪었다. 시리아의 안티오쿠스 5세 때에는 내내적으로 여호와 하나님을 믿는 유대교를 철저히 말살하고 그 땅에 헬라 문명과 그들의 우상을 세우기 위해 유대교의 종교 행위를 금하였다. 그에 대한 구체적인 강압으로는 유대교의 정체성을 보여주는 안식일 준수와 할례를 금지하였고, 예루살렘 성전에서의 제사조차도 금하였을 뿐만 아니라 오히려 그곳에 제우스 신상 숭배를 강요하였고 성전에 돼지 피가 뿌려지기도 하였다. 나중에는 성전이 파괴되고 성구들을 약탈당하기도 하였다.

그때 우상숭배를 거부한 많은 유대인들이 순교하기도 하였으며 일부는 광야로 도피하였다. 한때 마카비(B.C. 166~143)와 하스몬(B.C. 142~63)에 의한 처절한 유대 독립운동으로 잠시 독립을 누리기는 하였지만 바로 로마의 통치하에 들어가게 되어 이스라엘 민족의 수난사는 지속되었다. 이스라엘 민족으로서는 그 시기가 총체적 위기와 암흑기였다.

당시에 약 400여 년 이상 헬라 문명의 영향을 받은 많은 유대인들이 조상들이 섬겼던 유대교 신앙을 저버리고 헬라 문화에 예속됨으로 그들의 민족성과 신앙이 변질되어, 동족 간에도 친헬라파 유대인들과 보수적인 유대인의 갈등이 심화되어 갔다. 그 영향으로 유대민족 속에서도 에세네파와 사두개파와 바리새파 등 다양한 신앙의 종파가 형성되었다. 이스라엘은 정치와 문화와 종교 분야에서도 혼돈과 암흑기를 겪어야 했다. 이러한 시대적 환경으로 인해 이스라엘 민족은 오히려 암흑기 중에 메시아를 더욱 갈망하게 되었다.

점차 헬라제국이 더욱 분열되어 쇠퇴하면서 로마제국이 출현하였다. 기원전 63년에 예루살렘이 점령당하여 로마의 속국이 되었다. 그러나 로마는 속국들이 종교의 자유를 누리도록 관용적인 정책을 씀으로써, 유대인들은 비로소 종교의 압제에서 벗어났다. 그 시대에 메시아인 예수 그리스도가 유대 지역 베들레헴에 태어남에 따라 비로소 중간사의 암흑기가 끝이 나고 새로운 신약 시대가 열렸다. 예수님의 공생애 기간 중에 로마의 총독으로부터 복음 전파 사역에 어떠한 방해를 받지는 않았으나 오히려 유대교로부터 핍박을 받았다.

로마제국의 등장 이전까지 중간사 격변기는 메시아 오심을 준비하기 위한 시대로서, 복음이 보편적으로 전파되기 위해 문명사적 환경이 새롭게 정립되는 기간이었다. 그 이유는 하나님의 구속의 범위가 이스라엘 민족만이 아닌 지구상 온 민족과 나라에 그 영향력이 행사되어야 했기 때문이었다. 이러한 환경이 조성되기 위해서 페르시아 시대(B.C. 400~B.C. 331), 헬라 시대(B.C. 331~B.C. 63), 로마 시대(B.C. 63~B.C. 3)를 경과해야 했기에 400여 년의 시간이 소요되었다.

이처럼 이스라엘이 주변에 강력한 제국들이 출현할 때마다 점령되었던 이유는, 그 지역이 유럽 대륙, 아프리카 대륙, 중동 아시아 대륙의 교차점으로 지정학적으로 가치가 높은 지역이었기 때문이다. 나폴레옹은 이스라엘 땅을 세 잎 클로버에 비유하기도 하였다. 그러나 이스라엘이 선민국가로서 하나님의 말씀을 3개 대륙에 육로를 통해서 전파하는 데에는 지정학적으로 큰 강점이 되는 조건을 갖고 있었기에 하나님께서는 가나안 땅(이스라엘)에 아브라함을 그곳에 이주케 하시고 그 후손을 창대케 하시며 이스라엘 나라를 그곳에 세우신 것이었다.

(1) 세계 공용어인 헬라어로 번역된 성경의 세계화

이 같은 국제정세의 큰 변화 속에 메시아 초림을 위한 준비된 역사적 정황과 여건들이 어떻게 진행되어 왔는지를 먼저 확인해 보면 다음과 같다.

첫째, 알렉산더 대왕에 의한 세계 정복과 이를 통한 헬라 문화와 언어의 보급이다. 그 당시 세계 공용어인 헬라어로 구약성경이 번역되므로 성경이 세계인들에게 소개되었다는 점이다. 둘째, 헬라제국 멸망 이후 세계를 지배한 로마제국의 출현으로 평화 시대가 도래하여 사도들이 복음을 안정적으로 온 땅에 전파할 수 있는 글로벌한 환경이 조성되었다. 당시 로마를 중심으로 한 방사형의 도로 건설과 안정된 해상 통로의 구축으로 복음이 온 세계에 효율적으로 전파될 수 있는 국제적 교통망이 형성되었다. 즉 헬라제국은 세계 문명의 교류와 통일을 이루었고, 로마제국은 군사력과 법에 의한 질서의 통치를 이루어 평화 시대가 오랫동안 유지되게 함으로 그런 문명사적 배경이 복음이 세계화되는 데에 밑그림이 된 것이다.

만일 그 중간사라는 시대에 헬라제국을 통한 언어가 세계 공용이 되지 않았다면 초대교회의 소아시아와 아프리카와 지중해 지역의 복음화는 불가능했을 것이다. 하나님께서는 이같이 복음이 글로벌화되는 데 헬라 언어를 사용하도록 배후에서 역사하셨다. 헬라 언어는 세계 모든 언어 중에도 가장 형이상학적 언어로서 복음(로고스)의 진리를 가장 적합하게 표현할 수 있는 우수한 언어이다. 이에 대한 역사적 배경에 대해 홍익기 저자는 자신의 저서 《유대인 이야기》에서 이같이 설명하고 있다.

> 세계를 통일한 알렉산더 대왕은 단순히 군사적·정치적 세계 통일이 아니었다. 그는 세계를 헬레니즘으로 통일하고자 했다. 알렉산더의 꿈은 1차로 지중해와 오리엔트 세계를 하나로 통합하는 것이었다. 다양한 언어, 민족, 문화가 하나의 제국 안에서 어우러지는 세계의 건설이 그의 이상이었다. 스승 아리스토텔레스의 민주주의가 실현되는, 모든 문화가 하나 되는 나라의 선군이 되는 것이 그의 꿈이었다. 당시 알렉산더 대왕은 유대인들에게는 좋은 평을 받았다. 그는 성전에 제물을 바쳤으며, 유대인에게 종교의 자유와 더불어 7년마다 오는 안식년에 세금을 면제해 주겠다고 약속했다. 그리고 아프리카의 항구를 세계적 교류의 도시로 만들기 위해 자신의 이름을 딴 '알렉산드리아 항' 도시를 건설하기 위해 많은 유대인들을 이집트로 데려왔다. 그 후 지중해 연안의 유대인 커뮤니티가 주도하는 해상무역이 급속도로 발전했다. 특히 해상무역이 발전하면서 유대인들이 자발적으로 몰려들어 왔다. 그 당시 인구 100만 명 가운데 약 40%가 유대인이었다. 사실상 세계 제1의 상업

도시 중심에 유대인이 있었다. 또한 이 도시에는 70만 권의 책이 보관된 최고의 도서관도 있었기에 무역뿐만 아니라 지식과 정보의 중심지가 되어 있었다. 그 당시 이 항은 세계 중심지였다.

기원전 3세기에 이르러서는 헬레니즘 제국 내의 유대인들은 우수한 헬레니즘 문화에 푹 빠져 그리스인이 다 되어 있었다. 이제 그들에게 히브리어는 외국어나 다름없었다. 히브리어 성경을 못 읽는 유대인들이 많아 민족의 정체성을 유지하기 힘들 정도였고, 유대인들은 자국어 구약성경을 읽을 수가 없었기에 헬라 언어로 된 성경이 필요하였다.[2]

상기의 역사적 배경을 통해 구약성경이 100여 년을 통해 헬라 언어로 번역되었고, 그로 인해 세계적인 항구인 알렉산드리아 항에서 세계 각국과 민족에게 보급되는 역할을 하므로 세계인들의 성경이 되게 하는 역할을 하였다. 하나님께서는 이를 이루시기 위해서 이집트의 프톨레미 왕조를 사용하셨다. 프톨레미 왕은 구약의 히브리어 성경을 헬라어로 번역하기 위해 자신의 통치 지역인 이스라엘에서 유대인 12지파 중에 각각 6명씩 72명의 성경학자들을 차출하도록 하여, 이들이 알렉산드리아에 모여 주전 250년경에 '모세오경'을 먼저 헬라어로 번역하게 하였다. 그 후 100여 년에 걸쳐서 주전 150년까지 구약성경 선제가 완역되었다. 이러한 방대한 번역 작업을 프톨레미 왕조는 국가의 예산을 들여서 추진하였다. 프톨레미 왕이 왜 막대한 예산을 들여서 장구한 세월에 걸쳐 성경을 헬라어로 번역하게 하였는지는 신비한 일이다. 이 번역본을 흔히 알렉산드리아 70인역(Septuagint)이라고 불린다.[3]

신약 시대에 들어서서 예수님의 제자들도 복음서를 저술할 때에 구약의 본문을 많이 인용한 것을 보면 구약의 헬라어 번역본을 배운 것으로 여겨진다. 사도들 이후에 속사도들과 교부들은 헬라어로 번역된 성경을 회중들에게도 전하며 가르칠 수 있게 되었다. 신약이 구약의 완결 텍스트가 될 수 있었던 것은 구약성경이 헬라어로 번역되었기에 가능했다. 헬라 언어는 철학적 의미와 풍부한 어휘와 다양한 해석이 가능한 탁월한 언어와 문자였기에 헬라어 신·구약 성경은 하나님의 영감과 감동을 온 인류에게 제공할 수 있는 가장 적합한 언어였다. 헬라어는 지금의 영어와 독일어의 모체인 게르만어와 프랑스어, 이탈리아어, 스페인어 등 유럽 언어의 모체인 라틴어와 글자에 지대한 영향을 미쳤다.

장차 한국이 통일되면 세계에 흩어져 있는 한국인 약 800만 동포와 2,400만 명의 북한 주민들도 쉽게 이해할 수 있는 성경으로 다시 번역되어야 할 과제를 안고 있다. 70여 년의 분단의 세월 속에 서로 다른 정치 체제와 이념과 북한의 폐쇄적 사회 환경은 언어와 문화 등 의식과 생활풍습에서도 많은 이질화를 초래하였다. 지금 한국 교회에서 사용하는 성경은 북한 주민과 성도들에게는 그 어휘와 문체의 이질화로 이해도가 많이 떨어진다. 현재도 탈북인들이 한국에 와서 '개역개정' 성경을 대할 때에 공통적으로 겪게 되는 어려움들이 바로 그러한 것이다.

현재 북한 관제 교회인 봉수교회와 칠골교회에서 사용되는 성경은 1977년에 한국의 천주교회와 개신교가 공동으로 번역한 공동번역판으로, 여기에 북한에서 사용하는 어휘와 문장으로 약간의 개정을 통해 완역한 것이다. 이 성경이 분단된 후 30여 년 만에 북한에서 출간되어 두 교회에서 사용하고 있다는 것은 그 나름대로 의미가 있다. 왜냐하면 북한 주민들의 생활 언어로 수정 번역이 되어 그 내용을 쉽게 이해할 수 있게 되었다는 점이다. 그러나 그 이후 북한도 많은 변화가 있어 왔고, 장차 통일을 대비한다면 새로운 번역이 필요한 것이다. 장차 통일이 된다면 남과 북의 성경학자들에 의한 통일 세대를 위한 성경 번역은 반드시 필요하다. 성경의 번역은 그 나라와 민족의 새로운 언어의 기초가 되는 것이기에 그 중요성은 지대한 것이다.

성경 번역의 중요성은 유럽의 종교개혁 이후 나라마다 그 나라 언어로 새롭게 번역된 성경이 그 나라의 문화에 큰 영향을 미친 데서도 알 수 있다. 유럽 교회들은 종교개혁을 전후해서 오직 라틴어 성경(불가타역)만이 정경으로 인정되었고 각기 그 민족의 언어로 번역되는 것은 금기시되었다. 그러나 종교개혁이 일기 시작하자 가톨릭의 라틴어 성경이 영어, 불어, 독어, 체코어 등의 각국 언어로 번역되므로 그 성경이 그 나라 언어에 표준화가 되어 그 나라의 문맹을 퇴치하는 데 크게 기여하였고, 그 나라의 언어 성경은 문학에도 크나큰 영향을 주었다.

이탈리아의 단테의 《신곡》(1321)도 성경의 내용을 담고 있는 것으로서, 5세기 초의 라틴어로 번역된 불가타역이 그 나라 문학의 뿌리가 되었다. 영국에서는 1611년에 영국의 흠정역(King James Version)이 출판됨으로 영국 문학의 기초가 되어 셰익스피어와 존 번연(John Bunyan)의 《천로역정》(1678) 같은 불후의 명작들이 탄생하여 영문학이 구축될 수 있었다. 독일 루터의 독일어 성경(1534)이 그 나라 문학의 기초기 되이 독일의 내문호인 괴테는 구약성경 욥기를 바탕으로 한 《파우스트》(1831)를 저술하여 독일 문학의 기초를 놓았다. 그 외에도 러시아 대문호인 톨스토이와 도스토예프스키의 작품들은 성경이 윤리관을 반영하고 있다.

이처럼 성경이 그 나라의 문학과 윤리 형성에 영향을 준 것은 한국도 마찬가지였다. 우리나라는 선교사들에 의해 최초로 1911년에 '성경전서'가 출판되어 남녀노소가 이해하고 사용하는 언어와 문자가 되었다. 한국 근대 문학의 선구자인 이광수의 계몽문학에도 성경의 어휘와 문체가 바탕이 되었다고 한다. 그는 "야소교의 조선에 준 은혜"라는 글을 통해 성경이 한글 보급에 미친 영향을 중요하게 평가했다.

"아마 조선 글과 조선 언어가 진정한 의미로 고상한 사상을 담는 그릇이 되었던 것은 성경의 번역이 시초일 것"이라며, "만일 후일에 조선 문학이 건설된다 하면 그 문학사의 제1면에 신·구약의 번역이 기록될 것"이라고 썼다.[4]

장차 통일된 이후에 새로운 성경이 개정되어 남과 북의 성도들이 사용한다면 언어의 표준화와 지역 간 정서상의 화합과 사회윤리 형성에도 좋은 영향을 줄 것이다.

(2) 로마제국의 평화 시대와 효율적 교통망 구축

복음의 신속한 전파를 위해 하나님께서 '신·구약 중간사'에 이루어 놓으신 일들 중에는 로마제국을 통한 지중해권과 소아시아 지역의 국제정세의 안정도 포함된다. 복음이 초대교회 시기에 세계 각국으로 전해질 당시 지중해 주변은 모두 로마제국에 속해 있었다. 흔히 주후 1, 2세기를 '로마의 평화'(Pax Romana) 시대라고 부른다. 로마세국의 출현은 신약시대 전후 수백 년 동안 평화 시대를 누리게 함으로, 예수님의 초림과 사역을 위한 최적의 시대적 환경이 구축되었다.

만일 예수님의 초림 전에 중동 지역과 아프리카와 지중해 지역권의 평화가 조성되지 않았다면 국제정세의 정황이 메시아 오심에 적절치 못했을 것이다. 예수님의 초림의 시대적 배경에 대해 누가는 로마제국의 황제 아우구스투스(Caesar Augustus)의 통치권이 안정되었기에 모든 나라들에 대해 호적령을 내렸다고 기록하고 있다.

"그때에 가이사 아구스도가 영을 내려 천하로 다 호적하라 하였으니 이 호적은 구레뇨가 수리아 총독이 되었을 때에 처음 한 것이라"(눅 2:1~2).

이때에는 이미 지중해권과 아시아와 아프리카 대륙이 로마의 통치하에 있었기에 자유로운 국경 출입이 가능하였고 거주가 이루어질 수 있었다. 예수님이 탄생한 직후에 헤롯 왕이 새로운 왕이 태어났다는 소식에 베들레헴 지역의 신생아를 모두 죽이라고 명령하자, 천사가 요셉의 꿈에 나타나 애굽으로 피신하도록 지시하였다. 이에 아기 예수와 요셉과 마리아는 애굽으로 급히 내려가서 3년 동안 그곳에 거주하다가 헤롯 왕이 죽자 이스라엘 북쪽 갈릴리의 나사렛으로 이주하였다. 이 같은 자유스런 이주가 가능했던 것은 로마가 세계를 통치하였기 때문이다.

로마제국은 3개 대륙에 해당하는 유럽과 아프리카와 중동 지역을 효율적으로 통치하기 위해 로마로 향하는 약 48만 킬로미터의 모든 길을 구축해 놓았다. 지중해 해상도 안전하게 항해할 수 있도록 교통환경이 최적의 상태였다. 그로 인해 초대교회 시대에 사도들이 육로와 해로로 소아시아와 유럽과 아프리카의 이집트까지와 에티오피아, 리비아와 지중해 섬인 키프러스와 크레타와 시칠리와 몰타 섬과 이베리아 반노의 에스파냐 반도에 이르기까지 복음을 신속히 안전하게 전파할 수 있었다. 이것도 하나님께서 복음의 세계화를 위해 앞서서 예수님의 초림 전에 최적의 선교 환경을 신·구약 중간사 기간에 구축해 놓으신 것이었다. 이는 성경사적으로 볼 때에 세례 요한이 예수님의 초림 직전에 태어나 메시아의 오시는 길을 예비한 것과 같다.

특히 이러한 정황들은 바울의 3차 전도여행에서 찾아볼 수 있고, 그들이 로마와 그리스와 스페인까지 갈 수 있었던 것도 로마가 구축해 놓은 교통망이 사도들에게는 복음의 실크로드였기 때문이다. 그뿐만 아니라 로마의 체계적인 법률과 군사적 통치는 그 당시 세계정세의 안정적인 환경을 구축한 것이며, 헬라의 세계화된 문명은 기독교의 보편화와 세계화에 크게 기여하였다.

한국도 장차 통일을 이룬다면 지정학적으로 이스라엘 못지않게 대륙과 해양으로 진출할 수 있는 반도 국가이기에 열방으로 진출할 수 있는 무한한 가능성을 갖고 있다. 북쪽은 북방의 대륙으로, 삼면의 바다 중 서해로 중국 대륙과 인접해 있고, 남으로는 남지나해와 인도양과 태평양으로 진출할 수 있어, 대륙권과 해양권이라는 두 개의 거대한 문명권으로 뻗어 나갈 수 있다. 지금은 한반도가 육로상으로 단절되어 있지만 통일 시대에는 북방 대륙과 이어져서 중국(TCR)과 러시아(TSR)와 몽고(TMR) 횡단 열차를 통하여 중앙아시아와 나아가 동·서 유럽으로 새로운 복음의 영토가 열리게 되어, 아시아 대륙의 끝인 부산에서 서유럽의 끝인 모스크바에 이르는 약 1만km가 '복음의 실크로드'가 될 것이다. 그뿐만 아니라 북한은 공산화된 후 중국과 러시아와는 70여 년 이상 국경을 맞대고 정치, 외교적으로는 전략적 우방 국가였기에 통일이 된 후에 북한의 교회는 이들 북방 지역의 접근성이 더욱 유리하게 작용될 수 있을 것이다. 하늘의 항로는 태평양권과 동북아시아의 허브 역할도 가능하기에, 통일 후 한국 교회는 새로운 열방 선교의 전성기를 구가할 수 있게 될 것이다.

이러한 가능성을 뒷받침해 주는 현실이 북방의 대륙국인 중국과 러시아를 통해 진행되어 가고 있다. 중국은 미국에 이은 경제대국(G2)이 되어 국력을 세계로 확장하기 위한 일대일로(one belt, one road) 정책으로 북한을 포함한 중국 주변국과 고속 철도망을 구축하고 있다. 북한과의 접경 지역에도 한반도로 진출할 수 있는 교통망을 확충하기 위한 계획을 진행 중에 있어, 중국의 국경 도시이며 관문인

단동과 신의주를 잇는 교량의 완성과 개성까지 잇는 고속 철도망 구축을 계획하고 있다. 러시아도 연해주 블라디보스토크와 북한 원산을 잇는 철도 확장을 위한 계획을 이미 수립해 놓고 지속적인 설득을 하고 있다. 이처럼 북방의 대륙 국가들은 통일 한국을 대비해 준비하고 있으므로 장차 한국 교회는 새로운 북방의 시대를 열어 가게 될 것이다.

2) 프랑스 개신교 위그노파의 암흑기를 이겨낸 중간사

세계 교회사를 보면, 16세기의 유럽 교회사에서 종교개혁 시대로 접어들면서 개신교는 기득권을 가진 로마 가톨릭 국가들로부터 많은 핍박과 환난과 죽임을 당하였다. 그런 절박한 위기의 시대에 영국의 청교도들과 프랑스의 위그노파와 독일의 루터파와 왈도파가 오직 믿음, 오직 성경, 오직 그리스도만을 따랐다. 특히 유럽의 개신교도 가운데 루터의 종교개혁에 많은 영향을 받은 프랑스의 개신교도들은 일명 '위그노파'로 불렸는데, 이들은 프랑스 정부와 가톨릭 교회로부터 처절한 200여 년의 핍박과 환난을 치러야 했다.

이들은 장 칼뱅의 복음적 교리에 충실한 경건파들로서, 그들의 손에는 프랑스 자국어로 번역한 성경이 들렸고 칼뱅의 직업소명론과 노동과 자본 신성론과 평등과 자유와 근면을 강조한 새로운 교리에 적극 반응하면서 새로운 교파로 형성되었다. 그 공동체는 평범한 시민들로부터 시작되었고, 점차 왕족들과 지식층과 각 분야의 기술자인 장인들도 이들 위그노파에 속하게 되었다.

철저히 가톨릭 국가인 프랑스에서는 왕권 유지와 종교 기득권 수호를 위해 이들을 핍박하기 시작했다. 1523년 종교개혁에 참여한 한 사제가 화형에 처해지면서 종교개혁의 운동이 점차 확산되자 프랑스 내에 신교와 구교의 갈등이 격화되었다. 이것은 1562년부터 30여 년 동안 8차에 걸친 위그노 전쟁으로 비화되었다. 급기야 1572년 성 바돌로매 축일에 대학살 사건이 일어났는데, 7만 명 이상의 위그노 교도들이 조직적으로 대량 학살을 당하였고 투옥되었다.

    1598년 앙리 4세는 내전 같은 종교전쟁을 수습하기 위해 '낭트칙령'을 선포하여 위그노파들의 종교적·정치적 자유를 인정함으로 위그노 전쟁이 종식되었다. 그 후 이 교회는 프랑스의 약 2,000여 교회와 약 300만 명에 이르는 개신교도들로 큰 부흥을 이루어 기득권을 가진 가톨릭과 그 교세가 비등해졌다. 이러한 변화에 정치적 위기의식을 느끼게 된 새로운 왕인 루이 14세는 낭트칙령을 철회하고 다시 혹독한 핍박을 가하였다. 프랑스 전역에 공식 예배와 개인 성경 읽기가 금지되고, 교회당이 불태워지고, 위그노들의 마을은 약탈을 당하였다. 목사와 신자들은 체포되고 고문 당하고 살해되었고, 남자들은 배의 노 젓는 노예로 팔려갔고 여자들도 팔려갔다. 대부분의 농민들은 강제로 가톨릭으로 전향하여 의무적으로 미사에 참석해야만 했다.[5]

    이러한 핍박이 지속되자 20여만 명 이상의 위그노 교도들이 영국과 네덜란드와 독일과 스위스와 러시아와 스웨덴, 심지어는 남아공과 1680년에 신대륙 미국 동부 사우스캐롤라이나로까지 신앙의 자유를 찾아 도피하였다. 그러나 이들 중 자국 내에 남은 이들은 예배를 드리기 위해 성도들을 비밀리에 소집하여 교회 건물이 아닌 숲속이나 야산에 모여 경비병을 세워 놓고 가톨릭 교도들과 정부군의 습격에 대비하여 밤중에 모여 은밀하게 말씀을 듣고 죄를 고백하고 성찬식을 행하기도 하였다. 그러한 위험한 상황에서도 이들은 비밀 예배를 포기하지 않았다. 국왕의 정보원들은 이들에게 '광야의 기독교인'이나 '밤도깨비 교도들'이라는 명칭을 붙였다. 지금도 그 후예들

가운데 잔류파들은 프랑스의 고산 지대에서 그들만의 신앙 공동체를 이루면서 살고 있다.[6]

이들이 최종적으로 온전한 신앙의 자유를 누리기까지 그야말로 환난과 핍박의 역사로 점철되었다. 그들의 교회 역사와 신앙이 그 당시에는 묻혀지고 거부당하였으나, 오늘날에는 프랑스와 세계 교회사의 정사로 기록되고 있다. 사도행전의 초대교회 성도들처럼 흩어진 저들은 유럽 전역에 복음의 전파자들이 되었고, 그들 중 상당수가 그 시대에 최고의 기술자들인 방직, 나염, 제철, 낙농, 금융, 시계 제작, 제지, 의술, 회계사, 군사 등의 다양한 산업의 일꾼들로서 영국의 산업혁명에 크게 기여했다. 이들은 오히려 타국에서 산업 분야뿐만 아니라 선교 공동체가 되어 곳곳에 교회를 세워 나갔다. 영국으로 간 위그노들은 1700년에 이미 런던에만 23개의 교회를 설립하기도 하였다.

마침내 프랑스 국민의회에서는 프랑스 시민혁명(1789~1794)을 겪은 후에야 그 나라의 사회 안정과 산업 인재들의 유출을 막기 위해 새로운 칙령을 발표하여 200여 년 만에 종교의 자유를 보장함으로 이들은 다시 법적으로 사회적 지위를 동등하게 누리게 되었다. 그로부터 약 100여 년이 지난 1907년에야 위그노파 개신교회가 프랑스의 정부로부터 합법적 교회로 승인받았다. 그렇게 되기까지 약 450여 년이 소요되었다. 그제야 프랑스 개신교 역사의 암흑기 중간 교회사는 종식되었고, 그들의 교회사는 마침내 정사로 기록되었다. 1985년에 미테랑 대통령은 300년 선에 루이 14세가 위그노 교회를 핍박하였던 사실을 인정하고, 전 세계의 위그노 교회와 그 후손에게 공식 사과를 하였다.

유럽의 종교개혁 시대에 프랑스만이 아닌 독일, 영국, 스페인, 네덜란드에서도 개신교도들은 그야말로 환난의 시대를 통과해야만 했다. 그 당시 각 나라의 공교회는 오직 로마 가톨릭만이 신앙의 자유를 누릴 수 있었고, 그 외의 성경에 기초한 개혁주의적인 교회들은 순교를 각오한 신앙을 고수해야만 했다. 특히 네덜란드(화란)에서도 극렬한 저항을 받았다. 칼뱅주의적 개혁운동은 신성로마제국 황제인 카롤 5세가 네덜란드의 종교개혁을 억누르면서 더 강력하게 진행되었다. 그는 1550년 네덜란드에서 "루터, 오이콜람파디우스, 츠빙글리, 칼뱅과 혹은 그 외의 거룩한 교회들이 이단으로 지정한 자들의 책이나 글을 인쇄하거나 보급하는 자를 화형에 처한다"는 칙령을 내렸다. 그리고 종교재판소를 설치하여 거역한 개신교도를 박해하기 시작하였는데, 1561년에는 10여만 명이 넘는 개신교도들이 단지 성경적인 신앙을 고백한다는 이유로 순교하였다. 그럼에도 불구하고 복음적인 종교개혁 운동은 네덜란드 전역으로 번져 나갔다.[7]

지금의 북한 지하교회 성도들의 70여 년의 고난의 역사와 프랑스 위그노의 200여 년에 걸친 핍박의 역사는 그 민족을 향하신 하나님의 구속의 경륜이라 볼 수 있다. 하나님의 구속사가 때로는 장구한 역사를 통해 구원사를 주관하심을 보게 된다. 공산화로 인한 북한 지하교회 성도들의 핍박의 역사도 하나님이 정하신 때에 반드시 종식되고 새 시대를 맞이하는 자유의 그날에 북한의 중간사라는 암흑기 교회 역사도 마침표를 찍게 될 것이다. 기독교의 역사는 순교와 환난과 핍박의 역사이다. 오히려 그러한 연단의 시기를 통해 교회는 더욱 경건해지고 순결해지고 교회의 능력이 응축되었다.

제9장 통일과 남북 교회의 비전

성경을 보는 지하교회 청년

제9장
통일과 남북 교회의 비전

1. 통일의 보편적 가치 제고와 민족 염원의 성취

　1945년 이후 70여 년의 분단 시대 속에 살고 있는 상황에서 통일은 민족의 시대적 염원이며 한국 교회를 향한 시대적 요청이기에, 남과 북의 교회는 공히 선지자적 사명감을 갖고 새로운 시대를 선도해 나가야 한다. 통일은 일차적으로 분단 극복을 의미하지만 단순히 분단 이전의 상태로 돌아가는 것만을 의미하지 않는다. 그것은 국토를 분단 이전의 상태로 회복하는 동시에 서로 다른 두 체제를 '자유민주주의'라는 보편적 가치관과 '시장경제'라는 자본주의 기반 위에 하나로 통합해 새로운 민족 공동체를 재건하는 것이어야 한다. 교회의 부흥도 이러한 사회적 기초와 환경 속에 세워져야 가능하다.
　이러한 의미에서 통일은 남과 북이 이런 보편적 가치관을 함께 공유하며 기독교인이나 비기독교인이나 차별 없이 동일한 역사의식을 가질 때에 진정한 통일과 번영을 기대할 수 있다. 이를 위해서는 과거로의 회귀나 기득권에 대한 집착이 아닌, 미래를 향한 새로운 과정으로 이어져야 한다. 통일교육원에서 발간한 〈2017 통일 문제 이해〉라는 논문을 보면 통일의 의미와 가치를 보다 객관화하여 다양한 측면에서 제시하고 있다.

첫째, 지리적 측면에서의 통일은 국토의 통일을 의미한다. 국토의 통일은 통일 국가 건설의 물리적 기반을 제공한다. 우리 민족은 오랫동안 한반도라는 지리적 공간 속에서 하나의 생활권을 이루면서 살아왔기에 국토의 통일은 구성원 모두가 한반도 내의 어느 곳이든 자유롭게 왕래하고 거주할 수 있는 터전을 마련하는 것을 의미한다. 이런 점에서 통일은 단순히 국토 면적의 합계가 늘어나는 것뿐만 아니라 생활권의 공유와 확대도 가져올 것이다.

둘째, 정치적 측면에서 통일은 체제의 단일화를 구축하되 반드시 자유민주주의의 가치관을 가진 보편적 체제이어야 한다. 통일은 지난날 남북한에 세워진 두 개의 이질적인 정치 체제를 통합해 하나의 국가로 만드는 것이다. 통일은 단일 헌법, 단일 정부, 단일 국가를 수립하는 것을 의미한다. 남북 간에 단일 정치 체제를 만드는 것은 분단 극복을 위한 핵심 요소이며 통일의 중요한 과정이라 할 수 있다.

셋째, 경제적 측면에서의 통일은 서로 다른 두 경제의 통합을 의미한다. 남과 북은 분단과 함께 '자유민주주의에 근거한 시장경제 체제'와 '사회주의 계획경제 체제'로 나누어졌고 경제 생활권 또한 남북으로 분리, 단절됐다. 이 시대의 흐름이 국가 간 경제 통합이 진행되고 있는 오늘날의 국제적 상황에 비추어 볼 때 보다 견고한 경제 공동체와 풍요로운 복지국가를 건설하기 위해서는 시장경제 체제로의 '민족 경제 통합'이 시급하며 각 개인들에게는 사유재산이 보장되어야 생산적 경제 체제를 이어나갈 수 있다.

넷째, 사회 문화적 측면에서의 통일은 '민족 동질성 회복'을 반드시 성취해야 한다. 우리 민족은 동일한 언어와 문화, 생활방식을 공유하며 살아왔다. 그러나 분단의 장기화로 남북 간 이질화가 심화되어 한 민족으로서의 일체감이 점점 약해지고 있는 실정이다. 진정한 의미의 통일은 이질화된 남북 주민들의 내면적인 의식과 가치관, 생활방식을 하나로 동질화시키는 내적 통합이 이뤄질 때 완성될 것이다.

이와 같이 통일은 두 개의 남북한 체제가 하나로 통합되는 것을 의미하지만 진정한 의미의 통일은 남북한 주민들이 민족적 일체감을 가지고 하나의 국가 테두리 안에서 동질화된 민족의 정체성을 공유하는 상태를 의미한다. 즉 통일은 분단된 국토가 하나로 통합되는 것은 물론 정치적으로 대립됐던 체제를 하나로 만드는 것이고, 경제적으로는 서로 다른 제도를 하나로 거듭나게 하는 것이며, 남북 주민 사이에 내면화된 이질적인 문화와 민족의 정체성을 하나로 재탄생시키는 것이다.

우리가 통일을 해야 하는 이유는 민족사적 당위성에서부터 공리(公利)적인 이유에 이르기까지 여러 가지가 있으나, 지금보다 더 평화롭고 풍요로운 환경 속에 인간다운 삶을 보장받을 수 있다는 데 주된 이유가 있다. 그러나 적지 않은 국민들이 통일에 대한 기대보다는 통일 과정에서 예상되는 경제적 부담과 사회 혼란 등을 더 많이 우려하고 있다. 이에 따라 통일에 대한 회의감이 확산되고 있는 상황이다.

국민의 통일의식은 분단의 장기화에 따라 통일 문제에 대한 무관심 등 부정적인 인식이 증가되고 있다. 대체로 우리 국민들은 분단국의 구성원으로서 통일의 필요성과 당위성에 대해서는 긍정적이나 남북 간 차이와 격차 등의 현실적인 고려에서 통일을 부담으로 인식하는 경향이 늘어나고 있다.

이런 점에서 국민들의 관심과 참여 속에 통일을 실현하기 위해서는 무엇보다도 국민의 통일에 대한 인식이 긍정적으로 바뀌어야 한다. 즉 통일이 분단된 상태에서 사회, 경제적 비효율로 발생되는 비용보다 훨씬 큰 편익(便益)을 가져다 준다는 확신과 함께 21세기 민족의 번영과 발전, 개인의 삶의 질 향상과 행복 등을 위해 반드시 필요하다는 인식이 요구된다. 이를 바탕으로 통일의 필요성을 정리해 보면 다음과 같다.

첫째, 분단 구조의 불안정성과 비정상성을 극복하고 지속 가능한 발전을 이룩하기 위해서이다. 정전(停戰)체제에 의해 유지되고 있는 분단 구조는 사소한 계기로 긴장이 고조되고 언제든지 전쟁이 재발될 수 있는 불안정성을 유지하고 있다. 분단 구조는 소모적인 경쟁과 대결로 인해 엄청난 자원을 낭비시킬 뿐 아니라 개개인들의 고통과 손실 등 상당한 비용을 유발시켜 발전을 저해하고 있다. 따라서 통일을 이루어 분단 구조에 따른 상황의 불안정성을 극복하고 소모적인 자원 낭비와 비용의 절감을 통해 지속가능한 발전을 모색해야 할 것이다.

둘째, 남북한 주민이 같은 민족이라는 정체성을 기초로 하나의 민족 공동체를 이루며 살아왔기 때문이다. 남북한이 통일을 해야 하는 원초적인 이유는 남과 북이 언어, 문화, 역사 등을 공유한 하나의 민족 공동체를 이뤄왔다는 사실에 뿌리를 두고 있다. 본래 우리 민족은 동일한 언어와 문화, 혈통을 지닌 단일민족으로 수많은 국난을 겪으면서도 공동체의식을 갖고 단결해 통일 국가를 발전시켜 온 역사를 지니고 있다. 그러나 지난 70여 년의 분단으로 인한 대결 갈등은 오랜 기간 같은 민족으로 가직해 왔던 정체성을 크게 훼손시켜 왔다.

따라서 분단으로 인해 굴절된 역사를 바로잡고 민족의 역량을 극대화하는 새로운 민족 공동체를 건설해야 한다는 점에서 통일은 반드시 실현돼야 한다. 우리 민족은 오랜 시간 동안 같은 문화와 전통을 유지해 왔으나 분단 이후 다른 체제와 사회로 나누어져 살아오면서 문화석으로 점차 이질화되고 있다. 통일은 이러한 이질화를 극복하고 우리 민족의 동질성을 회복하는 것이다.

셋째, 통일이 되면 다양한 편익을 공유할 수 있기 때문이다. 통일은 전쟁 위협을 해소해 항구적인 평화를 가져올 뿐 아니라, 내부의 이념적 대립을 종결함으로써 사회 통합과 국론 결집을 가능하게 한다. 또한 통일로 인한 안보 위협의 해소는 국가 신용등급과 국가 브랜드 가치를 높여, 한국 경제의 불투명성, 불확실성을 근거로 외국인들이 한국의 주가를 실제 가치보다 낮게 평가하는 '코리아 디스카운트'(Korea discount)로부터 한국 증시에 외국인의 투자가 급격히 늘어나고 한국의 대외적 국가 브랜드 가치 상승에 따라 한국 제품에 대한 신뢰가 높아지는 등 경제 분야에서 나타나는 한국 선호 현상인 '코리아 프리미엄'(Korea premium)으로 전환시킬 것이다. 현재 우리나라는 세계 10위권의 경제 대국이지만 성장 속도가 둔화되고 있는 상황이다. 통일은 새로운 성장 동력과 시장의 확보를 통해 비약적 성장을 가능하게 할 것이다.

통일은 일차적으로 국토 면적의 확장 및 인구 증가로 인한 내수 시장 확대를 가져온다. 이와 더불어 남한의 자본과 기술이 북한의 노동력 및 지하자원과 결합해 시너지 효과를 창출함으로써 새로운 성장 동력을 확보하게 된다. 또한 통일 한국은 해양과 대륙 진출의 요충지에 있는 한반도의 지정학적 특성을 살려 태평양과 유라시아를 연결하는 물류와 교통의 중심지역으로 부상할 것이다. 통일은 내수 시장의 확대와 대륙으로의 진출 등을 통해 기업에는 새로운 성장 활로를, 개인에게는 다양한 직업 선택과 취업의 기회를 제공하게 될 것이다.

넷째, 남북 구성원 모두에게 자유와 인권과 행복한 삶을 보장하기 위해 통일이 필요하다. 특히, 남북 이산가족과 북한 이탈 주민 등이 분단으로 인해 겪고 있는 고통을 해소하고 북한 주민의 삶을 개선하는 차원에서도 통일이 필요하다. 통일은 북한 주민도 우리와 마찬가지로 자유와 복지, 인간의 존엄성과 가치 존중이라는 혜택을 누릴 수 있게 해준다.

다섯째, 통일은 한반도의 지정학적 구조로 볼 때 동북아시아와 중앙아시아와 유럽 대륙과 연결되는 교통상의 이점을 극대화하여 한반도가 교통과 물류의 시종점이 되도록 경제적 허브의 기능을 발휘한다면 국제 교류의 가치를 높여 경제적 가치와 대외적 전략의 가치를 높일 수 있게 된다.[1]

이상에서 설명된 통일의 필요성을 다시 개인적 차원과 민족적 차원 및 국가적 차원과 국제적 차원에서 재구성해 보면 아래 표와 같다.

〈통일의 필요성〉[2]

개인적 차원	- 분단 고통 해소(이산가족, 납북자 문제 해결 등) - 자유 확산 및 기회 확대(인권 향상, 취업 및 소득 증대) - 평화롭고 풍요로운 삶의 향유
민족적 차원	- 역사적 정통성 및 동질성 회복 - 민족 공동체 구현 - 민족 문화 융성
국가적 차원	- 전쟁 위협 소멸 - 자원과 민족적 역량 낭비 제거 - 자원의 상호 보완적 활용, 규모의 효과(단일 경제권 형성) - 활동 영역 확대(유라시아 대륙과 태평양 연결)
국제적 차원	- 북한 문제 해결(한반도 전쟁 및 핵 제거) - 동북아 및 세계 평화에 기여

이러한 통일의 조건을 충족한다면 대외적으로 지금처럼 대륙과 단절된 반도 국가가 아닌 한반도의 지정학적 장점을 극대화하여 민족의 번영과 발전을 가져오며, 해양권으로는 환태평양을 품고 있는 한반도가 국제적인 물류의 시종점이 되어서 극동지역과 시베리아와 중앙아시아와 유럽 대륙과 태평양권으로도 연세되어 동북아 지역의 광범위한 경제와 문화 발전을 가져오게 될 것이다. 그러므로 통일은 한국의 경제 영토의 확장과 문화 영토와 한국 교회의 선교 영토를 유라시아를 넘어 유럽에까지 그 영역을 극대화하게 한다. 이는

곧 한국의 국제적 위상을 더욱 상승시킬 것이다. 이러한 사례는 작은 국토를 갖고 있는 네덜란드가 유럽의 항만, 공항, 육로의 물류 중심지가 되어 유럽의 관문 역할을 하고 있는 경우에서도 찾아볼 수 있다.

2. 성경적 통일 모델과 민족 화해

1) 요셉의 형제애를 통한 혈육의 화합

요셉은 구약에서 예수 그리스도의 가장 적합한 모형적 인물이다. 그는 형들의 미움과 시기를 사서 열일곱 살 때에 애굽에 종으로 팔려갔다. 요셉은 자신을 죽이려 했고 외국에 노예로 팔았던 이복 형제들에 대해 씻을 수 없는 원한과 복수의 기회를 마음속에 담고 그날을 기다릴 수도 있었다.

그러나 그는 애굽에서 이어지는 온갖 고난과 모함과 억울함 속에서도 하나님의 사랑과 인도하심에 대한 믿음과 소망을 잊고 고난과 시련의 때를 극복하며, 모든 것이 합력하여 선을 이루게 하시는 하나님의 섭리를 소망하였다. 요셉은 종살이하는 애굽 왕궁의 시위대장의 집에서 성실성을 인정받았으나, 그의 부인의 유혹을 뿌리친 것으로 인해 모함을 받아서 감옥에 갇힌다. 하지만 하나님께서 최악의 상황 속에 요셉을 향한 구원의 역사가 그때로부터 시작되면서 마침내 애굽 왕 앞에서 그의 신비한 꿈을 해몽해 주어, 요셉은 상상하지도 못한 애굽의 총리대신 자리에까지 오르게 되었다.

애굽은 요셉이 해몽해 준 대로 7년 풍년과 7년 흉년이 진행되었고, 가나안 지역에도 흉년이 극심해지면서 야곱의 가정에도 양식이

궁해지게 되자 야곱은 열 명의 아들에게 양식을 구해 오도록 애굽에 보낸다. 그들은 그 일로 인해 극적으로 동생 요셉과 상봉한다. 요셉이 자신의 정체를 드러내자 형들은 지난날 요셉을 노예로 팔아 버린 악행에 대해 자신들에게 복수할 줄 알고 두려워했으나, 요셉은 형들의 죄 값을 묻지 않고 이같이 된 것이 하나님께서 우리 가족들을 구원하시기 위해 앞서서 나를 당신들의 손을 통해 보낸 것이라며 그들의 죄를 용서하고 그들과 화해를 한다.

"요셉이 형들에게 이르되 내게로 가까이 오소서 그들이 가까이 가니 이르되 나는 당신들의 아우 요셉이니 당신들이 애굽에 판 자라 당신들이 나를 이곳에 팔았다고 해서 근심하지 마소서 한탄하지 마소서 하나님이 생명을 구원하시려고 나를 당신들보다 먼저 보내셨나이다…그런즉 나를 이리로 보낸 이는 당신들이 아니요 하나님이시라 하나님이 나를 바로에게 아버지로 삼으시고 그 온 집의 주로 삼으시며 애굽 온 땅의 통치자로 삼으셨나이다"(창 45:4~8).

이러한 요셉의 삶과 그 모습 속에서 우리는 참다운 민족의 화해와 북한 선교의 성경적 모델을 발견하게 된다. 통일과 북한 선교의 완성을 위해서는 남과 북이 상호 간에 하나의 민족 공동체이며 신앙 공동체라는 의식을 회복할 때에 비로소 완전한 통일을 성취할 수 있다. 이를 위해서는 상대적으로 신앙의 자유와 보편적 인권과 경제성의 풍요한 삶을 누리고 있는 한국의 교회가 요셉과 같은 마음으로 북한 동포들을 품어야 하고 화해를 이루어내야 한다. 우리는 70여 년 동안 남과 북의 분단과 동족상잔의 전쟁으로 동족 간에 너무도 많은 희생과 아픔과 증오심을 품고 살아왔다. 특히 북한 정권은 한국과의 적대적 관계를 정권 유지의 수단으로 악용해 왔다.

분명한 사실은 결과적으로 남과 북은 서로 피해자이며 서로 가해자로 남아 있다는 것이다. 남쪽은 북한의 남침과 그로 인한 살생과 납치와 파괴에 대한 아픔과 분노가 있고, 북쪽도 전쟁 중의 폭격과 전투와 민간인 간의 살육에 대한 동일한 분노와 증오심을 갖고 있다. 우리는 6·25전쟁의 과정과 이를 전후한 무력 충돌로 너무도 많은 희생을 치러 왔다. 그러한 동족 간의 상처와 한을 요셉처럼 하나님의 사랑으로 감싸고 용서하며 화해할 때에 민족 정서상에 진정한 통일이 가능한 것이다.

요셉은 자기 혈육 간의 화해와 양식 문제만 해결한 것이 아니라, 그 시대의 애굽 전국과 중동권의 양식과 경제 문제를 해결한 세계의 리더로서 그 공헌이 매우 지대하였다. 그는 7년의 흉년 위기 시대를 극복한 위대한 글로벌 리더였다. 우리는 민족 차원의 통일과 화해뿐만 아니라, 요셉처럼 새로운 시대를 열어가는 기독교의 윤리와 리더십을 갖춘 인재도 양성해야 한다.

분단 한국의 70여 년은 상황적으로도 끊임없이 대립과 반목과 갈등을 겪고 왔다. 앞으로 통일이 된다면 남과 북이 해결해야 할 문세들이 지역적·정서적으로나 경제적·정치적으로 발생되어 통일 후유증을 심각하게 앓게 될 수도 있다. 이처럼 예견되는 문제들을 잘 해결하려면 요셉같이 정치적·경제적·사회적 통합과 화해형의 리더가 필요하다.

이제는 북한도 그릇된 이념 추구와 핵 무장화에 의한 허황된 적화통일의 정책을 청산하고 보편적 인권 정책과 대내외적 개혁 개방을 추구한다면 서로의 신뢰가 회복되며, 화해의 환경이 견고히 구축될 것이고, 이것은 곧 균형잡힌 통일로 향하는 첩경이 될 것이다. 이러한 민족적인 화해와 신뢰를 구축하기 위해서는 요셉의 극진한 형제애를 서로 보여주어 화답해야 한다. 요셉의 형제애는 우리에게도 지난날의 모든 갈등과 상처를 치유할 것이다. 그에 대한 가장 모범된 모델을 요셉이 잘 보여주고 있다. 그 사랑은 곧 예수 그리스도의 십자가 사랑으로 대를 이어갈 수 있는 사랑과 화해의 순환적 고리가 될 것이다.

현대사에서 요셉과 같은 형제애와 리더십으로 기적적으로 통일을 성취한 독일의 경우를 통해서 많은 교훈과 성경적 통일 모델을 발견하게 된다. 1990년 10월 통일을 이룬 독일을 보면, 통일의 완성은 수십 년을 이어가며 장기적 안목을 갖고 시행착오를 점진적으로 개선, 개혁하면서 지금의 강한 통일로 재탄생하였음을 알 수 있다. 이러한 통일을 완성시키는 데에는 정치적 리더의 역할이 매우 중요하다는 교훈을 받게 된다. 만일 서독이 동독에 대해 민족 공동체 의식을 갖고 희생을 감수하지 않았다면 매우 불행한 통일로 이어졌을 것이다.

30여 년에 걸친 지금의 성공적인 통일이 되기까지 최초로 통일의 기회를 십분 발휘한 인물은 통일의 아버지라고 일컫는 헬무트 콜 총리이다. 그가 경제적으로 낙후된 동독인들을 배려하여 화폐의 교환 비율을 서독과 동등하게 포용해 줌으로써 동독인들의 마음을 얻을 수 있었고, 동족 의식을 회복할 수 있었다. 그로 인한 통일 비용의 급증으로 서독은 장기간에 걸친 경세석 침체와 농녹과 서녹의 극심한 양극화를 감내해야 했다.

1998년에 두 번째로 통일 수상이 된 게르하르트 슈뢰더 수상은 통일 후에 발생된 경제적·사회적·정치적인 많은 문제가 있었지만 지난 정권의 통일 정책을 계승, 지속해 가며 점진적으로 개혁을 단행하여 통일 후유증을 개선해 나갔다.

이어서 2005년에 세 번째 통일의 바통을 이어받은 총리는 동독 목사의 딸인 여성 지도자 앙겔라 메르켈(Angela Merkel)로서 통일의 삼걸이 되었다. 그녀 역시 통일의 후유증으로 중환자가 된 독일을 국내적으로는 산업과 금융을 부흥케 하였고, 대외적으로는 유럽 경제를 견인하는 유럽의 선도국으로 우뚝 서게 하였다. 그녀는 초유의 총리 4선을 연임하면서 독일의 경제를 흥왕케 하여 통일의 열매를 동서독에게 나누어 줌으로써 요셉의 역할을 해내었다. 독일의 통일은 30여 년의 세월을 통해 완성해 가고 있고 앞으로도 지속될 것이다.

2) 분열된 왕국의 통합을 외친 에스겔

"인자야 너는 막대기 하나를 가져다가 그 위에 유다와 그 짝 이스라엘 자손이라 쓰고 또 다른 막대기 하나를 가지고 그 위에 에브라임의 막대기 곧 요셉과 그 짝 이스라엘 온 족속이라 쓰고 그 막대기들을 서로 합하여 하나가 되게 하라 네 손에서 둘이 하나가 되리라"(겔 37:16~17).

하나님께서는 각 시대마다 선지자들을 세워 그 시대의 민족적·교회적 사명을 감당하게 하신 것을 구약을 통해 확인할 수 있다. 특히 솔로몬 왕 이후에 남과 북으로 갈라진 2개의 왕국이 서로 반목하면서 동족 간에 대립을 이어가며 종교적으로도 갈라졌다. 북이스라엘 왕국은 여로보암이 왕이 되고, 남유다 왕국은 르호보암이 왕이 되어 이스라엘 왕국의 적통성을 이어갔다. 그러나 동족임에도 불구하고 2개의 나라로 갈라져 르호보암과 여로보암 당대뿐만 아니라 그 이후의 새로운 세대들도 동족 간의 전쟁을 일으키며 피를 흘렸다.

"르호보암과 여로보암 사이에 사는 날 동안 전쟁이 있었더니 아비얌과 여로보암 사이에도 전쟁이 있으니라…아사와 이스라엘의 바아사 왕 사이에 일생 동안 전쟁이 있으니라"(왕상 15:6, 7, 32).

이 같은 두 왕조로 나뉜 이스라엘의 역사는, 한국이 남과 북으로 분단된 이후에도 서로 간의 동족 전쟁과 무력 도발이 끊임없이 있었던 것과도 비교되는 대립의 구도였다. 분열된 두 나라는 정치적인 갈등뿐만 아니라 종교적으로도 우상을 섬기는 배교 행위로 인해 신앙의 타락으로 이어졌다. 이러한 타락과 부패 행위에 대해 하나님께서는 이 두 나라를 주변의 강대국을 채찍과 몽둥이로 사용하시어서 북이스라엘은 기원전 722년에 앗수르 제국을 통해 멸망하였고, 남 유다 왕국은 기원전 586년에 앗수르 제국을 멸망시킨 신바벨론 제국에 의해 멸망당하면서 포로로 끌려갔다. 그때 하나님께서는 포로 생활 중의 고통과 수치를 당하며 조국을 그리워하는 유대인들의 모습을 바벨론 평원 에스겔 골짜기의 마른 뼈들이 쌓인 것을 환상으로 보여주시면서 에스겔 선지자에게 물으셨다.

"그가 내게 이르시되 인자야 이 뼈들이 능히 살 수 있겠느냐 하시기로 내가 대답하되 주 여호와여 주께서 아시나이다"(겔 37:3).

이에 대해 하나님께서는 그 마른 뼈들이 살아난다고 말씀하셨다.

"주 여호와께서 이 뼈들에게 이같이 말씀하시기를 내가 생기를 너희에게 들어가게 하리니 너희가 살아나리라 너희 위에 힘줄을 두고 살을 입히고 가죽으로 덮고 너희 속에 생기를 넣으리니 너희가 살아나리라 또 내가 여호와인 줄 너희가 알리라 하셨다 하라"(겔 37:5~6).

하나님께서는 패망하고 포로 된 이스라엘 민족을 마른 뼈들로 비유하셨다. 이 말씀을 지금의 분단된 우리 민족의 현실에 적용한다면, 북한에서 신앙의 자유 없이 독재의 억압에 포로 되어 신음하는 북한 동포들이 마른 뼈들이라 볼 수 있다. 하나님께서는 이러한 포로 중에 있는 저들이 장차 70년 만에 고토로 돌아가게 될 것이며, 그들이 무너진 예루살렘 성전을 재건할 것이라는 소망도 주신다. 두 왕조로 나뉘어 200여 년에 걸쳐 서로 적대시하며 반목하였던 10지파와 2지파에 대해 하나님께서는 하나 된 나라와 민족으로 회복되어야 할 것을 상징적으로 보여주셨다. 즉 2개의 막대기를 하나로 묶으라는 말씀으로 선지자에게 사명을 주셨다. 2개의 막대기 중 하나는 남 왕국을 상징하는 유다 지파이며, 또 다른 막대기는 북이스라엘을 상징하는 에브라임 지파이다. 각각 그 막대기에 그 지파의 이름을 써서 서로 연결하여 에스겔 선지자의 손에서 하나가 되도록 하라는 것이다. 그렇게 될 때에 마침내 분열된 두 민족이 아니라 한 왕이 다스리는 통일된 나라가 될 것이라는 메시지를 주신 것이다.

이 말씀을 이 시대 우리 민족에게 적용한다면, 남과 북으로 분열된 나라에 대한 한국 교회에 주시는 메시지로서 교회적·민족적 사명임을 말씀해 주고 있다. 이 말씀을 우리가 청종할 때에 하나 된 민족이 나의 백성이 되고, 그들의 하나님이 되실 것이라는 말씀으로 해석할 수 있다.

한국 교회는 에스겔 선지자에게 주신 말씀을 이 시대 교회의 역사적 과제로 복명하고 감당해야 할 것이다. 무엇보다도 북녘의 동포들을 향해 하나님의 생기를 불어넣어 저들의 영혼을 소생시키는 일에 한국 교회가 선지자적인 사명을 갖고 구체적인 전략을 행하여야 한다.

먼저는 저들을 향한 말씀의 선포와 그리스도의 사랑과 민족애를 실천하는 접근이 필요하다. 가능한 실천의 사례를 든다면, 전파를 통한 복음 방송 선교와 국제 구호기관과 기독교 단체의 양식과 의약품 등의 다양한 지원과 더불어 저들의 인권의식을 각성시키며 외부의 정보를 유입시켜 자유 세계에 대한 동경심을 갖게 하여 내부로부터의 변화를 이끌어 내야 할 것이다. 남북 간에 정치적 상황에 구애받지 않고 교회가 지속적인 접근과 박애주의를 실행한다면 민족의 화해와 통일을 위한 역할이 경직된 북한 체제에 기독교의 긍정적인 영향을 주어, 장차 북한의 교회 성장에 자양분으로 크게 작용할 것이다.

3) 예수의 북 사마리아와 남 예루살렘의 지역적 화해 사역

북이스라엘 땅에 세워진 이스라엘 왕국의 역사적 배경은 출애굽 이후부터 형성되었음을 알 수 있다. 모세는 이스라엘 백성을 향해 가나안에 들어가면 그리심 산(사마리아 지역)에서 축복을, 마주 보는 에발 산에서 저주를 선포하도록 지시했다.

> "네 하나님 여호와께서 네가 가서 차지할 땅으로 너를 인도하여 들이실 때에 너는 그리심 산에서 축복을 선포하고 에발 산에서 저주를 선포하라"(신 11:29).

여호수아는 이 명령을 따라 가나안 땅에 들어가서 제단을 쌓고 모세의 율법을 돌에 기록한 후 그리심 산과 에발 산에서 각각 축복과 저주의 율법을 선포했다.

> "여호수아가 거기서 모세가 기록한 율법을 이스라엘 자손의 목전

에서 그 돌에 기록하매 온 이스라엘과 그 장로들과 관리들과 재판장들과 본토인뿐 아니라 이방인까지 여호와의 언약궤를 멘 레위 사람 제사장들 앞에서 궤의 좌우에 서되 절반은 그리심 산 앞에, 절반은 에발 산 앞에 섰으니 이는 전에 여호와의 종 모세가 이스라엘 백성에게 축복하라고 명령한 대로 함이라"(수 8:32~33).

이 말씀은 이스라엘 백성에게 하나님께 순종하는 자가 누릴 축복과 하나님께 불순종하는 자가 당할 저주를 상기시키기 위함이었다. 그런데 훗날 바벨론 포로에서 귀환한 유다 사람들이 예루살렘에 성전을 지을 때에, 혈통적으로 선민의 순수성을 잃은 사마리아인들은 자신들의 경전인 '사마리아오경'에 따라 이곳 그리심 산에 성전을 세우고는 아브라함이 이삭을 번제로 드리려고 했던 산도 그리심 산이라고 자의적으로 왜곡 해석을 하였다. 또 여호수아가 세운 '여호수아의 성소' 역시 그리심 산에 있었다고 주장했다.

"그날에 여호수아가 세겜에서 백성과 더불어 언약을 맺고 그들을 위하여 율례와 법도를 제정하였더라 여호수아가 이 모든 말씀을 하나님의 율법책에 기록하고 큰 돌을 가져다가 거기 여호와의 성소 곁에 있는 상수리나무 아래에 세우고 모든 백성에게 이르되 보라 이 돌이 우리에게 증거가 되리니 이는 여호와께서 우리에게 하신 모든 말씀을 이 돌이 들었음이니라 그런즉 너희가 너희의 하나님을 부인하지 못하도록 이 돌이 증거가 되리라 하고"(수 24:25~27).

이런 전통에 따라 사마리아 사람들은 그리심 산에 있는 자신들의 성전에서 매년 절기를 지켰다. 그로 인해 예수님을 만났던 우물

가의 사마리아 여인도 자신들의 예배처가 그리심 산임을 말했던 것이다.[3)]

그들은 그런 역사적 배경을 믿고 있었기에 그곳을 거룩한 산으로 신성시하면서 우상시하였다. 북이스라엘 사람들은 남유다의 예루살렘 성전을 의식하면서 경쟁적 관계를 형성하고 있었다. 그로 인해 북이스라엘 사람들은 메시아가 장차 그리심 산에 오실 것이라 믿고 있었고, 거기에 반해 남유다 지역 사람들은 예루살렘에 오실 것이라는 소망을 갖고 있었다. 그뿐만 아니라 남유다인들은 북쪽의 이스라엘인들을 혼혈족이고 우상을 섬기는 잡족이라고 여기면서 경멸하였다.

그렇게 700여 년의 역사를 이어왔기에 남과 북의 이스라엘인들은 스스로 해결될 수 없는 신앙적·민족적인 갈등과 멸시와 차별의 관계가 지속되었다. 이스라엘 땅은 앗수르, 바벨론, 페르시아(바사), 헬라, 로마의 지배를 700여 년 동안 받으며 이들 강대국들에 의해 외형적으로는 하나 된 민족이 되었으나, 그런 역사 속에서 이질화된 신앙적 배경으로 북이스라엘인과 남유대인들 간의 민족 정서상 치유되지 못한 채 오랫동안 지속되어 왔다.

그런 장구한 세월의 흐름 중에 마지막 통치국인 로마제국의 식민지 시대에 인류의 메시아인 예수가 등장하게 되었다. 그 당시에 예수 그리스도는 남유다 베들레헴에서 태어나셨지만, 유년기와 청년기는 북쪽 지방 갈릴리의 나사렛 지역에서 30여 년을 거주하셨고, 북쪽인 갈릴리아 납달리 지역에서 사역을 시작하여 그곳이 예수님의 본 사역지가 되었다. 남유다 사람들이 경멸하던 북이스라엘 지역인 갈릴리에서 최초로 천국 선포를 하셨다. 이에 대해 마태는 예수님의 첫 사역을 구약 이사야서를 인용해 증언하였다.

"예수께서 요한이 잡혔음을 들으시고 갈릴리로 물러가셨다가 나사렛을 떠나 스불론과 납달리 지경 해변에 있는 가버나움에 가서 사시니 이는 선지자 이사야를 통하여 하신 말씀을 이루려 하심이라 일렀으되 스불론 땅과 납달리 땅과 요단 강 저편 해변 길과 이방의 갈릴리여 흑암에 앉은 백성이 큰 빛을 보았고 사망의 땅과 그늘에 앉은 자들에게 빛이 비치었도다 하였느니라 이때부터 예수께서 비로소 전파하여 이르시되 회개하라 천국이 가까이 왔느니라 하시더라"(마 4:12~17).

우리는 예수님이 유대인인데 왜 성장기와 첫 사역지와 중심 사역지를 북이스라엘 땅으로 하여 복음 전파 사역을 하셨는지를 상고해 보아야 할 것이다. 그 이유는 자명하다. 예수 그리스도는 만민과 이스라엘 민족의 중보자와 화해자로 오신 것이기에 첫 사역지를 그곳으로 하여 많은 상처와 열등감과 소외감에 젖어 있는 그들을 치유하고 소망을 주시며 남유다와 북이스라엘로 양분된 민족을 화해하게 하심이었다. 이는 예수 그리스도의 사랑으로 오랫동안 서로 갈등과 반목으로 지내온 남과 북을 하나로 묶으려는 깊은 의도와 계획과 섭리가 그 가운데 있는 것이다. 그러한 예수님의 계획이 가장 대표적으로 잘 드러난 사역이 바로 사마리아 수가라는 성에 살고 있는 한 여인과의 만남을 통해 이를 해결해 주시는 장면이다.

그 당시 유대 사람들은 북쪽 이스라엘 사람들과 상종을 하지 않았고, 저들을 경멸하기까지 하였다. 그러므로 남과 북의 이스라엘 사람들은 접근조차 이루어지지 않았고, 특히 사마리아 지역은 북이스라엘의 수도였고 우상의 중심지였기에 남유대인들은 북쪽 갈릴리 지방으로 이동할 때 신앙적으로 부정 탄다는 잘못된 인습으로 그 땅에 발을 딛지 않기 위해 요단 계곡을 통해 며칠씩이나 더 걸리는 우회 도로로 다녔다. 그런데 예수님은 그 지역의 한 불쌍한 여인을 구원하기 위해 사마리아 지역에 직접 들어가셔서 그 여인을 우물가에서 친히 만나 전도하시고 자신이 메시아인 것을 밝히셨다.

그 여인은 예수님과 여러 대화를 통하여 그가 바로 자신과 마을 사람들이 대망하던 메시아임을 확신하고 마을 사람들에게 예수 그리스도를 알렸다. 그 소식을 들은 마을 사람들은 예수님을 자신들의 마을로 초청하여 며칠 동안 예수님으로부터 천국 복음을 들음으로 구원받은 북이스라엘 마을이 최초로 탄생되고, 예수 그리스도를 통한 남과 북 지역 간의 화해와 구원의 역사가 극적으로 성취되었다.

> "여자의 말이 내가 행한 모든 것을 그가 내게 말하였다 증언하므로 그 동네 중에 많은 사마리아인이 예수를 믿는지라 사마리아인들이 예수께 와서 자기들과 함께 유하시기를 청하니 거기서 이틀을 유하시매 예수의 말씀으로 말미암아 믿는 자가 더욱 많아 그 여자에게 말하되 이제 우리가 믿는 것은 네 말로 인함이 아니니 이는 우리가 친히 듣고 그가 참으로 세상의 구주신 줄 앎이라 하였더라"(요 4:39~42).

우물가의 사마리아 여인이 메시아에 대해 소망하고 있는 그 산은 북쪽 이스라엘 땅 그리심 산으로, 모세가 이스라엘 백성을 향하여 율법을 낭독하고 하나님의 축복을 선포한 성산이다. 즉 축복 메시지의 발원지라 할 수 있다. 예수님이 이스라엘의 남과 북으로 분열된 갈등의 분계선이라 할 수 있는 그곳의 첫 도성인 사마리아에서 이 여인을 만나고 그 마을을 구원하신 것은 그곳에서 회복과 화해를 선포하신 상징적 사건이며, 예수님의 강하신 남과 북의 화해의 의중이 반영된 것으로 볼 수 있다.

주님의 복음이 이스라엘처럼 북쪽 갈릴리로부터 시작하여 점차 남쪽 유대로 내려온 것같이, 한국 교회의 복음 전파의 역사도 복음이 이북 평안도 평양으로부터 발흥하여 이남 지역으로 남하하였음을 우리의 교회사를 통해 확인할 수 있다. 평양 대부흥운동(1907)의 발흥이 남쪽까지 영향을 주었으며, 1945년의 해방과 분단 시에 공산화된 이북에서 이남으로 많은 기독교인들이 1차적으로 신앙의 자유를 찾아 남하하였고, 2차적으로는 이어서 한국전쟁(1950~1953) 시에 공산 통치를 겪은 북쪽의 많은 기독교인들이 남쪽으로 피난 옴으로써 전쟁 전세에 따라 그들이 머물렀던 이남 지역의 대구와 부산과 제주도에 이르기까지 곳곳에 허다한 교회를 세웠다. 이북 교회의 이러한 남하는 결과적으로 이남 지역의 교회 성장에 큰 밑거름이 되었다.

4) 남남북녀인 요셉과 마리아의 결합

예수님의 모친 동정녀 마리아와 그의 남편 되는 요셉은 출생지가 서로 달랐다. 요셉과 마리아는 동일하게 다윗 가문 출신이었으며 마리아는 아론의 후손인 엘리사벳과는 친족 관계를 갖고 있었다.

> "유대 왕 헤롯 때에 아비야 반열에 제사장 한 사람이 있었으니 이름은 사가랴요 그의 아내는 아론의 자손이니 이름은 엘리사벳이라"(눅 1:5).

마리아는 북이스라엘 지역인 나사렛 북쪽 셉포리스 출신이다.

> "여섯째 달에 천사 가브리엘이 하나님의 보내심을 받아 갈릴리 나사렛이란 동네에 가서 다윗의 자손 요셉이라 하는 사람과 약혼한 처녀에게 이르니 그 처녀의 이름은 마리아라"(눅 1:26~27).

그 당시 여자들의 혼령기가 14~16세 정도였다. 여기에 반해 신랑이 되는 요셉은 남유다 베들레헴의 작은 마을 출신이었고, 그의 조상은 다윗 왕의 후손이었다. 그는 마리아와 결혼하였고 출산을 앞둔 때에 로마 황제 아우구스투스(Caesar Augustus)가 호적령(census)을 내리자, 나사렛에서 약 150km 떨어진 그의 출생지 남유다의 베들레헴으로 호적하러 갔다가 그곳에서 예수를 낳은 것이다.

> "그때에 가이사 아구스도가 영을 내려 천하로 다 호적하라 하였으니…요셉도 다윗의 집 족속이므로 갈릴리 나사렛 동네에서 유대를 향하여 베들레헴이라 하는 다윗의 동네로 그 약혼한 마리아와 함께 호적하러 올라가니 마리아가 이미 잉태하였더라"(눅 2:1, 4~5).

이 말씀 속에서 추측할 수 있는 점은, 남유다의 목수 요셉이 신부의 출생지인 북쪽 지방 나사렛으로 이주하여 그곳에서 목공업을 하였고 그 동네 마리아와 결혼하여 가정을 이루었다는 것이다. 온 인류의 구원자가 되시는 예수님의 부모의 결합을 볼 때, 그 당시 지역적으로 서로가 매우 비호감으로서 남쪽 유다의 순혈주의적인 남자가 이방이라고 여겼던 갈릴리 지방의 여인과 결혼했다는 것은 매우 파격적인 사례였다. 이사야 선지자도 "이방의 갈릴리"(사 9:1)라고 했을 정도로 앗수르 정복 시부터 이방인들이 혼재해 살았던 북쪽 갈릴리 나사렛의 혼혈된 지역의 여자와 결혼한다는 것은 매우 파격적인 것으로서 관습을 벗어난 혼사였다.

요셉이 어떻게 먼 북쪽의 나사렛 여자와 결혼하게 되었는지는 알 수 없다. 여기에는 사적인 혼사 관계의 맺어짐보다 하나님의 섭리가 작용된 것으로 보아야 할 것이다. 왜냐하면 예수님도 유다 베들레헴에서 태어났지만 어린 시절과 공생애 직전까지는 나사렛 동네에서 30년의 삶을 사셨던 것처럼, 요셉의 인생 행적과 예수님의 출생과 생애의 행적이 동일했음을 알 수 있다.

이에 대해 성경적으로 신랑 되신 구세주 예수께서 낮고 천한 이 땅에 신부가 될 우리에게 친히 오셔서 우리와 동고동락하는 모습이 요셉과 마리아가 결합한 모형적 모습이라 해석할 수 있다. 이처럼 마리아와 요셉이 부부로 맺어진 것은 거의 900여 년 동안 이어온 지역적 위화감을 해소하는 화해적 모델을 제시한 것이라 볼 수 있다. 남쪽 지방의 유대인들이나 북쪽 지방 갈릴리 사람들도 나사렛 출신 사람들을 매우 천대하였다. 이러한 사실은 빌립과 나다나엘의 대화에서도 드러난다.

"빌립이 나다나엘을 찾아 이르되 모세가 율법에 기록하였고 여러 선지자가 기록한 그이를 우리가 만났으니 요셉의 아들 나사렛 예수니라 나다나엘이 이르되 나사렛에서 무슨 선한 것이 날 수 있느냐 빌립이 이르되 와서 보라 하니라"(요 1:45~46).

그러나 요셉이 혈통상으로는 다윗 왕의 가문으로, 나사렛 출신의 마리아가 그와 결혼함에 따라 그녀도 왕의 가문이 되고, 그녀를 통해 태어난 예수도 당연히 왕직을 계승한 유대인의 왕이며 만왕의 왕이라는 명분과 논리가 성립된다.

"빌라도가 패를 써서 십자가 위에 붙이니 나사렛 예수 유대인의 왕이라 기록되었더라 예수께서 못 박히신 곳이 성에서 가까운 고로 많은 유대인이 이 패를 읽는데 히브리와 로마와 헬라 말로 기록되었더라"(요 19:19~20).

요셉이 다윗 왕이 태어난 베들레헴에서 태어났고 예수님도 그 혈통을 이어받아 베들레헴에서 태어났다는 사실은 메시아 출생의 역사적 배경을 잘 설명해 주고 있다. 그러므로 마리아와 요셉의 결혼은 지역적 이질감과 신분의 차별을 뛰어넘어 주 안에서 화해하게 하고 통합하게 하는 메시지가 담겨 있다고 할 수 있다.

장차 한국도 남북의 주민 간에 출신 지역 감정과 사회 신분의 차이와 나아가서 이념과 이데올로기를 뛰어넘어 온전한 민족 화합을 이루기 위해서는 남남북녀(南男北女)의 요셉과 마리아가 하나 됨같이 남북 간의 진정한 인적 교류와 화해를 통해 하나가 되어야 함과 동시에, 교회적으로는 남북의 교회들이 서로 화합하고 하나 되어 주 안에서 확고한 화해적 통일을 정착시켜 나가야 할 것이다.

"이는 이방인들이 복음으로 말미암아 그리스도 예수 안에서 함께 상속자가 되고 함께 지체가 되고 함께 약속에 참여하는 자가 됨이라"(엡 3:6).

5) 종교개혁으로 분열왕국을 화합시킨 히스기야 왕

히스기야는 제13대 남유다 왕으로 기원전 715년에 즉위하여, 이스라엘 왕국이 솔로몬 왕 이후 남과 북으로 분열되고 나서는 처음으로 남유다뿐 아니라 북이스라엘의 동족까지도 차별 없이 참여케 하여 통합된 유월절 행사가 되도록 하였다. 이 당시 북이스라엘 왕국은 앗수르 제국에 의해 멸망당한 상태로서 많은 백성들이 포로로 끌려갔고 제사장이나 레위인도 거의 그 역할을 못하는, 종교적 활동이 없는 무기력하고 희망이 없는 망국의 상태였다. 그러하기에 백성들은 아무 소망 없이 오랫동안 그들을 지배하고 있는 바알 우상과 각종 미신에 빠져 영적인 흑암과 혼돈 가운데 있었다.

그 당시 유다 왕국도 중동의 앗수르 왕국으로부터 늘 위협을 받는 상황 중에 그는 하나님 앞에 기도하며 자신의 신앙 멘토인 이사야 선지자를 가까이하면서 많은 조언과 지도를 받았다. 히스기야는 하나님께 인정받은 경건한 믿음의 왕이었다. 그는 왕으로 즉위하자 바로 성전 정화로 종교개혁을 실행하였다. 먼저는 우상의 더러운 것들을 걷어 내었고, 성전의 건물을 개수하고 보수하며 정결케 하고, 성직자들인 제사장과 레위인들을 다시 불러내어 본연의 제사 행사에 성직을 감당하게 하였다. 이것은 솔로몬 왕 이후 오랫동안 미루어 왔던 유명무실해진 성전의 성결과 제도에 대해 종교개혁을 행한 것이었다.

히스기야는 종교개혁을 통해 분열 왕국을 민족적으로나 영적으로 혁혁하게 개혁하는 공을 세웠다. 그는 남과 북으로 갈라져 이원화되고 이질화된 분열 왕국을 새롭게 화합시키며 수백 년 동안 중단된 유월절 제사 제도를 부활시켰다. 그러나 이런 예배의 부활에 가장 큰 문제점은 유월절 제사를 실행하는 제사장들의 부족과 동시에 전국에서 모이는 행사를 집행하는 것을 알리는 데 시간이 부족하다는 것이었다.

> "이는 성결하게 한 제사장들이 부족하고 백성도 예루살렘에 모이지 못하였으므로 그 정한 때에 지킬 수 없었음이라"(대하 30:3).

이 유월절 행사는 닛산 월인 1월에 한 주간에 걸쳐 지켜야 했으나 여러 면에서 준비가 필요하여 한 달을 연기하면서 준비케 하고, 남과 북 전국에서 이스라엘 민족이 예루살렘에 모이도록 하기 위해 보발꾼들을 전국 곳곳에 보내어 어명으로 전하였다. 그로 인해 남유다에는 유다 지파와 베냐민 지파가, 나머지 10지파는 북이스라엘에 속하였으므로 남과 북의 각 곳에서 유월절 행사를 지키기 위해 예루살렘으로 총집결하였다.

> "보발꾼들이 왕과 방백들의 편지를 받아 가지고 왕의 명령을 따라 온 이스라엘과 유다에 두루 다니며 전하니 일렀으되 이스라엘 자손들아 너희는 아브라함과 이삭과 이스라엘의 하나님 여호와께로 돌아오라 그리하면 그가 너희 남은 자 곧 앗수르 왕의 손에서 벗어난 자에게로 돌아오시리라"(대하 30:6).

이러한 선포는 종교개혁의 범주를 뛰어넘어 나라와 민족을 하나로 화합시키기 위한 정책이었다. 사실상 남유다 왕국의 백성들은 북쪽 이스라엘과는 같은 민족이었지만 거의 200여 년을 분열된 채 지냈으며, 서로 전쟁을 마다하지 않았다. 신앙적으로 북이스라엘은 초대 왕 여로보암 때부터 제사에서도 금송아지를 만들어 그것을 섬기게 할 정도로 오랫동안 타락한 상태였기에 남유다 백성들은 북이스라엘과 그곳 주민들을 경멸하였다. 그럼에도 불구하고 히스기야 왕은 역대 유다 왕 중에 처음으로 북이스라엘 주민과 포로로 잡혀가고 얼마 남지 않은 지경의 주민들까지 모두 포용하는 정책을 쓰면서, 이들을 유월절이라는 종교행사로 새로이 화합시키려 하였다. 유월절 어린 양의 피로 정결케 하여 모두를 정결한 하나님의 백성으로 삼으려는 포용과 화합의 민족애와 하나님의 긍휼함을 선포하는 거사를 거국적으로 행한 것이었다. 이에 하나님께서도 크게 감동하시고 남과 북의 이스라엘 백성들을 변화시키시고 치유의 역사가 나타나게 하시었다.

> "여호와께서 히스기야의 기도를 들으시고 백성을 고치셨더라"(대하 30:20).

전국에서 예루살렘으로 모여든 남과 북의 백성들은 솔로몬 왕 이후 처음으로 분열 없이 7일 동안 유월절과 무교절을 성회로 드리게 되었다. 모두가 기뻐하며 수백 년 동안의 반목과 원수 됨이 사라지고 하나님의 사랑과 어린 양의 피로 새롭게 거듭난 민족 성회로 승화된 것이다.

> "예루살렘에 모인 이스라엘 자손이 크게 즐거워하며 칠 일 동안 무교절을 지켰고 레위 사람들과 제사장들은 날마다 여호와를 칭송하며 큰 소리 나는 악기를 울려 여호와를 찬양하였으며 히스기야는 여호와를 섬기는 일에 능숙한 모든 레위 사람들을 위로하였더라 이와 같이 절기 칠 일 동안에 무리가 먹으며 화목제를 드리고 그의 조상들의 하나님 여호와께 감사하였더라"(대하 30:21~22).

유월절과 무교절이 단순히 종교적 제사로만 그친 것이 아니라, 남과 북의 주민들은 한 민족의 공동체요 신앙의 공동체임을 서로 교통하며 확인하고 즐기는 화합의 통일 마당을 이룬 것이다.

> "유다 온 회중과 제사장들과 레위 사람들과 이스라엘에서 온 모

든 회중과 이스라엘 땅에서 나온 나그네들과 유다에 사는 나그네
들이 다 즐거워하였으므로 예루살렘에 큰 기쁨이 있었으니 이스
라엘 왕 다윗의 아들 솔로몬 때로부터 이러한 기쁨이 예루살렘에
없었더라 그때에 제사장들과 레위 사람들이 일어나서 백성을 위
하여 축복하였으니 그 소리가 하늘에 들리고 그 기도가 여호와의
거룩한 처소 하늘에 이르렀더라"(대하 30:25~27).

우리는 이스라엘 왕국이 분열된 가운데서 행한 히스기야 왕의 거
국적이며 범민족적인 포용적 리더십에 큰 감동을 받는다. 이는 어느
왕도 생각하지 못한 남과 북의 연합 예배와 파격적인 동포애로써 우
상으로 찌든 남과 북의 백성들을 새롭게 변화시키기 위한 종교개혁
이었다.

한국 교회에도 이 같은 리더십을 가진 교회 지도자가 필요하다.
영국의 존 녹스와 보헤미안의 얀 후스, 독일의 루터, 프랑스의 존 칼
빈, 스위스의 츠빙글리 같은 종교 지도자와 미국의 흑백 인종차별
개혁을 위해 과감히 자신을 던진 루터 킹 목사를 생각해 본다.

새로운 시대가 민족의 지도자를 부르고 세우는 것처럼 하나님께
서 통일 한국에 통합형 믿음의 지도자를 세워 주실 것이며, 통일의
날에 서울과 평양에서 통일과 화합의 연합 예배를 드릴 그날을 소망
해 본다.

"그러나 보라 내가 이 성을 치료하며 고쳐 낫게 하고 평안과 진실
이 풍성함을 그들에게 나타낼 것이며 내가 유다의 포로와 이스라
엘의 포로를 돌아오게 하여 그들을 처음과 같이 세울 것이며 내
가 그들을 내게 범한 그 모든 죄악에서 정하게 하며 그들이 내게
범하며 행한 모든 죄악을 사할 것이라 이 성읍이 세계 열방 앞에

서 나의 기쁜 이름이 될 것이며 찬송과 영광이 될 것이요 그들은 내가 이 백성에게 베푼 모든 복을 들을 것이요 내가 이 성읍에 베푼 모든 복과 모든 평안으로 말미암아 두려워하며 떨리라"(렘 33:6~9).

| 미주

제1장 조선의 쇄국기와 여명의 시대: 암흑 1기

1) 북한교회사 집필위원회, 《북한교회사》(한국기독교역사연구소, 1996. 4), pp. 28~29.
2) 홍경래는 평안도 용강군의 평민 출신으로 지금의 하급 지방공무원이 되기 위해 평양향시(지방공무원 시험 제도)를 통과하였고, 다시 한양에서 대과(고급 행정고시)에 응시했으나 서북 출신이라는 이유로 낙방하였다.
3) 김명구, 《복음, 성령, 교회 재한 선교사들 연구》(예영, 2017), pp. 54~55.
4) 윤경로 외 공저, 《한국 사회의 발전과 기독교》(예영, 2012), pp. 54~55.
5) 《복음, 성령, 교회 재한 선교사들 연구》, p. 239.
6) 같은 책, p. 241.
7) 셔우드 홀, 《닥터 홀의 조선 회상》, 김동열 역(좋은 씨앗, 2003), p. 100.
8) 중국 송나라 때의 학자들에 의해 성립된 학설로서 도학, 이학, 성명학, 또는 이것을 대성시킨 이의 이름을 따서 정주학이라고도 한다. 이 성리학은 이(理)와 기(氣)의 의 개념을 구사하면서 우주의 생성과 구조와 인간 심성의 구조 및 사회에서의 인간의 자세 등에 관하여 깊이 사색하는 형이상학적이며 실천철학적인 여러 분야에서 새로운 유학사상을 수립하였다.
9) 《복음, 성령, 교회 재한 선교사들 연구》, pp. 242~243.
10) 김명구, 《한국 기독교사 1 - 1945년까지》(예영, 2018), pp. 30~32.
11) 〈두산백과〉.
12) 함석헌, 《뜻으로 본 한국역사》(제일출판사, 1979), p. 311.
13) 제너럴셔먼호는 미국 상선으로 미국 남북전쟁 시에 전투함으로 사용되었

다가 전쟁 후 상선으로 전환되었으며, 그 당시 항해 안전을 위해 대포 2개의 문을 갖추었다. 선주는 미국 프레스톤이었으며 그 배를 용선한 회사는 영국의 메도우 무역상사였다. 선원은 서양인 5명과 19명의 아시아인이었으며, 영국의 토마스 선교사가 중국어 성경을 싣고 조선에 포교 활동을 하기 위해 승선하였다. 이 사건으로 인해 1871년 강화도에서 신미양요가 발생하였다. 그 후 미국은 1882년 5월 22일에 제물포에서 '조·미수호통상조약'을 맺게 되어 미국의 공사가 한성에 설치되었고, 그때 알렌 선교사가 그 공사관의 의사로 입경하게 되므로 조선에 선교시대가 열리게 되었다.

14) 김광수, 《한국 기독교 인물사》(기독교교문사), 1974.

15) 허명섭 박사, 〈한국성결신문〉(2012. 4. 5).

16) 양무운동은 19세기 후반 중국 청나라에서 일어난 근대화 운동이다. 서양의 문물을 수용해 부국강병을 이루기 위한 것으로서, 1861년부터 1894년에 걸쳐 중국의 전통적 가치 체계를 유지하면서 서양의 발달한 문물과 기술만을 도입하려 했으나 전국적 차원에서 통일된 계획의 일관성이 부족하였고 서태후의 반발과 견제로 일본의 유신정책처럼 근대화의 근본적 결실을 거두지는 못하였다. 일본의 개화정책처럼 기술만이 아닌 정치·사회 제도에 이르는 근본적 개혁을 이루지 못하여 결국 변법자강운동이라는 기존의 질서로 돌아갔다.

17) 《복음, 성령, 교회 재한 선교사들 연구》, p. 63.

18) 박명수, 〈조·미 수호통상조약 140주년의 역사적 배경과 그 의의〉, 기독일보 (2021.11.23).

19) John Ross, *The Christian Dawn in Korea*, 1890, p. 241.

20) 《복음, 성령, 교회 재한선교사들 연구》, p.77.

21) 김청송은 존 로스 선교사와 같이 조선어 성경을 출판하는 데에 식자공으로 공헌하였는데, 그는 원래 봇짐장사꾼으로 성경이 출간된 후에는 자신의 고향인 집안현으로 돌아가 복음을 전하였다. 그의 스승인 존 로스 선

교사가 그곳을 방문하여 저들에게 세례를 베풀었고, 후에 그곳의 조선인들이 이양자(里樣子)교회를 세웠으며, 그 기념으로 교회 근처 바위에 "耶蘇敎 初立 1898 됴션 人"이라 새겨 놓았다. 김청송의 전도 사역으로 인해 북만주 지역의 복음화가 크게 확산되었다.

22) 매서인 또는 권서인이라는 이들은 한국 기독교 초창기에 성경이나 기독교 서적과 기독교 달력을 유가로 팔면서 전도 활동을 하였다. 대표적 인물이 존 로스 선교사의 제자들인 서상륜, 백홍준, 이응찬, 김청송으로, 이들은 조선 팔도를 다니면서 일반 물품을 판매하는 봇짐장사를 겸하면서 전도 활동을 하였다. 이러한 서적의 구입에는 현찰뿐만 아니라 다양한 농산품(쌀, 계란, 감자, 콩 등)으로 거래하였다. 한국 교회사 초기에 외국인 선교사들은 조선인 매서인을 두어 그들이 성경을 팔면서 약간의 이윤을 남기며 전도 활동을 하게 하였으며, 1945년까지 조선에서는 약 2,000명 정도의 매서인이 활약한 것으로 추산된다. 이들의 활동이 한국의 전국 복음화에 많은 기여를 하였다.

23) 김성애, 〈아이굿뉴스〉, (2016.9.28).

24) 燕巖 朴趾源의 《熱河日記》 중에서.

25) H.A. Rhodes, Chosun Mission, Presbyterian Church, 1934, p. 74.

26) 백낙준, 《한국개신교사》(연세대학교출판부, 1973), p. 53.

27) L.H. Underwood, American Tract Society, 1904, p. 130.

28) 김지현, 《선택 받은 섬 백령도》(디자인 유니크, 2002. 9. 2), pp. 164~165.

29) 같은 책, pp. 177~178.

30) 〈크리스천 헤럴드〉(2015. 10. 22).

31) 〈한국민족문화 대백과사전〉 참조.

32) 김영재, 《한국교회사》(이레서원, 2004. 9), pp. 124~125.

33) 민경배 교수의 지상강좌, 〈기독교 연합신문〉(2019. 1. 6).

34) E.N. Hunt, Protestant Pioneers in Korea(NewYork: Orbis Book).

35) 현요한,《조직신학교 목회현장》(한들출판사, 2017), pp. 313~314.
36) "조선의 예루살렘 평양 담론의 실상",〈기독교사상〉, 2018년 8, 9월호, pp. 10~11.
37) 한국기독교역사연구소 북한교회사집필위원회,《북한교회사》(한국기독교역사연구소, 1996).
38) 민경배,《韓國基督敎敎會史》(연세대학교출판부, 1993), pp. 177~180.
39) 같은 책, pp. 183~184.
40)《북한교회사》, 한국기독교역사연구소, 1996, pp. 275~278.
41)《한국 기독교사 1-1945년까지》, pp. 123~124.
42) 손봉호 외 공저,《한국교육의 발전과 기독교》(예영, 2012), p. 134.
43)《한국 기독교사 1-1945년까지》, p. 132.
44) 같은 책, pp. 121~122.
45) 같은 책, p. 45.
46) 같은 책, p. 49.
47) "조선의 예루살렘 평양 담론의 실상",〈기독교사상〉, 2018년 9월호, p. 14.
48) Mission to North Korea Samuel A. Moffett of Pyengyanng.
49)〈국민일보〉미션라이프(2017. 7. 27).
50)《복음, 성령, 교회 재한 선교사들 연구》, p. 244.
51) 같은 책, p. 247.
52) 같은 책, p. 249.
53) 셔워드 홀,《닥터 홀의 조선 회상》(좋은씨앗, 2003.), pp.727-729.
54) 옥성득,《첫 사건으로 본 초대 한국 교회사》(짓다, 2016), pp. 277~278.
55) 한국기독교역사문화관 관장 박경진, 감리교 뉴스, 2014. 12. 24.
56) 박경진, 기독교 뉴스, 2010. 7. 16.
57) 백낙준,《한국 개신교사》(개정판, 연세대학교출판부, 2002. 10), pp. 171~172.
58) 민경배,《한국 기독교회사》(연세대출판부, 1993), p. 168.

59) 정두용, 〈크리스찬 월드〉(2015. 10. 22).

60) 김수진, 〈한국장로신문〉(2010.10.9).

61) www.1907 revival.com/news/ quickviewArticreview.html?idxno=84

62) namu.wiki(2021.10.2).

제2장 일제 강점기와 이북 교회의 배교: 암흑 2기

1) 사회주의와 공산주의 발생을 살펴보면, 19세기 영국의 산업혁명으로 인해 사업주들이 자본가 계층(부르주아)을 형성했고, 상대적으로 피고용된 무산계급층(노동자, 농민)인 프롤레타리아가 형성되었다. 초기에는 정치체제가 아닌 경제 체제를 설명할 때 사용되는 용어였다. 이에 대한 명확한 정의는 없으며 초기에는 사회주의, 공산주의를 혼용해서 사용하였다. 그러나 칼 마르크스의 공산주의가 등장하면서 그 차이점이 부각되었다. 그의 주장에 따르면, 사회주의는 혁명과 개혁을 통해 자본주의 체제를 무너뜨리고 공산주의 체제를 완성시키기 위해 거쳐 지나가는 하나의 과도기적 체제로서의 성격을 가지게 되고, 그러한 혁명과 개혁을 통해 사회주의의 최종 형태인 공산주의로 완성된다는 논리이다. 칼 마르크스는 그의 저서에서 "자본주의는 부의 불평등으로 망할 것이다"라고 주장하였다. 그러니 공산주의와 그 국가들은 그 모순으로 역사에서 퇴출되었다.

2) "조선의 예루살렘 평양 담론의 실상", 〈기독교사상〉, 2018년 9월호, pp. 66~67.

3) A.D. 325년 니케아공의회에서는 콘스탄티누스 황제는 그동안 삼위일체에 대한 논란을 정리하였다. 즉 테르툴리아누스가 쓴 성부와 성자는 한 본질(una substanitia)이라는 주장을 수용하여 본질동등성(homoousios)을 선포하였다. 이로써 성자 예수가 피조되었다는 아리우스의 주장을 거부하였고

그의 이단성을 정죄하였다.

4) 〈동아일보〉(1935. 12. 1).
5) 〈조선예수교장로교회 제27회 총회 회록〉(1938), p. 1.
6) 김린서, 《김린서 저작 전집 5권》, p. 149.
7) 《장로회신학교 100년사》, p. 234.
8) 《북한교회사》(한국기독교역사연구소, 1996). 4, pp. 344~345.
9) 대동아전쟁은 일본 제국과 미국, 영국, 네덜란드, 소련, 중화민국 등의 연합국 사이에 발생한 태평양전쟁에 대한 일본 정부의 호칭이다. 그러나 일본이 미국과의 전쟁에서 패하므로 연합군 최고사령부에 의해 전시 용어로 사용이 금지되었고, 태평양전쟁 등으로 단어가 바뀌었다.
10) 〈제35회 대한예수교장로회 총회회록〉(1949. 4).
11) 김수진, 《한국장로교 총회 창립 100년사(1912~2012)》(홍성사, 2012), pp. 234~245.
12) 김양선, 《韓國基督敎 解放10年史》(대한예수교장로회 총회 종교교육부, 1956), p. 45.
13) 같은 책, p. 46.
14) 《한국장로교 총회 창립 100년사(1912~2012)》, pp. 259~265.

제3장 해방과 이북 교회의 공산화: 암흑 3기

1) 정하라, 〈기독교연합신문〉(2019. 8. 25), 1497호.
2) 이선교, 《파괴된 한국사》(현대사포럼, 2013), pp. 41~42.
3) 김명구, 《한국 기독교사 1-1945년까지》(예영, 2018), pp. 447~448.
4) 《파괴된 한국사》, p. 43.
5) 일본이 구한말 19세기 제정러시아에 조선을 38도선을 분계로 이남과 이북

으로 나눠 지배하는 것을 제안한 바 있다. 그러나 동북아시아에서 식민지 개척을 놓고 일본과 경쟁했던 러시아는 일본의 38도선 분할 제안을 거절했다. 결국 두 나라는 1904년 러일전쟁에 돌입했다. 이는 이미 38도선을 중심으로 동북아시아의 국제정치가 움직인 것이다.

1950년 6월 25일 한국의 6·25전쟁이 시작된 곳은 바로 38도선이었으며, 중국이 한국전쟁 개입을 결정한 이유는 같은 해 10월 유엔군이 38도선을 넘어 북진했다는 이유에서였다. 정전 협정 이후 만들어진 군사분계선도 38선 인근으로 설정되었다.

6) 박호성·홍원표,《북한 사회의 이해》(인간사랑, 2002. 3), pp. 53~54.
7) 임희국,《평양의 장로교회와 숭실대학》(숭실대학출판부, 2017), pp. 114~115.
8) Wikipedia 백과.
9) 이선교,《다시 써야 할 한국 기독교사》(현대사포럼, 2017. 3), pp. 215~220.
10) 레베데프 비망록.
11) 임희국,《떠나온 평양, 다가온 평화통일》(한국장로교출판, 2013), pp. 240~241.
12) 김수진,《한국장로교 총회 창립 100년사(1912~2012)》(홍성사, 2012), p. 256.
13)《김일성 저작집》제16권, (조선로동당출판, 1982), p. 162.
14)《김일성 선집》제6권, p. 100.
15) 이완범, 〈북한 점령 소련군의 성격-1945. 8. 9~1948. 12. 26〉(논문), p. 172.
16) 김흥수,《해방 후 북한교회사》(다산출판, 1991), p. 147.
17) 같은 책, pp. 62~65.
18) 한국기독교 역사연구소,《해방 이후 북한 교회의 역사》, p. 418.
19)〈국민일보〉(2016. 7. 15).
20) James S. Gale, Korea in Transition 1909.
21) 김용삼,《김일성 신화의 진실》(북앤피플, 2016).
22) 김영재,《한국 교회사》(이레서원, 2004), p. 239.
23)《한국장로교 총회 창립 100년사》, pp. 271~272.

24) 본회퍼,《기독교 고전으로 인간을 읽는다》(RHK출판사, 2015), pp. 465~466.
25)《떠나온 평양 다가온 평화통일》, pp. 269~270.
26) 임희국,《평양 장로교회와 숭실대학》(한국기독교문화원, 2017), pp. 139~142.
27) 고태우,《북녘의 남은 자들을 위한 기도》(은성, 1990), p. 191.
28)《떠나온 평양 다가온 평화통일》, pp. 283~285.
29) 김길남,《굶주림보다 더 큰 목마름》(두란노, 2016), pp. 177~183.

제4장 정전 후 지하교회 말살과 관제 기독단체의 재등장: 암흑 4기

1) 신평길, "노동당의 반종교 정책 전개 과정", 북한연구소, 1995.
2) 모퉁이돌선교회, 〈카타콤 소식〉(1992. 8).
3) '천리마운동'은 전쟁 후 파괴된 산업시설과 도시 및 공공장소를 재건하기 위해 전국적으로 전 국민을 동원하여 국가의 정상화와 생산 증대를 위해 실시한 사회주의식 경쟁 운동이다. 당시 3개년 계획(1954~1956)을 실시하여 어느 정도 달성하였다. 그 이후 1956년 새로운 경제 계획을 실시하기 위해 김일성은 소련과 동유럽을 순방하면서 경제 원조를 요청하였으나 성과를 거두지 못함으로 부득이 자체적으로 추진할 수밖에 없었다.

북한 자체적인 노력으로 최대의 증산과 절약을 위해 노력 경쟁 운동을 벌이며, 이에 따라 각 지역에 건설 돌격대를 구성하여 산업 발전 운동을 대대적으로 실시하였다. 대상은 농장과 산업 공장, 학교, 병원 등 전 분야에서 노력 경쟁 운동 형태로 확산시켰다.

그러나 1970년대에 들어서면서 노동 강화 운동의 한계성에 따라 천리마운동이 퇴색되어 가자 다시 1976년부터 '3대 혁명 붉은 기 쟁취 운동'으로 이어갔다. 한편 최근에는 "다시 한 번 천리마를 타라"로 새로운 천리마 속도 창조운동으로 전개할 것을 촉구하고 있다.

4) 통일교육원, 〈2017 북한 이해〉(2016. 12), pp. 29~31.

5) 김용삼,《김일성 신화의 진실》(북앤피플, 2016). p. 752.

6) 같은 책, p. 753.

7) 이반석,《북한 지하교회 순교사》(문광서원, 2017), pp. 181~182.

8) 모퉁이돌 선교회,《김정일 이후의 북한 선교》(예영, 2008), p. 27.

9) 변진홍, "주체사상과 종교의 공존은 가능한가", 〈기독교사상〉, 2018년 9월호, p. 23.

10) 이선교,《파괴된 한국사》(현대사포럼, 2013), pp. 309~310.

11) 〈2017 북한 이해〉, p. 36.

12) 주성하 기자, 평양이야기 칼럼, 〈동아일보〉(2017. 2. 6).

13) 세계교회협의회(WCC)는 세계 1·2차대전 후 그리스도교에서 세계적으로 에큐메니컬 운동을 이끌었다. 그 가운데 하나가 세계 모든 교회가 협동하여 사회 문제를 공동 해결하는 생활과 사업을 일으키자는 운동이었고, 또 하나는 세계 모든 교회가 다시 연합할 수 있는 가능성을 연구하며 연합을 저해하는 조건을 해결하는 방법을 찾으려는 신앙과 질서 운동이었다. 2012년 기준으로 100개국 이상, 345여 개 교회가 참여하고 있고, 본부는 스위스 제네바에 있다.

14) 김흥수,《해방 후 북한 교회사》(다산글방, 1992)

15) 류성민, "남북한 사회, 문화 교류에 관한 연구".

16) 같은 자료, pp. 44~47.

17) '세계청년학생축전'은 1945년 창설된 '세계민주청년여맹'에 의해 1947년에 처음 개최된 행사로, 사회주의 체제 국가의 청년과 학생들이 참가하는 대회이다. 이 행사는 '반제 자주와 반전 평화'를 슬로건으로 내걸고 제3차 대전을 방지하여 항구적 세계 평화를 도모하는 것을 목적으로 한다. 이에 따라 정치 행사를 비롯해 문화 예술 및 체육 등의 행사가 동시에 진행되

는 복합적 행사이다. 1989년에 북한 평양에서 열린 이 행사에 177개 나라의 2만 2천 명이 참가하였다.
18) 태영호,《태영호 증언 3층 서기실의 암호》(기파랑출판, 2018). pp. 526~530.

제5장 지하교회의 급성장 배경: 암흑 5기

1) 이반석,《북한 지하교회 순교사》(문광서원, 2015), pp. 149~150.
2) 같은 책, pp. 224~229.
3) Andrew Natsios, "The Great North Korea Famine"(2003).
4) 《북한 지하교회 순교사》, pp. 243~244.
5) 같은 책, pp. 250~252.
6) 〈국민일보〉(2001. 4. 17).
7) Dailynk.com.
8) 같은 출처, 2019. 8. 16.
9) 김병로,《북한, 조선으로 다시 읽다》(서울대학교 출판문화원, 2016. 4), pp. 312~313.
10) 연합뉴스, 2018. 8. 27.

제6장 지하교회의 실체와 사례

1) 2010년 지하교회 성도의 일기 중에서.
2) 〈월간조선〉.
3) 순교한 지하여성도의 신앙고백.
4) 3대 지하 성도의 편지.

5) 〈월간조선〉, 2008년 8월호.
6) 백두산 중에 기거하면서 보내온 탈북 성도의 편지.
7) 김길남, 《굶주림보다 더 큰 목마름》(두란노, 2012).
8) 자유아시아 방송, 2018. 8. 29.
9) 〈동아일보〉(2018. 5. 31).
10) http://gnpnews.org/archives/49714.

제7장 남북한 분단과 대립의 성경적 이해

1) 함석헌, 《뜻으로 본 한국 역사》(제일출판사, 1979), pp. 360~362.
2) '천리교'는 일본에서 건너온 신흥 종교로서, 에도 시대인 1838년 나라현의 농민 여성인 나카야마 미키에게 천리왕명이 내려 츠키히노야시로로 화하여 이후 포교에 힘쓰게 되었다고 한다. 전 세계에 약 200만 명의 신자가 있는 것으로 추산되며, 일본 내에 약 150만 명이 있고 한국에 일제 강점기 때 들어와서 지금은 국내에 약 27만 명의 신자가 있다.
3) 〈크리스천 투데이〉(2011. 11).
4) 김용삼, 《김일성 신화의 진실》(북앤피플, 2016), pp. 810~818.

제8장 북한 지하교회의 성경적 이해와 적용

1) 애굽의 '힉소스 왕조'는 이시이의 셈족 계열의 민족으로 기원전 약 18세기에 동쪽 스텝 지역에서 이주하여 온 족속이다. 그들은 애굽의 군사력보다 월등한 철병거를 사용하여 신전을 파괴하고 본토인들을 노예로 혹사시켰다. 이 당시에 요셉이 애굽으로 팔려갔으며, 그의 온 가족들이 애굽에서 거주의

자유를 누렸다.

2) 홍익기, 《유대인 이야기》(행성출판, 2013), pp. 153~155.
3) 김병국, 《신구약 중간사 이야기》(대서출판, 2016), p. 44.
4) 윤인경, 〈Daily Good News〉(2018. 10. 9).
5) 조병수, 《위그노 그들은 어떻게 신앙을 지켰는가》(합신대학원출판부, 2018), p. 111.
6) 유스 L. 곤잘레스, 《종교개혁사》, 서영일 역(은성출판, 1989), pp. 225~226.
7) 황의봉 목사, 〈기독교연합신문〉(2019. 8. 25), 1497호.

제9장 통일과 남북 교회의 비전

1) 통일교육원, 〈2017 통일 문제 이해〉, pp. 11~15.
2) 같은 자료, p. 15.
3) 〈라이프 성경사전〉(생명의 말씀사, 2006).

부록

1. 독일 통일에 기여한 동독 교회의 역할
2. 해방 이전 북한 교회 명부(약 3천여 개 교회/ 도별 정리)

양강도 고아원을 지원한 양식

부록 1
독일 통일에 기여한 동독 교회의 역할

김재만 목사

　독일 교회는 종교개혁의 발원지였고 세계 교회사의 오류를 성경 위에 바로 세워 왔다. 그러나 현대에 와서 제2차 세계대전의 전범국이 되어 독일의 국토가 자유 진영과 공산 진영으로 분단되어, 베를린 시를 분계로 서독은 신앙의 자유를 누렸지만 동독은 공산 국가의 통제하에 위협과 감시 속에서도 교회 지도자와 성도들은 교회를 지키기 위해 신앙적 분투로 40여 년 동안 교회를 수성해 왔다. 농녹의 공산 정권은 교회의 조직과 전통을 서서히 붕괴시키며 교회의 조직을 집요하게 말살시키려 했으나 동독의 교회 지도자들의 단결과 서독 교회와 정부가 유기적인 관계 속에서 동독 공산 정권의 갖은 압력으로부터 동독 교회를 지켜내는 데에 큰 힘이 되어 주었다.

　특히 1989년 라이프치히 성니콜라이 교회의 작은 월요기도회가 민중의 큰 봉기로 확대되면서 나비효과를 일으켜 마침내 베를린 장벽이 무너지는 데 결정적인 역할을 하였다. 이는 독일 교회의 제2의 종교개혁과도 같은 역사적 위업을 공산권하의 작은 동독의 교회가 일구어 낸 교회의 승리로서, 교회가 시대적 소명을 감당한 것이었다. 이는 40여 년의 공산 세력과의 싸움에서 오직 믿음과 진리로써 맞서 골리앗을 물리친 다윗의 승리와도 같은 현대 독일 교회의 승리이기도 하다.

이러한 독일 교회의 통일을 일궈 낸 사례는, 아직도 분단의 역사가 지속되고 있는 남과 북의 한국 교회의 통일의 성취가 결코 세상 권세자들의 장중에 있는 것이 아니라 하나님의 권능의 손길에 달려 있음을 보게 되며, 지금의 북한 지하교회의 산 순교자적인 교회 활동이 마침내 하나님의 주권적 역사에 의해 자유를 쟁취하며 통일의 결실을 걷을 것이라는 가능성과 희망을 보게 된다.

본 글은 2008년 〈통일 이후 신학 연구〉에 발표된 기고문으로서, 독일에서 한국인 목사로서 독일의 통일 과정과 그 현장을 지켜본 김재만 목사의 체험적 증언이며, 현대 독일 교회사로서 동독 교회가 어떻게 통일에 기여했는지를 잘 설명해 주고 있다. 이 글은 통일을 이미 이룬 독일 교회와 아직 통일을 이루지 못한 한국 교회를 교회사적 관점에서 참고해 볼 수 있는 실사구시적인 내용으로써, 남과 북의 교회에 귀중한 교회사적 가치가 있는 자료로 사료되기에 본 저서의 부록에 덧붙인다.

1. 독일 국민 이해하기

독일은 세계를 변화시킨 종교개혁사 마틴 루터를 아는 국민이나. 곧 개신교 정신이 독일 국민 정신을 나타내고 있는 것이며, 이 독일 정신이 종교개혁을 성공시켰다. 또한 여기에 평화통일이 가능했던 독일인들의 깊은 신앙과 성경적 인간의 이해가 있는 것이다. 평화통일이 가능했던 국민적 정신과 신앙이 그토록 진지했기에 일당 독재 권력이 민중의 봉기를 탱크로 진압시켰던 헝가리와 체코와 그리고 중국 공산당의 전례를 깨뜨리고 독일 공산 사회주의자들은 살상을 부르는 무력 진압을 포기했다. '그들은 왜 손에 쥔 권력을 포기했을까?' 그것은 사람의 목숨이 권력보다 더 소중하다는 것과 모든 생명은 동일하게 소중하다는 것으로, 폭력과 살상은 피해야 했던 그 마음은 "우리는 한 민족"이라고 외치던 그 소리 앞에서 권력도 이념도 포기했던 것이다.

이 평화통일은 19세기 난세에 일어난 바이마르 공화국(Weimarer Republik)과 나치 시대를 거쳐 분단된 동독 공산당 결성에도 참여했을 만큼 동서독 사회 전반에 걸쳐 국민들의 마음속에 심어 주었던 독일 기독교 사회주의 운동가들의 마음임을 간과할 수 없는 것이었다. 종교 사회주의자들은 난세에 핍박을 받았다. 그러나 신앙이 결국은 평화통일을 일구어 냈다고 확신한다.

동독 국민들의 봉기는 사회주의 자체에 대한 거부는 아니었다. 다만 "우리가 기대했던 사회주의가 아니었다"는 것이다. 그래서 처음에 국민들은 개혁을 요구했다. 그러나 분단된 동독의 정부가 양편의 국민들의 공통의 관심사라고 할 수 있는 사회주의에 대한 국민적 기대를 저버린 문제는 바로 강제와 폭력의 문제였고, 개인의 생존권과 자유와 권리의 문제였다. 이해와 설득의 민주적 방법의 결핍이 문제였다.

동독 국민은 개개인의 다름을 존중하지 않고 정치 권력으로 모든 국민을 강제로 마르크스-레닌 사회주의 틀 속에 넣으려고 했던 정치에 실망과 분노를 느꼈던 것이다. 자유와 권리의 속박은 곧 영혼의 구속이며 영혼의 창조적 자유를 빼앗아 버린다. 그러면 영혼은 상처를 받고 아픔을 느낀다. 서구 기독교 신학의 대가들은 모두 사회주의적 운동 경험이나 그 사회 문제의 인식을 바탕에 깔고 있다. 예를 들면, 칼뱅도 그러했고, 칼 바르트의 유명한 《로마서 주석》도 사회주의 운동 경험에서 나왔다. 이것이 예수로부터 발원하여 바울과 루터, 바르트로 이어져 내려오는 독일 개신교회의 정통주의 신학과 신앙운동의 실체이다. 그래서 독일 기독교는 국가로 하여금 경제와 자본을 사회적 복지와 안정을 위해 사용하도록 지도하는 정책적 이론과 방향을 제시해 왔다. 또한 정치가 사회 문제를 해결하는 데 근거를 성경에서 그 질문과 해답을 늘 찾아 제안하고 있다(실패한 변증법적 역사관에 의한 마르크스-레닌의 사회주의와 그 아류 사회주의를 말하는 것이 아니다. 성경적 기독교 정신의 핵심이다).

2. 분단 이후 동독 정부와 교회의 관계

독일 땅에 박혀 있는, 기독교 정신이 담긴 주춧돌을 빼어 버리고 폭력으로 마르크스-레닌의 변증법적 역사관을 가지고 공산 사회주의 이념이라는 새 주춧돌을 놓으려 했던 동독 정부의 의도와 정책은 처음부터 무리였다. 독일 기독교는 국가와 국민의 정체성을 결정·확인하는 내적 동인이다. 교회는 내적으로 국가의 정치와 경제, 문화, 사회의 원칙과 방향을 지시한다. 그래서 독일 교회는 정치 조직과 함께 독립된 국가 조직으로서 사회적 역할과 기능을 수행한다. 분단 이후 동독에서 교회의 이런 사회적 역할과 기능이 정부와 힘겨루기, 대립 관계를 형성하게 될 것은 자명하였고, 이후 동독 공산 정권이 붕괴될 때까지 이런 긴장 관계 속에서 동독 교회 역사가 전개되었다. 그래서 동독 교회는 교회의 국가적 본분을 지키기 위해 두 번에 걸쳐 정책적인 변화를 시도했다.

첫 번째 시기는 소비에트 연방 점령하의 군정 시대를 지나 동독 공산 정부와 대립해서 교회의 실존적 위기 속에서 교회의 위치를 지키는 시기이며, 두 번째 시기는 자의 반 타의 반으로 독일 개신교 연합에서 분리 독립된 연합체로서 '동독개신교연합'(Bund Evangglischen Kirchen in der DDR)을 결성하여 소위 '동방 정책'이라는, 유럽 동부 국가들의 공산 사회주의 정권 사회에서 교회의 위치와 활동이라는 새로운 개념을 만들어 낸 시기이다. 이 시기는 '사회주의 속의 교회'(Kirche im Sozialismus)라는 정책을 내걸고, "우리는 정부와 나란히도 반대하지도 않으며, 사회주의 속의 교회 되기를 원한다"는 입장에서 공산 정권 붕괴까지 공산주의 사회에서 교회의 위치와 역할을 결정하고 활동한 시기다. 분단 이후 통일되기까지 동독교회 45년 역사는 이런 정책과 환경을 배경으로 하여 전개되었다.

분단 이후 동독 교회사에서 중요한 인물이 두 사람 있다. 교회 편에서는 베를린-브란덴부르크 감독이었던 '오토 디벨리우스'이다. 그는 소련 점령하에 있는 동독 교회 출신으로는 '독일개신교연합회' 대표로서 동독개신교연합회가 결성되기 전까지 동독 교회를 지키는 일에 중요한 역할을 했다. 그는 동독 정부 수립 후 초기 대립적인 정치 이념 투쟁과 사회계급 투쟁의 일환으로 추진되던 교회 말살 정책에 맞서 교회의 권위와 시위를 수호했고, 신앙 양심의 사유를 요구하며, 공산주의 이념 강요에 항거하면서 교회를 지켰다.

분단 직후 동독 교회는 나치 시대의 과거사를 청산해야 했고, 공산 정권으로부터 교회의 재산과 교인들을 지켜야 했다. 이 시기 공산 정권이 가장 염려했던 것은, 교회가 반공산주의 운동을 주도할 수 있는 가능성이 가장 높고, 국민적 영향력이 가장 강한 조직체라는 것이었다. 그래서 동독 정부는 교회의 사회적 영향력을 축소시키기 위해 교회 조직의 공개적 활동과 종교 교육을 금지하는 정책을 실행했다. 이러한 상황에서 정부 정책을 수용할 것인가 거부할 것인가를 놓고 교회 내부에서 갈등과 내분이 일어나기도 했다. 이것은 교회 조직 내부의 문제이기도 했지만, 의심할 것 없이 소련 점령군의 정치적 입김이 작용했던 것이다. 이때 동독 정부가 교회를 압박하기 위해 시도한 중점적인 정책이 교회의 청소년 교육과 활동에 대한 압박과 제한이었다. 정부에서는 장차 공산주의 이념에 충실한 '새 사람'을 만들기 위해 공산주의 이념 교육과 활동을 권장했다. 따라서 교회가 해오던 청소년 교육과 활동은 압박과 제한을 받았다.

또한 동독 정권이 교회를 불안 요소로 인식했던 것은 동독 교회가 독일 연방 개신교연합회 소속으로 서독 교회 및 서독 정부와 밀접한 관계를 맺고 반국가적인 행동을 취할지도 모른다는 우려 때문이었다. 즉 동독 교회 활동과 자금이 서독 정부와 서독 교회에서 들어옴으로 인해 동독 교회가 서독 교회와 종속 관계를 맺게 될까 두려워했던 것이다. 이런 동·서독 교회 연계가 동독의 국내 정치에 타격을 줄 수도 있을 것으로 보았다. 그러나 이러한 우려로 세웠던 동독 정부의 교회에 대한 정책은 오히려 동독 교회로 하여금 독자적인 길을 걷는 정책으로, 공산주의 사회에서 자신의 위치와 역할을 감당할 수 있는 능력을 키워 주는 셈이 되었고, 성공한 것이다.

여기에 또 하나, 동독 정부가 교회에 대해 갖고 있던 불안 요인은 교회가 독일 내부에 남아 있는 과거 독일 민족사회주의(나치) 잔재 세력과 연계하지는 않을까 하는 우려 때문이었다. 독일 개신교회는 나치 시대에 저지른 잘못을 고백하면서도 잘못을 저지르게 했던 교회 조직 내부의 지도 인물에 대한 책임을 묻지 않았으며, 가톨릭 교회 역시 1945년 이후에도 과거 나치 정권이 바티칸과 맺었던 협약을 파기하지 않았고, 과거 청산에 철저하지 못한 교회에 대한 불만과 불안이 정부 당국으로 하여금 교회를 불신하게 만들었다.

1950년대까지만 해도 동독 정부와 교회는 양편이 서로 다른 꿈을 꾸고 있었다. 교회는 소련 점령하의 동독 정부를 임시적이고 지나가는 하나의 역사적 사건으로 이해했다. 그래서 동·서독 교회가 분리되기 직전의 1960년대 초반까지 동독 지역 목회자 파견과 목회자 양성 교육도 독일개신교연합 본부가 있는 서독 지방 교회가 맡고 있었다. 반면 동독 정부는 마르크스-레닌 사회주의 정치 발전을 위해서 교회 말살을 기도하였다. 독일은 전통적으로 도시 한복판에 교회를 세우고 도시 발전을 도모해 왔는데, 동독 정부는 스탈린 시를 건설하면서 '교회 없는 도시'를 만들고, 라이프치히 대학의 중세적 고풍의 아름다운 대학 교회를 허물어 버리면서까지 정권의 의지를 보여 주었다. 그리고 교회를 위한 종교세 제도를 없애고, 교회에 대한 국가 보조금도 25%로 삭감했다. 나아가서 교회의 중요 행사인 세례식과 결혼식, 장례식마저 억제했다. 또한 교회의 청소년 종교 교육과 활동을 정부 기관 활동으로 전환시키고, 심지어 교회가 사용하는 종교적 언어 표현도 금지시켰다.

　이런 공산 정권의 시도는 기독교가 담당해 온 독일의 역사적·문화적 전통과 사회 현실을 무시한 것으로, 그런 배경에서 정부가 의노했던 대로 되지 못했다. 그러나 이런 정부의 교회 말살 정책으로 인해 동독 교회는 교회가 담당해 온 사회적 역할과 기능에 실질적으로 제한과 타격을 받은 것은 사실이다. 1945년까지만 해도 동독 국민의 92% 정도가 기독교인이었는데 통일이 된 1990년에는 25% 정도로 감소했다. 이 점에서 동독 공산 정권의 교회 말살 정책은 어느 정도 성공했다고 볼 수도 있다. 그러나 동독 국민들의 교회 탈퇴는 공산당 이념 문제보다는 개개인의 현실적이고 실존적 문제 때문이었다. 공산당이 아니면 직업상 제한과 불이익이 주어졌던 것이다. 기독교인으로 남아 있으면 받아야 할 불이익 때문에 교회의 적을 떠난 것이다.

결과적으로 동독 교회는 국민교회로서의 위치를 잃어버리고 있었다. 공산 정권의 교회에 대한 압력 정책이 성공한 것이다. 그러나 국민교회로서의 위상과 위치 손상은 곧 대국민적 역할과 기능의 손상을 의미한다. 결국 정부가 교회의 사회적 역할과 기능을 축소, 훼손함으로 국가적으로는 공산주의 정치가 실패했을 뿐만 아니라 경제적·사회적으로 강한 현대 산업국가, 특히 서독과 경쟁할 수 있는 국민적 능력까지 쇠퇴시켜 버렸다.

3. 동독개신교연합 설립

분단 이후 동독 교회 역사에 중요한 역할을 한 또 다른 인물은, 공산 정권 편에서 조직적으로 교회 문제를 안고 오랫동안 씨름했던 공산당 정치국원인 파울 베르너(Paul Verner)이다. 그는 교회가 가지고 있는 전통과 권위, 국가적 위치, 국민들에 대한 영향과 의미를 단시일 내에 바꾸는 혁명적 개혁은 불가능할 것으로 판단했다. 따라서 정치적 권력으로 강제나 강압으로 강한 교회 조직의 내부 성곽을 파괴하여 없애려는 모든 시도는 순교자만 만들 뿐이며, 불필요한 갈등만 증폭시킬 뿐이라는 점을 알고 있었다.

이러한 인식을 바탕으로 그는 교회 정책을 수립해 나갔다. 정부로서는 강압이 아닌 새로운 방법을 모색해야 했다. 말하자면, 교회의 사회적 역할과 기능을 마비시켜 천천히 고사시키는 것이다. 곧 교회로 하여금 최소한 공산당 정치 노선과 정치적 관심사에 반대하지 않고, 교회 안에서만 활동하고 교회 밖에서는 사회 활동을 하지 않는다는 조건으로 교회의 존재와 활동을 보장한다는 정책이었다.

문제는 동독 정부의 정치 노선을 지키면서 교회의 정상적인 활동을 사회로부터 어떻게 차단시키느냐에 달려 있었다. 그래서 정부는 헌법을 만드는 헌법 초안 작업에 교회 대표자들도 참여시켜 토론하도록 했다. 이것은 교회를 감시하기 위해, 전통적인 국가교회로서 독립 조직인 교회를 정부 조직 안에 끌어들여 관리하자는 의도였다. 물론 정부 정책 수립에 간섭하거나 배치되는 교회의 정치적 발언은 사회 발전의 역기능으로 간주하여 통제하였고, 다만 개인의 죄와 구원만 이야기하는 교회 내의 활동으로 제한하려는 것이었다. 따라서 정치 조직으로 변할 가능성 있는 교회의 조직적 사회 활동은 금지되었다.

그러나 동독 교회는 순수한 문화적·상징적 교회로 남기를 원치 않았다. 국민 없는 교회로서 존재 가치는 무의미했다. 그래서 교회는 세상을 향해 문을 열고 국민이 사는 그곳에서 일어나는 사회적 문제에 관심을 가지는 교회의 근본 의무를 포기하고 싶지 않았다. 교회는 국민들의 삶 한가운데서 사회적 문제를 말하고 싶어 했고, 또한 말하지 않으면 안 되었다. 이것이 독일의 기독교 전통이었고, 지난 독일 역사에서 교회가 자기 반성을 한 결과이기도 했다. 교회의 본질적 모습과 사회적 역할과 기능으로 되돌아가 그것을 시키고자 한 것이다.

한편 동독 정치 권력 편에서도 교회가 필요했다. 정치 권력 편에서 볼 때 대외적으로(서구 기독교 국가들과 관계에서 해결해야 할) 평화 문제, 군비 증강과 군축 문제, 긴장 완화 문제를 풀어 나갈 매개체로서 교회가 필요했고, 국내적으로는 공산 사회주의 정치 이념을 정당화시키는 의식화 과정에서 교회가 필요했다. 그래서 공산주의 정부에 대한 신뢰성 제고와 효과적인 당의 조직 활동에 국민 대중이 신뢰하는 교회와 기독교인이 필요했다. 결국 정권과 교회는 상호 협력과 타협의 필요성을 인식하게 되었다. 말하자면, 양편이 서로의 필요에 의해서 동독 정권이 붕괴되기까지 대립과 협력이라는 긴장 관계를 유지했다.

이런 상황에서 독자적으로 디벨리우스는 독일개신교연합 회장의 이름으로 서독 정부와 군인 목회를 실시하기로 협약을 맺었다. 이것을 계기로 동독 정부와 연합회장 디벨리우스의 관계는 결정적으로 악화되었다. 동독 정부는 동·서독 교회로 분리시키기로 작정했다. 이것은 서독 편에 기울었던 디벨리우스 시대가 막을 내리는 것을 뜻했다. 교회 쪽에서도 동독 정권이 오래 유지될 것으로 보고, 교회의 역할도 긴 안목으로 활동해야 할 것으로 전망했다. 1961년 베를린 장벽이 건설되고 국경선이 폐쇄된 후 1968년 새로운 동독 헌법이 실행됨으로 이런 전망은 더욱 분명하게 확인되었다. 그리고 전후 냉전이 지속되면서 국가 미래도 예측할 수가 없는 상황으로 바뀔 수 있다는 점을 염두에 두어야 했다.

그래서 동독 공산 정부와 교회는 좋든 싫든 서로를 인정하고, 각자의 목적과 관심을 경청하고 지키고자 공존과 협력의 길을 선택할 수밖에 없었다. 이런 조건 아래 정부와 교회 사이에 질기고 인내심을 필요로 하는 협상 관계가 이루어진 것이다. 그런데 중요한 것은 시간이 흐를수록, 특히 1980년대 동독 정권 말기에는 외적·내적 이유들로 인해 교회와 정치적·사회적 근본 문제를 협상할 수 있는 낭최고 지도부의 무능이 드러나고 있다는 점이다. 동독 정권은 국가의 통치 권력을 쥐고 있다는 장점이 있음에도 불구하고 교회와의 협상에서 성공한 예가 거의 없었다. 오히려 교회와 기독교인들에게 이용당하고 설득되는 꼴이 되어 버렸다. 바로 이 점에서, 교회가 어쩔 수 없는 상황에서 정부 당국과 협조하는 길을 선택한 것이 교회의 위상 확보와 보호라는 정치적 목표를 달성하기 위한 최선의 선택은 아니었을지라도 차선의 길이었다는 것을, 그래서 40년의 긴 협상에서 결국 교회가 성공했다는 평가를 내릴 수 있는 것이다.

특히 튀링겐 주 개신교회(Die Evangelische Landkirche Thuringen)는 동독 정권과 교회 사이에 있는 대립에서 협조적 관계 발전으로 나아가는 데 선도적 역할을 감당했다. 튀링겐 주의 밋첸하임 감독과 브렉크라인 감독은 '튀링어의 길'(본회퍼의 신학적 주제인 '남을 위한 교회'를 따라서 사회주의 속의 교회 역할과 기능을 살리자는 의미)이란 표제로 교회의 활동 지침을 정했다. 그들은 동독의 국가적 통치 권력을 인정하였다. 곧 "모든 국가의 통치 권력은 하나님으로 비롯되었다"(롬 13:1)는 것과 "가이사의 것은 가이사에게, 하나님의 것은 하나님께"(마 22:21)라는 성경적 근거를 바탕으로 교회는 교회 일을, 국가는 국가 일을 각각 맡아서 상호 불가침 원칙을 존중하며 공존을 모색한 것이다. 이러한 원칙하에 기독교인은 교인으로서의 권리와 의무를 지키는 동시에 정부 정책도 존중하고 순종해야 한다고 설명했다. 이로써 튀링겐 주의 교회는 예배당을 새로 짓거나 보수할 수 있는 길이 열렸고, 제한과 불이익을 받았던 목회자의 여행이 자유롭게 되었으며, 목회자나 기독교 신자의 자녀들의 상급학교 진학과 교육, 국가기관 취입도 가능하게 되었다. 교회는 신문이니 텔레비전도 제한적으로 이용할 수 있게 되었고, 인쇄물 출판도 가능하게 되었으며, 목회자의 퇴직 후 연금 협상도 가능했다.

동독 정부의 교회에 대한 정치 협상의 이정표가 된 1969년의 '동독개신교연합' 결성으로 동독 교회는 기존 '독일연방개신교연합'으로부터 조직상 완전한 독립이 이루어졌다. 새로운 길이 열린 것이다. 동독 정부는 베를린 장벽을 쌓은 지 8년 만에 견실하게 발전하는 국가로 자리매김하는 듯했다. 그해에 동독의 전국 교회들이 참여한 '동독개신교회연합'으로 동·서독 교회가 별도 조직으로 나뉘기는 했으나, 기독교 정신과 활동 방향은 서로 일치하고 있다는 점은 확실했다. 그래서 서독 교회와 같은 교회 헌장을 가지고 동독개신교연합이 결성되었다.

동독 정부는 새로 결성된 동독개신교연합이 서독 교회와 공식적·비공식적으로 접촉하고 왕래하는 것을 막지는 않았다. 동독 개신교회가 조직상 독일연방개신교연합에서 분리를 선언하자, 동독 정부는 이를 정부 수립 20주년 기념 선물이라 하면서 대대적으로 환영했다. 이제부터 교회를 정부 기관 차원에서 관리할 수가 있을 것이라 생각했고, 또 그런 정책을 썼다. 그러나 결과는 달랐다. 물론 독립된 동독개신교연합 편에서도 이런 독립 결정이 정부와의 관계에서 불리하지 않았다. 어쩌면 승리의 길을 예고하고 있었다. 정부는 정치적인 면에서, 경제적인 면에서 교회가 필요했다. 그래서 교회는 정부와 대등한 국가기관으로서 국가를 위한, 국민을 대변하는 대립적 입장에서 견제와 협력의 협상 파트너가 될 수 있었다. 이런 협상을 통해서 갈등을 해결할 수 있는 화해의 길이 열리게 되었다.

동독 정권의 붕괴라는 관점에서 보면, 1969년의 동독개신교연합 결성은 교회로서의 권리를 주장할 수 있는 새로운 지평을 열기 위한, 어쩌면 반드시 거쳐야 할, 통일로 가는 우회의 길이었다. 그래서 이 동독개신교연합은 정치적으로 선택의 여지가 없는 긴장 완화 정책과 비교할 수가 있다. 동독개신교연합교회의 결성과 활동은 사회주의 국가들의 개방을 강요하는, 또는 현실적 사회주의 구조의 실패를 가져오는 동기로 작용한 것이다. 이외에도 동독의 개신교연합은 사회주의 사회에 상존하고 있는, 어쩌면 세대가 교체되면서 가시화되는 교회 존립의 위협에서 교회의 실존 문제와 역할을 냉엄하게 선택할 수 있는 길을 열어 놓았다. 또한 동독개신교연합, 특히 연합교회 조직은 전혀 다른 이해와 목표를 가진 다양한 반정부 운동 세력들을 통합하고 대표할 수 있었다.

그리고 그동안 사회주의 속에서 근본주의적 신앙을 지킬 수 있는 기회로 삼아 폭넓게 지원할 수 있게 되었다. 이렇게 동독개신교연합 결성은 정부와 교회라는 대립적 양극 사이에 변화를 일으키게 되었으니, 서로 긍정과 부정이라는 정치적 이해 관계에서 우선적으로 교회의 본질적 의미와 가치 추구를, 다음으로 교회의 사회적 역할과 기능을 수행하기 위한 정치적 협상이라는 이중적 효과를 얻게 된 것이다.

한편 교회 내부의 조직 관계에서 보면, 동독 공산 사회주의 정부를 비판적으로 보고 공산당의 이념적 선전의 허위를 배제하고 개혁하려는 목사들이 큰 영향력을 가지고 있었다. 이들 목사들은 겉으로는 정부에 긍정적이었으나, 내적으로는 비판과 거리를 두고 있었다. 이들이 취한 협상의 기본 입장은 사회적 현실을 직시하고 미래를 보는 실용주의적 관점이었다. 이 점에서 효과적이었고 성공적이었다. 이것은 공산 사회주의 우리 안에 갇혀 있는 교회가 교회의 고유 권한을 지키기 위한 활동이란 점에서 긴장 완화가 효과적이었던 것이다. 적어도 사람의 목숨과 국민의 실존적 문제를 안고 복지와 평화를 논하고 원한다면, 정치적 이념과 권력의 타당성을 논하기보다는 타협과 공존이라는 길을 선택한 것이 최선이었던 것이다.

4. 동독 정부와 교회 사이의 갈등과 해소

1969년 동독개신교연합 결성을 기점으로 동독 정부와 교회는 거의 대등한 수준에서 힘겨루기를 아끼지 않았다. 교회는 모든 것이 허락되지 않았고, 정부에서도 모든 것을 허용할 수가 없었다. 예를 들어, 정권은 교회 활동과 행사에 검열이라는 무기를 사용했다. 교회에서 문화적 행사 같은 비종교적 행사는 당국에 신고하고 허가를 받도록 했다. 이로 인해 서로가 수정과 변화를 추구해야 한다는 쪽으로 가닥을 잡아갔다. 그러나 시간이 흐를수록 정부 검열 기관이 압박하는 동안 교회의 대외적 행사와 활동은 점점 더 많아졌다. 정부와 교회 사이의 갈등은 불가피했다.

첫 번째 갈등은 교회의 청소년 교육과 활동 문제와 관련하여 일어났다. 교회 입장에서 정부가 추구하는 사회주의 정책을 살펴볼 때 그것은 교회의 실존 문제가 걸려 있는 중대한 것이었다. 미래 세대가 없는 교회를 정부는 장기적으로 압박해 가려 했기에 공산 정부는 청소년 종교 교육을 방지해야만 했다. 만약 교회가 청소년 교육 문제를 맡고자 한다면 그것은 정부 통치권을 침해하는 행위가 되는 것이다. 그래서 정부기관은 청소년을 대상으로 목회 활동을 하는 목회자를 체포, 구속하거나 감시했다.

따라서 청소년 교육 활동의 범위와 성격 문제를 두고 교회 지도자들은 정부 기관과 인내심을 가지고 협상해야만 했다. 교회는 국가를 '하나님이 허락하신 권력'이라는 종교적인 해석을 기반으로 존중하는 선에서 국가 통치권을 인정하면서도 교회의 전통적인 권리로서 기독교적인 삶의 가치와 정신을 구현하고, 청소년 스스로 자신의 인격을 형성할 수 있도록 그리고 청소년에게 지역의 한계를 넘는 보편적인 인간관과 세계관의 안목을 심어 주도록 이끄는 교육의 의무를 포기하지 않았다. 그리고 한번 정부로부터 허락을 받은 행사는 다시 허가 신청을 받을 필요가 없도록 조정하였다.

이처럼 갈등은 있으나 능력 있는 목회자들은 서두르지 않고 타협과 조정을 통해 정부와의 관계를 변화시켜 나갔다. 그리고 그 변화는 언제나 교회 편에 유리한 방향으로 전개되었다. 그러나 정부를 향한 통치 이념에 관한 국가 교육의 근본적인 개혁 요구는 늘 거절당했다. 그럼에도 교회는 학교 교과서 내용을 분석하는 작업에서부터 시작하여 기독교 가정 부모들의 직업 선택이나 기독교 가정 학생들의 상급학교 진학에서 당하는 불이익 등 사회적 문제점에 관한 자료들을 계속 수집했다.

두 번째 갈등은 병역 의무 거부 문제였다. 이 문제는 냉전 시대 군비 증강으로 인한 국민 경제의 불균형을 막고, 사회 문제와 유럽의 전쟁 위협 속에서 일어난 평화 운동과 직접적 관계가 있었다. 이 문제로 인한 대립과 협상 및 조절은 정부와 교회 사이의 갈등 상황을 구조적으로 극복할 수 있는 본보기가 되었다. 사실 이 협상에서 초기에 교회는 전적으로 불리했다. 동독 교회로서는 서독의 개신교 연합 제안으로 체결된 군인목회 조약에 관해 이의를 제기하지 않는 한 동독 정부로부터 평화를 원하지 않는 집단으로 낙인찍힐 수밖에 없었다. 그동안 기독교사에서 교회는 군과 전쟁을 축복했고, 성경 자체도 순수 평화적 문서는 아니었다고 보았다.

동독 정부는 베를린 장벽을 쌓은 직후인 1961년부터 병역 의무를 실시했는데, 1964년 기독교 가정 출신 자녀들이 전투병과 병역 의무를 거부하는 사태가 빚어졌다. 이때 중재에 나선 교회 시노사들은 정부와 타협하여 기독교인 자녀들을 건설병과로 배치하는 방안을 통과시켰다. 이것은 다른 사회주의 국가에서는 상상치도 못한 일이었다. 그리하여 건설병과 지원제를 실시한 첫해에 400여 명이 지원했고, 그 후 1,000명 정도로 지원병이 늘어났다. 이 건설병과 출신을 사회 계층으로 분석해 보면, 약 80% 정도는 수공업이나 자영업 하는 부모의 자녀들이었는데 대부분 기독교인 가정 출신들이었다. 그리고 이 건설병과 지원병들은 국가적 혜택과는 무관하게 장래 직업으로 자영업이나 진학, 그리고 개인적인 경력을 추구하였다. 이들 대부분이 동독에서는 건실한 기독교인이었다.

이렇게 해서 도입된 건설병과 제도는 이후 전개된 국가와 교회 사이의 힘겨루기 과정에서 중요한 역할을 감당하게 되었다. 건설병들이 교회와 정부 사이의 협상 과정에서 중요한 역할을 감당한 것이다. 예를 들어, 후에 목사가 되어 건설병으로 지원 입대한 에펠만은 국기에 대한 맹세를 거절함으로 몇 달 동안 구속을 당하기도 했다. 그러나 점차 소수의 지원 건설병들이 구속을 각오하고 총체적으로 병역을 거부하는 사태가 빚어졌다. 이런 병역 거부 운동은 처음엔 '여호와의 증인'들이 시작했으나 동독 개신교인들도 참여했다. 그리고 동독 정부의 마지막 해에는 젊은 청년들 사이에 전체적 병역 거부 운동이 전개되었다.

이처럼 군대를 거부하는 청년들이 늘어나는 것과 반비례로 교회에 들어오는 청년들은 늘어 갔다. 그들은 교회가 필요하다는 것을 인식했다. 그들은 희망을 교회에서 찾았고, 따라서 교회가 활발하게 반체제 운동을 전개하기를 기대했다. 동독 정권은 점점 늘어가는 총체적 병역 거부 운동에 당황했다. 그렇다고 이를 해결할 뾰족한 수도 없었다. 국제적인 여론의 눈치를 보던 동독 정부로서는 강압적인 공권력을 쓰기도 어려웠다. 그 결과 동독 정부가 붕괴되기 전 4년간 병역을 거부하는 청년들은 그저 말 없이 군 입대를 거부해 버렸다. 그래도 체포나 구금되는 일이 없었다. 그래서 점점 병역을 거부하는 청년들이 늘어만 갔다.

이런 상황에서 동독 교회는 드러내지는 않았지만 사실상 병역 거부 운동을 지원했다. 군이 더 이상 평화를 지키는 방패로서 역할을 감당할 수 있는지에 대해 의문을 제기한 것이다. 이런 교회 입장은 1983년과 1987년의 동독개신교연합의 결의문에 나타났다. 이 결의안들은 병역 의무 제도를 원칙적으로 거부하였다(이 병역 거부 문제는 두 세계대전을 일으켜 패전의 참상을 경험한 국민들이 원하는 것이 무엇인지를 보여

주고 있다).

세 번째 정부와 교회 사이의 갈등은 동·서독 교회 대표자들과 평신도 대표자의 만남과 교류 문제였다. 동독 정부는 적군(서독)과의 접선 활동이 제일 가능한 곳이 교회라고 여겼다. 특히 동·서독 교회가 추진하는 만남과 교류의 다양한 방법이 문제였다. 서독 정부는 동독 정부의 간섭 없이 시민의 자유 왕래를 강하게 요구하고 나섰다. 동독 정부는 동·서독 시민이 서로 왕래함으로써 일어날 변화에 어떻게 대처할 것인가 고심하였다. 서독 정부는 서독 국민의 대부분이 반공산주의 입장이라는 것을 믿었고, 그래서 최소한 서독의 정권 체제가 유지되고 있다고 믿었다. 반면에 동독 정부는 자유 왕래가 동독 시민들에게 끼칠 부정적 영향을 염려하여 동독에 오려는 서독 시민의 정치적 입장을 검증한 후 왕래를 허락하고자 했다. 그러나 동독 정부가 1년에 약 800만 명에 달하는 서독의 여행객들을 일일이 검증하고 검색하는 것은 불가능했다.

5. 동독 교회와 정부의 대외 정책

동독 공산당과 정부 쪽에서 볼 때 정부의 대외 정책에 교회를 이용하는 데 부분적으로나마 성공했다. 주로 군비 축소 문제, 긴장 완화 문제, 평화 보장 문제를 두고 서독 정부나 서방 국가와 협상할 때 교회를 이용하였다. 이 부분에서 동독 교회는 일정 수준 정부에 이용당하는 자세를 취하였다. 그래서 서독 교회는 정부의 선전 도구처럼 비쳐진 동독 교회를 별로 달가워하지 않았다. 그저 방관자의 입장에서 동독 교회를 지켜보았다. 대체로 서독 교회는 국제적인 회의나 교회의 역할에서 동독 교회가 취하는 입장과 태도를 공개적으로 지지하지는 않았다.

동독 정부는 서독 정부와의 정치적 협상에서 동독 교회를 통해서 회담의 사전 조율을 교회의 지도층에게 요청하기도 했다. 이것은 교회가 비밀을 지킬 수 있고, 보장했기 때문이다. 이런 방법으로 동·서독 양쪽 정부는 교회를 통해 정치적 문제를 타협하고 협력했다. 예를 들어, 동독 정부는 소위 정치범 석방의 조건으로 엄청난 규모의 자금을 서독 정부로부터 '독일 교회 디아코니아를 통해 지원과 신용 대부' 명목으로 받아들였다. 그러나 사실은 정부에서 신용 대부라는 명분으로 받은 이 돈은 곧 빚이 되었다. 갚지 못한 빚은 계속 빚으로 쌓였고, 결국 국민 경제에 파탄을 불러들였다.

동독 정부는 이 빚으로 들여온 돈을 서독의 시장 경제에 견줄 만한 경제 능력을 키우고 재투자하는 데 성공하지 못했다. 게다가 점점 침체되어 가는 사회주의 경제는 동독 국민들로 하여금 서독을 동경하게 만든 원인 중 하나가 되었다. 이런 동·서독 경제 거래의 중재자로서 동독 교회가 감당했던 역할에 대한 평가는 보는 시각에 따라 다르겠지만, 어쨌든 그 결과 동·서독 냉전과 정치적 선전을 종식시키는 결과를 가져온 것만은 사실이다. 무엇보다 그 역할이 현실을 풀어가는 사실적이고 실용주의적이며 합리적인 방법이었다는 점이 중요하다.

이렇게 해서 타협이 불가능했던 두 개의 다른 동·서 정치 조직이 교회를 통해서 타협과 협력의 길로 걸어간 것이다. 결국은 통일이 된 오늘의 관점에서 보면, 동독 사회주의 독재 정권은 나름대로 교회가 가지고 있는 전통적 권리를 인정하고 존중하였음을 알 수 있다. 교회가 짊어진 사회적 역할과 기능을 충실히 지키는 교회가 세상을 변화시킨다는 또 다른 예를 분단 이후 동독 교회의 역사에서 재확인한 것이다.

또한 동독개신교연합은 1978년 3월 6일에 열린 사회주의 공산 정부와의 대화에서 관계를 법제화하려고 애썼다. 그것은 사회주의 체제 안에서 교회의 위상을 확증받기 위해서도 필요했지만, 교회가 감당할 비판과 협력의 기능 면에서 결국 공산주의 체제 안에서 교회의 사회적 역할과 기능을 수행하기 위해서도 명문화된 보증이 필요했다. 법제화는 두 가지 내용을 담아야 했다. 먼저 교회를 비공산주의 사회 조직으로서 그 합법성을 법적으로 승인해야 한다는 것이고, 다음으로 교회는 사회주의 체제 안에서도 정치, 사회적 영향력을 행사할 수 있어야 한다는 것이다. 교회는 본질적 존재 의미에 따라 폭넓은 활동이 가능하도록 보장하고, 정권과 공존적 관계를 유지하면서 교회의 정체성을 지키고 확보되어야 했다.

사실 동독 정부 편에서 '사회주의 교회'를 요구한 적도, 그런 용어를 사용한 적도 없다. 역시 무신론적 공산 정부에서 사회주의 교회라는 말을 사용한다면 그것은 스스로 자기 모순에 빠지는 것을 의미한다. 그 때문에 동독 교회의 '사회주의 안에 있는 교회'라는 개념과 형식이 넓은 의미에서 국가와 교회 사이의 협력과 공존의 기초가 되는 셈이다. 이것을 1978년 3월 6일 개최된 동독 공산당 제1서기장인 에리히 호네커와 동독개신교연합 대표자들과의 대화 모임에서 양편이 서로 확인했다. 정부와 교회가 화해를 통해서 서로 협력할 수가 있다는 것을 증명한 것이다. 교회는 동독 정부의 정통성을 더 이상 문제 삼지 않음으로 한편으로 교회의 실존적 안전을 도모했으며, 다른 한편으로 교회의 사회적 활동, 즉 교회가 사회, 정치적 문제에 대해 말할 수 있는 폭넓은 가능성과 기독교인들도 공산당원들과 동등한 기회와 자격을 얻을 수 있는 가능성을 획득했다.

이 회담의 결과 교회는 목회자 퇴직 연금을 확보했으며, 교회 운영의 병원과 유치원, 병약자와 장애인을 위한 시설, 교회 건축 계획에 필요한 정부 허가를 쉽게 얻게 되었으며, 교회 신문과 방송 그리고 텔레비전 방송 설립도 허락을 얻었다. 이것은 1969년 동독개신교 연합 결성 이후에 이루어진 최대 관계 발전이며, 이로써 국가와 교회 사이가 다시 정상화의 길로 접어들었다. 물론 그 당시 국제적 관계와 상황이 정부로서 다른 선택의 여지가 없었던 것도 사실이다.

이 대화로 국가와 교회 사이의 관계가 구조적인 틀을 만들었지만 그렇다고 모든 갈등이 해소된 것은 아니다. 이 대화 직후에 정부는 모든 학생들에게 군사 교육을 시행하였다. 교회로서는 이 문제를 거론하지 않을 수가 없었으나, 호네커 서기장과의 우호적 약속 관계가 깨질 것을 우려한 교회 지도자들은 정부와의 첨예한 대립을 피하고자 기독 학생들과 부모들에게 조금 참고 기다려 줄 것과 대립의 한계를 넘지 않도록 지도했다.

6. 루터를 되찾은 교회

1983년 루터 탄생 500주년 기념행사는 정부와 교회의 관계를 새로운 단계로 이끌었다. 루터의 탄생과 종교개혁 활동의 지역적 배경이 모두 동독 지역이었기에 동독 정부는 루터 기념행사를 통해서 국제적 위상을 높이려 했다. 특히 신용대부로 동독 경제에 영향력을 행사하고 있는 서방 국가에 신경을 썼다. 정부의 이러한 의도와는 달리 교회는 기념행사를 독자적이고 고유한 종교 행사로 추진하기를 원했지만, 교회가 받아들일 수 있는 한도 내에서 국가기관의 협조를 요청하기로 했다. 구체적으로 행사 준비물 운반과 교통 문제, 숙박 능력, 도로 사정, 인쇄 허가, 여행 허가, 기념 건물 보수 작업 등 정부 기관의 협조가 필요한 부분이 산재해 있었던 것이다. 정부는 이런 교회의 요청에 기꺼이 응했다.

그러나 이 기념행사를 통해서 교회가 얻은 가장 값진 성과는 '루터를 되찾은 것'이었다. 그동안 동독 역사에서 루터는 있으나마나 한 인물로 서술되어 있었다. 굳이 서열로 따진다면, 농민 혁명을 이끌다 희생된 토머스 뮌처보다 한참 뒤처진 자리에 위치하고 있었다. 동독 역사가들은 마르크스-레닌 사회주의 이념의 관점에서 현재의 이념적 가치에 역행하는 사건이나 인물은 역사에서 제외시키거나 혹은 격을 낮추어 서술했기 때문이다. 그러나 1983년 행사로 루터는 제자리를 되찾았다. 그리고 루터만 명예를 회복한 것이 아니다. 이 행사를 계기로 동독 문화사 서술에서 개혁이 일어났다. 그리고 교회는 이 행사로 동독 사회에서 차지하는 분명한 위치를 재확인하였고, 국가를 형성하는 두 조직의 하나인 정부와 대등한 국가조직으로 자리매김을 했다.

루터가 또 다른 선례를 남겼다. 뒤이어 있을 교회의 큰 행사를 열 수 있도록 허가를 얻어 낸 것이다. 그 결과 교회는 1987년에 공산당 국치국원의 반대에도 불구하고 루터 종교개혁 행사를 동독의 수도 동베를린에서 열 수 있었고, 1988년에도 네 차례 큰 교회 행사를 치를 수가 있었다. 그 결과 기를 펴지 못했던 동독의 기독교인 정치가들, 예를 들면 동독의 기민당과 기사당원들의 정치적 활동이 활발해지기도 했다. 물론 루터 기념행사 이후에도 정부의 압력으로 교회가 어려움을 당한 경우가 없지 않았다. 동독 정부는 교회와 협력과 대립의 관계에서 결단을 내릴 수 없는 내적인 고민을 안고 있었기 때문이었다.

동독 정부가 안고 있는 고민 가운데 하나는 대외 관계에서 교회가 차지하는 비중이었다. 동독 정부를 곤혹스럽게 만든 서방의 군사, 정치적 사건 중 하나는 1975년 8월 22일 6만 8천 명의 나토군이 참가하는 서방 국가들의 대규모 군사 훈련이었다. 이 훈련의 내적 목표는 동독 교회와 기독교인들을 보호하겠다는 요구와 의지를 보인 것이다. 사실은 그동안 동독 정부는 다른 사회주의 국가와는 달리 교회를 압박할 수 있는 입장이 아니었다. 때문에 동독 정부는 교회 문제에 관한 서방 국가의 요구를 받아들일 수 있었다. 평화와 안전의 문제에 관한 한 동독 정부는 교회의 정치적 관심을 궁극적으로 받아들이고 있었기 때문이다.

동·서독 국민들의 생활 수준 격차가 점점 벌어지자, 동독에서는 고향과 조상의 땅을 떠나려는 사람들이 늘어갔다. 자유 왕래의 길이 막히니까 아예 떠나려 한 것이다. 이런 현상은 동독의 공산주의 정치와 경제에 대한 부정적 평가와 서독 국민의 자유 경제 생활에 대한 동경심이 겹쳐 나타난 것이었다. 경제적 피난민들이 늘어났다. 이처럼 동독의 정치적·경제적 경직성이 증대되던 상황에서 소련의 고르바초프 대통령의 패권주의 포기 선언과 화해 지향적 정치 개혁 정책으로 동독 정부와 공산당은 큰 충격을 받았고, 국민들은 대환영이었다. 이 충격을 거치면서 동독의 언론 매체들은 정부의 정치적 실패를 조금씩 보도하고 개혁의 목소리를 내기 시작했다.

파국에 이른 경제가 동독 정부의 목을 조이고 있었다. 동독 정부와 공산당은 빚더미 수렁에서 국민들의 생활을 개선시킬 수 있는 해법을 찾지 못하고 있었다. 결국 무능력으로 빠져들었다. 정부는 국민들의 불안과 불만이 쌓여 가는 상황에서 경제적·사회적 문제를 해결해 보려고 국가 조직을 동원해서 음성적이고 강압적인 수단을 사용하기도 했다. 은밀히 이주 신청자들을 강제로 퇴거시키기도 해 보았지만 정부의 모든 시도는 무익한 것으로 드러났다.

이러한 상황에서 교회는 국민들의 사회적 불안을 안정시키기 위해 노력하는 한편, 정부와의 관계에서는 점점 비타협적으로 방향을 잡아갔다. 호네커 서기장 자신도 교회와 대화하기를 꺼려 했다. 서독 이주를 원하는 주민들의 여행 허가 문제를 교회와 상의해야 할지 말아야 할지도 망설였다.

이렇게 정부의 정치적 기능이 무력해 가는 동안 교회는 서독 여행이나 이주 신청자들의 모임 장소로 변해 갔다. 라이프치히의 니콜라이 교회에서 열린 월요기도회는 대중 시위의 출발점이 되었다. 처음에는 작은 평화 운동가들의 기도회였는데 점점 참석 인원이 늘어갔다. 그에 따라 정부에 대한 요구 조건도 늘어 갔다. 결국 교회는 여행 허가를 요구하던 수준에서 아예 여행 제한과 국경선 철폐를 요구하기에 이르렀다.

그런데 여기서 동·서독 양 교회의 합의 사항을 점검할 필요가 있었다. "동독 목회자가 서독 이주를 신청할 경우, 서독 교회는 그를 서독 교회 목회자로 인정하지 않는다"는 조항의 해석에서 동독 정부와 교회 사이에 입장 차이가 있었다. 정부로서는 목회자의 이주를 기꺼이 허락하는 것은 동독 교회의 근간을 흔들 수도 있는 것으로 보았다. 그러나 목회자가 교회와 교인들과 함께 있어야 목회자이지, 이들 서버리고 교회를 떠나는 것은 의사가 환자들에 대한 도덕적 의무를 저버리는 것과 같다고 판단하여 동독 목회자들의 이주 문제를 억제했다.

7. 동독 교회와 반정부 운동

공산 사회주의 정부가 들어서면서 교회가 받았던 공격은 두 방향에서 왔다. 하나는 교회의 반공산주의 운동의 가능성 때문에 정부로부터 받은 압박이다. 정부로부터의 공격과 탄압은 당연하고 자연스런 것이었다. 또 하나는 반정부 개혁 운동가들로부터 받은 비난으로, 교회가 그 본질적 역할보다는 정부의 어용기관이 되었다는 의심 때문이었다. 그래서 어쩌면 당연한 수순일지 모르지만 동독의 반정부 운동은 교회 안에서 시작해서 교회 밖으로 나갔다가 다시 교회 안에서 마무리 짓는 형식이 되었다.

1956년 헝가리, 1968년 체코의 자유화 봉기를 경험한 동독 정부는 교회를 지적이고 문화적인 반정부 운동의 잠재적 위험으로 보고 있었다. 실제로 동독 정부가 정부의 사회주의 정책을 비난했던 비어만(Wolf Biermann)의 시민권을 박탈하고 서독으로 추방하는 강경한 정책을 펼치자, 한동안 반정부 운동은 지하로 숨어 버렸다. 그러나 정부는 계속해서 반정부 운동이 교회 안에 교회의 비호 아래 있을 수 있다고 판단하고 있었다.

동독에서 조직적인 정부 반대 운동은 1980년대 초에 시작되었다. 이 운동은 전투병과 징집 의무를 거부했던 건설병들의 모임에서 출발하였다. 이들은 제대 후에도 라이프치히에서 연례 모임을 가지면서 다른 지역에도 본부를 두고 활동했다. 이 모임 참석자들은 건설병과 지원병을 교육시키면서, 교회 조직을 배경으로 병역 의무 거부 운동을 전개했다. 처음에는 병역 문제에 제한된 목적 운동이었다. 그러다가 1980년 처음으로 평화 운동 모임으로 성격을 바꾼 조직이 교회 지붕 아래 형성되었다. 이 조직은 폴란드 반정부 운동의 핵심 개념인 '연대 운동'(solidarity)의 경험을 기초로 하여 결성되었다. 체코의 '카르타77'은 동괴도 연결된다. 동독에서 평화 운동은 "징지도 사람이 사람을 움식이는 소식인데 왜 개혁과 변화가 불가능한가?"라는 질문으로 출발하여 개혁을 가로막고 있는 정치 권력과 대화하여 합리적 해결책을 찾으려는 시도로 시작되었다.

반면 정치적 일당 독재는 자기 권력의 핵심인 당 조직 이외의 다른 조직은 체제를 파괴하는 위험 요소로 본다. 그래서 반정부 운동을 막아야 했지만 동독 정부는(헝가리, 체코와는 달리) 정치, 경제적으로 서독과 서방 국가와의 관계를 고려하지 않으면 안 되는 입장이었기에 국내 반정부 운동의 본질과 성격을 정확하게 파악하지 못했다. 동독의 공산 정부 수뇌부는 교회의 지붕 아래서 시작된 반정부 운동을 반공산 사회주의 운동으로만 보지 않았다. 더구나 반정부 운동이 내건 주제가 평화였다.

이 주제는 정부에서도 정책 수립에 깊은 관심을 가진 문제이므로 평화와 긴장 완화를 추진해야 할 정부 정책 입안자들이 교회에서 시작한 이 평화를 믿을 것인가 하는 문제로 고심했다. 이 때문에 정부와 당 조직은 교회의 평화 운동에 대해 할 말을 잃어버리고 개입할 수 없는 입장이 되었다. 그런 가운데 교회에서 시작된 평화 운동은 점차 자연보호와 인권 문제로까지 주제와 조직을 확대하면서 서명 운동을 통해서 조직이 전국적으로 확산되어 갔다.

정부는 교회를 기반으로 하여 전개되는 평화 운동과 자연보호 운동 조직을 정부 조직 속에 수용하여 공동 활동을 시도했다. 그리고 이름뿐이기는 하지만 관립학교 학자와 학생 대표 및 기민당과 사유당 같은 공산당 이외의 정당 대표자들도 참가하는 토론회를 교회에서 열기도 했다. 구체적으로 함께 나무 심기 운동을 펼치기도 했다. 그런 한편으로 장관 지휘 아래 정부 조직과 교회 대표자들과의 회의도 열었지만 거의 정부 대표자들이 끌려가는 형편이었다. 공산당은 교회의 운동 조직이 제기하는 비판에 대응할 만한 능력이 없었다. 그래서 권력의 수단과 방법으로 이 운동을 억제하려 했지만 효과는 없었다.

1980년대 이후 정부에서 반정부 운동가들을 체포하여 정치적 재판에 회부한 예가 한 번도 없었다는 점을 주목할 필요가 있다. 활발하게 활동한 반정부 운동가들의 수는 정부 통계로 2,000명 정도, 교회 통계로는 3,000명 정도였으며, 이 중 핵심적 인물은 100명 정도였다. 이들이 비록 국민 다수의 관심과 필요를 대변하는 정치적 운동 조직은 아니었지만, 이 운동 조직을 통해 나타난 교회의 조직적 역할과 기능적 효과는 동독 정부로서 마지막 10여 년간의 싸움에서 가장 다루기 힘든 대상이었던 것은 사실이다.

특히 에젤만 목사는 정부 입장에서 볼 때는 늘 걸림돌이었다. 그가 조직한 '부르스 음악 밴드'는 때로는 2,000명 이상을 모으기도 했다. 그는 또한 화학자요, 예술가요, 반정부 운동가였던 로버트 하베만의 무덤 앞에서 주먹을 치켜들고 정부에 공개적으로 도전장을 내기도 했다. 1982년에는 일방적으로 '베를린 사람의 호소'(Berliner Appell)라는 평화 운동 조직과 함께 동독의 비군사화를 요구하기도 했다. 정부에서는 이러한 에젤만 목사의 반정부 활동을 막기 위해 베를린의 브란덴부르크 개신교회에 중재를 요청하기도 했다. 그러나 소용이 없었다.

더 나아가서 동독 교회의 평화 운동 회원들은 1981년부터 "병기를 쟁기로"(Schwerter zu Pflugschranen)라는 구호로 운동을 시작하여 매년 교회에서 10일간 특별 활동과 기도회를 열어 사회적 관심을 끌어냈다. 정부 당국에서는 이 평화 운동의 상징적 그림을 없애거나 교회 건물 안에서만 사용하도록 제한하였지만, 회원들은 이 상징을 들고 길거리로 나가 단독 시위를 벌였다. 이후 700여 명의 평화 시위가 일어났고, 1983년에는 서독으로 이주하려는 동독 시민들의 길거리 시위도 일어났다. 이로써 정부 권력의 제민은 말이 아니었다. 이 시위는 동독 국민 사회의 본질적 문제가 어디에 있는가를 말해 주고 있으며, 또한 정부는 그 권력의 힘이 저울질 당하는 시험대에 놓이게 되었다. 물론 정부는 여전히 힘을 과시하고 있었지만, 시위대도 그 목적을 달성해 가고 있었다.

동독의 개신교 지도자들은 계속적으로 교회의 이런 사회 운동 그룹을 보호했으며, 정부의 압력을 강하게 막아 내면서 지역적 활동을 동독 전역의 활동과 조직으로 넓혀 가는 동시에 이런 운동을 교회 지붕 아래로 끌어들였다. 그래서 한때는 각기 다른 주제별 운동 조직들 사이에 갈등과 혼선이 빚어지기도 했다. 때로는 교회의 보호 아래서 활동하는 진보적 그룹들로부터 교회가 너무 보수적이라는 비난을 받기도 했다. 특히 가톨릭 평신도 평화 운동 조직인 '밑에서의 교회'(교회 개혁과 사회에 대한 입장의 변화를 요구한 가톨릭 교인들의 반정부 운동 모임으로, 약 45개 교회와 사회 비판 그룹이 연결된 네크워크), '일치 운동 교회' 등은 동독 사회의 문제를 직시하고 움직이지 않는 교회의 보수적 구조를 강하게 비판했다.

한때 교회는 정부보다 더 심한 비판을 받기도 했다. 이런 교회 비판에 대한 교회 내부 조직의 불만도 많았다. 1987년 교회의 '밑에서의 교회의 날' 행사는 대부분 기독교인들의 지지와 이해를 얻지 못했다. 그 때문에 평화 운동에 대한 교회의 태도에 의심을 품는 이들도 생겼다. 이에 교회는 운동 그룹이 원하는 방향으로 조직 변화를 꾀하기도 했다.

1986년 교회의 보호 아래 활동했던 시민운동의 모임이, 평화 문제는 곧 인권 문제의 해결이라는 이해로 '평화와 인권을 위한 발의' 그룹 대표자가 1956년에 일어났던 헝가리의 반 공산 사회주의 운동을 찬양하는 성명서를 발표했다. 이에 동독 정부와 당 지도부는 더욱 정치적 무기력에 빠져들었다. 이 성명을 계기로 정부의 국가 정치적 권위는 결정적 타격을 입었다. 1987년 동독 공산당 서기장 호네커의 서독 방문 이후 정부는 점점 더 수위를 높여 가는 반정부 활동을 지켜만 보았다. 그해에 반정부 그룹에서 작성한 〈국경선 철폐〉

(Grenzfall)라는 유인물이 유포되자 정부는 인쇄물 출판법 위반으로 막아 보려 했으나 막을 수 없었다. 이것은 이웃 공산 사회주의 국가들에도 자극을 주었다.

이렇게 호네커의 서독 방문은 반정부 운동에 더 큰 활동의 공간을 허용했다. 더구나 이때 '슈트랄준트'에서 '드레스덴'까지, 그리고 체코를 지나가는 거의 자발적인 시민 참여의 평화 운동인 '올로프 팔메 평화 행진'(스웨덴의 수상이자 노벨평화상 수상자인 올로프 팔메를 기념하는 평화 운동, 냉전 시기에 동서 양 진영이 비핵화 지대를 설정하자고 제안함. 1986년에 암살 당함)은 교회의 평화 운동의 새로운 전기를 만들어 주었다. 국가 권력은 이 행진을 막을 수가 없었다. 베를린의 국가 권력은 수백 명이 참가한 평화 행진을 허락할 수밖에 없었다. 이런 식으로 반정부 운동은 공공연하게 길거리에 나서게 되고, 정부가 설정한 한계를 벗어나고 있었다. 이때까지만 해도 체제의 붕괴만은 원치 않았던 교회도 어찌할 수 없어, 교회의 선을 넘어 정치 권력 자체를 무력하게 만드는 이 평화 운동의 힘은 점점 강해졌다.

'올로프 팔메 평화 행진'이 진행되는 동안 시민들은 놀라서 경찰에 신고하기도 했고, 경찰이 막지 않는 이유를 몰라 의아해했다. 몇몇 공산당원 중에는 해결책을 제안하기도 했는데, 예를 들면 "군대도 평화 봉사다. 그러니 군대로 해결하게 하자. 혹은 교회와 대화를 하자!"였다. 그러나 이들은 대부분 신념과 이념이 다른 사람들과 대화하거나 토론하는 것에 익숙하지 못했다. 공산당원 자신이 시민들과 민주적 토론을 할 훈련이 되어 있지 않았다. 공산당 지두부는 사회적 변화를 분석하여 정책적 개혁을 통해 사회 동요를 막을 수 있는 능력이 없었다.

다른 한편, 이런 평화 행진이 진행되는 동안 동독의 사회 문제를 인식하고 있던 사람들, 특히 공산주의 지식인들은 이 운동에 희망을 걸었다. 이들은 변증법적 마르크스-레닌의 역사관에 따라 사회주의 이념의 전망을 여전히 믿고 있었다. 그러나 이런 평화 행진과 호네커의 서독 방문을 통해, 더욱이 고르바초프의 정치적 방향 전환을 통해 확인된 것은, 이미 사고와 행동이 경직된 정부로서는 개혁이라는 정책적 변화를 시도하지도 할 수도 없다는 점이었다. 호네커의 서독 방문 후에 당과 국가 안전 조직은 반정부 모임과 시위를 깡패 집단이나 사회 질서 문란 죄로 체포하고 구금이나 가택 연금 등으로 막고자 했다. 그러나 정부에 실망한 국민들의 이런 행동은 오히려 시위를 자극했다. 그리고 정부에 실망한 국민들과 발전적 변화를 기대했던 국민들도 정부에 걸었던 마지막 희망을 포기했다. 그러나 교회로서는 시민 전쟁으로 번지는 것을 막고자 정부와 시위대 중간에서 중재에 나서기도 했다.

평화 운동은 이제 민주화를 요구하는 정치적 시위로 발전했다. 그럴수록 정권 몰락은 불가피한 현실이 되었다. 동독 정부는 1987년 반정부 유인물인 〈국경선 철폐〉 강행을 막지 못했다. 이것은 10년 전 출판 허가를 요청했을 때 거절당했다. 그러나 두 번째 시도에서 출판될 수 있었고, 여기에 다른 간행물 〈환경 보고서〉가 나오게 되면서 두 종류의 반정부 유인물은 공공연하게 국경선을 넘나들며 읽혔다. 인쇄물을 낸 당사자들은 체포되었다가 곧 증거 부족으로 석방됨으로 반정부 운동의 승리를 보여주었고, 서방 언론은 이 사실을 대대적으로 보도했다. 국가 권력의 한계를 여실히 보여준 것이었다.

1988년에도 칼리브 크네히트와 로자 룩셈부르크 기념 시위(바이마르 공화국의 사회주의 지하 운동가) 행사를 이용하여 서독으로 이주하려는 사람들의 시위가 일어났다. 이 시위에서 체포된 65명 중에 5명이 반정부 운동가였다. 당시 호네커는 내친 김에 국가 원수로서 미국을 방문하고 싶어 했다. 이러한 정치적 환경에서 동독 재판소는 시위를 주도한 반정부 운동 지도자들에게 형법을 적용할 수 없었다. 또 한 번 교회와 평화 운동의 승리를 확인할 수 있었다.

동독 내의 사회적 변화와 개혁은 아직은 멀다고 생각되었지만, 교회 내부의 의식 있는 지도자들은 이미 때가 온 것으로 생각했다. 그 징조는 1988~89년 드레스덴과 마그데부르크에서 열린 일련의 에큐메닉 연합회의에서 나타났다. 반정부 운동 그룹도 만일의 경우를 대비해 교회 지도자들과 접촉하기 시작했다. 그리하여 1988년과 1989년의 에큐메닉 연합 행사로 교회는 반정부 운동 그룹과 연합을 결성했을 뿐만 아니라 다른 종교 단체, 특히 가톨릭 교회와 연대를 시도했다. 이런 종파와 이념을 초월한 연대는 크게 기대하지 않고 미래를 위해 시도한 것이었는데 의외의 결과를 얻었다.

이런 상황에서 동독 정부는 마지막 결정타로 어리석은 실수를 저질렀다. 동독 역사에 치욕으로 기록된 선거 결과 조작을 시도한 것이다. 이는 반정부 운동 그룹의 존재를 무시한 처사였다. 이 선거 조작은 대중 시위를 불러일으켰고, 결국 1989년 5월에서 10월까지 진행된 대중 시위는 40년 유지되어 온 동독 정권의 붕괴를 가져왔다. 이 시위가 10년 동안 지속되어 온 라이프치히 '니콜라이 교회 월요기도회'와 연결되면서 결정적인 국민 봉기로 이어졌던 것이다.

8. 전환기에 선 동독 교회

동독 교회는 정부와의 정치적 협상의 균형이 무너지며 그 역할이 정점에 이르렀다. 교회 목사들은 소련이 동독 포기를 선언할 때까지 작은 동네까지 조직을 만들어 시위를 계속했고 지역을 넓혔다. 시위 목표는 우선 동독의 선거 제도를 비밀·자유 선거로 바꾸는 것이었다. 이를 위한 정부와의 협상을 교회가 주도하였다. 또한 교회는 새로운 정부를 구성할 수 있는 환경을 내다보며 새로운 정치 정당을 만드는 역할도 수행했다. 이런 식으로 교회는 동독 정부와 대화 통로를 가지고 새로운 역할을 담당했다. 교회는 동독 사회의 난관을 극복하는 과정에서 중요한 국가 조직의 하나로서 그 역할을 성공적으로 수행하였다. 교회 없이는 국가를 재생시키기 어려웠다.

동독 교회는 40년을 두고 정부와 싸우며 적응하고, 대립하며 협력하고, 반기와 충성, 개입과 거리를 가지고 정치적 문제에 있어 지혜로운 전략으로 뛰어난 역할을 감당했다. 그래서 사회에서 자기 위치를 주장했고, 통일로 가는 과정에서 중요한 내적인 동인(motivation)을 가지고 통일의 길을 열어 갔다. 물론 동독 교회의 모든 목사와 교회 공동체 구성원들이 통독 이후 서독 국민이 경험하고 있는 자본주의적 현실을 원한 것은 아니었다. 왜냐하면 자본주의 국가와 사회 질서가 인간이 원하는 최상의 방법과 해결책이 아니라는 점을 알고 있었기 때문이다. 결국 독일이 통일된 이후 동독 지역 교회는 더욱 건강하고 행복한 국민 사회 건설을 위해 기독교적인 해법을 찾아가는 활동을 앞으로도 계속 추진해야 할 터인데, 이 점에서 다양하고 이질적인 정치적 이해 관계에서 비롯된 교회 내부의 이견을 극복하고 일치와 연합을 추구해야 한다는 새로운 과제를 안고 있다.

이 점에서 과거의 경험으로 보아 교회는 본질적으로 국민의 신앙을 신학적으로 종합하는 대리자의 역할을 감당하면서 이를 바탕으로 한 사회적 역할과 기능에 충실해야 한다는 점을 망각해서는 안 될 것이다.

부록 2
해방 이전 북한 교회 명부
(약 3천여 개 교회/ 도별 정리)

〈강원도〉

교회명	교단	주소	교회명	교단	주소
가려주교회	감리	강원도 이천군 방장면 가려주리	도일교회	감리	강원도 통천군 고저읍 도일리
가평교회	감리	강원도 통천군 벽양면 가평리	동초기도처	감리	강원도 통천군 도천면 동초리
거성리교회	감리	강원도 이천군 안협면 거성리	마방리교회	감리	강원도 철원군 내문면 마방리
검불랑영	구세군	강원도 평강군 현내면 원남리	마탄리교회	감리	강원도 이천군 서면 문암리
고성교회	감리	강원도 고성군	말휘리교회	감리	강원도 회양군 내금강면 말휘리
광정기기도처	감리	강원도 평강군 현북면 상광정리	명고리교회	감리	강원도 통천군 협곡면 명고리
교암리교회	감리	강원도 양양군 토성면 교암리	문산리영	구세군	강원도 평강군 현내면 문산리
구읍리교회	감리	강원도 통천군 답전면 구읍리	문암리교회	감리	강원도 이천군 서면 문암리
구항교회	감리	강원도 통천군 고저읍 구항리	물뢰교회	감리	강원도 김화군 강현면 물뢰리
금성교회	감리	강원도 김화군 금성면 방충리 189-1	방목리교회	감리	강원도 회양군 안풍면 방목리
금평교회	감리	강원도 평강군 유진면 적전리	방포교회	감리	강원도 통천군 통천면 방포리
기린리교회	장로	강원도 이천군 인산면 기린리	백양동기도처	감리	강원도 철원군 원남면 구용리 531
긴선교회	감리	강원도 철원 지방	벽신교회	감리	강원도 통천군 벽양면 자성리
김성교회	성결	강원도 철원 지방	복계영	구세군	강원도 평강군 평강읍 복계리
김화(읍)교회	감리	강원도 김화군 금성면 방충리	북촌교회	감리	강원도 평강군 현내면 북촌리
김화영	구세군	강원도 철원군 김화면 중리	사곡기도처	감리	강원도 김화군 근남면 사곡리
내금강교회	감리	강원도 회양군	삭녕교회	감리	강원도 철원 지방
내동교회	감리	강원도 철원군 언곡면 도밀리 554	산북리교회	감리	강원도 고성군 간성면 하리
내포리교회	감리	강원도 철원군 철원읍 내포리	산월리기도처	감리	강원도 회양군 내금강면 장연리
대대리교회	감리	강원도 통천군 학일면 대대리	삼남동교회	감리	강원도 철원군 원남면 구룡리
대동교회	감리	강원도 이천군 판교면 명덕리	상원리영	구세군	강원도 평강군 현내면 산원리
대리영	구세군	강원도 평강군 현내면 신대리	석교교회	감리	강원도 철원군 마장면 장포리
도문교회	감리	강원도 통천군 도주면 중도문리	석교기도처	감리	강원도 평강군 평강읍 복계리

교회명	교단	주소	교회명	교단	주소
성거리기도처	감리	강원도 이천군 용포면 성거리	전천교회	감리	강원도 통천군 고저읍 전천리
성대리교회	감리	강원도 양양군 토성면 성대리	절갈영	구세군	강원도 평강군
세포교회	감리	강원도 평강군 고삽면 세포리	조산교회	감리	강원도 양양군 양양면 조산리
송흥교회	모름	강원도 통천군 임남면 외송흥동	조성리교회	감리	강원도 김화군 창도면 도성리
시천리교회	감리	강원도 통천군 학일면 시천리	주암리기도처	감리	강원도 통천군 서곡면 주암리
신대리영	구세군	강원도 평강군 현내면 신대리	지경동교회	감리	강원도 김화군 갈말면 토성리
신안리교회	감리	강원도 회양군 회양면 신안리	지석교회	감리	강원도 김화군 통구면 지석리
신흥리교회	감리	강원도 통천군 답전면 신흥리	진사대기도처	감리	강원도 회양군 난곡면 귀락리
아심기도처	감리	강원도 김화군 근동면 아심리	차현교회	감리	강원도 김화군 금성면 별랑리
안성교회	감리	강원도 철원 지방	창도교회	감리	강원도 김화군 창도면 창노리
안협교회	감리	강원도 이천군 안협면	천내(리)교회	장로	강원도 통천군 도초면 천내리
어운교회	감리	강원도 통천군 고저읍 어운리	철원읍교회	감리	강원도 철원군 철원읍 관저리
연평교회	감리	강원도 철원 지방	철원제이교회	감리	강원도 철원군 철원읍 사요(오)리
염성교회	감리	강원도 통천군 임남면 외렴성리	청간교회	감리	강원도 양양군 토성면 청간리
영양읍교회	감리	강원도 양양군 양양면 성내리	초전동교회	감리	강원도 이천군 서면 천양리
영학촌교회	감리	강원도 회양군 난곡면 천읍리	추동교회	감리	강원도 고성군 외금강면 추동리
오리정교회	감리	강원도 철원군 연목면 숭양리	추동기도처	감리	강원도 이천군 산내면 추동리
오봉리교회	감리	강원도 양양군 죽왕면 오봉리	탑신리교회	감리	강원도 회양군 내금강면 장연리
오정리교회	감리	강원도 철원 지방	통천교회	감리	강원도 통천군 통천면 태리
온정리교회	감리	강원도 고성군 외금강면 온정리	평강교회	감리	강원도 평강군
외촌교회	성결	강원도 철원군 철원읍 외촌리	평강읍교회	감리	강원도 평강군 평강읍 서변리
원남리영교회	구세군	강원도 평강군 고삽면 원남리	하복리영	구세군	강원도 평강군
월정리교회	감리	강원도 철원군 어운면 중강리	하사리영	구세군	강원도 평강군
유대포기도처	감리	강원도 고성군 서면 유대포리	하수회리교회	감리	강원도 이천군 안협면 화수회리
율목동기도처	감리	강원도 이천군 낙양면 지상리	학봉리교회	감리	강원노 이선눈 약봉번 악봉니
은행정교회	감리	강원도 이천군 학봉면 은행정리	현리교회	감리	강원도 회양군 난곡면 현리
이천읍교회	감리	강원도 이천군 이산면 탑리	현리교회	감리	강원도 김화군 통구면 현리
임단리영	구세군	강원도 평강군	화사리교회	감리	강원도 김화군 통구면 화평리
자산리교회	감리	강원도 통천군 협곡면 자천리	화평리교회	감리	강원도 김화군 통구면 화평리
장림동교회	감리	강원도 김화군 금화면 신창리	회산리교회	감리	강원도 철원군 북면 회산리
장포리교회	감리	강원도 철원군 마장면 장포리	회양읍교회	감리	강원도 회양군 회양읍 읍내리
장흥리교회	감리	강원도 철원군 동송면 장흥리	후평영	구세군	강원도 평강군
저동교회	감리	강원도 이천군 동면 하식점리 244			

〈경기도〉

교회명	교단	주소	교회명	교단	주소
가토미교회	감리	경기도 개풍군 북면 가토미리	연천읍교회	감리	경기도 연천군 연천면 차탄리
간암동교회	감리	경기도 장단군 진서면 신적리 314	옥사교회	감리	경기도 개풍군 대성면 대성리
감암동교회	감리	경기도 연천군 진서면 선적리	우목동교회	감리	경기도 개풍군 토성면 혹녕리
개성교회	감리	경기도 개성부 동본정	율동교회	감리	경기도 개풍군 남면 율동리 611
개성교회	성결	경기도 개성부 동본정	율랑리영	구세군	경기도 장단군 강상면 율랑리
개성영	구세군	경기도 개성부 북본정	이장포교회	감리	경기도 연천군 진남면 동파리 748
개성중앙교회	감리	경기도 개성부 북본정	임죽기도처	감리	경기도 연천군 서남면 율현리 92
거곡리교회	감리	경기도 연천군 진남면 거곡리 609	장단남교회	감리	경기도 장단군 장단면 덕산리
고덕리영	구세군	경기도 개풍군 영북면 고덕리	장단동교회	감리	경기도 장단군 장단면 동장리
고덕영	구세군	경기도 개풍군 영북면 고덕리	장단읍교회	감리	경기도 장단군 장단면 읍내리
고랑포교회	감리	경기도 장단군 장연면 고랑모리	장단읍교회	구세군	경기도 장단군 장단면 읍내리
구미리교회	감리	경기도 연천군 백학면 구미리 163	장주동교회	감리	경기도 개풍군 광덕면 황강리 1255
구화장교회	감리	경기도 장단군 강상면 구화리	장추동교회	감리	경기도 개풍군 광덕면 사분리
길상영	구세군	경기도 개성부 영북면 길상리	전곡교회	감리	경기도 연천군 영근면 전곡리
남부교회	감리	경기도 개성부 경정	정동교회	감리	경기도 개풍군 청교면 덕임리 411
능현동교회	감리	경기도 장단군 소남면 유덕리	조강교회	감리	경기도 개풍군 임한면 하조강리
독가리교회	감리	경기도 장단군 장도면 오읍리	주산동교회	감리	경기도 연천군 진남면 동장리
동문내교회	감리	경기도 개성부 고려정	중연교회	감리	경기도 개풍군 광덕면 중연리
만두리교회	감리	경기도 연천군 백학면 동구리 453-1	지금리교회	감리	경기도 장단군 소남면 화금리
만두미기도처	감리	경기도 연천군 백학면 통구리	토성교회	감리	경기도 개풍군 남면 조제리
망포교회	감리	경기도 개풍군 흥교면 지현리	파주읍교회	감리	경기도 파주군 파주면 파주리 383
묵화교회	감리	경기도 연천군 석사면 묵화리 305	평촌교회	감리	경기도 개풍군 토성면 연하리 483
방화동교회	감리	경기도 장단군 소남면 두곡리	한천동교회	감리	경기도 개성부 남산정
봉래기도처	감리	경기도 연천군 서남면 율현리 635	해랑도교회	감리	경기도 개풍군 남면 후석리
북녕교회	감리	경기도 개풍군 토성면 혹녕리	황광교회	감리	경기도 개풍군 광덕면 황강리
북부교회	감리	경기도 개성부 북본정	후서강교회	감리	경기도 개풍군 서면 강리
삭녕교회	감리	경기도 연천군 삭녕면 삭녕리	후육교회	감리	경기도 개성 지방
산구리교회	감리	경기도 개풍군 대성면 산귀리	후평기도처	감리	경기도 연천군 서남면 귀존리
삼천리교회	감리	경기도 연천군 중면 삼천리			
상리영	구세군	경기도 장단군 장도면 상리			
서도몰영	구세군	경기도 장단군 장도면 서도정리			
석순리교회	감리	경기도 연천군 서남면 식순리			
선미교회	감리	경기도 개풍군 상도면 상인리			

부록 2 해방 이전 북한 교회 명부(약 3천여 개 교회/ 도별 정리)

〈황해도〉

교회명	교단	주소	교회명	교단	주소
가당교회	장로	황해도 은율군 이도면 가당리	겸이포중앙교회	장로	황해도 황주군 송림면 욱정
가당교회	장로	황해도 장연군 낙도면 낙흥리	경도교회	장로	황해도 수안군 대오면 경도리
가정교회	감리	황해도 김천군 동화(웅덕)면 매서리	경도교회	장로	황해도 수안군 대오면 경도리
가채동교회	감리	황해도 신계군 미수면 가무리	경천리교회	장로	황해도 황주군 천주면 경천리
가화교회	장로	황해도 송화군 도원면 가화리	경천리교회	장로	황해도 황주군 천주면 경천리
간동교회	장로	황해도 곡산군 상도면 지경리	계동교회	장로	황해도 봉산군 사인면 계동리
간성교회	장로	황해도 신천군 가산면 간성리	계림교회	장로	황해도 은율군 남부면 계림리
간촌교회	장로	황해도 은율군 은율면 간촌리	계화교회	장로	황해도 곡산군 서촌면 계화리
간촌교회	장로	황해도 봉산군 서종면 간촌리	고길래성누가교회	성공회	황해도 김천군 외류면 석두리
갈산리교회	장로	황해도 재령군 하성면 갈산리	고답동교회	감리	황해도 옹진군 서면 동문외리
갈현리교회	감리	황해도 벽성군 대차면 갈현리 831	고대교회	장로	황해도 안악군 안곡면 신덕리
감교교회	장로	황해도 재령군 서호면 신호리	고대교회	장로	황해도 평산군 고지면 고대리
감정교회	장로	황해도 은율군 이도면 감정리	고덕교회	장로	황해도 안악군 안곡면 신덕리
강동촌교회	장로	황해도 재령군 북율면 강동촌	고려리교회	장로	황해도 봉산군 산수면 고려리
강등촌교회	장로	황해도 재령군 북율면 석해리	고수리영	구세군	황해도 벽성군 동운면 공수리
강령교회	감리	황해도 옹진군 부인면 강령리	고신교회	장로	황해도 곡산군 서촌면 화천리
강서리교회	장로	황해도 재령군 북율면 강서리	고신동교회	장로	황해도 곡산군 서촌면 화천 고신동
강정교회	장로	황해도 벽성군 대차면 강정리	고신은교회	감리	황해도 신계군 다미면 추천리
강진교회	장로	황해도 수안군 공포면 대달리	고암교회	장로	황해도 은율군 서부면 고암리
강촌교회	장로	황해도 재령군 북율면 강촌리	고양교회	장로	황해도 송화군 연정면 고양리
강현교회	감리	황해도 연백군 유곡면 빙성리	고징교회	핑도	황해도 은율군 이도면 고징리
개안교회	감리	황해도 수안군 수구면 개안리	고중동교회	모름	황해도 평산군 정수면 고중동
개원교회	장로	황해도 은율군 남부면 개원리	고포교회	감리	황해도 연백군 괘궁면 고포리
거리개교회	성공회	황해도 연백군 금산면 석전리	고포리영	구세군	황해도 해주부 고포리
거인교회	감리	황해도 벽성군 금산면 거인동	고현교회	장로	황해도 은율군 북부면 고현리
거촌교회	장로	황해도 송화군 연방면 연교리	고현교회	장로	황해도 은율군 이도면 고현리
건천교회	장로	황해도 평산군 인산면 건천리	곡리교회	장로	황해도 은율군 서부면 곡리
검대교회	장로	황해도 수안군 도소면 하검대리	곡산교회	성결	황해도 곡산군 곡산면 신평리
검바위영	구세군	황해도 연백군 해룡면 맹산리	곡산교회	성결	황해도 곡산군 곡산면 곡산리
검수교회	장로	황해도 평산군 인산면 금곡리	곡산읍교회	장로	황해도 곡산군 곡산면 장림리
검수교회	장로	황해도 봉산군 사인면 검수리	공수리영	구세군	황해도 벽성군 동운면 공수리
검수교회	장로	황해도 황주군 청동면 청운리	관덕정교회	감리	황해도 연백군 봉북면 소성리
겸이포교회	성결	황해도 황주군 겸이포읍	관산교회	장로	황해도 은율군 북부면 관산리
겸이포중앙교회	장로	황해도 황주군 겸이포읍 욱동 산 10	관창교회	장로	황해도 장연군 대구면 구미리

교회명	교단	주소	교회명	교단	주소
관탄교회	모름	황해도 봉산군 서북면 광신리	금산교회	장로	황해도 재령군 삼강면 하금산리
관해리교회	장로	황해도 은율군 장련면 관해리	금산리영	구세군	황해도 해주부 금산리
광석교회	장로	황해도 안악군 은홍면 광석리	금천교회	장로	황해도 김천군 금천면 긍릉리
광석교회	장로	황해도 해주부 광석동	금천읍교회	감리	황해도 김천군 금천면 금릉리
광석교회	장로	황해도 곡산군 청계면 문양리 광석동	금하리교회	장로	황해도 황주군 영천면 금하리
광암교회	장로	황해도 평산군 진산면 광암리	기내리교회	모름	황해도 평산군 공포면 기내리
광탄교회	장로	황해도 김천군 서북면 광신리 398	기린교회	감리	황해도 연백군 봉서면 현죽리 기린동
광탄교회	장로	황해도 재령군 삼강면 광탄리	기린교회	장로	황해도 평산군 기산면 기린리
광탄교회	감리	황해도 김천군 서북면 광신리	기린도교회	감리	황해도 옹진군 용천면 기린리
광풍교회	장로	황해도 안악군 대행면 광풍리	기산교회	장로	황해도 송화군 장양면 기산리
괘암리영	구세군	황해도 옹진군 흥미면 괘암리	김천성어거스틴교회	성공회	황해도 김천군 김천면 금릉리
괴정교회	장로	황해도 신천군 문무면 괴정리 상괴동			
교동교회	장로	황해도 안악군 대원면 가양리 교동	김천읍교회	감리	황해도 김천군 김천면 금릉리
구노리교회	장로	황해도 황주군 청용면 구로리	낙송정교회	감리	황해도 김천군 우봉면 삼산리
구동촌교회	장로	황해도 신천군 남부면 한은리	낙원동교회	장로	황해도 장연군 낙도면 삼천리 낙원동
구란리교회	감리	황해도 김천군 서천면 유정리	낙흥교회	장로	황해도 장연군 낙도면 낙흥리
구만리교회	감리	황해도 신계군 다율면 구만리	남본정교회	장로	황해도 해주부 남본동 186
구문화읍교회	장로	황해도 신천군 문화면 문하리	남산리영	구세군	황해도 평산군 신암면 남산리
구암교회	장로	황해도 재령군 은률면 구련리	남정리교회	장로	황해도 수안군 대오면 남정리
구암리교회	성공회	황해도 연백군 괘궁면 구암리	남지리교회	장로	황해도 재령군 복율면 남지리
구이리교회	장로	황해도 황주군 천주면 구이리	남창교회	장로	황해도 장연군 후남면 남창리
구자오교회	장로	황해도 재령군 남율면 좌곡리	남천교회	감리	황해도 평산군 남천읍 신남리
구화교회	장로	황해도 평산군 상월면 용수리	남천리교회	장로	황해도 은율군 이도면 별기동
국봉교회	장로	황해도 벽성군 가좌면 국봉리	남천리성바실교회	성공회	황해도 김천군 토산면 남천리
국현교회	장로	황해도 장연군 수택면 국현리	남천성비우로교회	선공회	함희도 김천군 고동면 유친리
군량골영	구세군	황해도 벽성군 동운면 군량골	남천성휴교교회	성공회	황해도 평산군 보산면 남천리
귀락리교회	장로	황해도 곡산군 동촌면 귀락리	남천영	구세군	황해도 평산군 남천읍 남천리
귀휴동교회	장로	황해도 김천군 토산면 당관리	낭촌교회	장로	황해도 재령군 은률면 석탄리 낭촌
금깅교회	장로	황해두 안악군 문산면 근간리	내교교회	장로	황해도 황주군 전주번 내교리
금곡교회	장로	황해도 송화군 유유면 당관리	내남교회	감리	황헤도 김친군 동화(숭딕)면 매님리
금곡교회	장로	황해도 평산군 인산면 금곡리	내동교회	장로	황해도 은율군 이도면 지내리
금곡영	구세군	황해도 봉산군 쌍산면 송정리	내동교회	장로	황해도 안악군 은홍면 보광리
금동교회	장로	황해도 장연군 목감면 당안리	내송교회	장로	황해도 황주군
금산교회	장로	황해도 안악군 용순면 금산동	내안교회	장로	황해도 송화군 진풍면 내안리
금산교회	장로	황해도 황주군 주남면 금산리	내종교회	장로	황해도 재령군 북율면 내종리
금산교회	장로	황해도 황주군 주남면 금산리	내토교회	장로	황해도 재령군 은룡면 신유리

부록 2 해방 이전 북한 교회 명부(약 3천여 개 교회/ 도별 정리)

교회명	교단	주소	교회명	교단	주소
내함교회	장로	황해도 황주군 주남면 내함리	대동교회	장로	황해도 황주군 송림면 대동리
냉정교회	감리	황해도 벽성군 검단면 냉정리	대봉교회	장로	황해도 안악군 은홍면 약봉리
냉정교회	장로	황해도 봉산군 기천면 냉정리	대봉동교회	모름	황해도 해주부
냉천리교회	장로	황해도 은율군 북부면 냉천리	대산교회	장로	황해도 봉산군 구연면 청계역전
노동교회	장로	황해도 황주군 도치면 노동	대송교회	장로	황해도 황주군 도치면 대송리
노적산영	구세군	황해도 벽성군 동운면 녹적산동	대송리교회	장로	황해도 황주군 인교면 능산리
노전교회	감리	황해도 신계군 고면 무고리	대안교회	장로	황해도 서흥군 매양면 록안리 360
노전교회	장로	황해도 곡산군 하도면 노전리	대야리교회	장로	황해도 송화군 천곡면 대야리
노촌교회	장로	황해도 황주군 도치면 도치리 노촌	대원교회	장로	황해도 봉산군 사리원읍 대원리
농현교회	장로	황해도 옹진군 가천면 흑천상리	대정리교회	장로	황해도 수안군 천곡면 대정리
누리교회	장로	황해도 은율군 일도면 누리	대중리교회	장로	황해도 황주군 구락면 대중리
누천교회	장로	황해도 평산군 세곡면 누천리	대청교회	장로	황해도 재령군 하성면 대청리
눈머리교회	성공회	황해도 평상군 서봉면 용두리	대촌리교회	감리	황해도 평산군 금암면 대촌리
눌산교회	장로	황해도 장연군 순택면 눌산리	대평교회	감리	황해도 수안군 대평면 대평리
늑동교회	장로	황해도 안악군 서하면 신장리	대평교회	장로	황해도 신계군 적여면 대평리
능동교회	장로	황해도 신천군 남부면 능동리	대흥리교회	장로	황해도 재령군 복율면 대흥리
능동교회	장로	황해도 수안군 대오면 상조양리	대흥교회	장로	황해도 재령군 복율면 대흥리
능리교회	감리	황해도 서흥군 도면 능리 202-1	덕달교회	장로	황해도 벽성군 동운면 두동리
능리교회	조선기독	황해도 수안군 율계면 나부동	덕동교회	감리	황해도 김천군 구이면 덕안리
다임교회	장로	황해도 송화군 연방면 다임리	덕동교회	장로	황해도 장연군 해안면 병산리
단구리교회	감리	황해도 평산군 평산면 단구리	덕리교회	장로	황해도 안악군 서하면 덕일리
단산교회	장로	황해도 봉산군 서종면 단산리	덕리교회	장로	황해도 안악군 서하면 덕일리
달천교회	장로	황해도 신천군 초리면 달천리	덕보교회	장로	황해도 황주군 구락면 덕보리
답동교회	장로	황해도 황주군 도치면 기와리	덕산교회	장로	황해도 안악군 은홍면 학산리
답동영	구세군	황해도 벽성군 월록면 답동	덕안리교회	장로	황해도 송화군 진풍면 덕안리 박촌
당곡교회	장로	황해도 안악군 대원면 당전리	덕양교회	장로	황해도 황주군 구락면 덕양리
당평동교회	모름	황해도 평산군 석교면 낙원리	덕우리교회	장로	황해도 황주군 구락면 덕우리
당포동교회	장로	황해도 봉산군 사인면 당포리	덕정교회	장로	황해도 송화군 진풍면 덕정리
대경교회	장로	황해도 장연군 용연면 도경리	덕촌교회	장로	황해도 신천군 가련면 난전리 250
대구리교회	장로	황해도 봉산군 덕재면 대구리	도경교회	장로	황해도 장연군 용연면 도경
대금교회	장로	황해도 안악군 대원면 하금리	도경리영	구세군	황해도 장연군 용연면 도경
대덕교회	장로	황해도 재령군 하성면 대덕리	도경리영	구세군	황해도 해주부 도경리
대동교회	감리	황해도 서흥군 도면 국대리	도리동교회	장로	황해도 곡산군 서촌면 도리동
대동교회	장로	황해도 장연군 용연면 신오리	도선교회	장로	황해도 은율군 북부면 도성리
대동교회	장로	황해도 안악군 서하면 상촌리	도원교회	감리	황해도 옹진군 용천면 모산외리

교회명	교단	주소	교회명	교단	주소
도원리교회	감리	황해도 옹진군 옹진읍 도원리	마산교회	감리	황해도 옹진군 옹진읍 온천리
도은리교회	장로	황해도 송화군 상리면 도은리	마용교회	감리	황해도 수안군 수구면 마용리
도이리교회	장로	황해도 곡산군 화촌면 도이리	마유교회	장로	황해도 장연군 장연읍 세마리
도이포교회	장로	황해도 곡산군 서촌면 도이포리	마유교회	장로	황해도 평산군 안성면 마유리
도저울교회	성공회	황해도 평산군 정미면 도저울리	마전리교회	성공회	황해도 평산군 보산면 마전리
도전리교회	장로	황해도 수안군 천곡면 도전리	마한교회	장로	황해도 신천군 용진면 사문리
도직가교회	장로	황해도 황주군 삼전면 내송리 도직동	만지교회	감리	황해도 평산군 남천읍 두무리
도촌교회	감리	황해도 연백군 해월면 환성리	만풍교회	장로	황해도 안악군 대행면 생근리
도태리교회	성공회	황해도 연백군 운산면 도태리	만화리교회	장로	황해도 은율군 남부면 만화리
도평교회	장로	황해도 벽성군 대차면 도평리	매계교회	장로	황해도 송화군 도원면 매계리
도하리교회	감리	황해도 수안군 대성면 도하리	매곡교회	감리	황해도 김천군 토산면 결운리
독장영	구세군	황해도 해주부 광석동	매성교회	성공회	황해도 평산군 정미면 매성리
돌장승이교회	장로	황해도 벽성군 청단면 소정리	매양교회	성결	황해도 서흥군 매양면 매양리
동강교회	감리	황해도 옹진군 옹진읍 창남리	매양동교회	모름	황해도 곡산군 이령면 도음리
동곡교회	장로	황해도 신천군 문무면 동곡리	매화동교회	장로	황해도 평산군 인산면 매화리
동문교회	감리	황해도 해주부 욱정동	맹동교회	감리	황해도 김천군 합탄면 매후리
동산교회	장로	황해도 신천군 산천면 동산리	맹해리영	구세군	황해도 해주부 맹화리
동산리교회	감리	황해도 벽성군 룡면 학월리	명성교회	감리	황해도 김천군 우봉면 용성리
동산리교회	감리	황해도 김천군 좌면 북산리	명천리영	구세군	황해도 해주부 성산리
동창교회	장로	황해도 평산군 적암면 동창리	모동교회	장로	황해도 봉산군 영천면 경천리 모동
동창교회	장로	황해도 신천군 북부면 동창리	모정교회	장로	황해도 송화군 장양면 모정리
동창교회	장로	황해도 안악군 용문면 동창리	목감교회	장로	황해도 장연군 목감면 지원리
동창포교회	조선기독	황해도 안악군 용문면 동창포리	목동교회	장로	황해도 장연군 대구면 금수리
동촌교회	장로	황해도 안악군 안곡면 동파리	몽금포교회	장로	황해도 장연군 해안면 몽금포리
동촌교회	장로	황해도 장연군 순택면 동호리	묘동교회	장로	황해도 신천군 온천면 송정리
동해주교회	감리	황해도 해주부 성산리	무능교회	장로	황해도 곡산군 도화면 무능리
두대동교회	장로	황해도 수안군 천곡면 대정리	무동교회	장로	황해도 안악군 용문면 상무리
두동교회	장로	황해도 벽성군 동운면 두동리	무릉리교회	장로	황해도 곡산군 도화면 무릉리
두라교회	장로	황해도 안악군 은홍면 두양리	무산교회	장로	황해도 장연군 목감면 무사리
두릉동교회	감리	황해도 김천군 합탄면 도천리	무석교회	장로	황해도 안악군 안악읍 평정리
두무골교회	감리	황해도 서흥군 도면 도무리 334	무정교회	장로	황해도 봉산군 토성면 무정리
두복교회	모름	황해도 송화군 하리면 두복리	무초동교회	장로	황해도 송화군 송화면 무당리
두현교회	감리	황해도 김천군 토산면 장모리	묵천리교회	장로	황해도 봉산군 기천면 묵천리
로제타기념교회	감리	황해노 해주부	문개교회	감리	황해도 벽성군 내성면 오봉리
마동교회	감리	황해도 봉산군 토성면 마동리	문구교회	장로	황해도 평산군 문무면 문구리

부록 2 해방 이전 북한 교회 명부(약 3천여 개 교회/ 도별 정리)

교회명	교단	주소	교회명	교단	주소
문미교회	성공회	황해도 연백군 해월면 송계리	백천교회	감리	황해도 연백군 은천면 연남리 303
문미교회	성공회	황해도 연백군 금산면 장현리	백천교회	성공회	황해도 연백군 은천면 진천리
문미성바실래교회	성공회	황해도 평산군 안성면 문미리	백천읍성제성교회	성공회	황해도 연백군 백천읍 서촌리
문산교회	장로	황해도 신천군 노월면 문산리	백촌교회	장로	황해도 장연군 신화면 효제리
문성교회	장로	황해도 곡산군 멱미면 문성동	백화리교회	장로	황해도 송화군 연방면 백화리
문수리교회	감리	황해도 김천군 외류면 문수리	버드내(성바울로)교회	성공회	황해도 연백군 유곡면 유천리
문악교회	장로	황해도 서흥군 용평면 월은리			
문암교회	장로	황해도 재령군 하성면 갈산리	법천교회	감리	황해도 김천군 동화(웅덕)면 법천리
문재교회	성공회	황해도 서흥군 내덕면 문제리	벽란리교회	감리	황해도 연백군 해월면 벽란리
문정교회	장로	황해도 재령군 하성면 대청리	벽위교회	장로	황해도 벽성군 대차면 벽위리
문창리	성공회	황해도 서흥군 세평면 고읍리	변촌교회	장로	황해도 황주군 도치면 대송리 변촌
문포교회	감리	황해도 벽성군 내성면 오봉리	별기동교회	장로	황해도 은율군 이도면 생팔리 별기동
문학동교회	모름	황해도 서흥군 내덕면 문학리	별재교회	모름	황해도 봉산군 구연면 상동
문헌교회	장로	황해도 송화군 풍해면 문헌리	병산교회	감리	황해도 연백군 유곡면 충무리
문현리교회	모름	황해도 해주부 북정리	병점교회	감리	황해도 김천군 고동면 송현리
문화교회	성결	황해도 신천군 문화면 서정리	보광교회	모름	황해도 수안군 수구면 보광리
문화교회	장로	황해도 신천군 문화면 서정리	보령교회	장로	황해도 신천군 궁흥면 응봉리
미곡교회	장로	황해도 봉산군 영천면 미곡리	보로교회	장로	황해도 신천군 초리면 보로리
미산교회	장로	황해도 연백군 봉서면 미산리 충흥동	보음리기도처	감리	황해도 신계군 사지면 사이곡리 578
미산교회	장로	황해도 곡산군 하도면 미산리	보천교회	감리	황해도 연백군 용도면 체산리
미생촌교회	장로	황해도 재령군 북율면 미생리	복양리교회	장로	황해도 신천군 용문면 복우리
미생촌교회	장로	황해도 재령군 북율면 남지리	본영교회	감리	황해도 옹진군 북면 화산중리 148
반석교회	감리	황해도 옹진군 온진읍 수혜리	봉곡교회	장로	황해도 안악군 안곡면 봉곡리
반석포교회	감리	황해도 평산군 남천읍 수일리	봉관교회	장로	황해도 곡산군 도화면 봉관리
반정교회	감리	황해도 연백군 용도면 옥야리	봉남교회	장로	황해도 은율군 남부면 봉남리
반정교회	장로	황해도 신천군 용문면 반정리	봉대교회	장로	황해도 장연군 대구면 구미포리
발산교회	장로	황해도 신천군 온천면 발산리	봉미교회	장로	황해도 안악군 안곡면 가곡리
발우교회	감리	황해도 연백군 해룡면 대흥리	봉산(구)읍교회	감리	황해도 봉산군 동선면 가양리
방곡리교회	감리	황해도 서흥군 소사면 방곡리	봉서교회	감리	황해도 연백군 도서면 봉서리
방남교회	감리	황해도 연백군 해월면 용봉리	봉소교회	감리	황해도 옹진군 북면 봉소리
배천교회	감리	황해도 연백군 도서면 배천리	봉천교회	장로	황해도 재령군 재령읍 봉천리 129
배촌교회	감리	황해도 봉산군 구연면 배촌리	봉현교회	장로	황해도 곡산군 도화면 갈천리
백곡교회	모름	황해도 곡산군 청계면 백곡리	봉황리교회	장로	황해도 재령군 재령읍 부성리
백석교회	장로	황해도 신천군 가산면 백석리	부둔교회	장로	황해도 안악군 대행면 적둔리
백양교회	감리	황해도 김천군 웅덕면 백양리	부성리교회	장로	황해도 재령군 재령읍 부성리

교회명	교단	주소	교회명	교단	주소
부용리교회	감리	황해도 신계군 미수면 부용리	삼봉교회	장로	황해도 옹진군 해남면 삼봉리
부정교회	장로	황해도 신천군 남부면 부정리	삼산교회	감리	황해도 평산군 서봉면 삼산리
부토리영	구세군	황해도 연백군 해룡면 부토리	삼상교회	장로	황해도 안악군 안곡면 동파리
부포교회	감리	황해도 옹진군 봉구면 부포리	삼은동교회	장로	황해도 장연군 신화면 삼은리
북률교회	성결	황해도 재령군 북율면 내종리	삼천교회	장로	황해도 신천군 궁흥면 삼천리
사곶교회	장로	황해도 장연군 백령면 진촌리	삼천온천교회	모름	황해도 신천군 궁흥면 삼천리
사기리교회	장로	황해도 송화군 운유면 사기리	삼현리영	구세군	황해도 해주부 삼현리
사동교회	감리	황해도 신계군 미수면 사암리	상거동교회	장로	황해도 재령군 북율면 상거리
사동교회	장로	황해도 장연군 목감면 기동리	상구리교회	장로	황해도 수안군 천곡면 상구리
사동교회	모름	황해도 신계군 다미면 순암리	상구리교회	장로	황해도 수안군 오동면 상구리
사리교회	장로	황해도 은율군 장련면 사리	상당교회	장로	황해도 안악군 문산면 상당리
사리원교회	감리	황해도 봉산군 사리원읍 북리	상매교회	장로	황해도 황주군 인교면 상매리
사리원교회	성결	황해도 봉산군 사리원읍 북리 48	상봉교회	장로	황해도 옹진군 해남면 삼봉리
사리원교회	하나님의교회	황해도 봉산군 사리원읍 북리	상사리교회	감리	황해도 김천군 서천면 상사리
			상산리교회	조선기독	황해도 황주군 도치면 기와리
사리원교회	성공회	황해도 봉산군 사리원읍 행정리	상석교회	장로	황해도 서흥군 내덕면 상석리
사리원교회	조선기독	황해도 봉산군 사리원읍 성화리	상암리교회	감리	황해도 수안군 연암면 상암리
사리원교회	일본장로	황해도 봉산군 사리원읍 성상리	상평리교회	조선기독	황해도 서흥군 용평면 상평리
사리원남부교회	장로	황해도 봉산군 사리원읍 성상리	상홍교회	장로	황해도 안악군 은흥면 상흥리
사리원동부교회	장로	황해도 봉산군 사리원읍 신창리	상흥교회	장로	황해도 안악군 은흥면 상흥리
사리원서부교회	장로	황해도 봉산군 사리원읍 북리	상흥리교회	장로	황해도 김천군 서천면 상흥리
사리원영	구세군	황해도 봉산군 사리원읍 북정	새터교회	장로	황해도 곡산군 도화면 갈천리 석정동
사막교회	모름	황해도 봉산군 사리원읍 상하리	새평영	구세군	황해도 해주부 세장동
사인암교회	장로	황해도 송화군 하리면 수사리	생금교회	감리	황해도 연백군 괘궁면 생금리
사전교회	장로	황해도 신계군 다미면 백암리	생왕리교회	장로	황해도 곡산군 면미면 생왕리
사창교회	장로	황해도 수안군 대오면 사창리	서의동교회	장로	황해도 장연군 신화면 서의동
사창리교회	감리	황해도 수안군 대오면 사창리	서재(제)동교회	감리	황해도 김천군 토산면 부압리
사평교회	장로	황해도 신천군 산천면 사읍리	서촌교회	장로	황해도 평산군 마산면 서촌리
산곡교회	감리	황해도 봉산군 사리원읍 상하리	서흥교회	감리	황해도 서흥군 서흥면 연파리
산산교회	장로	황해도 봉산군 사인면 산산리	서흥읍교회	장로	황해도 서흥군 서흥면 세교리
산죽교회	장로	황해도 신천군 북부면 산죽리 435-5	석계교회	감리	황해도 해주부 영남면 석계리
산현교회	장로	황해도 안악군 안악읍 판오리	석교(리)교회	장로	황해도 신계군 사지면 석교리
삼가교회	장로	황해도 송화군 장양면 애천리	석교교회	장로	황해도 장연군 용연면 석교리
삼기리교회	상로	황해도 송화군 장양면 애천리	석달리교회	장로	황해도 수안군 수구면 석달리
삼봉교회	감리	황해도 옹진군 용천면 원상리	석담교회	모름	황해도 해주부 석담리

부록 2 해방 이전 북한 교회 명부(약 3천여 개 교회/ 도별 정리)

교회명	교단	주소	교회명	교단	주소
석당교회	장로	황해도 신천군 북부면 석당리	소강교회	감리	황해도 옹진군 서면 읍저리
석도교회	장로	황해도 송화군 진풍면 석도리	소고동교회	장로	황해도 곡산군 청계면 문양리 소고동
석사리영	구세군	황해도 평산군 용산면 석사리	소광교회	장로	황해도 봉산군 사리원읍 대원리
석사을영	구세군	황해도 해주부 광석동	소매교회	장로	황해도 황주군 인교면 소매리
석산교회	장로	황해도 황주군 구성면 석산리	소순교회	장로	황해도 장연군 해안면 순계리
석수리영	구세군	황해도 연백군 해동면 석수리	소일교회	성공회	황해도 평산군 신암면 소일면
석암교회	장로	황해도 곡산군 청계면 문양리	속새말교회	장로	황해도 곡산군 도화면 갈천리 봉현동
석암교회	모름	황해도 곡산군 화촌면 운암리	솔곡교회	감리	황해도 연백군 해월면 송계리
석우동교회	장로	황해도 은율군 남부면 청계리 석우동	송간교회	감리	황해도 벽성군 서면 송간리
석월동교회	감리	황해도 김천군 좌면 구성리	송간교회	장로	황해도 벽성군 서면 송간리
석전리교회	성공회	황해도 연백군 금산면 석전리	송간리교회	장로	황해도 안악군 문산면 송간리
석정교회	장로	황해도 곡산군 도화면 석정동	송곡교회	장로	황해도 송화군 운유면 송곡리
석정교회	장로	황해도 황주군 청룡면 석평리	송당리교회	장로	황해도 안악군 대행면
석천성알반교회	성공회	황해도 연백군 은천면 낙천리	송림교회	감리	황해도 옹진군 문정면 송림리
석탄교회	장로	황해도 송화군 천동면 석탄리	송모리교회	성공회	황해도 연백군 기성면 송두리
석탄교회	장로	황해도 황주군 송림면 석탄리	송전교회	장로	황해도 연백군 해월면 송계리 송전동
석포리영	구세군	황해도 옹진군 흥미면 석포리 153	송전리교회	감리	황해도 서흥군 소사면 송전리
석화교회	장로	황해도 신천군 용문면 석화리	송정교회	장로	황해도 안악군 대원면 송산리
선도동교회	감리	황해도 김천군 합탄면 도천리	송정교회	장로	황해도 봉산군 쌍산면 송정리
선봉교회	장로	황해도 황주군 주남면 정방리	송정리영	구세군	황해도 봉산군 쌍산면 송정리
선산교회	장로	황해도 봉산군 사인면 산산리	송천교회	장로	황해도 장연군 대구면 송천리
선암교회	장로	황해도 은율군 은율면 선암리	송천교회	장로	황해도 수안군 공포면 송산리
선암교회	장로	황해도 곡산군 하도면 선암리	송탄교회	장로	황해도 장연군 대구면 송탄리
설현리교회	감리	황해도 평상군 안성면 설현리	송탄교회	장로	황해도 재령군 은룡면 창전리
성동교회	장로	황해도 황주군 도치면 성동리	송파리교회	장로	황해도 황주군 흑교면 송파리
성머리교회	성공회	황해도 송화군 하리면 성머리	송학리교회	장로	황해도 송화군 운유면 송학리
성미교회	장로	황해도 신천군 노월면 정예리 성미촌	송현교회	장로	황해도 옹진군 기천면 흑천상리
성암리교회	장로	황해도 신천군 궁흥면 성암리	송화리교회	감리	황해도 서흥군 도면 송화리
성재교회	장로	황해도 황주군 영풍면 성재리	송화온천교회	장로	황해도 송화군 연정면 온수리
성종리교회	감리	황해도 서흥군 비산면 서종리	송화읍교회	장로	황해도 송화군 송화면 읍내리 132
성주교회	장로	황해도 봉산군 구연면 화간리	수교교회	장로	황해도 송화군 봉래면 연방리
성흥읍교회	장로	황해도 서흥군 서흥면 명의리	수동교회	감리	황해도 옹진군 북면 삼산리
세거리영	구세군	황해도 해주부 성산리	수사리교회	장로	황해도 송화군 하리면 수사리
세교교회	장로	황해도 송화군 풍해면 세교리	수안읍교회	감리	황해도 수안군 수안면 창후리
세동교회	장로	황해도 황주군 도치면 세동	수압교회	장로	황해도 황주군 송림면 수압리

교회명	교단	주소	교회명	교단	주소
수완교회	감리	황해도 봉산군 사리원읍 두부리	신촌교회	장로	황해도 송화군 천동면 신촌리
순암교회	장로	황해도 신계군 다미면 순암리	신촌교회	장로	황해도 평산군 상월면 신촌리
순천리교회	감리	황해도 해주군 서성면 순천리	신촌동교회	모름	황해도 옹진군 웅덕면 신강리
슬복교회	장로	황해도 평산군 적암면 금릉리	신촌지영교회	구세군	황해도 해주부 석계리
시변리교회	감리	황해도 김천군 서천면 시변리 795-5	신평교회	장로	황해도 곡산군 멱미면 문암리
식영교회	감리	황해도 옹진군 흥미면 식여리	신환포교회	장로	황해도 재령군 서호면 신환포리
신강리교회	감리	황해도 김천군 웅덕면 신강리	신흥교회	장로	황해도 은율군 북부면 신흥리
신계읍교회	감리	황해도 신계군 신계면 항교리	신흥교회	장로	황해도 장연군
신기교회	장로	황해도 은율군 서부면 신기리	심촌교회	장로	황해도 황주군 청룡면 심촌시
신덕교회	장로	황해도 안악군 안곡면 신덕리	심현리영교회	구세군	황해도 해주부 심현리
신덕리교회	장로	황해도 재령군 하성면 신덕리	악산교회	장로	황해도 송화군 연정면 악산리
신동교회	장로	황해도 신천군 온천면 장재리	안농교회	장로	황해도 송화군 하리면 안농리
신령리교회	장로	황해도 장연군 신화면 신령리	안락리교회	감리	황해도 옹진군 흥미면 안락리
신막교회	감리	황해도 봉산군 사리원읍 언농리	안심촌교회	장로	황해도 황주군 영풍면 냉천리
신막교회	감리	황해도 서흥군 화면면 율사리	안약온정교회	장로	황해도 안악군 은흥면 온정리
신막교회	성결	황해도 서흥군 신막읍 성상리	안악읍교회	장로	황해도 안악군 안악읍 비석리 159
신막교회	장로	황해도 서흥군 신막읍 역전	애정교회	장로	황해도 재령군 재령읍 봉천리
신성교회	감리	황해도 신계군 미수면 신성리	야죽교회	장로	황해도 신천군 북부면 야죽리
신성교회	장로	황해도 신계군 사지면 지리	약현교회	장로	황해도 평산군 추하면 청단리
신언리교회	장로	황해도 곡산군 봉명면 신언리	양덕교회	감리	황해도 봉산군 문정면 어수리
신원교회	장로	황해도 재령군 신원면 신원리	양생촌교회	장로	황해도 재령군 북율면 남지리
신원교회	장로	황해도 재령군 구연면 신원리	양장교회	장로	황해도 신천군 신천읍 양장리
신원교회	조선기독	황해도 재령군 구연면 신원리	양정교회	장로	황해도 은율군 북부면 양정리
신장교회	감리	황해도 김천군 산외면 신명리	양지동교회	장로	황해도 송화군 연정면 고양리
신정리교회	장로	황해도 황주군 삼전면 용전리	양학리교회	조선기독	황해도 서흥군 도면 양학리
신수농교회	장로	황해도 황주군 영풍면 신정리	어룡교회	감리	황해도 서흥군 세평면 어룡리
신주막교회	감리	황해도 벽성군 금산면 신창리	어화도교회	감리	황해도 옹진군 동남면 어화도리
신죽교회	감리	황해도 벽성군 장곡면 국봉리	언교리교회	장로	황해도 송화군 연방면 연교리
신창리교회	장로	황해도 수안군 수안면 사창리	언도골성시몬교회	성공회	황해도 평산군 적암면 한정리
신천교회	성결	황해노 신천군 신전읍 남전리	엄곳교회	장로	황해도 안악군 대원면 엄곳리
신천동부교회	장로	황해도 신천군 신천읍 사직리	엄양동교회	장로	황해도 장연군 순택면 전산리
신천서부교회	장로	황해도 신천군 신천읍 척서리	역동교회	감리	황해도 연백군 해성면 초양리
신천온천교회	장로	황해도 신천군 신천읍 송오리	연곡교회	장로	황해도 안악군 안악읍 연곡리
신촌교회	감리	황해도 벽성군 추화면 만송리	연남리교회	성공회	황해도 연백군 석산면 연남리
신촌교회	감리	황해도 벽성군 추화면 만송리	연등교회	장로	황해도 안악군 안악읍 연곡리

부록 2 해방 이전 북한 교회 명부(약 3천여 개 교회/ 도별 정리)

교회명	교단	주소	교회명	교단	주소
연명동교회	장로	황해도 은율군 은율면 연명동	옹진읍교회	감리	황해도 옹진군
연백교회	감리	황해도 곡산군 공포면 연백리	와평교회	장로	황해도 재령군 삼강면 와평리
연봉교회	장로	황해도 황주군 송림면 연봉리	왕촌교회	장로	황해도 신천군 북부면 서호리
연산교회	장로	황해도 송화군 장양면 연산리	외암리교회	장로	황해도 수안군 수안면 외암리
연안교회	감리	황해도 연백군 연안면 봉남리	외하리교회	감리	황해도 황주군 천주면 외하리
연안교회	성결	황해도 연백군 연안읍 관천리 195	요담교회	장로	황해도 안악군 은홍면 요담동
연안교회	성공회	황해도 해주군	요앵리교회	장로	황해도 연백군 목단면 요앵리
연안영	구세군	황해도 해주부 개선동	용담교회	모름	황해도 해주부 용당동
연안읍교회	감리	황해도 연백군 연안읍 봉남리 39	용담포교회	감리	황해도 벽성군 서석면 용당리
연안읍교회	성공회	황해도 연백군 연안읍 성화리	용매교회	감리	황해도 벽성군 룡면 용매리 492
연평교회	장로	황해도 황주군 송림면 송현리	용못교회	성공회	황해도 김천군 산외면 용연리
연하영	구세군	황해도 해주부 연하동	용산교회	장로	황해도 안악군 대행면 생근리
연화동교회	장로	황해도 신천군 가산면 연화리	용수교회	감리	황해도 벽성군 금산면 송전리
염불리교회	감리	황해도 옹진군 서면 속오리	용수동교회	장로	황해도 황주군 영풍면 용수동
영안영	구세군	황해도 해주부 욱동	용수평교회	모름	황해도 황주군 주남면 율목리
영양교회	감리	황해도 벽성군 청룡면 영양리	용암교회	장로	황해도 신천군 궁흥면 용암리
영정리영	구세군	황해도 벽성군 동운면 영정리	용연교회	장로	황해도 장연군 용연면 용정리
영정영	구세군	황해도 연백군 목단면 영정리	용연교회	장로	황해도 봉산군 영천면 용연리
예노교회	장로	황해도 봉산군 서종면 예노리	용연교회	장로	황해도 황주군 흑교면 용연리
예동교회	장로	황해도 평산군 인산면 수마리 예동	용연교회	성공회	황해도 평산군 상월면 용연리
예산교회	감리	황해도 연백군 유곡면 충무리	용정동교회	장로	황해도 장연군 용연면 용정리
오동리교회	조선기독	황해도 서흥군 율리면 진목리	용정리교회	모름	황해도 황주군 천주면 용정리
오륜리교회	모름	황해도 곡산군 동촌면 오륜리	용지성미가엘교회	성공회	황해노 김천군 산뇌번 봉시리
오리포교회	장로	황해도 은율군 이도면 오리포리	용천교회	장로	황해도 신천군 가산면 용천리
오윤리교회	조선기독	황해도 서흥군 목감면 오윤리	용포교회	장로	황해도 은늁군 상련년 봉모리
오은골교회	성공회	황해도 연백군 금산면 오은골	용현리교회	감리	황해도 수안군 천곡면 용현리
옥검리교회	장로	황해도 수안군 도소면 옥검리	용호도교회	감리	황해도 옹진군 동남면 용호도리
옥련동교회	장로	황해도 수안군 천곡면 옥련동	우밀리교회	장로	황해도 곡산군 운중면 우밀리
온정교회	장로	황해도 평산군 적암면 온정원리	운곡교회	성공회	황해도 평산군 연길면 간도리
온정교회	장로	황해도 안악군 은홍면 온정리	운봉교회	장로	황해도 황주군 황주읍 운봉리
온정교회	감리	황해도 곡산군 공포면 온정리	운천교회	감리	황해도 평산군 남천읍 신남천리 61
온천교회	감리	황해도 연백군 연안읍 모정리	운천교회	장로	황해도 서흥군 구포면 운천리
온천교회	감리	황해도 벽성군 검단면 온천리	운천교회	감리	황해도 평산군 남천읍 운천리
온천교회	장로	황해도 신천군 신천읍 원암리	운현리교회	장로	황해도 평산군 안성면 운현리
온천교회	성공회	황해도 연백군 연안읍 모정리	원내교회	장로	황해도 은율군 장련면 직전리

교회명	교단	주소	교회명	교단	주소
원내교회	장로	황해도 재령군 청천면 원내리	읍항리교회	감리	황해도 연백군 호남면 읍항리
원당교회	장로	황해도 은율군 남부면 남창리	의동교회	장로	황해도 황주군 인교면 능산리 의동
원동교회	장로	황해도 안악군 대원면 원용리	이도교회	장로	황해도 장연군 후남면 도지리
원동교회	장로	황해도 황주군 흑교면 원동	이동교회	장로	황해도 황주군 천주면 이동리
원용교회	조선기독	황해도 안악군 대원면 원용리	이목교회	감리	황해도 벽성군 검단면 온정리
원촌교회	장로	황해도 장연군 용연면 원촌리	이목교회	감리	황해도 신계군 고면 이목리
월평교회	장로	황해도 곡산군 이녕면 난전리	이목교회	장로	황해도 벽성군 검단면 이목리
위계교회	장로	황해도 장연군 장연읍 칠북리	이목교회2	장로	황해도 벽성군 검단면 온천리
위동교회	장로	황해도 평산군 적암면 위동리	이목동교회	감리	황해도 벽성군 동운면 주산리
유동교회	장로	황해도 봉산군 만천면 유정리	인교리교회	모름	황해도 황주군 천주면 인교리
유복동교회	장로	황해도 봉산군 서종면 흥수리	인덕교회	장로	황해도 황주군 청룡면 인덕리
유순교회	장로	황해도 안악군 용순면 유순리	인포교회	장로	황해도 황주군 청룡면 인포리
유정교회	장로	황해도 봉산군 만천면 유정리	일상교회	장로	황해도 안악군 안곡면 일상동
유천교회	감리	황해도 연백군 유곡면 유천리	일신교회	감리	황해도 수안군 연암면 일신리
유천교회	장로	황해도 신천군 용진면 유천리	임촌교회	장로	황해도 봉산군 서종면 임촌리
유천교회	장로	황해도 봉산군 사리원읍 명유리	입석리교회	모름	황해도 황주군 천주면 신주리
유촌교회	장로	황해도 장연군 낙도면 지경리 유촌	입암교회	장로	황해도 서흥군 목감면 입암리
유포교회	장로	황해도 봉산군 사인면 명유리 17	자동교회	감리	황해도 신계군 다미면 자동리
육령리교회	장로	황해도 수안군 공동면 육령리	자비령교회	장로	황해도 서흥군 세평면 장연리
율동교회	감리	황해도 벽성군 동운면 삼정리	자양교회	장로	황해도 송화군 장양면 자양리
율리교회	감리	황해도 수안군 연암면 율리	작천교회	장로	황해도 벽성군 금산면 작천리
율리교회	장로	황해도 은율군 장련면 율리	장곶교회	장로	황해도 안악군 안곡면 장월리
율사교회	장로	황해도 신천군 궁흥면 성암리	장국리교회	장로	황해도 재령군 장수면 장국리
율현교회	장로	황해도 장연군 순택면 율현리	장동교회	감리	황해도 신계군 마서면 장동리
은동교회	장로	황해도 벽성군 대차면 은동리	장동교회	장로	황해도 은율군 일도면 장통리
은북지교회	장로	황해도 재령군 남율면 은북지리	장동교회	장로	황해도 은율군 남부면 장암리
은산교회	감리	황해도 김천군 서천면 냉정리	장동교회	장로	황해도 황주군 영풍면 영풍리 장동
은성교회	장로	황해도 신천군 북부면	장련읍교회	장로	황해도 은율군 장련면 동부리
은율읍교회	장로	황해도 은율군 은율면 남천리	장방교회	장로	황해도 장연군 장연읍 서정리
은점교회	감리	황해도 신계군 마서면 은점리	장방리영	구세군	황해도 해주부 정방동
은정교회	장로	황해도 재령군 삼강면 은정리	장산교회	장로	황해도 곡산군 운중면 장산동
은파교회	장로	황해도 봉산군 초와면 은파리	장석교회	장로	황해도 장연군 후남면 원촌리
은행정교회	장로	황해도 장연군 목감면 노평리	장석교회	장로	황해도 봉산군 사리원읍 장상리
음양동교회	장로	황해노 상연군 순택면 발산리	장석교회	모름	황해도 장연군 후남면 원촌리
읍동리교회	감리	황해도 연백군 호남면 읍동리	장신리교회	성공회	황해도 연백군 금산면 장산리

부록 2 해방 이전 북한 교회 명부(약 3천여 개 교회/ 도별 정리)

교회명	교단	주소	교회명	교단	주소
장암교회	장로	황해도 은율군 남부면 장암리	제당교회	장로	황해도 송화군 풍해면 천북리
장암교회	장로	황해도 은율군 서부면 장암리	제당교회	장로	황해도 송화군 풍해면 천남리
장양교회	장로	황해도 은율군 일도면 구양리	제풍교회	감리	황해도 해주부 해주읍 제풍정
장양교회	장로	황해도 은율군 일도면 구양리	조암교회	감리	황해도 연백군 오도면 조암리
장연동부교회	장로	황해도 장연군 장연읍 내리	조양리교회	장로	황해도 수안군 오동면 상조양리
장연서부교회	장로	황해도 장연군 장연읍 읍전리	조인리교회	모름	황해도 곡산군 서촌면 조인리
장연읍교회	장로	황해도 은율군 장련면 동부리	종산교회	장로	황해도 신천군 초리면 월산리
장월교회	장로	황해도 안악군 안곡면 장월리	좌곡교회	장로	황해도 재령군 남율면 좌곡리
장재동교회	장로	황해도 신천군 온천면 장재리	좌곡교회	장로	황해도 봉산군 서종면 좌곡리
장좌교회	장로	황해도 황주군 천주면 장좌리	주동교회	장로	황해도 황주군 삼전면 용전리 주동
장촌교회	장로	황해도 송화군 연방면 마산리 장촌	주은교회	감리	황해도 신계군 사지면 막대리
장토교회	장로	황해도 옹진군 운정면 운중동	주촌교회	장로	황해도 재령군 재령읍 부성리
장통교회	장로	황해도 은율군 일도면 장통리	죽전교회	감리	황해도 옹진군 옹진읍 단천리
장현교회	감리	황해도 연백군 해성면 초양리	죽천교회	감리	황해도 벽성군 장곡면 죽천리
장현교회	감리	황해도 옹진군 가천면 장현리	죽천교회	장로	황해도 벽성군 장곡면 죽천리
장현리교회	감리	황해도 옹진군 가천면 장현리	죽천교회	모름	황해도 옹진군 옹진읍 단천리
재령교회	성결	황해도 재령군 북율면 수창리	중기교회	장로	황해도 안악군 서하면 중도리
재령교회	장로	황해도 재령군 재령읍 남천시	중암교회	모름	황해도 해주군 고면 화개리
재령동부교회	장로	황해도 재령군 재령읍 수창리	중앙교회	장로	황해도 장연군 백령면 북포리
재령서부교회	장로	황해도 재령군 재령읍 국화리	중촌교회	감리	황해도 벽성군 추화면 만송리
재령중앙교회	장로	황해도 재령군 재령읍 일신리	중평교회	장로	황해도 장연군 후남면 중평리
재천교회	장로	황해도 재령군 서호면 재천리	중평교회	장로	황해도 곡산군 화촌면 장평리
저도교회	장로	황해도 안악군 대행면 저도리	중화동교회	장로	황해도 장연군 백령면 연화리
전당리교회	감리	황해도 옹진군 동남면 전당리	중흥교회	장로	황해도 은율군 북부면 중흥동
전산교회	감리	황해도 연백군 해룡면 용남리	지경교회	장로	황해도 황주군 송림면 송현리
전산지영	구세군	황해도 장연군 박택면 전산리	지경동교회	장로	황해도 장연군 낙도면 지경리
점교교회	모름	황해도 신계군 다율면 침교리	지경동교회	장로	황해도 장연군 순택면 백산리
점암동영	구세군	황해도 해주부 용동리	지경리교회	장로	황해도 곡산군 상도면 지경리
정곡교회	장로	황해도 서흥군 용평면 서곡리	지남리교회	감리	황해도 벽성군 검단면 지남리
정녀동교회	장로	황해도 신천군 노월면 정예리	지내교회	장로	황해도 은율군 이도면 지내리
정리교회	감리	황해도 수안군 대오면 정동리	지능교회	장로	황해도 안악군 대원면 상산리
정림교회	장로	황해도 봉산군 산수면 용현리	지동교회	감리	황해도 벽성군 서석면 지동리
정암동영	구세군	황해도 해주부 정암동	지동교회	감리	황해도 신계군 다미면 지동리
정자교회	장로	황해도 황주군 흑교면 정자리	지봉교회	장로	황해도 신천군 가련면 지봉리
정촌교회	장로	황해도 은율군 은율면 장담리	지석교회2	감리	황해도 은율군 장련면 지하리

교회명	교단	주소	교회명	교단	주소
지암교회	감리	황해도 벽성군 검단면 냉정리	청회동교회	감리	황해도 안악군 서하면 청회리
지치암교회	장로	황해도 벽성군 검단면 지남리	초도교회	장로	황해도 송화군 풍해면 이현리
직전교회	장로	황해도 은율군 장련면 직전리	초정교회	장로	황해도 안악군 서하면 초정리
직전리교회	장로	황해도 은율군 장련면 직전리	총령교회	장로	황해도 수안군 천곡면 총령리
진곡리교회	조선기독	황해도 봉산군 서경면 진곡리	총막교회	장로	황해도 수안군 천곡면 총막리
진목교회	장로	황해도 송화군 율리면 세진리	최촌교회	장로	황해도 장연군 낙도면 삼천리
진촌교회	장로	황해도 장연군 백령면 진촌리	추동교회	장로	황해도 신천군 문무면 추능리
진포리교회	감리	황해도 평산군 서봉면 진포리	추정교회	감리	황해도 벽성군 금산면 추정리 781
차수교회	모름	황해도 봉산군 산수면 용현리	추정교회	감리	황해도 황주군 흑교면 추정리
창리교회	장로	황해도 송화군 운유면 송학리	추정교회	감리	황해도 벽성군 금산면 추정리
창린교회	감리	황해도 옹진군 용천면 창린도리	추정리교회	감리	황해도 연백군 호동면 추정리
창린도영	구세군	황해도 평산군 용산면 석사리	충령교회	장로	황해도 수안군 천곡면 충령리
창전교회	장로	황해도 재령군 은룡면 창전리	충암교회	장로	황해도 곡산군 멱미면 생왕리
창촌교회	장로	황해도 봉산군 토성면 창촌리	취야교회	감리	황해도 벽성군 가좌면 국봉리
창촌교회	장로	황해도 봉산군 서종면 창촌리	칠곡교회	장로	황해도 장연군 장연읍 칠남리
천괘동교회	장로	황해도 곡산군 상도면 천괘리	칠남교회	장로	황해도 장연군 장연읍 칠남리
천남리교회	장로	황해도 송화군 풍해면 천남리	칠동교회	장로	황해도 장연군 장연읍 칠남리
천대교회	감리	황해도 연백군 용도면 천대리	칠정교회	장로	황해도 송화군 하리면 칠정리
천사리영	구세군	황해도 해주부 천시동	침교교회	장로	황해도 신계군 미수면 침교리
천상교회	감리	황해도 옹진군 부민면 천상리	침촌교회	장로	황해도 황주군 청룡면 소곶리
천암교회	감리	황해도 벽성군 청룡면 영양리	탁영대교회	감리	황해도 해주부 남욱정
천태교회	감리	황해도 연백군 용도면 천태리	탄동교회	장로	황해도 평산군 문무면 청수리
철골교회	성공회	황해도 해주군	탐골영	구세군	황해도 해주부 동정동
철도교회	장로	황해도 황주군 삼전면 철도리	탑동기도처	감리	황해도 김천군 웅덕면 백양리
청계교회	장로	황해도 장연군 장연읍 죽계리	탑촌리교회	감리	황해도 봉산군 구연면 탑촌리
청계리영	구세군	황해도 연백군 용도면 청계리	탑촌리교회	조선기독	황해도 봉산군 구연면 탑촌리
청단교회	감리	황해도 벽성군 추화면 약현리	탑평교회	장로	황해도 송화군 도원면 탑평리
청산교회	장로	황해도 장연군 신화면 군산리	태을리교회	장로	황해도 송화군 진풍면 태을리
청석두교회	장로	황해도 재령군 상성면 청석두리	태탄교회	장로	황해도 장연군 속달면 태타리
청송리교회	장로	황해도 신천군 용문면 청송리	태평교회	장로	황해도 신계군 적여면 대평리
청수리교회	장로	황해도 재령군 청천면 청수리	택동교회	감리	황해도 연백군 해성면 초양리
청암교회	감리	황해도 벽성군 룡면 영양리	택인리교회	장로	황해도 곡산군 봉명면 택인리
청풍교회	감리	황해도 해주부 영동면 청풍리 729	탱석교회	장로	황해도 장연군 목감면 원촌리
청풍리영	구세군	황해도 해주부 영동면 청풍리	토산읍교회	감리	황해도 김천군 토산면 당관리
청화동교회	장로	황해도 은율군 남부면 운례리 꼴밀	토성교회	장로	황해도 은율군 북부면 신흥리

부록 2 해방 이전 북한 교회 명부(약 3천여 개 교회/ 도별 정리)

교회명	교단	주소	교회명	교단	주소
토성교회	장로	황해도 봉산군 토성면 토성리	학계교회	장로	황해도 송화군 진풍면 학계리
토성리교회	장로	황해도 봉산군 토성면 토성리	학리교회	장로	황해도 은율군 장련면 학리
토정리교회	장로	황해도 송화군 진풍면 토정리	학포교회	장로	황해도 안악군 안곡면 학모리
통산교회	장로	황해도 벽성군 금산면 통산리	학현교회	장로	황해도 장연군 순택면 학현리
판교교회	감리	황해도 김천군 우봉면 원명리	학현교회	장로	황해도 재령군 장수면 학현리
판오리교회	장로	황해도 안악군 안악읍 판오리	한달교회	장로	황해도 곡산군 동촌면 한달리
팔학리교회	감리	황해도 벽성군 내성면 팔학리	한대교회	장로	황해도 봉산군 덕재면 적성리
팔학리영	구세군	황해도 연백군 용도면 청계리	한대동교회	장로	황해도 장연군 용연면 두정리
평산교회	성공회	황해도 평산군 적암면 온정리	한봉교회	장로	황해도 안악군 대행면 한봉리
평산교회	성공회	황해도 평산군 적암면 온정리	한정교회	감리	황해도 벽성군 금산면 한정동
평산읍교회	감리	황해도 평산군 평산면 빙고리	한촌교회	장로	황해도 곡산군 운중면 임덕리 한촌
평원교회	장로	황해도 수안군 천곡면 평원리	한포교회	감리	황해도 평산군 금암면 한포리 18-3
평촌교회	장로	황해도 송화군 장양면 평촌리 792-2	항내교회	장로	황해도 재령군 재령읍 수청리
평촌교회	장로	황해도 신천군 노월면 정예리	항현리영	구세군	황해도 해주지방
평촌교회	장로	황해도 곡산군 하도면 하남리	해주교회	성결	황해도 해주부 해주읍 광석리
평촌영	구세군	황해도 해주부 평촌리	해주교회	장로	황해도 해주부 해주읍 남욱정 350
포남교회	장로	황해도 황주군 청룡면 포남리	해주남본정교회	감리	황해도 해주부 남본정
포북교회	장로	황해도 황주군 청룡면 포북리	해주남욱정교	감리	황해도 해주부 해주읍 남욱정
포웅교회	장로	황해도 신계군 사지면 사이곡리	해주남욱정교회	감리	황해도 해주부 남욱정 129
포음교회	감리	황해도 신계군 사지면 사이곡리	해주서동교회	감리	황해도 해주부 동영동 서동
풍곡교회	장로	황해도 안악군 대행면 풍곡리 신풍동	해주성애단교회	성공회	황해도 해주부 광석동
풍양리교회	감리	황해도 연백군 봉북면 풍양리	해주영	구세군	황해도 해주부 북욱동
풍천읍교회	장로	황해도 송화군 풍해면 성상리	해주제일교회	장로	황해도 해주부 중동
하검대교회	장로	황해도 수안군 도소면	해주항교회	성결	황해도 봉산군 상도면
하구교회	장로	황해도 안악군 용순면 유순리	해주항교회	장로	황해도 해주부 항동
하금동교회	장로	황해도 서흥군 내덕면 작시리	해창교회	장로	황해도 안악군 안악읍 해창리
하남교회	장로	황해도 곡산군 하도면 하남리	해창교회	장로	황해도 재령군 남율면 해창리
하내촌교회	감리	황해도 김천군 웅덕면 백양리	행정교회	감리	황해도 해주부 북행동
하내촌교회	감리	황해도 김천군 웅덕면 벽파리	행정교회	장로	황해도 안악군 은홍면 학산리
하단리교회	장로	황해도 곡산군 멱미면 하단리	행정교회	장로	황해도 봉산군 쌍산면 행정리
하리성캐트린교회	성공회	황해도 연백군 연백읍 하리	향현리교회	장로	황해도 옹진군 용천면 창린도리
하설교회	장로	황해도 안악군 용순면 가정리	향현리영	구세군	황해도 해주부 광석동
하운동교회	장로	황해도 서흥군 목감면 입암리	허정교회	장로	황해도 봉산군 서석면 파정리
하유교회	모름	황해도 수안군 수안면 하유리	현암영	구세군	황해도 해주부 광석동
하회교회	장로	황해도 수안군 공모면 하회리	형제정교회	장로	황해도 황주군 영풍면 신정리

교회명	교단	주소	교회명	교단	주소
호동교회	모름	황해도 황주군 도치면 호동리	화천리교회	장로	황해도 곡산군 서촌면 화천리
호서교회	감리	황해도 연백군 호남면 호서리	화촌영	구세군	황해도 평산군 용산면 화촌리
호현교회	감리	황해도 김천군 미율면 둔창리	황대교회	장로	황해도 곡산군 동촌면 귀락리
호현교회	장로	황해도 재령군 장수면 호현리	황용리교회	성공회	황해도 김천군 산외면 황읍리
홀동교회	장로	황해도 수안군 수구면 실광리	황주교회	성결	황해도 황주군 황주읍 성수리
홍수원교회	장로	황해도 봉산군 구연면 신원리	황주읍교회	장로	황해도 황주군 황주읍 황강리
홍촌교회	장로	황해도 황주군 구성면 홍천리	황촌교회	장로	황해도 은율군 서부면 신기리
홍현교회	감리	황해도 연백군 유곡면 영성리	회동교회	감리	황해도 수안군 수안면 옥현리
화동교회	장로	황해도 황주군 구성면 화동리	회석리교회	조선기독	황해도 수안군 율계면 화석리
화산교회	감리	황해도 안악군 대행면 화산리	후남교회	장로	황해도 장연군 후남면 부양리
화산교회	감리	황해도 해주군 화성면 화산리 266	휴동교회	장로	황해도 장연군 신화면 휴동리
화산교회	장로	황해도 송화군 연방면 백화리	휴서교회	장로	황해도 장연군 신화면 휴서리
화산교회	장로	황해도 벽성군 동강면 화산리	흑교교회	장로	황해도 황주군 흑교면 흑교리
화성리교회	성공회	황해도 연백군 호남면 화성리	흑자수교회	장로	황해도 봉산군 토성면 토성리
화암교회	장로	황해도 재령군 청천면 송암리 477	흑천교회	장로	황해도 황주군 흑교면 흑천리
화암교회	장로	황해도 곡산군 멱미면 하단리 778	흥동교회	장로	황해도 수안군 도소면 흥덕리
화천교회	장로	황해도 은율군 장련면 화천리	흥수원교회	장로	황해도 봉산군 구연면 신원리
화천교회	장로	황해도 평산군 문무면 화천리	희동교회	감리	황해도 수안군 수안면 옥현리 희동
화천리교회	장로	황해도 은율군 장련면 화천리			

〈평안남도〉

교회명	교단	주소	교회명	교단	주소
가동교회	장로	평안남도 용강군 오신면 가양리	간동리부활교회	성공회	평안남도 순천군 선소면 가동리
가량리교회	장로	평안남도 용강군 오신면 오신리	간동장리교회	장로	평안남도 숭화군 간동면 간동장리
가생리교회	감리	평안남도 강서군 수산면 가생리	간리교회	장로	평안남도 중화군 당정면 간리
가암리교회	장로	평안남도 중화군 풍동면 가암리	간리교회	장로	평안남도 대동군 재경리면 간리
가양리교회	장로	평안남도 용강군 오신면 오신리	간중리교회	장로	평안남도 대동군 남곶면 간리
가여쥬교회	감리	평안남도 평원군 힌친면 가어주리	간시성교회	장로	평안남도 중화군 간동면 간지정리
가작리교회	장로	평안남도 대동군 용연면 기작리	갈산교회	장로	평안남도 평원군 조운면 갈산리
가현교회	감리	평안남도 강서군 수산면 가현리	갈원교회	장로	평안남도 평원군 서해면 미륵리
가현교회	장로	평안남도 대동군 용산면 용흥리	갈원교회	장로	평안남도 평원군 청산면 구원리
가현교회	장로	평안남도 대동군 임원면 용흥리 21-37	갈월교회	장로	평안남도 평원군 청산면 갈월리
각금교회	장로	평안남도 대동군 남곶면 각금리	갈정교회	감리	평안남도 강서군 신정면 갈정리
각금리교회	장로	평안남도 중화군 천곡면 각금리	갈천교회	장로	평안남도 용강군 양곡면 갈천리

부록 2 해방 이전 북한 교회 명부(약 3천여 개 교회/ 도별 정리)

교회명	교단	주소	교회명	교단	주소
강동읍교회	장로	평안남도 강동군 강동면 아달리	곶동교회	감리	평안남도 강서군 신정면 곶동리
강동읍교회	장로	평안남도 강동군 강동면 상리	관계리교회	장로	평안남도 강동군 원탄면 관제리
강동하리교회	장로	평안남도 강동군 강동면 하리	관동교회	감리	평안남도 강서군 신정면 하청리
강서읍교회	감리	평안남도 강서군 강서면 덕흥리 661	관산교회	장로	평안남도 대동군 용악면 하차리
강촌교회	장로	평안남도 평양시 서성리	관상리교회	성공회	평안남도 순천군 순천읍 관상리
강태울교회	성공회	평안남도 순천군 신창면 원창리	관학리교회	장로	평안남도 강동군 고천면 관학리
개천읍교회	장로	평안남도 개천군 개천읍 군우리	광덕리교회	장로	평안남도 강동군 고천면 광덕리 185
거동교회	장로	평안남도 대동군 고평면 거리	광량만교회	감리	평안남도 용강군 금곡면 우등리 388-3
건산교회	장로	평안남도 중화군 당정면 건교리	광량만북교회	감리	평안남도 용강군 금곡면 금수리
건지리교회	감리	평안남도 대동군 자족면 건지리	광석교회	장로	평안남도 강동군 상풍면 광석리
검산교회	장로	평안남도 평원군 검산면 검흥리	광석리교회	장로	평안남도 중화군 해압면 광석리
검암교회	감리	평안남도 중화군 해압면 용산리	광제리교회	감리	평안남도 강서군 증산면 광제리
검암교회	장로	평안남도 중화군 당정면	괘송교회	감리	평안남도 양덕군 대륜면 괘송리
견룡교회	장로	평안남도 순천군 후탄면 건룡리	괴음리교회	장로	평안남도 강동군 승호읍 괴음리
경산리교회	장로	평안남도 평양시 경산리	교구정교회	감리	평안남도 평양시 교구정
경전교회	감리	평안남도 용강군 용월면 계명리	구거비교회	장로	평안남도 중화군 상원면 구거비리
경창리교회	장로	평안남도 평양시 경창리	구동창교회	장로	평안남도 대동군 율리면 구동창
경창리교회	장로	평안남도 평양시 경창리	구룡교회	장로	평안남도 용강군 오신면 구룡리
경창문밖(외)교회	장로	평안남도 평양시 기림리 141	구리교회	감리	평안남도
경촌리교회	장로	평안남도 평양시 경촌리 440	구연리교회	감리	평안남도 강서군 신정면 구련리
계명동교회	감리	평안남도 강서군 영월면 계명리	구읍교회	감리	평안남도 양덕군 동양면 상석리
고방사교회	장로	평안남도 대동군 임원면 남사리 고방산	군우리교회	장로	평안남도 개천군 외서면 군우리
고봉교회	장로	평안남도 강동군 삼등면 봉의리	귀일교회	장로	평안남도 중화군 천곡면 귀일리
고복동교회	장로	평안남도 용강군 해운면 연봉리	금강교회	장로	평안남도 평원군 순안면 금강리
고봉리교회	감리	평안남도 평원군 해운면 고봉리	금곡교회	감리	평안남도 순천군 내남면 금곡리
고봉리교회	장로	평안남도 강동군 삼등면 고봉리	금당리교회	감리	평안남도 용강군 금곡면 석포리
고비리교회	장로	평안남도 강동군 원탄면 고비리	금사리교회	감리	평안남도 용강군 귀림면 금사리
고산교회	장로	평안남도 대동군 남형제산면 남교리	금성교회	장로	평안남도 덕천군 성양면 금성리
고식교회	장로	평안남도 평원군 서해면 연풍리	금수정리교회	장로	평안남도 중화군 중화면 금수정리
고읍교회	장로	평안남도 진남포부 고읍리	금정리교회	감리	평안남도 용강군 귀성면 금정리
고잔리교회	감리	평안남도 중화군 양정면 고잔리	금천교회	장로	평안남도 대동군 고평면 금천리
고정교회	장로	평안남도 평양시 기림리 56-4	기리교회	감리	평안남도 강서군 쌍용면 기리
고정교회	장로	평안남도 대동군 임원면 고정리	기림교회	장로	평안남도 평양시 기림리 180
고창교회	장로	평안남도 강서군 잉차면 삼리 369	기림리교회	성결	평안남도 평양시 기림리
곡전교회	감리	평안남도 용강군 용월면 계명리	기성교회	성결	평안남도 평양시 경창리

교회명	교단	주소	교회명	교단	주소
기성교회	일본	평안남도 평양시 경창리	담부리교회	감리	평안남도 용강군 금곡면 담부리
기탄교회	장로	평안남도 순천군 자산면 기탄리	당점교회	장로	평안남도 용강군 서화면 자복리
낙전교회	장로	평안남도 평원군 용호면 낙전리	대교교회	장로	평안남도 안주군 연호면 남일리
난마리교회	장로	평안남도 용강군 다미면 난마리	대기암교회	장로	평안남도 중화군 신흥면 대기암리
난산교회	장로	평안남도 용강군 용강면 란산리	대동교회	성결	평안남도 평양시 인흥정
난산교회	장로	평안남도 성천군 삼흥면 난산리	대동교회	장로	평안남도 덕천군 일하면 상심리 대동
난산리교회	장로	평안남도 강동군 삼등면 난산리	대두리교회	감리	평안남도 진남포부 대두리
남경교회	장로	평안남도 대동군 자족면 남경리	대류리교회	장로	평안남도 중화군 동두면 대류리
남관리교회	장로	평안남도 대동군 부산면 남관리	대병리교회	장로	평안남도 중화군 천곡면 대병리
남교리교회	장로	평안남도 대동군 재경리면 남교리	대성리교회	장로	평안남도 강서군 동진면 태성리
남궁리교회	장로	평안남도 대동군 용연면 남궁리	대송리교회	장로	평안남도 대동군 남곶면 대송리
남문밖교회	장로	평안남도 평양시 남문동	대수리교회	장로	평안남도 대동군 청룡면 대수리
남산교회	장로	평안남도 용강군 양곡면 남동리	대신교회	장로	평안남도 평양시 대신정
남양교회	장로	평안남도 성천군 능증면 남양리	대안교회	장로	평안남도 강서군 성암면 대안리
남정교회	장로	평안남도 대동군 남곶면 남정리	대오유리교회	장로	평안남도 대동군 청룡면 대오류리
남창교회	장로	평안남도 중화군 풍덕면 남창리	대원교회	장로	평안남도 대동군 대동강면 대원리
남창교회	장로	평안남도 평원군 평원면 성남리	대이도교회	장로	평안남도 대동군 남곶면 대이도리
남칠교회	장로	평안남도 안주군 신안주면 청송리	대정교회	감리	평안남도 강서군 신정면 연하리
남포교회	장로	평안남도 순천군 선소면 남포리	대정교회	장로	평안남도 중화군 상원면 대정리
내도교회	장로	평안남도 대동군 청룡면 내도리	대천리교회	장로	평안남도 대동군 부산면 중이리
내도교회	장로	평안남도 대동군 임원면 내도리	대타령교회	장로	평안남도 평양시 대타령리 산 40-1
내동교회	장로	평안남도 개천군 조양면 용봉동	대평교회	장로	평안남도 대동군 대보면 대평외리
내동교회	장로	평안남도 중화군 풍도면 내동리 147	대포리교회	장로	평안남도 평원군 덕산면 대포리
내동리교회	장로	평안남도 중화군 풍동면 내동리	대흥교회	장로	평안남도 중화군 천곡면 대흥리
내리교회	장로	평안남도 대동군 남형제산면 남교리	덕동교회	감리	평안남도 용강군 대대면 더동리 322
내포리교회	장로	평안남도 덕천군 잠상면 내포리	덕암교회	장로	평안남도 중화군 풍동면 덕암리 362
노성교회	장로	평안남도 대동군 임원면 노성리	덕연리교회	모름	평안남도 성천군 대곡면 덕연리
노전리교회	장로	평안남도 중화군 수산면 노전리	덕운교회	장로	평안남도 성천군 능증면 덕운리
노정교회	장로	평안남도 진남포부 노정리	덕지교회	장로	평안남도 평원군 노지면 용암리
노하리교회	감리	평안남도 용강군 귀성면 누하리	덕천읍교회	장로	평안남도 덕천군 덕천면 읍남리 110-1
능라리교회	장로	평안남도 평양시 능라리	덕태교회	장로	평안남도 용강군 오신면 덕해리
능성리교회	장로	평안남도 중화군 풍동면 능성리	덕해교회	장로	평안남도 용강군 오신면 덕해리
다기봉교회	장로	평안남도 중화군 동두면 다기봉리	도덕리교회	장로	평안남도 강동군 고천면 도덕리
달전교회	장로	평안남도 덕천군 일하면 달하리	도학리교회	장로	평안남도 용강군 오신면 조학리 626
달하리교회	장로	평안남도 덕천군 일하면 달하리	도회교회	장로	평안남도 안주군 안주읍 도회리

부록 2 해방 이전 북한 교회 명부(약 3천여 개 교회/ 도별 정리)

교회명	교단	주소	교회명	교단	주소
도흥교회	감리	평안남도 순천군 선소면 도흥리	매현리교회	장로	평안남도 중화군 해압면 매현리
도흥리교회	성공회	평안남도 순천군 선소면 도흥리	매화교회	장로	평안남도 순천군 후탄면 후탄리
독좌동교회	장로	평안남도 강서군 성태면 성륙리	매화교회	감리	평안남도 순천군 상면 매화리
동광교회	장로	평안남도 평양시 선교리	매화치교회	장로	평안남도 순천군 순천읍 매화동
동대원교회	장로	평안남도 평양시 동대원리 436-2	맹산읍교회	장로	평안남도 맹산군 맹산면 수정리
동림리(성스테판)교회	성공회	평안남도 순천군 선소면 동림리	명구리교회	장로	평안남도 중화군 간동면 명구리
			명당동교회	장로	평안남도 평원군 청산면 남흥리
동묘리교회	장로	평안남도 영원군 소백면 동묘리	명선동교회	감리	평안남도 강서군 함종면 명선리
동북리교회	장로	평안남도 대동군 용악면 동북리	명오동교회	감리	평안남도 대동군 부산면 수산리
동산교회	감리	평안남도 강서군 동진면 학송리 592-3	명의리교회	장로	평안남도 강동군 강동면 명의리
동산대교회	장로	평안남도 평원군 동송면 월봉리	명촌교회	장로	평안남도 평양시 평천리 104
동삼리교회	장로	평안남도 강동군 봉진면 동삼리	명촌교회	장로	평안남도 대동군 고평면 명천리
동서리교회	장로	평안남도 강동군 고천면 동서리	목성교회	감리	평안남도 대동군 용연면 목성리
동운교회	장로	평안남도 성천군 수진면 동운리	묘산교회	장로	평안남도 성천군 삼흥면 묘산리
동전교회	모름	평안남도 용강군 다미면 동전리	무본리교회	감리	평안남도 강서군 증산면 무본리
동창교회	감리	평안남도 맹산군 학천면 소창리	무신교회	장로	평안남도 대동군 율리면 무진리
동평리교회	장로	평안남도 평원군 순안면 동평리	무진교회	장로	평안남도 대동군 율리면 무진리
동평양교회	장로	평안남도 평양시 선교리 42	무진대교회	장로	평안남도 개천군 중남면 삼소리
두단교회	장로	평안남도 대동군 대동강면 두단리	무진탑교회	장로	평안남도 개천군 중남면 삼소리
두로도교회	감리	평안남도 대동군 고평면 상단리	문거리교회	성공회	평안남도 순천군 선소면 문거리
두만리교회	감리	평안남도 강서군 증산면 두만리	문동교회	감리	평안남도 강서군 신정면 문동리
두암리교회	장로	평안남도 맹산군 지덕면 두암리	문발교회	장로	평안남도 대동군 남곶면 문발리
두전리교회	장로	평안남도 대동군 김제면 두전리	문성중앙교회	감리	평안남도 평양시 서성리
래도교회	장로	평안남도 대동군 청룡면 래도리	문애리교회	감리	평안남도 진남포부 문애리
룡암교회	성결	평안남도 순천군 선소면 용암리	문원리교회	장로	평안남도 성천군 삼덕면 문원리
마동리(성요셉)교회	성공회	평안남도 순천군 신창면 마동리	문원리교회	성공회	평안남도 순천군 선소면 문원리
			문창교회	장로	평안남도 순천군 은산면 문창리
마명교회	장로	평안남도 용강군 양곡면 마명리	문흥리교회	모름	평안남도 성천군 통선면 문흥리
마산교회	장로	평안남도 대동군 근산면 마산리	물아시교회	장로	평안남도 성천군 통선면 백원리
마산동교회	장로	평안남도 대동군 용악면 마산리	미림(리)교회	장로	평안남도 대동군 추을미면 신리
마촌교회	장로	평안남도 평원군 영유면 화림리	미정리교회	장로	평안남도 대동군 추을미면 미정리
마촌리교회	장로	평안남도 대동군 강서면 마촌리	박구리교회	감리	평안남도 평양시 신암리
만성교회	모름	평안남도 안주군 대니면 협흥리	반삼리교회	장로	평안남도 강서군 반석면 반오리
망덕교회	장로	평안남도 대동군 재경리면 망덕리	반석(동)교회	장로	평안남도 용강군 해운면 용번리
매촌교회	장로	평안남도 용강군 오신면 월매리	반석교회	장로	평안남도 강서군 반석면 반륙리 618

교회명	교단	주소	교회명	교단	주소
반일리교회	감리	평안남도 강서군 반석면 반일리	사창교회	장로	평안남도 영원군 대흥면 사창리
반작교회	장로	평안남도 평원군 공덕면 간리	사천교회	장로	평안남도 강서군 반석면 상사리
반천리교회	장로	평안남도 대동군 대보면 반천리	사천리교회	감리	평안남도 용강군 대대면 사천리
발북교회	장로	평안남도 안주군 대니면 발북리	사통교회	감리	평안남도 대동군 율리면 현교리
발산외동교회	감리	평안남도 강서군 신흥면 발산외동	사평교회	감리	평안남도 순천군 신창면 자파리
배산점교회	감리	평안남도 대동군 용악면 하리	산사리교회	장로	평안남도 대동군 청룡면 산사리
법화리교회	장로	평안남도 중화군 상원면 법화리	산수리교회	장로	평안남도 대동군 김제면 산수리 212
벽지도교회	장로	평안남도 대동군 남곶면 벽지도리	산정현교회	장로	평안남도 평양시 계리 55
벽하(리)교회	장로	평안남도 중화군 풍동면 벽하리	삼관교회	장로	평안남도 평원군 용호면 관성리
보덕교회	장로	평안남도 평원군 서해면 보덕리	삼기리기도처	감리	평안남도 강서군 강서면 현봉리
보평교회	장로	평안남도 강동군 고천면 항교리	삼등교회	장로	평안남도 강동군 삼등면 봉의리
봉내리교회	장로	평안남도 강동군 삼등면 봉래리	삼부동교회	감리	평안남도 강서군 적송면 삼부리
봉당리교회	장로	평안남도 강동군 봉진면 봉당리	삼산점교회	장로	평안남도 대동군 자족면 삼산리
봉명교회	장로	평안남도 개천군 조양면 봉명리	삼성리교회	장로	평안남도 중화군 해압면 삼성리
봉서리교회	장로	평안남도 안주군 안주읍 봉서리	삼성리교회	장로	평안남도 강동군 고천면 삼성리
봉창교회	장로	평안남도 순천군 선소면 봉창리	삼응교회	장로	평안남도 용강군 양곡면 삼응리
봉창교회	장로	평안남도 개천군 봉동면 봉창리	삼정교회	감리	평안남도 대동군 용연면 검포리
봉현교회	감리	평안남도 성천군 영천면 봉현리	삼합교회	장로	평안남도 대동군 청룡면 삼합리
부백교회	장로	평안남도 평원군 동암면 부백리	삼합리교회	장로	평안남도 중화군 양정면 삼합리
부흥동교회	장로	평안남도 덕천군 일하면 상계리	삼화교회	감리	평안남도 용강군 삼화면 옥정리 135
북면원리교회	감리	평안남도 개천군 북면 원리	상관동교회	장로	평안남도 중화군 서성면 상관리
북신리교회	장로	평안남도 평양시 신리 129	상귀동교회	장로	평안남도 중화군 상원면 상귀동리
북원교회	감리	평안남도 개천군 중서면 평원리	상수리교회	감리	평안남도 평양시 상수리
북창교회	감리	평안남도 순천군 북창면 북창리	상수리교회	장로	평안남도 평양시 상수리
북창교회	장로	평안남도 맹산군 옥천면 부창리	산지리교회	장로	평안남도 대동군 김제면 성지리
북창교회	장로	평안남도 평원군 공덕면 신화리	상진교회	감리	평안남도 평양시 장진리
비석리교회	감리	평안남도 진남포부 비석리	상팔교회	장로	평안남도 안주군 연호면 상팔리 435
비석리교회	장로	평안남도 진남포부 비석리 191	상화교회	장로	평안남도 맹산군 지덕면 상화리
사둑교회	감리	평안남도 대동군 대동강면 의암리	생기령교회	장로	평안남도 안주군 안산면 왕수리
사둔교회	장로	평안남도 덕천군 잠산면 사둔리	서기리교회	장로	평안남도 대동군 대보면 서리
사룡리교회	장로	평안남도 중화군 중화면 사룡리	서동교회	장로	평안남도 성천군 영천면 용암리 427
사산교회	장로	평안남도 평원군 서해면 사산리	서산교회	장로	평안남도 구성군 서산면 신덕동
사양교회	장로	평안남도 강서군 함종면 사양리	서성교회	장로	평안남도 평양시 서성리 14
사양교회	장로	평안남도 개천군 남암면 남양리	서소안리교회	감리	평안남도 강서군 증산면 소안리
사인교회	장로	평안남도 순천군 사인면 사인리	서신교회	장로	평안남도 평양시 신리 176

부록 2 해방 이전 북한 교회 명부(약 3천여 개 교회/ 도별 정리)

교회명	교단	주소	교회명	교단	주소
서재산교회	장로	평안남도 대동군 김제면 대정리	세심교회2	장로	평안남도 강동군 강동면 화강리
서재산교회	장로	평안남도 개천군 조양면 서재리	세심리교회	장로	평안남도 성천군 능중면 숭덕리
서재산교회	장로	평안남도 대동군 김제면 황각리	소룡동교회	감리	평안남도 강서군 수산면 어경리
서창교회	장로	평안남도 평원군 검산면 서창리	소룡리교회	장로	평안남도 대동군 용산면 소룡리
서평양교회	감리	평안남도 평양시 서성도	소용리교회	장로	평안남도 대동군 용산면 소룡리
서하리교회	감리	평안남도 강서군 강서면 서화리	소죽교회	장로	평안남도 평원군 조운면 순정리
서호교회	장로	평안남도 중화군 양정면 문정리	송가(강)리교회	장로	평안남도 강동군 삼등면 송가리
석교교회	장로	평안남도 순천군 은산면 석교리	송강리성빌립교회	성공회	평안남도 성천군 영천면 송강리
석교교회	장로	평안남도 중화군 당정면 석교리 290
석교교회	성공회	평안남도 평양시 경창리	송경교회	감리	평안남도 강서군 함종면 송경리
석목(리)교회	장로	평안남도 대동군 추을미면 석목리	송동교회	감리	평안남도 강서군 함종면 송동리
석심리교회	감리	평안남도 강서군 적송면 석심리	송두리교회	장로	평안남도 강동군 원탄면 송두리
석소안리교회	감리	평안남도 강서군 장안면 석소안리	송림교회	장로	평안남도 평원군 양화면 상송리
석암교회	장로	평안남도 평원군 동암면 석암리	송산교회	장로	평안남도 영원군 태극면 송산리
석양교회	감리	평안남도 중화군 양정면 석양리 79	송산교회	장로	평안남도 대동군 고평면 송산리
석우교회	장로	평안남도 순천군 사인면 석우리	송신교회	장로	평안남도 평양시 송신정
석정(리)교회	장로	평안남도 대동군 율리면 석정리	송암리교회	장로	평안남도 대동군 임원면 송암리
석정교회	장로	평안남도 중화군 양정면 석정리	송오교회	감리	평안남도 중화군 당정면 양리
석정리성알반교회	성공회	평안남도 순천군 후탄면 석정리	송오동교회	장로	평안남도 강동군 원탄면 송오리
			송정교회	장로	평안남도 덕천군 풍덕면 추풍리
선교리교회	감리	평안남도 평양시 선교리 109	송정동교회	장로	평안남도 평원군 해소면 송정리
선교괴교회	선견	평안남도 평양시 서교리	속천교회	감리	평안남도 강서군 수산면 쌍송리
선교리교회	장로	평안남도 평양시 선교리	송현(성모탄생)교회	성공회	평안남도 순천군 신창면 송현리
설메교회	장로	평안남도 중하군 돋두면 석매리
설을교회	감리	평안남도 용강군 서화면 설을리	송호리교회	장로	평안남도 강서군 초리면 송호리
설을교회	장로	평안남도 용강군 서화면 죽본리	수덕성요한제자교회	성공회	평안남도 순천군 신창면 수덕리
성동교회	장로	평안남도 성천군 능증면 명덕리
성재리교회	장로	평안남도 중화군 수산면 성재리(성재면 수산리)	수산교회	장로	평안남도 강서군 반석면 수산리
			수우교회	장로	평안남도 대동군 부산면 중리
성천교회	장로	평안남도 중화군 신흥면 성천리	수일리교회	감리	평안남도 용강군 신녕면 수일리
성천읍교회	장로	평안남도 성천군 성천면 하부리	수저교회	장로	평안남도 덕천군 일하면 상신리
성현교회	장로	평안남도 평원군 공덕면 성교리	숙천교회	감리	평안남도 평원군 숙천면 단장리
성현교회	장로	평안남도 중화군 양정면 성현리	숙천교회	성결	평안남도 평원군 숙천면 관전리
성현리교회	감리	평안남도 용강군 해운면 성현리	숙천읍교회	장로	평안남도 평원군 숙천면 관전리
세심교회	장로	평안남도 성천군 능중면 숭덕리	숙천읍교회	장로	평안남도 순천군 순천읍 상차리

교회명	교단	주소	교회명	교단	주소
순안읍교회	장로	평안남도 평원군 순안면 남창리	심정리교회	장로	평안남도 강서군 동진면 심정리
순천성마리아교회	성공회	평안남도 순천군 순천읍 관상리	쌍림리교회	성공회	평안남도 성천군 사가면 쌍계리
			아파교회	감리	평안남도 성천군 영천면 요파리
순천읍교회	감리	평안남도 순천군 순천읍 관하리	안국교회	장로	평안남도 순천군 사인면 안국리
순천읍교회	장로	평안남도 순천군 순천읍 관하리	안주동교회	장로	평안남도 안주군 안주읍 진인리 114
숭덕리교회	감리	평안남도 순천군 순천읍 숭덕리	안주중앙교회	장로	평안남도 안주군 안주읍 건인리
승덕리교회	감리	평안남도 안주군 용화면	암산점교회	장로	평안남도 대동군 대보면 암산리
승리동부교회	장로	평안남도 강동군 만달면 승호리	암저리교회	감리	평안남도 강서군 강서면 암저리
승호리동부교회	장로	평안남도 강동군 상풍면 승호리 44	암정교회	성결	평안남도 안주군 안주읍 암정면 남정리
승호리중부교회	장로	평안남도 강동군 상풍면 승호리	애창교회	장로	평안남도 맹산군 애전면 창리
승호리중부교회	장로	평안남도 강동군 상풍면 승호리 중부	약수평교회	장로	평안남도 강서군 강서면 정화리
식송교회	장로	평안남도 순천군 자산면 신암리	약전교회	장로	평안남도 평원군 용호면 약전리
신계교회	감리	평안남도 평원군 덕산면 신계리	양덕교회	감리	평안남도 양덕군 동양면
신덕교회	감리	평안남도 성천군 삼덕면 신덕리	양덕성니코라이교회	성공회	평안남도 양덕군 서면 양덕리
신덕리교회	감리	평안남도 용강군 신녕면 신덕리			
신덕리교회	장로	평안남도 영원군 소백면 신덕리	양지교회	장로	평안남도 덕천군 일하면 구정리
신리교회	감리	평안남도 평양시 신리 117-4	양지리교회	장로	평안남도 대동군 청룡면 양지리
신리교회	장로	평안남도 안주군 대니면 금계리	양포교회	장로	평안남도 순천군 후탄면 양포리 139-2
신리교회	장로	평안남도 강동군 봉진면 신리	양화리교회	장로	평안남도 용강군 지운면 양화리
신성천교회	성공회	평안남도 성천군 사가면 성림리	양화리교회	성공회	평안남도 순천군 신창면 양화리
신안주교회	성결	평안남도 안주군 신안주면 신안주리	어경교회	감리	평안남도 강서군 수산면 어경리
신안주교회	장로	평안남도 안주군 신안주면 운흥리 23	어부산교회	장로	평안남도 중화군 중화면 어부산리
신암교회	장로	평안남도 평양시 신양리 176-10	어은동교회	장로	평안남도 대동군 대보면 팔청리
신유리교회	감리	평안남도 용강군 양곡면 신류리 251	어중교회	장로	평안남도 평원군 동암면 어중리
신읍교회	감리	평안남도 양덕군 양덕읍 용계리	어촌교회	장로	평안남도 평양시 어촌리 440
신읍교회	장로	평안남도 중화군 상원면 신읍리	어파교회	장로	평안남도 평원군 영유면 어파리
신정교회	감리	평안남도 강서군 신정면 구련리	억량기교회	감리	평안남도 진남포부 억량기리
신정시교회	장로	평안남도 강서군 신정면 구련리	억양기교회	장로	평안남도 진남포부 억량기리
신창교회	감리	평안남도 순천군 신창면 신창리	역량기리교회	장로	평아남도 지남포부 억량기리
신창성바울교회	성공회	평안남도 순천군 신창면 신창리	역포교회	감리	평안남도 대동군 용연면 검포리
신하동교회	장로	평안남도 대동군 용연면 신하리	역포교회	감리	평안남도 대동군 용연면 검포리
신현교회	장로	평안남도 평양시 장별리 84	연남리교회	감리	평안남도 강서군 풍면 연남리
신흥교회	장로	평안남도 대동군 용산면 신흥리 325-1	연동교회	장로	평안남도 안주군 상팔리 연동
신흥리교회	감리	평안남도 진남포부 신흥리 42	연리교회	장로	평안남도 강동군 봉진면 연리
심덕리교회	감리	평안남도	연봉리교회	장로	평안남도 용강군 해운면 연봉리

부록 2 해방 이전 북한 교회 명부(약 3천여 개 교회/ 도별 정리)

교회명	교단	주소	교회명	교단	주소
연평리교회	장로	평안남도 용강군 오신면 연평리	용도리교회	감리	평안남도 용강군 귀성면 용도리
연화동교	장로	평안남도 평양시 연화리 팔천대동 40	용동교회	장로	평안남도 용강군 오신면 구룡리
영대교회	감리	평안남도 순천군 신창면 영대리	용문리교회	감리	평안남도 용강군 삼화면 용문리 552
영복교회	모름	평안남도 안주군 운곡면	용문성애단교회	성공회	평안남도 성천군 쌍룡면 용문리
영삼리교회	장로	평안남도 중화군 해압면 영삼리	용반리교회	장로	평안남도 용강군 해운면 용번리
영소교회	감리	평안남도 순천군 은산면 영소리	용복교회	장로	평안남도 안주군 운곡면 용복리
영원읍교회	모름	평안남도 영원군 영천읍 영녕리	용봉(화)교회	감리	평안남도 안주군 대니면 용봉리
영유읍교회	장로	평안남도 평원군 영유면 원내리	용봉교회	장로	평안남도 성천군 영천면 용봉리
영천리교회	감리	평안남도 강서군 증산면 영천리	용산(리)교회	장로	평안남도 중화군 해압면 봉산리
영평리교회	장로	평안남도 강서군 성암면 영평리	용산리교회	장로	평안남도 용강군 금곡면 용산리
예간리교회	장로	평안남도 중화군 당정면 애간리	용산리교회	장로	평안남도 중화군 동두면 용산리
예명교회	장로	평안남도 강서군 강서면 삼묘리	용성교회	장로	평안남도 대동군 근산면 용성리
오구미교회	성공회	평안남도 순천군 선소면 오구미리	용소교회	장로	평안남도 순천군 순천읍 용소리
오언골성요한세자교회	성공회	평안남도 성천군 대곡면 대곡리	용승리교회	감리	평안남도 성천군 삼덕면 원덕리
			용승리교회	감리	평안남도 안주군 용화면
오유리교회	장로	평안남도 대동군 청룡면 대오류리	용승리교회	장로	평안남도 안주군 용화면 용승리
오촌교회	장로	평안남도 대동군 강계면 오촌리	용악교회	장로	평안남도 대동군 용산면 용악리
오흥교회	감리	평안남도 강서군 증산면 오흥리	용암교회	감리	평안남도 순천군 선소면 용암리
옥정리교회	감리	평안남도 용강군 삼화면 옥정리	용암교회	장로	평안남도 순천군 선소면 용암리
온정리교회	감리	평안남도 용강군 해운면 온정리	용암교회	성공회	평안남도 순천군 선소면 용암리
와동교회	장로	평안남도 맹산군 동면 대흥리	용암리교회	장로	평안남도 성천군 영천면 용암리
와산교회	장로	평안남도 대동군 임원면 와산리	용전교회	장로	평안남도 안주군 운곡면 용전리
완장교회	장로	평안남도 대동군 김제면 황각리	용정교회	장로	평안남도 평원군 노지면 용정리
외사창교회	장로	평안남도 평원군 한천면 감오리	용정교회	장로	평안남도 평원군 노지면 용정리
외서창교회	장로	평안남도 평원군 한천면 감오리	용천리교회	장로	평안남도 강동군 고천면 용천리
외신교회	감리	평안남도 평양시 신리	용택교회	감리	평안남도 성천군 영천면 용택리
외신리교회	감리	평안남도 대동군 대동강면 외신리	용포교회	장로	평안남도 안주군 대니면 용포리
요촌교회	감리	평안남도 강서군 초리면 강선리 170	용호교회	장로	평안남도 안주군 대니면 용호리
요포교회	장로	평안남도 중화군 해압면 요포리	용화리교회	성공회	평안남도 순천군 신창면 용화리
용강읍(군)교회	장로	평안남도 용강군 용강면 옥도리	용흥리교회	감리	평안남도 중화군 신흥면 용흥리
용담교회	장로	평안남도 안주군 용화면 용담리	우등리교회	감리	평안남도 용강군 금곡면 우등리
용덕교회	감리	평안남도 강서군 증산면 용덕리	우일리교회	장로	평안남도 강서군 동진면 우일리
용덕교회	모름	평안남도 맹산군 지덕면 용덕리	운매동교회	장로	평안남도 중화군 금사면 운매리
용덕리교회	감리	평안남도 강서군 증산면 용덕리 80	운봉성바울로교회	성공회	평안남도 성천군 삼덕면 운봉리
용덕리교회	장로	평안남도 영원군 온화면 용덕리			

교회명	교단	주소	교회명	교단	주소
운산교회	감리	평안남도 중화군 신흥면 운산리	이목리교회	장로	평안남도 대동군 김제면 이목리
운창성마태교회	성공회	평안남도 순천군 자산면 운흥리	이문교회	감리	평안남도 평양시 이문동
원리교회	감리	평안남도 안주군 용화면 승덕리	이안리교회	장로	평안남도 중화군 해압면 이안리
원리교회	장로	평안남도 대동군 용악면 원리	이안리교회	장로	평안남도 중화군 영율면 대안동
원봉교회	감리	평안남도 순천군 내남면 원봉리	이영리교회	장로	평안남도 안주군 연호면 이영리
원오리교회	모름	평안남도 덕신면 원오리	이천교회	장로	평안남도 대동군 추을미면 이천리 427
원읍교회	감리	평안남도 용강군 귀성면 원읍리	이향리교회	감리	평안남도 평양시 이향리
원장교회	장로	평안남도 대동군 김제면 원장리	이현리교회	장로	평안남도 대동군 청룡면 이현리
원창리교회	성공회	평안남도 순천군 후탄면 화오리	이홍리교회	감리	평안남도 강서군 증산면 오흥리
원흥리교회	장로	평안남도 강동군 원탄면 원흥리	인덕교회	장로	평안남도 맹산군 지덕면 용덕리
월탄교회	장로	평안남도 순천군 후탄면 월탄리	인산(리)교회	장로	평안남도 용강군 오신면 인산리 46
월탄교회	장로	평안남도 평원군 평원면 월평리	인성리교회	장로	평안남도 용강군 지운면 안성리
위원리교회	감리	평안남도 중화군 당정면 위원리	인흥교회	장로	평안남도 강동군 승호읍 인흥리
유동교회	감리	평안남도 평양시 유동	인흥리교회	장로	평안남도 평양시 인흥리 132-2
유리교회	장로	평안남도 대동군 용연면 유리	일화리교회	장로	평안남도 대동군 우평면 일화리
유사리교회	감리	평안남도 잔남포부 유사리	임강리성도마교회	성공회	평안남도 순천군 은산면 임강리
유성리교회	감리	평안남도 평양시 소문리			
유신교회	장로	평안남도 대동군 율리면 유신리	임원면교회	장로	평안남도 대동군 임원면 임원리
유정교회	감리	평안남도 평양시 유정	입석교회	감리	평안남도 용강군 서화면 입석리
유정리교회	모름	평안남도 성천군 성천면 유정리	입석교회	장로	평안남도 안주군 입석면 입석리
율동교회	감리	평안남도 중화군 중화면 진률리	입석교회	장로	평안남도 용강군 서화면
율리교회	감리	평안남도 평양시 율리	입석리성니콜라스교회	성공회	평안남도 순천군 후탄면 입석리
율리교회	감리	평안남도 평양시 매하령리			
율리교회	장로	평안남도 강서군 쌍용면 율리	자노비교회	장로	평안남도 평원군 공덕면 퇴현리
율산리교회	감리	평안남도 용강군 심화면 율싱리	사녁교회	장로	평안남도 평원군 공덕면 가리
율지교회	장로	평안남도 평원군 해소면 종율리	자복교회	장로	평안남도 용강군 서화면 자복리
은구리교회	장로	평안남도 중화군 수산면 은구리	자산교회	감리	평안남도 안주군 신안주면 낙만리
은산교회	감리	평안남도 순천군 은산면 은산리	자산교회	장로	평안남도 순천군 자산면 자산리
은산교회	장로	평안남도 순천군 은산면 은산리	자산교회	성공회	평안남도 순천군 자산면 자산리
응암교회	장로	평안남도 강동군 승호읍 응암리	자산제령교회	장로	평안남도 순천군 자산면 자산리
의암(리)교회	장로	평안남도 평양시 의암리	자유동교회	감리	평안남도 대동군 형제산면 자유동
이노리교회	장로	평안남도 강서군 초리면 이로리	자작교회	장로	평안남도 평원군 공덕면 간리
이도리교회	감리	평안남도	자지리교회	감리	평안남도 대동군 자족면 자지리
이목동교회	상로	평안남도 대동군 청룡면 이목리	자파교회	감리	평안남도 순천군 신청면 자파리
이목동교회	장로	평안남도 강서군 반석면 반이리	작반교회	장로	평안남도 평원군 공덕면 간리

부록 2 해방 이전 북한 교회 명부(약 3천여 개 교회/ 도별 정리)

교회명	교단	주소	교회명	교단	주소
잠진교회	장로	평안남도 강서군 잉차면 잠진리	정지리교회	장로	평안남도 중화군 중화면 정지리
장대제교회	장로	평안남도 평양시 신양리	정척리교회	장로	평안남도 중화군 중화면 정척리
장대현교회	장로	평안남도 평양시 관후리	제현교회	장로	평안남도 용강군 용월면 갈현리
장림교회	감리	평안남도 성천군 사가리 장림리	조달교회	모름	평안남도 용강군 용월면
장림교회	성공회	평안남도 성천군 사가면	조왕리교회	장로	평안남도 평양시 조왕리
장산교회	장로	평안남도 중화군 중화면 장산리	주가동교회	장로	평안남도 평원군 덕산면 주촌리
장산성요셉교회	성공회	평안남도 성천군 삼덕면 장상리	주달교회	장로	평안남도 용강군 용월면 주달리
장상교회	감리	평안남도 성천군 삼덕면 장상리	주달교회	장로	평안남도 평원군 덕산면 주촌리
장상리 성안드레교회	성공회	평안남도 성천군 삼덕면 장상리	주촌교회	장로	평안남도 평원군 덕산면 주촌리
			주촌교회	장로	평안남도 평원군 덕산면 주촌리
장수원교회	장로	평안남도 대동군 자족면 노산리	죽본리교회	장로	평안남도 용강군 서화면 죽본리
장원리교회	장로	평안남도 중화군 중화면 장원리	중리교회	장로	평안남도 대동군 부산면 중이리
장작리교회	장로	평안남도 평양시 순위리	중악교회	감리	평안남도 용강군 귀성면 중악리
장진교회	감리	평안남도 대동군 대동강면 장진리	중이리교회	장로	평안남도 대동군 근산면 중이리
장진교회	장로	평안남도 대동군 대동강면 장진리	중평교회	감리	평안남도 순천군 내남면 중평리
장진리교회	감리	평안남도 평양시 장진리	중화교회	감리	평안남도 평양시 대타령동
장천리교회	장로	평안남도 대동군 율리면 장천리	중화교회	감리	평안남도 중화군 중화면 초현리
장태동교회	장로	평안남도 대동군 재경리면 수재리	증산교회	감리	평안남도 강서군 증산면 리안리 99
장태동교회	장로	평안남도 대동군 재경리면 빙장리	증악교회	감리	평안남도 용강군 귀성면 증악리
장포교회	장로	평안남도 평원군 공덕면 법흥리	증악리교회	감리	평안남도 용강군 귀성면 증악리
장현교회	장로	평안남도 대동군 김제면 원장리	지동교회	장로	평안남도 중화군 풍동면 지동리
장현교회	장로	평안남도 대동군 강계면 장현리	지사동교회	장로	평안남도 용강군 다미면 지사동리
전구리교회	감리	평안남도 평양시 전구리	지성교회	장로	평안남도 맹산군 지덕면 덕화리
전량교회	감리	평안남도 개천군 중서면 전암리	지현교회	장로	평안남도 용강군 귀성면 지현리
전산교회	장로	평안남도 강서군 성태면 전산리	지현교회	장로	평안남도 용강군 다미면 지사동
전성성바우로교회	성공회	평안남도 성천군 사가면 천성리	진남포교회	감리	평안남도 진남포부 욱정
			진남포교회	구세군	평안남도 진남포부 시용정리 177
정리교회	장로	평안남도 대동군 김제면 정리	진남포교회	성결	평안남도 진남포부 신흥리
정리교회	모름	평안남도 대동군 김제면 정리	진남포교회	신의교회	평안남도 진남포부 비석리
정산리 (성미카엘)교회	성공회	평안남도 순천군 은산면 정산리	진남포교회	장로	평안남도 진남포부 창동
			진남포교회	성공회	평안남도 진남포부 후포리
정성교회	감리	평안남도 양덕군 대륜면 괘송리	진남포영	구세군	평안남도 진남포부 용정리
정오교회	장로	평안남도 평양시 오야리	진남포중앙교회	감리	평안남도 진남포부 비석리 224
정오리교회	장로	평안남도 대동군 남곶면 정오리	진율리교회	감리	평안남도 중화군 중화면 진률리
정일동교회	감리	평안남도 개천군 중서면 전암리 하참	진지동교회	성결	평안남도 용강군 지운면 진지리

교회명	교단	주소	교회명	교단	주소
진지동교회	장로	평안남도 용강군 지운면 진지리	초추교회	감리	평안남도 용강군 양곡면 초유리
진하창교회	장로	평안남도 영원군 덕화면 중흥리	추당교회	감리	평안남도 중화군 중화면 추당리
차관리교회	감리	평안남도 평양시 차관리	추동교회	장로	평안남도 덕천군 풍덕면 추동리
차동교회	장로	평안남도 대동군 고평면 차동	추미교회	장로	평안남도 대동군 청룡면 추미리
차리교회	장로	평안남도 대동군 고평면 차리	추빈교회	장로	평안남도 대동군 율리면 추빈리
찰욱교회	장로	평안남도 강서군 증산면 찰육리	추자도교회	장로	평안남도 대동군 고평면 추자리
찰육교회	장로	평안남도 강서군 증산면 찰육리	칠산교회	감리	평안남도 대동군 대강면 칠산
창광산교회	감리	평안남도 평양시 서성리	칠산교회	감리	평안남도 대동군 율리면 현교리
창광산교회	장로	평안남도 평양시 서성리 72	쾌송교회	감리	평안남도 양덕군 대륜면 쾌송리
창동교회	장로	평안남도 평양시 창전리 214	탄포리교회	장로	평안남도 강서군 동진면 탄포리
창림교회	감리	평안남도 순천군 선소면 창림리	탑현교회	장로	평안남도 평원군 평원면 탑현리
창송교회	장로	평안남도 안주군 운곡면 구룡리	태성리교회	장로	평안남도 강서군 동진면 태성리
채송교회	장로	평안남도 중화군 동두면 채송리	태평(동)교회	장로	평안남도 중화군 수산면 건천리
채전교회	장로	평안남도 용강군 용호면 채전리	태향산교회	장로	평안남도 안주군 입석면 서호리 160
채청룡교회	장로	평안남도 강서군 성대면 대사리	토포(리)교회	장로	평안남도 대동군 자족면 토포리
천교리교회	감리	평안남도 용강군 양곡면 천교리	통호리교회	장로	평안남도 평원군 검산면 통토리
천남리교회	장로	평안남도 대동군 임원면 천남리	파능리교회	장로	평안남도 강동군 만달면 파릉리
천동교회	장로	평안남도 순천군 자산면 항봉리	팔동교회	장로	평안남도 평원군 영유면 어파리
천성리교회	성공회	평안남도 성천군 사가면 천성리	팔청교회	장로	평안남도 대동군 대보면 팔청리
철봉교회	모름	평안남도 대동군 자족면 철봉리	편장교회	장로	평안남도 평원군 풍면 용당동
철산교회	장로	평안남도 강서군 성태면 철산리	평강교회	장로	평안남도 평양시 서성리
청계교회	장로	평안남도 안주군 대니면 용호리	평동교회	감리	평안남도 평양시 신리
청룡교회	장로	평안남도 대동군 청룡면 지탄리	평리교회	장로	평안남도 대동군 대보면 평리
청룡동교회	장로	평안남도 강서군 성태면 대사리	평리교회	장로	평안남도 평원군 양화면 평리
청산포교회	장로	평안남도 강서군 인차면 팔리 838	평양남산교회	감리	평인남도 평양시 수옥리
청성교회	장로	평안남도 안주군 신안주면 청송리	평양교회	성결	평안남도 평양시 상수리 127
청송교회	감리	평안남도 순천군 자산면 청송리	평양교회	성공회	평안남도 평양시 경창문리
청송교회	장로	평안남도 순천군 자산면 청송리	평양교회	성공회	평안남도 평양시 창전리
청옥교회	장로	평안남도 순천군 사인면 청옥리	평양교회1	구세군	평안남도 평양시 상수구리
청정리교회	감리	평안남도 용강군 해운면 청정리	평양남산현교회	감리	평안남도 평양시 대찰리
청호리교회	장로	평안남도 대동군 임원면 청호리	평양상수리	교회성- 하나님	평안남도 평양시 상수리
초남리교회	감리	평안남도 진남포시 산서리			
초리교회	감리	평안남도 성천군 삼덕면 삼덕리	평양상수리교회	성결	평안남도 평양시 상수리
초목동교회	장로	평안남도 중화군 상원면 법화리	평양암성교회	성결	평안남도 안주군 안주읍 암정면
초봉교회	장로	평안남도 중화군 천곡면 초봉리	평양영	구세군	평안남도 평양시 신양리

부록 2 해방 이전 북한 교회 명부(약 3천여 개 교회/ 도별 정리)

교회명	교단	주소	교회명	교단	주소
평양일본영문	구세군	평안남도 평양시 수정	학로리교회	장로	평안남도 대동군 재경리면 학로리
평양제삼교회	감리	평안남도 평양시 암정	학산교회	장로	평안남도 대동군 용연면 삼봉리
평양제이교회	성결	평안남도 평양시 유정	한석동교회	장로	평안남도 용강군 오신면 한석리
평양제일교회	성결	평안남도 평양시 상유리	한왕교회	감리	평안남도 강동군 봉진면 한왕리
평양중앙교회	감리	평안남도 평양시 죽전리	한천교회	장로	평안남도 평원군 한천면 감팔리
평양중앙교회	감리	평안남도 평양시 수옥리 324	한평교회	감리	평안남도 강동군 마산면 한평리
평율교회	모름	평안남도 안주군 동화면 평율리	함종교회	감리	평안남도 강서군 함종면 함종리 267
평창교회	감리	평안남도 양덕군 쌍룡면 평창리	행산교회	감리	평안남도 맹산군 원남면 행산리
포동교회	감리	평안남도 강서군 쌍용면 다족리	행산교회	장로	평안남도 맹산군 원남면 행산리
표대리교회	장로	평안남도 강동군 원탄면 표대리 393	향봉교회	모름	평안남도 순천군 자산면 향봉리
표동교회	감리	평안남도	현교회	감리	평안남도 대동군 대동강면 현교리
풍계교회	감리	평안남도 양덕군 화촌면 풍계리	현봉교회	성공회	평안남도 성천군 구룡면 운흥리
풍전교회	장로	평안남도 덕천군 일하면 정산리	현성교회	장로	평안남도 평원군 공덕면 송매리
풍전교회	장로	평안남도 순천군 자산면 제일리	현암교회	장로	평안남도 용강군 지운면 현암리 121-2
풍전교회	장로	평안남도 영원군 태극면 풍전리	홍교동교회	감리	평안남도 대동군 율리면 유신리
풍정교회	장로	평안남도 중화군 풍동면 풍정리	홍교동기도처	감리	평안남도 대동군 율리면 유신리
하리교회	감리	평안남도 순천군 순천읍 하리	화강교회	장로	평안남도 강동군 강동면 화강리
하리교회	감리	평안남도 용강군 금곡면 화리	화동교회	장로	평안남도 개천군 조양면 화동리
하리교회	장로	평안남도 대동군 용악면 하리	화동교회	장로	평안남도 평원군 공덕면 간리
하리교회	장로	평안남도 강동군 강동면 하리	화림교회	장로	평안남도 평원군 해소면 용현리
하리교회	장로	평안남도 대동군 고평면 하리	화림교회	장로	평안남도 평원군 영유면 화림리
하리교회	장로	평안남도 대동군 용산면 하리 191	화송교회	장로	평안남도 평원군 양화면 화송리
하리교회3	장로	평안남도 순천군 순천읍 하리	화순교회	장로	평안남도 영원군 태극면 화순리
하리성어거스틴교회	성공회	평안남도 성천군 통선면 하리	화암리교회	장로	평안남도 중화군 수산면 화암리
			화오교회	장로	평안남도 순천군 후탄면 화오리
하삼교회	장로	평안남도 평원군 용호면 뇌송리	화전리교회	장로	평안남도 중화군 수산면 화전리
하선교리교회	감리	평안남도 평양시 하선교리	화학교회	장로	평안남도 강서 보림면 화학리
하선교리교회	장로	평안남도 평양시 선교리	황면교회	감리	평안남도 대동군 김제면 황면리
하수구리교회	성결	평안남도 평양시 하수구리	회유리교회	장로	평안남도 중화군 중화면 회유리
하양리교회	장로	평안남도 용강군 오신면 하양리	회창교회	감리	평안남도 성천군 숭인면 창인리
하진창교회	장로	평안남도 영원군 영락면 중흥리	후장교리교회	감리	평안남도 중화군 당정면 후장교리
하차리교회	모름	평안남도 대동군 용악면 하차리	흑령교회	장로	평안남도 강동군 상풍면 상동리
하청동교회	감리	평안남도 강서군 신흥면 하청동	흔희동교회	장로	평안남도 중화군 금사면 흔희리
학교리교회	장로	평안남도 대동군 남형제산면 학교리	흥교동교회	장로	평안남도 대동군 율리면 동신리
학남교회	장로	평안남도 강서군 보림면 학남리			

〈평안북도〉

교회명	교단	주소	교회명	교단	주소
가도교회	장로	평안북도 철산군 백량면 가도동 470	견일교회	장로	평안북도 용천군 양서면 견일동
가물교회	장로	평안북도 선천군 수청면 가물동	계방교회	장로	평안북도 강계군 전천면 주방동
가물남교회	장로	평안북도 선천군 수청면 가물남동	고당교회	장로	평안북도 강계군 강계읍 고당동
가봉교회	장로	평안북도 철산군 백량면 장평리	고라치교회	장로	평안북도 선천군 남면 신미동
가사당교회	장로	평안북도 후창군 칠평면 중흥동	고령교회	장로	평안북도 용천군 동하면 고령리
가창교회	장로	평안북도 벽동군 가별면 가상동	고부교회	장로	평안북도 선천군 군산면 고부동
가화교회	장로	평안북도 영변군 도원면 가화리	고산진교회	장로	평안북도 강계군 고산면 포상리 276
간대리교회	장로	평안북도 선천군 송면 원대동	고성교회	장로	평안북도 박천군 양가면 고성리
간동교회	장로	평안북도 선천군 신부면	고성읍교회	감리	평안북도 의주군 고성면 동리
갈곡교회	장로	평안북도 강계군 공북면 갈곡리	고암교회	장로	평안북도 철산군 부서면 고암동
갈산교회	장로	평안북도 정주군 갈산면 흥록동	고읍교회	감리	평안북도 영변군 용산면 고읍동
갈현교회	장로	평안북도 선천군 대산면 갈현리	고읍교회	성결	평안북도 정주군 갈산면 광동동 1173-1
갈현리교회	장로	평안북도 박천군 동남면 갈현리	고읍교회	장로	평안북도 후창군 동흥면 고읍동
감장교회	장로	평안북도 정주군 가산면 감장리	고읍교회	장로	평안북도 선천군 수청면 고읍동
갑암교회	장로	평안북도 선천군 용연면 갑암리	고읍교회	장로	평안북도 정주군 갈산면 광동동
갑암교회	장로	평안북도 창성군 창성면 갑암동	고인교회	장로	평안북도 강계군 화경면 고인동
강계북교회	장로	평안북도 강계군 강계면 서부동	고장교회	감리	평안북도 운산군 위연면 상원동
강계읍교회	장로	평안북도 강계군 강계면 동부동	고장교회	장로	평안북도 초산군 고면 용연동
강동교회	장로	평안북도 선천군 군산면 강동리	고현교회	장로	평안북도 정주군 고현면 탄우동
강북동교회	감리	평안북도 태천군 서성면 송귀동	공인교회	장로	평안북도 강계군 공북면 공인동
강암교회	장로	평안북도 철산군 서림면 강암동 63	공장교회	장로	평안북도 후창군 동흥면 공장리
강창교회	장로	평안북도 초산군 강면 용성동	곽산교회	장로	평안북도 정주군 곽산면 조산동 401
강촌교회	감리	평안북도 운산군 운산면 입석하동	관대참교회	장로	평안북도 초산군 도원면 관대동
강회교회	장로	평안북도 용천군 양광면 용계리	관농교회	장로	평안북도 구성군 천마면 관동
개고개교회	감리	평안북도 희천군 북면 개고개동	관동기도처	장로	평안북도 희천군 장동면 398-1
개고개교회	장로	평안북도 희천군 북면 개고개동	관리교회	장로	평안북도 의주군 고관면 관동
거문산교회	장로	평안북도 강계군 어뢰면 풍청동 거문산리	관면교회	장로	평안북도 벽동군 관회면 관상동
거배관교회	장로	평안북도 철산군 참면 유청동	관북교회	장로	평안북도 의주군 고관면 관북동
간신교회	장로	평안북도 선천군 남면 간산리	관산교회	장로	평안북도 정주군 관주면 관삽동 109
건포교회	장로	평안북도 자성군 중강면 건포덕	관현교회	장로	평안북도 선천군 수청면 관현동
건하교회	장로	평안북도 자성군 중강면 건하동	광대교회	장로	평안북도 강계군 곡하면 광대동
건하리교회	장로	평안북도 강계군 외귀면 건하동	광대참교회	장로	평안북도 강계군 곡하면 쌍부동
걸쌍교회	장로	평안북도 초산군 성서면 성동동	광북교회	장로	평안북도 용천군 도흥면 관북리
검포교회	장로	평안북도 용천군 부라면 삼용동	광성교회	장로	평안북도 강계군 용림면 광성동

부록 2 해방 이전 북한 교회 명부(약 3천여 개 교회/ 도별 정리)

교회명	교단	주소	교회명	교단	주소
광평교회	장로	평안북도 벽동군 오북면 광명리	남면교회	장로	평안북도 벽동군 성남면 남상동
광화교회	장로	평안북도 용천군 양광면 용계동	남사동구교회	장로	평안북도 후창군 동흥면 남사동
교동교회	장로	평안북도 삭주군 외남면 교동	남산교회	장로	평안북도 강계군 고진면 남제동
귀평교회	장로	평안북도 초산군 남면 용산동 다락리	남산교회	장로	평안북도 정주군 남서면 남양동 832-1
구룡교회	장로	평안북도 초산군 동면 구룡동 39	남상교회	장로	평안북도 강계군 고산면 남상동
구봉교회	장로	평안북도 초산군 남면 구봉동	남송교회	모름	평안북도 박천군 동남면 남송동
구봉교회	장로	평안북도 용천군 내중면 응산동	남송교회	모름	평안북도 박천군 동남면 남송동
구성교회	장로	평안북도 자성군 장토면 구성리	남시교회	장로	평안북도 구성군 방현동 하단리
구성은봉교회	장로	평안북도 구성군 사기면 은봉리	남시교회	장로	평안북도 용천군 외삼면 남시동 119
구성읍교회	장로	평안북도 구성군 구성면 우부동 308	남신의주교회	장로	평안북도 신의주시 유동
구암교회	장로	평안북도 구성군 사기면 구암동 218	남압교회	장로	평안북도 용천군 외하면 남압리
구읍교회	장로	평안북도 박천군 서면 구읍리	남재동교회	모름	평안북도 강계군 고진면 남재동
구읍교회	장로	평안북도 용천군 동상면 서룡동 50	남제동교회	장로	평안북도 의주군 월하면 월하동 225
구장교회	감리	평안도 영변군 용산면 구장동	남주교회	장로	평안북도 강계군 곡하면 오주동
구장교회	장로	평안북도 영변군 용산면 구장동 94	남창교회	장로	평안북도 삭주군 외남면 대안동
구정리교회	장로	평안북도 덕천군 일하면 구정리 28	남창교회	장로	평안북도 창성군 창성면 평암동
구중연교회	장로	평안북도 지성군 삼풍면 인풍동	남호교회	장로	평안북도 박천군 박천읍 남호동
구중영교회	장로	평안북도 지성군 삼풍면 인풍동	남회교회	장로	평안북도 선천군 선천읍 창남동
구창교회	장로	평안북도 의주군 고령삭면 천마리	남흥교회	장로	평안북도 강계군 용림면 남흥동
구창평교회	장로	평안북도 강계군 종서면 종포동 창평참	내동교회	장로	평안북도 강계군 성간면 내동
궁이덕교회	장로	평안북도 지성군 중강면 만흥동	내동교회	장로	평안북도 위원군 화창면 신흥동
귀룡교회	장로	평안북도 초산군 내면 귀룡리 39	내동교회	장로	평안북도 선천군 심천면 마성동
귀인동교회	장로	평안북도 자성군 자성면 상평동	내연교회	장로	평안북도 초산군 성서면 내변농
금광교회	장로	평안북도 의주군 송장면 금광동	내평교회	장로	평안북도 강계군 종남면 신성동 내평참
금동교회	장로	평안도 강계군 입관면 금동	노각교회	장로	평안북도 강계군 곡하면 하남추
금복교회	장로	평안북도 강계군 고진면 금능리	노관동교회	감리	평안북도 영변군 도관면 노관리
금사곡교회	장로	평안북도 선천군 성내면 금사리	노남교회	장로	평안북도 강계군 시중면 노남동
금사동교회	장로	평안북도 초산군 성서면 성남동	노동교회	감리	평안북도 성천군 영천면 노동리
기암교회	장로	평안북도 대동군 임원면 기암리	노동교회	장로	평안북도 자성군 지하면 노동
길상교회	장로	평안북도 구성군 이현면 길상리	노북교회	장로	평안북도 용천군 내중면 노북리
김광교회	장로	평안북도 의주군 송장면 금광동	노북교회	장로	평안북도 의주군 비현면 노북동
나죽교회	장로	평안북도 후창군 동흥면 나죽동	노하교회	장로	평안북도 선천군 동면 노하동
낙원교회	장로	평안북도 강계군 고진면 낙원동	농건교회	장로	평안북도 선천군 신부면 농건동
낙원동교회	장로	평안북도 신의주시 고진면 낙원동	다사도교회	모름	평안북도 용천군 부라면 원상동
남두교회	장로	평안북도 후창군 남신면 남두리	다지도교회	장로	평안북도 의주군 고관면 다지동

교회명	교단	주소	교회명	교단	주소
단도교회	장로	평안북도 철산군 백량면 단도동	덕천교회	장로	평안북도 용천군 부라면 송현동 15
단봉교회	장로	평안북도 의주군 고령삭면 단봉	덕흥교회	장로	평안북도 용천군 동하면 덕흥동
당곡교회	장로	평안북도 선천군 심천면 인두동 743	덕흥교회	장로	평안북도 정주군 덕언면 덕흥동
당구교회	장로	평안북도 박천군 청룡면 당구리	도관동교회	감리	평안북도 영변군 남신현면 도관동
당동교회	장로	평안북도 박천군 동남면 당상동	도령교회	장로	평안북도 의주군 가산면 도령동
당령교회	장로	평안북도 용천군 내중면 당령동	동계동교회	장로	평안북도 용천군 외하면 동계리
당목교회	장로	평안북도 의주군 옥상면 당목동	동곡교회	장로	평안북도 자성군 삼풍면 동곡동
당평동교회	장로	평안북도 초산군 남면 당평리	동교회	장로	평안북도 의주군 의주읍 동외동 79
당후교회	장로	평안북도 의주군 비현면 당후동	동당교회	장로	평안북도 용천군 내중면 동당동
대관교회	장로	평안북도 삭주군 외남면 대관동	동로교회	장로	평안북도 정주군 임포면 동로동
대동교회	장로	평안북도 창성군 동창면 대동	동림교회	장로	평안북도 선천군 심천면 동림동
대륙교회	장로	평안북도 철산군 부서면 대륙리	동문교회	장로	평안북도 정주군 가산면 동문동
대목교회	장로	평안북도 선천군 신부면 대목동	동문교회	장로	평안북도 철산군 백량면 동문동
대문교회	장로	평안북도 의주군 송장면	동문회교회	장로	평안북도 용천군 동상면 동문리
대산교회	장로	평안북도 용천군 동하면 대산동 325	동부동교회	감리	평안북도 영변군 영변면 동부동
대상교회	장로	평안북도 의주군 고성면 대산동	동사교회	장로	평안북도 강계군 고산면 동사리
대성교회	장로	평안북도 용천군 내중면 사직동	동산교회	장로	평안북도 용천군 동상면 동상리
대안교회	장로	평안북도 삭주군 외남면 대안동	동상교회	장로	평안북도 벽동군 벽동면 동하리
대야동교회	장로	평안북도 위원군 화창면 대야동	동상교회	장로	평안북도 용천군 양서면 동산동
대우동교회	장로	평안북도 구성군 관서면 대우리	동상교회	장로	평안북도 의주군 고관면 동산리
대유교회	장로	평안북도 창성군 동창면 대유동	동성교회	장로	평안북도 용천군 내중면 동성동
대유리교회	장로	평안북도 중화군 동두면 대유리	동송현교회	장로	평안북도 선천군 대청면 동송리
대중교회	장로	평안북도 자성군 자성면 대중동	동장교회	장로	평안북도 위원군 봉산면 고보동
대창교회	장로	평안북도 창성군 대창면 봉룡동	동장교회	장로	평안북도 초산군 동면 동장리
대하산교회	장로	평안북도 의주군 고령삭면 대화산리	동점교회	장로	평안북도 후창군 남신면 동점동
대후교회	장로	평안북도 의주군 비현면 당후동	동창교회	장로	평안북도 위원군 위송면 용탄동
대흥교회	장로	평안북도 후창군 칠평면 대흥동	동창교회	장로	평안북도 영변군 백령면 대풍동
덕동교회	장로	평안북도 용천군 양광면 용덕동	동천교회	장로	평안북도 철산군 철산면 동천동
덕리교회	장로	평안북도 선천군 북면 덕리	동흥교회	장로	평안북도 용천군 도흥면 동흥동
덕봉교회	장로	평안북도 용천군 용암포읍 덕봉동 340	두지동교회	장로	평안북도 후창군 동신면 두지동
덕성교회	장로	평안북도 정주군 닥원면 덕성동	등공교회	장로	평안북도 강계군 이서면 등공동
덕안교회	장로	평안북도 박천군 덕안면 사륙동	등곶교회	장로	평안북도 철산군 부서면 등곶동
덕암교회	장로	평안북도 정주군 고덕면 관해동	령미교회	장로	평안북도 박천군 양가면 령미동
덕인교회	모름	평안북도 박천군 양가면 보석동	류촌교회	모름	평안북도 선천군 동면 일봉동
덕전교회	장로	평안북도 후창군 후창면 회동	마룡교회	장로	평안북도 의주군 월하면 마룡동

부록 2 해방 이전 북한 교회 명부(약 3천여 개 교회/ 도별 정리)

교회명	교단	주소	교회명	교단	주소
마산교회	장로	평안북도 선천군 수청면 가물남동 마산	방산교회	장로	평안북도 의주군 가산면 방산동
마설해교회	장로	평안북도 강계군 강계읍 매설리	방현교회	모름	평안북도 구성군 이현면 마성동
마전교회	성결	평안북도 신의주시 마전리	백마교회	장로	평안북도 의주군 위원면 서하동
마전교회	장로	평안북도 강계군 곡하면 쌍부동 마전	백암교회	장로	평안북도 용천군 북중면 백암동
마전교회	장로	평안북도 신의주시 마전동	백의교회	장로	평안북도 의주군 옥상면 중대동
마해교회	장로	평안북도 강계군 공북면 동사동	백현교회	장로	평안북도 선천군 신부면 백현동
만수교회	장로	평안북도 박천군 청룡면 만수동	법동교회	장로	평안북도 자성군 자하면 법동리
만포교회	장로	평안북도 강계군 만포읍 공세동	법흥교회	성결	평안북도 용천군 동하면 법흥동
만포리교회	성결	평안북도 신의주시 만포동	벽단교회	장로	평안북도 벽동군 송서면 삼서동
만풍하동교회	장로	평안북도 자성군 중강면 만풍하동	벽동읍교회	장로	평안북도 벽동군 벽동면 이동
만흥교회	장로	평안북도 자성군 중강면 만흥동	변산교회	장로	평안북도 구성군 방현면 변산동
만흥하교회	장로	평안북도 자성군 중강면 만흥리	별장교회	장로	평안북도 벽동군 가별면 별장시
망양교회	장로	평안북도 용천군 양광면 망양동	별하교회	장로	평안북도 강계군 성간면 별하동
맹중교회	장로	평안북도 박천군 동남면 맹중리	보산교회	장로	평안북도 철산군 백양면 자작동
모산교회	장로	평안북도 구성군 방현면 모산동	보신교회	장로	평안북도 선천군 용연면 보암동
모안교회	장로	평안북도 정주군 덕언면 대산동	봉동교회	장로	평안북도 선천군 남면 삼봉동
목사대교회	모름	평안북도 선천군 수청면 목사대동	부감교회	장로	평안북도 자성군 중강면 만흥동
묘향산교회	감리	평안북도 영변군 북신현면 묘향산리	부감덕교회	장로	평안북도 자성군 중강면 만흥동
무산교회	장로	평안북도 용천군 내중면 송산동	부상교회	장로	평안북도 의주군 고령삭면 부상리
무선교회	장로	평안북도 자성군 이평면 무선동	부평교회	장로	평안북도 초산군 남면 부평동
무주교회	장로	평안북도 강계군 전천면 무평시	부호교회	장로	평안북도 정주군 남서면 남양동
무창교회	감리	평안북도 영변군 봉산면 고성동	북삼교회	모름	평안북도 의주군 고령삭면 북삼면
무창교회	장로	평안북도 후창군 동신면 무창동	북진교회	감리	평안북도 운산군 북지읍 홍수리
묵시교회	감리	평안북도 영변군 오리면 묵시동	북창교회	장로	평안북도 위원군 회창면 북창리
문사교회	장로	평안북도 선천군 남면 문사동	북평교회	장로	평안북도 용천군 양서면 북평동
문산읍교회	감리	평안북도 운산군 운산면 읍내동	북하교회	성결	평안북도 벽동군 오북면 북하동
문서교회	장로	평안북도 철산군 부서면 등곳면	북하교회	장로	평안북도 벽동군 오북면 북하동 148
문악교회	장로	평안북도 강계군 문옥면 문악동	북하교회	장로	평안북도 의주군 위하면 하단동
문인교회	장로	평안북도 정주군 옥천면 문안리	북회교회	장로	평안북도 선천군 선천읍 천북동
문천교회	장로	평안북도 의주군 송장면 운천동	분토교회	장로	평안북도 강계군 고산면 포상동
미산교회	장로	평안북도 의주군 수진면 미산동	비현교회	장로	평안북도 의주군 비현면 체마동
미타교회	장로	평안북도 강계군 고산면 미타동	빙장교회	장로	평안북도 대동군 재경리면 빙장리
박천읍교회	장로	평안북도 박천군 박천읍 동부동	사교교회	장로	평안북도 선천군 군산면 사교동
반궁교회	장로	평안북도 용천군 외하면 반궁리	사창교회	장로	평안북도 창성군 창성면 사창동
발은교회	장로	평안북도 초산군 남면 발은리동산	삭주읍교회	장로	평안북도 삭주군 삭주읍 서부동 83

교회명	교단	주소	교회명	교단	주소
산동교회	장로	평안북도 선천군 남면 산동리	석교교회	장로	평안북도 삭주군 삭주면 대대동
산정교회	장로	평안북도 신의주시 성외동	석상교회	감리	평안북도 희천군 진면 마선동
삼강교회	장로	평안북도 강계군 문옥면 오동 삼강	석암교회	장로	평안북도 의주군 월하면 회합차동 629
삼룡교회	장로	평안북도 용천군 부라면 삼용동	석포(동)교회	장로	평안북도 위원군 위송면 석포동 203
삼봉교회	장로	평안북도 선천군 군산면 삼봉리	석현교회	장로	평안북도 용천군 동하면 대인동
삼성교회	장로	평안북도 선천군 남면 삼성동	석화교회	장로	평안북도 박천군 동남면 석화동 79
삼용교회	장로	평안북도 용천군 부라면 삼용동	석화교회	장로	평안북도 선천군 남면 석화동
삼일교회	장로	평안북도 신의주시 미륵동	석화교회	장로	평안북도 선천군 동면 노상동
삼일교회	모름	평안북도 신의주시 삼일동	선사교회	장로	평안북도 철산군 여한면 선사리
삼풍교회	장로	평안북도 자성군 삼풍면 인풍동	선암교회	장로	평안북도 철산군 백량면 선암동
삼화교회	장로	평안북도 의주군 옥상면 삼하리	선암교회	장로	평안북도 철산군 백량면 선암리
삼화교회	장로	평안북도 의주군 옥상면 삼하리	선천남교회	장로	평안북도 선천군 선천면 웅동
상광교회	장로	평안북도 의주군 광평면 상광동 472	선천동교회	장로	평안북도 선천군 선천읍 황금동 171
상단교회	장로	평안북도 정주군 남서면 상단동 550	선천북교회	장로	평안북도 선천군 선천읍 창동 378-5
상단교회	장로	평안북도 의주군 월하면 상단리	선천중앙교회	장로	평안북도 선천군 선천읍 명치동
상덕교회	장로	평안북도 안악군 용문면 상덕리	성내(동)교회	장로	평안북도 위원군 위원면 성내동 91
상동교회	장로	평안북도 후창군 남신면 상동	성내교회	장로	평안북도 영변군 오리면 성내리
상서교회	장로	평안북도 자성군 자하면 서해동	성동교회	모름	평안북도 용천군 동천면 성동리
상서해평리교회	장로	평안북도 자성군 자하면 상서해평리	성면교회	장로	평안북도 벽동군 성남면 성상동
상석교회	장로	평안북도 철산군 여한면 상석동	성문교회	장로	평안북도 대동군 자족면 성문리
상성간교회	장로	평안북도 강계군 성간면 쌍방동	성장평교회	장로	평안북도 강계군 종남면 성장동
상소덕교회	장로	평안북도 자성군 이평면 진송동	세석교회	장로	평안북도 용천군 외상면 세계리
상안교회	장로	평안북도 의주군 월화면 화합하동	세평교회	장로	평안북도 철산군 여한면 원세평동
상장교회	장로	평안북도 후창군 후창면 장흥동 상장	소두리교회	장로	평안북도 정주군 가산면 소두리
상모리교회	장로	평안북도 의주군 사속면 상모리	소북동교회	장로	평안북도 후창군 칠평면 소북동
서면교회	장로	평안북도 정주군 남서면 하단동 111	소북수교회	장로	평안북도 후창군 칠평면 대흥동
서부교회	감리	평안북도 영변군 연산면 신천동	소수교회	장로	평안북도 의주군 송장면 소수동
서산평교회	장로	평안북도 강계군 종남면 한전동 산서평	소중강교회	장로	평안북도 자성군 중강면 만흥동
서석교회	장로	평안북도 용천군 외상면 서석동	소후주교회	장로	평안북도 후창군 돈흥면 남사동
서수(리)교회	장로	평안북도 자성군 중강면 만흥동 서수리	속사곡교회	장로	평안북도 강계군 공부면 향하동 창목천
서수덕교회	장로	평안북도 자성군 중강면 만흥동	송교교회	장로	평안북도 철산군 철산면 송교동 200
서창교회	감리	평안북도 희천군 서면 극성동	송귀교회	감리	평안북도 태천군 서성면 송귀동
서해교회	장로	평안북도 자성군 자하면 하서해평리	송덕교회	장로	평안북도 박천군 박천읍 송덕동
서현교회	장로	평안북도 용천군 동하면 대인동	송산교회	장로	평안북도 용천군 내중면 송산동
석곡창교회	장로	평안북도 위원군 화창면 대야동	송삼교회	장로	평안북도 벽동군 송서면 송삼동

부록 2 해방 이전 북한 교회 명부(약 3천여 개 교회/ 도별 정리)

교회명	교단	주소	교회명	교단	주소
송암교회	장로	평안북도 자성군 자하면 송암도	신의주교회	감리	평안북도 신의주시 미륵동 185
송일교회	장로	평안북도 벽동군 송서면 송일동	신의주동부교회	성결	평안북도 신의주시 초음동
송중창교회	장로	평안북도 초산군 송면 송수동	신의주 미륵동교회	장로	평안북도 신의주시 미륵동
송진동교회	장로	평안북도 용천군 밀산면 송진리			
송천교회	장로	평안북도 의주군 수진면 송천동 401	신의주삼일교회	장로	평안북도 신의주시 미륵동
송한교회	장로	평안북도 강계군 고진면 송학동	신의주서부교회	성결	평안북도 신의주시 미륵동 196-2
수구교회	장로	평안북도 의주군 수진면 수구동 272	신의주영	구세군	평안북도 신의주시 미륵동
수도교회	감리	평안북도 정주군 옥천면 문인동	신의주제사교회	장로	평안북도 신의주시 미륵동 224-3
수두교회	장로	평안북도 정주군 옥천면 문인동 493	신의주제오교회	장로	평안북도 신의주시 미륵동 121
수명교회	장로	평안북도 강계군 어뢰면 풍청동	신의주제이교회	장로	평안북도 신의주시 매지동 6
수부교회	장로	평안북도 철산군 백량면 수부동	신의주제일교회	장로	평안북도 신의주시 매지동 8
수송교회	모름	평안북도 용천군 양하면 사남동	신의주 초음정교회	성결	평안북도 신의주시 초음동
수우동교회	감리	평안북도 영변군 독산면 수우동			
수정교회	장로	평안북도 철산군 서림면 원동리	신적교회	장로	평안북도 강계군 화경면 신적동
수참교회	장로	평안북도 초산군 초산면 수침동	신적자교회	장로	평안북도 용천군 신도면 신적리
수침교회	장로	평안북도 초산군 초산면 수침동	신창교회	장로	평안북도 강계군 용림면 신창동
수풍교회	장로	평안북도 삭주군 수풍면 수풍리	신창교회	장로	평안북도 강계군 화경면 고아리
승방교회	장로	평안북도 강계군 공북면 승방동	신창교회	장로	평안북도 삭주군 남서면 창신동
승삼파교회	장로	평안북도 강계군 종남면 승삼파	신창교회	장로	평안북도 용천군 양하면 신창리
승지교회	장로	평안북도 선천군 신부면 승지동	신천동교회	감리	평안북도 영변군 연산면 신천동
시천교회	장로	평안북도 강계군 시중면 안찬동	신풍교회	감리	평안북도 희천군 신풍면 서동
신곡교회	장로	평안북도 철산군 참면 신곡동	신풍교회	장로	평안북도 삭주군 남서면 송평동
신남시교회	장로	평안북도 용천군 외상면 정거동	신풍동교회	장로	평안북도 위원군 위송면 신풍리
신도교회	장로	평안북도 선천군 신도면 남주동	신흥교회	감리	평안북도 영변군 용산면 신흥동
신도교회	장로	평안북도 선천군 신도면 남주동	신흥교회	장로	평안북도 위원군 화창면 신흥동
신도장교회	장로	평안북도 철산군 참면 신도장리	신흥교회	장로	평안북도 자성군 삼풍면 신흥동
신미도교회	장로	평안북도 선천군 신미도	아고교회	장로	평안북도 의주군 위원면 정심동
신서동교회	장로	평안북도 용천군 양서면 신서동	아고교회	장로	평안북도 의주군 가산면 아동
신성(리)교회	장로	평안북도 용천군 양서면 신성동	아정교회	장로	평안북도 용천군 북중면 아정동
신성교회	장로	평안북도 철산군 부서면 성암동	아평교회	장로	평안북도 후창군 후창면 장흥동
신시교회	장로	평안북도 구성군 사기면 향산동 258	안도교회	장로	평안북도 강계군 이서면 송학동
신안교회	장로	평안북도 삭주군 구곡면 신안동	안성리교회	장로	평안북도 의주군 자운면 안성리
신안교회	장로	평안북도 삭주군 구곡면 신안동	안찬교회	장로	평안북도 초산군 성서면 안창동
신암리교회	감리	평안북도 용강군 신녕면 신암리	안평교회	장로	평안북도 영변군 봉산면 양지동
신읍교회	장로	평안북도 위원군 읍내면 신읍리	안평교회	장로	평안북도 용천군 외상면 안평동

교회명	교단	주소	교회명	교단	주소
애도교회	장로	평안북도 정주군 갈산면 애도리	오산교회	장로	평안북도 정주군 갈산면 익성동
애현교회	장로	평안북도 선천군 대산면 길성동 애현	오윤대교회	장로	평안북도 위원군 위원면 송진리
양강교회	장로	평안북도 초산군 송면 양강동	옥계교회	장로	평안북도 창성군 창성면 옥계동
양강교회	장로	평안북도 위원군 화창면 양강리	온정교회	장로	평안북도 삭주군 남서면 신온동
양동교회	장로	평안북도 선천군 신부면 양동리	완풍교회	장로	평안북도 창성군 신창면 완풍동
양시교회	성결	평안북도 용천군 양하면 안심동	외귀진교회	장로	평안북도 강계군 외귀면 외귀진
양시교회	장로	평안북도 용천군 양하면 시남동	외성간교회	장로	평안북도 강계군 성간면 외중리
양책교회	장로	평안북도 용천군 동상면 양책동	용강교회	감리	평안북도 영변군 소림면 용강동
양평교회	장로	평안북도 벽동군 벽동면 양평동	용경교회	장로	평안북도 선천군 용연면 용경리
양평교회	신의교회	평안북도 용천군 양하면	용모교회	장로	평안북도 철산군 철산면 용모동 32
어곡(동)교회	장로	평안북도 위원군 대덕면 어곡동 222	용봉교회	장로	평안북도 용천군 양서면 용봉동
어궁교회	장로	평안북도 구성군 관서면 어궁동	용북교회	장로	평안북도 정주군 성주면 용북동
어로교회	모름	평안북도 강계군 만포읍 옥동	용산교회	장로	평안북도 철산군 참면 용산동
어산교회	모름	평안북도 철산군 부서면 계산리	용산교회	장로	평안북도 의주군 고성면 용산동 56
엄장교회	장로	평안북도 정주군 관주면 초창동	용산시교회	감리	평안북도 영변군 팔월면 용산동
엄천교회	모름	평안북도 철산군 피현면 덕산리	용상교회	장로	평안북도 신의주시 고진면 용상동
연봉교회	장로	평안북도 정주군 고안면 연봉동	용상교회	장로	평안북도 용천군 동상면 상북동
연산교회	장로	평안북도 의주군 고성면 연하동	용암교회	장로	평안북도 자성군 장토면 용암동
연상교회	장로	평안북도 강계군 고산면 연상동	용암제일교회	장로	평안북도 용천군 용암포읍 운흥동
연수교회	장로	평안북도 철산군 여한면 연수동	용암포중앙교회	장로	평안북도 용천군 용암포읍 운흥동
연평교회	장로	평안북도 삭주군 구곡면 연평동	용운교회	장로	평안북도 의주군 수진면 용운동
연포교회	장로	평안북도 강계군 문옥면 연포동	용유교회	장로	평안북도 용천군 양광면 용유동
연풍교회	장로	평안북도 자성군 자하면 연풍리	용정교회	장로	평안북도 철산군 백량면 용정리
연풍덕교회	장로	평안북도 자성군 중강면 만흥동 연풍덕	용천중앙교회	장로	평안북도 용천군 용암포읍 운흥동
역방교회	장로	평안북도 정주군 해산면 답하동	용포교회	장로	평안북도 강계군 고차면 용포동
영강리교회	모름	평안북도 벽동군 부내면 영강리	용현교회	감리	평안북도 영변군 용산면 용현동
영동교회	장로	평안북도 철산군 백량면 영동 514	우가장교회	모름	평안북도 의주군 가산면 빙산동
영미교회	장로	평안북도 정주군 양가면 영미동	우장교회	장로	평안북도 벽동군 우시면 우하동
연변교회	감리	평안북도 영변군 태평면 연변리	우장교회	장로	평안북도 벽동군 우시면 우하동
영변읍교회	장로	평안북도 영변군 소림면 서위동 73	운봉교회	장로	평안북도 자성군 산풍면 운봉동
영산교회	장로	평안북도 의주군 고령삭면 구칭동 98-2	운산교회	장로	평안북도 정주군 대전면 운학동 641
			운용교회	감리	평안북도 영변군 남신현면 운용동
영평교회	장로	평안북도 의주군 비현면 영평동	운용교회	장로	평안북도 용천군 부라면 운용동
예현교회	모름	평안북도 선천군 대산면 길성동	운전교회	장로	평안북도 정주군 대전면 운전동
오윤대교회	장로	평안북도 위원군 위원면 송신군	운전리교회	모름	평안북도 성천군 구룡면 운전리

부록 2 해방 이전 북한 교회 명부(약 3천여 개 교회/ 도별 정리)

교회명	교단	주소	교회명	교단	주소
운천교회	장로	평안북도 의주군 송장면 운천동	은산읍교회	감리	평안북도 운산군 운산면 읍내동
운천리교회	감리	평안북도 용천군 부라면 중단동	응곡교회	장로	평안북도 강계군 곡하면 흥주동 용포첨
운향교회	장로	평안북도 용천군 부라면 중단동 45	응봉교회	장로	평안북도 박천군 청룡면 응봉동
운흥교회	장로	평안북도 정주군 관주면 금담동	응산교회	장로	평안북도 용천군 내증면 응산동 250
원남교회	장로	평안북도 박천군 박천읍 원남동	의산교회	장로	평안북도 창성군 창성면 인산동
원대리교회	장로	평안북도 초산군 송면 원대리	의성교회	장로	평안북도 벽동군 학회면 사상동
원동교회	장로	평안북도 자성군 장토면 호서동	의주교회	성결	평안북도 의주군 의주읍 읍내리
원동교회	장로	평안북도 선천군 신부면 원동	의주동교회	장로	평안북도 의주군 의주읍 읍동리
원봉교회	장로	평안북도 선천군 대산면 원봉동	의주서교회	장로	평안북도 의주군 의주읍 서동리
원봉교회	장로	평안북도 의주군 고령삭면 원봉동	의주제이교회	장로	평안북도 의주군 의주읍 읍남리
원봉교회	장로	평안북도 철산군 백량면 가도동	의창교회	장로	평안북도 창성군 창성면 의산동
원상교회	감리	평안북도 태천군 원면 원판동	의흥교회	장로	평안북도 벽동군 송서면 송삼동 93-3
원성교회	장로	평안북도 용천군 부라면 원성동	이남교회	장로	평안북도 강계군 외귀면 남동
원송교회	장로	평안북도 용천군 북중면 원송동	이남제이교회	장로	평안북도 강계군 외귀면 이남동 오평참
원주고읍교회	장로	평안북도 후창군 동흥면 고읍동	이남제일교회	장로	평안북도 강계군 이서면 용문첩
원지동교회	장로	평안북도 강계군 용림면 원지동	이령교회	장로	평안북도 강계군 이서면 이령동
원창교회	장로	평안북도 구성군 이현면 원창동	이만교회	장로	평안북도 강계군 화경면 사평동
원창교회	장로	평안북도 벽동군 부내면 읍내리	이언교회	장로	평안북도 정주군 덕언면 대성동 706 (고안면 탄우동)
원평교회	장로	평안북도 강계군 종남면 원평동
원풍교회	장로	평안북도 삭주군 양산면 원풍동	이응교회	장로	평안북도 철산군 참면 이응동
월곡교회	장로	평안북도 철산군 여한면 상석동	이평교회	장로	평안북도 후창군 후창면 회동
월곡동교회	장로	평안북도 선천군 심천면 월곡동	이평교회	장로	평안북도 자성군 이평면 이평동
월산교회	장로	평안북도 자성군 중강면 월산리	이현교회	장로	평안북도 구성군 관서면 이현리
월안교회	장로	평안북도 철산군 참면 월안동	이화교회	모름	평안북도 의주군 수진면 양천동
월와동교회	장로	평안북도 의주군 월하면 열화리	인가해교회	장로	평안북도 강계군 공북면 공인동
월천교회	장로	평안북도 선천군 선천읍 월천동	인가해교회	장로	평안북도 강계군 공북면 행인동 인가해
위원읍교회	장로	평안북도 위원군 위원읍 성내동	인곡교회	장로	평안북도 선천군 서면 등곳리
위창교회	장로	평안북도 위원군 위송면 용탄동	인곡교회	장로	평안북도 선천군 동면 인곡동
유점교회	장로	평안북도 위원군 대덕면 독산동	인곡교회	장로	평안북도 구성군 사기면 인곡동
유초교회	장로	평안북도 신의주시 유초동	인덕교회	장로	평안북도 박천군 청룡면 인덕동
육성교회	장로	평안북도 철산군 부서면 육성동	일봉교회	장로	평안북도 선천군 동면 일봉동
융흥교회	장로	평안북도 영변군 독산면 용흥동	일산교회	장로	평안북도 용천군 동하면 일산동
은봉교회	장로	평안북도 구성군 사기면 은봉동	임암교회	장로	평안북도 정주군 안흥면 임암동 640
은봉교회	장로	평안북도 선천군 용연면 은봉동 586	입석교회	장로	평안북도 강계군 고산면 미타동
은봉교회	장로	평안북도 선천군 군산면 은봉동	입석교회	장로	평안북도 강계군 입관면 운송동

교회명	교단	주소	교회명	교단	주소
입석교회	장로	평안북도 철산군 백량면 입석리	중강교회	장로	평안북도 자성군 삼풍면 중강진리
입암교회	장로	평안북도 선천군 선천읍 대목동	중강제이교회	장로	평안북도 자성군 중강면 중산동
입암교회	장로	평안북도 용천군 용하면 입암동	중강제일교회	장로	평안북도 자성군 중강면 중산동
자룡교회	모름	평안북도 구성군 사기면 자룡리	중단교회	장로	평안북도 의주군 고관면 중단동
자성읍교회	장로	평안북도 자성군 자성면 읍내동 319	중단교회	장로	평안북도 의주군 의원면 동상동
자요교회	모름	평안북도 정주군 관주면 관삽동	중동교회	장로	평안북도 자성군 중강면 만흥동
작면교회	장로	평안북도 벽동군 관회면 고나상동 용평리	중방교회	장로	평안북도 구성군 노동면 중방동
장경교회	장로	평안북도 정주군 옥천면 상안동	중성교회	장로	평안북도 강계군 성간면 외중동
장공교회	장로	평안북도 선천군 군산면 장공동	중창교회	장로	평안북도 초산군 송면 송수동
장산교회	장로	평안북도 용천군 북중면 원송동	중흥교회	장로	평안북도 후창군 칠평면 중흥동
장성교회	장로	평안북도 자성군 장토면 호서동	중흥교회	장로	평안북도 용천군 용암포읍 중흥동
장요교회	장로	평안북도 정주군 관주면 관삽동	진도교회	장로	평안북도 구성군 이현면 진오동
장좌교회	장로	평안북도 철산군 장좌동	진석교회	장로	평안북도 박천군 동남면 진석동
장평교회	장로	평안북도 철산군 백양면 장평동	진석교회	장로	평안북도 선천군 군산면 진석리
장포교회	장로	평안북도 벽동군 우시면 운숭동	진송교회	장로	평안북도 자성군 이평면 진송동
장항교회	장로	평안북도 선천군 남면 장항리	진오교회	장로	평안북도 철산군 여한면 진오리
전창교회	장로	평안북도 창성군 창성면 신평동	진음교회	장로	평안북도 의주군 월화면 진음동
전천교회	감리	평안북도 강계군 전천면 장흥동	진조교회	모름	평안북도 구성군 이현면 진조동
전천교회	장로	평안북도 강계군 전천면 장흥동	진평교회	장로	평안북도 자성군 중강면 진평시
정산교회	장로	평안북도 의주군 비현면 정산동	차련관교회	장로	평안북도 철산군 참면 서부동
정심교회	장로	평안북도 의주군 위원면 정심동	차유령교회	장로	평안북도 의주군 고령삭면 차유령리
정주읍교회	장로	평안북도 정주군 정주읍 성내동 75	차유령교회	장로	평안북도 의주군 고령삭면 동고동 565
조아교회	장로	평안북도 자성군 삼풍면 조아동	창덕교회	장로	평안북도 강계군 전천면 창덕동
조아평교회	장로	평안북도 자성군 중강면 건하동	창목교회	장로	평안북도 강계군 공북면 향하동
조아교회	장로	평안북도 구성군 관서면 조악동	창시교회	장로	평안북도 의주군 송징면 창사리
조파교회	장로	평안북도 강계군 입관면 용문동	창성교회	장로	평안북도 창성군 청산면 학송동
종고대교회	성결	평안북도 북청군 가회면 종고대리	창성읍교회	장로	평안북도 창성군 창성면 성풍동 392
종상교회	장로	평안북도 강계군 어뢰면 종상동	창원교회	장로	평안북도 의주군 송징면 창원동
종지곡교회	장로	평안북도 자성군 이평면 이평동	창평(통)교회	장로	평안북도 강계군 간북년 남농
종포진교회	장로	평안북도 강계군 이시면 송흭동	창평교회	장로	평안북도 강계군 우북면 상평리
주단교회	모름	평안북도 의주군 위원면 주단리	창평교회	장로	평안북도 벽동군 우시면 시하동 창하리
주막거리교회	장로	평안북도 강계군 강계읍 주막거리	창평교회	장로	평안북도 창성군 창성면 창평동
주방교회	장로	평안북도 강계군	천대교회	모름	평안북도 정주군 옥천면 월옥동
주음교회	장로	평안북도 의주군 월면 주음동	천리교회	장로	평안북도 초산군 송면 송정동
주의교회	모름	평안북도 용천군 외하면 율곡동	천마교회	장로	평안북도 의주군 고령삭면 구창리

부록 2 해방 이전 북한 교회 명부(약 3천여 개 교회/ 도별 정리)

교회명	교단	주소	교회명	교단	주소
천상수덕교회	장로	평안북도 자성군 중강면 만흥동	태평교회	감리	평안북도 영변군 태평면 관상동
천성교회	장로	평안북도 강계군 어뢰면 천성동	태평교회	장로	평안북도 벽동군 벽동면 평외동 246-2
천성동교회	장로	평안북도 강계군 어뢰면 천성동	토교교회	장로	평안북도 의주군 고관면 동상동
천태교회	장로	평안북도 정주군 임포면 천태리	토성교회	장로	평안북도 자성군 장토면 토성동
철산읍교회	장로	평안북도 철산군 철산읍 동부동	판막교회	장로	평안북도 후창군 동흥면 판막리
철산중앙교회	장로	평안북도 철산군 철산면 중부동 60	판장교회	장로	평안북도 후창군 판면 판장시
철점교회	장로	평안북도 위원군 대덕면 독산동	평남진교회	장로	평안북도 강계군 용림면 평남진
청강교회	장로	평안북도 선천군 삼천면 고군영동	평당교회	장로	평안북도 초산군 풍면 용당동
청계교회	장로	평안북도 삭주군 외남면 청계동	평로교회	장로	평안북도 창성군 창성면 평로동
청년교회	장로	평안북도 의주군 고관면 청파리	평장교회	장로	평안북도 초산군 풍면 용당동
청룡교회	장로	평안북도 구성군 노동면 청룡동	표호교회	모름	평안북도 강계군 이서면 함부동
청룡교회	모름	평안북도 구성군 이현면 길상동	풍룡교회	장로	평안북도 강계군 어뢰면 풍룡동
청산교회	장로	평안북도 창성군 창성면 학송동	풍산교회	장로	평안북도 철산군 백량면 풍천동
청산교회	장로	평안북도 강계군 고진면 토교동	피목골교회	장로	평안북도 위원군 위송면 피목동
청성교회	장로	평안북도 의주군 광평면 청성동	피현교회	모름	평안북도 의주군 비현면 제밀동
청수교회	장로	평안북도 삭주군 청수읍 청수동	하건포교회	장로	평안북도 후창군 남신면 부흥동 491
청용교회	장로	평안북도 영변군 노동면 청신동	하구비교회	장로	평안북도 후창군 동흥면 나죽동
청전교회	장로	평안북도 의주군 의주읍 청전동	하남주교회	장로	평안북도 강계군 곡하면 흥주동 하남주
청정교회	장로	평안북도 정주군 마산면 청정동	하단교회	장로	평안북도 초산군 성서면 내연동
체마교회	장로	평안북도 의주군 비현면 체마동	하단교회	장로	평안북도 선천군 용연면 하단동 802
초산읍교회	장로	평안북도 초산군 초산면 성서동	하단교회	장로	평안북도 삭주군 서면 하단리
추동교회	장로	평안북도 의주군 가산면 추동	하북동교회	장로	평안북도 의주군
추정교회	장로	평안북도 용천군 북중면 추정동	하서교회	장로	평안북도 자성군 삼풍면 운봉동
춘곡교회	장로	평안북도 의주군 고진면 춘곡동	하장교회	장로	평안북도 자성군 중강면 중덕동
충상교회	장로	평안북도 초산군 남면 충상동	하창교회	장로	평안북도 삭주군 수풍면 하창리
취봉교회	장로	평안북도 의주군 월화면 회하동	하호교회	장로	평안북도 용천군 외하면 하호동
칠평교회	장로	평안북도 후창군 칠평면 칠평리	학과교회	장로	평안북도 용천군 외상면 학과동
탁산교회	모름	평안북도 철산군 부서면 인흥동	학령교회	장로	평안북도 용천군 동하면 학령동
탄부교회	감리	평안북도 진남포부 탄부리	학리교회	장로	평안북도 벽동군 학회면 학상동
탑동교회	장로	평안북도 구성군 천마면 탑동	학면교회	장로	평안북도 철산군 백량면 원봉리
탑동교회	장로	평안북도 구성군 천마면 탑동	학소교회	장로	평안북도 용천군 외상면 학소동
태산교회	장로	평안북도 의주군 수진면 태산리	학암교회	장로	평안북도 철산군 부서면 학암동
태산교회	장로	평안북도 용천군 동상면 태상동	학현교회	장로	평안북도 선천군 수청면 학현동
태상교회	장로	평안북도 의주군 고성면 대산동	한장교회	장로	평안북도 위원군 숭정면 용연동
태천읍교회	감리	평안북도 태천군 태천면 서부동	한전교회	장로	평안북도 강계군 종남면 한전리

교회명	교단	주소	교회명	교단	주소
한정교회	감리	평안북도 정주군 옥천읍 문인동	화합하동교회	장로	평안북도 의주군 월하면 화합동
함부교회	장로	평안북도 강계군 이서면 함부동 48	화호교회	모름	평안북도 영변군 남신현면 화호리
항산교회	장로	평안북도 의주군 의주읍 황상리	황산교회	장로	평안북도 의주군 고관면 황산리
해천교회	장로	평안북도 의주군 가산면 추동 103	황아동교회	장로	평안북도 강계군 어뢰면 황아동
행정교회	감리	평안북도 영변군 북신현면 노하동	황청교회	장로	평안북도 강계군 종서면 황청동
형포교회	장로	평안북도 강계군 문옥면 형포리	황추교회	장로	평안북도 강계군 어뢰면 황추동
호동교회	장로	평안북도 자성군 자하면 호동	황추동교회	장로	평안북도 강계군 어뢰면 풍룡동 횡추곡첨
호상중동교회	장로	평안북도 자성군 장토면 호상중동	회당교회	장로	평안북도 철산군 서림면 회당동
호암교회	장로	평안북도 정주군 안흥면 호암리	회목동교회	장로	평안북도 초산군 도원면 회목동
호암교회	장로	평안북도 의주군 월하면 화합동	회천읍교회	감리	평안북도 희천군 희천읍 읍하동
호예교회	장로	평안북도 자성군 장사면 호하동	회천읍교회	장로	평안북도 희천군 희천읍 읍하동
호하교회	장로	평안북도 자성군 장토면 호하동	횡산교회	장로	평안북도 의주군 고관면 노동
홍주동교회	장로	평안북도 강계군 외귀면 홍주리	효자교회	장로	평안북도 선천군 군산면 장공동
화양교회	장로	평안북도 강계군 입관면 화양동	후지동교회	장로	평안북도 강계군 용림면 후지동
화창교회	장로	평안북도 위원군 화창면 대안동	후창읍교회	장로	평안북도 후창군 후창면 내동 103
화탄교회	장로	평안북도 철산군 서림면 화탄동 100	흥주교회	장로	평안북도 강계군 강계읍 흥주리
화평교회	장로	평안북도 벽동군 오북면 오상리	흥판교회	장로	평안북도 강계군 외귀면 흥판동
화평교회	장로	평안북도 후창군 남신면 유화동	희천교회	감리	평안북도 희천군 희천읍 읍하동
화합교회	장로	평안북도 의주군 고성면 화합리	희천교회	성결	평안북도 희천군 동창면 희천리
화합상동교회	장로	평안북도 의주군 월하면 화합상리			

〈함경남도〉

교회명	교단	주소	교회명	교단	주소
가지교회	장로	함경남도 영흥군 고녕면 가지리	계남교회	장로	함경남도 고원군 수동면 계남리
간성교회	감리	함경남도 원산부 논설동	고산교회	장로	함경남도 안변군 신고산면 구고산리
간평교회	성결	함경남도 북청군 속후면 간평리	고산영	구세군	함경남도 안변군 신고산면 고산리
갈전교회	장로	함경남도 장진군 상남면 갈전리	고양리교회	장로	함경남도 함주군 천서면 고양리
간토동교회	장로	함경남도 풍산군 안수면 간토리	교원교회	성결	함경남도 고원군 고원읍 관덕리 86
갑산읍교회	장로	함경남도 갑산군 갑산읍 북부리	고원교회	장로	함경남도 고원군 읍배면 읍내리
개운성교회	성결	함경남도 삼수군 관흥면 개운성리	고저교회	감리	함경남도 원산부 고저동
개운성교회	장로	함경남도 삼수군 관흥면 남사본동	고토리교회	장로	함경남도 장진군 장진면 고토리
개운성교회	장로	함경남도 삼수군 자서면 황철리	고흥동교회	일본장로	함경남도 장진군 신남면 고토리
객동교회	장로	함경남도 북청군 이곡면 상리	곡구교회	장로	함경남도 이원군 동면 곡구리
거산교회	장로	함경남도 북청군 거산면 평리	공수전교회	장로	함경남도 안변군 신방면 공수전리

부록 2 해방 이전 북한 교회 명부(약 3천여 개 교회/ 도별 정리)

교회명	교단	주소	교회명	교단	주소
공주전교회	모름	함경남도 안변군 신아면 공수전리	도안리교회	장로	함경남도 신흥군 동상면 도안리
공흥리교회	성결	함경남도 장진군 장진면 고흥리	도안역전교회	장로	함경남도 신흥군 동상면 도안역전
관교동교회	감리	함경남도 원산부 남촌동	도지평교회	일본장로	함경남도 풍산군 안산면 도지평리
광덕교회	장로	함경남도 북청군 이곡면 광덕리	동개동교회	장로	함경남도 장진군 구읍면 동개동
광석동교회	장로	함경남도 원산부 광석동	동계동교회	장로	함경남도 장진군 중남면 동개동
구룡교회	성결	함경남도 흥남시 구룡리	동봉교회	장로	함경남도 문천군 운림면 응봉리
구룡교회	장로	함경남도 흥남시 구룡리	동신교회	장로	함경남도 혜산군 운흥면 동신리
구미단교회	감리	함경남도 북청군 덕성면 구미동	동평리교회	성결	함경남도 홍원군 용포면 동평리
구미단교회	성결	함경남도 북청군 덕성면 서흥리	동리교회	장로	함경남도 신흥군 영고면 동평리
구읍교회	일본장로	함경남도 장진군 구읍면 성사리	동흥교회	장로	함경남도 흥남시 동흥리
군선교회	장로	함경남도 이원군 동면 군선리	등암리교회	장로	함경남도 삼수군 자서면 등암리
근외리교회	감리	함경남도 안변군 문산면 근외리 474	라남교회	성결	함경남도 경성군 나남읍 초뢰정 125
금강교회	감리	함경남도 원산부 금강리	마산장교회	장로	함경남도 영흥군 영흥읍 마산리
금덕산교회	장로	함경남도 북청군 승대면 창성리	마장리교회	장로	함경남도 북청군 하차서면 마장리
나흥교회	장로	함경남도 풍산군 웅이면 나흥리	만춘교회	장로	함경남도 북청군 신창읍
나흥교회	모름	함경남도 풍산군 웅이면 나흥리	만항교회	장로	함경남도 북청군 덕성면 만항리
남산역교회	감리	함경남도 안변군 신고산면 신대리	모풍교회	장로	함경남도 홍원군 문학면 두남리
남성리교회	장로	함경남도 안변군 안도면 남성리	묘포교회	장로	함경남도 혜산군 운흥면 묘포동
남성포영	구세군	함경남도 흥남시 남성포리	무명농촌교회	장로	함경남도 어느 지방 농촌
남양교회	장로	함경남도 정평군 문산면 남양리	문악동교회	장로	함경남도 장진군 상남면 문악리
내간동교회	장로	함경남도 신흥군 동상면 내간동	문암교회	장로	함경남도 북청군 신포읍 문암리
노암교회	장로	함경남도 풍산군 웅이면 노암리	문천교회	장로	함경남도 문천군 문천면 유정리
능전교회	장로	함경남도 문천군 문천면 능전리	문천구읍교회	모름	함경남도 문천군 문천면
단천교회	성결	함경남도 단천군 단천읍 단천리	문천읍교회	장로	함경남도 문천군 문천면 옥평리
단천읍교회	장로	함경남도 단천군 단천읍 동하리	문평교회	장로	함경남도 이원군 이원면 문평리
당우리교회	장로	함경남도 문천군 문천면 당하리	미둔리교회	장로	함경남도 고원군 수동면 미둔리
당우리교회	장로	함경남도 북청군 후창면 당우리	미전리교회	일본장로	함경남도 풍산군 안수면 미전리
대동교회	장로	함경남도 함주군 덕산면 대동리	미현교회	장로	함경남도 안변군 안변면 미현리
대안대교회	장로	함경남도 신흥군 동상면 도안리	방촌교회	장로	함경남도 북청군 하차서면 방촌리
대오시천교회	장로	함경남도 혜산군 운흥면 대오시리	배화교회	장로	함경남도 안변군 배화면 배화리
대웅동교회	장로	함경남도 혜산군 운흥면 대웅동	백암교회	장로	함경남도 혜산군 봉두면 백암리 백암역 앞
대한대교회	장로	함경남도 신흥군 동상면 대한리	백자동교회	일본장로	함경남도 풍산군 안산면 노은리
덕산교회	장로	함경남도 함주군 덕산면 회양리	보전교회	장로	함경남도 혜산군 보천면 보전리
덕원읍교회	장로	함경남도 문천군 덕원면	복부정교회	성결	함경남도 함흥부 복부정
덕지교회	장로	함경남도 고원군 군내면 가하리	본궁교회	장로	함경남도 함흥부 회상동

교회명	교단	주소	교회명	교단	주소
봉두교회	장로	함경남도 혜산부 봉두면 봉두리	성남리교회	장로	함경남도 안변군 신고산면 성남리
봉두리교회	장로	함경남도 혜산부 봉두면 봉두리	성남리영	구세군	함경남도 안변군 신고산면 성남리
봉의교회	장로	함경남도 회령군 봉의면 봉창리	성라리교회	감리	함경남도 문천군 덕원면 성라리
북동교회	일본	함경남도 장진군 신남면 북동	성리교회	장로	함경남도 영흥군 선흥면 성산리
북부교회	모름	함경남도 함주군 덕산면 북부리	성북리교회	감리	함경남도 문천군 덕원면 성북리
북부정교회	장로	함경남도 함흥부 복부정	성사리교회	장로	함경남도 문천군 덕원면 성사리
북청교회	성결	함경남도 북청군 북청읍 내리	성진교회	감리	함경남도 원산부 춘일동
북청중앙교회	장로	함경남도 북청군 북청읍 내리	세포리영	구세군	함경남도 안변군 신고산면 세포리
사고리교회	장로	함경남도 안변군 배화면 사고리	속수간평교회	장로	함경남도 원산부 속수리
사리영	구세군	함경남도 정평군 성수면 사리영	속후간평교회	장로	함경남도 북청군 속후면 간평리
사수교회	장로	함경남도 장진군 중남면 사수리	속후교회	장로	함경남도 북청군 속후면 서호리
산단동교회	일본장로	함경남도 풍산군 안산면 산단동	속후교회	침례	함경남도 원산부 광석동
산수정교회	성결	함경남도 함흥부 산수정	송단교회	장로	함경남도 이원군 남송면 송단리
삼기교회	장로	함경남도 북청군 이곡면 삼기리	송동교회	장로	함경남도 함주군 삼평면 송동리
삼덕교회	장로	함경남도 삼수군 관흥면 삼덕리	송방교회	침례	함경남도 원산부 천대리
삼방교회	장로	함경남도 안변군 신고산면 삼방리	송전교회	성결	함경남도 북청군 평산면 송전리
삼상교회	장로	함경남도 장진군 상남면 삼상리	송전교회	장로	함경남도 문천군 명구면 추미리
삼평교회	장로	함경남도 함주군 삼평면 동오리	송현교회	장로	함경남도 고원군 상산면 송현리
삼호교회	장로	함경남도 홍원군 삼호면 신덕리	송흥리교회	장로	함경남도 문천군 문천면 송흥리
상농교회	장로	함경남도 단천군 수하면 상농리	수하교회	장로	함경남도 신흥군 동상면 수하리
생양별교회	장로	함경남도 풍산군 안산면 황수원리	수항교회	장로	함경남도 이원군 남송면 수항리
생포리교회	장로	함경남도 문천군 명구면 생포리	승평리교회	장로	함경남도 북청군 신창읍 승평리
서리교회	장로	함경남도 풍산군 웅이면 서리	신가울교회	장로	함경남도 영흥군 청수면 신가울리
서상리교회	장로	함경남도 함주군 하기천면 서상리	신갈파교회	장로	함경남도 삼수군 신파면 신갈파
서양리교회	장로	함경남도 신흥군 하원천면 서양리	신고산교회	감리	함경남도 안변군 신고산면 신대리
서풍산교회	장로	함경남도 풍산군 서풍산 부전	신고산교회	성결	함경남도 안변군 신고산면 신고산리
서호교회	장로	함경남도 흥남시 서호진	신고산교회	장로	함경남도 안변군 신고산면 신고산리
서호진교회	성결	함경남도 흥남시 서호진	신고산영	구세군	함경남도 안변군 신고산면 신고산리
서흥교회	장로	함경남도 문천군 풍성면 서흥리	신고천교회	감리	함경남도 안변군 신고산면 신대리
서웅교회	장로	함경남도 북청군 덕성면 서흥리	신고천교회	장로	함경남도 안변군 신고산면 신대리
석동교회	장로	함경남도 삼수군 삼수면 석동리	신부리교회	감리	함경남도 안변군 배화면 사고리
석사교회	장로	함경남도 북청군 승대면 보성리	신북교회	장로	함경남도 단천군 북두일면 대신리
석우교회	장로	함경남도 갑산군 산남면 석우동	신북청교회	성결	함경남도 북청군 이곡면 신북리
석우동교회	장로	함경남도 원산부 본동 오정목	신북청교회	장로	함경남도 북청군 신북청면 신북청리
선덕교회	장로	함경남도 정평군 신상면 선덕리	신상교회	장로	함경남도 정평군 신상면 신상리

부록 2 해방 이전 북한 교회 명부(약 3천여 개 교회/ 도별 정리)

교회명	교단	주소	교회명	교단	주소
신상교회	침례	함경남도 신흥군 상원천면 신성리	예원리교회	성결	함경남도 북청군 청해면 예원리
신성리교회	성결	함경남도 신흥군 원평면 신성리	오노리교회	장로	함경남도 함주군 상기천면 오로리
신창교회	장로	함경남도 북청군 신창읍 만춘리	오매교회	장로	함경남도 북청군 속후면 오매리
신포교회	장로	함경남도 북청군 신포읍 신포리	오복교회	장로	함경남도 북청군 청해면 오복리
신풍리교회	장로	함경남도 원산부 신풍리	오산리교회	감리	함경남도 원산부 오산리
신현리영교회	구세군	함경남도 흥남시 신현리	오서동교회	성결	함경남도 안변군 석왕사면 오산리
신흥리교회	장로	함경남도 이원군 서면 신흥리	오서동교회	장로	함경남도 정평군 광덕면 용응리
신흥읍교회	장로	함경남도 신흥군 신흥면 흥경리	옥평교회	장로	함경남도 문천군 북성면 문평리
안곡교회	장로	함경남도 북청군 산북청면 안곡리	왕장교회	모름	함경남도 영흥군 인흥면 화흥리
안변교회	감리	함경남도 안변군 안변면 읍내리	외석교리교회	장로	함경남도 안변군 안변면 외석교리
안변교회	성결	함경남도 안변군 신고산면 고성리	요덕교회	장로	함경남도 영흥군 요덕면 인상리
안변읍교회	장로	함경남도 안변군 안도면 영춘리	용마촌교회	일본장로	함경남도 풍산군 안산면 용마촌
야태교회	감리	함경남도 문천군 북성면 야태리	용연교회	장로	함경남도 단천군 북두일면 용양리
야태교회	장로	함경남도 문천군 북성면 야태리	용원교회	장로	함경남도 단천군 북두일면 용양리
양가교회	장로	함경남도 북청군 이곡면 초리	용원교회	장로	함경남도 홍원군 용원면 용원리
양거수교회	장로	함경남도 장진군 상남면 양거수리	용전리교회	성결	함경남도 함흥부 형탄리
양양교회	감리	함경남도 원산부 양양리	용포리교회	장로	함경남도 안변군 신방면 용포리
양자교회	장로	함경남도 풍산군 안산면 노은리	용흥교회	성결	함경남도 원산부
양천교회	성결	함경남도 북청군 신북청면 양천리	용흥교회	장로	함경남도 흥남시 흥남읍 용흥리
양평교회	장로	함경남도 풍산군 웅이면 양평리	용흥교회2	성결	함경남도 흥남시 용흥리
양화교회	장로	함경남도 북청군 양화면 양화리	운담교회	장로	함경남도 풍산군 안수면 평산리
양화서촌교회	장로	함경남도 북청군 양화면 양화리	우서교회	장로	함경남도 풍산군 안산면 은대리
어포리교회	성결	함경남도 북청군 청해면 어포리	운용교회	장로	함경남도 혜산군 운흥면 운용리
어해진교회	장로	함경남도 단천군 북두일면 예회리	운흥리교회	장로	함경남도 함흥부 춘일동
엄동교회	장로	함경남도 북청군 상차서면 엄동리	원덕교회	장로	함경남도 삼수군 자서면 원덕리
업억교회	모름	함경남도 성진군 학서면 업억동	원덕교회	장로	함경남도 단천군 북두일면 신덕리
역전교회	장로	함경남도 홍원군 삼호면 신하리	원룡리교회	장로	함경남도 이원군 동면 운용리
연두도리교회	감리	함경남도 문천군 덕원면 연두도리	원산교회	침례	함경남도 원산부
연포교회	장로	함경남도 장진군 상남면 연포리	원산영	구세군	함경남도 원산부 남촌동
염성교회2	침례	함경남도 원산부 성수리	원산제이교회	성결	함경남도 원산부 영정
영동덕교회	모름	함경남도 혜산군 운흥면 영동덕동	원산제일교회	성결	함경남도 원산부 상리1동
영무교회	장로	함경남도 홍원군 용원면 영무리	원산중앙교회	감리	함경남도 원산부 송석동
영흥교회	성결	함경남도 영흥군 흥인면 영흥리	원산중앙교회	감리	함경남도 원산부 산제동 9
영흥교회	장로	함경남도 영흥군 영흥읍 남산리	원풍교회	장로	함경남도 신흥군 동상면 원풍리
영흥읍교회	장로	함경남도 영흥군 영흥면 남산리	위남리영	구세군	함경남도 흥남시 위남리

교회명	교단	주소	교회명	교단	주소
위북리교회	장로	함경남도 안변군 신고산면 위북리	조래교회	장로	함경남도 홍원군 운락면 조래리
유담교회	장로	함경남도 장진군 서한면 유담리	주의동교회	장로	함경남도 북청군 덕성면 주의동리
유도교회	장로	함경남도 영흥군 억기면 표산리	죽근리교회	감리	함경남도 안변군 신고산면 죽근리
유동교회	침례	함경남도 원산부 유동	죽전교회	장로	함경남도 북청군 덕성면 죽전리
유흥교회	장로	함경남도 정평군 광덕면 유흥리	중고대교회	장로	함경남도 북청군 가회면 중고리
육대교회	장로	함경남도 북청군 신모면 노암리	중돌교회	장로	함경남도 북청군 상차서면 중돌리
율기교회	장로	함경남도 이원군 남송면 율기리	중리교회	장로	함경남도 북청군 이곡면 중리
율암리교회	성결	함경남도 북청군 전규면 율암리	중봉리교회	장로	함경남도 혜산군 운흥면 중봉리
은옹덕교회	성결	함경남도 단천군 북두일면 은용리	중앙교회	장로	함경남도 흥남시 흥남읍 하덕리
은용덕교회	장로	함경남도 단천군 북두일면 용양리	중청리교회	감리	함경남도 원산부 중청동 144-1
은용덕교회	장로	함경남도 이원군 남송면 은용덕리	중평교회	장로	함경남도 삼수군 삼수면 중평장리
이덕교회	장로	함경남도 이원군 이원면 이덕리	중평교회	장로	함경남도 단천군 수하면 중평리
이망지리교회	성결	함경남도 북청군 덕성면 이망지리	중평리교회	장로	함경남도 안변군 안도면 중평리
이원읍교회	장로	함경남도 이원군 이원면 남문리	중하리교회	장로	함경남도 함흥부 중하리
인두문교회	장로	함경남도 안변군 석왕사면 인두문리	진흥교회	장로	함경남도 영흥군 진평면 진흥리
인인정포교회	장로	함경남도 갑산군 산남면 인정표	차문리교회	모름	함경남도 이원군
일리교회	장로	함경남도 북청군 후창면 일리	차호교회	장로	함경남도 이원군 차호읍 상차호리
일온리영	구세군	함경남도 안변군 신고산면 일온리	창동교회	장로	함경남도 북청군 승대면 창성리
임자동교회	성결	함경남도 북청군 하차서면 안장리	천기리교회	성결	함경남도 흥남시 천기리
임자동교회	장로	함경남도 북청군 하차서면 양지동	천기리교회	장로	함경남도 흥남시 흥남읍 천기리
입석교회	장로	함경남도 안변군 안도면 낭성리	천상교회	장로	함경남도 북청군 청해면 청산리
자산교회	장로	함경남도 영흥군 선흥면 자산리	천평교회	장로	함경남도 삼수군 삼수면 천평리
자성교회	장로	함경남도 풍산군 안산면 자성리	청진교회	감리	함경남도 원산부 청진동
작동교회	장로	함경남도 정평군 광덕면 작동리	초원교회	장로	함경남도 정평군 장원면 초원리
장덕교회	장로	함경남도 풍산군 웅이면 장덕리	태을교회	장로	함경남도 영흥군 김성번 배을리
장문리교회	장로	함경남도 이원군 동면 장문리	통천교회	침례	함경남도 원산부 통천리
장의교회	침례	함경남도 원산부 장의리	통피교회	장로	함경남도 북청군 이곡면 통피리
장전교회	감리	함경남도 원산부 장전리	퇴조교회	장로	함경남도 함주군 퇴조면 퇴조억전
징진교회	침례	함경남도 인산부 장진리	파발교회	장로	함경남도 풍산군 안산면 파발리
징진읍교회	장로	함경남도 장진군 장진면 내리	파추교회	장로	함경남도 정평군 문산면 파춘리
장평교회	장로	함경남도 풍산군 웅이면 장안평리	평리교회	장로	함경남도 북청군 거산면 평리
장호(리)교회	장로	함경남도 북청군 신창읍 장호리	평산교회	성결	함경남도 북청군 거산면 평리
장흥교회	장로	함경남도 북청군 승대면 평리	평풍동교회	장로	함경남도 풍산군 안산면 평풍동
재원교회	일본장로	함경남도 장진군 신남면 좌원리	포청교회	성결	함경남도 북청군 서면 포청리
정평읍교회	장로	함경남도 정평군 정평면 동천리	포항교회	장로	함경남도 이원군 차호읍 포항리

부록 2 해방 이전 북한 교회 명부(약 3천여 개 교회/ 도별 정리)

교회명	교단	주소	교회명	교단	주소
포항리교회	장로	함경남도 북청군 청해면 포항리	함흥중앙교회	성결	함경남도 함흥부 중앙동1가
풍동리교회	장로	함경남도 신흥군 상원천면 풍동리	함흥중앙교회	장로	함경남도 함흥부 주길동
풍산읍교회	장로	함경남도 풍산군 풍산읍 서길동	합수교회	장로	함경남도 혜산군 합수역 앞
풍화교회	장로	함경남도 단천군 하다면 풍화리	혜산교회	장로	함경남도 혜산군 혜산읍 혜산리
하갈교회	장로	함경남도 장진군 신남면 경하리	혜산진교회	성결	함경남도 혜산군 혜산읍 혜산리 551
하갈우교회	장로	함경남도 장진군 장진면 하갈우리	홍상교회	장로	함경남도 함흥부 외흥상면 홍상리
하고읍교회	장로	함경남도 고원군 군내면 하고읍리	홍원교회	성결	함경남도 홍원군 주익면 홍원리
하농교회	장로	함경남도 단천군 수하면 하농리	홍원읍교회	장로	함경남도 홍원군 홍원읍 성산리
하리교회	성결	함경남도 혜산군 운흥면 하리	황철교회	장로	함경남도 삼수군 자서면 황철리
학산교회	장로	함경남도 홍원군 운학면 학산리	회동교회	장로	함경남도 북청군 이곡면 정성리
한상리교회	일본장로	함경남도 장진군 서한면 한상리	회양교회	감리	함경남도 원산부 회양리
함전교회	장로	함경남도 북청군 이곡면 초리 상성동	효자리교회	장로	함경남도 안변군 신아면 효지리
함흥교회	성결	함경남도 함흥부 산수정	후복교회	모름	함경남도 혜산군 운흥면 후복동
함흥남부교회	장로	함경남도 함흥부 황금동2가	후창제이교회	장로	함경남도 북청군 후창면 일리
함흥동부교회	장로	함경남도 함흥부 출운동	후창제일교회	장로	함경남도 북청군 북청읍 당우리
함흥북부교회	장로	함경남도 함주군 덕산면 회양리	후호교회	장로	함경남도 북청군 양화면 후호리
함흥영	구세군	함경남도 함흥부 본정	흥남중앙교회	성결	함경남도 흥남시 하덕리
함흥제이교회	성결	함경남도 함흥부 산수정	흥상교회	장로	함경남도 함흥부 외흥상역전
함흥제일교회	성결	함경남도 함흥부 복부정	희동교회	장로	함경남도 북청군 이곡면 정성리

〈함경북도〉

교회명	교단	주소	교회명	교단	주소
경성교회	모름	함경북도 나진시 청석동	고읍교회	침례	함경북도 경흥군 아오지읍 고읍리
경성읍교회	장로	함경북도 경성군 경성면 남문밖리	광정동교회	장로	함경북도 무산군 연사면 상광동
경성읍교회	장로	함경북도 경성군 경성면 승암동	굴포교회	장로	함경북도 경흥군 노서면 굴포동
경원교회	장로	함경북도 경원군 경원면 회동	귀락교회	장로	함경북도 경흥군 아오지읍 귀락동
경흥읍교회	장로	함경북도 경흥군 아오지읍 세교리	귀락교회	침례	함경북도 경흥군 아오지읍 귀락동
고령교회	장로	함경북도 회령군 화풍면 인계동	극동교회	장로	함경북도 명천군 동면 극동
고무산교회	장로	함경북도 부령군 부령면 고무산역전	금생동교회	침례	함경북도 회령군 팔을면 금생동
고무산교회	침례	함경북도 부평군 부령면 고무산리	금성교회	장로	함경북도 온성군 온정면 금성리
고성동교회	장로	함경북도 경흥군 경흥면 고성동	금월동교회	장로	함경북도 경원군 동원면 금월동
고성동교회	침례	함경북도 경흥군 경흥면 고성동	금천교회	장로	함경북도 길주군 덕산면 금천리
고읍교회	장로	함경북도 경성군 경성면 고읍동	길주교회	성결	함경북도 길주군 길주읍 길주동

교회명	교단	주소	교회명	교단	주소
길주읍교회	장로	함경북도 길주군 길주읍 길남동	부령교회	장로	함경북도 부령군 부령면 부령동
나남교회	성결	함경북도 경성군 나남읍 성화리	북주동교회	장로	함경북도 함주군 덕산면 회양리
나남교회	장로	함경북도 청진부 나남본동	북지동교회	침례	함경북도 회령군 서상면 북지동
나산동교회	침례	함경북도 경흥군 경흥면 나산동	불로교회	장로	함경북도 길주군 동해면 불로동
나진교회	장로	함경북도 나진시 간의동 187-13	사지동교회	장로	함경북도 무산군 연사면 사지동
나진제이교회	장로	함경북도 나진시 창평동	사진동교회	모름	함경북도 나진시 나진동
나진제일교회	장로	함경북도 나진시 금동로 1가	사포교회	장로	함경북도 명천군 하가면 사포동
낙산교회	장로	함경북도 부령군 관해면 낙산리	사회교회	침례	함경북도 경흥군 경흥면 사회리
남양교회	장로	함경북도 온성군 남양면 남양리	산서교회	장로	함경북도 경원군 아산면 산서동
내포교회	장로	함경북도 명천군 상우남면 고성동	산성교회	장로	함경북도 경흥군 신화면 산성동
노고산교회	장로	함경북도 경흥군 노서면 내남동	산성동교회	침례	함경북도 회령군 화풍면 산성동
농성동교회	장로	함경북도 성진군 학중면 농성동	삼봉교회	장로	함경북도 온성군 온성면 동화동
농포동교회	장로	함경북도 종성군 용성면 농포동	삼봉교회	침례	함경북도 회령군 화풍면 포을동
달리교회	모름	함경북도 성진군 학남면 달리동	삼장교회	장로	함경북도 무산군 삼장면 삼산동
달리동교회	장로	함경북도 성진군 학성면 달리동	삼향동교회	장로	함경북도 경성군 주남면 삼향동
대암교회	장로	함경북도 경흥군 노서면 대암동	생기령교회	장로	함경북도 경성군 주을면 작동
대암교회	장로	함경북도 명천군 (함남 풍산군?) 풍산면 대암리	서부제일교회	장로	함경북도 청진부 포항동
			서수라교회	성결	함경북도 경흥군 노서면 서수라
대진교회	장로	함경북도 경흥군 웅기읍 웅상동 대진	서수라교회	장로	함경북도 경흥군 노서면 서수라동
도마리교회	장로	함경북도 온성군 온정면 도마리	서촌교회	침례	함경북도 회령군 벽성면 서촌동
독진교회	장로	함경북도 경성군 경성면 독연동	서포항교회	장로	함경북도 경흥군 노서면 서포항동
동간진교회	침례	함경북도 회령군 용흥면 동간진리	석포교회	장로	함경북도 부령군 관해면 나석동
동관진교회	장로	함경북도 종성군 종성면 동관동	성진교회	장로	함경북도 성진시 욱동
동해안교회	장로	함경북도 청진부 동해안정	성진교회	침례	함경북도 성진시 욱동
두림교회	장로	함경북도 회령군 회령읍 오산동	성진교회	감리	함경북도 성진시 욱동 193
라석동교회	장로	함경북도 부령군 관해면 나석동	성진교회	성결	함경북도 성진시 욱동
라진교회	성결	함경북도 경흥군 경흥면 나진동	성진영	구세군	함경북도 성진시 욱동
라진교회	침례	함경북도 나진시 나진동	성진중앙교회	장로	함경북도 성진시 욱동 193
말음교회	장로	함경북도 청진부 말음동	소롱교회	침례	함경북도 경흥군 회방면 슬붕리
명천읍교회	장로	함경북도 명천군 하우면 명천동	송평교회	장로	함경북도 경성군 용성면 송평리
무산읍교회	장로	함경북도 무산군 무산읍 남산동	송평영	구세군	함경북도 청진부 서송항동
무상교회	장로	함경북도 무산군 무산읍 남산동	수남교회	성결	함경북도 청진부 수남동
백학동교회	장로	함경북도 경흥군 웅기읍 백학동	수남교회	장로	함경북도 경성군 어량면 용강동 수남
부개리교회	침례	함경북도 회령군 서상면 부개리	수북교회	장로	함경북도 경성군 어량면 용강동 수북
부거교회	장로	함경북도 부령군 부거면 부거동	수서동교회	장로	함경북도 명천군 상가면 수서동

부록 2 해방 이전 북한 교회 명부(약 3천여 개 교회/ 도별 정리)

교회명	교단	주소	교회명	교단	주소
수성교회	장로	함경북도 종성군 용성면 수성동	운연교회	성결	함경북도 회령군 보을면 운연리
승강곡교회	장로	함경북도 부령군 관해면 승강동	웅기교회	장로	함경북도 경흥군 웅기읍 천북리
승암동교회	장로	함경북도 경성군 경성면 승암동	웅기교회	침례	함경북도 경흥군 웅기읍 웅기동
신건원교회	장로	함경북도 경원군 동원면 신건동	웅기중앙교회	장로	함경북도 경흥군 웅기읍 산본정
신광산교회	장로	함경북도 부령군 관해면 관산동	웅상교회	장로	함경북도 경흥군 웅기읍 웅상동
신아산교회	장로	함경북도 경원군 아산면 신아산동	웅상교회	장로	함경노도 경흥군 웅기읍 몽상동
신암동교회	장로	함경북도 청진부 신암동	원동교회	장로	함경북도 경성군 주을면 용평리
신참교회	장로	함경북도 무산군 동면 신참리	원봉교회	장로	함경북도 나진시 신안동 원봉
신초령교회	장로	함경북도 온성군 영충면 북창평동	유선동교회	장로	함경북도 회령군 보을면 유선
쌍포교회	장로	함경북도 성진시 웅포정	유신동교회	장로	함경북도 회령군 창두면 유지동
아간장교회	장로	함경북도 명천군 아간면 아간장	유평동교회	장로	함경북도 무산군 삼사면 유평동
아오지교회	장로	함경북도 경흥군 아오지읍 아오동	은성교회	장로	함경북도 온성군 온성면 동화리
안원교회	장로	함경북도 경원군 안농면 안원동	응산교회	침례	함경북도 경흥군 웅기읍 웅산동
약삼교회	침례	함경북도 경흥군 노서면 약삼리	이설포교회	침례	함경북도 회령군 용흥면 이설포동
양화교회	장로	함경북도 명천군 서면 양화동	일유동교회	장로	함경북도 경흥군 풍해면 일유동
어대진교회	장로	함경북도 경성군 어랑면 송신 동어대진	임명교회	장로	함경북도 성진군 학중면 임명동
영원동교회	장로	함경북도 경성군 주북면 영원동	임천교회	침례	함경북도 회령군 팔을면 영천동
예동교회	장로	함경북도 성진군 학남면 예동	장덕교회	장로	함경북도 경흥군 성구면 성구리
오봉동교회	장로	함경북도 경흥군 아오지읍 오봉동	장동교회	장로	함경북도 온성군 온정면 창동리
옥포교회	장로	함경북도 길주군 웅평면 쌍용동	장산교회	장로	함경북도 부령군 관해면 장산동
옥포교회	장로	함경북도 길주군 동해면 옥포동	장현교회	장로	함경북도 성진군 학상면 장현동
온부교회	장로	함경북도 경성군 주을읍 오처동	주사동교회	성결	함경북도 경흥군 노서면 주사동
온성교회	장로	함경북도 온성군 온성면 온성리	종성교회	성결	함경북도 종성군 종성면 종성리
온성교회	침례	함경북도 경흥군 경흥면 고성동	종성교회	장로	함경북도 종성군 남산면 삼봉동
와연동교회	장로	함경북도 명천군 상가면 와현동	종성교회	장로	함경북도 종성군 종성면 금산동
용대교회	장로	함경북도 성진군 학남면 용대동	주령교회	장로	함경북도 경성군 주을면 온정리
용동교회	장로	함경북도 길주군 동해면 용동	주을교회	장로	함경북도 경성군 주을면 주을역전
용문리교회	장로	함경북도 풍산군 웅이면 용문리	주을교회	장로	함경북도 경성군 주을면 주을역전
용북동교회	장로	함경북도 경원군 용덕면 용북동	중봉동교회	침례	함경북도 회령군 화풍면 중봉리
용북동교회	침례	함경북도 경원군 용덕면 용북동	증산교회	침례	함경북도 경흥군 웅기읍 증산리
용북동교회	침례	함경북도 회령군 창두면 용북동	짐치장교회	침례	함경북도 경흥군 경흥면 짐치리
용암교회	장로	함경북도 명천군 아간면 용암동	창전교회	장로	함경북도 길주군 동해면 창전동
용호교회	장로	함경북도 성진군 학동면 용호동	창진교회	감리	함경북도 원산부 창진동
우사장교회	장로	함경북도 명천군 상우남면 상장동	철포교회	장로	함경북도 경흥군 웅기읍 웅상동
욱정교회	장로	함경북도 성진시 욱동	청진교회	성결	함경북도 청진부 신암동

교회명	교단	주소	교회명	교단	주소
청진교회	장로	함경북도 청진부 신암동 91-5	행영교회	장로	함경북도 종성군 행영면 행영동
청진교회	침례	함경북도 회령군 회령읍 청진동	행영교회	침례	함경북도 회령군 보을면 유선동
청진교회	감리	함경북도 청진부 포항동 207	행정교회	장로	함경북도 성진군 상지면 행정리
청진동부교회	장로	함경북도 청진부 고사동	홍의동교회	침례	함경북도 경흥군 화방면 홍의동
청진서부제일교회	장로	함경북도 청진부 포항동	화대교회	장로	함경북도 명천군 하가면 화대동
청진영	구세군	함경북도 청진부 도은리	황만동교회	장로	함경북도 부령군 석막면 황만동
청진중앙교회	장로	함경북도 청진부 신암동	회령교회	성결	함경북도 회령군 회령읍 4동 116
토리교회	장로	함경북도 경흥군 노서면 토리동	회령교회	장로	함경북도 회령군 회령읍 1동
포중 장로교회	장로	함경북도 명천군 보촌면 포중리	회령교회	침례	함경북도 회령군 회령읍 회령리
포중교회	장로	함경북도 명천군 상고면 포중동	회문교회	장로	함경북도 경성군 주북면 용중동 회문역
포항교회	장로	함경북도 청진부 포항동	회암교회	성결	함경북도 경흥군 아오지읍 회암리
포항동교회	성결	함경북도 청진부 포항동 93	회암교회	장로	함경북도 경흥군 아오지읍 회암동
풍인교회	침례	함경북도 경흥군 경흥면 풍인리	훈계교회	장로	함경북도 온성군 훈계면 풍무동
하삼교회	장로	함경북도 풍산군 풍산면 하리			
하전교회	장로	함경북도 이원군 이원면 하전리			
하평교회	장로	함경북도 명천군 하고면 하평동			
한동교회	장로	함경북도 성진군 학동면 한동			

부록 2 해방 이전 북한 교회 명부(약 3천여 개 교회/ 도별 정리)

| 나가는 말 epilogue |

북한교회사를 마무리하며

그 나라의 교회사는 곧 그 나라의 역사와 함께한다는 것은 세계 모든 교회들의 공통점이다. 구약의 교회 역사가 이스라엘을 중심으로 한 구원의 역사라면 신약의 교회사는 이스라엘과 소아시아와 지중해권의 유럽과 5대양 6대주로 하나님의 구원 역사가 전 인류를 향하여 확장되어 가고 있다.

지금으로부터 약 150여 년 전인 1866년 27세의 벽안의 서양인 토마스 선교사가 그 당시 조선의 수도인 한성이 아닌 이북 지역의 중심인 평양에 제일 먼저 복음을 전하고 순교했던 역사는, 돌발적 사건이 아닌 하나님의 면밀한 우리 민족을 향하신 구원의 경륜이었다.

그 당시에 서세동점(西勢東漸)이라는 큰 역사의 격변기에 서양 종교가 금지된 엄혹한 상황에서 토마스 선교사의 평양 잠입과 순교는 '하나님의 큰 일'이었으며, 우리 민족에게는 생명의 역사와 개명의 근 역사의 전환점이 되는 놀라운 하나님의 주권적 역사였다.

기독교의 역사는 대부분 어느 나라이건 순교라는 한 알의 밀알로 시작되어 구원의 역사가 크게 확장됨을 보게 된다. 한국의 교회사도 이 범주에서 벗어나지 않았다. 그 당시는 국운이 쇠해 가는 정황이었기에 조선의 백성들에게 봉건적 왕권과 기존의 종교로는 아무 위로나 소망이 없었고, 부패한 정치와 사회상 속에 오직 저들의 정신적 피난처는 무속신앙이었다. 그러한 절체절명의 어둠의 혼돈 상황에 기독교의 복음 전파는 조선인들에게는 곧 광명의 세계로 이끄는 한 줄기 빛이었고 생명수였다.

만일 조선 말기인 그 시대가 국력이 흥하였고 모든 백성들이 태평성대를 누리며 백화제방의 문명 속에 민족의 문명사가 꽃을 피우는 전성기였다면 기독교의 복음이 들어왔더라도 복음 전파의 활동력은 큰 힘을 발휘하지 못하였을 것이다. 토마스 선교사가 한 알의 밀알이 되어 떨어진 평양은 사실상 복음이 배양될 수 있는 최적의 환경이었다. 이는 그 결과로 복음이 떨어진 지 불과 40년 만인 1907년에 평양 대부흥운동이요, 대각성 운동으로 나타남으로써 토마스 선교사가 순교한 그곳이 증명하고 있다.

필자는 1992년 10월 10일에 복음이 전해진 코리아 바이블 루트 (Korea Bible Route)인 단동의 압록강가에 서서 북한 땅 신의주를 바라보고 기도하기를, "하나님, 저 어둠의 땅에 태양이 떠올라 빛을 비춰 주신 것같이 이제는 하나님의 말씀의 빛을 저 땅을 비춰 주셔서 저들을 구원하여 주옵소서"라고 하였다. 그리고 연하여 기도하기를, "하나님, 저를 이곳에 보내 주셔서 저들을 구원케 하여 주옵소서"라고 고백하였다.

신기하게도 나중에 알게 되었지만 그곳 압록강은 100여 년 전 백홍준이 심양 농관교회의 분광서원에서 조선 청년 5명과 존 로스 선교사가 조선어로 번역한 조선어 성경을 전한 그 강이었다. 그 당시 성경은 금수품으로 목숨을 걸고 전한 것이었으며, 토마스 선교사가 평양 대동강에서 순교한 지 17년 만에 조선어 성경이 만들어져 건네진 것이었다. 이같이 조선을 향한 구원의 역사는 곧 사도행전 29장의 진행형이었다.

필자는 한국 교회사 자료를 통해 이러한 구원의 역사를 알게 된 후, 150여 년 전에 쇄국정책으로 복음이 들어올 수 없었던 그 상황이 다시 하나님을 부인하며 교회를 훼파하는 공산 독재 통치로 대체되어 어둠에 갇혀 있는 현실을 보게 되었으며, 북한 선교 사역 중에 지하교회의 존재와 그들의 순교를 각오한 산 순교자들의 실체를 확인한 후, 북한의 교회사가 어둠에 소멸된 것이 아니라 단지 교회의 유형만 달리한 로마 초대교회의 성도들같이 어둠 속에 빛을 발하고 있는 무형의 교회인 것을 확신하게 되었다.

나의 사역이 점차 구체화되면서 이들의 지하 신앙활동이 한국 교회사에서는 사라진 절반의 모습으로 그곳에 살아 있음을 발견하게 되었기에, 이에 대하여 남과 북의 교회사가 동시대에 진행되는 교회사로 소생시키며 복원해야 한다는 것을 절감하게 되었다. 필자는 그들의 신앙과 그 활동상에 대한 70여 년의 지하교회의 진실된 사실 자료들을 20여 년 이상 수집하고 기록하며 정리하여 왔기에 현재의 한국 교회사에서 잃어버린 절반의 교회사를 회생시켜야 한다는 교회사적 의무감을 갖게 되었다.

필자는 이를 위해 다양한 한국 교회사 자료와 북한과 관련된 자료 등을 수집하여 그동안 세 권의 북한 지하교회의 성도의 삶과 통일에 관련한 책을 집필하였고, 홈페이지와 인터넷 매체를 통해 그러한 자료들을 올려 많은 사람들과 공유하였다. 필자는 북한 지하교회에 관련된 자료와 경험이 축적되었기에 2016년부터 북한의 교회사를 집필할 수 있는 준비를 할 수 있었다.

그 준비 과정에서, 특히 1953년 정전 이후 남과 북이 적대적 관계로 대립된 상황이었고 북한은 철의 장막 속에 갇혀 있기에 북한의 지하교회에 관련된 공식적 자료의 수집은 원천적으로 불가능하였다. 그러나 국제 정세의 변화로 한국과 중국이 1992년 국교 정상화가 되면서 북한 국경지대의 접근이 가능해졌고, 중국을 방문하는 북한인들과 사적으로 비밀리에 관계가 구축되면서 점차 북한 지하교회의 실상과 진면목을 파악할 수 있게 되었다. 그 과정에서 그들이 수십 년 동안 사용했던 찬송가와 신앙일기와 십자가 등의 다양한 신앙의 흔적들도 습득하였고, 직접적인 그들의 증언도 듣게 되었다.

특히 1994년 김일성의 급작스런 사망 이후 북한이 큰 혼란과 경제적 위기가 고조되면서 대량의 탈북민들이 중국으로 도강하여 옴으로 그들을 대상으로 한 북한 사역이 활성화되었고, 그들 중에 소수의 무리가 자진하여 북한으로 들어가 지하교회를 조직하여 활동함으로 북한의 지하교회 시대는 새로운 국면을 맞게 되었다. 이들이 새로운 세대로서 북한의 지하교회의 주축으로 자리 잡게 되었고, 그들로부터 다양한 지하교회의 실체와 이야기들을 듣고 그와 관련된 자료를 더욱 습득하였다.

물론 해방 후 공산 치하에서 그곳에 남은 그루터기 신앙인들의 처절한 신앙 사수와 그들 나름대로의 비밀 결사대 같은 지하교회 조직이 있었으나 반세기 이상 경과되면서 점차 그들의 신앙 활동과 조직은 사실상 소멸되어 가는 상태였기에, 탈북하였다가 다시 입국한 이들을 통해 지하교회의 세대 교체가 자연스럽게 진행되었다.

김일성 사망 후 고난의 행군 시에 북한 주민들의 탈북 상황은 거의 일상화되어 중국으로 넘어온 다수의 북한 주민들을 대상으로 중국 내 한인 선교사들의 북한선교 활동이 활성화되었다. 저들이 제자화되고, 그들이 고향 선교의 사명자로 파송 받아 북한 전역에 흩어짐으로써 그 땅에 복음화가 급물살을 타게 됨으로, 불과 수년 내에 북한 전역에 복음이 편만하게 전해지고 지하교회가 급속하게 구축되었다.

시간이 지나면서 이들의 지하교회 활동이 활성화되면서 북한 당국에 의해 많은 순교자들이 발생되기도 하였다. 이들의 지하교회 활약상이 중국에 거주하며 활동하는 한인 선교사들에게 다양하게 전달되면서 북한 지하교회의 활동 내용이 구체적으로 정리되었고, 그러한 자료들이 북한 지하교회사로 기록될 수 있었다. 뿐만 아니라 약 4만 명 이상의 탈북인들 가운데 지하교회 활동을 하였던 당사자들이 한국과 미주 및 유럽과 중국에 흩어지면서 저들의 지하교회 활동도 다양한 매체로 알려지게 되었다.

북한 선교사들에게 전달된 북한 지하교회 자료와 탈북인들의 증언 등을 통해 수집된 자료가 북한 선교를 위한 전략적 자료가 되기도 하였다. 이제는 북한 내의 지하교회 조직과 개개인들과의 은밀한 접촉과 교류가 지속 가능해지면서 북한의 지하교회의 현실과 지금까지의 지하교회의 역사를 정리할 수 있는 수준까지 이르렀다.

필자는 20여 년 이상 북한과 접경하고 있는 지역에서 광범위하게 활동하면서 저들로부터 받은 다양한 정보와 자료들을 많이 구축하였고, 그 외에도 여러 언론 매체와 인터넷을 통한 자료 수집도 점차 많아지면서 북한 지하교회에 대한 책을 본격적으로 집필할 수 있게 되었으며, 탈북 지하 성도 중 몇몇 사람은 자신의 사역과 신앙 간증을 엮은 책을 출간하기도 하였다.

그러나 그 자료들은 어디까지나 여러 지역의 각 개인들에 의한 산발적이고 사적인 자료이기에 전국적이거나 전수적인 자료가 될 수 없었다. 즉 전체적인 공식적 통계나 공공기관에 의한 공개된 자료가 아니며 때로는 신뢰성이 없는 허황된 자료들도 많아서 이에 대한 선별이 필요하기도 하였다. 북한에서는 일체 북한 지하교회의 활동과 자료를 공개하지 않고 저들의 존재와 활동 자체를 인정하지 않으며 북한 내에서 발생된 종교적 사건은 다 정치적인 사건으로 분류하고 비밀리에 정리하기 때문에 지하교회에 대한 공식적인 자료는 전무하다.

불원간 통일이 된다면 공산 치하에서 이루어진 북한의 지하교회와 관련된 자료가 공개될 것이다. 독일의 경우도 통일된 이후에나 동독의 공산 치하에서 동독 교회의 교회사적 자료들이 공개되었고, 중국도 역시 공산 치하에서 진행되었던 지하교회 자료가 개혁·개방이 된 1980년대에 와서 서서히 밝혀졌다.

필자는 이 책을 서술하는 데에 6·25전쟁 이후나 북한의 고난의 행군 시기인 1990년대 말 이후에 본격화되고 확인된 지하교회의 활동만을 서술할 수 없었다. 지금의 북한 지하교회사가 뿌리 없이 20세기 말에 발생된 교회사가 아니라, 그 교회의 기원이 공산화되기 이전으로부터 유래되어 온 것이었음이 확인되었기에 부득이 북한 교회사의 최초의 발원 시기가 1866년 토마스 선교사의 평양의 순교 사건으로부터 출발했음을 서술해야 했다. 그 이후 일제 강점기의 교회의 위기와 해방후 공산화된 이후의 교회의 배도와 저항의 역사가 곧 북한 지하교회 역사의 선재적인 연결고리가 된 것이었다.

탈북인들에 의한 복음 전파의 근저에는 이미 공산화되기 이전의 핍박받고 순교하면서도 이어 내려온 신앙의 뿌리들이 있었다. 그렇기에 새로운 세대의 탈북인들의 지하교회 활동이 자연스럽게 그 이전의 바통을 이어받은 것이다. 즉 북한의 지하교회사는 전체적인 한국 교회사의 배경을 갖고 있으며, 시대의 격변을 통해 다양한 교회의 변모를 거쳐 온 것이다.

필자는 이 책을 쓰면서, 첫 번째로 북한 지하교회의 역사에 상징적인 의미를 부여하기 위해 이스라엘 역사 중에 우상숭배로 인해 보응받은 강대국들의 침략으로 인한 고난과 저들이 다시 회개하면 용서와 회복시키시는 구속의 경륜을 적용하여 성경적 관점으로 해석하였다. 즉 북한의 지하 성도의 수난과 저들의 신앙 회복도 하나님의 주권적 역사 속에 진행되고 있고, 마침내 화평케 하시고 통일되게 하신다는 미래지향적 역사관으로 서술하였다.

두 번째로 교회사적인 측면에서 북한 지하교회사도 엄연히 한국 교회사 중의 절반의 역사이며 세계 교회사의 한 부분인 것을 증거함으로 세계 교회사의 한 구성원임을 강조하였다.

세 번째로 북한의 교회사는 특히 근현대의 민족 수난사와 그 궤를 함께하면서 성장하며 그 영향을 주고받았기에 일반적 통사라는 객관적 측면과 교회사를 균형 있게 서술함으로 그에 대한 해석과 평가를 객관화하려 했다.

필자는 이 책의 저술을 마치면서, 하나님께서 지구상에 마지막으로 남아 있는 북한의 지하 성도를 연단하시는 목적은 하나님의 작정하신 때에 저들을 회복시키시며 부흥케 하시려는 하나님의 주권적 역사이며, 마침내 통일 시대를 성취하시어 하나님의 선민으로 지상 명령을 감당하도록 이끄실 것이라는 믿음을 갖게 된다.

"그러나 너희는 택하신 족속이요 왕 같은 제사장들이요 거룩한 나라요 그의 소유가 된 백성이니 이는 너희를 어두운 데서 불러내어 그의 기이한 빛에 들어가게 하신 이의 아름다운 덕을 선포하게 하려 하심이라"(벧전 2:9).

이 책을 저술하는 데에 필자의 여러 미숙함으로 관련 자료의 인용과 참고에 대한 사료의 기록이 부실함을 송구스럽게 생각하며, 북한 지하교회의 자료가 부족하였기에 독자들에게 좀 더 구체적인 다양한 자료를 밝혀 주지 못한 한계를 실감하였다. 그러나 통일이 된 후에는 저들이 겪었던 생생한 교회사의 자료와 증언들이 있을 것으로 본다.

이 책이 완성될 수 있도록 부족한 원고를 감수해 주신 충주 양의문교회 원로목사님이시며 건국대 명예교수님이신 류성렬 목사님과 박호성 교수님과 신동춘 교수님과 또 유익한 자료를 제공해 주신 박성배 박사님과 장승익 교수님과 이 책이 나오기까지 늘 기도해 주신 새하늘선교회 이인석 회장님을 비롯한 모든 회원분들과 본 저서를 흔쾌히 출간 결정을 해주신 쿰란출판의 이형규 대표님께 심심한 감사를 드립니다.

마지막으로 나의 사역에 영원한 동반자인 아내 김영란 사모와 컴퓨터 워딩 작업에 도움을 준 사랑하는 딸 강미에게도 고마움을 표합니다.

"모든 영광을 주 하나님께 드립니다. 아멘."

주후 2020. 1. 10
논현동 글방에서
강 석 진 드림

| 색인

〈ㄱ〉

가정교회 17, 209, 212, 216, 440
갑신정변(甲申政變) 3, 43, 74
강계 58, 84, 86, 91, 105, 107, 221, 460, 462, 465, 466, 467, 468, 469, 470, 471, 472, 473, 474, 475
강명철 215
강반석(강신희) 203, 204, 206, 215
강서교회 46
강성산(姜成山) 233
강신명(姜信明) 101
강신희 203, 204, 206, 215
강양욱(姜良煜) 18, 141, 145, 150, 151, 152, 153, 155, 156, 157, 168, 185, 193, 207, 208, 211, 215, 227
강영섭(康永燮) 215
강화도 조약 47
개천교화소 229
거문도 점령 48
게르하르트 슈레더 375
게일(J.S. Gail) 36, 94, 105, 161

격물학당(格物學堂) 97
경신학당 50
계명대 101
계성학당(계명대) 101
계유정란(癸酉靖亂) 33
계획경제 367
고기준 211, 212, 213, 214
고난의 행군 215, 240, 241, 245, 248, 255, 262, 263, 284, 295, 488, 489
고려공산당 134
고려문(高麗門) 51, 52
고려연방제 211, 214
고르바초프 427, 434
고백교회 171
고종(高宗) 74, 76, 79, 161, 162
고한규 143
곡부(曲阜) 69
공산주의 116, 118, 134, 135, 136, 137, 138, 139, 140, 141, 142, 143, 144, 145, 146, 147, 149, 150, 151, 164, 165, 169, 172, 174, 177, 178, 183, 193, 194, 198, 199, 200, 201, 203,

색인
493

206, 220, 232, 302, 314, 328, 397, 410, 411, 413, 414, 422, 424, 427, 428, 433

곽희정 150

관동군(關東軍) 138, 320

관사양성(官使養成) 104

관서지방(關西地方) 8, 43, 45

광명성절 316

광성고등학교 175

광성학교 84, 97

광혜원(廣惠院) 74, 83, 86

구세군 교단 126

국가주석제 195

국경인(鞠景仁) 33

군국주의 120, 127, 129, 313

군목 제도 164

권서(勸書) 25, 104, 247, 395

그레이엄 리 37, 69

그루터기 4, 6, 28, 255, 265, 336, 338, 339, 487

그리스 내전 140

그리스도신학교 170

극동방송 12, 15, 27, 64, 256, 262, 267, 268, 269, 274, 275

금계랍(金鷄蠟) 105

금대시문초(錦帶時文抄) 34

금수산 태양궁전 316

금압령(禁壓領) 2, 40

기독교강요(基督敎綱要) 250

기독교도연맹 26, 146, 150, 151, 152, 156, 157, 158, 167, 168, 169, 170, 176, 193, 207, 208, 209, 210, 211, 212, 213, 214, 215, 216, 218, 241, 245, 254

기독교사회민주당(사회민주당) 142

기독교자유당 143, 146

길선주(吉善宙) 39, 61, 63, 68, 69, 70, 72, 94, 117, 119

길인섭 121

김관주 143

김구(金九) 132, 154

김국기 244

김린 161, 398

김립(金立) 134

김병로 245, 402

김성률 215

김성수 166

김양선(金良善) 132, 174, 398

김영섭 46

김영주(金英珠) 198

김영훈(金永勳) 69

김옥균(金玉均) 43, 74

김응순 150

김익두(金益斗) 72, 119, 135, 150, 169, 177

김인준 122, 150, 151, 170

김일성(金日星) 4, 9, 14, 25, 26, 27, 65, 132, 139, 140, 141, 142, 143, 144, 145, 146, 147, 148, 150, 151, 152, 153, 154, 155, 156, 164, 165, 167, 168, 169, 170, 172, 176, 178, 183, 184, 185, 186, 187, 190, 191, 194, 195, 196, 197, 198, 199, 200, 201, 202, 203, 204, 206, 207, 209, 210, 213, 215, 218, 219, 220, 222, 227, 232, 233, 235, 242, 251, 254, 255, 262, 263, 289, 302, 309, 314, 315, 316, 317, 319, 320, 321, 346, 399, 400, 401, 403, 487

김일성어록 315

김재만 11, 29, 406, 407

김재준(金在俊) 102

김정숙 316

김정식(金貞植) 161

김정욱 244

김정은 9, 27, 201, 203, 219, 242, 244, 246, 249, 250, 293

김정일(金正一) 9, 14, 183, 186, 198, 199, 200, 201, 203, 220, 232, 233, 242, 246, 256, 257, 259, 262, 267, 270, 279, 283, 315, 316, 317, 346, 401

김종권 46

김종대 126

김종섭 61

김진경 89

김진기(金鎭基) 52

김진수 131

김진환 72

김창준 141, 178

김청송 53, 394, 395

김현석 142

김형직 203, 204, 205, 206

김화식 143, 146, 170

〈ㄴ〉

남궁억 76

남로당(남조선로동당) 140, 141, 165, 166, 178, 197, 202

남문밖교회 62, 455
남북평화회담 233
남산감리교회 65, 159
남은 자 28, 59, 122, 170, 230, 255, 329, 336, 337, 338, 341, 344, 389, 400
낭트칙령 362
내선일체(內鮮一體) 120, 313
냉전 시대 217, 420
널다리골교회 46, 56, 62, 75, 95
네비우스 선교 정책 102
넬슨 벨(L. Nelson Bell) 204
노동 교화소 228, 255, 275, 345
노동법령 154
노블(W.A. Noble) 65
농업협동화 148
뉴욕타임스 66
뉴욕트리뷴 66
능라교회 62
니케아공회 118

〈ㄷ〉

단동(丹東) 5, 51, 52, 264, 272, 361, 439, 468, 469, 472, 473, 474, 477, 485
단테(Dante Alighieri) 357
대각성운동 63, 66, 68, 71
대동아전쟁(태평양전쟁) 123, 398
대한변호사협회 227
대한야소교 장로회신학교 61
대한예수교장로회 연합공의회 61
대한제국 36, 84, 101
데일리NK 242
독립만세운동 64, 119
독일기독교연맹 170
독일연방개신교연합 416, 417
동관문교회(東關門敎會) 54
동독개신교연합 410, 413, 416, 417, 418, 421, 424, 425
동방요배(東邦遙拜) 120, 130
동아일보 135, 203, 398, 401, 403
동양의 예루살렘 5, 28, 62, 66, 89, 329, 333, 341

〈ㄹ〉

러일전쟁 3, 162, 399
레베데프(Lebedev) 139, 142, 399
레이놀즈(Reynolds) 89, 95

로마넨코 소장 139, 140
로마제국 324, 342, 352, 353, 354, 358, 359, 364, 381
로제타 셔우드(Rosetta Sherwood) 96
로제타 홀 97, 99
루터파 349, 361
르호보암 304, 305, 306, 307, 308, 319, 376
리사 콜린스 248
리홍장 48, 49

〈ㅁ〉

마르크스-레닌주의 147, 195, 197, 198
마르틴 니묄러(Martin Niem Ller) 171
마카비(Maccabees) 352
마테오 리치(Matteo Ricci) 39
마펫(S.A. Moffett/마삼열) 25, 36, 37, 45, 60, 61, 62, 69, 75, 81, 87, 89, 90, 91, 92, 93, 94, 96, 105, 119, 174
매서인(賣書人) 53, 107, 109, 247, 395
매킨타이어 104, 106
맥길(William McGill) 36
맥아더 사령관 138, 163, 173
맥코믹(McComick) 61, 90, 100

맥코믹 신학대학 90
메도우스(Meadows) 상사 48
명동성당 74
명치유신(明治維新) 41, 48
모퉁이돌선교회 229, 400
묄렌도르프 58
문경균 150
문광서원(文光書院) 54, 401, 402, 485
문화대혁명(文化大革命) 194
미국 남북장로교회 61
미니 루이스 해스킨즈(Minnie L. Haskins) 100
미션스쿨 65, 70, 84, 313, 350
미·일 수호통상조약 47
민병석 75, 97
민영익(閔泳翊) 74
민영환(閔泳煥) 162
민족통일전선 144

〈ㅂ〉

바벨론 포로 28, 77, 333, 334, 380
바이마르 공화국 408, 434
박규수(朴珪壽) 43, 47, 88
박봉진 121

색인
497

박상순(朴商純) 150, 168
박영식 46, 89, 93
박영효 43, 74, 85, 161
박용규 교수 54
박윤선(朴允善) 102, 122
박응률 121
박임현 121
박정희(朴正熙) 318, 319, 320, 321
박춘권(朴春權) 44, 45, 46, 62, 88, 89
박헌영(朴憲永) 134, 138, 140, 165, 169, 190, 196
박형룡(朴亨龍) 101, 102, 122, 130
반민족주의 135
반혁명주의자 193
방기창(邦基昌) 61
배덕영 143
배민수 141, 205
배재학당 50, 161
배창근 205
백낙준(白樂俊) 56, 60, 103, 105, 395, 396
백령도 52, 58, 59, 395
백만인구령운동 119
백악관 27, 292, 293, 294
백오인(105) 사건 101

백홍준(白鴻俊) 33, 52, 55, 56, 60, 81, 91, 94, 95, 247, 274, 395, 485
베를린 장벽 232, 406, 415, 416, 420
베어드(William M. Baird/배위량) 25, 80, 87, 95, 100, 101, 102, 103, 136, 204
변인서 117
병오박해(丙午迫害) 40
병인박해(丙寅迫害) 41
병인양요(丙寅洋擾) 43, 78
보켈(Voelkel) 175, 177
복음의 실크로드 360
본회퍼(D. Bonhoeffer) 171, 400, 416
볼셰비키혁명 232, 328
봇짐장사 53, 57, 247, 394, 395
봉수교회 208, 215, 217, 218, 220, 221, 222, 223, 231, 356
봉천(奉天) 51, 54, 55, 57, 94, 122, 247, 444, 447
봉천신학교(동북신학교) 122
부일배 127
북로당(북조선로동당) 140
북조선불교총연맹 156
북조선인민위원회 146
북조선임시인민위원회 139, 140, 145,

152, 153, 155, 156, 169

북조선 탄생 199

북한개발연구소 248

북한정의연대 243

불가타역(Vulgata) 357

불입교당(不立敎堂) 49

블라디보스토크 69, 361

비어만(Wolf Biermann) 429

비엔나회의 213

빅터 차(Victor Cha) 248

〈ㅅ〉

사경회(사경부흥회) 62, 64, 66, 67, 95, 117, 130, 136

사농공상(士農工商) 33, 250

사랑의 원자탄 167

사마리아오경 380

사마리아인 39, 380, 383

사회민주당 142, 143, 146

사회주의 25, 116, 117, 134, 135, 136, 137, 138, 141, 144, 148, 149, 152, 153, 154, 157, 158, 191, 193, 194, 195, 197, 199, 200, 207, 208, 209, 220, 221, 227, 232, 249, 284, 321, 367,
397, 400, 401, 408, 409, 410, 411, 412, 414, 416, 417, 418, 419, 420, 423, 424, 426, 427, 428, 429, 430, 432, 433, 434

사회주의 속의 교회 410, 416

삭주 107, 466, 467, 468, 469, 470, 471, 472, 474

산서노회 130

산정현교회 130, 457

삼남지방(三南地方) 38

삼십팔도선(38선) 8, 131, 132, 138, 139, 141, 149, 152, 158, 173, 207, 302, 310, 311, 399

삼일(3·1)독립만세운동 101, 119, 135, 154

상무정신(尙武精神) 320

새문안교회 58, 59, 60

서가교회 46

서경조(徐景祚) 33, 39, 57, 58, 59, 60, 61, 101, 105, 247

서광범(徐光範) 43, 74

서교(西敎) 40, 46, 444, 453, 468, 469, 472, 474, 478, 481

서문밖교회 8, 116, 120, 121, 124, 153, 175, 176, 313

서북 지방 33, 34, 35, 37, 38, 39, 62, 72, 80, 81
서상륜(徐相崙) 25, 33, 52, 53, 56, 57, 58, 60, 81, 88, 91, 94, 95, 101, 104, 105, 247, 395
서세동점(西勢同點) 484
서울대 통일평화연구원 245
서울올림픽 217, 218, 230, 231, 322
서울중앙감리교회 178
서재필(徐載弼) 43, 74
석정호교회 46
성결교단 126
성경번역자회 83
성리학(性理學) 38, 39, 40, 393
성시화 65, 66, 72
성전 재건 6, 28, 333, 338, 340, 341
성화신학교 143, 151, 170, 175
세계교회협의회(W.C.C.) 173, 209, 214, 215, 234, 401
세계기독교평화회의 209
세계성서공회연합회 218
셀류쿠스(Seleucus) 351
셉포리스(sepphoris) 384
셔먼호(General Sherman) 3, 5, 8, 24, 39, 43, 44, 47, 73, 88, 315, 393

셔우드 홀 98, 99, 393
소래교회 24, 57, 58, 59, 60, 105
소련군 88특별여단 141
소련 군정 132, 138, 140, 142, 146, 147, 148, 149, 152, 158, 203
소련 민정관리부 139, 140
소비에트 체제 147
손양원(孫良源) 166
손정도(孫貞道) 70, 101
솔로몬 124, 303, 304, 305, 306, 310, 376, 387, 388, 390, 391
송인서(宋麟瑞) 61, 75
송정근 143
쇄국정책 2, 8, 40, 41, 43, 44, 274, 486
숭실학당(숭실대학) 25, 80, 87, 100, 101, 102, 399, 400
숭의여자중학교 119
슈펠트 제독 48
스왈른(W.L. Swallen) 36, 63, 95
스코틀랜드 연합장로교회 51
스크랜턴(Scranton) 36, 85
스탈린(Joseph Stalin) 138, 139, 144, 147, 151, 190, 195, 197, 202, 317, 412
스페인 내전 140

승동교회 124
시장경제 27, 246, 247, 248, 250, 251, 321, 366, 367
신간회(新幹會) 137
신미양요(辛未洋擾) 48
신사참배 8, 101, 119, 120, 121, 122, 123, 127, 129, 130, 131, 132, 146, 149, 150, 151, 171, 185, 312, 313, 314
신서파(信西派) 40
신석구 143
신석우 137
신양리교회 153
신유박해 34, 40, 44
신유박해(辛酉迫害) 40
신의주 제2교회 18, 142, 264, 265
신편찬송가 212
심양 51, 52, 54, 57, 106, 107, 109, 122, 237, 247, 260, 485
십대원칙 200, 201, 220, 262, 314

〈ㅇ〉

아관파천(俄館播遷) 3
아놀드 토인비 47
아둘람 동굴 331

아세라 310, 313, 342
아우구스투스(Caesar Augustus) 358, 385
아이젠하워(Dwight Eisenhower) 163
아펜젤러(Appenzeller, Henry Gerhard) 5, 35, 36, 68, 91, 94, 105, 161
아편전쟁 42
아하스 309
안동(安東) 51, 461, 466, 467, 470, 472, 473, 475, 482
안이숙 130
안재홍 137
안티오쿠스 351
안호상 165
알렉산더 윌리엄슨 51
알렉산드리아 항 354, 355
알렌(Horace Newton Allen) 36, 74, 76, 86, 105, 394
압록강 5, 20, 32, 51, 54, 55, 56, 177, 205, 231, 234, 242, 247, 270, 272, 274, 295, 346, 485
앙겔라 메르켈(Angela Merkel) 375
애비슨(Oliver R. Avison) 76, 83
앤드류 나쵸스(Andrew Natsios) 232
야소(耶蘇) 61, 88, 358

색인
501

야스다게 119

얀 후스파 349

양무운동 47, 394

양전백 39, 61

양화진 3, 43, 96, 99, 103

어버이 수령 202, 316

언더우드(Horace Grant Underwood) 5, 35, 36, 37, 50, 55, 58, 59, 60, 61, 75, 76, 83, 91, 94, 105, 108, 110, 119, 161

에스겔 10, 28, 29, 304, 305, 344, 345, 346, 376, 377, 378

에큐메닉 435

엔도 126

여로보암 304, 305, 306, 307, 308, 314, 319, 376, 377, 389

여운형 140

연의 문(Gate of the Year) 100

연화동교회 62, 448

영생탑 316

영·일 화친조약 47

예루살렘 5, 28, 29, 62, 66, 71, 72, 89, 179, 182, 303, 304, 305, 307, 309, 329, 333, 335, 336, 339, 340, 341, 342, 344, 351, 352, 378, 379, 380, 381, 388, 389, 390, 391, 396, 397

예수성교 누가복음전서 52

예수성교젼서 54, 107

오도연합노회 167, 168, 169

오도행정국 144

오윤선 129

오토 디벨리우스 410

오픈도어 선교회 270

오홀라 304

오홀리바 304

올로프 팔메 평화 행진 433

와이엠씨에이(YMCA) 163, 174, 178

왕샤조약(望廈條約) 48

외무아문(外務衙門) 36

요덕 정치범 수용소 216

요코하마 91

요한학교 175

용천노회 130

우장(牛莊) 106

운양호 3, 47

원단 금식기도 27, 255, 256, 258

월곡교회 130, 472

월스트리트저널 247

위그노파 28, 349, 361, 362, 363

위안스카이 75
유길준(俞吉濬) 43
유엔인권조사위원회 324
유재기 141
유호준 174
육이오전쟁(6·25/한국전쟁) 9, 26, 140, 144, 148, 151, 158, 163, 172, 175, 177, 178, 183, 190, 194, 208, 209, 211, 220, 227, 238, 254, 265, 310, 311, 312, 317, 347, 350, 374, 399, 489
윤산온(McCune) 119
윤석구 165
윤창덕 143
윤치호(尹致昊) 76, 141
윤하영(尹河英) 142
을사조약(乙巳條約) 70
의명중학교 119
의산노회 130
의주 18, 27, 33, 36, 51, 52, 53, 55, 56, 57, 60, 81, 91, 94, 95, 105, 106, 107, 108, 109, 114, 142, 146, 172, 246, 247, 260, 264, 265, 272, 274, 290, 341, 342, 361, 465, 466, 467, 468, 469, 470, 471, 472, 473, 474, 475, 485
이가환(李家煥) 34, 40
이기선(李基善) 129, 130
이기풍(李基豊) 39, 61, 69, 91
이대위 141
이동휘(李東輝) 134
이만규 141, 178
이만화 192
이민식 174
이북5도연합회 131, 132, 143
이상재(李商在) 137, 161, 163
이성삼 111
이성하(李成夏) 52
이순남 227
이스라엘 왕국 10, 28, 302, 303, 304, 305, 307, 314, 334, 341, 342, 345, 376, 379, 387, 391
이승만(李承晩) 26, 132, 139, 154, 158, 159, 160, 161, 162, 163, 164, 165, 166, 174, 205, 207, 318, 321
이양자교회 111
이용도(李龍道) 72
이웅 150
이윤영(李潤英) 159
이응찬(李應贊) 52, 54, 55, 395

이익(李瀷) 39
이재복 141
이태영 227
이학봉 176
이향리교회 117, 461
이화여학당 50
인민당 140
인민재판 170, 193
일반은총 250
일본기독교 조선메도디스트단 125
일본기독교 조선장로교단 123, 125, 126
일사(1·4)후퇴 179, 181
임득현 111
임영신 165
임종순(林種純) 72
임진왜란(壬辰倭亂) 33

〈ㅈ〉

자본주의 154, 194, 247, 321, 366, 397, 436
자유민주주의 147, 158, 159, 164, 183, 207, 302, 366, 367
장대현교회 24, 46, 47, 61, 62, 63, 64, 65, 66, 69, 89, 93, 94, 117, 316, 462
장마당 9, 53, 246, 247, 248, 250, 251, 296
장연군 57, 108, 440, 441, 442, 443, 444, 445, 446, 447, 448, 449, 450, 451, 452, 453
장충성당 215, 217, 220, 221, 231
장택상(張澤相) 165
장터 전도 92
전승 새벽기도회 153
전인선 126
전필순 125
점자교육 97
정닉노 113
정동감리교회 126, 129
점베드로 243
정약용(丁若鏞) 40
정약전(丁若銓) 40
정약종(丁若鍾) 40
정전협정(휴전) 190, 348, 399
정치범 수용소 186, 191, 216, 227, 228, 243, 244, 255, 268, 270, 271, 274, 292, 332, 345
정한론(征韓論) 3, 41
제국교회(帝國敎會) 171

제물포 5, 58, 91, 394
제임스 웹스터(James Webster) 110
제헌국회 159
조국평화통일위원회 207
조만식(曺晩植) 101, 139, 141, 144, 145, 156, 171, 176
조·미수호통상조약 3, 394
조봉암(曺奉岩) 165
조사(助師) 108
조선감리교회 125
조선공산당 140
조선그리스도교연맹 156
조선기독교혁신교단 125
조선노동공제회 134
조선민주당 146
조선민주주의인민공화국 26, 167, 169, 185, 196, 199, 200
조신예수교장로교 총회 89
조선장로회신조 69
조선족 교회 235, 255, 260, 346
조선중앙연감 153
조선총독부 8, 85, 120, 126, 127, 130, 144
조선회상 99
조승제 126

조용한 아침의 나라 90
조지워싱턴대학교(George Washington Univ.) 162
존 로스(John Ross) 51, 56
존스홉킨스 대학교(Johns Hopkins Univ.) 249
존 칼빈 250, 391
존 포스터 델러스(John Foster Dulles) 164
종교개혁 2, 10, 29, 349, 350, 357, 361, 363, 364, 387, 388, 389, 391, 404, 406, 407, 425, 426
주기철(朱基徹) 72, 120, 121, 130, 171
주자 성리학(朱子性理學) 32
주체사상 9, 26, 195, 197, 198, 199, 200, 202, 203, 212, 213, 214, 220, 223, 245, 314, 401
중진사 7, 10, 28, 347, 349, 350, 351, 352, 354, 358, 359, 361, 364, 404
중국 내전 140
지청천 165
지하교회 4, 6, 7, 9, 10, 11, 12, 13, 14, 24, 26, 27, 28, 64, 149, 153, 167, 171, 183, 186, 187, 189, 190, 192, 209,

218, 219, 225, 226, 227, 228, 229, 230, 231, 235, 236, 237, 239, 241, 242, 245, 246, 251, 253, 254, 255, 258, 259, 260, 262, 267, 268, 269, 275, 288, 293, 295, 296, 323, 324, 325, 329, 332, 346, 347, 348, 349, 350, 364, 365, 400, 401, 402, 403, 407, 486, 487, 488, 489, 490, 491

집안현 20, 53, 394

쪽복음 53, 54, 57, 92, 105, 247, 274

〈ㅊ〉

창동교회 62, 139, 463, 479

채제공 40

채필근 126

척화파(斥和派) 47

천국의 난 42

천도교북조선종무원 156

천로역정 357

천리교(天理敎) 313, 403, 438, 439, 440, 441, 442, 443, 447, 448, 453, 455, 457, 460, 462, 472, 473

천리마운동 195, 400

천주교 2, 8, 24, 34, 39, 40, 41, 43, 44, 45, 52, 73, 74, 77, 78, 79, 88, 245, 317, 356

천주실의(天主實義) 39

철의 장막 232, 237, 274, 345, 487

청산리정신 195

청소년면려회 174

청우당 146

청일전쟁 3, 36, 75, 79, 80, 97

초량교회 101

최관흘(崔寬屹) 69

최덕지 129

최명오(崔明悟) 108

최문식 141, 178

최용건(崔庸健) 142, 184, 196, 320

최익현 47

최정식 161

최춘길 244

최치량 46, 75, 89, 93

최택규 150

츠빙글리(Huldreich Zwingli) 364, 391

치스차코프(Ivan M. Chistyakov) 141

치스코프 대장 138

칠골교회 215, 217, 218, 231, 356

칠사(7·4)공동성명 208, 210
칠십(70)인역 355

〈ㅋ〉

칼뱅(칼빈) 250, 361, 364, 391, 409
캐나다교회협의회 213
캐나다 장로교회 61
코리아디스카운트(Korea discount) 370
코리아프리미엄(Korea premium) 370
크리스마스 실 98

〈ㅌ〉

탈북민(인) 229, 235, 236, 237, 241, 242, 244, 268, 271, 291, 332, 336, 346, 356, 487, 488, 490
태양절 316
태영호 219, 402
태영호 증언 3층 서기실의 암호 219, 402
태평양전쟁 123, 129, 398
템플턴 상(Templeton) 265
토마스 선교사(Robert Jermain Thomas) 6, 25, 43, 44, 45, 46, 47, 51, 52, 56, 59, 62, 73, 78, 87, 88, 89, 93, 394, 484, 485, 490
토지개혁 140, 148, 164, 169
톨스토이(Tolstoy, Lev Nikolayevich) 194, 357
통일교육원 367, 401, 404
통일전선 144, 145, 146, 154, 208, 209, 210, 211, 214, 220
퇴수회(退守會) 130, 131
트럼프(Donald Trump) 293
트루먼(Harry S. Truman) 163, 173

〈ㅍ〉

파우스트(Faust) 357
평남인민위원회 139
평동노회 130, 132
평북노회 130
평안남도 건국준비위원회 141
평양과학기술대 89
평양노회 120, 121, 180
평양 대부흥운동 66, 68, 69, 70, 72, 116, 137, 346, 384, 485
평양세계청년축전 215

평양세계탁구대회 216
평양신학교 24, 25, 59, 60, 61, 62, 68, 72, 81, 84, 90, 119, 122, 141, 146, 150, 151, 170, 176, 208, 210
평양신학원 210
평양연합찬양대 174
평양조선국민회 205
평화옹호민족위원회 207
프랑스 대혁명 42
프린스턴 대학 162
프톨레미(Ptolemy) 351, 355

〈ㅎ〉

하나님의 집 237
하스몬 352
하워드 마펫(Howard Moffett) 174
한경직(韓景職) 17, 18, 101, 142, 146, 175, 264, 265
한국기독교교회협의회 241
한국선교연구협회 236
한국의 요단강 세례 56, 108
한국전쟁 140, 158, 180, 191, 292, 384, 399
한규설 162

한글 성경 52, 53, 54, 56, 57, 81, 83, 204
한글성서공회 104
한동규 227
한상동(韓尙東) 129
한석진(韓錫晉) 33, 39, 61, 69, 72, 75, 91, 93, 94, 95
한성감옥 161, 162
한일합방(韓日合邦) 30, 116, 163
함석헌(咸錫憲) 41, 42, 310, 312, 393, 403
핵무력 완성 249
허득(許得) 59
허성도 121
허헌 137
헐버트(Homer Bezaleel Hulbert) 91, 94, 99
헬라제국 351, 352, 353, 354
헬레니즘(Hellenism) 354, 355
헬무트 콜(Helmut Kohl) 375
혁명의 어머니 317
현병찬 143
현요한 70, 396
협동사업화 148
협성신학교 72

협성회보 161

호네커(Erich Honecker) 424, 425, 428, 432, 433, 434

호조(護照) 36, 101

호주 장로교회 61

홀(Willam James Hall) 25, 36, 37, 45, 75, 86, 87, 95, 96, 97, 98, 99, 105, 274, 275, 276, 304, 305, 393, 453

홍경래의 난 33, 35, 41

홍기주 145

홍기황 145

홍명희 137, 196

홍병선(洪秉旋) 141

홍택기(洪澤麒) 120, 121, 130, 131

화해 시대 217

황국화 28, 313

황기철 275, 278

황사영백서(黃嗣永帛書) 44

황은균 139, 174

황장엽 212, 275, 276

황해노회 180

훈아진언(訓兒眞言) 106

휘트모어 112

흐루쇼프(Khrushchyov) 190

흠정역(King James Version) 357, 506

흥선대원군(興宣大院君) 2, 40, 47, 78

힉소스(Hyksos) 왕조 325, 403

近現代史로 읽는
북한교회사

1판 1쇄 발행 _ 2020년 2월 15일
개정증보판 1쇄 발행 _ 2022년 2월 5일

지은이 _ 강석진
펴낸이 _ 이형규
펴낸곳 _ 쿰란출판사

주소 _ 서울특별시 종로구 이화장길 6
편집부 _ 745-1007, 745-1301~2, 747-1212, 743-1300
영업부 _ 747-1004, FAX 745-8490
본사평생전화번호 _ 0502-756-1004
홈페이지 _ http://www.qumran.co.kr
E-mail _ qrbooks@daum.net / qrbooks@gmail.com
한글인터넷주소 _ 쿰란, 쿰란출판사
페이스북 _ www.facebook.com/qumranpeople
인스타그램 _ www.instagram.com/qrbooks
등록 _ 제1-670호(1988.2.27)
책임교열 _ 이화정·박은아

ⓒ 강석진 2022 ISBN 979-11-6143-657-9 93230

책값은 뒤표지에 있습니다.
이 출판물은 저작권법에 의해 보호를 받는 저작물이므로 무단 복제할 수 없습니다.
파본(破本)은 구입처에서 교환해 드립니다.